Das Leben, die Philosophie, das Jahrhundert – Rüdiger Safranski legt mit seinem vielgerühmten Buch über Martin Heidegger zugleich das Porträt einer Epoche vor, eine prägnante Reflexion über den Zusammenhang von Denken, Leben und politischer Verstrickung. Heideggers nationalsozialistisches Engagement in der Zeit seines Freiburger Rektorats bleibt in Safranskis glasklarer Darstellung des philosophischen Werdegangs Heideggers ebensowenig ausgespart wie die Kontroverse um die Nachgeschichte seines »Irrtums«. Das Buch besticht durch seine souveräne Beherrschung des zeit- und ideengeschichtlichen Materials, es ist eine kenntnisreiche Auseinandersetzung mit Heideggers Werk, die sich zu einem Panorama deutscher Kulturgeschichte von der Zwischenkriegszeit bis in die frühen siebziger Jahre der Bundesrepublik ausweitet.

Rüdiger Safranski, geboren 1945, lebt als Schriftsteller und Privatgelehrter in Berlin. Zuletzt veröffentlichte er ›Das Böse. Oder das Drama der Freiheit‹ (1997). Im Fischer Taschenbuch Verlag erschien 1993 ›Wieviel Wahrheit braucht der Mensch? Über das Denkbare und das Lebbare‹ (Bd. 10977).

1995 erhielt Rüdiger Safranski den »Friedrich-Märker-Preis für Essayisten« und 1998 den »Ernst-Robert-Curtius-Preis für Essayistik«.

Rüdiger Safranski

Ein Meister aus Deutschland

Heidegger und seine Zeit

Fischer Taschenbuch Verlag

Limitierte Sonderausgabe
Veröffentlicht im Fischer Taschenbuch Verlag GmbH
Frankfurt am Main, Oktober 1998

Lizenzausgabe mit freundlicher Genehmigung
des Carl Hanser Verlags, München Wien
Für die durchgesehene Ausgabe:

Umschlaggestaltung: Groothuis + Malsy, Bremen
Druck und Bindung: Clausen & Bosse, Leck
Printed in Germany
ISBN 3-596-50128-8

Inhaltsübersicht

Anhang

»Der Sturm, der durch das Denken Heideggers zieht – wie der, welcher uns nach Jahrtausenden noch aus dem Werke Platons entgegenweht – stammt nicht aus dem Jahrhundert. Er kommt aus dem Uralten, und was er hinterläßt, ist ein Vollendetes, das, wie alles Vollendete, heimfällt zum Uralten.«

Hannah Arendt

»Eine Wahrheit muß das Zeitliche segnen können, wie man früher gesagt hat; sonst bleibt sie weltlos. Die Welt ist so dürr geworden, weil sich so viele hergestellte Gedanken herumtreiben, ortlos und bildlos.«

Erhart Kästner

»Ohne den Menschen wäre das Sein stumm: es wäre *da*, aber es wäre nicht das *Wahre*.«

Alexandre Kojève

für Gisela Maria Nicklaus

Ich danke den Freunden, die mir mit ihrer
Anteilnahme, Neugier und mit ihren
eigenen Erkundungen geholfen haben:
Ulrich Boehm, Hans-Peter Hempel,
Helmut Lethen, Cees Nooteboom,
Peter Sloterdijk, Ulrich Wanner.

Vorwort

Es ist eine lange Geschichte mit Heidegger, mit seinem Leben, seiner Philosophie. Die Leidenschaften und Katastrophen des ganzen Jahrhunderts sind darin.

Philosophisch kommt Heidegger von weither. Mit Heraklit, Platon, Kant ging er um, als seien es seine Zeitgenossen. Er kam ihnen so nahe, daß er das bei ihnen Ungesagte hören und zur Sprache bringen konnte. Bei Heidegger ist noch die ganze wunderbare Metaphysik da, aber im Augenblick ihres Verstummens; man kann auch sagen: im Augenblick, da sie sich für etwas anderes öffnet.

Das Fragen war Heideggers Leidenschaft, nicht das Antworten. Wonach er fragte und suchte, das nannte er – das Sein. Ein philosophisches Leben lang stellte er immer wieder diese eine Frage nach dem Sein. Der Sinn dieser Frage ist kein anderer, als dem Leben das Geheimnis, das in der Moderne zu verschwinden droht, wieder zurückzugeben.

Heidegger begann als katholischer Philosoph. Er nahm die Herausforderung der Moderne an. Er entwickelte die Philosophie eines Daseins, das sich unter einem leeren Himmel und unter der Gewalt einer alles verschlingenden Zeit vorfindet, geworfen und mit der Fähigkeit begabt, das eigene Leben zu entwerfen. Eine Philosophie, die den einzelnen in seiner Freiheit und Verantwortlichkeit anspricht und den Tod ernst nimmt. Die Seinsfrage im Heideggerschen Sinne bedeutet, das Dasein lichten, so wie man die Anker lichtet, um befreit in die offene See hinauszufahren. Es ist eine traurige Ironie der Wirkungsgeschichte, daß Heideggers Seinsfrage diesen befreienden, lichtenden Zug zumeist verloren und das Denken eher eingeschüchtert und verkrampft hat. Es wird darauf ankommen, diese Verkrampfung zu lösen. Dann wird man vielleicht auch frei genug sein, um das Lachen der thrakischen Magd auf manchen verunglückten Tiefsinn dieses philosophischen Genies antworten zu lassen.

Verkrampfungen bewirkt immer noch Heideggers politische Verstrickung. Aus philosophischen Gründen wurde er zeitweilig zum nationalsozialistischen Revolutionär, aber seine Philosophie half ihm auch, sich wieder vom politischen Umtrieb zu befreien. Es war ihm eine Lehre, was er getan hatte. Fortan umkreiste sein Denken auch das Problem der Verführbarkeit des Geistes durch den Willen zur Macht. Heideggers philosophischer Weg führt von der Entschlossenheit über die Metaphysik des großen geschichtlichen Augenblicks schließlich zur Gelassenheit und zu einem Denken des schonenden Umgangs mit der Welt.

Martin Heidegger – ein Meister aus Deutschland.

Er war wirklich ein ›Meister‹ aus der Schule des Mystikers Meister Eckhart. Wie kein anderer hat er in einer nichtreligiösen Zeit den Horizont für religiöse Erfahrung offen gehalten. Er hat ein Denken gefunden, das den Dingen nahe bleibt und vor dem Absturz in die Banalität bewahrt.

Er war wirklich sehr ›deutsch‹, so deutsch wie Thomas Manns Adrian Leverkühn. Heideggers Lebens- und Denkgeschichte ist noch einmal eine Faustus-Geschichte. Zutage tritt das Liebenswerte, Faszinierende und Abgründige eines deutschen Sonderwegs in der Philosophie, der zum europäischen Ereignis werden sollte. Und schließlich: Er hatte durch seinen politischen Umtrieb auch etwas von jenem ›Meister aus Deutschland‹, von dem in Paul Celans Gedicht die Rede ist.

So steht der Name Martin Heideggers für das erregendste Kapitel der Geschichte des deutschen Geistes in diesem Jahrhundert. Man muß davon erzählen, im Guten wie im Bösen und jenseits von Gut und Böse.

Erstes Kapitel

Geworfenheit. Der Himmel über Meßkirch. Das Schisma am Ort. Schlüsselrolle. Läuterbuben. Dem einzigen Bruder. Da-da-dasein. Die Eltern. Unter der Obhut der Kirche. Konstanz. Die Weltlichen und die Anderen. Am Freiburger Gymnasium. Beinahe ein Jesuit.

Im Jahre 1928 schreibt der inzwischen schon berühmte Martin Heidegger an den ehemaligen Präfekten des geistlichen Konvikts in Konstanz, wo er einige Schuljahre verbracht hatte: *Vielleicht zeigt die Philosophie am eindringlichsten und nachhaltigsten, wie anfängerhaft der Mensch ist. Philosophieren heißt am Ende nichts anderes als Anfänger sein.*

Heideggers Lob des Anfangens ist vieldeutig. Er will ein Meister des Anfangs sein. In den Anfängen der Philosophie in Griechenland suchte er nach der vergangenen Zukunft, und in der Gegenwart wollte er den Punkt entdecken, wo mitten im Leben die Philosophie stets aufs neue entspringt. Solches geschieht in der – *Stimmung*. Er kritisiert die Philosophie, die vorgibt, sie begänne mit Gedanken. In Wirklichkeit, sagt Heidegger, fängt sie mit einer *Stimmung* an, mit dem Staunen, der Angst, der Sorge, der Neugier, dem Jubel.

Für Heidegger verbindet die *Stimmung* das Leben mit dem Denken, und es entbehrt nicht der Ironie, daß er dem Nachspüren des Zusammenhangs zwischen Leben und Denken im eigenen Falle so ablehnend gegenüberstand. Eine Vorlesung über Aristoteles begann er einmal mit dem lapidaren Satz: *Er wurde geboren, arbeitete und starb*. So wollte Heidegger, daß auch von ihm gesprochen werde, denn das war wohl sein großer Traum: für die Philosophie leben und vielleicht sogar in der eigenen Philosophie verschwinden. Auch das hat mit seiner *Stimmung* zu tun, die, vielleicht allzuschnell, im Anwesenden das Aufdringliche entdeckt und darum nach dem Verborgenen fahndet. Aufdringlich kann das Leben selbst sein. Heideggers *Stimmung* läßt ihn sagen: das *Dasein* sei *geworfen* und das Sein sei als *Last offenbar geworden*, denn: *Hat je ein Dasein als es selbst frei darüber entschieden, und wird es je darüber entscheiden können, ob es ins ›Dasein‹ kommen will oder nicht?* (SuZ, 228).

Heidegger liebte die große Gebärde, weshalb man nie genau weiß, ob er vom Abendland oder von sich spricht, ob nun das Sein überhaupt oder sein Sein zur Debatte steht. Aber wenn der Grundsatz gilt, daß die Philosophie nicht dem Gedanken, sondern der Stimmung entspringt, dann darf man die Gedanken nicht nur im Handgemenge mit den anderen Gedanken, also auf dem Hochplateau der geistigen Tradition ansiedeln. Heidegger hat natürlich an Traditionen angeknüpft, aber aus Gründen, die auf sein Leben zurückführen. Sie erlauben es ihm offenbar nicht, das eigene Zur-Welt-Kommen als Geschenk oder als vielversprechende Ankunft zu erleben. Es muß ein Sturz gewesen sein, so will es seine Stimmung.

Die Welt aber, in die er sich *geworfen* fühlt, ist nicht die von Meßkirch am Ende des letzten Jahrhunderts, wo er am 26. September 1889 geboren wurde, wo er seine Kindheit erlebte und wohin er stets gerne wieder zurückkehrte. *Geworfen* fühlte er sich erst, als er aus dieser heimatlichen Welt, die ihn vor den Zumutungen der Modernität schützte, hinausgeworfen wurde. Man sollte nicht vergessen, daß mit der Geburt das Zur-Welt-Kommen noch nicht erledigt ist. In einem Menschenleben sind mehrere Geburten nötig, und es kann geschehen, daß man nie ganz bei der Welt ankommt. Aber bleiben wir zunächst bei der ersten Geburt.

Der Vater, Friedrich Heidegger, ist Küfermeister und Mesner an der katholischen St.-Martins-Kirche von Meßkirch. Er stirbt 1924. Er muß erleben, wie sein Sohn mit dem Katholizismus bricht, aber seinen philosophischen Durchbruch erlebt er nicht. Die Mutter stirbt 1927. Martin Heidegger legt ihr ein Handexemplar der soeben erschienenen Ausgabe von SEIN UND ZEIT aufs Totenbett.

Die Mutter stammt aus dem Nachbardorf Göggingen. Wenn die kalten Winde von den Hochebenen der Schwäbischen Alb herunterkommen, so sagt man in Meßkirch: »Es weht von Göggingen her...« Die mütterlichen Vorfahren lebten dort seit Generationen auf einem stattlichen Anwesen, dem »Lochbauernhof«. Ein Vorfahre, Jakob Kempf, hatte 1662 den Hof zu bäuerlichem Lehen vom Zisterzienserkloster Wald bei Pfullendorf erhalten. Heideggers Großvater konnte ihn 1838 gegen eine Kaufsumme von 3800 Gulden ablösen. Aber geistig blieb man unter der Obhut der Kirche.

Die Vorfahren väterlicherseits waren kleine Bauern und Handwerker. Von Österreich her waren sie im 18. Jahrhundert in die Gegend gekommen. Heimatforscher in Meßkirch haben herausgefunden, daß es weitläufige Verwandtschaftsbeziehungen gibt zu den Mägerles und den Kreutzers. Aus der einen Familie stammt der berühmteste Kanzelredner des 17. Jahrhunderts, Abraham a Sancta Clara, aus der anderen Konradin Kreutzer, der Komponist. Auch mit Conrad Gröber, Martins geistlichem Mentor im Konstanzer Konvikt, später Erzbischof von Freiburg, waren die Heideggers entfernt verwandt.

Meßkirch ist eine Kleinstadt, zwischen Bodensee, Schwäbischer Alb und oberer Donau gelegen. Eine karge, vormals ärmliche Gegend, auf der Grenze zwischen dem Alemannischen und dem Schwäbischen. Das alemannische Naturell ist eher schwerfällig, hintersinnig, auch grüblerisch. Das schwäbische ist heiterer, offener, auch verträumter. Die einen neigen zum Sarkasmus, die anderen zum Pathos. Martin Heidegger hatte von beidem etwas, und es sind Johann Peter Hebel, ein Alemanne, und Friedrich Hölderlin, ein Schwabe, die er sich zu Schutzpatronen erwählte. Für ihn sind beide geprägt von der Region und ragen doch in die große Welt hinein. So hat er auch sich selbst gesehen: *der Weite des Himmels sich öffnen und zugleich in das Dunkel der Erde wurzeln* (D, 38).

In einer Vorlesung von 1942 interpretiert Heidegger Hölderlins Donau-Hymne »Der Ister«. Dem Vorlesungsmanuskript legte er eine Notiz bei, die dann im Drucktext fehlt: *Vielleicht muß Hölderlin, der Dichter, zum bestimmenden Geschick ... werden für einen Denkenden, dessen Großvater um dieselbe Zeit der Entstehung der ›Isterhymne‹ ... im Schafstall einer Meierei geboren wurde, die im oberen Donautal nahe dem Ufer des Stromes unter den Felsen liegt.*

Selbstmythisierung? Auf jeden Fall der Versuch, sich eine Herkunft zu geben, aus der man stammen möchte. Der Glanz Hölderlins auf dem Donauhaus, am Fuße von Burg Wildenstein, unterhalb Meßkirchs. Dort lebten die Heideggers im 18. Jahrhundert. Das Haus steht noch, und seine Bewohner berichten, wie der Professor mit der Baskenmütze immer wieder zu Besuch kam.

In der Nähe von Donauhaus und Burg Wildenstein liegt Beuron mit seinem Benediktinerkloster, einstmals ein Chorherrenstift der Augustiner. Diese mönchisch stille Welt mit ihrer großen Bibliothek, den Viehställen und Scheunen zog Martin Heidegger an, auch dann noch, als er sich von der Kirche gelöst hatte. In den zwanziger Jahren verbrachte er während der Semesterferien manches Mal einige Wochen in der Klosterzelle. Zwischen 1945 und 1949, in der Zeit seines Lehrverbotes, war Kloster Beuron der einzige Ort, wo er öffentlich auftrat.

Meßkirch zählte am Ende des 19. Jahrhunderts 2000 Einwohner. Die meisten davon waren in Landwirtschaft und Handwerk beschäftigt. Es gab auch einige Industrie am Ort, eine Brauerei, eine Spulenfabrik, eine Molkerei. In Meßkirch befanden sich die Dienststellen des Amtsbezirks, Gewerbeschulen, ein Telegrafenamt, ein Bahnhof, ein Postamt zweiter Klasse, ein Amtsgericht, Genossenschaftszentralen, Domänen- und Schloßverwaltungen. Meßkirch gehörte zu Baden, was für die geistige Atmosphäre des Städtchens von Bedeutung war.

In Baden gab es seit Anfang des 19. Jahrhunderts eine kraftvolle liberale Tradition. 1815 wurde eine Repräsentativverfassung erlassen, 1831 die Pressezensur aufgehoben. Baden war eine Hochburg der Revolution von 1848. Hecker und Struve riefen im April des Jahres vom nahen Konstanz aus zur bewaffneten Erhebung auf. Die revolutionären Kontingente sammelten sich bei Donaueschingen; sie wurden geschlagen, ein Jahr später eroberten sie für kurze Zeit die Macht, der Großherzog floh ins Elsaß; nur mit Hilfe der preußischen Truppen konnten die alten Verhältnisse wiederhergestellt werden. In Baden dachte man nicht freundlich über Preußen, und nach 1871 behielt hier das Reichsdeutsche immer einen schlechten preußischen Beigeschmack. Der badische Liberalismus hatte sich schließlich doch mit dem Reich arrangiert, auch weil er einen anderen Gegner gefunden hatte: die katholische Kirche.

Die Kirche hatte seit 1848 den Geist des Liberalismus, den sie sonst heftig bekämpfte, geschickt für die eigenen Interessen genutzt; sie forderte die freie Kirche im freien Staat, Beseitigung der staatlichen Bevormundung in Schulen und Universitäten, freie Besetzung der kirchlichen Pfründe, freie Verwaltung des kirchlichen Vermögens. Man solle Gott mehr gehorchen als den Menschen. Der Konflikt spitzte sich zu, als die Staatsregierung den Erzbischof von Freiburg 1854 verhaften ließ. Schließlich lenkte die Regierung ein, denn die Kirche war offenbar zu stark verwurzelt in den Denk- und Lebensgewohnheiten der Bevölkerung, besonders auf dem Land und in den kleinen Städten. Dieser katholische Populismus im Südwesten war kirchenfromm, aber staatsverdrossen, hierarchisch, aber auf Autonomie pochend gegenüber der staatlichen Macht. Er war antipreußisch, eher regionalistisch als nationalistisch gesinnt, antikapitalistisch, agrarisch, antisemitisch, heimatverbunden, und er war besonders in den unteren sozialen Schichten verwurzelt.

Die Konflikte zwischen Staat und Kirche verschärften sich wieder, als das Konzil in Rom 1870 das Dogma von der Unfehlbarkeit des

Papstes beschloß. Wenn im Zeitalter des Nationalismus die universelle Herrschaft der Kirche sich nicht wiederherstellen ließ, dann sollte wenigstens die katholische Welt wirkungsvoll abgeschirmt werden gegenüber dem Staat und der säkularisierten Gesellschaft.

Dagegen formierte sich eine Opposition, die sogenannte »altkatholische« Bewegung, die ihre sozialen Wurzeln vor allem im nationalliberalen katholischen Bildungsbürgertum Süddeutschlands hatte. In diesem Milieu wollte man nicht allzu »römisch« werden und das Katholische mit dem Nationalen verbinden. Manche »Altkatholiken« strebten darüber hinaus eine Modernisierung der Kirche insgesamt an: Abschaffung des Zölibats, Einschränkung der Heiligenverehrung, Selbstbestimmung der Gemeinden, Priesterwahl.

Die Bewegung schuf sich eine eigene Kirchenorganisation, wählte einen Bischof, blieb aber zahlenmäßig klein; zu keinem Zeitpunkt hatte sie mehr als 100000 Mitglieder, obwohl sie bei den Regierungen Unterstützung fand, besonders in Baden, wo die altkatholische Bewegung sich stark entwickelte. Meßkirch war in den siebziger und achtziger Jahren eine ihrer Hochburgen. Zeitweilig war dort fast die Hälfte der Bevölkerung altkatholisch.

Conrad Gröber, ein engagierter Vertreter des römischen Katholizismus, zeichnet ein düsteres Bild der Meßkirchener »Kulturkampfzeit«, die noch in die Kindheit Martins hineinragt: »Wir wissen es aus der eigenen bitteren Erfahrung, wieviel Jugendglück in jenen rauhen Jahren zerstört wurde, wo die reicheren altkatholischen Kinder die ärmeren katholischen Kinder abstießen, ihre Geistlichen und sie mit Übernamen belegten, sie durchprügelten und in Brunnentröge tauchten, um sie wiederzutaufen. Wir wissen leider auch aus der eigenen Erfahrung, wie selbst die altkatholischen Lehrer die Schafe von den Böcken schieden, die katholischen Schüler mit dem Kosenamen ›schwarze Siechen‹ belegten und es handgreiflich fühlen ließen, daß man nicht ungestraft auf römischen Pfaden wandeln dürfe. Sie waren ja alle bis auf einen abgefallen und mußten sich den Altkatholiken anschließen, wenn sie in Meßkirch eine definitive Stelle erhalten wollten. Es hat sich auch viel später noch gezeigt, daß man nur durch Religionswechsel ein Ämtchen in der Ablachstadt erobern könne.«

Zu den Standhaften zählte Heideggers Vater. Er blieb bei den »Römischen«, obwohl er zunächst nur Nachteile davon hatte.

Die Regierung hatte den Meßkirchener Altkatholiken ein Mitbenutzungsrecht an der Stadtkirche St. Martin zugesprochen. Für die »Römischen« bedeutete das eine Entweihung des Gotteshauses, und deshalb zogen sie aus. Unweit der Stadtkirche bauten sie 1875 einen alten Fruchtspeicher mit tätiger Hilfe der Beuroner Mönche zu einer »Notkirche« um. Dort war auch die Küferwerkstatt des Mesners Friedrich Heidegger untergebracht, und dort wurde Martin getauft.

Der Gegensatz zwischen den »Römischen« und den Altkatholiken zerriß die Stadtgemeinde in zwei Lager. Die Altkatholiken – das waren die ›besseren Kreise‹, die ›Liberalen‹, die ›Modernen‹. Aus deren Sicht galten die »Römischen« als die Fußkranken des Fortschritts, beschränkte, zurückgebliebene kleine Leute, die am überlebten kirchlichen Brauchtum festhielten. Wenn die »Römischen« zum Frühjahrs- und Herbstsegen auf die Felder hinauszogen, blieben die Altkatholiken zu Hause, und die Kinder aus ihren Familien warfen mit Steinen nach den Monstranzen.

In diesen Konflikten erlebte der kleine Martin zum erstenmal den Gegensatz zwischen Tradition und Moderne. Er erfuhr das Kränkende dieser Modernen. Die Altkatholiken gehörten zu ›denen da oben‹, und die »Römischen«, obwohl in der Mehrheit, mußten sich als Unterlegene fühlen. Um so fester schlossen sie sich in ihrer Gemeinschaft zusammen.

Als gegen Ende des Jahrhunderts die Zahl der Altkatholiken auch in Meßkirch drastisch zurückging und das Kulturkampfklima sich entspannte, erhielten die »Römischen« die Stadtkirche samt Vermögen und Liegenschaften zurück. Die Heideggers konnten wieder ins Mesnerhaus am Kirchplatz einziehen. Am 1. Dezember 1895 besiegelte ein feierlicher Gottesdienst diesen Sieg über die »Abtrünnigen«. Dabei geriet der kleine Martin unverhofft in eine Schlüsselrolle: Dem altkatholischen Mesner war es peinlich, die Kirchenschlüssel seinem Nachfolger zu übergeben, und so steckte er sie einfach dem kleinen Mesnersohn zu, der da gerade auf dem Kirchplatz spielte.

Die Welt der Kindheit – das ist das kleine geduckte Mesnerhaus am Kirchplatz gegenüber der mächtig aufragenden Kirche St. Martin. Der Platz öffnet sich zum Fürstenbergschen Schloß hin, erbaut im 16. Jahrhundert. Die Kinder konnten durchs große Portal in den Innenhof und weiter in den Schloßpark vordringen bis zum Hofgartentor am anderen Ende, wo die freie Landschaft mit dem Feldweg beginnt: *Er läuft aus dem Hofgartentor zum Ehnried. Die alten Linden des Schloßgartens schauen ihm über die Mauer nach, mag er um die Osterzeit hell zwischen den aufgehenden Saaten und erwachenden Wiesen leuchten oder um Weihnachten unter Schneewehen hinter dem nächsten Hügel verschwinden* (D, 37).

Die »Mesnerbuben«, Martin und sein jüngerer Bruder Fritz, mußten helfen beim kirchlichen Dienst. Sie waren Ministranten, pflückten Blumen für den Kirchenschmuck, versahen Botendienste für den Pfarrer und mußten die Glocken läuten. Sieben Glocken, so erinnert sich Heidegger in VOM GEHEIMNIS DES GLOCKENTURMS, hingen im Turm, jede hatte einen Namen, einen eigenen Klang und eine eigene Zeit. Es gab die Viere für nachmittags um vier, das sogenannte Schrecke-Läuten, das die Schläfer des Städtchens aufschreckte; die Dreie war auch die Sterbeglocke. Die Kinde läutete zur Christenlehre und zu den Rosenkranzandachten, die Zwölfe beendete den Vormittagsunterricht in der Schule, die Klanei war die Glocke, auf die der Stundenhammer schlug, und die mit dem schönsten Klang war die Große; mit ihr wurden am Vorabend und in der Frühe die hohen Festtage eingeläutet. Zwischen Gründonnerstag und Karsamstag schwiegen die Glocken, dann wurde gerätscht. Eine gedrehte Kurbel setzte eine Reihe von Hämmerchen in Bewegung, die auf hartes Holz schlugen. In den vier Ecken des Turms stand eine Rätsche, die Läuterbuben mußten abwechselnd drehen, in alle vier Himmelsrichtungen sollte das herbe Geräusch hinausgehen. Am schönsten aber war es an den Weihnachtsfeiertagen. Gegen halb vier in der Frühe kamen die Läuterbuben ins Mesnerhaus, wo die Mutter den Tisch mit Kuchen und Milchkaffee gedeckt hatte. Nach diesem Frühstück wurden im Hausflur die Laternen angezündet und man ging durch den Schnee und die Winternacht hinüber zur Kirche und hinauf in den dunklen Glockenturm zu den gefrorenen Seilen und eisüberzogenen Klöppeln. *Die geheimnisvolle Fuge*, schreibt Martin Heidegger, *in der sich die kirchlichen Feste, die Vigiltage, und der Gang der Jahreszeiten und die morgendlichen, mittäglichen und abendlichen Stunden jedes Tages ineinanderfugten, so daß immerfort ein Läuten durch die jungen Herzen, Träume, Gebete und Spiele ging – sie ist es wohl, die mit eines der zauberhaftesten und heilsten und währendsten Geheimnisse des Turmes birgt...* (D, 65/66).

Es war ein Leben unter der Obhut der Kirche in einem Provinzstädtchen am Anfang des Jahrhunderts. Im FELDWEG erinnert sich Heidegger an die Spiele mit den selbstgeschnitzten Schiffchen im Schulbrunnen: *Das Träumerische solcher Fahrten blieb in einem ehemals noch kaum sichtbaren Glanz geborgen, der auf allen Dingen lag. Ihr Reich umgrenzten Auge und Hand der Mutter... Jene Fahrten des Spiels wußten noch nichts von Wanderungen, auf denen alle Ufer zurückbleiben...* (D, 38).

Dieser *ehemals noch kaum sichtbare Glanz* liegt über allen Erinnerungen Heideggers an die Meßkirchener Kindheit, und es ist dabei wohl nicht nur Verklärung im Spiel, denn auch der Bruder Fritz hat jene Jahre ähnlich erlebt. »So genossen die meisten von uns durch alle Lausbubereien hindurch die Wohltat einer seitdem nie mehr erlebten stetigen Schwerelosigkeit.« Der Bruder Fritz blieb sein Leben lang am Ort der Kindheit, hier arbeitete er als Beamter bei der örtlichen Kreditbank, und hier starb er.

Für die Meßkirchener war Fritz Heidegger ein ›Original‹. Er war hier so populär, daß auch später der weltberühmte Philosoph immer nur als der ›Bruder vom Fritz‹ galt. Fritz Heidegger war ein Stotterer, aber nur wenn er »ernscht« wurde, erzählen sie in Meßkirch, »hot er sei Sach nit rausbrocht«, dann kam bei ihm das Heideggersche ›Dasein‹ als ›Da-da-dasein‹ heraus. Er sprach ohne Stocken, wenn er spotten konnte, beispielsweise bei seinen berühmten Fastnachtsreden. Bei dieser Gelegenheit kannte er keine Scheu, in der Hitler-Zeit legte er sich sogar mit ortsbekannten Nazis an, seine Popularität schützte ihn. Fritz hatte keine Universität besucht. Der Bankbeamte nannte sich bisweilen einen »Scheinwerfer«. Für seinen Bruder hat er 30000 Manuskriptseiten abgetippt und während der Kriegsjahre in einem Banktresor verwahrt. Man würde sie, so sagte er, doch erst mit Verständnis lesen können im 21. Jahrhundert, »wenn die Amerikaner schon längst auf dem Mond einen riesigen Großmarktladen eingerichtet haben«. Er habe, erzählt er, beim Kollationieren und Überarbeiten der Texte mitgeholfen. Er wollte in einem Satz nicht zwei Gedanken dulden. Du mußt sie auseinanderreißen, habe er dem Bruder gesagt. Durch eine schmale Tür komme nur eins nach dem anderen. In diesem Fall also bevorzugte Fritz die übersichtlichen Verhältnisse, sonst aber konnte es ihm nicht unübersichtlich genug zugehen. Eine seiner Redewendungen war: Sollen die Leute mich doch übersehen, aber sie dürfen mich nicht für übersichtlich halten! Er schätzte an der Philosophie ihre närrischen Seiten und bedauerte es, wenn Philosophen sich selbst allzu ernst nahmen. Wer sich den Sinn fürs Närrische bewahrt, kommt mit diesem Da-da-dasein ganz gut zurecht, pflegte er zu sagen: »In uns, im innersten Herzwinkel lebt etwas, das alle Not überdauert: die Freude, der letzte Rest jener ursprünglichen Narrheit, die wir alle kaum noch ahnen.« Fritz Heidegger besaß jene Selbstironie, die seinem Bruder Martin fehlte. Die eigene Geburt, er kam fünf Jahre nach Martin zur Welt, kommentierte er so: »Der Lebens-Schmerz fängt bei dem einen heute und bei dem anderen morgen an. Bei dem kleinen Erdenwurm in der Schloßstraße fing er am Aschermittwoch an: Erbrechen, Gerben, fürchterliches Abweichen. Wie es eben am Aschermittwoch üblich ist.«

Martin Heidegger wird seinem Bruder in Dankbarkeit ein Buch widmen. *Dem einzigen Bruder*, heißt es da mit schöner Doppeldeutigkeit.

Die Eltern waren gläubig, aber ohne Fanatismus und rigiden Konfessionalismus, berichtet Fritz Heidegger. Das katholische Leben war ihnen so in Fleisch und Blut übergegangen, daß sie ihren Glauben gar nicht zu verteidigen brauchten oder gegen andere durchsetzen mußten. Um so fassungsloser waren sie dann, als ihr Sohn Martin vom ›rechten Weg‹ abkam, der ihnen einfach der selbstverständlichste war.

Die Mutter war eine heitere Frau. »Oft sagte sie«, berichtet Fritz Heidegger, »das Leben sei so schön eingerichtet, daß man sich immer auf etwas freuen dürfe.« Sie war resolut, manchmal stolz, sie versteckte nicht das Selbstbewußtsein ihrer gutbäuerlichen Herkunft. Sie galt als arbeitsam, man kannte sie fast nur mit Schürze und dem »Kopftüchle«. Der Vater war ein in sich gekehrter Mann, der tagelang schweigen konnte, unauffällig, fleißig, rechtschaffen. Ein Mensch, zu dem den Söhnen später nicht viel eingefallen ist.

Bei den Heideggers ging es nicht üppig zu, aber auch nicht ärmlich. 2000 Mark Grundvermögen und 960 Mark Einkommensteuerveranschlagung (im Jahr 1903) bedeutete unterer Mittelstand. Eine Familie konnte davon leben, aber es reichte nicht aus, um aus eigenen Mitteln die Kinder auf die teuren weiterführenden Schulen zu schicken. Hier nun sprang die Kirche ein. Es war die übliche Praxis der kirchlichen Begabtenförderung und zugleich der Rekrutierung des Priesternachwuchses vor allem in den ländlichen Regionen.

Der Stadtpfarrer Camillo Brandhuber schlug den Eltern vor, den begabten Sohn nach Abschluß der Meßkirchener Bürgerschule (ein Gymnasium gab es nicht am Ort) ins katholische Konvikt Konstanz zu schicken, ein Internat für den Priesternachwuchs. Brandhuber hatte seinem Zögling kostenlosen Lateinunterricht erteilt und damit den Übergang in ein Gymnasium möglich gemacht. Der Präfekt des Konstanzer Konvikts war Conrad Gröber. Brandhuber und Gröber hatten für Martin ein Stipendium aus einer Lokalstiftung besorgt. Die Eltern waren stolz, daß die Kirche den Sohn in ihre Obhut nahm. Für

Martin aber begann die Zeit der finanziellen Abhängigkeit von der Kirche. Nun war er zu Dank verpflichtet.

Dreizehn Jahre lang, bis 1916 sollte diese finanzielle Abhängigkeit fortbestehen. Nach dem Weißschen Stipendium für die Konstanzer Konviktszeit (1903–06) erhielt Martin für die letzten Gymnasialjahre und die ersten vier theologischen Semester in Freiburg bis 1911 das an die Priesterausbildung gebundene Eliner-Stipendium. Die Studienjahre zwischen 1913 und 1916 wurden finanziert aus der Schätzlerschen Dotation, deren Stiftungszweck den Stipendiaten auf die Bewahrung der Philosophie und Theologie des hl. Thomas von Aquin festlegte. Heidegger blieb über den Zeitpunkt hinaus, da er sich innerlich bereits von der Kirche zu lösen begann, von der katholischen Welt abhängig. Er mußte sich anpassen, und das beschämte ihn – eine Kränkung, die er dem *System des Katholizismus*, wie er es nannte, nicht verzeihen konnte. Dieses institutionelle *System* mit seiner Interessenpolitik im öffentlichen Leben wird ihm so verleidet, daß er später mit der Nazibewegung auch deshalb sympathisiert, weil sie antiklerikal auftritt.

Im Jahr 1903 bezieht Heidegger das Konstanzer Konvikt und das dortige Gymnasium.

Meßkirch war noch eine geschlossene katholische Welt, auch wenn die Konflikte mit den Altkatholiken noch nachwirkten. Im fünfzig Kilometer entfernten Konstanz aber ist die moderne Zeit schon deutlicher zu spüren.

Die ehemalige Reichsstadt war konfessionell gemischt. Die große Geschichte der Stadt lebte noch fort in den Baudenkmälern. Da gab es das alte Kaufhaus, wo im 15. Jahrhundert das Konzil getagt, und das Haus, wo Hus auf seinen Prozeß gewartet hatte. Das Dominikanerkloster, wo der ›Ketzer‹ gefangen saß, war inzwischen zu einer Hotelanlage umgebaut worden, das sogenannte »Inselhotel«, mit seinen Versammlungssälen ein Mittelpunkt des geistigen Lebens der Stadt. Hier fanden Konzerte und Vortragsveranstaltungen statt, die von den Gymnasiasten gerne besucht wurden. Hier huldigte man dem ›modernen Geist‹. Gesprochen wurde über Nietzsche, Ibsen, den Atheismus, über Hartmanns »Philosophie des Unbewußten«, Vaihingers »Philosophie des Als-ob«, sogar über Psychoanalyse und Traumdeutung. In Konstanz wehte eben ein fortschrittlicher Geist, die Stadt war seit Heckers Tagen von 1848 eine Hochburg des badischen Liberalismus geblieben. Günther Dehn, der zu Heideggers Zeiten das Konstanzer Gymnasium besuchte, erzählt in seiner Lebenserinnerung von dem wohligen Schauder, den er und seine Klassenkameraden empfunden hätten, als sie hörten, der Bademeister der Männerbadeanstalt sei ein alter Achtundvierziger, der noch auf der Barrikade gekämpft habe. Die auflagenstärkste Zeitung am Ort, die »Abendzeitung«, war demokratisch, antiklerikal und auch vorsichtig antipreußisch, obwohl oder gerade weil in der Stadt ein badisches Infanterieregiment stand und Offiziere aus dem ganzen Reich in der Stadt am Bodensee gerne ihren Urlaub verbrachten.

Das Konvikt, Studienhaus St. Konrad oder auch einfach nur »Konradihaus« genannt, war in den Jahren des Kulturkampfes geschlossen und erst 1888 wieder geöffnet worden. Das Gymnasium, ein ehemaliges Jesuitenkolleg, stand unter staatlicher Aufsicht. Die Konviktler besuchten also eine ›weltliche‹ Schule, in der ein gemäßigt liberaler, antikonfessioneller Bildungshumanismus vorherrschte. Da gab es den Lehrer für neuere Sprachen, Pacius, ein Demokrat, Freidenker und Pazifist, der bei den Schülern sehr beliebt war, weil er so starke Aussprüche tat. Die Konviktler, bei denen als angehende Theologen Aristoteles hoch im Kurs zu stehen hatte, ärgerte er mit der Behauptung: »Aristoteles, was war er schon, verglichen mit Platon, diesem Riesengeist«, aber auch die Protestanten wurden nicht geschont: »Astrologie«, pflegte er zu sagen, »nach meiner Forschung stammt dieser Aberglaube von Melanchthon.« Für den Deutsch- und Griechischlehrer Otto Kimmig war Lessings »Nathan der Weise« der einzige heilige Text, den er akzeptierte. Der Einfluß dieser Schulmänner, von denen auch Martin Heidegger unterrichtet wurde, muß beträchtlich gewesen sein: »Wie sehr ich durch diese beiden Lehrer aus der christlichen Gedankenwelt, die für sie gar nicht existierte, sozusagen unversehens herausgeführt wurde, ist mir erst später klar geworden«, so das Resümee von Günther Dehn.

Die Konviktler im Konradihaus wurden, so gut es ging, gegen die Freigeisterei in der Schule immunisiert. Sie bekamen apologetischen Schliff, wurden präpariert für die Händel mit den ›Weltlichen‹. Reihum hatten sie Vorträge auszuarbeiten, in denen sie sich gewappnet zeigen mußten. Da ging es beispielsweise um die Frage, ob der Mensch tatsächlich aus eigener Kraft zur Humanität gelangen könne und wo die Grenzen der Toleranz lägen; über Freiheit und Erbsünde wurde gesprochen und das Problem erörtert, ob Goethes Iphigenie eine heidnisch-christliche oder eine christlich-deutsche oder eine nur heidnische Gestalt sei. Von solchen Streitfragen durfte man sich erholen bei den heimatkundlichen Themen, der Geschichte des Klosters Reichenau, den Sitten und Gebräuchen des Hegau, den urzeitlichen Pfahlbürgern am Bodensee. Manchmal ging es bei den Konviktlern auch jugendbewegt zu: an sonnigen Tagen wanderte man mit Klampfe und Gesang hinaus ins Grüne, auf die Mainau, zum Grafengarten in Bodman und zu den Weinbergen am Untersee. Man übte Dialektstücke ein, musizierte, und wenn die weltlichen Mitschüler mit ihren Besuchen bei den Künstlerinnen vom Theater renommierten, konnten die Konviktler von ihrem letzten Krippenspiel berichten. ›Mucker‹ allerdings waren die Konviktler nicht: sie wählten, wie sollte es im Badischen anders sein, ein Repräsentativorgan, das beratende Stimme bei der Leitung des Hauses hatte, und gaben eine Zeitung heraus, die in regelmäßigen Abständen daran erinnerte, daß Baden als erstes deutsches Land die Pressezensur aufgehoben habe.

Die Konviktler lebten unter sorgfältiger, aber offenbar nicht unduldsamer Aufsicht. Martin Heidegger blickte jedenfalls ohne Zorn auf seine Konstanzer Jahre zurück. Dem damaligen geistlichen Präfekten für die unteren Klassen, Matthäus Lang, schrieb er 1928: *Ich denke gern und dankbar an die Anfänge meines Studiums im Konradihaus zurück und spüre immer deutlicher, wie stark alle meine Versuche mit dem heimatlichen Boden verwachsen sind. Es ist mir noch deutlich in Erinnerung, wie ich zu Ihnen als damaligem neuen Präfekten ein Vertrauen faßte, das geblieben ist und mir den Aufenthalt im Hause zur Freude machte.*

Weniger erfreulich war für die Konviktler der Umgang mit ihren ›freien‹ Mitschülern am Gymnasium, besonders wenn diese aus den besseren Kreisen stammten. Diese Söhne von Advokaten, Beamten und Kaufleuten fühlten sich den »Kapaunern«, wie sie genannt wurden, überlegen. Die Konviktler kamen ja zumeist vom Lande und, wie auch Martin Heidegger, aus bescheidenen oder gar ärmlichen Verhältnissen. Günther Dehn, Sohn eines Oberpostdirektors, erinnert sich: »Wir haben die ›Kapauner‹ immer etwas von oben herab behandelt. Sie waren schlecht gekleidet und, wie wir meinten, auch nicht recht gewaschen. Wir dünkten uns etwas Besseres. Das hinderte uns aber nicht daran, sie gründlich auszubeuten. Sie wurden dazu angehalten, ihre Hausarbeiten aufs sorgfältigste zu erledigen. So mußten sie denn in der Pause uns vorübersetzen, was sie immer willig taten.«

Die Konviktler blieben unter sich, so konnten sie sich besser behaupten – eine Gemeinschaft, die von den anderen ein wenig belächelt wurde. Von manchen Vergnügungen ihrer ›weltlichen‹ Mitschüler blieben sie ausgeschlossen, es fehlte an Taschengeld, oder es gab einschlägige Verbote. Sie blieben Zaungäste, wenn die Fastnacht drei Tage lang in den winkligen Straßen und in den Kneipen der Stadt tobte und die Schüler ihre eigene närrische Zunft bildeten; wenn im Sommer die fremden Urlauber in die Stadt kamen, die bunt bewimpelten Vergnügungsschiffe nach Meersburg hinausfuhren und abends eine torkelnde Menschenmenge zurückbrachten, die singend und johlend durch die Altstadtgassen zog, die Gymnasiasten mit ihren bunten Mützen immer dabei. Anderntags ging das Renommieren los, da wurde in den Unterrichtspausen von Erlebnissen und Eroberungen erzählt, daß es den Konviktlern in den Ohren klang. In der Zeit der Weinlese gab es überall den leicht berauschenden Sauser. In bestimmten Lokalen durften die Gymnasiasten bis zehn Uhr abends verkehren. Dort trafen sie ihre Lehrer beim Schoppen Wein, eine gute Gelegenheit, um zu fraternisieren, Intimitäten und Souveränitätsgewinne, die den Konviktlern versagt blieben.

Sie gehörten eben doch zu einer anderen Welt, und man ließ es sie auch spüren. Sie mußten gegen das Gefühl der Unterlegenheit ankämpfen. Dabei half der Trotz: die Ausgeschlossenen konnten sich ja auch als die Auserwählten fühlen.

Im Spannungsverhältnis zwischen Konvikt und dem munteren Stadtleben draußen, zwischen katholischer Welt und bürgerlich-liberalem Milieu könnte sich schon beim Schüler Martin Heidegger die Vorstellung jener beiden Welten gebildet haben: hier die strenge, schwere, beharrliche, langsame Welt und dort die schnellebige, oberflächliche, den Augenblicksreizen hingegebene; hier die Mühe, dort die bloße Geschäftigkeit; hier wird gewurzelt, dort geht es haltlos zu; die einen machen es sich schwer, die andern suchen den bequemsten Weg; die einen sind tiefsinnig, die anderen leichtsinnig; die einen bleiben dem Eigenen treu, die anderen verlieren sich in der Zerstreuung.

Dieses Schema wird später unter den Begriffen *Eigentlichkeit* und *Uneigentlichkeit* in Heideggers Philosophie Karriere machen.

Im Herbst 1906 wechselte Martin Heidegger vom Konstanzer Konradihaus zum erzbischöflichen Gymnasialkonvikt St. Georg in Freiburg, wo er das angesehene Bertoldgymnasium besuchte. Das Stipendium aus der Meßkirchener Lokalstiftung deckte nicht mehr die Internatskosten für Konstanz. Die rührigen Mentoren des Mesnersohnes, Conrad Gröber und Camillo Brandhuber, hatten eine andere Finanzquelle aufgetan: das Eliner-Stipendium. Es war im 16. Jahrhundert gestiftet worden von

Christoph Eliner, einem Theologen aus Meßkirch. Theologiekandidaten aus dem Ort sollten gefördert werden, und vorgeschrieben war der Besuch des Gymnasiums und der Universität in Freiburg.

Der Wechsel von Konstanz nach Freiburg kam einer Auszeichnung gleich. Ohne Groll konnte Martin von Konstanz scheiden, das er stets in guter Erinnerung behielt. Auch noch in späteren Jahren besuchte er die Treffen der ehemaligen Klassenkameraden. Zum Konvikt in Freiburg entwickelt er nicht solche Gefühle der Anhänglichkeit. Da er fast sein ganzes Leben in dieser Stadt verbringen wird, muß er Distanzen schaffen. Hier wird er sich abkehren vom Katholizismus, der in Freiburg besonders mächtige Schatten wirft: das Münster, in der Hochgotik vollendet, überragt die Stadt. Es liegt wie ein gewaltiges Schiff am Fuße der Bergketten des Schwarzwaldes, als sei es im Begriff, in die Bucht des Breisgaus hinauszufahren.

Bis zum Zweiten Weltkrieg war die dicht um das Münster gruppierte Altstadt noch fast vollständig erhalten. Es gab noch die zahlreichen Gassen, die sternförmig auf den Münsterplatz zuliefen, manche von kleinen Kanälen gesäumt. In der Nachbarschaft der klerikalen Herrensitze waren die Konviktler untergebracht.

Als der junge Martin Heidegger nach Freiburg kam, bot diese Stadt fast immer noch jenen Anblick, den Sulpiz Boisseré ein Jahrhundert zuvor in einem Brief an Goethe so geschildert hatte: »Von Freiburg hätte ich Dir ein ganzes Buch zu schreiben, das ist ein Ort aller Orte, alles Alte so schön mit Liebe erhalten, eine herrliche Lage, in jeder Gasse ein kristallheller Bach, in jeder ein alter Springbrunnen, ... rundherum Weinwuchs; alle Wälle, ehemalige Festungswerke, mit Reben bepflanzt.«

Martin war ein strebsamer Schüler des Bertoldgymnasiums. Sein intellektueller Ehrgeiz suchte noch das kirchliche Betätigungsfeld: er wollte nach dem Abitur in den Jesuitenorden eintreten. Seine Lehrer unterstützten dieses Vorhaben. Der Rektor des Gymnasialkonvikts schreibt im Abschlußzeugnis von 1909: »Seine Begabung sowie sein Fleiß und seine sittliche Haltung sind gut. Sein Charakter hatte schon eine gewisse Reife, und auch in seinem Studium war er selbständig, betrieb sogar auf Kosten anderer Fächer zuweilen etwas zu viel deutsche Literatur, in welcher er große Belesenheit zeigt. – In der Wahl des theologischen Berufs sicher und zum Ordensleben geneigt, wird er sich wahrscheinlich um Aufnahme in die Gesellschaft Jesu melden.«

Anders als manche seiner Mitschüler fühlte sich der junge Martin

Heidegger nicht hingezogen zu den ›modernen‹ geistigen Tendenzen des Zeitalters. Die jungen Autoren des Naturalismus, Symbolismus oder des Jugendstils kommen in seinem persönlichen Lektürekanon noch nicht vor. Seine geistigen Exerzitien sind von strengerer Art. Über die Anregungen, die er in der Schule empfing, schreibt Heidegger in seinem für die Habilitation 1915 verfaßten LEBENSLAUF: *Als in der Obersekunda der mathematische Unterricht vom bloßen Aufgabenlösen mehr in theoretische Bahnen einbog, wurde meine bloße Vorliebe zu dieser Disziplin zu einem wirklichen sachlichen Interesse, das sich nun auch auf die Physik erstreckte. Dazu kamen Anregungen aus der Religionsstunde, die mir eine ausgedehnte Lektüre über die biologische Entwicklungslehre nahelegten. In der Oberprima waren es vor allem die Platostunden …, die mich mehr bewußt, wenn auch noch nicht mit theoretischer Strenge in philosophische Probleme einführten.*

Ausgerechnet der Religionsunterricht erweckt sein Interesse an der damals besonders religionsfeindlichen biologischen Entwicklungslehre. Es lockt ihn offenbar in geistig gefährlichere Gegenden hinaus, wo der Glaube von Meßkirch einen schweren Stand hat. Ihm ist vor dem geistigen Abenteuer nicht bange, denn noch spürt er Grund unter den Füßen, Glaubensgrund. Und so tritt er am 30. September 1909 in das Noviziat der Gesellschaft Jesu in Tisis bei Feldkirch (Vorarlberg) ein. Zwei Wochen später, nach Ablauf der Probezeit, wird er bereits entlassen. Offenbar habe Heidegger, so berichtet Hugo Ott, über Herzbeschwerden geklagt und sei deshalb aus gesundheitlichen Gründen wieder nach Hause geschickt worden. Diese Beschwerden werden sich zwei Jahre später wiederholen und dann den Abbruch der Priesterausbildung veranlassen. Vielleicht hatte sich damals das Herz gewehrt gegen die Pläne des Kopfes.

Zweites Kapitel

Unter den Antimodernisten. Abraham a Sancta Clara. Der Jenseitswert des Lebens. Die himmlische Logik. Heidegger entdeckt Brentano und Husserl. Das philosophische Erbe des 19. Jahrhunderts. Die Trockenlegung des deutschen Idealismus. Philosophie des Als-ob. Zuflucht bei den Kulturwerten. Das Gelten und das Geld.

Noch ist Martin Heidegger unbeirrt: von den Jesuiten abgewiesen, bewirbt er sich um Aufnahme unter die Kandidaten des Theologischen Konviktes in Freiburg. Das mag auch finanzielle Gründe gehabt haben. Die Eltern können ihm ein Studium nicht bezahlen, und das Eliner-Stipendium, das er seit der Freiburger Gymnasialzeit bezieht, ist an die Theologenausbildung gebunden.

Zum Wintersemester 1909 beginnt er das Studium der Theologie. Im LEBENSLAUF von 1915 schreibt er: *Die damals vorgeschriebenen Vorlesungen befriedigten mich wenig, sodaß ich mich auf das Selbststudium der scholastischen Lehrbücher verlegte. Sie verschafften mir eine gewisse formale logische Schulung, gaben mir aber in philosophischer Hinsicht nicht das, was ich suchte.*

Nur einen Freiburger Theologen hebt er besonders hervor und wird ihn auch später stets als seinen *Lehrer* bezeichnen: Carl Braig. Als Oberprimaner bereits hatte er dessen Kompendium »Vom Sein. Abriß der Ontologie« (1896) studiert und sich dort mit einigen Grundbegriffen der ontologischen Tradition vertraut gemacht. Durch ihn ist er erstmals zur Auseinandersetzung mit Hegel und Schelling angeregt worden; bei Spaziergängen, auf denen er ihn begleiten durfte, lernte er Braigs *eindringliche Art* (Z, 82) des Denkens kennen. Braig habe es verstanden, Gedanken lebendige Gegenwart werden zu lassen, berichtet Heidegger noch fünfzig Jahre später.

Carl Braig war ein Theologe des Antimodernismus.

Seit der Enzyklika »Pascendi dominici gregis« von 1907, die dem »Modernismus« den Kampf angesagt hatte – »De falsis doctrinis modernistarum« –, waren »Modernismus« und »Antimodernismus« zu Feldstandarten einer Geisterschlacht nicht nur im Katholizismus geworden. Den Antimodernisten ging es nicht einfach darum, die kirchlichen Dogmen (z. B. die »Unbefleckte Empfängnis«) und die Prinzipien der klerikalen Hierarchie (z. B. die Unfehlbarkeit des Papstes) zu verteidigen. So haben es ihre Gegner gerne dargestellt und deshalb im Antimodernismus nichts anderes gesehen als eine gefährliche oder gar lächerliche Verschwörung von Dunkelmännern gegen den wissenschaftlichen Geist der Zeit, gegen Aufklärung, Humanismus und Fortschrittsideen jeglicher Art.

Doch daß man Antimodernist sein konnte, ohne zum Obskuranten werden zu müssen, zeigt das Beispiel Carl Braig – ein scharfsinniger Kopf, der die unreflektierten Glaubensvoraussetzungen in den verschiedenen Spielarten der modernen Wissenschaftlichkeit aufdeckte; was sich glaubenslos und voraussetzungslos dünkte, das wollte er aus seinem »dogmatischen Schlummer« aufwecken. Die sogenannten Agnostiker, sagte er, haben auch einen Glauben, allerdings einen besonders primitiven und hausbackenen: den Glauben an den Fortschritt, an die Wissenschaft, an die biologische Evolution, die es angeblich so gut mit uns meint, an ökonomische und historische Gesetze... Der Modernismus sei, so Braig, »geblendet für alles, was nicht sein Selbst ist oder nicht seinem Selbst dient«, die Autonomie des Subjektes sei zu einem selbstgezimmerten Gefängnis geworden. Braig kritisiert an der modernen Zivilisation die mangelnde Ehrfurcht vor dem unausschöpflichen Geheimnis einer Wirklichkeit, deren Teil wir sind und die uns umgreift. Wenn der Mensch sich anmaßend in den Mittelpunkt stellt, so bleibt ihm am Ende nur noch ein pragmatisches Verhältnis zur Wahrheit: ›Wahr‹ ist, was uns nützt und womit wir praktischen Erfolg haben. Dagegen nun Braig: »Die geschichtliche Wahrheit, wie alle Wahrheit – am siegreichsten leuchtet hier die mathematische Wahrheit auf, die strengste Form der ewigen Wahrheit – ist vor dem subjektiven Ich und ohne dasselbe... So wie das Ich der Vernunft die Vernünftigkeit der Dinge insgesamt ansieht, so sind sie nicht in der Wahrheit ... und kein Kant ... wird das Gesetz abändern, das dem Menschen gebietet, sich nach den Dingen zu richten.«

Tatsächlich will Braig hinter Kant zurückgehen, aber mit Hegel, der gegen den allzu vorsichtigen Kant eingewandt hatte, daß die Furcht zu irren selbst der Irrtum sei. Braig ermuntert dazu, die transzendentalen Grenzen zu überschreiten: Ist es denn ausgemacht, daß nur wir die Welt entdecken, warum sollte es nicht die Welt sein, die sich uns entdeckt? Erkennen wir nicht vielleicht nur deshalb, weil wir erkannt sind? Wir können Gott denken, warum sollten wir dann nicht die Gedanken Gottes sein? Bisweilen recht grobianisch zerschlägt Braig das Spiegelkabinett, in dem er den modernen Menschen gefangen sieht. Braig plädiert offen für einen vormodern anmutenden Realismus, spirituell und empirisch. Er begründet ihn mit dem Hinweis, daß wir, weil wir von Grenzen wissen, schon über sie hinaus sind. Indem wir das Erkennen erkennen und das Wahrnehmen wahrnehmen, bewegen wir uns bereits im Raum des absolut Wirklichen. Wir müssen uns, sagt Braig, vom Absolutismus des Subjekts lösen, um frei zu werden für die Wirklichkeiten des Absoluten.

Auf diesem Kampfboden des Modernismusstreits hatte der junge Martin Heidegger seinen ersten publizistischen Auftritt. Er ist inzwischen Mitglied im »Gralbund«, einer strikt antimodernistischen Gruppierung der katholischen Jugendbewegung, deren geistiger Führer der Wiener Richard von Kralik war, ein Eiferer für die Wiederherstellung des reinen katholischen Glaubens und des alten römisch-katholischen Weltreichs deutscher Nation. Habsburg, nicht Preußen, sollte dessen Mittelpunkt sein. Es ging also auch um eine politische Mitteleuropa-Konzeption. In diesen Kreisen träumte man von dem romantischen Mittelalter eines Novalis und vertraute auf das Stiftersche »sanfte Gesetz« des treu bewahrten Herkommens. Man war aber in diesen Kreisen auch bereit, solches Herkommen außerordentlich robust gegen die modernen Zumutungen und Verführungen zu verteidigen. Gelegenheit dazu bot sich für den jungen Martin Heidegger anläßlich der Feierlichkeiten bei der Einweihung des Denkmals für Abraham a Sancta Clara im August 1910 in Kreenhainstetten, einer kleinen Nachbargemeinde von Meßkirch.

Der Meßkirchener Lokalpatriotismus hatte stets das Andenken an den berühmten, in Kreenhainstetten 1644 geborenen und 1709 in Wien hochgeehrt gestorbenen Hofprediger Abraham a Sancta Clara gepflegt, mit Artikeln in der Lokalpresse und mit kleinen Feiern zu den runden Geburtstagen. Seit Anfang des Jahrhunderts aber war in diese gemütvolle und heimatverbundene Traditionspflege ein scharfer, polemisch-ideologischer Zug hineingekommen. Die süddeutschen »Antimodernisten« hatten sich Abraham a Sancta Clara zur Leitfigur erkoren. Auf ihn beriefen sie sich in ihren Polemiken gegen die liberale Strömung des Katholizismus. Bei dem berühmten Augustinermönch konnte man kräftige Worte finden gegen das genußsüchtige, verderbte Stadtleben, gegen geistigen Hochmut, der sich nicht mehr vor den geoffenbarten Lehren der Kirche beugt, gegen die Verschwendungssucht der Reichen, aber auch gegen die sogenannte Raffgier der »Zinsjuden«. Dieser Prediger hatte die Partei der kleinen und armen Leute ergriffen, hatte sich stolz zu seiner niederen Herkunft bekannt. Nicht jeder, der unter einem Strohdach geboren werde, habe Stroh im Kopf, so lautete einer seiner häufig zitierten Aussprüche. Abraham a Sancta Clara war christlich-sozial, volkstümlich, derb, fromm, aber nicht bigott, heimatverbunden und auch antisemitisch – genau die richtige Mischung für die Antimodernisten.

Die Denkmalenthüllung an diesem 16. August 1910 war ein großes Volksfest. Martin Heidegger war von Meßkirch herübergekommen.

Das Dorf hatte sich mit Blumen geschmückt, Transparente mit Aussprüchen des Predigers hingen aus den Fenstern und waren über die Dorfstraße gespannt. Ein Festzug setzte sich in Bewegung, vorneweg berittene Herolde in historischen Kostümen der Zeit Abraham a Sancta Claras; die Mönche aus Beuron, geistliche und weltliche Würdenträger, die Schuljugend mit bunten Fähnchen, die Mädchen im Blumenschmuck, die Landleute in ihrer Tracht; eine Musikkapelle spielte, Reden wurden gehalten, Gedichte und Sprüche Abrahams von den Schülern der Meßkirchener Bürgerschule vorgetragen.

Von diesem Ereignis berichtete der Artikel, den Martin Heidegger für die in München erscheinende katholisch-konservative Wochenzeitschrift »Allgemeine Rundschau« schrieb, ein Text, den Hermann Heidegger für wert befand, in die Werkausgabe aufgenommen zu werden.

Der naturhafte, frischgesunde, zuweilen grobkörnige Akzent gibt diesem Ereignis sein spezifisches Gepräge. Das anspruchslose Dorf Kreenhainstetten mit seinen zähen, selbstbewußten, eigenbrödlerischen Bewohnern liegt verschlafen in einer niederen Talmulde. Selbst der Kirchturm ist ein Sonderling. Nicht wie seine Brüder schaut er frei ins Land, er muß sich bei seiner Schwerfälligkeit zwischen den schwarzroten Dächern vergraben ... So schlicht, klar und wahr gestaltet sich die Enthüllungsfeier (D, 1).

Man darf nicht vergessen: Als Martin Heidegger diese Sätze schreibt, hat er schon städtische Luft geschnuppert, in Konstanz und seit 1906 in Freiburg. Er weiß, was ihn von denen unterscheidet, die sich selbstbewußt und geschickt im bürgerlichen Milieu bewegen können, modisch gekleidet, versiert in den Fragen der neuesten Literatur, Kunst und Philosophie. Auf den Unterschied zwischen der eigenen Welt, der von Meßkirch und Kreenhainstetten, und der Welt dort draußen – worin sich schon der Unterschied zwischen Eigentlichkeit und Uneigentlichkeit andeutet – hat es Heidegger abgesehen. Und so kann man auch in den Sätzen über die Denkmalenthüllung eine Art Selbstporträt des Autors finden. Der Kirchturm ist ein *Sonderling*, aber auch er ist es. Die anderen schauen *frei ins Land*, ihn drückt seine *Schwerfälligkeit* in den Boden zurück, aus dem er kommt, *zäh, selbstbewußt, eigenbrödlerisch* wie seine Bewohner. Er möchte sein wie die Leute dort, aber auch wie Abraham a Sancta Clara. Der hatte etwas von der *Gesundheit des Volkes an Leib und Seele*, beeindruckend war seine *urkatholische Kraft, Glaubenstreue und Gottesliebe*, aber er zeigte sich auch als versiert in der raffinierten Geisteskultur seiner Zeit, er beherrschte sie, ohne von ihr beherrscht zu werden. Daher, so Heidegger, konnte er sich auch das *furchtlose Dreinschlagen auf jede erdhaft überschätzte Diesseitsauffassung des Lebens* erlauben. Abraham a Sancta Clara wußte, wovon er redete. Das war keiner, der nach den Trauben bellte, weil sie ihm zu hoch hingen.

Der junge Heidegger argumentiert gegen die *Dekadenz* seiner Zeit. Was wirft er ihr vor? Die *erstickend wirkende Schwüle*, es sei eine Zeit der *Außenkultur*, der *Schnellebigkeit*, der *grundstürzenden Neuerungswut*, der *Augenblicksreize*, vorherrschend sei *das tolle Hinwegspringen über den tieferen seelischen Gehalt des Lebens und der Kunst* (D, 3).

Das ist gängige konservative Kulturkritik; nicht nur im »Gralbund« redet und denkt man so, auch bei Langbehn und Lagarde findet man eine ähnliche Polemik gegen Oberflächlichkeit, Effekthascherei, Schnellebigkeit und Neuerungswut. Auffällig ist jedoch, daß der sonst in diesem Zusammenhang notorische Antisemitismus beim jungen Martin Heidegger fehlt. Das ist um so bemerkenswerter, da es immerhin der wegen seines Antisemitismus populäre Wiener Bürgermeister Karl Lueger war, der die Finanzierung des Denkmals in Kreenhainstetten in die Wege geleitet hatte. Auffällig ist auch die Selbstgewißheit, mit der Heidegger hier noch vom *Jenseitswert des Lebens* spricht, den er in allen diesen Zeiterscheinungen verraten sieht. Was man darunter zu verstehen hat, erläutert er in den anderen (von Victor Farías aufgefundenen) Artikeln, die Heidegger zwischen 1910 und 1912 für die Zeitschrift »Der Akademiker« verfaßt, eine Monatsschrift des integralistischen katholischen Akademikerverbandes.

In der Märznummer von 1910 stellt er den Lebensbericht des dänischen Schriftstellers und Essayisten Johannes Jørgensen vor. »Lebenslüge und Lebenswahrheit«, so der Titel des Buches. Es schildert den geistigen Entwicklungsweg vom Darwinismus zum Katholizismus, dargestellt als Weg aus der Verzweiflung in die Geborgenheit, aus dem Stolz in die Demut, aus der Zügellosigkeit in die lebendige Freiheit. Für den jungen Martin Heidegger ein exemplarischer und darum lehrreicher Weg, weil er alle Torheiten und Verlockungen der Moderne durchquert, um am Ende in Ruhe und Heil des kirchlichen Glaubens, im *Jenseitswert des Lebens* also, einzukehren. Da hat sich jemand von der großen Illusion der Moderne, die das *Ich restlos zur Entfaltung* bringen will, befreit, da demonstriert endlich jemand am eigenen Leib und Leben, daß sein Sach' auf nichts stellt, wer es auf sich stellt. *In unseren Tagen spricht man viel von ›Persönlichkeit‹... Die Person des Künstlers rückt in den Vordergrund. So hört man denn viel von interessanten Menschen. O. Wilde, der Dandy, P. Verlaine, der ›geniale Säufer‹, M. Gorky, der große Vagabund, der Übermensch Nietzsche – interessante Menschen. Und wenn dann einer in der Gnadenstunde der großen Lüge seines Zigeunerlebens sich bewußt wird, die Altäre der falschen Götter zerschlägt und Christ wird, dann nennen sie das ›fade, ekelhaft‹.*

Martin Heidegger wird 1930 in seinem berühmten Vortrag VOM WESEN DER WAHRHEIT sagen: *Die Freiheit wird uns wahr machen.* In diesen Jugendaufsätzen gilt genau das Umgekehrte: Die Wahrheit wird uns frei machen. Und diese Wahrheit ist nichts, was der Mensch auf sich gestellt und von sich her entwickeln könnte, sondern er empfängt sie in der lebendigen Glaubensgemeinschaft und ihren Traditionen. Nur hier gibt es das *hohe Glück des Wahrheitsbesitzes*, zu dem keiner von sich aus gelangen kann. Der junge Heidegger vertritt jenen gläubigen Realismus seines Lehrers Carl Braig. Die protestantisch-pietistische Empfindungsfrömmigkeit ist ihm noch zu subjektiv. In einer Rezension von F. W. Foersters »Autorität und Freiheit. Betrachtungen zum Kulturproblem der Kirche« polemisiert er gegen das selbstverliebte Schwelgen in *Erlebnissen*, gegen den Impressionismus der Weltanschauungen, in denen nur *persönliche Stimmungen*, aber kein objektiver Gehalt zum Ausdruck kommt. Heideggers Standardargument seiner Polemiken gegen die *Weltanschauungen*: sie würden sich nach den Bedürfnissen des Lebens richten. Wer aber nach Wahrheit verlangt, der macht es umgekehrt, er zwingt das Leben unter das Kommando seiner Einsichten. Für den jungen Heidegger ist es offenbar ein entscheidendes Kriterium der Wahrheit, daß man es nicht leicht mit ihr hat, daß sie nur zu haben ist in der *Kunst der Selbsterraffung und Selbstentäuße-*

rung. Wahrheit erkennt man daran, daß sie uns widerstrebt, herausfordert und verwandelt. Nur wer von sich selbst absehen kann, wer auch die *geistige Freiheit gegenüber der Triebwelt erlangt, wird die Wahrheit finden. Sie ist eine Zumutung für den Geist des schrankenlosen Autonomismus*. Sie erleuchtet, aber sie ist nicht spontan einleuchtend. Der Eigendünkel muß sich der *religiös-sittlichen Autorität* beugen. *Schon die eine fast erdrückende Tatsache, daß die meisten Menschen, auf sich selbst gestellt, die Wahrheit nicht finden, nicht erringen wollen, sie vielmehr ans Kreuz schlagen, entzieht den Möglichkeiten einer individualistischen Ethik jedes Fundament*.

Man sollte sich diese Argumentation merken, denn Heidegger wird an ihr festhalten: Die Zumutung und das Unbequeme bleiben Wahrheitskriterien; aber später gilt gerade der vermeintliche Wahrheitsbesitz unter der Obhut des Glaubens als bequemer Weg und deshalb als Verrat an der Wahrheit. Und als das Schwere und Harte, das man sich zumuten soll, gilt dann die zuvor beargwöhnte Freiheit, die ihre metaphysische Obdachlosigkeit aushält und sich nicht von den festgefügten Wahrheitssätzen eines gläubigen Realismus beschirmen läßt.

Heideggers Invektiven gegen den *Persönlichkeitskult* sind nicht frei von Ressentiments, denn er kann nicht verhehlen, daß ihm jener verlästerte Persönlichkeitsschliff fehlt. Dieser von der Kirche alimentierte Theologiekandidat wirkt im gutbürgerlichen Milieu des Gymnasiums und der Universität eher unbeholfen. Seinen Auftritten auf nichtphilosophischem Parkett wird immer die Sicherheit fehlen. Der ›Kleine-Leute-Geruch‹ haftet ihm an. Das wird so bleiben. Noch in den zwanziger Jahren in Marburg, inzwischen schon der heimliche König der Philosophie in Deutschland, verwechseln ihn manche Kollegen und Studenten, die ihn nicht kennen, mit dem Heizungsmonteur oder dem Hausmeister. Das *Interessante*, wogegen er polemisiert, es fehlt ihm einstweilen. Weil er die Rolle, die sich wirkungsvoll inszenieren läßt, noch nicht gefunden hat, scheut er jene gesellschaftliche Bühne, wo es darauf ankommt, schnell wirkenden Effekt zu machen. Die eindrucksvollen Selbstinszenierungen der jungen Nietzscheaner, die in den Cafés der Städte herumhocken, nennt er verächtlich *Cesare-Borgia-Enthusiasmus*. Was leicht von der Hand geht, das unbekümmert Spontane, steht bei ihm unter dem Verdacht der Oberflächlichkeit. So denkt jemand, der für seine Spontaneität noch nicht das passende Milieu gefunden hat und dem deshalb das ›Eigene‹ dort draußen bei den Anderen zu einer verpflichtenden Last wird. Wenn er die ›Wahrheit‹ mit dem Nimbus des Schweren, Harten und Widerstrebenden umgibt, so ist das ein Reflex jenes Widerstandes, den er draußen unter den ›Weltlichen‹ spürt und wogegen er sich behaupten muß. Zu Hause aber verliert diese Wahrheit des Glaubens alles Lastende und Schwere. So endet denn auch seine Jørgensen-Rezension mit einem lyrischen Lob auf die Geborgenheit in der katholischen Heimat: *Er* (Jørgensen, R.S.) *sieht in den alten Städten die schattigen Erker, die vertrauten Madonnenbilder an den Häuserecken, er hört verschlafen die Brunnen rauschen, lauscht den schwermütigen Volksliedern. Wie deutscher Juniabend, der sich in traumhaftes Schweigen gelöst, liegt es über seinen lieben Büchern. Das gottsuchende und erfüllte Heimatverlangen des Konvertiten dürfte das mächtige Ferment seiner Kunst sein.*

In dieser Welt ist die katholische Wahrheit noch zu Hause. Es ist eine Welt, die der von Meßkirch zum Verwechseln ähnlich sieht. Hier gehört der Glaube noch zur Ordnung des Lebens und man empfängt ihn, ohne daß man sich zur *Selbsterraffung und Selbstentäußerung* zwingen müßte. Aber wenn man mit seinem Glauben in die Fremde gerät, dann muß Disziplin und Logik ihm aufhelfen. Vor jedem Glauben tut sich ein Abgrund auf. Wie kommt man hinüber? Der junge Heidegger setzt auf Tradition und Disziplin. Später ist es dann die Entschlossenheit, der Dezisionismus. Noch später die Gelassenheit, auf die er sich verläßt.

Um 1910 gilt für Heidegger noch: Der *Wahrheitsschatz* der Kirche ist ein Geschenk, und nicht ein von uns angespartes Guthaben, über das wir frei verfügen können. Der Glaube an diesen Wahrheitsschatz ist auch nicht ein bloßes Gefühl. Die bloß gefühlige Religion in der Art Schleiermachers ist für Braig und seinen Schüler Martin Heidegger ein Zugeständnis an den modernen Subjektivismus. Der Glaube ist kein sentimentaler Komfort, sondern eine harte Herausforderung. Kein Wunder, daß die aufgeklärte Welt ihn als Zumutung empfindet, denn der Glaube ist tatsächlich eine Zumutung. Er mutet beispielsweise zu, um der ›Wahrheit‹ willen auf die Psycho-Logik des Auslebens zu verzichten. Der junge Heidegger: *Und willst du geistig leben, deine Seligkeit erringen, dann stirb, ertöte das Niedere in dir, wirke mit der übernatürlichen Gnade und du wirst auferstehen.*

Diese Hinwendung zu Gott ist ohne jede heimatliche Milde. Sie will sich das Leben schwermachen, sie will sich keine Weichlichkeit von der Art des Schleiermachschen Gefühls durchgehen lassen, sie will auch nicht zum Asyl bloßer Innerlichkeit verkommen. Den Geist Gottes auf Erden will Heidegger zur Zeit woanders suchen. Braigs Ausspruch –

»am siegreichsten leuchtet hier die mathematische Wahrheit auf, die strengste Form der ewigen Wahrheit« – hatte ihm die Richtung gewiesen, und so schreibt Heidegger im »Akademiker«: *Eine strenge, eisig kalte Logik widerstrebt der feinfühligen modernen Seele. Das ›Denken‹ kann sich nicht mehr einzwängen lassen in die unverrückbaren ewigen Schranken der logischen Grundsätze. Da haben wir's schon. Zum streng logischen Denken, das sich gegen jeden affektiven Einfluß des Gemüts hermetisch abschließt, zu jeder wahrhaft voraussetzungslosen wissenschaftlichen Arbeit gehört ein gewisser Fonds ethischer Kraft, die Kunst der Selbsterraffung und Selbstentäußerung.*

Es ist für ihn dieselbe Kraft, die auch zur Selbstüberwindung des Glaubens gehört. Der Autoritarismus des Glaubens und die Objektivität der strengen Logik sind ihm eins. Es sind verschiedene Arten, am *Ewigen* teilzuhaben. Und doch geht es dabei auch um Gefühle, um sehr erhabene sogar. Erst in der strengen Zucht des Glaubens und der Logik erfüllt sich das Verlangen nach *abgeschlossenen, abschließenden Antworten auf die Endfragen des Seins, die zuweilen so jäh aufblitzen, und die dann manchen Tag ungelöst wie Bleilast auf der gequälten, ziel- und wegarmen Seele liegen.*

Wenn Heidegger 1915 in seinem LEBENSLAUF seine *formallogische Schulung* erwähnt, als handle es sich um Propädeutik, dann untertreibt er. Denn für ihn war damals die formale und mathematische Logik tatsächlich eine Art Gottesdienst, von der Logik läßt er sich in die Disziplin des Ewigen nehmen, hier findet er Halt auf dem schwankenden Grund des Lebens.

Conrad Gröber hatte dem Schüler 1907 die Dissertation Franz Brentanos »Von der mannigfachen Bedeutung des Seienden nach Aristoteles« geschenkt. Darin findet er, was er die *strenge, eisig kalte Logik* nennt, etwas für starke Geister, die nicht nur von ihren Meinungen und Gefühlen leben wollen.

Es ist bemerkenswert, daß Gröber, ein Kirchenmann von strenger Observanz, ausgerechnet diese Schrift auswählte. Denn Franz Brentano, ein 1838 geborener Neffe des Romantikers Clemens Brentano, war ein Philosoph, der zwar als katholischer Priester zunächst das Philosophieren dem Glauben unterstellte, aber nach dem »Unfehlbarkeitskonzil« von 1870 in Konflikt mit seinen Oberen geriet. Schließlich trat er aus der Kirche aus, heiratete und mußte deshalb seine Wiener Professur niederlegen. Bis 1895 lehrte er noch als Privatdozent und zog sich dann, inzwischen fast erblindet, nach Venedig zurück.

Brentano war der Lehrer Husserls, mithin einer der Gründungsväter der Phänomenologie. Die Frage, die Brentano umtrieb, war die nach der Seinsweise Gottes. Wenn es Gott gibt – was bedeutet dann dieses ›es gibt‹? Ist er eine Vorstellung in unserem Kopf? Ist er draußen in der Welt als ihr Inbegriff, als ihr höchstes Sein? In subtilen Analysen findet Brentano heraus, daß es etwas Drittes gibt zwischen den subjektiven Vorstellungen und dem An-sich der Dinge: die »intentionalen Objekte«. Die Vorstellungen sind, so Brentano, nicht etwas rein Inwendiges, sondern sie sind immer Vorstellungen ›von etwas‹. Sie sind das Bewußtsein von etwas Seiendem, das es gibt, oder genauer: das sich mir gibt und darbietet. Diese inneren, »intentionalen Objekte« sind etwas, das heißt: Sie lassen sich nicht auflösen in die subjektiven Akte, durch die wir in Bezug zu ihnen treten. So präpariert Brentano eine ganze aparte Welt des Seienden heraus, die eine Zwischenstellung einnimmt im üblichen Subjekt-Objekt-Schema. In dieser Welt der »intentionalen Objekte« lokalisiert Brentano auch unseren Bezug zu Gott. Hier ›gibt‹ es Gott. Das Bewußtsein von Gott läßt sich nicht an realen Objekten unserer Erfahrung verifizieren, aber es stützt sich auch nicht auf abstrakte Allgemeinbegriffe, wie etwa das ›höchste Gut‹, das ›höchste Seiende‹ usw. Die Untersuchung der Seinsbegriffe bei Aristoteles unternimmt Brentano, um darzutun, daß der geglaubte Gott nicht jener Gott ist, den wir auf dem Wege der Abstraktion aus der Fülle des Seienden gewinnen wollen. Mit Aristoteles zeigt Brentano, daß es dieses Ganze strenggenommen gar nicht gibt. Es gibt nur einzelne Dinge. Es gibt keine Ausdehnung an sich, sondern nur ausgedehnte Dinge. Es gibt nicht die Liebe, sondern nur die vielen einzelnen Ereignisse der Liebe. Brentano warnt davor, den Begriffsdingen fälschlich eine Substanz zuzuschreiben. Die Substanz steckt nicht in den Allgemeinbegriffen, sondern in den konkreten Einzeldingen. Sie sind von intensiver Unendlichkeit, weil sie in unendlich vielen Relationen stehen und deshalb nach unendlich vielen Hinsichten bestimmt werden können. Unerschöpflich ist die Welt, die sich nur in Einzelheiten und in der mannigfaltigen Abstufung der Seinsarten darbietet. Für das Denken des Franz Brentano steckt Gott im Detail.

Die Untersuchung mißt im Anschluß an Aristoteles das Terrain des Denkbaren aus, wodurch der Glaube, der für Brentano verbindlich bleibt, vor einer trügerischen Logifizierung bewahrt wird. Er ruht auf einem anderen Grund als dem der Begründung, aber, so deutet Brentanos Dissertation an, es könnte einmal gelingen, genau zu beschreiben, was eigentlich im Akt des Glaubens, im Unterschied etwa zum Urteilen, Vorstellen oder Wahrnehmen, wirklich vor sich geht. Das sind die Umrisse des phänomenologischen Programmes der kommenden Jahre.

Die Lektüre Brentanos war für Martin Heidegger ein schwieriges Exerzitium. Er erzählt, wie er sich in den Semesterferien in Meßkirch damit abplagte. *Wenn die Rätsel einander drängten und kein Ausweg sich bot, half der Feldweg.* Dort auf der Bank wurden die Dinge für ihn wieder ganz einfach. *Die Weite aller gewachsenen Dinge, die um den Feldweg verweilen, spendet Welt. Im Ungesprochenen ihrer Sprache ist ... Gott erst Gott* (D, 39).

Über Franz Brentano kommt Heidegger zu Edmund Husserl. Dessen »Logische Untersuchungen«, erschienen genau zur Jahrhundertwende, wurden für Heidegger zu einem persönlichen Kultbuch.

Zwei Jahre lang behält er es bei sich auf der Stube, ausgeliehen von der Universitätsbibliothek, wo einstweilen noch niemand danach fragte, was in ihm das Gefühl einer einsamen und zugleich auszeichnenden Passion erweckt. Noch fünfzig Jahre später kommt er ins Schwärmen, wenn er an dieses Buch denkt: (Ich) *blieb von Husserls Werk so betroffen, daß ich in den folgenden Jahren immer wieder darin las... Der Zauber, der von dem Werk ausging, erstreckte sich bis auf das Äußere des Satzspiegels und des Titelblattes...* (Z, 81).

Heidegger findet bei Husserl eine energische Verteidigung der Geltungsansprüche der Logik gegen ihre psychologische Relativierung. In einem Aufsatz von 1912 definiert er, worum es dabei geht: *Grundlegend für die Erkenntnis der Widersinnigkeit und theoretischen Unfruchtbarkeit des Psychologismus bleibt die Unterscheidung von psychischem Akt und logischem Inhalt, von realem in der Zeit verlaufendem Denkgeschehen und dem idealen außerzeitlichen identischen Sinn, kurz die Unterscheidung dessen, was ›ist‹, von dem, was ›gilt‹* (GA 1, 22).

Mit dieser Unterscheidung zwischen *psychischem Akt* und *logischem Inhalt* hatte Husserl zu Beginn des Jahrhunderts den gordischen Knoten des Psychologismusstreites durchhauen, allerdings sehr subtil, weshalb nur wenige, unter ihnen der junge Heidegger, bemerkten, was da geschehen war. Vordergründig handelte es sich um ein fachphilosophisches Problem, und doch kamen in diesen Kontroversen die gegensätzlichen Tendenzen und Spannungen der Epoche zum Austrag.

Die Philosophie um 1900 befindet sich in schwerer Bedrängnis. Die Naturwissenschaften im Bunde mit Positivismus, Empirismus und Sensualismus nehmen ihr die Luft zum Atmen.

Das Triumphgefühl der Wissenschaften stützt sich auf exakte Naturerkenntnis und technische Naturbeherrschung. Geregelte Erfahrung, Experiment, Hypothesenbildung, Verifikation, induktive Verfahren – das waren inzwischen die Komponenten der wissenschaftlichen Forschungslogik. Man hatte sich die altehrwürdige philosophische Frage »Was etwas ist« abgewöhnt. Bekanntlich führt sie ins Uferlose, und da man sich nicht mehr auf Unendlichkeiten verstand, wollte man auch das Uferlose loswerden. Für jene modernen Wissenschaftler, die sich als Funktionäre eines Forschungsprozesses zu verstehen begannen, war die Frage »Wie etwas funktioniert« vielversprechender. Da konnte man etwas Handfestes herausbekommen mit der Aussicht, daß man Dinge und vielleicht auch Menschen nach eigenen Konzepten zum Funktionieren bringen könnte.

Nun ist der Verstand, mit dem wir diesen ganzen Prozeß in Gang setzen, selbst ein Teil der Natur. Man müßte ihn also, so das ehrgeizige Vorhaben, mit derselben Methodik erforschen können wie die ›äußere‹ Natur. Und deshalb entsteht gegen Ende des Jahrhunderts, verbunden mit den Wissenschaften der Physiologie und Chemie des Gehirns, eine Art ›Naturwissenschaft‹ des Psychischen: die experimentelle Psychologie.

Es ist das Prinzip dieses Forschungsansatzes, sich dumm zu stellen und so zu tun, als wüßte man nichts über das Psychische, als müsse und könne man es von außen beobachten, positivistisch und empiristisch. Man will erklären, nicht verstehen, man forscht nach Gesetzmäßigkeiten, nicht nach Sinn. Denn das Verstehen macht uns zu Komplizen unseres Untersuchungsgegenstandes. Das aber verhindert, daß wir ihn reinlich von uns geschieden vor uns haben. Der erfahrungswissenschaftliche Ansatz braucht in der Psychologie wie auch sonst den aseptischen Gegenstand, an dem ja nicht der ›Sinn‹, sondern der ›Mechanismus‹ des Psychischen analysiert werden soll: die Gesetze der Verwandlung von physiologischen Reizen in Vorstellungsbilder, die regelmäßigen Assoziationsstrukturen in den Vorstellungskomplexen und schließlich auch die Gesetze des Denkens selbst, also die ›Logik‹.

Aus dieser Perspektive erscheint die ›Logik‹ als ein Naturgeschehen in der Psyche. Und das genau ist das ›Problem des Psychologismus‹. Denn die Naturalisten des Psychischen machen aus der ›Logik‹, diesem

Regelwerk des Denkens, ein *Naturgesetz* des Denkens, und sie übersehen dabei, daß die Logik durchaus nicht empirisch beschreibt, *wie wir denken*, sondern wie wir denken *sollen*, vorausgesetzt, wir wollen zu Urteilen mit Wahrheitsanspruch kommen, was die Wissenschaft ja beansprucht. Indem die Wissenschaft das Denken als psychisches Naturgeschehen analysiert, verwickelt sie sich in einen heiklen Widerspruch: Sie untersucht das Denken wie ein Vorkommnis, das gesetzmäßig abläuft, würde aber, wenn sie auf sich selbst aufmerksam wäre, bemerken müssen, daß ihr Denken kein sich gesetzmäßig vollziehender Vorgang ist. Das Denken ist nicht von Gesetzen bestimmt, sondern es bindet sich an bestimmte Regeln.

Im weiten Feld des Denkbaren tritt die Logik nicht als Naturgesetz auf, sondern als etwas, das gilt, wenn wir es gelten lassen.

Der Begriff des Gesetzes hat bekanntlich einen Doppelsinn: Er bezeichnet das, was regelmäßig und notwendig so geschieht, wie es geschieht; und er bezeichnet ein Regelwerk, das dem Geschehen einen bestimmten Ablauf vorschreiben will. Im ersten Fall sind es Gesetze des Seins, im zweiten Gesetze des Sollens; das eine Mal beschreiben sie, was ist, das andere Mal schreiben sie vor.

Husserls Untersuchungen zielen darauf ab, die Logik vom Naturalismus zu befreien und ihren *normativen*, und das heißt: geistigen Charakter wieder ans Licht zu bringen. Natürlich findet die logische Arbeit im Psychischen statt, aber sie ist ein normatives Erzeugnis des Psychischen und nicht ein Naturgesetz eines psychischen Vorgangs.

An diese Klarstellung aber schließt sich sogleich das nächste Problem an: das des Verhältnisses zwischen dem psychischen Akt und seinem Erzeugnis, zwischen *Genese* des Denkens und der *Geltung* des Denkinhalts.

Der Rechenvorgang »zwei mal zwei ist vier« ist ein psychischer Akt, aber das »zwei mal zwei ist vier« gilt auch dann noch, wenn dieser psychische Akt nicht vollzogen wird. Das Rechenergebnis beansprucht Geltung unabhängig davon, ob der eine oder andere Kopf diese Rechnung gerade vornimmt. Wer rechnet oder sonst irgendwelche logische Operationen durchführt, kommt – und das klingt schon sehr platonisch – zu einer Teilhabe an einem transsubjektiven Reich des Geistes. Die dort versammelten Bedeutungs- und Geltungssphären werden aktualisiert und in Anspruch genommen, wenn die als psychisches Geschehen beschreibbaren Akte des Denkens vollzogen werden.

Doch die Formulierung, die Logik sei nicht das Naturgesetz des

Denkens, sondern gehöre einer idealen Sphäre des Geltens zu, ist mißverständlich, weil sie die Vermutung nahelegt, es könnte sich hier lediglich um eine pragmatische Übereinkunft handeln. Indes: Die Logik der syllogistischen Schlußweise beispielsweise haben wir nicht untereinander verabredet und zur ›richtigen‹ erklärt – sie ist richtig. Alle Menschen sind sterblich – Sokrates ist ein Mensch – Also ist Sokrates sterblich: diese Schlußweise ist evidenterweise richtig; sie gilt. Ob die so gebildeten Urteile empirisch zutreffen, ist damit keinesfalls entschieden; das hängt davon ab, ob die Prämissen (»Alle Menschen sind sterblich...«) richtig sind. Wir können mit der richtigen Schlußweise jede Menge falscher Urteile fällen (wenn alle Menschen Beamte wären, dann wäre Sokrates auch einer). Deshalb kann man auch nicht sagen, wir hätten uns die logischen Schlußweisen angewöhnt, weil sie uns zu Erkenntniserfolgen verholfen haben. Zu Erkenntniserfolgen im empirischen Sinne brauchen sie uns überhaupt nicht zu verhelfen, viel häufiger führen sie uns in die Irre. Diese Schlüsse sind also nicht erfahrungsbewährt, sondern, wie jede logische Operation, einfach nur selbstevident.

Je mehr man sich in diese Evidenz der Logik vertieft, um so rätselhafter wird sie. Von einer einfachen Analyse des Syllogismus gelangt man jäh in das Zauberreich eines Geistes, der triumphiert über alle Versuche, ihn pragmatisch, biologistisch, naturalistisch, soziologistisch zu reduzieren.

Es ist aber gerade diese Epoche seit der Mitte des 19. Jahrhunderts, die unter dem Eindruck der praktischen Erfolge der empirischen Wissenschaften eine wahre Leidenschaft entwickelt fürs Reduzieren, für die Austreibung des Geistes aus dem Felde des Wissens.

Nietzsche hatte diesem Jahrhundert die Diagnose gestellt, es sei »redlich« und »ehrlich«, aber auf pöbelhafte Weise. Es sei »vor der Wirklichkeit jeder Art unterwürfiger, wahrer«. Es habe sich von der »Domination der Ideale« losgerissen und überall instinktiv nach Theorien gesucht, die geeignet seien, eine »Unterwerfung unter das Tatsächliche« zu rechtfertigen. Nietzsche hatte den biedermeierlichen, auch kleinmütigen Aspekt dieses Realismus vor Augen. Tatsächlich aber triumphierte seit der Mitte des 19. Jahrhunderts ein Realismus, der sich dem Tatsächlichen nur unterwarf, um es um so vollkommener beherrschen und in seinem Sinne umgestalten zu können. Der »Wille zur Macht«, den Nietzsche dem »freien Geist« zugedacht hatte, triumphiert nicht auf der Gipfelhöhe von »Übermenschen«, sondern im ameisenhaft fleißigen Betrieb einer Zivilisation, die ihre praktische Vernunft ›verwissenschaftlicht‹. Das galt für die bürgerliche Welt, aber auch für die Arbeiterbewegung, deren schlagkräftige Losung lautete: »Wissen ist Macht«. Bildung sollte gesellschaftlichen Aufstieg bringen und gegen Täuschungen jeder Art resistent machen: Wer etwas weiß, dem kann man so leicht nichts mehr vormachen; das Beeindruckende am Wissen ist, daß man sich nicht mehr beeindrucken zu lassen braucht. Ein Souveränitätsgewinn wird versprochen, und es wird dem Bedürfnis entsprochen, das die Dinge herunterziehen und aufs eigene, womöglich kümmerliche Format bringen will.

Es ist schon erstaunlich, wie seit der Mitte des 19. Jahrhunderts, nach den idealistischen Höhenflügen des absoluten Geistes, plötzlich überall die Lust aufkommt, den Menschen ›klein‹ zu machen. Damals begann die Karriere der Denkfigur: Der Mensch ist nichts anderes als... Für die Romantik hob die Welt zu singen an, wenn man nur das Zauberwort traf. Die Poesie und Philosophie der ersten Jahrhunderthälfte war das hinreißende Projekt, immer neue Zauberworte zu finden und zu erfinden. Die Zeit verlangte überschwengliche Bedeutungen.

Die Matadore auf dieser Zauberbühne des Geistes waren Reflexionsathleten, und doch erschienen sie in dem Augenblick, als die Realisten mit ihrem Tatsachensinn und bewaffnet mit der Formel des ›nichts anderes als‹ in der Tür standen, wie naive Kinder, die herumgetollt und alles durcheinandergeworfen hatten; doch jetzt geht es ans Aufräumen, jetzt beginnt der Ernst des Lebens, dafür werden die Realisten schon sorgen. Dieser Realismus der zweiten Hälfte des 19. Jahrhunderts wird das Kunststück fertigbringen, klein vom Menschen zu denken und Großes mit ihm anzustellen, wenn wir denn die moderne verwissenschaftlichte Zivilisation, von der wir alle profitieren, ›groß‹ nennen wollen.

Man beginnt das Projekt der Moderne mit einer Gesinnung, der alles Überspannte und Phantastische zuwider ist. Aber selbst die überspannteste Phantasie hätte sich damals nicht ausdenken können, welche Ungeheuerlichkeiten der Geist der positivistischen Ernüchterung noch hervorbringen würde.

Die Trockenlegung des deutschen Idealismus hatte um die Mitte des Jahrhunderts ein Materialismus von robuster Gestalt besorgt. Breviere der Ernüchterung wurden damals plötzlich bestsellerfähig. Da war Karl Vogt mit seinen »Physiologischen Briefen« (1845) und seiner Streitschrift »Köhlerglaube und Wissenschaft« (1854); Jakob Moleschotts »Kreislauf des Lebens« (1852), Ludwig Büchners »Kraft und Stoff« (1855) und Heinrich Czolbes »Neue Darstellung des Sensualismus« (1855). Czolbe hatte das Ethos dieses Materialismus aus Kraft und Stoß und Drüsenfunktion mit den Worten charakterisiert: »Es ist eben ein Beweis von ... Anmaßung und Eitelkeit, die erkennbare Welt durch Erfindung einer übersinnlichen verbessern und den Menschen durch Beilegung eines übersinnlichen Teiles zu einem über die Natur erhabenen Wesen machen zu wollen. Ja gewiß – die Unzufriedenheit mit der Welt der Erscheinungen, der tiefste Grund der übersinnlichen Auffassung ist ... eine moralische Schwäche.« Czolbe schließt mit der Aufforderung: »Begnüge dich mit der gegebenen Welt.« Aber was war einer solchen Sinnesart nicht alles ›gegeben‹! Die Welt des Werdens und Seins – nichts anderes als das Gestöber von Molekülen und die Umwandlungen von Energien. Es galt die Welt des Atomisten Demokrit. Man braucht nicht mehr den »Nous« des Anaxagoras und die Ideen des Platon und man braucht nicht den Gott der Christen, nicht die Substanz des Spinoza, nicht das »cogito« des Descartes, nicht das »Ich« Fichtes und nicht den »Geist« Hegels. Der Geist, der im Menschen lebt, ist nichts anderes als Gehirnfunktion. Die Gedanken verhalten sich zum Gehirn wie die Galle zur Leber und der Urin zur Niere. »Etwas unfiltriert« seien diese Gedanken, bemerkte damals Hermann Lotze, einer der wenigen Überlebenden aus dem vormals starken Geschlecht der Metaphysiker. Lotze war es auch, der – erfolglos – die Materialisten auf ihren Salto mortale in die Dummheit hinwies. Er erinnerte an Leibniz, der die ganze Materialismusfrage, besonders das Verhältnis von Bewußtsein und Körper, in der Auseinandersetzung mit Hobbes schon erledigt hatte: Wenn etwas auf etwas beruht, dann heißt das gerade nicht, daß es mit diesem identisch ist, denn wäre es das, wäre es nicht unterschieden; wäre es aber nicht unterschieden, könnte das eine nicht auf dem anderen beruhen. Das Leben des Menschen, sagt Leibniz, beruht auf der Atmung, ist darum aber noch lange nicht bloß Luft.

Der Siegeszug des Materialismus war durch kluge Einwände nicht aufzuhalten, vor allem deshalb nicht, weil ihm ein besonderes Metaphysikum beigemischt war: der Glaube an den Fortschritt. Wenn wir die Dinge und das Leben herunteranalysieren bis auf seine elementarsten Bestandteile, dann werden wir, so lehrt dieser Glaube, das Betriebsgeheimnis der Natur entdecken. Wenn wir herausbringen, wie alles gemacht ist, sind wir imstande, es nachzumachen.

Hier arbeitet ein Bewußtsein, das allem auf die Schliche kommen will, auch der Natur, die man – im Experiment – auf frischer Tat ertappen muß, und der man, wenn man weiß, wie sie läuft, zeigt, wo es langgeht.

Diese Geisteshaltung gibt auch dem Marxismus in der zweiten Hälfte des 19. Jahrhunderts Auftrieb. In mühevoller Kleinarbeit hatte Marx den Gesellschaftskörper seziert und dessen Seele herauspräpariert: das Kapital. Am Ende war dann nicht mehr ganz klar, ob denn die messianische Mission des Proletariats – Marx' Beitrag zum deutschen Idealismus vor 1850 – gegen die eherne Gesetzmäßigkeit des Kapitals – Marx' Beitrag zum deterministischen Geist nach 1850 – überhaupt noch eine Chance haben würde. Auch Marx will allem auf die Schliche kommen, die Ideologiekritik macht es möglich. Für den Ideologiekritiker werden die Gedanken nicht vom Gehirn, wie bei der großen Schar der philosophierenden Physiologen und Zoologen, sondern von der Gesellschaft ausgeschwitzt. Auch der ideologiekritische Gesellschaftswissenschaftler will die absonderlichen Absonderungen des Geistes entzaubern. Die Feldzüge des Materialismus gelten dem Gelten.

1866 erschien eine schlagende Kritik dieser Geisteshaltungen, F. A. Langes klassisches Werk »Geschichte des Materialismus«. Man kann nicht sagen, daß es wirkungslos blieb. Nietzsche ist davon stark beeinflußt worden, und obwohl dessen Philosophie später als »Lebensphilosophie« detonierte und manche besonders klobigen Stücke des Materialismus zersprengte, so war es eben doch Lange, der die Lunte gelegt hatte. Auch der Neukantianismus, von dem noch die Rede sein wird, weil der junge Heidegger sich in seinem Milieu bewegt, ist von Lange auf den Weg gebracht worden.

Der Grundgedanke Langes ist die Wiederherstellung jener säuberlichen kantianischen Scheidung zwischen einer erscheinenden Welt, die wir nach Gesetzen analysieren können; einer Welt, zu der wir als Ding unter Dingen mit einem Teil unseres Wesens auch gehören – und einer Welt, die auch in uns hineinreicht, die früher »Geist« genannt wurde und bei Kant dann »Freiheit« in Ansehung des inneren Menschen und »Ding an sich« in Ansehung der äußeren Welt heißt. Lange erinnert an Kants Definition der Natur: sie sei nicht dasjenige, worin die Gesetze, die wir Naturgesetze nennen, gelten – sondern umgekehrt. Sofern wir etwas unter dem Gesichtspunkt solcher »Gesetze« ansehen, konstituieren wir es als erscheinende »Natur«, sofern wir es aber unter dem Gesichtspunkt von Spontaneität und Freiheit ansehen, handelt es sich um »Geist«. Beide Sichtweisen sind möglich und notwendig und vor allem: sie sind nicht konvertibel. Wir können uns selbst als Ding unter Dingen analysieren, wir können uns, wie Hobbes das ausdrücklich getan hat, als eine Maschine ansehen, aber wir wählen diese Perspektive – wir sind so frei, uns zu Maschinen zu machen. Wir sind ein Bestandteil der erscheinenden Welt, also Natur nach dem Gesetz, Ding unter Dingen, und zugleich erfährt jeder in sich die Spontaneität der Freiheit. Freiheit ist das sich in uns offenbarende Geheimnis der Welt, die Rückseite des Spiegels der Erscheinungen. Das »Ding an sich« – das sind wir selbst in unserer Freiheit, das Herz aller Bestimmungen ist die Dimension, wo wir uns selbst bestimmen können.

Diese Kantsche Doppelperspektive – der Mensch ist Ding unter Dingen und Freiheit – bringt F. A. Lange wieder ins Spiel. Der Materialismus als naturwissenschaftliche Forschungsmethode, sagt er, ist durchaus zu bejahen. Die naturwissenschaftliche Erfahrung muß so vorgehen, *als ob* es nur materielle Realität gäbe. Sie dürfe nicht, wenn sie an irgendeiner Stelle mit ihren Erklärungen nicht weiterkomme, den »Geist« als Lückenbüßer einsetzen. »Geist« ist nicht ein Glied in einer Kausalkette, er ist vielmehr die andere Seite der ganzen Kette. Man kann naturwissenschaftlich Physiologie des Psychischen betreiben, darf dabei allerdings nicht vergessen, daß man damit nicht das Seelische selbst, sondern nur seine materiellen Äquivalente erfaßt. Lange kritisiert nicht die naturwissenschaftlichen Verfahrensweisen, sondern nur das falsche Bewußtsein und die schlechte Philosophie, die sie begleiten – die Vorstellung nämlich, daß mit der Analyse der »res extensa« das Menschliche erschöpft sei. Wenn man schon in Raum-Kategorien denkt, liegt die Suggestion tatsächlich nahe, daß alles, was ist, an irgendeiner Raumstelle oder an einer räumlich darstellbaren Struktur aufgewiesen werden müsse.

F. A. Langes großes Verdienst war es, gezeigt zu haben: Wie es einen Siedepunkt des Idealismus gibt, wo aller Geist verdampft, so gibt es auch einen Gefrierpunkt des Materialismus, wo sich nichts mehr bewegt, es sei denn man schmuggelt Geist inkognito ein, beispielsweise in der Gestalt der ›Vitalkraft‹, von der keiner so genau weiß, was sie ist. Gegen die idealistische Verdampfung und den materialistischen Gefrierpunkt plädiert Lange für das Sowohl-Als-auch von Geist und Materie.

Lange verteidigt eine Metaphysik zu herabgesetztem Preis. Sie gilt ihm als Begriffsdichtung, eine erhebende Mischung aus Poesie und Wissen. Ebenso steht es mit der Religion. Wenn sie behauptet, ein Wissen von Gott, Seele, Unsterblichkeit zu besitzen, dann setzt sie sich der wissenschaftlichen Kritik aus und kann sich nicht mehr halten. Eine Frontbegradigung ist notwendig. Der »Standpunkt des Ideals« darf seinen Stolz nicht darauf gründen, daß er die Wahrheit erkennt, sondern daß er Werte bildet und dadurch Wirklichkeit umbildet. Für die Empirie gibt es Wahrheit, für den Geist gibt es Werte. Nietzsche wird dann dieser von Lange konzipierten friedlichen Koexistenz zwischen Wahrheit und Wert ein Ende bereiten, indem er einfach einen Schritt weitergeht und den Wert der Wahrheit zur Disposition stellt. Lange wollte die Werte vor dem Ansturm der Wahrheiten retten, bei Nietzsche werden dann umgekehrt die Wahrheiten vom Vitalismus der Wertungen verschlungen. Dann ist Wahrheit nur noch die Illusion, bei der wir uns gut befinden und die uns nützt. Andere werden umgekehrt die Werte als bloße Sachverhalte, die eben in Kulturen vorkommen, definieren: »Wertverhalte« heißen sie bei Rickert. Man kann sie in kulturwissenschaftlicher Perspektive beschreiben und von ihnen in historischer Perspektive erzählen. Das Gelten gilt nur, wenn es ein Faktum geworden ist. Es gilt nur, was gegolten hat. Das wird dann die Pointe des Historismus sein.

F. A. Lange sucht den Ausgleich – der Materialismus soll seine Macht teilen mit der Welt des Geistes: »Wer will eine Messe von Palestrina widerlegen oder wer will die Madonna Raffaels eines Irrtums zeihen? Das Gloria in excelsis bleibt eine weltgeschichtliche Macht und wird schallen durch die Jahrhunderte, solange noch der Nerv eines Menschen unter dem Schauer des Erhabenen erzittern kann. Und jene einfachen Grundgedanken der Erlösung des vereinzelten Menschen durch die Hingabe des eigenen Willens an den Willen, der das Ganze lenkt, jene Bilder von Tod und Auferstehung, die das Ergreifendste und Höchste, was die Menschenbrust durchbebt, aussprechen ... jene Lehren endlich, die uns befehlen, mit dem Hungrigen das Brot zu brechen und den Armen die frohe Botschaft zu verkünden – sie werden nicht für immer verschwinden, um einer Gesellschaft Platz zu machen, die ihr Ziel erreicht hat, wenn sie ihrem Verstand eine bessere Polizei verdankt und ihrem Scharfsinn die Befriedigung immer neuer Bedürfnisse durch immer neue Erfindungen.«

Dieser Idealismus soll die von Wissenschaft und Technik vorangetriebene Zivilisation ins Gleichgewicht bringen. Es ist ein Idealismus des »Als-ob«; denn die Werte, die empfohlen werden, haben ihre alte Würde und Seinsmächtigkeit verloren, da man in ihnen das Selbstgemachte erkennt. Das Ideal ist eigentlich nur ein Idol, es schimmert im Talmiglanz des Künstlichen. Die Idealisten können am Guten und Schönen offenbar nur noch festhalten in der Gesinnung unfreiwilliger Frivolität. Ihre Glaubenssätze tragen sie vor mit dem Lächeln der Auguren, die eher glauben lassen, als daß sie selber glauben. Ein philosophischer Bestseller am Ende des Jahrhunderts, der dieser bildungsbürgerlichen Frivolität beredten Ausdruck gibt, ist Hans Vaihingers »Philosophie des Als Ob«. Hier werden die Werte als nützliche Fiktionen bezeichnet. Es handelt sich um bloße Erfindungen, aber wenn sie bei der theoretischen und praktischen Bewältigung unserer Lebensaufgaben helfen, dann bekommen sie eine Bedeutung, die wir gewöhnlich ›objektiv‹ nennen.

Mit diesem Als-ob war die ganze Epoche des Wilhelminismus durchtränkt. Es grassierte die Lust am Unechten. Eindrucksvoll war, was nach etwas aussah. Jeder verwendete Stoff wollte mehr vorstellen, als er war. Es war die Ära des Materialschwindels: Marmor war bemaltes Holz, schimmernder Alabaster war Gips; das Neue mußte nach alt aussehen, griechische Säulen am Börsenportal, die Fabrikanlage als mittelalterliche Burg, die Ruine ein Neubau. Man pflegte die historische Assoziation, Gerichtsgebäude erinnerten an Dogenpaläste, das bürgerliche Wohnzimmer beherbergte Lutherstühle, Zinnbecher und Gutenbergbibeln, die sich als Nähnecessaire entpuppten. Auch Kaiser Wilhelm selbst war nicht ganz echt, sein Wille zur Macht war mehr Wille als Macht. Das Als-ob verlangt die Inszenierung, es lebt von ihr. Kciner wußte das so gut wie Richard Wagner, der alle Register des Theaterzaubers zog, um seine Zeit zu erlösen, die befristete Erlösung, die Erlösung als ob. Das alles vertrug sich mit einer sehr realitätstüchtigen Gesinnung. Gerade weil dieser Sinn so überaus tüchtig war, mußte er ein wenig geschönt, geschmückt, drapiert, ziseliert und so weiter werden, damit das Ganze nach etwas aussah und etwas galt. Schließlich hatte die offizielle deutsche Politik auch aufs Gelten gesetzt: Weltgeltung für Deutschland. Denn: Wer etwas gilt, spart sich die Mühe, etwas werden zu müssen.

Diese Mischung aus Realitätstüchtigkeit und Als-ob-Gesinnung bahnte dem angelsächsischen Pragmatismus eines William James und Charles Peirce den Weg nach Deutschland. Der Pragmatismus plädiert bekanntlich für eine Abrüstung in den Angelegenheiten der Wahrheit. Wahrheit wird aus ihrer Verankerung im Ideenreich gerissen und heruntergestuft zu einem sozialen Prinzip der Selbstregulation von Handlungsabläufen. Das Kriterium der Wahrheit liegt im praktischen Erfolg, und das gilt auch für die sogenannten Werte. Ihre Wirklichkeit bewährt sich nicht in der ominösen und nie zureichend ausweisbaren Übereinstimmung mit einem idealen Sein, sondern sie bewährt sich im Wirken. Der Geist ist, was er bewirkt. Der Pragmatismus ersetzt die Korrespondenztheorie der Wahrheit durch die Theorie der Effizienz. Man braucht jetzt keine Angst mehr zu haben vor dem Irrtum, denn erstens verliert, nach dem Wegfall des objektiven Wahrheitskriteriums, der Irrtum seine ontologische Sündhaftigkeit: Man kann jetzt ›Wahrheit‹ definieren als einen Irrtum, der nützt; und zweitens gehören Irrtümer zum Ausprobieren. Wenn der Hund mit einem langen Stock im Maul durch eine Tür hindurchkommen will, wird er den Kopf so lange drehen und wenden, bis es schließlich klappt. Das ist die Methode des trial and error; wie der Hund durch die Tür, so kommt der Mensch durch die Pforte der Wahrheit, die dann aber nicht mehr ist, was sie einmal war: Sie hat ihr ehrwürdiges Pathos verloren. Es geht um praktische Interessen und nicht um das Verlangen nach Gewißheit, bekanntlich eine Geisteshaltung, in der inkognito immer noch viel Religiöses steckt. Der Pragmatismus ersetzt das Examen rigorosum der Metaphysik durch ein Praktikum vor Ort. Er lockert die teutonische Anspannung auf, der es stets ums Ganze geht, und verhilft zur Gelassenheit mit seinem moralischen Grundsatz: Wir irren uns empor! »Unsere Irrtümer«, sagt William James, »sind am Ende nicht so furchtbar wichtige Dinge. In einer Welt, wo wir ihnen trotz aller Vorsicht nicht aus dem Wege gehen können, erscheint ein gewisses Maß sorglosen Leichtsinns gesünder als übertrieben nervöse Angst.«

Eine andere mächtige Zeittendenz unterstützt diese Sorglosigkeit: die von den Entdeckungen Darwins begründete Evolutionsbiologie. Diese lehrt, daß nicht nur wir, sondern die Natur selbst nach der Trial-and-error-Methode verfährt. Mutationen sind fehlerhafte Übertragungen der Erbinformationen. Es kommt zu Abweichungen in der Artenkette, eine Variabilität aus Zufall. Der Anpassungserfolg selektiert. Erhalten bleibt, was sich bewährt. Auf diese Weise – durch Zufallsmutationen plus Selektion im Überlebenskampf – trifft die Natur, ohne zu zielen. Auch die Natur also irrt sich empor. Mit dem Gesetz von Mutation und Selektion schien im übrigen auch das Kantsche Problem der Naturteleologie ohne Telos gelöst zu sein. Der blinde Zufall bringt eine Natur hervor, deren Resultate so aussehen, als verfolge sie ein Ziel. Gott würfelt nicht – das mag sein, die Natur aber glaubt man bei ihrem

Würfelspiel ertappt zu haben. Die Evolutionsbiologie wirkte damals als grandiose Sanktionierung der Methode, durch Anarchie zur Ordnung, durch Irrtum zum Erfolg zu kommen, und gab dem Grundsatz, daß Wahrheit nichts anderes sei als eben dieser praktische Erfolg, eine fast unüberwindliche Evidenz.

Gegen Ende des Jahrhunderts läßt Werner von Siemens im Zirkus Renz, dem größten Versammlungssaal Berlins, den Geist dieses »naturwissenschaftlichen Zeitalters«, wie er es nennt, eindrucksvoll Revue passieren, eine Galavorstellung für die festlich versammelten Naturforscher, die das neue Jahrhundert begrüßen wollen: »Und so, meine Herren, wollen wir uns nicht irre machen lassen in unserem Glauben, daß unsere Forschungs- und Erfindungstätigkeit die Menschheit höheren Kulturstufen zuführt, sie veredelt und idealen Bestrebungen zugänglicher macht, daß das hereinbrechende naturwissenschaftliche Zeitalter ihre Lebensnot, ihr Siechtum mindern, ihren Lebensgenuß erhöhen, sie besser, glücklicher und mit ihrem Geschick zufriedener machen wird. Und wenn wir auch nicht immer den Weg klar erkennen können, der zu diesen besseren Zuständen führt, so wollen wir doch an unserer Überzeugung festhalten, daß das Licht der Wahrheit, die wir erforschen, nicht auf Irrwege führen, und daß die Machtfülle, die es der Menschheit zuführt, sie nicht erniedrigen kann, sondern sie auf eine höhere Stufe des Daseins erheben muß.«

Zu den Voraussetzungen des Erfolges gehören die spirituelle Enthaltsamkeit und die Neugier für Näherliegendes, für das Unsichtbare nicht jenseits, sondern in der Welt – für die Mikrologie der Zellen und die Makrologie der elektromagnetischen Wellen. Beide Male dringt die Forschung ins Unsichtbare ein und bringt sichtbare Ergebnisse hervor, zum Beispiel im Kampf gegen die mikrobischen Krankheitserreger oder in Gestalt der weltumspannenden drahtlosen Telegraphie. Manche Träume der Metaphysik – Souveränitätsgewinn gegenüber dem Körper, Überwindung von Raum und Zeit – sind technische Wirklichkeit geworden.

Wenn die Physik das Fliegen lernt, dann stürzen die Überflieger der Metaphysik ab und müssen sich fortan auf platter Erde entwickeln. Was sie dort tun können, ist, wie das Beispiel der Neukantianer lehrt, bescheiden genug. Einer von ihnen, Paul Natorp, definierte 1909 die Aufgabe der Philosophie so: Sie sei nichts anderes als das methodische Bemühen der Wissenschaft um Selbstdurchsichtigkeit. In der Philosophie bringt die Wissenschaft sich ihre eigenen Prinzipien, Verfahrensweisen und Wertorientierungen zu Bewußtsein. Das nennt Natorp die »Wegweisung der Wissenschaft ... nicht von außen her, sondern durch Aufklärung über das innere Gesetz der Bahn, die die Wissenschaft schon immer beschrieben hat und unermüdlich weiter beschreibt«. Das verpflichtet die Philosophie auf ein Ziel, das die genaue Umkehrung ihres Anfangs darstellt: »Erst barg die Philosophie in ihrem Schoße die Keime aller Wissenschaft; nachdem sie sie aber geboren und ihre Kindheit mütterlich gehegt hat und sie unter ihrem Schirm reif und groß geworden sind, sieht sie sie nicht ungern in die weite Welt hinausziehn, sie sich zu erobern. Noch schaut sie eine Weile mit treuer Sorge ihnen nach, läßt auch wohl bisweilen ihr leise warnendes Wort an sie ergehen, das ihre nun errungene Selbständigkeit doch nicht einschränken will oder kann; endlich aber zieht sie sich still auf ihr Altenteil zurück, um eines Tages, kaum vermerkt und kaum vermißt, aus der Welt verschwunden zu sein.«

Die Windelband, Natorp, Rickert, Cohen nannte man »Neukantianer«, weil sie den modernen Naturwissenschaften die methodische Reflexion Kants anempfahlen und in der Frage der Begründung von ethischen Normen ebenfalls auf Kant zurückgingen. In dieser noch bis zum Ersten Weltkrieg mächtigen philosophischen Strömung gab es viel Scharfsinn und Streitlust im einzelnen, insgesamt aber war man in der Defensive gegenüber der Übermacht des wissenschaftlichen Geistes der Zeit. Es war dies eine Philosophie, die hoffte, nach dem Ende der Philosophie in ihren »Kindern«, den Wissenschaften also, fortleben zu können. Allerdings, so räumt Natorp ein, sieht es mit der »Philosophie in den Wissenschaften« noch nicht sehr »hoffnungsvoll« aus. Tatsächlich gab es noch große Mengen unreflektierten weltanschaulichen Ballastes, spekulative Schmuggelware im Gepäck empirischer und exakter Wissenschaftler, die für ihren Kinder- und Köhlerglauben, den sie sich bewahrt hatten, das Prestige der Wissenschaftlichkeit in Anspruch nahmen. Der Zoologe Ernst Haeckel beispielsweise war ein Wissenschaftler von dieser Sorte. Er destillierte aus der Darwinschen Entwicklungsbiologie eine monistische Welt- und Weltall-Lehre, die vorgab, alle »Welträtsel«, so auch der Titel von Haeckels Bestseller von 1899, gelöst zu haben.

Die Neukantianer wollten im doppelten Sinn das Gewissen der Wissenschaft sein: als methodisches Gewissen und als ethisches Gewissen, denn das war ihre zweite Spezialität – das Problem des Wertes. Wie, so lautete die Frage, läßt sich wissenschaftlich jener Vorgang analysieren, bei dem nicht etwa – wie in den Naturwissenschaften – etwas zu etwas wird, sondern bei dem etwas als etwas gilt. Für die Neukantianer war Kultur der Inbegriff für die Sphäre der Werte. Die materielle Substanz einer Plastik etwa läßt sich physikalisch, chemisch usw. analysieren, man wird dann aber nicht begriffen haben, was diese Plastik ist, denn sie ist das, was sie bedeutet. Diese Bedeutung gilt und wird von jedem realisiert, der diese Plastik nicht als einen Haufen Steine, sondern eben als Kunst auffaßt. In allen Kulturvorgängen, so Rickert, sei »irgendein vom Menschen anerkannter Wert verkörpert«. Natur und Kultur seien keine getrennten Sphären, sondern Natur werde zu einem Kulturgegenstand in dem Maße, wie sie mit Werten verknüpft werde. Sexualität beispielsweise ist ein wertfreies biologisches Vorkommnis, als kulturell angeeignete wird sie zu einem sehr werthaltigen Ereignis: zur Liebe. Die menschliche Realität ist durchwirkt von Wertbildungsvorgängen. Darin liegt nichts Mysteriöses, die Wertewelt schwebt nicht über unseren Häupten, sondern alles, womit der Mensch umgeht, erhält eben dadurch einen Wertakzent. Aus einem Sachverhalt wird so zugleich ein »Wertverhalt«. Sachverhalte können wir erklären, Wertverhalte aber können wir nur verstehen. Die menschliche Gesellschaft insgesamt gleicht dem König Midas: Was sie berührt, was sie in ihren Bannkreis zieht, wird zwar nicht Gold, doch es erhält – Wert.

Die Wertphilosophie war eine Obsession des Neukantianismus. Vertieft in die Geheimnisse des Geltens, hatten diese akademischen Philosophen übersehen, was vor allem gilt: das Geld. So war es denn ein Außenseiter, Georg Simmel, der am Anfang des Jahrhunderts das geniale Meisterstück der ganzen Wertphilosophie vorlegte: die »Philosophie des Geldes«.

Simmel beschreibt den Übergang vom Raub zum Tausch als das entscheidende Ereignis der Zivilisation schlechthin. Deshalb nennt er den zivilisierten Menschen »das tauschende Tier«. Der Tausch absorbiert die Gewalt und das Geld universalisiert den Tausch. Das Geld, ursprünglich ein materielles Ding, wird zum Realsymbol aller Güter, für die es in den Tausch gegeben werden kann. Gibt es erst einmal das Geld, dann wird alles, womit es in Berührung kommt, verhext: Es läßt sich nun nach seinem Wert taxieren, ob das nun eine Perlenkette, eine Grabrede oder der wechselseitige Gebrauch der Geschlechtswerkzeuge ist. Das Geld ist die real existierende Transzendentalkategorie der Vergesellschaftung. Die Äquivalenzbeziehungen, die das Geld stiftet, verbürgen den inneren Zusammenhang der modernen Gesellschaft. Das

Geld ist jenes Zaubermittel, das die Welt insgesamt in ein ›Gut‹ verwandelt, das nach seinem Wert taxiert und darum auch verwertet werden kann.

Wie aber wird etwas zum Geld? Die einfache, aber in ihren Konsequenzen unabsehbare Antwort: indem es zu etwas wird, das gilt. Dieses Etwas, das gilt, läßt sich dann dafür einsetzen, jemand anderem, von dem man etwas will, dieses Begehrte zu ent-gelten. Das Austauschmaß ist jeweils genau berechenbar, doch dunkel bleibt, wo dieses Maß eigentlich entspringt. Die einen sagen: in der Arbeit; die anderen: auf dem Markt; wieder andere: im Begehren; noch einmal andere: in der Knappheit. Auf jeden Fall aber haftet das Gelten des Geldes nicht an seiner materiellen Natur, eher noch ist es gesellschaftlicher Geist, der zur materiellen Gewalt geworden ist. Die Zirkulationsmacht des Geldes hat den Geist überflügelt, dem man einst nachsagte, er wehe, wo er will...

Simmels Geist aber dringt, wie eben auch das Geld, in jeden noch so verborgenen Winkel des gesellschaftlichen Lebens. Simmel kann alles mit allem verbinden. Wenn das Geld für solche disparaten Dinge wie eine Bibel und eine Flasche Branntwein einen gemeinsamen Wertausdruck schafft, dann entdeckt Simmel darin eine Verbindung zum Gottesbegriff des Nikolaus von Kues, für den Gott die »coincidentia oppositorum«, den Einheitspunkt aller Gegensätze bedeutete. »Indem das Geld immer mehr zum absolut zureichenden Ausdruck und Äquivalent aller Werte wird, erhebt es sich in abstrakter Höhe über die ganze weite Mannigfaltigkeit der Objekte, es wird zum Zentrum, in dem die entgegengesetztesten, fremdesten, fernsten Dinge ihr Gemeinsames finden und sich berühren; damit gewährt tatsächlich auch das Geld jene Erhebung über das Einzelne, jenes Zutrauen in seine Allmacht wie in die eines höchsten Prinzips.«

Die Analyse der Macht des Geltens kommt auch im Falle des Geldes – wie das Beispiel Simmel zeigt – offenbar nicht ohne Rückgriff auf den metaphysischen Begriffsbestand aus.

In der metaphysikfeindlichen Epoche vor 1914 war also die Sphäre des Geltens, und sei es die des Geldes, ein Asyl für die metaphysischen Reste. Und so verhält es sich – um wieder zum Ausgangspunkt zurückzukehren – auch bei Husserl, der das psychologiefreie Gelten der Logik wie ein platonisches Ideenreich gegen die Maulwürfe der naturalistischen Psychologie verteidigt.

In einer ähnlichen Verteidigungsstellung befindet sich der junge

Martin Heidegger. Auch er findet seine metaphysischen Reste, mit Husserl (und mit Emil Lask), im Mysterium des Geltens, in der Sphäre der reinen Logizität, die allen Versuchungen zur Relativierung durch Biologie oder Psychologie widersteht. In jener Sphäre bleibt für ihn der *Jenseitswert des Lebens* erhalten. Aber unklar ist noch die Verbindung von Logik und Seelenleben. In seinem Aufsatz NEUERE FORSCHUNGEN ÜBER LOGIK von 1912 nennt Heidegger das Psychische die *Operationsbasis* für das Logische, aber insgesamt bleiben da doch *eigenartige, vielleicht nie ganz aufhellbare Probleme.*

Mit der Logik glaubt Heidegger einen Zipfel überindividueller Geltung erhaschen zu können, und das bedeutet ihm viel, denn er will an die objektive Realität des Geistes glauben. Geist darf nicht bloß ein Erzeugnis unseres Kopfes sein. Aber selbständige Realität will er auch der Außenwelt zugestehen. Sie darf nicht zur Chimäre des subjektiven Geistes verdampfen. Das wäre dann nämlich die erkenntnistheoretische Version des von ihm gescholtenen *schrankenlosen Autonomismus* des Ichs. Heidegger will beides vermeiden: den Absturz in den Materialismus und die falsche Himmelfahrt des subjektiven Idealismus. Seine ersten philosophischen Gehversuche orientieren sich an einem *kritischen Realismus*, für den gilt: *nur wer an die Bestimmbarkeit einer realen Natur glaubt, wird seine Kräfte an deren Erkenntnis setzen* (GA 1, 15). Und er orientiert sich an der Möglichkeit eines objektiven Geistes.

Diesen Geist findet er im offenbaren *Wahrheitsschatz* der Kirche, aber das kann dem Philosophen nicht genügen, deshalb die zweite Fundstelle: die Logik und ihr objektives Gelten.

In seinen ersten Studienjahren können wir Martin Heidegger dabei beobachten, wie er nach einer Philosophie sucht, mit der er sich in der Arena der Moderne behaupten kann und die ihm zugleich erlaubt, irgendwie unter dem Himmel von Meßkirch zu bleiben.

Drittes Kapitel

Ölbergstunden. Karriereplanung. Dissertation. Gibt es das Nichts? ›Es kracht‹. Bitten bei den Hochwürden. Jenseits der Lebensphilosophie. Der Einbruch des Lebens in die Philosophie. Diltheys Erleben und Nietzsches Ausleben. Bergsons großer Strom. Max Schelers blühender Garten.

Heideggers ersten philosophischen Aufsätzen, Das Realitätsproblem in der modernen Philosophie und Neuere Forschungen über Logik, merkt man nicht an, daß sie in einer für ihn krisenhaften Umbruchszeit verfaßt wurden. Er argumentiert für das Prinzip einer verläßlich erkennbaren Realität und für die metaphysische Haltbarkeit der Logik in einem Augenblick, als seine persönliche Lebensplanung ins Wanken gerät. Es ist das Jahr 1911.

Nach drei Semestern Leben im Konvikt und Studium der Theologie melden sich wieder die Herzbeschwerden. Vielleicht hat er sich *überarbeitet*, wie er in seinem Lebenslauf von 1915 schreibt, vielleicht aber auch wehrt sich der Körper gegen eine falsche Arbeit. Auf Vorschlag des Konviktarztes wird Martin im Februar 1911 nach Meßkirch entlassen, um einige Wochen *vollständige Ruhe* zu haben. Seine Oberen gewinnen den Eindruck, daß die körperliche Verfassung des begabten Theologiestudenten nicht stabil genug ist für eine spätere Verwendung im kirchlichen Dienst.

Den ganzen Sommer verbringt Heidegger bei seinen Eltern in Meßkirch. Er weiß nicht, welchen Weg er gehen soll. Seine Stimmung ist düster, er sucht Entlastung in poetischen Versuchen. Dort erfahren die Berufszweifel eine pathetische Rangerhöhung und werden zu *Ölbergstunden*, so der Titel eines Gedichtes, das Heidegger im April 1911 in der »Allgemeinen Rundschau« publiziert: *Ölbergstunden meines Lebens: / im düstern Schein / mutlosen Zagens / habt ihr mich oft geschaut. // Weinend rief ich nie vergebens. / Mein junges Sein / hat müd des Klagens / dem Engel ›Gnade‹ nur vertraut.*

Hugo Ott hat dieses Gedicht aufgefunden und auch die Briefe des Ernst Laslowski, eines Geschichtsstudenten am katholischen Lehrstuhl Heinrich Finkes in Freiburg. Martin Heidegger hatte in Laslowski, der aus Oberschlesien stammte und einige Semester in Freiburg studierte, einen engagierten Freund gefunden, der ihn schon früh bewunderte. Er schreibt: »Könnte Dich nur Dein Vater die 4–5 oder 3–4 Semester unterstützen, die Du zur Promotion und zur Vorbereitung für die Habilitation brauchst, dann gäbe es schon Mittel.« Aber der Vater kann nun einmal nicht bezahlen. Der Sohn kleiner Leute wird unter der Obhut der Kirche und ihrer Stipendien bleiben oder sich auf andere Weise mühsam durchschlagen müssen.

In der Korrespondenz mit Laslowski werden die Alternativen durchgespielt. Soll Martin bei der Theologie und damit beim Priesterberuf bleiben? Laslowski rät dazu. Martin wäre versorgt, er müßte sich nur über die Bedenken seiner Oberen hinwegsetzen, die ihm gesundheitlich nicht viel zutrauen. Er werde ungestört promovieren und habilitieren können. Dazwischen vielleicht ein Intermezzo auf einer Landpfarrei, zum »Ausreifen«. Sicherlich werde er danach als Theologe eine glänzende Karriere machen.

Solche Visionen sind schmeichelhaft, doch inzwischen weiß Heidegger, daß ihn an der Theologie nicht das Theologische, sondern das Philosophische fesselt. Die zweite Möglichkeit: sich ganz auf die Philosophie konzentrieren, aber im katholischen Milieu bleiben. Der »Wahrheitsschatz der Kirche« soll durchaus unangetastet bleiben. Man könnte die Philosophie sogar zu seinem Schutz einsetzen. Zwar braucht der Glaube nicht philosophisch begründet zu werden, aber man kann die antimetaphysischen Anmaßungen einer falsch verstandenen Wissenschaftlichkeit philosophisch zurückweisen. Denn den Wissenschaftlern ist meistens nicht bewußt, wieviel metaphysische Anleihen sie machen, wenn sie ihren Sätzen Wahrheitswert zuerkennen. Wenn man nachweisen kann, daß schon in der reinen Logik der »Jenseitswert des Lebens« steckt, dann steht die Kirche mit ihrem »Wahrheitsschatz« auf weniger verlorenem Posten. Wenn er sich zur so verstandenen katholischen Philosophie und Apologetik wenden wollte, würde es vielleicht auch gelingen, Institutionen und Publikationsorgane der katholischen Welt, wie etwa den »Albertus-Magnus-Verein« oder die »Görres-Gesellschaft zur Pflege der Wissenschaft« als Förderer zu gewinnen. Laslowski rät, mit dem in Straßburg lehrenden katholischen Philosophen Clemens Baeumker in Verbindung zu treten. Baeumker ist Vorsitzender der Görres-Gesellschaft und Herausgeber des »Philosophischen Jahrbuchs« und widmet sich besonders der Förderung des katholischen Nachwuchses in der Philosophie. Die Aussichten für katholische Philosophen sind nicht günstig. Von der übrigen philosophischen Welt werden sie nicht ganz ernst genommen, und die einschlägigen Lehrstühle sind rar.

Es bleibt die dritte, die bescheidenste Möglichkeit: ein Schulfach studieren, Staatsexamen machen, Lehrer werden. Heidegger erwägt es ernsthaft, denn eine gesicherte Berufsperspektive ist verlockend. Als Studienfächer kämen für ihn auch die Naturwissenschaften in Betracht.

Nach diesem schweren Sommer in Meßkirch fällt die Entscheidung. Heidegger bricht das Theologiestudium ab. Zum Wintersemester 1911/12 immatrikuliert er sich bei der naturwissenschaftlichen Fakultät in Freiburg in den Fächern Mathematik, Physik und Chemie, setzt aber seine philosophischen Studien mit unvermindertem Eifer fort. Er knüpft Verbindungen zu Clemens Baeumker, der Heideggers Aufsatz über das REALITÄTSPROBLEM IN DER MODERNEN PHILOSOPHIE im »Philosophischen Jahrbuch der Görres-Gesellschaft« 1912 veröffentlicht, und zu Josef Sauer, Professor für Kunstgeschichte und Christliche Archäologie an der Universität Freiburg und Herausgeber der katholischen »Literarischen Rundschau«. Dort erscheinen im selben Jahr in mehreren Folgen Heideggers NEUERE FORSCHUNGEN ÜBER LOGIK.

In einem Brief an Sauer vom 17. März 1912 entwickelt Heidegger sein eigenes Forschungsprogramm. Den klerikal stark gebundenen Sauer wird es in nicht geringes Erstaunen versetzt haben, mit welchen Vorhaben dieser Student an der *religiös-kulturellen Entwicklung unserer Kirche* mitzuarbeiten verspricht: *Wenn das Ganze nicht eine fruchtlose Nörgelei und ein scholastisches Aufdecken von Widersprüchen werden soll, dann muß das Raum- und Zeitproblem unter Orientierung an der mathematischen Physik einer vorläufigen Lösung mindestens nahe gebracht werden.*

Wie der Kirche durch eine Orientierung am Zeitproblem der modernen Physik aufgeholfen werden könnte, dürfte dem philosophisch wenig versierten Josef Sauer nicht ganz klar geworden sein; trotzdem war er mit Heidegger zufrieden, da die Logik-Aufsätze in katholischen Kreisen immerhin ein beträchtliches Aufsehen erregten. Heidegger selbst erfuhr davon durch Laslowski, der ihm am 20. Januar 1913 schreibt: »Liebster, ich habe das Gefühl, daß Du so zu den ganz Großen heranwachsen wirst, um den sich die Universitäten reißen werden. Unter dem darf es auch nicht sein.« Allerdings passe »der Katholizismus in das ganze moderne philosophische System garnicht hinein«.

Heidegger dürfe sich nicht ins katholische Schubfach stecken lassen. Er solle auch in nichtkonfessionellen Organen veröffentlichen.

Die Schwierigkeiten dieses Balanceaktes – sich die Gunst des katholischen Milieus erhalten und doch nicht in den Geruch des Konfessionsphilosophen geraten – werden in der Korrespondenz der Freunde ausführlich diskutiert. Laslowski: »Du mußt wohl als Katholik anfangen. Doch das ist, zum Teufel, wirklich eine verzwickte Frage.« Am besten sei es, sich einstweilen bedeckt zu halten. Das habe außerdem einen günstigen Nebeneffekt: »Du umgibst Dich für längere Zeit mit einem etwas geheimnisvollen Dunkel und machst ›die Leute‹ neugierig. Du hast es dann leichter.«

Der rührige Laslowski, der wohl auch ein wenig in Martin Heidegger verliebt ist, hört sich um nach vakanten katholischen Philosophielehrstühlen. Er rührt die Werbetrommel für seinen Freund bei einem Besuch am Campo Santo Teutonico, wo er den Privatdozenten Engelbert Krebs trifft, einen Priester und Theologen aus Freiburg. Krebs, acht Jahre älter als Heidegger, kann vorerst wenig für ihn tun, denn er muß selbst erst noch etwas werden. Heidegger nimmt sogleich Verbindung mit ihm auf, als Krebs 1914 von seinem Rom-Aufenthalt nach Freiburg zurückkehrt. Daraus wird für einige Jahre eine freundschaftliche Beziehung, die endet, als Heidegger mit dem *System des Katholizismus* bricht.

Laslowski hilft Martin auch bei der Geldbeschaffung. In seiner katholischen Studentenverbindung in Breslau findet er einen Alten Herrn, dem er mit der Beteuerung, Heidegger sei die große philosophische Hoffnung für die deutschen Katholiken, ein privates Darlehen entlockt. Von diesem Geld, von einem kleinen von der Universität Freiburg verwalteten Stipendium und von Nachhilfestunden lebt Heidegger im Jahr nach dem Abbruch des Theologiestudiums. Im Sommer 1913 promoviert er in der Philosophie mit dem Thema: DIE LEHRE VOM URTEIL IM PSYCHOLOGISMUS.

In dieser Arbeit erweist sich Heidegger als fleißiger und gelehriger Schüler Husserls, dessen »Logische Untersuchungen« bei ihm mächtig nachwirken. Mit Husserl streitet er gegen die Vertreter des Psychologismus, gegen den Versuch also, das Logische aus dem Psychischen zu erklären. Es sind hochangesehene Philosophen, wie Theodor Lipps und Wilhelm Wundt, die sich der selbstbewußte Doktorand kritisch vornimmt. Die Auseinandersetzung mit dem Psychologismus zwingt ihn zum ersten Mal zu einer Reflexion über das große Problem seines späteren Hauptwerkes: die Zeit.

Das Denken als psychischer Akt geschieht in der Zeit, beansprucht Zeit. Der logische Gehalt des Denkens aber, so sagt Heidegger mit Husserl, gilt unabhängig von der Zeit. Das Logische ist *ein ›statisches‹ Phänomen, das jenseits jeder Entwicklung und Veränderung steht, das also nicht wird, entsteht, sondern gilt; etwas, das allenfalls vom urteilenden Subjekt ›erfaßt‹ werden kann, durch dieses Erfassen aber nie alteriert wird* (FS, 120). Noch ist also nicht, wie wenige Jahre später, die Zeit bei Heidegger jene Seinsmacht, die alles in ihre Bewegtheit hineinzieht; noch gibt es ein Jenseits davon. Aber was ist der *Sinn* dieses Logischen, fragt Heidegger und bemerkt: *Vielleicht stehen wir hier bei einem Letzten, Unreduzierbaren, darüber eine weitere Aufhellung ausgeschlossen ist, und jede weitere Frage notwendig ins Stocken gerät* (FS, 112).

Die statische Logik muß mit einer zeitlich dynamischen, sich wandelnden Wirklichkeit in ein Spannungsverhältnis geraten. Dem geht Heidegger am Beispiel eines Problems nach, das für seine spätere Philosophie bedeutsam ist: Es geht um die Frage nach dem *Nichts*. Er untersucht die Negation im Urteilsakt. Wir können sagen ›Die Rose ist nicht gelb‹ oder ›Der Lehrer ist nicht da‹. Dieses ›nicht‹ bedeutet also lediglich, daß ein bestimmtes Etwas, das wir erwarten oder auf das wir Bezug nehmen, nicht vorhanden ist. Es fehlt – das Gelb der Rose oder die Anwesenheit des Lehrers. Aus diesem Fehlen, aus diesem ›nicht‹ läßt sich dann ein ›Nichts‹ abstrahieren – aber als ein bloßes Gedankending. Solches ›Nichts‹ gibt es also nur im Urteilsakt, nicht aber in der Wirklichkeit. Dort gilt: *wenn etwas n i c h t e x i s t i e r t, kann ich nicht sagen: es existiert* (FS, 125).

Im Vortrag WAS IST METAPHYSIK? von 1929 wird Heidegger den Ursprung der ganzen Metaphysik, auch seiner eigenen, in die Erfahrung des *Nichts* legen: *Das Nichts ist ursprünglicher als das Nicht und die Verneinung*, es bricht auf in der *tiefen Langeweile, in den Abgründen des Daseins* (WM, 29). Er wird dieses Nichts beschreiben als ein Etwas, das die ganze Welt des Seienden in einen fragwürdigen, auch beängstigenden Geheimniszustand versetzt.

Diese Stimmung wird wohl auch der junge Heidegger kennen, aber noch nimmt er sie nicht in seine Philosophie auf, noch ist er der Akademiker, der etwas werden will und deshalb akademisch bleibt. Noch also gilt für ihn der Grundsatz, daß das ›Nichts‹ nur im Urteil, nicht aber in der Wirklichkeit angetroffen wird. Er verwendet dabei Argumente, die später der logische Positivist Rudolf Carnap gegen ihn und seine Philosophie des Nichts ins Feld führen wird.

Doch da der junge Heidegger, anders als Carnap, ein Logiker aus metaphysischen Gründen ist, wird der Befund, daß das Nichts nur in unseren Urteilen, also nur in unserem Geist angetroffen wird, die ontologische Karriere des Nichts nicht verhindern können. Denn was in unserem Geist ist, das ist darum eben auch ein Aspekt des großen Seins. Durch uns kommt die Verneinung in die Welt, das Nichts. So wird aus einer bescheidenen Semantik der Negation die imposante Ontologie des Seins und des Nichts. Dieses Nichts ist dann aber auch nicht mehr das abgekühlte ›Nicht‹ des Urteils, sondern ein ›Nichts‹ der Angst. Diese Stimmung aber hat, wie schon bemerkt, in Heideggers philosophischen Versuchen von 1912 noch keine Sprache gefunden. Mit den ängstigenden Aspekten der Wirklichkeit geht er noch ziemlich salopp um, zum Beispiel bei der Erörterung des *impersonalen Urteils*, das in den subjektlosen Sätzen steckt. *Es blitzt*, sagen wir. Wer blitzt? *Will ich denn von einem mysteriösen ›es‹ eine Eigenschaft, einen momentanen Zustand aussagen, oder hat das Urteil einen ganz anderen Sinn*? (FS, 126). Was oder wer ist dieses *Es*, das da blitzt? Ehe Heidegger, wie später bei solcher Gelegenheit, tiefsinnig wird, wählt er das Beispiel des *es kracht* und schreibt: *Wenn ich z. B. mit meinem Freund im Manöver einer schnell voraus- und in Feuerstellung aufgefahrenen Batterie nacheile und ich im Moment, wo wir den Geschützdonner hören, sage: ›eile, es kracht schon‹ – dann ist völlig bestimmt, was kracht; der Sinn des Urteils liegt in dem Krachen, in dem jetzt (schon) Stattfinden* (FS, 127).

Heidegger untersucht das *impersonale Urteil*, weil er zeigen will, daß unter Umständen weder die *psychologischen Untersuchungen*, noch die *eindeutige Bestimmung und Klärung der Wortbedeutungen* den Gehalt eines Urteils zutage fördern, sondern daß man dafür den Zusammenhang der Handlungssituation kennen und verstehen muß. Wenige Jahre später wird Heidegger dann genau diese Pragmatik unseres alltäglichen Lebens zum Schauplatz seiner Seinsfrage machen. Einstweilen stößt er schon einmal darauf – beim Krachen. Wir befinden uns am Vorabend des Krieges.

Mit dem Manöver-Beispiel schlägt für einen kurzen Augenblick die sogenannte *Lebenswelt* in die streng hermetischen Analysen ein.

Am 26. Juli 1913 legt Heidegger vor der Philosophischen Fakultät die Doktorprüfung ab mit dem Gesamtprädikat Summa cum laude. Der Doktorvater ist der Lehrstuhlinhaber für Katholische Philosophie, Arthur Schneider, der in diesem Sommer einen Ruf an die Reichsuniversität Straßburg annimmt. In dem Geheimrat Professor Heinrich Finke, einem renommierten und an der Fakultät einflußreichen katholischen Historiker, findet Heidegger einen Förderer, der dem Vierundzwanzigjährigen Hoffnungen auf den nunmehr vakanten Lehrstuhl Schneiders macht. Einstweilen versieht der theologische Privatdozent Engelbert Krebs die Lehrstuhlvertretung und rechnet sich ebenfalls Chancen aus. Krebs und Heidegger, die inzwischen freundschaftlichen Umgang pflegen, werden zu Konkurrenten. Am 14. November 1913 trägt Krebs in sein Tagebuch ein: »Heute abend zwischen 5 und 6 kam er (Heidegger, R.S.) nun zu mir und erzählte, wie Finke ihn aufgefordert habe, mit einer philosophiegeschichtlichen Arbeit sich zu habilitieren und daß Finke in einer Weise mit ihm geredet habe, die deutlich durchblicken ließ, daß Heidegger bei der gegenwärtigen Vakanz des Lehrstuhls sich eilen solle, bald als Privatdozent zur eventuellen Verfügung zu stehen. So könnte es sein, daß mein derzeitiges Provisorium ein Warmhalten des Lehrstuhls für Heidegger ist.«

Diese Konkurrenz beeinträchtigt die Freundschaft vorerst nicht. Nach dem ersten Besuch Heideggers bei ihm notiert Krebs: »Ein scharfer Kopf, bescheiden, aber sicher im Auftreten.« Er ist von den Gesprächen so beeindruckt, daß er Heidegger neidlos als den würdigeren Nachfolger auf dem Schneider-Lehrstuhl zu akzeptieren bereit ist. »Schade«, so schreibt er Ende 1913 im Tagebuch, »daß er nicht schon seit zwei Jahren soweit ist. Jetzt hätten wir ihn not.«

Krebs und Heidegger helfen sich bei ihren wissenschaftlichen Arbeiten. Krebs muß Vorlesungen halten über Logik, wovon er wenig versteht. Heidegger bereitet mit ihm die Kollegstunden vor. »Er nützt mir mehr, als er vielleicht selber bemerkt«, notiert Krebs, der seinerseits Heidegger mit seinen Kenntnissen über die Geschichte der Scholastik aushilft.

Heidegger hatte sein Habilitationsthema aus diesem Bereich gewählt. Ursprünglich wollte er seine logischen Forschungen fortsetzen und über das *Wesen des Zahlbegriffs* arbeiten, aber da er jetzt Aussichten auf einen katholischen Lehrstuhl hat, wendet er sich auch der Scholastik zu. Außerdem verlangt das Stipendium, um das er sich 1913 bewarb und das ihm zugesprochen wurde, die Arbeit an solchen Themen. Es handelt sich um ein gutdotiertes Stipendium aus der 1901 von der Augsburger Industriellenfamilie Schätzler begründeten »Stiftung zu Ehren des heiligen Thomas von Aquin«.

Um dieses Stipendium hatte sich Heidegger am 2. August 1913 beim Freiburger Domkapitel mit den folgenden Worten beworben: *Der gehorsamst Unterzeichnete gestattet sich, dem Hochwürdigsten Domkapitel ... die untertänigste Bitte um Verleihung eines Stipendiums ... vorzutragen. Der gehorsamst Unterzeichnete gedenkt, sich dem Studium der Christlichen Philosophie zu widmen und die akademische Laufbahn einzuschlagen. Da derselbe in ganz bescheidenen Verhältnissen lebt, wäre er dem hochwürdigsten Domkapitel von Herzen dankbar...* Und so weiter. Solche demütigenden Briefe lassen einen Stachel in dem zurück, der sie schreibt oder schreiben muß. Man verzeiht denen nur schwer, bei denen man hat betteln müssen. Obwohl oder gerade weil die Hochwürden ihm geholfen haben, wird er später nicht gut auf sie zu sprechen sein. Etwas anderes bedeutete ihm die Kirche der kleinen Leute von Meßkirch. Das war Heimat, hier fühlte er sich zeitlebens zugehörig. Wenn er in Meßkirch war, besuchte er bis ins hohe Alter die Gottesdienste in der St.-Martins-Kirche und nahm dort im Chorgestühl Platz, wo er schon als Läuterbub gesessen hatte.

Da Heidegger damals noch als vielversprechender katholischer Philosoph galt, bewilligte das Domkapitel ein Stipendium von 1000 Reichsmark für das Semester, eine Summe, von der man als Student sorgenfrei leben konnte. Im Bewilligungsschreiben erinnert der Weihbischof Justus Knecht ausdrücklich an den Stiftungszweck: »Im Vertrauen, daß Sie dem Geiste der thomistischen Philosophie getreu bleiben werden, bewilligen wir...«

Drei Jahre lang, bis zum Sommer 1916, wird Heidegger gefördert, drei Jahre lang ist er an Thomismus und Scholastik auf eine Art gebunden, bei der Pflicht und Neigung nicht immer deutlich zu unterscheiden sind – auch nicht für ihn selbst. Als Heidegger sich zum dritten Mal im Dezember 1915 um das Stipendium bewirbt, schreibt er: *Der gehorsamst Unterzeichnete glaubt in etwa wenigstens Hochwürdigstem Erzbischöflichen Domkapitel für sein wertvolles Vertrauen dadurch stets danken zu können, daß er seine wissenschaftliche Lebensarbeit einstellt auf die Flüssigmachung des in der Scholastik niedergelegten Gedankenguts für den geistigen Kampf der Zukunft um das christlich-katholische Lebensideal.*

Noch sind Heideggers philosophische Ambitionen eigentümlich bescheiden. Im LEBENSLAUF von 1915 bezeichnet er die Interpretation der mittelalterlichen Denker als seine künftige *Lebensarbeit*. Allerdings will er das dort gefundene Gedankengut für aktuelle Auseinandersetzungen nutzen, für den *Kampf* um das *christlich-katholische Lebensideal*. Trotzdem merkt man seinen philosophischen Arbeiten nicht an, daß inzwischen der Weltkrieg begonnen hat und, während schon Hunderttausende auf den Schlachtfeldern gefallen sind, die Lebensphilosophie triumphiert.

Nach dem Materialismus und Mechanismus des späten 19. Jahrhunderts, wogegen die Husserlsche und damit auch die frühe Heideggersche Philosophie des Logischen gerichtet war, müßte nun eigentlich die Lebensphilosophie in ihren verschiedenen Varianten die große Herausforderung für Heidegger werden. Aber nur der Ausdruck *Flüssigmachung* verweist darauf, daß Heidegger inzwischen Fühlung bekommen hat mit lebensphilosophischen Motiven. Denn das »Verflüssigen« war eine lebensphilosophische Obsession der Zeit.

Wenige Jahre zuvor war für den jungen Martin Heidegger Lebensphilosophie noch etwas für *feinfühlige moderne Seelen* gewesen, also nichts für ihn. In einem Aufsatz für den »Akademiker« hatte er 1911 geschrieben: *Die Philosophie, in Wahrheit ein Spiegel des Ewigen, reflektiert heute vielfach nur mehr subjektive Meinungen, persönliche Stimmungen und Wünsche. Der Antiintellektualismus läßt auch die Philosophie zum ›Erlebnis‹ werden; man geriert sich als Impressionisten... Heute wird die Weltanschauung nach dem ›Leben‹ zugeschnitten, statt umgekehrt...*

Dieser strenge Vorbehalt gegen die Lebensphilosophie war bei Heidegger nicht nur von seinem katholischen *Jenseitswert des Lebens* bestimmt, sondern er stammte auch aus der Schule des Neukantianers Heinrich Rickert, bei dem Heidegger habilitieren wollte. Und Rickert, an dem sich Heidegger in dieser Angelegenheit auch orientierte, faßte sein Urteil über die Lebensphilosophie später in den Worten zusammen: »Als Forscher haben wir das Leben begrifflich zu beherrschen und zu befestigen und müssen daher aus der bloß lebendigen Lebenszappelei heraus zur systematischen Weltordnung.«

Lebensphilosophie, gegen die sich damals die akademische Philosophie und mit ihr der junge Heidegger wehrte, war inzwischen außerhalb der Universität zur herrschenden geistigen Strömung geworden. ›Leben‹ war zu einem Zentralbegriff geworden wie vormals ›Sein‹, ›Natur‹, ›Gott‹ oder ›Ich‹, ein Kampfbegriff auch, gegen zwei Fronten gerichtet. Zum einen gegen den neuen Als-ob-Idealismus, wie ihn die Neukantianer auf deutschen Lehrstühlen, aber auch die bürgerlichen Moralkonventionen pflegten. ›Leben‹ stand gegen die mühsam deduzierten oder auch nur gedankenlos tradierten Ewigkeitswerte. Zum anderen richtete sich die Parole ›Leben‹ gegen einen seelenlosen Materialismus, die Erbschaft des ausgehenden 19. Jahrhunderts also. Nun war schon der neukantianische Idealismus eine Antwort auf diesen Materialismus und Positivismus gewesen, aber eine hilflose, behauptet die Lebensphilosophie. Man erweist dem Geist, wenn man ihn dualistisch vom materiellen Leben trennt, einen schlechten Dienst. So wird man ihn nicht verteidigen können. Vielmehr muß man Geist in das materielle Leben selbst hineinbringen.

Bei den Lebensphilosophen wird der Begriff ›Leben‹ so geräumig und elastisch, daß alles hineinpaßt: Seele, Geist, Natur, Sein, Dynamik, Kreativität. Die Lebensphilosophie wiederholt den Protest des Sturm und Drang gegen den Rationalismus des 18. Jahrhunderts. Damals war ›Natur‹ die Kampfparole. Der Begriff ›Leben‹ hat jetzt dieselbe Funktion. ›Leben‹ ist Gestaltenfülle, Erfindungsreichtum, ein Ozean der Möglichkeiten, so unabsehbar und abenteuerlich, daß wir kein Jenseits mehr brauchen. Es steckt genug davon im Diesseits. Leben ist Aufbruch zu fernen Ufern und doch zugleich das ganz Nahe, die eigene gestaltfordernde Lebendigkeit. ›Leben‹ wird zur Losung der Jugendbewegung, des Jugendstils, der Neuromantik, der Reformpädagogik.

Vor 1900 wollte die bürgerliche Jugend alt aussehen. Jugend war ein Karrierenachteil. Die Zeitungen empfahlen Mittel, um den Bartwuchs zu beschleunigen, und die Brille galt als Statussymbol. Man ahmte die Väter nach und trug den steifen Vatermörder, die Pubertierenden steckte man in Gehröcke und brachte ihnen den gemessenen Gang bei. Vormals galt ›Leben‹ als etwas Ernüchterndes, die Jugend sollte sich daran die Hörner abstoßen. Jetzt ist Leben das Ungestüme und Aufbruchshafte und damit das Jugendliche selbst. Und so ist Jugend kein Makel mehr, der versteckt werden muß. Im Gegenteil: das Alter muß sich nun rechtfertigen, es steht unter dem Verdacht, abgestorben und erstarrt zu sein. Eine ganze Kultur, es ist die wilhelminische, wird vor den »Richterstuhl des Lebens« (Dilthey) zitiert und mit der Frage konfrontiert: Lebt dieses Leben noch?

Die Lebensphilosophie versteht sich als eine Philosophie des Lebens im Sinne des Genitivus subiectivus: Sie philosophiert nicht über das Leben, sondern es ist das Leben selbst, das in ihr philosophiert. Als Philosophie will sie ein Organ dieses Lebens sein; sie will es steigern, ihm neue Formen und Gestalten erschließen. Sie will nicht nur herausfinden, welche Werte gelten, sie ist unbescheiden genug, neue Werte schaffen zu wollen. Lebensphilosophie ist die vitalistische Variante des Pragmatismus. Sie fragt nicht nach der Nützlichkeit einer Einsicht, sondern nach ihrer schöpferischen Potenz. Für die Lebensphilosophie ist das Leben reicher als jede Theorie; deshalb verabscheut sie den biologischen Reduktionismus: Dort wird ja der Geist auf das Niveau des Lebens heruntergezogen, in der Lebensphilosophie aber soll der Geist zum Leben emporgehoben werden.

Die großen Protagonisten der Lebensphilosophie vor 1914 waren Friedrich Nietzsche, Wilhelm Dilthey, Henri Bergson und Max Scheler.

Nietzsche hatte ›Leben‹ gleichgesetzt mit schöpferischer Potenz und es in diesem Sinne »Wille zur Macht« genannt. Leben will sich selbst, will sich gestalten. Bewußtsein steht in einem ambivalenten Verhältnis zu diesem Prinzip der Selbstgestaltung des Lebendigen. Es kann wirken als Faktor der Hemmung oder der Steigerung. Bewußtsein kann Ängstlichkeiten, moralische Skrupel, Resignation erzeugen – am Bewußtsein kann sich deshalb der vitale Schwung brechen. Aber das Bewußtsein kann sich auch in den Dienst des Lebens stellen: Es kann Wertsetzungen vornehmen, die das Leben zum freien Spiel ermuntern, zur Verfeinerung, zur Sublimierung. Aber wie auch immer das Bewußtsein wirkt, es bleibt doch ein Organ dieses Lebens, und deshalb sind die Schicksale, die das Bewußtsein dem Leben bereitet, zugleich Schicksale, die das Leben sich selbst bereitet. Das eine Mal steigert es sich – durch Bewußtsein; das andere Mal zerstört es sich – durch Bewußtsein. Ob nun aber das Bewußtsein in die eine oder in die andere Richtung wirkt, das entscheidet kein bewußtloser Lebensprozeß, sondern der bewußte Wille, also die Freiheit des Bewußtseins gegenüber dem Leben. Nietzsches Lebensphilosophie reißt das ›Leben‹ heraus aus der deterministischen Zwangsjacke des späten 19. Jahrhunderts und gibt ihm seine eigentümliche Freiheit zurück. Es ist die Freiheit des Künstlers seinem Werk gegenüber. »Ich will der Dichter meines Lebens sein«, verkündet Nietzsche, und es ist bekannt, welche Folgen das gehabt hat für den Begriff der Wahrheit. Wahrheit im objektiven Sinne gibt es nicht. Wahrheit ist die Art der Illusion, die sich als lebensdienlich erweist. Das ist Nietzsches Pragmatismus, der aber anders als der angelsächsische auf einen dionysischen Lebensbegriff bezogen ist. Nietzsche verabscheut das darwinistische Dogma von ›Anpassung‹ und ›Selektion‹ als Gesetz der Lebensentwicklung. Für ihn sind das Projektionen einer utilitaristischen Moral. So stellt sich der Spießer eine Natur vor, in der angeblich auch die Anpassung mit einer Karriere belohnt wird. Für Nietzsche ist ›Natur‹ das spielende Weltkind des Heraklit. Natur formt Gestalten und zerbricht sie, ein unaufhörlicher schöpferischer Prozeß, in dem das machtvolle Vitale und nicht das Angepaßte triumphiert. Überleben ist noch kein Triumph. Leben triumphiert erst im Überfluß, wenn es sich verschwendet, wenn es sich auslebt.

Nietzsches Lebensphilosophie ist aktivistisch und kunstbesessen. Sein »Wille zur Macht« wirkte zunächst nicht als politische, sondern als ästhetische Vision. Sie verschaffte der Kunst wieder ein starkes Selbstbewußtsein. Unter dem Druck des Wissenschaftsideals hatte sie es nämlich verloren und sich unter das Dogma der Nachahmung gebeugt. Wer sich Nietzsche anschloß, konnte sagen: Wenn Kunst und Wirklichkeit nicht miteinander übereinstimmen, um so schlimmer für die Wirklichkeit!

Die bedeutenden künstlerischen Strömungen am Anfang des Jahrhunderts – Symbolismus, Jugendstil, Expressionismus – sind alle von Nietzsche inspiriert. Der ästhetische »Wille zur Macht« erhält verschiedene Namen. In Freuds Wien, wo das Unbewußte hoch im Kurs steht, sind die Nervösen die wahrhaft Vitalen: »Wenn erst das Nervöse völlig entbunden und der Mensch, besonders der Künstler, ganz an die Nerven hingegeben sein wird, ohne vernünftige und sinnliche Rücksicht, dann kehrt die verlorene Freude in die Kunst zurück...« (Hermann Bahr, 1891). Die Expressionisten fordern die »Wiedergeburt der Gesellschaft aus der Vereinigung aller artistischen Mittel und Mächte« (Hugo Ball); an staatliche und gesellschaftliche »Wiedergeburt« aus dem Geiste der souveränen Kunst glaubt man auch im George-Kreis und bei den Symbolisten. Franz Werfel verkündet die »Thronerhebung des Herzens«. Die Allmachtsphantasien der Kunst und der Künstler haben ihre große Stunde. Der Geist der Lebensphilosophie hat die Künste wieder befreit vom Dienst am Realitätsprinzip. Sie trauen sich wieder Visionen zu, mit denen sie gegen die Wirklichkeit protestieren in der Überzeugung, daß diese sich dann auch wandeln werde. ›Vision, Protest, Wandlung‹ – das ist die expressionistische Dreifaltigkeit.

Nietzsches Lebensphilosophie war für das Ausleben zuständig, Diltheys für das Erleben. Dilthey kümmerte sich nicht um die Biologie, er wollte durch die Geistesgeschichte erfahren, was der Mensch überhaupt sei, aber er fand nur einzelne Werke und Gestaltungen, eine Fülle von Standpunkten, in denen das geistige Leben seinen ganzen

Reichtum zeigt. Diltheys Leben war das Universum der Bücher, wo es lauter Sätze gibt, die jeweils einen Sinn ergeben, die sich aber insgesamt nicht zu einer übergreifenden Bedeutung zusammenschließen. Das Leben des Geistes bringt eine Gestaltenfülle hervor, die das Aussehen einer Schädelstätte annehmen kann, wenn wir es nicht verstehen, den in festen Gestalten, in objektiven Werken der Kultur erstarrten Geist wieder zum Leben zu erwecken. Das geschieht durch das Verstehen. Verstehen ist die Art, wie der Geist die Objektivation des fremden Geistes erlebt, wie er das fest Gewordene »verflüssigt«. Dilthey verwendet diesen Ausdruck, und Heidegger übernimmt ihn von ihm, wenn er, wie schon erwähnt, von der *Flüssigmachung* der Scholastik für den Kampf um das katholische Lebensideal spricht. Das Verstehen holt vergangenes Leben wieder zurück. Verstehen ist Wiederholen. Die Möglichkeit des wiederholenden Erlebens ist ein Triumph über die Vergänglichkeit der Zeit. Aber die Werke, die in der Zeit entstehen, lassen es nicht zu, daß ihr Gehalt objektiv und verbindlich fixiert wird. Jeder Akt des Verstehens ist selbst an seinen Zeitpunkt gebunden; und so werden wir immerfort von der weiterströmenden Zeit erfaßt, die stets Neues und immer wieder Einmaliges hervorbringt – Standpunkte, Perspektiven, Visionen, Weltanschauungen in unaufhörlicher Abfolge. »Wo sind die Mittel, die Anarchie der Überzeugungen, die hereinzubrechen droht, zu überwinden?« fragte Dilthey. Anarchie war diesem feinsinnigen deutschen Gelehrten der Gründerzeit denn doch unheimlich. Deshalb glaubte er, daß sich das Leben des Geistes in einer geheimen Ordnung fügt, er konnte nicht genau sagen, wie, auf jeden Fall aber wollte er in diesem Garten der Menschlichkeit der Gärtner sein. ›Leben‹ hat bei Dilthey einen zutraulichen Klang, keinen dämonischen wie bei Nietzsche. »Leben ist die Grundtatsache, die den Ausgang der Philosophie bilden muß. Es ist das von innen Bekannte, es ist dasjenige, hinter welches nicht zurückgegangen werden kann. Leben kann nicht vor den Richterstuhl der Vernunft gebracht werden.«

Nietzsche wollte aus seinem Leben Philosophie machen, Dilthey will die Werke des Geistes wieder zum Leben erwecken. Der eine betreibt Lebensphilosophie als existentielles Abenteuer, der andere als Bildungserlebnis.

Nietzsche und Dilthey kamen noch aus dem 19. Jahrhundert. Das Genie der Lebensphilosophie im 20. Jahrhundert aber war Henri Bergson. Er hat den Versuch unternommen, die Lebensphilosophie zum System auszugestalten. 1912 erschien in deutscher Übersetzung sein

Hauptwerk »Schöpferische Entwicklung«. Es hatte sofort einen beispiellosen Erfolg auch beim Publikum. In seinem 1913 verfaßten »Versuch einer Philosophie des Lebens« schreibt Max Scheler: »Der Name Bergson durchtönt gegenwärtig in so aufdringlich lauter Weise die Kulturwelt, daß die Eigentümer feinerer Ohren zweifelnd fragen mögen, ob man wohl solchen Philosophen lesen soll.« Man soll ihn lesen, sagt Max Scheler, denn in Bergsons Philosophie komme eine ganze neue »Haltung des Menschen zur Welt und zur Seele« zum Ausdruck: »Diese Philosophie hat zur Welt die Geste der offenen, aufweisenden Hand, des frei und groß sich aufschlagenden Auges. Das ist nicht der blinzelnde, kritische Blick, den Descartes ... auf die Dinge wirft; nicht Kants Auge, aus dem der Geistesstrahl so entfremdet wie aus einer ›anderen‹ Welt und so herrschaftlich auf die Dinge fällt und sie durchbohrt... Vielmehr umspült ihn bis in seine geistige Wurzel hinein der Strom des Seins wie ein selbstverständliches und schon als Seins-Strom selbst ... wohltätiges Element.«

Bergson, wie schon vor ihm auf ähnliche Weise Schopenhauer, entdeckt zwei Quellen der Erkenntnis des Lebens. Die eine ist der Verstand, die andere die Intuition (bei Schopenhauer: die innere Erfahrung des Willens). Verstand ist jenes Vermögen, das Kant präzise analysiert hat. Bergson knüpft daran an. Raum, Zeit, Kausalität, Ausdehnung – das sind Kategorien dieses Verstandes. Nun verändert Bergson die Perspektive: dieser Verstand wird evolutionsbiologisch betrachtet. So erscheint er als ein Produkt dieser Entwicklung, als ein Organ zur lebensweltlichen Orientierung und Handlungssteuerung. Er hat sich offenbar bewährt und ist Ausdruck einer »immer geschmeidigeren Anpassung des Lebewesens an die gegebenen Existenzbedingungen«.

Der Verstand ist also ein System, das die andrängende Fülle und Mannigfaltigkeit des Seins und Werdens unter überlebenspraktischen Gesichtspunkten filtert (bei Schopenhauer analog: der Verstand ist ein Instrument des Willens).

Soweit ist Bergson pragmatischer Biologist. Nun aber wagt er seinen entscheidenden Schritt – mit einer einfachen Überlegung: Da wir den Verstand in seinen Grenzen analysieren können, sind wir immer schon über ihn hinaus, wir könnten ihn sonst nicht in seiner Begrenztheit entdecken. Es muß ein ›Außerhalb‹ seines Bereichs geben. Bergsons Pointe: dieses ›Außerhalb‹ ist etwas Innerliches, die Intuition. In der Intuition, der inneren Erfahrung, ist das Sein nicht ein Gegenstand, den wir distanzieren können, sondern wir erfahren uns selbst unmittelbar als Teil dieses Seins: »Die Materie und das Leben, die die Welt erfüllen, sind ebensogut in uns. Die Kräfte, die in allen Dingen schaffen, wir fühlen sie in uns.« Der Verstand ist lebensdienlich im Sinne des Überlebens, doch die Intuition bringt uns dem Geheimnis des Lebens näher. Auf das Ganze der Welt gesehen, erscheint das Leben als eine unendliche Woge, die im intuitiven Bewußtsein frei ausströmt: »Steigen wir also in unser eigenes Inneres: wir werden einen viel tieferen Punkt berühren, ein viel stärkerer Stoß wird uns zurücktreiben zur Oberfläche...« Das Wunderwerk der Proustschen »Recherche« verdankt sich dieser Wegweisung ins eigene Innere, wo sich das Leben offenbart, besonders geheimnisvoll und die Phantasie anregend in der inneren Erfahrung der Zeit. Der nach außen gerichtete Verstand konstruiert die physikalische Zeit, die meßbare und gleichförmige (»tempus quod aequaliter fluit«, Newton). Die innere Erfahrung, die Intuition also, kennt eine andere Zeit. Es ist die Dauer (*durée*). Das Leben ›dauert‹ will sagen, daß unser Leben in einem kontinuierlichen Fließen besteht, mit wechselnden Rhythmen, Verdichtungen, Stockungen, Strudeln. Dabei geht nichts verloren, ein ständiges Wachsen, jeder Punkt ist einmalig, weil an keinem Punkt die jeweils vorausliegende Vergangenheit, die uns vorantreibt, identisch ist, weil das vergehende Jetzt zur Vergangenheit hinzukommt und sie verändert. Der Mensch bewegt sich in der Zeit wie in einem Medium, aber er ›zeitigt‹ auch die Zeit, indem er sein Leben – führt, d.h., er besitzt Initiative, Spontaneität. Er ist ein anfangendes Wesen. Im Innersten der Zeiterfahrung liegt, nach Bergson, die Erfahrung der schöpferischen Freiheit verborgen. Eine Freiheit, die als schöpferische Potenz im ganzen Universum treibt. In der Erfahrung der menschlichen Freiheit findet die schöpferische Freiheit des Kosmos ihr Selbstbewußtsein. Die Intuition bringt uns ins Herz der Welt. »Im Absoluten sind wir, kreisen wir, leben wir.«

So erhaben, so bezaubernd und bezaubert, beschwingt und verheißungsvoll intonierte die Philosophie vor 1914 das Thema ›Leben‹. Der junge Heidegger aber läßt sich von dieser Woge nicht tragen. Er beendet seine Dissertation von 1913 mit dem trockenen und steifen Ausblick auf eine *reine Logik*, mit deren Hilfe man an die *erkenntnistheoretischen Probleme herantreten* und den *Gesamtbereich des ›Seins‹ in seinen verschiedenen Wirklichkeitsweisen gliedern* kann (FS, 128).

Bei Heidegger ist noch nichts zu spüren von jenem Aufbruchsgefühl, dem Max Scheler in seinem zur selben Zeit verfaßten »Versuch einer Philosophie des Lebens« Ausdruck gibt. Eine »Umbildung der Weltanschauung«, so schreibt Scheler, vollziehe sich vor unseren Augen: »Sie wird sein wie der erste Tritt eines jahrelang in einem dunklen Gefängnis Hausenden in einen blühenden Garten. Und dies Gefängnis wird unser durch einen auf das bloß Mechanische und Mechanisierbare gerichteten Verstand umgrenztes Menschenmilieu mit seiner Zivilisation sein. Und jener Garten wird sein – die bunte Welt Gottes, die wir – wenn auch noch in der Ferne – sich uns auftun und hell uns grüßen sehnen. Und jener Gefangene wird sein – der europäische Mensch von heute und gestern, der seufzend und stöhnend unter den Lasten seiner eigenen Mechanismen einherschreitet und, nur die Erde im Blick und Schwere in den Gliedern, seines Gottes und seiner Welt vergaß.«

Daß diese Stimmung des lebensphilosophischen Aufbruchs den jungen Martin Heidegger noch nicht voll ergriffen hat, ist um so erstaunlicher, da doch dort draußen im philosophischen Tumult der Zeit viele seiner späteren Themen und Motive bereits durcheinanderwirbeln: eine andere Erfahrung der Zeit, die Verflüssigung des erstarrten Geistes, die Auflösung des abstrakten Erkenntnissubjektes, die Kunst als Ort der Wahrheit.

Heideggers Welt von gestern muß im Weltkrieg erst noch zusammenbrechen. Heidegger muß erst noch in die metaphysische Obdachlosigkeit geraten, ehe er auf seine Art das ›Leben‹ entdeckt, das er dann auf die Namen *Faktizität* und *Existenz* taufen wird.

Viertes Kapitel

Kriegsausbruch. Die Ideen von 1914. Heideggers Philosophieren trotz Geschichte. Verflüssigen der Scholastik. Duns Scotus. Habilitation. Kriegsdienst. Die schnelle Karriere mißlingt. Der Männerbund. Heirat.

Der frisch promovierte Doktor der Philosophie sitzt an seiner Habilitationsarbeit über DIE KATEGORIEN- UND BEDEUTUNGSLEHRE DES DUNS SCOTUS. Das Schätzler-Stipendium, von dem er einstweilen sorgenfrei leben kann, verpflichtet ihn auf die philosophische Verteidigung des *Wahrheitsschatzes der Kirche* in Gestalt des Thomismus. Wenn er sich beeilt, hat er Chancen, den immer noch unbesetzten Lehrstuhl für Christliche Philosophie zu bekommen. Die Dinge stehen nicht schlecht. Da beginnt der Krieg.

Die Begeisterung beim Kriegsbeginn ergreift natürlich auch die Freiburger Universität, wo die jungen Soldaten mit Festchören, Blumenschmuck und feierlichen Reden ins Feld verabschiedet werden. Heidegger wird am 10. Oktober 1914 eingezogen, aber seines Herzleidens wegen als nur bedingt tauglich eingestuft und zurückgestellt. Er kehrt an seinen Schreibtisch zurück, wo er sich in die subtilen Nominalismusdebatten des Mittelalters vertieft.

Heidegger gehörte wohl zu jener merkwürdigen studentischen Spezies, die Ludwig Marcuse, der damals auch in Freiburg Philosophie studierte, in seiner Autobiographie so beschrieben hat: »Ende Juli traf ich einen meiner respektabelsten Seminar-Genossen, Helmuth Falkenfeld, in der Goethestraße. Er sagte verzweifelt: ›Haben Sie schon gehört, was passiert ist?‹ Ich sagte voll Verachtung und gottergeben: ›Weiß schon, Sarajewo.‹ Er sagte: ›Nein, morgen fällt das Rickert-Seminar aus.‹ Ich sagte, erschrocken: ›Ist er krank?‹ Er sagte: ›Nein, wegen des drohenden Krieges.‹ Ich sagte: ›Was hat das Seminar mit dem Krieg zu tun?‹ Er zuckte schmerzlich die Achseln.«

Dieser Freund bedauert den Kriegsausbruch, denn er bringt ihn um die Gelegenheit, sein gründlich vorbereitetes Referat bei Rickert vorzutragen. Er wird schon in den ersten Tagen eingezogen und an die Front geschickt. Von dort schreibt er: »Mir geht es nach wie vor gut, obwohl die Schlacht, an der ich am 30. Oktober teilgenommen habe, mit ihrem

Kanonendonner von 24 Batterien, meine Ohren fast taub gemacht haben. Trotzdem ... bin ich immer noch der Ansicht, daß die 3. Kantische Antonomie wichtiger ist als dieser ganze Weltkrieg und daß Krieg zur Philosophie sich verhält wie Sinnlichkeit zur Vernunft. Ich glaube einfach nicht daran, daß die Geschehnisse dieser Körperwelt unsere transzendentalen Bestandteile auch nur im mindesten tangieren können, und werde nicht daran glauben, selbst wenn mir ein französischer Granatsplitter in den empirischen Leib fahren sollte. Es lebe die Transzendentalphilosophie.«

Bei den Neukantianern der strengen Observanz wirkte der rigoros festgehaltene transzendentalphilosophische Standpunkt offenbar anästhesierend. Die Leidenschaften, die der Krieg aufrührte, und die Schicksale, die er den einzelnen bereitete, wurden dem roh Empirischen zugeschlagen. Das Apriori der Erkenntnis und der sittlichen Person blieben davon unberührt. Der Sinn und die Berechtigung des Krieges wurden dadurch nicht angezweifelt, aber es bedeutete, daß die Philosophie als strenge Philosophie dazu eben nichts Begründendes und Rechtfertigendes zu sagen hatte. Die privaten Meinungen und Urteile konnten überschäumen vor Begeisterung, die Philosophie aber sollte ihre edle Contenance bewahren. Sie sollte ihren souveränen Gang gehen, ohne sich vom Zeitgeist rekrutieren zu lassen, auch wenn der bei Kriegsbeginn ein ganzes Volk in Bewegung setzte. Wenn die Philosophen, auch die strengen Neukantianer, sich mitreißen ließen, dann nicht aufgrund ihrer Philosophie, sondern einfach deshalb, weil sie bei Ausbruch des Krieges plötzlich entdeckten, daß es Wichtigeres geben konnte – als diese Philosophie. Emil Lask beispielsweise, das junge Genie des Neukantianismus – Heidegger wird dem im zweiten Kriegsjahr Gefallenen seine Habilitationsarbeit widmen –, hatte ja schon vor dem Krieg bemerkt, daß die Mühlen des Verstandes um so glänzender mahlen, je weniger Lebensmaterie gemahlen wird, daß also der philosophische Gedanke nur dort prunken kann, wo er sich vom vieldeutigen Stoff des Lebens fernhält. Lask empfand das als Mangel und schrieb deshalb wenige Monate nach Kriegsbeginn aus dem Felde an seine Mutter: »Es war wirklich höchste Zeit, daß wir jetzt wegkamen. Die Ungeduld war schon aufs Höchste gestiegen und bei mir das Gefühl der Untätigkeit, der vollständigen Unausgenutztheit aller Kräfte in einer Zeit, wo es sich einfach um alles handelt und es unerträglich ist, nicht wenigstens ein bißchen mitzumachen.«

Heidegger scheint es nicht bedauert zu haben, vorerst von der Teilnahme am Krieg ausgeschlossen zu bleiben. Er brauchte sein Leben nicht zu riskieren, konnte an seiner Habilitation und damit an seinem persönlichen Fortkommen weiterarbeiten und wird wohl im übrigen die allgemeine Kriegsbegeisterung geteilt haben, denn sie flammte auch in seinem engeren katholischen Freundes- und Lebenskreis mächtig empor. Sein Förderer Heinrich Finke gründete 1915 ein Komitee zur Verteidigung der deutschen und katholischen Interessen im Weltkrieg. Es wurden dort Veranstaltungen abgehalten und Schriften herausgegeben, die dem Krieg einen religiösen Sinn gaben und sich auch in die Kriegszieldebatte mit eher moderaten Positionen einschalteten. Heideggers Freund Engelbert Krebs veröffentlichte in diesem Zusammenhang zahlreiche Pamphlete, die er 1916 unter dem Titel »Das Geheimnis unserer Stärke. Gedanken über den großen Krieg« als Buch herausbrachte.

Der Kriegsbeginn hatte eine Publikationsflut zur Folge. Anderthalb Millionen Gedichte sollen damals aus deutschen Federn geflossen sein. Rilke befand sich in guter Gesellschaft mit seinem Hymnus an den Krieg:

»Zum ersten Mal seh ich dich aufstehn / hörengesagter fernster unglaublicher Kriegs-Gott /… / Endlich ein Gott. Da wir den friedlichen oft nicht mehr ergriffen, / ergreift uns plötzlich der Schlacht-Gott … / Heil mir, daß ich Ergriffene sehe.«

Ergriffenheit auch bei den Professoren. Die »Erklärung der Hochschullehrer des Deutschen Reiches« vom 16. Oktober 1914, die 3016 Unterschriften trug, verlautbarte die »Entrüstung, daß die Feinde Deutschlands, England an der Spitze, angeblich zu unseren Gunsten, einen Gegensatz machen wollen zwischen dem Geist der deutschen Wissenschaft und dem, was sie den preußischen Militarismus nennen«.

Man wollte sich vom »Militarismus« nicht abspalten lassen, sich aber auch nicht zu ihm als Faktum brutum bekennen: Man wollte etwas Bedeutungsvolles daraus machen. Ein Deutungsfieber ohnegleichen ergriff die Ergriffenen: »Es sind in Wahrheit gerade die tiefsten Kräfte unserer Kultur, unseres Geistes und unserer Geschichte, die diesen Krieg tragen und beseelen« (Marcks, »Wo stehen wir?«). Thomas Mann spricht in seinen »Betrachtungen eines Unpolitischen« vom Krieg als einem Ereignis, bei dem die »Individualität der einzelnen Völker, ihre ewigen Physiognomien« mächtig hervortreten und nur mit einer »Fresko-Psychologie« erfaßt werden können. Nationale Identitätsbekundungen außerordentlich robuster Natur haben Konjunktur.

Nicht nur bei Thomas Mann werden zu kombattanten Zwecken kulturphilosophische Typologien im großen Stil entworfen. Da gibt es die schlagkräftigen Gegenüberstellungen: tiefe Kultur gegen oberflächliche Zivilisation; organische Gemeinschaft gegen mechanische Gesellschaft; Helden gegen Händler; Gefühl gegen Sentimentalität; Tugend gegen berechnende Gesinnung.

Die Philosophen reagieren unterschiedlich. Einige gehen unbeirrt ihrem nüchternen akademischen Geschäft nach. Ludwig Marcuse hat es karikiert. Andere – es sind gerade die so überaus populären Lebensphilosophen – wollen einen spezifisch philosophischen Beitrag zum Krieg leisten, indem sie ihn zur Geisterschlacht umdeuten. Dafür mobilisieren sie ihre metaphysischen Reserven. Mit überströmender Beredsamkeit feiert Max Scheler den »Genius des Krieges«, so der Titel seines großen Essays von 1915. Scheler entwirft eine ganze Anthropologie sub specie belli. Der Krieg bringt zur Erscheinung, was im Menschen steckt. Scheler bleibt vornehm: Er verurteilt nicht die feindlichen Mächte, er konzediert ihnen ihr Recht zum Kampf. Er sieht im Krieg das Geheimnis der Selbstbehauptung der Kulturen, die, wie auch die Individuen, aufeinanderprallen müssen, wenn sie zur eigenen unverwechselbaren Gestaltung gefunden haben. Dann müssen sie ins Feuer, wo diese Gestalt gehärtet wird. Der Krieg konfrontiert mit dem Tode und zwingt deshalb das Volk und den einzelnen dazu, sich als ein Ganzes zu begreifen, als ein Ganzes allerdings, das zerbrochen werden kann. Der Krieg ist der große Scheidekünstler: Er trennt das Echte vom Unechten, er offenbart die wahre Substanz. Der Krieg ist das »Examen rigorosum« des Staates, wo er beweisen muß, ob er nur eine Gesellschaft verwaltet oder ob er tatsächlich einen Gemeinwillen ausdrückt. Der Krieg ist die Stunde der Wahrheit: »Das Bild des ganzen, großen, umfänglichen Menschen, von dem der Friede nur eine kleine graumelierte mittlere Zone sehen ließ ... dies Bild steht jetzt plastisch vor uns. Der Krieg erst ermißt den Umfang, die Spannweite der menschlichen Natur; der Mensch wird sich seiner ganzen Größe, seiner ganzen Kleinheit bewußt.«

Welche geistige Substanz bringt der Krieg zum Vorschein? Die einen sagen: Es ist ein Sieg des Idealismus. Lange Zeit war er vom Materialismus und dem Nützlichkeitsdenken erstickt, jetzt bricht er hervor, und die Menschen sind wieder bereit, sich für immaterielle Werte zu opfern, für Volk, Vaterland, Ehre. Deshalb nennt Ernst Troeltsch die Kriegsbegeisterung eine Wiederkehr des »Glaubens an den Geist«, der über die »Vergötterung des Geldes«, die »zögernde Skepsis«, die »Genußsucht« und die »stumpfe Ergebung in die Gesetzmäßigkeit der Natur« triumphiert.

Andere sehen im Krieg die Freisetzung schöpferischer Kraft, die in der langen Friedensperiode zu erstarren drohte. Sie feiern die Naturgewalt des Krieges; endlich, so sagen sie, findet Kultur wieder Berührung mit dem Elementaren. Der Krieg als »der gewaltigste aller Kulturzerstörer ist zugleich der mächtigste aller Kulturbringer«, meint Otto von Gierke.

Der Krieg verändert alles, er wird auch, so hofft Max Scheler, die Philosophie selbst verändern. Man werde sich nicht mehr zufriedengeben mit »bloß formalistischer Haarspalterei«, der Hunger nach »selbständig originaler Anschauung der Welt« werde wachsen.

Tatsächlich aber gewinnt die Philosophie während des Krieges keine neue »originale Anschauung«. Sie lebt von ihrem metaphysischen Guthaben, das sie dazu verwendet, dem katastrophischen Geschehnis des Krieges ›Tiefe‹ und ›Bedeutung‹ zu verleihen. Die wirklich politisch denkenden Köpfe, von Max Weber bis Carl Schmitt, fühlen sich davon abgestoßen. Max Weber geißelt »das Gerede und Geschreibe der Literaten«, die ihre Gesinnungskunststücke mit politischem Denken verwechseln. Und für Carl Schmitt ist die metaphysische Überhöhung des Politischen blanker »Occasionalismus«, eine Haltung, die das Wirkliche nur zum Anlaß für selbstverliebte Ideenproduktion nimmt.

Von alledem hält sich Heidegger fern. Sein philosophischer Furor tobt nicht auf dem Felde der Politik. Sein Denken hat zu diesem Zeitpunkt das eigentümliche Gepräge eines Philosophierens trotz Geschichte.

Er wollte eigentlich, wie schon erwähnt, nach der Dissertation über das *Wesen des Zahlbegriffs* arbeiten. Sein Förderer Heinrich Finke empfiehlt ihm, diesen Problemkreis auf dem Gebiet der scholastischen Philosophie abzuhandeln. Heidegger findet einen passenden Text, wo er das erörtern kann, was ihn am Zahlbegriff vor allem fasziniert: die Realität der Idealität. Der Titel des Textes, den er sich zur Untersuchung vornimmt, lautet: »De modis significandi sive Grammativa speculativa« (Von den Weisen des Bedeutens oder Spekulative Grammatik). Der Text wurde zu Heideggers Zeit dem Johannes Duns Scotus (1266–1308) zugeschrieben. Inzwischen ist man allerdings zur Auffassung gelangt, daß sein Verfasser Thomas von Erfurt ist, ein Philosoph aus der Schule des Duns Scotus.

Duns Scotus war der mittelalterliche Philosoph der Vernunftkritik. Mit außerordentlichem Scharfsinn – im Mittelalter nannte man ihn deshalb den »Doctor subtilis« – suchte er die Reichweite der natürlichen Vernunft in den Fragen der Metaphysik einzuschränken. Das eigentliche Wesen Gottes werden wir mit unserem Verstand nicht erfassen können, lehrte er, und da die Welt die Schöpfung Gottes ist und deshalb an der verstandesmäßigen Undurchdringlichkeit Gottes teilhat, werden auch die Dinge um uns, so trefflich wir sie im einzelnen auch begreifen mögen, ihre Rätselhaftigkeit behalten. Diese vernünftige Kritik an der Vernunft steht bei Duns Scotus im Dienste des Glaubens. Auf diesen hochscholastischen Meister aus Schottland trifft zu, was Kant von sich selbst später gesagt hat: Er habe mit der vernünftigen Kritik der Vernunft Platz schaffen wollen für den Glauben. Bei Kant wie auch bei Duns Scotus hat diese Kritik eine doppelte Stoßrichtung. Die Anmaßungen der Vernunft wie auch der falsche Gebrauch des Glaubens werden zurückgewiesen. Wirklicher Glaube überschreitet das Erkennen, aber ersetzt es nicht. Oder anders gesagt: Wir müssen dem Glauben und dem Erkennen jeweils das zubilligen, was ihnen gebührt. Man darf nicht das eine durch das andere ersetzen wollen. Duns Scotus war ein gemäßigter Nominalist, für den die Begriffe zunächst nur Namen (*nomen*) sind und nicht das Wesen der Sache selbst. Die Sache selbst sind für den mittelalterlichen Philosophen natürlich vor allem Gott und die Welt. Die Nominalisten gehen also von einer Dualität zwischen Denken und Sein aus. Aber sie suchen doch den Brückenschlag. Das gilt besonders für das Werk aus der Schule des Duns Scotus, das sich Heidegger vornimmt.

Sein Grundgedanke: Das Denken bewegt sich in der Sprache. Die Sprache ist ein Zeichensystem. Sie verweist auf die Sache, wie der Reif als Wirtshausschild auf den Wein deutet, den es in der Wirtsstube zu trinken gibt, so das Beispiel des offenbar lebensfrohen Duns Scotus (alias Thomas von Erfurt). Zwischen dem Denken und dem Seienden gibt es einen Abgrund der Verschiedenheit (»Heterogenität«), aber auch eine Gemeinsamkeit (»Homogenität«). Die Brücke zwischen beiden heißt: Analogie. Zwischen unserem Denken und dem Seienden waltet dasselbe analogische Verhältnis wie zwischen Gott und der Welt. Das ist die Pointe des ganzen Gedankens. An diesem Punkt findet das Gewölbe der großen mittelalterlichen Metaphysik wieder festen Halt. Alle Elemente des Seins, bis hinauf zum höchsten Seienden, sind analogisch aufeinander bezogen. Das Analogieverhältnis zwischen

Gott und Welt bedeutet: Gott kann schlechterdings nicht identisch sein mit der Welt, dann wäre er ja ihr Gefangener; er kann aber auch nicht etwas ganz anderes sein, weil ja die Welt seine Schöpfung ist. Die Welt weist auf Gott, so wie das Wirtshausschild auf den Wein, und klar ist, daß nicht schon das Wirtshausschild, sondern erst der Wein den Durst löscht. Das Wirtshausschild mag wirklich sein, Gott oder der Wein aber sind wirklicher. Es gibt, so kommentiert Heidegger diesen Gedanken, im mittelalterlichen Denken *Grade der Wirklichkeit* (FS, 202), Intensitätsstufen. Und weiter schraubt sich das hochspekulative Denken hinauf mit der Frage: Auf welcher Wirklichkeitsstufe befindet sich eigentlich das Denken selbst? Für Duns Scotus gilt: Der Mensch ist mit seinem Denken Gott nicht so nahe, wie die Begriffsrealisten glauben, die ihm schon fast zutrauen, daß er die Gedanken Gottes, aus denen die Schöpfung entsprang, noch einmal denken könne. Er ist ihm aber auch nicht so fern, wie die radikalen Nominalisten glauben, die das Denken vor Gott in die Nacht der Ignorantia versinken lassen.

Was sucht und was findet Heidegger nun in dieser Kathedrale des mittelalterlichen Denkens?

Er sucht nach der verborgenen Modernität dieses Denkens, er will es ja *verflüssigen*, und er findet zunächst einige Subtilitäten, die Husserls phänomenologisches Verfahren vorwegnehmen. Zum Beispiel gibt es bei Duns Scotus bereits die phänomenologische Unterscheidung zwischen der »prima intentio« und der »secunda intentio«. Die »prima intentio« ist die natürliche Einstellung: das Gerichtetsein auf die Objekte der Wahrnehmung und des Denkens. Die »secunda intentio« ist jene eigentümliche Blickwendung, durch die das Denken auf sich selbst und seine eigenen Gehalte achtet. Das ist die Husserlsche Unterscheidung zwischen »Noesis« (Intentionsakt) und »Neoma« (Intentionsgehalt), wovon noch später die Rede sein wird.

Heidegger *verflüssigt* diesen mittelalterlichen Philosophen, indem er ihn für Husserl rekrutiert. Er präsentiert uns einen Scholastiker, der, wie Husserl, das Feld des reinen Bewußtseins durchforscht, um dann den Aufbau der ganzen Welt daraus hervorzuzaubern. Das Denken des Denkens, dieses sich bei seiner Arbeit zuschauende Denken entfaltet einen Kosmos, den man nicht aus der Welt schaffen kann mit der Feststellung, daß er nicht von dieser Welt ist. Genug, daß er etwas bedeutet. Heidegger: *Duns Scotus lehrt die Existenzfreiheit des Bedeutungsbereichs* (FS, 243).

Martin Heidegger wollte über das Wesen der Zahl philosophieren.

Dieser Obsession kann er auf den Spuren des Duns Scotus folgen. Denn diese *spekulative Grammatik* der Scotisten zieht aus dem *Einen* und der *Eins* eine ganze Ontologie hervor.

Der Text und auch Heideggers Analyse beginnen bei den Grundkategorien, in denen Wirkliches für uns überhaupt da ist. Diese Grundkategorien – Duns Scotus verlegt sie übrigens nicht nach ganz unten an den ›Grund‹, sondern typisch mittelalterlich in die ›Höhe‹ – werden »Transzendentien« genannt, als da sind: »ens« (Seiendes überhaupt), »unum« (Eins), »verum« (das Wahre), »bonum« (das Gute). Daß es Seiendes, also das »ens« gibt, mit dem alles anfängt, ist evident. Weniger selbstverständlich, aber bei einigem Nachdenken einleuchtend ist es, daß das Seiende immer nur als ein Seiendes, als ein bestimmtes Etwas vorkommt, als ein »Eines« also. Das »Eine« ist das Eine aber nur im Unterschied zu einem davon Verschiedenen (»diversum«). *Das Eine und das Andere*, sagt Heidegger, *ist der wahre Ursprung des Denkens als Gegenstandsbemächtigung* (FS, 160). An diesem Ursprung aber beginnt schon der haarfeine Riß zwischen dem Denken und dem Seienden. Denn, so kann man fragen, ist es eine Eigenschaft dieses *Einen* selbst, nicht das Andere zu sein? Nein, jedes Seiende ist, was es ist, und dieses ›Nicht-das-Andere-Sein‹ gehört nicht zu seinen Eigenschaften. Dieses ›nicht‹ wird nur durch das vergleichende Denken an die Dinge herangetragen. Die Dinge sind gleichsam gefangen in sich, können sich nicht miteinander vergleichen und sich deshalb auch nicht aktiv voneinander unterscheiden. Sie unterscheiden sich nicht, sondern sie sind unterscheidbar – für unser Denken. Das ist eine Entdeckung von weitreichender Bedeutung. Sie besagt, in der Formulierung Heideggers: *Was real existiert, ist ein Individuelles* (FS, 194). Duns Scotus nennt das solcherart Individuelle die »haecceitas«, was wörtlich übersetzt bedeutet: die »Dieses-jetzt-Hierheit« der Dinge. Das Jeweilige ist etwas Einmaliges an seinem Raum-Zeit-Punkt.

Weitreichend ist diese Entdeckung, weil sie auf einer elementaren Ebene offenbar macht, daß unsere Vernunft auf vernünftige Weise von sich selbst abstrahieren und unterscheiden kann zwischen dem, was die Dinge von sich aus sind und was unser Denken ihnen antut. Was sie von sich aus sind: lauter Einzelheiten, zwischen denen sich unser Verstand vergleichend, verknüpfend und ordnend hin und her bewegt. Heidegger drückt das im Anschluß an Duns Scotus so aus: Wir projizieren das Seiende, das aus lauter verschiedenen Einzelheiten (Heterogenitäten) besteht, in ein *homogenes Medium*, wo wir das Seiende vergleichen, begreifen und eben auch – abzählen können. Was es mit dieser *Homogenität* auf sich hat, wird besonders deutlich bei der Zahlenreihe. Wenn ich fünf Äpfel abzähle, dann ist es keine Eigenschaft des dritten Apfels in der Reihe, dieser dritte zu sein, denn an diesem Apfel selbst ändert sich nichts, wenn ich ihn aus der Reihe herausnehme. Da gibt es also auf der einen Seite die heterogene Mannigfaltigkeit und auf der anderen Seite das homogene Medium der Abzählbarkeit. Im mannigfaltig Seienden gibt es keine Zahl, aber – und das ist für das Analogieverhältnis entscheidend – das Seiende in seiner Mannigfaltigkeit erlaubt überhaupt erst das Zählen. So sind beide Bereiche miteinander verknüpft. Zwischen der Mannigfaltigkeit des Einzelnen und seiner Ordnung in der Zahlenreihe besteht eben das Verhältnis der Analogie.

Das Mysterium der Analogie, worin man sich schon beim schlichten Zählen bewegt, führt auf direktem Weg zum gewaltigsten Mysterium: zu Gott. Er steht zum ganzen Seienden etwa in dem Verhältnis wie die unendliche Zahlenreihe zu den abzählbaren, aber im wörtlichen Sinne ›zahllosen‹ Einzelheiten des Seienden. Die Dinge sind, was sie sind, und außerdem sind sie so, daß sie den idealen Bedeutungsgehalt unserer Begriffe (in diesem Fall der Zahlbegriffe) nur in analoger Weise erfüllen. Das aber heißt: Sie sind noch unendlich viel mehr und anderes, als was sie im homogenen Medium der strengen Begriffe darstellen. Und daraus nun zieht Heidegger den für sein weiteres Philosophieren ungemein wichtigen Schluß: Dieser *Grundstruktur der realen Wirklichkeit*, in der sich *Homogenität und Heterogenität in einer eigentümlichen Weise verschlingen* (FS, 199), kann eine Art Wissenschaft, die sich am Ideal des bedeutungsgleich (univok) gebrauchten Begriffs orientiert, nicht hinreichend entsprechen; entsprechen wird eher die *lebendige Rede* in der *eigentümlichen Beweglichkeit ihrer Bedeutung* (FS, 278). Diese Folgerung wird für Heidegger auch in allen späteren Entwicklungsphasen seines Denkens bestimmend bleiben. Denn auch wenn er später den Analogiebegriff der Scholastik nicht mehr gebraucht, so wird er doch an der Überzeugung festhalten, daß nicht die univoke Logik, sondern die gesprochene Sprache in ihrer Geschichtlichkeit, Bedeutungsvielfalt und auch in ihrer dichterischen Gestalt das entsprechendere Organ der Philosophie ist.

Im Frühjahr 1915 schließt Heidegger seine Habilitationsarbeit ab und reicht sie bei Rickert ein. Dieser vielgefragte Mann mit der Löwenmähne spielte damals in Freiburg die Rolle eines Großordinarius, umgeben von einem Schwarm unbezahlter Assistenten. Er hielt seine Kollegs in der Bibliothek ab, der große Hörsaal der Universität, den er mühelos hätte füllen können, verursachte ihm Platzangst. Seine Seminare fanden in seiner Villa statt, zugelassen war nur ein handverlesenes Publikum von Professoren, bildungsbeflissenen Honoratioren, Doktoren, Privatdozenten. Auch Heidegger war manches Mal mit dabei. Rickert war ein Schulhaupt, und es gefiel ihm, sich als ein solches darzustellen. Generalstabsmäßig suchte er Einfluß zu nehmen auf die Stellenbesetzungspolitik an den deutschen Lehrstühlen für Philosophie. Das Feld war noch ziemlich übersichtlich. Wenn man es mit ihm verdarb, konnte das hinderlich werden für die Karriere. Am jungen Heidegger nahm er keinen sonderlichen Anteil. Der gehörte für ihn in die katholische Ecke. Er nahm die Arbeit Heideggers an, wollte sich aber nicht die Mühe machen, sie zu lesen. Er bat Engelbert Krebs, von dessen Freundschaft mit Heidegger er wahrscheinlich nichts wußte, ein Gutachten zu verfassen. Wie dieses zustande kam, schildert Krebs in seinem Tagebuch: »Beim Durchlesen hatte ich mir aber Heidegger selber zu Seite gesetzt, um mit ihm gleich alle Aporien der Arbeit zu besprechen.« Aufgrund des so gefertigten Gutachtens akzeptiert Rickert die Arbeit. Am 27. Juli 1915 findet das Habilitationsverfahren seinen Abschluß mit der Probevorlesung über das Thema *Der Zeitbegriff in der Geschichtswissenschaft.* Als Motto wählt Heidegger eine Sentenz des Meisters Eckhart: »Zeit ist das, was sich wandelt und mannigfaltigt, Ewigkeit hält sich einfach.«

Von nun an ist Heidegger Privatdozent und wird es noch für einige Jahre bleiben. Seinem Freund Laslowski teilt er als Devise *für Privatdozenten und solche, die es werden wollen* einen Ausspruch des Nietzsche-Freundes Rhode mit: »Kein Sumpf aber ist geeigneter, selbst den verwegensten Hecht zum geblähten, fertigen, gesunden Frosch zu machen, als der höhere akademische Dünkel.«

Heidegger schimpft auf das akademische Milieu, weil zur Zeit seine eigenen Ambitionen enttäuscht werden. Er hatte sich Chancen auf den vakanten Lehrstuhl für katholische Philosophie ausgerechnet. Finke hatte entsprechende Andeutungen gemacht und mit dafür gesorgt, daß bis zu seiner Habilitation die Vakanz erhalten blieb, unterstützt von Rickert, der seinerseits an einer Vakanz interessiert war, um am Ort der Platzhirsch bleiben zu können.

Krebs hatte seit dem Wintersemester 1913/14 die Lehrstuhlvertretung inne und wollte nach anderthalb Jahren endlich wissen, ob ihm selbst noch eine Chance blieb – auch angesichts der bevorstehenden

Habilitation seines Freundes Heidegger. So wurde er im März 1915 vorstellig beim zuständigen badischen Kulturministerium in Karlsruhe. Er empfahl sich selbst und einige andere Kandidaten, nicht aber Martin Heidegger. Das Ganze war keine Intrige, denn er informierte die Kollegen in Freiburg über seinen Vorstoß. Heidegger aber fühlte sich verletzt, hintergangen. Man bekomme mit der Zeit einen harten, kühlen Blick für allerlei Menschengewächs, schrieb er an Laslowski. Krebs schied als möglicher Konkurrent bald aus, da ihm eine Dogmatik-Professur an der Theologischen Fakultät versprochen wurde, die er auch nach einiger Zeit erhielt. Doch seit Anfang 1916 zeichnet sich eine für Heidegger negative Entwicklung ab. Denn die Ausschreibung wird so eindeutig auf einen Philosophiegeschichtler der mittelalterlichen Scholastik zugeschnitten, daß Heidegger, der in seiner Duns-Scotus-Arbeit eher systematisch als historisch vorgegangen war, seine Aussichten schwinden sieht. In dieser Situation empfiehlt Laslowski seinem Freund, die Modernisierung der Scholastik nicht zu übertreiben. »Ich würde Dir nicht«, so schreibt er, »einen solchen onkelhaften Rat geben, wenn Du nicht selbst schon in Deinem vorletzten Briefe Andeutungen gemacht hättest, als spitzten die Herrn die Ohren. Und das weißt Du selbst, gerade in den Theologenkreisen ist die Empfindlichkeit geradezu hypertrophal ausgebildet und ebenso das ›Verantwortungsgefühl‹, wenn nämlich gegen einen ›unsicheren Kantonisten‹ intrigiert werden soll. Deine Kritik kommt immer noch früh genug für die betreffenden Kreise.«

Offenbar entwickelt Heidegger zu dieser Zeit in Briefen und persönlichen Gesprächen eine Kritik an der katholischen Philosophie, die er öffentlich noch nicht zu äußern wagt.

Im Frühjahr 1916 verfaßt Heidegger für die Druckfassung seiner Duns-Scotus-Arbeit ein Schlußkapitel. Es herrscht ein neuer Ton darin. Nicht etwa eine kritische Distanz zur Scholastik, vielmehr eine neue Ungeduld, Heftigkeit, Emphase und vor allem und jetzt zum ersten Mal eine bei ihm bisher ganz ungewöhnliche Hervorhebung – des ›Lebens‹.

Wir erinnern uns: Heidegger hatte am Ende des Hauptteils der Arbeit von der *lebendigen Rede* in der *eigentümlichen Beweglichkeit ihrer Bedeutung* gesprochen. Auf den wenigen Seiten des Schlußkapitels ist dreiundzwanzigmal von *Leben, lebendiger Geist, lebendige Tat* usw. die Rede. Er blickt zurück auf die geleistete Untersuchung, kann sich des Eindrucks *einer gewissen tödlichen Leere* nicht erwehren und will nun *die bis dahin niedergehaltene geistige U n r u h e* (FS, 341) endlich hervortreten lassen.

In der Ungeduld seines Schlußkapitels ist Heidegger gegen sich selbst ungerecht. Er tut so, als hätte er nicht schon damit begonnen, was er jetzt vehement fordert, nämlich die Logik aus *translogischen Zusammenhängen* zu deuten. Der Geist der mittelalterlichen Metaphysik bildete diesen Zusammenhang. Im neuen Schlußkapitel aber wird dieser Geist nun kräftig unter lebensphilosophischen Strom gesetzt. Für den *lebendigen Geist* sei die *theoretische Geisteshaltung* nicht alles, *eine die Gesamtheit des Wißbaren aufraffende Zusammenfassung* sei zuwenig, denn es geht um den *Durchbruch in die wahre Wirklichkeit und wirkliche Wahrheit* (FS, 348). Wohin soll die Reise gehen, wo ist das wahre Leben zu finden? Auf jeden Fall nicht in der *inhaltlich flüchtigen* und *flächig verlaufenden Lebenshaltung*, sondern in einer Intensitätssteigerung, die im Mittelalter durch den transzendenten Bezug ermöglicht worden war, und heute – nun, wodurch ist heute diese Intensitätssteigerung zu gewinnen?

Der Hinweis auf die *Optik der Metaphysik* in diesem Zusammenhang überrascht nicht, aber neu ist die Begründung dieser Metaphysik. Sie ruht nicht mehr allein im *Wahrheitsschatz der Kirche*, sondern entspringt aus der *sinnvollen und sinnverwirklichenden Tat*. Damit aber wird die Metaphysik vom Himmel auf die Erde heruntergeholt und zur inneren Logik des geschichtlichen Handelns. Heidegger ist im Schlußkapitel seiner Duns-Scotus-Arbeit dabei, den historischen Geist des Lebens zu entdecken. Mit anderen Worten: Er entdeckt Hegel, dem er bescheinigt, das *gewaltige System einer historischen Weltanschauung* entwickelt zu haben, in der *alle vorausgegangenen fundamentalen philosophischen Problemmotive* (FS, 353) aufgehoben seien.

Dieser Ausblick auf den Hegelschen Historismus am Ende der Duns-Scotus-Arbeit verdeckt, daß in ihr noch eine ganz andere Option Heideggers für das weitere Nachdenken steckt.

Heidegger hatte ja nachvollzogen, wie Duns Scotus den drohenden Dualismus zwischen menschlichem Geist und äußerer Wirklichkeit – die kleinere Ausgabe der großen Verschiedenheit zwischen Gott und Welt – überwindet im Begriff der »Analogie«. In diesem Begriff werden Unterschied und Einheit von Geist und Wirklichkeit zusammengedacht und darüber hinaus dem menschlichen Geist ein höherer Wirklichkeitsgrad zugebilligt, denn in der Reihe der analogisch von Gott aus herabfallenden Wirklichkeiten ist der menschliche Geist Gott am nächsten. Warum? Weil der menschliche Geist, ein Analogon Gottes, selbst die Kunst des Analogieverstehens beherrscht, also ein wenig eingeweiht ist ins Betriebsgeheimnis der Schöpfung. Das menschliche Bewußtsein ruht demnach noch in Gott. Im Schlußkapitel blickt Heidegger auf diesen Zauber des erlebten Bezugs zur Transzendenz zurück wie auf eine versunkene Welt. Es bleibt die geschichtliche Erinnerung. Es wäre auch schon etwas, wenn man, mit Hegel, an den Gott in der Geschichte glauben könnte. Das versucht Heidegger im Schlußkapitel. Aber es ist, wie schon gesagt, nicht die einzige Perspektive. Die andere ergibt sich aus dem Nachdenken über die eigenartige Kategorie der »haecceitas«. Heidegger hatte lange genug bei diesem Begriff verweilt, den die Nominalisten für das Wunder der Singularität des Wirklichen geprägt hatten. Heidegger zeigt sich von diesem Begriff fasziniert: *Was real existiert, ist ein Individuelles... Alles, was real existiert, ist ein ›Solches-Jetzt-Hier‹. Die Form der Individualität (haecceitas) ist dazu berufen, eine Urbestimmtheit der realen Wirklichkeit abzugeben* (FS, 195).

Heidegger präsentiert diesen nominalistischen Gedanken als einen frühen Versuch, das Numinose nicht nur ins Göttlich-Jenseitige zu verlagern, sondern es in der Nähe, in der unmittelbar konkreten Wirklichkeit zu entdecken. Jedes Seiende ist in sich etwas Unausschöpfliches. Wir erschöpfen seinen Reichtum nicht, wenn wir es als ›Gegenstand‹ denken. Dieses »Solches-Jetzt-Hier« wirklich zu denken, würde bedeuten, das vergegenständlichende Denken zu überwinden. Dann erst kann das Seiende in seiner einzigartigen Fülle erscheinen. Heidegger wird später von dem Seienden, das auf diese Weise begegnet, sagen, daß es *anwesend* sei. *Anwesenheit* sprengt die Enge der *Gegenständlichkeit*.

Das Denken, das auf diese Weise an die Singularität des Wirklichen heranführt, ist eine Alternative zu Hegel. Für Hegel ist die »Einzelheit« ein philosophisches Nichts, das dem Denken nichts aufgibt, etwas Heterogenes, das erst dann Bedeutung bekommt, wenn es ins homogene Milieu der Begriffe, also in allgemeine und verallgemeinerbare Zusammenhänge versetzt wird.

Heidegger will die *freie Beweglichkeit* und bemängelt an der Scholastik, daß sie nicht vermochte, *mit einem gewissen geistigen Ruck sich über die eigene Arbeit zu stellen* (FS, 141). Aber man stellt sich *über* die eigene Bewegung nicht nur dadurch, daß man sie in den historischen Geist einbettet wie Hegel, sondern auch dadurch, daß man jeglichen Universalismus, auch den historischen, überwindet und frei wird für die Singularität des Wirklichen, für die »haecceitas« also. Das geschieht, als Heidegger, nach der Berufung Husserls nach Freiburg 1916, einen intensiven Arbeitszusammenhang mit dem Begründer und Meister der Phänomenologie sucht und schließlich auch findet. Als er jedoch 1915 das Schlußkapitel seiner Habilitationsschrift verfaßt, steht für ihn einstweilen noch Hegels *System einer historischen Weltanschauung* (FS, 353) im Vordergrund.

In dem Ende 1918 geschriebenen Abschiedsbrief an den priesterlichen Freund und Theologen Krebs wird Heidegger den lebendigen historischen Geist, den er bei Hegel und dann bei Dilthey kennenlernt, als die Kraft bezeichnen, die ihm das *System des Katholizismus problematisch und unannehmbar gemacht* habe.

Es ist aber eine Idee der Geschichtlichkeit, die in phänomenologischer Weise gesehen wird. Der *Jenseitswert des Lebens* wird nun in solcher Geschichte heimisch. Die metaphysische Vertikale beginnt in die historisch-phänomenologische Horizontale umzukippen.

Nach der Habilitation wird er von der Militärbehörde noch einmal herangezogen. Es zeigen sich wieder die Symptome seiner Herzerkrankung. Er wird im Herbst 1915 für vier Wochen in das Lazarett Müllheim/Baden eingeliefert und danach als Landsturmmann an die Postüberwachungsstelle Freiburg versetzt. Dem Amt oblag die Briefzensur. Verdächtige Post, insbesondere die Korrespondenz mit dem feindlichen und neutralen Ausland wurde geöffnet. Dienstverpflichtete Frauen und nicht garnisonfähige Männer waren hier beschäftigt. Heidegger hatte sich nicht freiwillig für diese Arbeit gemeldet, die in der Kriegssituation aber auch nichts Anstößiges für ihn haben konnte. Es war ein bequemer Dienst, den er bis Anfang 1918 ausübte und der ihm genügend Zeit für wissenschaftliche Arbeit ließ.

Am 23. Juni 1916 fällt die Entscheidung über die Besetzung des seit zwei Jahren vakanten katholischen Philosophielehrstuhls. Sie ist enttäuschend für den jungen Heidegger, der seit zwei Jahren im Gespräch war. Die Kommission einigt sich auf den Münsteraner Ordinarius Joseph Geyser mit einer für Heidegger demütigenden Begründung: »Der Mangel an ... Persönlichkeiten aus dem allein in Betracht zu ziehenden Laienstande ist ein so großer, daß die Fakultät nach reiflicher Erwägung nur einen einzigen Kandidaten zu empfehlen in der Lage ist.« Heidegger taucht überhaupt nicht auf der Liste auf, auch als Extraordinarius für den Fall, daß Geyser den Ruf nicht annimmt, kommt er offenbar nicht in Betracht. Lediglich einen vorläufigen Lehrauftrag will man ihm erteilen.

Der Freund Laslowski im fernen Schlesien tröstet: »Vor Dir haben sie Angst. Alles rein persönliche Motive. Sachlich können die Leute nicht mehr urteilen.«

Heidegger wurde zwar in den Kommissionssitzungen als »konfessionell geeigneter Kandidat« in Vorschlag gebracht und behandelt, doch möglicherweise galt Heidegger bei der katholischen Fraktion, die bei dieser Berufungsangelegenheit ein entscheidendes Wort mitzureden hatte, inzwischen schon als unsicherer Kantonist. Auch Heideggers jugendliches Alter dürfte gegen ihn gesprochen haben. Seine Promotion lag erst drei Jahre zurück. Außerdem konnte man es doch nicht zulassen, daß dieser junge Mann zu Hause so schnell Karriere machte, während seine Altersgenossen draußen an der Front kämpften und manche von ihnen schon ihr Leben gelassen hatten. Man setzte also aufs Bewährte und auf das nicht mehr waffentaugliche Alter: Geyser war zwanzig Jahre älter als Heidegger.

Heideggers Hoffnung, bereits im ersten Anlauf einen Lehrstuhl erklimmen zu können, wird enttäuscht. Er wird noch sieben Jahre warten müssen.

Im Herbst 1915 hatte Heidegger seine spätere Frau Elfride Petri kennengelernt, eine Studentin der Nationalökonomie an der Freiburger Universität. Es ist ein halbes Jahr vergangen seit der Auflösung des Verlöbnisses mit einer Straßburgerin, der Tochter eines kleinen Zollbeamten. Diese junge Frau war schwer lungenkrank. Ob dies der Grund der Trennung war, wissen wir nicht. Für Laslowksi jedenfalls, der seinen Freund gerne als nietzscheanischen Übermenschen sehen wollte, hatte diese Trennung eine erhabene Bedeutung: »Ich sah, wie Du von Tag zu Tag wuchsest, so riesenhoch hinaus wuchsest über die Sphäre, in der ›Liebe‹ und ›Glück‹ nur gedeihen kann; ich wußte schon seit langem, daß Du wirst Wege gehen müssen – müssen, um Deinen Zielen überhaupt näher zu kommen –, auf denen die ›Liebe‹ erfrieren muß.«

Nun also die neue Liebe.

Elfride ist die Tochter eines höheren sächsischen Offiziers, protestantisch, aus dem Norden und emanzipiert – Nationalökonomie war ein recht ungewöhnliches Fach für eine Studentin damals. Sie ist eine Anhängerin der mit der Jugendbewegung verbundenen liberalen Frauenrechtlerin Gertrud Bäumer. Martin Heidegger und Elfride lernen sich an der Universität kennen. Man fährt in den Semesterferien mit Freunden auf die Insel Reichenau und verbringt dort einige Tage.

Eine Reminiszenz dieses Sommers ist Heideggers Gedicht *Abendgang auf der Reichenau*:

Seewärts fließt ein silbern Leuchten / zu fernen dunkeln Ufern fort, / und in die sommermüden, abendfeuchten / Gärten sinkt wie ein verhalten Liebeswort / die Nacht. / Und zwischen mondenweißen Giebeln / verfängt sich noch ein letzter Vogelruf / vom alten Turmdach her – / und was der lichte Sommertag mir schuf / ruht früchteschwer – / aus Ewigkeiten / eine sinnentrückte Fracht – / mir in der grauen Wüste / einer großer Einfalt (D, 7).

Als dieses Gedicht Ende 1916 veröffentlicht wird, ist Heidegger mit Elfride Petri bereits verlobt, und ein Vierteljahr später, im März 1917, heiraten die beiden.

Der Freund Laslowski hätte es vorgezogen, wenn Heidegger sich nicht so schnell entschieden haben würde. Er möchte gerne an dem Bilde festhalten, das er sich von Heidegger gemacht hat: wie dieser Höhenwanderer der Philosophie in eine Sphäre vordringt, wo Liebe und Glück, wie bei Zarathustras Höhenwanderung, »erfrieren« müssen. Heidegger soll emporsteigen, aus den menschlichen Niederungen, wo geheiratet wird und Familien gegründet werden, und Laslowski, der in aller Bescheidenheit sich für die Niederungen zuständig fühlt, will wenigstens ein Zeuge solcher Gipfelerstürmungen werden. Der Erhabene und sein Zuschauer – so etwa muß Laslowski die Freundschaft zu Heidegger definiert haben. Er schreibt am 28. Januar 1917 an Heidegger: »Liebster Martin, könnte ich jetzt in diesen Tagen bei Dir sein. Ich weiß nicht, aber ich kann über das, was mir Frl. Petri schrieb, nicht recht froh sein. Es wäre gut, wenn ich mich täuschen sollte. Aber ich bitte Dich, sei vorsichtig! Warte doch, bis wir wieder zusammen sind. Ich habe wirklich viel Kummer um Dich, gerade in dieser so ungeheuer wichtigen Frage. Du verstehst mich und meine Bitte, nicht zu rasch Dich zu entscheiden.«

Martin Heidegger läßt sich von den Bedenken des Freundes nicht beirren. Auch andere Bedenken überwindet er. Für die kirchfrommen Eltern in Meßkirch dürfte es ein harter Schlag gewesen sein, daß Martin nach dem Abbruch der Priester- und Theologenlaufbahn nun auch noch eine Mischehe eingeht. Bei den Petris scheint man nicht die Nase gerümpft zu haben über diesen Mann aus kleinen Verhältnissen, der begabt sein mochte, aber noch kein berufliches Unterkommen gefunden hatte. Aber würde er eine Familie ernähren können, und vor allem standesgemäß, wie man es in höheren Offizierskreisen erwartete?

Es gibt kein großes Hochzeitsfest. In aller Stille werden der Privatdozent Martin Heidegger und die Studentin der Nationalökonomie Elfride Petri in der Universitätskapelle des Münsters getraut. Die Eltern sind nicht zugegen. Auf Wunsch Heideggers wird die Trauung von Engelbert Krebs vollzogen, der im Protokoll vermerkt: »Kriegstrauung ohne Orgel, Brautkleid, Kranz und Schleier, Wagen und Pferde, Festmahl und Gäste, zwar mit dem brieflich eingetroffenen Segen der Eltern beider, aber ohne deren Anwesenheit.«

Krebs hatte in Gesprächen mit Elfride den Eindruck gewonnen, sie erwäge den Übertritt zum katholischen Glauben. Doch dazu kommt es nicht. Als anderthalb Jahre später der erste Sohn geboren wird, erklären Elfride und Martin, daß sie der bei der Eheschließung eingegangenen Verpflichtung zur katholischen Kindererziehung nicht werden nachkommen können.

Husserl hatte damals den Eindruck, Heidegger sei zum Protestanten geworden. In einem Brief an Rudolf Otto Anfang 1919 schreibt Husserl, er habe »auf den Übergang Heideggers ... auf den Boden des Protestantismus« nicht den »leisesten Einfluß« ausgeübt, obschon ihm Heidegger als »freier Christ« und als »undogmatischer Protestant nur sehr lieb sein kann«.

So charakterisiert Husserl den jungen Martin Heidegger, den er inzwischen für seinen begabtesten Schüler hält und den er fast schon als gleichberechtigten Mitarbeiter bei dem großen philosophischen Projekt der Phänomenologie behandelt.

Fünftes Kapitel

Der Triumph der Phänomenologie. Die offenen Sinne. Die Welt im Kopf. Husserl und seine Gemeinde. Der verrückte Uhrmacher. Arbeit an den Fundamenten. Die Poesie als geheime Sehnsucht der Philosophie. Proust als Phänomenologe. Husserl und Heidegger, Vater und Sohn. Elisabeth Blochmann. Heideggers Lust zu leben und die ›wahnsinnigen Zustände‹.

Als Edmund Husserl 1916 nach Freiburg kam, war der Ruf der Phänomenologie noch nicht über die Fachphilosophie hinausgedrungen. Aber schon wenige Jahre später, in den ersten Nachkriegsjahren, wird aus einer schulphilosophischen Spezialität fast schon ein weltanschaulicher Hoffnungsträger. Hans-Georg Gadamer berichtet, wie Anfang der zwanziger Jahre, als »die Parolen vom Untergang des Abendlandes omnipräsent« waren, bei einer »Diskussion unter Weltverbesserern« unter den zahllosen Vorschlägen, wie man Europa retten könne, neben Max Weber, Karl Marx und Kierkegaard auch die Phänomenologie genannt wurde. In wenigen Jahren also war die Phänomenologie zu einem vielversprechenden Gerücht geworden, das Gadamer, wie viele andere, dazu bewog, nach Freiburg zu gehen, um dort den phänomenologischen Meister und seinen Zauberlehrling zu hören. Die Phänomenologie besaß die Aura eines neuen Anfangs, was sie populär machte in einer Zeit, deren Selbstgefühl zwischen den Extremen der Untergangsstimmung und der Euphorie des Neubeginns schwankte.

Vor 1916 waren die Hochburgen der Phänomenologie Göttingen, wo Husserl zwischen 1901 und 1915 gelehrt hatte, und München, wo um Max Scheler und Alexander Pfänder unabhängig von den »Göttingern« ein zweites Zentrum bestand. Man wollte mehr sein als eine Schule und nannte sich deshalb »Bewegung«. Es ging nicht nur um die Wiederherstellung strenger Wissenschaftlichkeit in der Philosophie – so die offiziöse Selbstbeschreibung der Phänomenologen –, sondern auch um Lebensreform im Zeichen intellektueller Redlichkeit: Man wollte das falsche Pathos, den ideologischen Selbstbetrug, die Disziplinlosigkeit in Denken und Fühlen überwinden. Den Geist des Göttinger Phänomenologenkreises hat Hedwig Conrad-Martius, die seit den Anfängen dazugehörte, so formuliert: »Es war das Ethos der sachlichen Reinheit und Redlichkeit... Das mußte natürlich auf Gesinnung, Charakter und Lebensweise abfärben.«

Was im Künstlerischen der Stefan-George-Kreis, das war, hinsichtlich des Gruppenstils, im Philosophischen die phänomenologische Bewegung. Beide Zirkel setzten auf Strenge, Zucht und Reinheit.

»Zu den Sachen!« lautete die Devise der Phänomenologen. Aber was war »die Sache«? Auf jeden Fall galt sie als verborgen und verloren im Gestrüpp der Vorurteile, der großen Worte und der weltanschaulichen Konstruktionen. Es war ein ähnlicher Impuls wie der, dem Hugo von Hofmannsthal Anfang des Jahrhunderts im berühmten »Brief« Ausdruck verliehen hatte. »Es ist mir«, läßt Hofmannsthal seinen Lord Chandos schreiben, »völlig die Fähigkeit abhanden gekommen, über irgendetwas zusammenhängend zu denken oder zu sprechen ... die abstrakten Worte, deren sich doch die Zunge naturgemäß bedienen muß, um irgendwelches Urteil an den Tag zu geben, zerfielen mir im Munde wie modrige Pilze.« Was ihm die Sprache verschlägt, ist die stumme, unerschöpfliche, bedrückende, aber auch berückende Evidenz der Dinge, die sich darbieten wie zum ersten Mal. Sich so öffnen für die Evidenz – das wollten auch die Phänomenologen, so von allem absehen, was bisher über Bewußtsein und Welt gedacht und gesagt worden war, das war ihr Ehrgeiz. Sie hielten Ausschau nach einer neuen Art, die Dinge an sich herankommen zu lassen, ohne sie mit dem schon Gewußten zuzudecken. Man muß dem Wirklichen die Chance geben, sich »zeigen« zu können. Was sich da zeigt und wie es sich von sich aus zeigt – das nannten die Phänomenologen: »das Phänomen«.

Die Phänomenologen teilten mit Hofmannsthal die Überzeugung, daß man erst wieder das wirkliche Alphabet der Wahrnehmung zu lernen habe. Man muß zunächst einmal alles vergessen, was bisher gesagt worden ist, und muß die Sprache der Wirklichkeit erst wiederfinden. Für die Phänomenologen der ersten Stunde aber war es vor allem die Bewußtseinswirklichkeit und erst durch sie hindurch auch die äußere Wirklichkeit, um deren neue Aneignung es ging.

Die Phänomenologen waren auf unbescheidene Weise bescheiden, indem sie den Philosophen ringsum vorwarfen, sie würden ihre Systeme erbauen ohne Fundament. Das Bewußtsein sei nämlich noch längst nicht zureichend erkannt, es sei ein unerforschter Kontinent. Da beginne man mit der Erforschung des Unbewußten und sei doch noch nicht einmal mit dem Bewußtsein vertraut.

Husserl war der Initiator der Bewegung. Er ermahnte seine Schüler zur Gründlichkeit: »Man darf sich nicht zu gut sein, um an den Fundamenten zu arbeiten«, pflegte er zu sagen. Die Schüler sollten es sich als Ehre anrechnen, Arbeiter zu sein im »Weinberg des Herrn«, wobei unbestimmt blieb, welcher »Herr« denn nun eigentlich gemeint war. Bedenkt man den Geist der Demut und der Askese, der Redlichkeit und Reinheit, der bei den Phänomenologen bisweilen auch »Keuschheit« genannt wurde, so kann man es nicht mehr als Zufall ansehen, daß einige der Phänomenologen später sehr fromm wurden. Das prominenteste Beispiel ist die inzwischen seliggesprochene Edith Stein. Sie »diente« – so ihr eigener Ausdruck – der Phänomenologie in den frühen Göttinger Jahren vor 1914, war zwischen 1916 und 1918 Privatassistentin von Husserl in Freiburg, trat in den zwanziger Jahren zum katholischen Glauben über, ging schließlich ins Kloster, dort holten sie die Nazis heraus und brachten sie, die eine Jüdin war, in Auschwitz um.

Die Phänomenologie sei ein Projekt, so der Husserl-Schüler Adolf Reinach, »das zu seiner Durchführung der Arbeit der Jahrhunderte bedarf«. Als Husserl 1938 stirbt, hinterläßt er ein Konvolut von vierzigtausend unveröffentlichten Manuskriptseiten. Im Vergleich dazu wirkt das zu Lebzeiten veröffentlichte Werk in seinem Umfang geradezu bescheiden. Nach den »Logischen Untersuchungen« von 1901 waren es zwei Bücher, die seinen Ruhm begründeten und seiner Philosophie zum Durchbruch verhalfen, die »Philosophie als strenge Wissenschaft« von 1910 und der erste (und zu Lebzeiten als einziger herausgekommene) Band der »Ideen zu einer reinen Phänomenologie und phänomenologischen Philosophie« von 1913.

In seinen kühnen Träumen, die er seinem Tagebuch anvertraute, hatte sich Husserl vorgestellt, daß die Zukunft der Philosophie ein Fortspinnen dessen sein könnte, womit er angefangen hatte. Immer wieder sagte er von sich selbst, er sei ein »Anfänger«. Er war es übrigens auch im Umgang mit dem eigenen Werk. Wenn er ein vor einiger Zeit verfaßtes Manuskript für die Veröffentlichung fertig machen wollte, so begann er, den ganzen Text umzuschreiben, zur Verzweiflung seiner Assistenten, die ihm dabei helfen mußten. Er fing auch mit seinem eigenen Denken immer wieder neu an, und es fiel ihm schwer, gelten zu lassen, was er einmal geschrieben hatte. Das Bewußtsein, vor allem sein eigenes, war ihm ein Fluß, in den man bekanntlich niemals an derselben Stelle wieder eintauchen kann. Aus dieser Einstellung heraus entwikkelte sich bei ihm geradezu eine Phobie vor der Veröffentlichung. Andere Philosophen, die diese Schwierigkeit nicht hatten, wie z. B. Max Scheler, für den es offenbar eine Kleinigkeit war, gleichzeitig drei Bücher für die Veröffentlichung vorzubereiten, waren ihm suspekt. Von Scheler sprach er bisweilen despektierlich, trotz Anerkennung seiner Genialität: »Man muß Einfälle haben; aber man darf sie nicht veröffentlichen«, pflegte Husserl zu sagen. Max Scheler, der seine besten Einfälle im Gespräch hatte und sie sich, wenn kein Papier zur Hand war, auch auf der gestärkten Manschette notierte, wollte und konnte tatsächlich nichts bei sich behalten. Anders als Husserl, der sein Werk so lange bebrütete, bis es zu jenem Riesenkonvolut von Manuskripten anwuchs, die ein Franziskanerpater in einer abenteuerlichen Aktion 1938 vor den Nazis retten und nach Leuven in Belgien schmuggeln wird, wo sie heute noch in einer eigens eingerichteten Forschungsstätte aufbewahrt werden.

Husserl, 1859 in Mähren geboren, aufgewachsen in den soliden jüdisch-bürgerlichen Lebensverhältnissen der Donaumonarchie, geprägt von einer Zeit, in der das »Gefühl der Sicherheit ... der erstrebenswerteste Besitz, das gemeinsame Lebensideal« (Stefan Zweig) war, hatte Mathematik studiert, weil ihm diese Wissenschaft verläßlich und exakt erschienen war. Er hatte dann bemerkt, daß auch noch die Mathematik einer Fundierung bedurfte. Das Fundamentale, das Gewisse, das Grundlegende – das war seine Passion. Und so kam er zur Philosophie, aber nicht, wie er in seinem Lebensrückblick schreibt, zur »überkommenen Philosophie«, in der er »überall Unklarheit, unausgereifte Vagheit, Halbheit, wo nicht gar intellektuelle Unredlichkeit« entdeckte, »nichts was man hinnehmen, als Stück, als Anfang ernster Wissenschaft gelten lassen konnte«.

Wo soll man anfangen, wenn man das Bewußtsein erforschen will? Sein Prinzip des Anfangens, das Husserl den Schülern immer wieder einschärft: Man muß alle Theorien über das Bewußtsein, alle Vormeinungen und Erklärungen beiseite lassen, um in möglichster Unbefangenheit und Unmittelbarkeit zu beobachten, was im Bewußtsein vorgeht, in meinem Bewußtsein jetzt hier.

Wir sehen die Sonne aufgehen. Die ganze Wissenschaft hat nicht vermocht, uns diese Rede vom ›Aufgehen der Sonne‹ abzugewöhnen. Schlimmer noch: Wir sehen tatsächlich die Sonne aufgehen, wissen aber, daß dies nicht der Fall ist. Es scheint bloß so. Die Wirklichkeit ist anders. Mit diesem Schein-Wirklichkeits-Schema können wir unsere ganze vertraute Lebenswelt in die Luft sprengen: Nichts ist, was es ist;

alles sieht bloß so aus. Was ist ein schöner Augusttag, sagen wir in Wien im Jahr 1913? Robert Musil, der auch von der Phänomenologie berührt wurde, beschreibt ihn hintersinnig so: »Über dem Atlantik befand sich ein barometisches Minimum; es wanderte ostwärts, einem über Rußland gelegenen Maximum zu... Die Isothermen und Isotheren taten ihre Schuldigkeit...«

Ein Augusttag wird sich dem Erleben niemals so darbieten, wie ihn Musil, die Wissenschaft ironisierend, beschreibt. In die Luft hinausblickend, haben wir noch nie und werden wir nie so etwas wie Isothermen sehen können. Was es statt dessen gibt: beispielsweise den Sommertag unserer lyrischen Empfindungen. Er ist, so würde Husserl sagen, ein »Phänomen« unserer Lebenswelt. Und es gibt ihn auch dann, wenn ich weiß, wie er meteorologisch zustande kommt. Alles, was dem Bewußtsein gegeben ist, ist »Phänomen«, und die Bewußtseinsforschung im Husserlschen Sinne beobachtet in strenger Introspektion die innere Ordnung der Bewußtseinsphänomene. Sie deutet nicht und erklärt nicht, sondern versucht zu beschreiben, was die Phänomene »von sich her« sind und zeigen. Diese Aufmerksamkeit für die Bewußtseinsvorgänge selbst bringt mit einem Schlag den Dualismus von »Wesen« und »Erscheinung« zum Verschwinden, oder genauer: Wir entdecken, daß es ganz einfach zu den Operationen dieses Bewußtseins gehört, eine solche Unterscheidung vorzunehmen. Das Bewußtsein ist sich auf eine sonderbare Weise dessen bewußt, was ihm in der Wahrnehmung entgeht. Und da Phänomen alles ist, was ins Bewußtsein tritt, so ist eben auch diese Unsichtbarkeit ein Phänomen des Bewußtseins. Das Wesen ist nicht etwas, das »hinter« der Erscheinung steckt, sondern es ist selbst Erscheinung, sofern ich es denke oder sofern ich denke, daß es mir entgeht. Auch das Kantsche »Ding an sich«, dieser Unbegriff für das schlechthin Nicht-Erscheinende, ist immer noch, als etwas Gedachtes, eine Erscheinung.

Husserl lag es fern, die erkünstelten, solipsistischen Zweifel an der Realität der Außenwelt neu zu beleben. Im Gegenteil: Er will zeigen, daß die ganze Außenwelt schon in uns da ist: daß wir kein leeres Gefäß sind, in das die Außenwelt hineingeschüttet wird, sondern daß wir immer schon »bezogen sind« auf etwas. Bewußtsein ist immer Bewußtsein von etwas. Daß das Bewußtsein nicht ›drinnen‹ ist, sondern ›draußen‹ bei dem, wovon es Bewußtsein ist – das bemerkt man, wenn man endlich damit beginnt, das Bewußtsein auf die Höhe des Bewußtseins zu bringen. Nichts anderes ist die Phänomenologie.

Zum Zweck dieser Selbstaufklärung hat Husserl eine bestimmte Technik entwickelt: die »phänomenologische Reduktion«.

Die phänomenologische Reduktion ist eine bestimmte Art, eine Wahrnehmung oder ganz allgemein einen Bewußtseinsvorgang zu vollziehen und dabei die Aufmerksamkeit nicht auf das Wahrgenommene, sondern auf den Vorgang der Wahrnehmung zu richten. Aus methodischen Gründen steigt man aus einer Wahrnehmung gleichsam aus, aber nicht vollständig, sondern nur soweit, daß man den Vollzug selbst in den Blick bekommt. Ich sehe einen Baum. Wenn ich das Baumwahrnehmen wahrnehme, bemerke ich, daß ich den wahrgenommenen Baum mit dem Index ›wirklich‹ versehe. Wenn ich mir aber einen bestimmten Baum nur vorstelle oder mich an einen erinnere – was sehe ich dann? Sehe ich Erinnerungen, Vorstellungen? Nein, ich sehe Bäume, aber eben solche, die mit dem Index ›Vorstellung‹ oder ›Erinnerung‹ versehen sind. So viele Bäume, so viele Seinsarten. Jetzt hier gesehene Bäume, erinnerte Bäume, vorgestellte Bäume. Derselbe Baum, den ich das eine Mal erfreut ansehe, weil er mir Schatten spendet, das andere Mal unter dem Gesichtspunkt mustere, ob seine Abholzung wirtschaftlich lohnend ist, derselbe Baum ist in diesen Wahrnehmungen nicht derselbe Baum. Sein Sein hat sich verändert, und wenn ich ihn in sogenannter ›objektiver‹, rein sachlicher Art untersuche, so ist das auch nur eine der vielen Weisen, den Baum ›sein‹ zu lassen. Die phänomenologische Reduktion klammert also die Frage, was der Baum denn nun ›in Wirklichkeit‹ sei, aus und achtet auf die verschiedenen Weisen, wie und als was er sich dem Bewußtsein gibt, oder besser gesagt: wie das Bewußtsein sich bei ihm aufhält.

Mit dem Exerzitium der phänomenologischen Reduktion klammert man die sogenannte ›natürliche‹ Wahrnehmung ein und klammert die ›äußere‹ Wirklichkeit aus, man verliert eine ganze Welt, aber nur, um sie, wie Husserl in den »Cartesianischen Meditationen« sagt, »in universaler Selbstbesinnung wiederzugewinnen«.

Die phänomenologische Reduktion ist der alles entscheidende Aspekt der Phänomenologie. Es geht um eine bestimmte Aufmerksamkeit gegenüber den Bewußtseinsvorgängen, auch »phänomenologisches Sehen« genannt. Eine Aufmerksamkeit, durch die man entdeckt, in welchem Maße das Bewußtseinsleben ›Spiel‹ hat gegenüber der sogenannten äußeren Realität. Aber ist es nicht ein leeres Spiel, was da übrigbleibt, wenn der natürliche Wirklichkeitsbezug eingeklammert wird? Husserl schreibt dazu:

»Dieses universale Außergeltungsetzen ... aller Stellungnahmen zur vorgegebenen objektiven Welt ... stellt uns also nicht einem Nichts gegenüber. Was uns vielmehr, und gerade dadurch zu eigen wird, oder deutlicher: was mir, dem Meditierenden, dadurch zu eigen wird, ist mein reines Leben mit all seinen Erlebnissen und all seinen reinen Gemeintheiten, das Universum der Phänomene im Sinne der Phänomenologie. Die ›epoche‹ (= Außergeltungsetzen des natürlichen Wirklichkeitsbezugs, R.S.) ist, so kann auch gesagt werden, die radikale und universale Methode, wodurch ich mich als Ich rein fasse und mit dem eigenen, reinen Bewußtseinsleben, in dem und durch das die gesamte objektive Welt für mich ist, und so, wie sie eben für mich ist.«

Es liegt nahe, sich das »reine Bewußtsein« als leeres Bewußtsein vorzustellen: ein leerer Spiegel oder ein leerer Magen. Aber gerade das ist eine bloße »Vormeinung« über das Bewußtsein, die sich vor der wirklichen Selbsterfahrung des Bewußtseins nicht behaupten kann. Man macht dann nämlich die Entdeckung, daß das Bewußtsein keinen Augenblick vom Sein getrennt ist. Es gibt kein leeres Bewußtsein, dem Objekte gegenüberstehen, mit denen es seine Leere ausfüllt. Bewußtsein ist immer Bewußtsein von etwas. Das in methodischer Absicht von der äußeren Wirklichkeit ›gereinigte‹ Bewußtsein kann nicht aufhören, eine ›äußere‹ Wirklichkeit zu imaginieren: die Außenwelt der Innenwelt. Das Bewußtsein hat kein ›Drinnen‹; es ist das ›Draußen‹ seiner selbst. Wenn man sich nur tief genug ins Bewußtsein vergräbt, befindet man sich unversehens wieder bei den Dingen draußen, man wird zu ihnen »hinausgeschleudert«, sagt Jean-Paul Sartre, dem die Husserl-Lektüre in den frühen dreißiger Jahren zu einem Bekehrungserlebnis wird. Er fühlt sich befreit von der lähmenden Tradition der »Verdauungsphilosophie«, die das Bewußtsein als Magen der Welt behandelte.

Für Husserl also ist Bewußtsein immer ›gerichtet sein auf etwas‹. Diese Grundstruktur des Bewußtseins nennt er »Intention«.

Den verschiedenen Arten von Bewußtseinsvorgängen entsprechen verschiedene Arten von Intentionen. Etwas in distanzierender Erkenntnisintention erfassen zu wollen, ist nur eine der möglichen Formen des intentionalen Bewußtseins. Es gibt neben dieser Intention, mit der man oft fälschlich das gesamte Bewußtseinsphänomen identifiziert, viele andere Intentionsformen; Formen also des Gerichtet-Seins auf etwas. Und es verhält sich dabei nicht so, daß etwa ein Objekt zunächst gleichsam ›neutral‹ erfaßt wird, um dann in einem zusätzlichen Akt noch ›gewollt‹, ›gefürchtet‹, ›geliebt‹, ›begehrt‹, ›bewertet‹ zu werden.

Das Wollen, Bewerten, Lieben hat seinen jeweils ganz eigenen Gegenstandsbezug, der ›Gegenstand‹ ist in diesen Akten jeweils ganz anders gegeben. Derselbe ›Gegenstand‹ ist fürs Bewußtsein ein anderer, je nachdem, ob ich ihn in Neugier, in Hoffnung, in Angst, in praktischer oder in theoretischer Absicht erfasse. Die Liebe, so erläutert Husserl diesen Gedanken, wird ihren ›Gegenstand‹ gerade als einen ›Nicht-Gegenstand‹ »konstituieren«.

Es ist das Verdienst der Phänomenologie, gezeigt zu haben, wie subtil und vielfältig unser Bewußtsein tatsächlich arbeitet und wie primitiv und grobschlächtig die Konzeptionen sind, mit denen das Bewußtsein seine eigene Arbeit sich ›zu Bewußtsein‹ zu bringen versucht. In der Regel ist es jenes Schema, bei dem ein subjektiver Innenraum und ein objektiver Außenraum einander gegenübergestellt werden und man dann fragt, wie das künstlich Getrennte wieder zusammenzubringen ist, wie die Welt ins Subjekt und wie das Subjekt zur Welt kommen. Die Phänomenologie zeigt, daß unser Wahrnehmen und Denken anders verlaufen, als wir gemeinhin – denken; sie zeigt, daß das Bewußtsein ein Phänomen des »Dazwischen« ist, so hat es der französische Phänomenologe Maurice Merleau-Ponty genannt: weder Subjekt noch Objekt im herkömmlichen Sinne. Denken und Wahrnehmen sind zunächst einmal Vorgänge in einem Bewußtseinsstrom aus lauter selbstvergessenen Akten. Erst eine elementare Reflexion, das Bewußtsein des Bewußtseins also, trennt und entdeckt: hier ein ›Ich‹, ein Subjekt, als Eigentümer seines Bewußtseins, und dort die Objekte. Man kann es auch so formulieren: Das Bewußtsein ist zunächst ganz das, wovon es Bewußtsein ist, der Wille verschwindet im Gewollten, das Denken im Gedachten, die Wahrnehmung im Wahrgenommenen.

Husserl hat ein Tor aufgestoßen, und ein unabsehbares »Feld« öffnet sich vor ihm: die Welt des Bewußtseins. Sie ist von solcher Vielfalt und Spontaneität, daß eine getreue phänomenologische Beschreibung in Widerspruch geraten muß zu den wissenschaftlichen, an Systematik und Gesetzeserkenntnis orientierten Absichten Husserls. Das unabgeschlossene und unabschließbare Riesenwerk, das Husserl hinterlassen hat, vermittelt den Eindruck, daß es wider seine wissenschaftlich-systematisierende Absicht selbst zu einem Ausdruck jenes Bewußtseinsstromes geworden ist, der da beschrieben werden sollte. Die in diesem Strom treibenden Trümmer der Systematik erinnern an eine Episode aus Stanislaw Lems philosophischem Science-fiction-Roman »Solaris«. Forscher haben einen Planeten entdeckt, der ganz aus Gehirn besteht.

Eine einzige ozeanische Plasmamasse. Dieses einsam im Weltraum treibende Gehirn arbeitet offenbar. An seiner Oberfläche wölbt es riesige Figuren, Wellen, Fontänen auf, bildet Strudel, Schlünde, eine Gestaltenfülle ohnegleichen. Die Forscher nehmen diese Vorgänge als Zeichen und versuchen sie zu lesen. Es entstehen riesige Bibliotheken, Systematiken, Namen und Begriffe werden erfunden, bis schließlich den Forschern die Einsicht dämmert – eine schreckliche Einsicht für den ordentlichen Kopf –, daß die Ereignisse an jedem Punkt dieses Gehirnozeans unwiederholbar und unvergleichlich sind, daß sie unter keinen Begriff zusammenzufassen sind und daß es auch sinnlos ist, ihnen Namen zu geben, weil sie genau so nicht noch einmal geschehen und es deshalb auch keine Gelegenheit mehr gibt, sie identifizieren zu können. Alle Ordnungsbilder des Erkennens sind eine Zeichnung im Sand, die schon die nächste Welle auslöscht.

Husserl war ein Mann des 19. Jahrhunderts, ein geheimrätlicher, professoral-väterlicher Gelehrtentyp, der nach letzten Grundlagen und Gewißheiten suchte, Gewißheit sogar über Gott. Er hoffe, sagte er zu Beginn seiner philosophischen Laufbahn, »mittels einer strengen philosophischen Wissenschaft den Weg zu Gott und zu einem wahrhaften Leben zu finden«.

Die empirischen Wissenschaften allerdings kümmerten sich nicht sonderlich um diese Grundlegungsarbeiten des »verrückten Uhrmachers«, wie ihn die Studenten in Freiburg nannten, weil er bei seinen bohrenden Monologen häufig den Mittelfinger der rechten Hand in der gehöhlten linken Hand hin und her drehte. So versunken war er in seinen eigenen Bewußtseinsstrom, daß er gar nicht bemerkte, daß die Studenten schwiegen, und als einer, es war der Student Hans-Georg Gadamer, einmal eine Einwendung machte, sagte er hinterher zu seinem Assistenten Martin Heidegger: »Heute war es doch wirklich einmal eine anregende Diskussion.« Was man liebt, wird einem zum Mittelpunkt eines Paradieses. Und so konnte Husserl nicht verstehen, daß seine Schüler auch noch in anderen Welten lebten und in andere Angelegenheiten verstrickt waren. Zu seiner persönlichen Assistentin Edith Stein sagte er in vollem Ernst, sie solle bei ihm bleiben, bis sie heirate. Sie solle sich einen Mann aus seiner Schülerschaft aussuchen, der dann ja auch Assistent werden könne, und wer weiß, vielleicht würden die Kinder auch Phänomenologen...

Es entbehrt nicht der Ironie, daß dieser »Facharbeiter in den Fundamenten«, wie er sich auch nannte, beim Versuch, festen Grund für das

Erkennen zu finden, ausgerechnet den Bewußtseinsstrom philosophisch entdeckt und dann die eigentlich komische Anstrengung unternimmt, dieses unendlich lebendig-bewegte Element zum Fundament, zum Sockel letzter Gewißheit und Sicherheit umzuarbeiten. Auf einer Wanderdüne will er ein Haus bauen, und es soll sogar, so stellt er es sich vor, für Generationen Bestand haben. Die phänomenologische Bewußtseinsforschung – ein Jahrhundertprojekt. Euphorisch kann er sagen: »So begreift es sich, daß die Phänomenologie gleichsam die geheime Sehnsucht der ganzen neuzeitlichen Philosophie ist«, aber es gibt auch Augenblicke der Anfechtung, wenn ihm der Sinn des ganzen Unternehmens zweifelhaft wird: Bleibt man nicht notwendig immer nur ein Anfänger im schlechten Sinne, wenn man das riesige Feld des Bewußtseins durchmißt? Ist es nicht so, als wollte man einen Horizont erreichen, der stets zurückweicht?

Wenn das Bewußtsein sich nicht zu Ende beschreiben und analysieren läßt, dann, so hilft sich Husserl aus der Ratlosigkeit, muß man eben am anderen Ende, am Anfang also, den Sack zumachen. Der Name für diesen gedanklichen Kurzschluß lautet »transzendentales Ego«. Das ist der Inbegriff aller Leistungen und Operationen des Bewußtseins, das Quellgebiet des Bewußtseinsstromes.

Wenn, wie Husserl lehrt, das Ichbewußtsein sich erst sekundär in der Wahrnehmung der Wahrnehmung bildet, wie bringt man dann ein transzendentales Ego an den Anfang des ganzen Bewußtseinsprozesses? Nun, einfach dadurch, daß man die phänomenologische Einstellung, mit der man dem Bewußtseinsprozeß zusieht, als den Ort des transzendentalen Ego deklariert. »Jedes cogito mit allen seinen Bestandstücken entsteht oder vergeht im Fluß der Erlebnisse. Aber das reine Subjekt entsteht nicht und vergeht nicht, obwohl es in seiner Art ›auftritt‹ und wieder ›abtritt‹. Es tritt in Aktion und tritt wieder außer Aktion. Was das ist, und was es überhaupt selbst ist und leistet, erfassen wir, bzw. erfaßt es im Selbstwahrnehmen, das selbst eine seiner Aktionen ist, und eine solche, die absolute Zweifellosigkeit der Seinsverfassung begründet.«

Damit ist es heraus: Husserl, der das Kunststück fertiggebracht hatte, den Bewußtseinsprozeß ›vor‹ seiner Spaltung in Ich und Welt und damit als einen ›ichlosen‹ zu beschreiben, fällt auf transzendentaler Ebene wieder zurück in jene Vorstellung, die er doch überwinden wollte, nämlich die vom ›Ich‹ als Eigentümer seiner Bewußtseinsinhalte. Das soeben noch destruierte Ich wird wieder, wie in der Tradition Descartes', zur höchsten Gewißheitsinstanz. Es ist diese sich seit 1913 andeutende Wendung zum transzendentalen Ego, die später Heideggers Kritik hervorrufen wird. Husserl faßt das transzendentale Ego als eine Art Substanz, in der sich die Inhalte wandeln können, ohne daß es selbst sich wandelt. Dieses transzendentale Ego hat denn auch verdächtige Ähnlichkeit mit dem göttlichen Geist, den die Tradition stets als unwandelbaren Grund aller Weltinhalte gedacht hat. Und so überrascht es auch nicht, wenn Husserl von der Entdeckung des transzendentalen Ego sagt: »Tue ich so für mich selbst, so bin ich also nicht menschliches Ich.«

So vollzieht Husserl schließlich wieder die Wendung zu einem Ich, aus dem, wie schon bei Fichte, eine ganze Welt hervorgeht, und das Bewußtsein hört auf, lediglich jenes zauberhafte Etwas zu sein, das in der Welt vorkommt und dem dann eine ganze Welt überhaupt als Welt vorkommen kann. Etwas Ontisches, dessen Kennzeichen es ist, ontologisch zu sein – so wird Heidegger dieses rätselhafte Phänomen definieren und es wieder in die Welt zurückwerfen, aus der es sich bei Husserl heimlich herausgeschlichen hat. Husserls transzendentales Ego hat die Welt im Kopf, aber dieser Kopf ist nicht mehr recht in der Welt.

Deutlich wird: Wenn man das reiche Bewußtseinsleben an einem festen Punkt aufhängen will, die naturalistische und psychologistische Reduktion aber vermeiden möchte, dann gerät das Denken sehr leicht in die Versuchung, eine gottähnliche Perspektive einzunehmen.

Aber: Ein Bewußtsein, das sich das reiche Bewußtseinsleben, ohne es zu zerstören, transparent machen und zueignen will, muß sich nicht notwendig zum Gott des transzendentalen Philosophen emporschwingen, es kann auch – zum Poeten werden. Das ist seit Platons Zeiten die heimliche oder unheimliche Ahnung der Philosophen. Auch Husserl war sie nicht fremd. »Philosophie und Poesie«, sagte er in einem Gespräch mit einem Japaner, »sind in ihrem innersten Ursprung miteinander verbunden und besitzen eine geheime Verwandtschaft in der Seele.«

Diese »geheime Verwandtschaft« mit der Poesie ist in keiner Philosophie so ausgeprägt wie in der Phänomenologie. Die Beschreibung des Bewußtseinslebens und damit des Erlebens von Welt, die Aufmerksamkeit auf die Phänomene des inneren und äußeren Raumes, der inneren und äußeren Zeit – das war schon immer das Thema der Poeten und besonders jenes einen, der in der Schule Bergsons und in den schalldichten Räumen am Boulevard Haussmann sich seinen phänomenologischen Exerzitien hingab: Marcel Proust. Wenn die Phänomenologie die

»geheime Sehnsucht der ganzen neuzeitlichen Philosophie« (Husserl) gewesen sein sollte, dann müßte man Proust als die geheime Sehnsucht der phänomenologischen Philosophie bezeichnen.

Man lese nur den Beginn der »Recherche«, wo der Erzähler sein Erwachen schildert: eine unübertreffliche phänomenologische Beschreibung der allmorgendlichen Wiedergeburt des Ichs, das jedesmal eine Reise durch Raum und Zeit zurücklegen muß, ehe es sich im Fadenkreuz des Hier und Jetzt wiederfindet.

»Aber es genügte, daß in meinem eigenen Bett mein Schlaf besonders tief war und meinen Geist völlig entspannte; dann ließ dieser den Lageplan des Ortes fahren, an dem ich eingeschlafen war, und wenn ich mitten in der Nacht erwachte, wußte ich nicht, wo ich mich befand, ja im ersten Augenblick nicht einmal, wer ich war: ich hatte nur in primitivster Form das bloße Seinsgefühl, das ein Tier im Innern spüren mag: ich war hilfloser ausgesetzt als ein Höhlenmensch; dann aber kam mir die Erinnerung – noch nicht an den Ort, an dem ich mich befand, aber an einige andere Stätten, die ich bewohnt hatte und an denen ich hätte sein können – gleichsam von oben her zu Hilfe, um mich aus dem Nichts zu ziehen, aus dem ich mir selbst nicht hätte heraushelfen können; in einer Sekunde durchlief ich Jahrhunderte der Zivilisation, und aus vagen Bildern von Petroleumlampen und Hemden mit offenen Kragen setzte sich allmählich mein Ich in seinen originalen Zügen zusammen…«

Die phänomenologische Achtsamkeit auf die Welt der Bewußtseinsvorgänge bedarf einer Einstellung, die den Ansprüchen und Verwicklungen des alltäglichen Lebens widerstreitet, denn dort achten wir auf die Dinge, Menschen und uns selbst und nicht darauf, wie uns das alles in unserem Bewußtsein ›gegeben‹ ist. Den Bruch mit der natürlichen Welteinstellung hat Husserl stets betont. Und auch Proust konnte das phänomenologische Universum seiner Erinnerungsarbeit nur entfalten im Asyl seines Schlafzimmers, das ihm für die letzten zwölf Jahre seines Lebens zum Arbeitszimmer wurde. Für diesen Rückzug in die Weltlosigkeit aber wird man bei Husserl und mehr noch bei Proust entschädigt durch die Entdeckung einer ganzen vielfältigen inneren Ontologie: Es gibt dort ein unendlich mannigfaltig abgestuftes Reich des Seienden. Die Gegenstände der Erinnerung, der Furcht, der Sehnsucht, der Hoffnung, des Denkens sind ebensoviele ›Wirklichkeiten‹, die die säuberlichen Subjekt-Objekt-Trennungen überfluten.

Für Martin Heidegger jedenfalls, dessen philosophisches Initiationserlebnis Brentanos Buch über die »mannigfache Bedeutung des Seienden« gewesen war, ist die Husserlsche Phänomenologie eine Philosophie, welche die Vielfalt des Seienden aufschließt.

Heidegger wird in der berühmten Marburger Vorlesung vom Sommer 1925 zum Thema *Geschichte des Zeitbegriffs* rückblickend die Aspekte der Husserlschen Phänomenologie benennen, die ihn auf den eigenen Weg gebracht haben, und er wird dort auf jene Grenzen hinweisen, die er überschreiten mußte, um weiterzukommen.

Entscheidend war die phänomenologische Einstellung, noch einmal ganz neu an die ›Sachen‹ heranzutreten: *das Abstellen von Vorurteilen – schlichtes Sehen und Festhalten des Gesehenen, ohne die neugierige Frage, was damit anzufangen sei.* Diese unbefangene *Sachlichkeit* der Phänomenologie sei so schwierig, weil *der Mensch das Element seiner Existenz im Gekünstelten, Verlogenen, immer schon von anderen Beschwatzten hat* (GA 20, 37).

Zu dem innerphilosophisch *Gekünstelten*, das die Phänomenologie überwindet, gehört für Heidegger das hartnäckige Dogma von den beiden Sphären: Wesen und Erscheinung. Die Phänomenologie, so Heidegger, hat die Phänomene, die erscheinende Welt, rehabilitiert; sie hat den Sinn geschärft für das, was sich zeigt. Die Erscheinung im phänomenologischen Verstande ist nicht eine mindere, vielleicht sogar täuschende Wirklichkeit, hinter der das Eigentliche, sei es metaphysisch oder naturwissenschaftlich, zu suchen ist. Auch dieses ›Eigentliche‹ ist etwas Erscheinendes, seien es Gott oder der ›Gegenstand‹ der Logik oder die sogenannten Naturgesetze. Phänomenologie ist für Heidegger keine Spekulation, keine gedankliche Konstruktion, sondern die Arbeit des *Abbauens der Verdeckungen* und damit des *freilegenden Sehenlassens* (GA 20, 118). Freigelegt wurde dabei – und das bezeichnet Heidegger als die wichtigste Entdeckung der Phänomenologie – die intentionale Struktur des Bewußtseins. Für Heidegger ist damit der traditionelle erkenntnistheoretische Subjekt-Objekt-Dualismus überwunden – von zwei Seiten: von der sich zeigenden Welt und von dem immer schon auf Welt bezogenen Bewußtsein.

Doch in der Vorlesung von 1925 bezeichnet Heidegger auch deutlich die Grenzen Husserls. Husserl habe zwar mit der Rettung der Phänomene wieder den Sinn für die verschiedenen Begegnungsarten von Seiendem geschärft, aber er habe niemals die Frage gestellt, in welchem Sinn denn der Mensch, näherhin das intentionale Bewußtsein, seiend ist. Husserl ist nur bis zur negativen Bestimmung, der Mensch sei ein »Gegenwurf zur Natur«, vorgedrungen. Heideggers Antwort auf diese Frage, was und wer der Mensch ist, werden wir noch kennenlernen.

In den ersten Jahren der intensiven Zusammenarbeit mit Husserl ist Heidegger jedenfalls schon dabei, die Husserlschen Ideen aus den bewußtseinsimmanenten Zusammenhängen herauszuholen und sie in die Welt zu werfen.

Dabei hilft ihm erstens die Beschäftigung mit Diltheys Philosophie des geschichtlichen Lebens. Aus der Perspektive Diltheys wird ihm jede Philosophie verdächtig, die sich ins Selbstmißverständnis verstrickt, sie könnte sich eines sicheren Ortes jenseits der Geschichte vergewissern. Husserls Konstruktion eines transzendentalen Ego ist ein solches hilfloses Bewußtseins-›Jenseits‹. Und zweitens hilft ihm gegen die Husserlsche Bewußtseinsimmanenz das Studium Kierkegaards.

Kierkegaards Angriff gegen die illusionäre Selbstmächtigkeit des Geistes geht nicht, wie bei Dilthey, vom geschichtlichen ›Leben‹ aus, sondern von der nicht zu beseitigenden Differenz zwischen Denken und Existenz. In den Verstrickungen des Lebens geraten wir immer wieder in Situationen, in denen wir uns entscheiden müssen, wer wir sein wollen. Wir verlassen den Raum des bloß Denkbaren, wir müssen uns festlegen, Verantwortung übernehmen, wir können nicht vermeiden, von einem Möglichkeitsmenschen, der alles bedenken kann, zu einem Wirklichkeitsmenschen zu werden, der aus dem Denkbaren das auswählt, was ihn im inneren und äußeren Handeln bindet. Für die existentialistische Kritik Kierkegaards ist die Bewußtseinsphilosophie eine einzige Flucht vor den Risiken des gelebten Lebens.

Daß diese Macht des geschichtlichen und des existentiellen Lebens bei Heidegger nicht nur ein Gedanke bleibt, dafür werden die geschichtlichen Umstände selbst sorgen.

Heidegger hatte, seit Husserl in Freiburg war, die Nähe des Meisters gesucht, der sich aber zunächst spröde gezeigt hatte. Bei Husserl galt Heidegger offenbar als konfessionell gebundener Philosoph, was Husserls Interesse an ihm minderte. Fast ein Jahr dauerte das erfolglose Werben, bis es Heidegger endlich gelang, mit Husserl einen persönlichen Gesprächstermin zu vereinbaren. Husserl an Heidegger am 24. September 1917: »Gerne will ich Ihre Studien fördern, so gut ich es vermag.«

Im Winter 1917/18 nun endlich ›entdeckt‹ Husserl Heidegger. Kurz zuvor hatte Edith Stein ihre Arbeit als persönliche Assistentin bei Husserl aufgegeben. Ihr war die Situation unerträglich geworden, seine Manuskripte veröffentlichungsreif machen zu sollen und dann erleben zu müssen, wie dieser ›Anfänger‹ ihr immer wieder neue Entwürfe und Notizen übergab, die das bisher Ausgearbeitete gänzlich umstoßen mußten. Außerdem hatte Husserl die Dienste Edith Steins exzessiv in Anspruch genommen, ohne ihr bei der Verwirklichung des Habilitationswunsches entgegenzukommen.

Da Husserl sich also nun nach einem neuen Mitarbeiter umsehen mußte, war er gegenüber Martin Heideggers Werbungen günstiger gestimmt.

In den letzten Wochen des Jahres 1917 muß es zu sehr intensiven philosophischen Gesprächen zwischen den beiden gekommen sein, denn als Martin Heidegger im Januar 1918 als Landsturmmann kaserniert und danach zur militärischen Ausbildung auf dem Truppenübungsplatz Heuberg, in der Nähe des heimatlichen Meßkirch, abkommandiert wird, bedauert Husserl in einem persönlich gehaltenen Brief, wie sehr er das gemeinsame Philosophieren nun vermisse. Frohgemut, wohl auch geschmeichelt, antwortet Heidegger, der in diesem Augenblick sein Selbstbewußtsein weniger aus der Philosophie als aus dem Umstand bezieht, daß er die harte Militärausbildung so gut verträgt. Auch Husserl, ein national gesinnter Mann, kann sich an solcher unphilosophischen Tüchtigkeit erfreuen. Es sei vielleicht ganz gut, schreibt er am 28. März 1918, daß Heidegger für eine Weile die Philosophie beiseite lege; er werde später – »hoffentlich dauert ja der Krieg nach den herrlichen Siegen im Westen nicht mehr allzulang« – sicherlich mit um so »größerer Spannkraft« zu den philosophischen Problemen zurückkehren.

Einstweilen bleibt Heidegger im Kriegsdienst. Er wird zur Frontwetterwarte einberufen – wie übrigens zwanzig Jahre später auch Jean-Paul Sartre zu Beginn des Zweiten Weltkrieges – und im Juli des Jahres zu einem meteorologischen Lehrgang nach Berlin geschickt. Die rege Korrespondenz mit Husserl wird fortgesetzt, sie wird im Ton noch herzlicher und vertrauensvoller. Im Brief vom 10. September 1918 rühmt Husserl die unverbildete Jugend Heideggers, »das klare Auge der Seele, das klare Herz, den klargerichteten Lebenswillen«. Der Brief schließt mit der feierlichen Anrufung: »O, Ihre Jugend, wie ist es mir Freude und rechte Herzerquickung, daß Sie mich durch Ihre Briefe an ihr teilnehmen lassen.«

Dieser väterlich-überschwengliche Ton mag auch noch damit zusammenhängen, daß Husserl in diesem Herbst, nachdem er im Frühjahr 1916 seinen jüngsten Sohn im Krieg verloren hatte, jetzt auch um seinen zweiten Sohn, der mit einem Gehirnschuß im Lazarett lag, bangen muß. Husserl nimmt sich Martin Heideggers so an, als wäre der ein Ersatzsohn. Als Husserl die Briefe an Heidegger schreibt, wohnt Edith Stein gerade bei den Husserls als Krankenpflegerin und Haustochter. Malwine und Edmund Husserl liegen mit schwerer Grippe im Bett, das Dienstmädchen hat gekündigt, die Tochter ist verreist und aus dem Lazarett treffen die schlimmen Nachrichten ein. In den Briefen an Roman Ingarden schildert Edith Stein die deprimierende häusliche Situation, in der für Edmund Husserl die Verbindung zu Martin Heidegger offenbar Aufrichtung und Ermunterung bedeutet. Der Glaube an den Sieg, dem Husserl noch im Frühjahr so beredten Ausdruck gegeben hatte, ist verschwunden. Statt dessen wird nun im Hause Husserl über das »System« des Kaiserreichs geklagt. Malwine Husserl sei inzwischen sogar, so berichtet Edith Stein, »ins Lager der ›Unabhängigen‹« (gemeint ist die USPD) übergegangen, zum Ärger ihres Mannes. Es sei zu entsetzlichen Ehestreitigkeiten gekommen.

Inzwischen wurde Heidegger Ende August an die Westfront zur Armeewetterwarte in den Ardennen bei Sedan abkommandiert. Die meteorologischen Dienste waren dort eingerichtet worden, um bei der Marne-Champagne-Schlacht den Giftgaseinsatz wetterprognostisch zu unterstützen.

Einen Eindruck davon, wie Martin Heidegger diese Situation erlebte, gewinnen wir durch seine ersten Briefe an Elisabeth Blochmann.

Elisabeth Blochmann war eine Studienfreundin Elfrides. Sie hatte in den Kriegsjahren einige Zeit in Straßburg bei Simmel Philosophie studiert sowie Germanistik und Pädagogik; während des Krieges arbeitete sie zeitweilig im sozialen Dienst der Krankenversorgung. Sie war stark geprägt vom Geist der Jugendbewegung, wie er in der Hohen-Meißner-Formel von 1913 zum Ausdruck kam: »Die Freideutsche Jugend will ihr Leben vor eigener Verantwortung nach eigener Bestimmung in innerer Wahrhaftigkeit selbst gestalten.«

Es waren auch jugendbewegte Kreise, wo Martin Heidegger, Elisabeth Blochmann und Elfride zum ersten Mal zusammentrafen.

In den ersten Briefen ist der Geist der Jugendbewegung, der die beiden verbindet, deutlich zu spüren. Es ist viel die Rede von *Wahrhaftigkeit* und *Verantwortung*, die verliebten Gefühle sind nur zu ahnen.

Beide üben sich in der Kunst des Indirekten, Angedeuteten. Die drei Jahre jüngere Elisabeth Blochmann bewundert Martin Heidegger, der sich dadurch geschmeichelt fühlt und zu ihr offenbar gerne im Tone eines philosophischen Mentors und Seelenführers spricht: *es soll Pflicht bei uns sein, das, was wir in innerster Wahrhaftigkeit in uns regsam und drängend erleben, den Gleichgesinnten zu äußeren* (2.10.1918, BwHB, 9). *Das geistige Leben muß bei uns wieder ein wahrhaft wirkliches werden – es muß eine aus dem Persönlichen geborene Wucht bekommen, die ›umwirft‹ und zum echten Aufstehen zwingt – und diese Wucht äußert sich als echte nur in der Schlichtheit, nicht im Blasierten, Dekadenten, Erzwungenen... Geistiges Leben kann nur vorgelebt und gestaltet werden, so daß, die daran teilhaben sollen, unmittelbar, in ihrer eigensten Existenz davon ergriffen sind... Wo der Glaube an den Selbstwert der eigenen Bestimmung wahrhaft lebt, da wird alles Unwertige einer zufälligen Umgebung von innen heraus und für immer überwunden* (15.6.1918, BwHB, 7).

Martin Heidegger wird Zeuge des letzten großen Aufbäumens der deutschen Westarmeen gegen die siegreich vordringenden Alliierten, und ihm wird dabei auf grelle Weise deutlich, daß jener ›Geist‹, der die Kultur der Vorkriegsjahre belebte, keine Wirklichkeit mehr hat. Der Krieg hat alles weggebrannt – bis auf einen nackten Kern, den Heidegger mit verschwommenem Pathos die *Wucht des Persönlichen* oder den *Glauben an den Selbstwert* oder *das Zugehören zum zentralen Ich* nennt. Diese gewaltsame Zurückführung auf den personalen Kern erlebt er als eine große Chance: Jetzt läßt sich das *Unwertige einer zufälligen Umgebung* überwinden, aber nur, wenn man stark ist, sich auf sich selbst verläßt und den falschen Geist des Zivilisationskomforts abtut. Dann, so Heidegger, wird es eine Wiedergeburt des Geistes geben, zuerst im kleinen Kreise der *Wahrhaftigen*, später, davon ausstrahlend, wird es vielleicht eine Erneuerung in die Breite und in die Tiefe des Volkes geben. Am 7. November 1918, noch ist er an der Front, schreibt Heidegger an Elisabeth Blochmann: *Wie ja das Leben überhaupt sich gestalten wird nach diesem Ende, das kommen mußte und unsere einzige Rettung ist, ist ungewiß – Sicher ist und unerschütterlich die Forderung an die wahrhaft geistigen Menschen, gerade jetzt nicht schwach zu werden, sondern eine entschlossene Führung in die Hand zu nehmen und das Volk zur Wahrhaftigkeit und echten Wertschätzung der echten Güter des Daseins zu erziehen. Mir ist es in der Tat eine Lust zu leben – wenn auch manche äußere Entbehrung und mancher Verzicht kommen wird – nur innerlich arme Ästheten und Menschen, die bisher als ›geistige‹ mit dem Geist nur gespielt haben, wie andere mit Geld und Vergnügen, werden jetzt zusammenbrechen und ratlos verzweifeln – von ihnen wird auch kaum Hilfe und wertvolle Direktiven zu erwarten sein* (BwHB, 12).

Es ist *eine Lust zu leben*, schreibt Heidegger. Es beschwingt ihn, daß eine Welt, die *mit dem Geist nur gespielt* hat, nun zusammenbricht. Seine politischen Visionen bleiben vage. Die Briefe von der Front enthalten kaum Schilderungen des dort Erlebten, *die Fahrt an die Front war wundervoll* (2. 10. 1918, BwHB, 9), doch zahlreich sind die Bekundungen der Vorfreude auf einen neuen Anfang in der Philosophie. Er wird, so läßt er durchblicken, zunächst einmal abtragen müssen, was abgelebt, unwahr, konventionell, bloß erkünstelt ist. Von *Urerlebnissen*, auch religiöser Art, ist die Rede, die von Philosophie und Theologie nur zugedeckt werden dadurch, daß ihnen eine falsche Kontinuität und Verfügbarkeit angedichtet wird.

Der Landsturmmann Martin Heidegger hat eine neue Intensität entdeckt. Es ist nicht der Krieg selbst, sondern das, was zurückbleibt, wenn die Katastrophe ringsum alles übrige verbrennt. Es ist nicht das Stahlbad des Sieges, sondern die große Entschlackung durch die Niederlage. Das ist seine Art des Glaubens *an den Geist und seine Macht – wer in ihm und für ihn lebt, kämpft nie auf verlorenem Posten* (6. 11. 1918, BwHB, 10). Und weiter: *Das neue Leben, das wir wollen, oder das in uns will, hat darauf verzichtet, universal, d.h. unecht und flächig (ober-flächlich) zu sein – sein Besitztum ist Ursprünglichkeit – nicht das Erkünstelte-Konstruktive, sondern das Evidente der totalen Intuition* (1. 5. 1919, BwHB, 15).

Große, verheißungsvolle Worte, aber keine Phrasen, denn der junge, in den letzten Kriegswochen zum Gefreiten beförderte Privatdozent der Philosophie stürzt sich, im November 1918 nach Freiburg zurückgekehrt, mit aller Energie in den Versuch, dieser *totalen Intuition* nachzugehen – zu begreifen, was ihn ergreift – und dieser Intuition, dieser Evidenz von Augenblicken zur philosophischen Sprache zu verhelfen, vor allem aber: sie in die Kontinuität des Lebens einzuarbeiten. Dabei bemerkt er die Dynamik der Zeit: Sie ›zeitigt‹ die Intuition und die Evidenz des Augenblicks, aber sie bewahrt sie nicht, stellt sie nicht auf Dauer. Sie geschieht, sie ist ein Ereignis, sie ist nichts Gemachtes, aber es kommt alles darauf an, was wir daraus machen. In einem ausführlichen Brief an Elisabeth vom 1. Mai 1919, der vielleicht am eindringlichsten die intimen philosophischen Obsessionen nicht nur des jungen Martin Heidegger enthüllt, schreibt er: *Es ist eine rationalistische Verkennung des Wesens der personalen Lebensströmung, wenn man meint und fordert, sie müsse in denselben weiten und klangreichen Amplituden schwingen, wie sie in begnadeten Augenblicken aufquellen. Solche Ansprüche entwachsen einem Mangel innerer Demut vor dem Geheimnis und Gnadencharakter alles Lebens. Wir müssen warten können auf hochgespannte Intensitäten sinnvollen Lebens – und wir müssen mit diesen Augenblicken in Kontinuität bleiben – sie nicht so sehr genießen – als vielmehr ins Leben eingestalten – im Fortgehen des Lebens sie mitnehmen und einbeziehen in die Rhythmik alles kommenden Lebens.*

Und in Momenten, wo wir uns selbst und die Richtung in die wir lebend hineingehören unmittelbar erfühlen, da dürfen wir das Klargehabte nicht nur als solches konstatieren, einfach zu Protokoll nehmen – als stünde es uns wie ein Gegenstand bloß gegen-über – sondern das verstehende Sichselbsthaben ist nur echtes, wenn es wahrhaft gelebtes d.h. zugleich ein Sein ist.

Martin Heidegger ist also im Jahre 1919 *glücklich* dabei, seine Intuitionen auszuarbeiten, und was um ihn herum geschieht, das nennt er: *die wahnsinnigen Zustände* (14.1.1919, BwHB, 12).

Sechstes Kapitel

Revolutionszeit. Max Weber gegen die Kathederpropheten. Inflationsheilige. Heideggers Katheder. Aus der Frühgeschichte der Seinsfrage. Erleben und Entleben. Es weltet. Kahlschlagphilosophie. Heideggers Dadaismus. Transparenz des Lebens. Das Dunkel des gelebten Augenblicks. Verwandte Geister: Heidegger und der junge Ernst Bloch.

Anfang 1919 hielt Max Weber in München einen Vortrag zum Thema »Vom inneren Beruf zur Wissenschaft«. Er sprach an einem Ort, der sich, wie auch die anderen großen Städte des Deutschen Reiches, in revolutionärem Aufruhr befand. Wenige Wochen später wird in München der offene Bürgerkrieg ausbrechen, und es wird eine Räterepublik ausgerufen werden, in der wohlmeinende Schriftsteller wie Toller und Mühsam, die das »Reich des Lichtes, der Schönheit und Vernunft« etablieren wollen, für kurze Zeit tonangebend sind. Für Max Weber war das alles verantwortungslose Gesinnungspolitik, betrieben von Abenteurern, die nicht begreifen wollen, daß die Politik überfordert ist, wenn ihr die Verwirklichung von Sinn und Glück zugemutet wird. Karl Löwith, der damals im Vortragsraum saß, schildert, wie Max Weber, ein Jahr vor seinem Tod, »bleich und abgehetzt mit raschen Bewegungen durch den überfüllten Saal zum Vortragspult schritt«. Sein von einem »struppigen Bart umwachsenes Gesicht« habe ihn »an die düstere Glut der Bamberger Prophetengestalten« erinnert. Der Eindruck sei »erschütternd« gewesen. Max Weber zerriß, so Karl Löwith, »alle Schleier der Wünschbarkeiten, und doch mußte jeder empfinden, daß das Herz dieses klaren Verstandes eine tiefernste Humanität war. Nach den zahllosen Revolutionsreden der literarischen Aktivisten war Webers Wort wie eine Erlösung.«

Diese Rede, die sogleich publiziert wurde und einen heftigen und breiten öffentlichen Streit auslöste, enthält eine nüchterne Zeitdiagnose. Vordergründig geht es um das Ethos der Wissenschaften, im Kern aber versucht Max Weber die Frage zu beantworten, wie das Verlangen nach sinnvollem Leben im stählernen Gehäuse der modernen »rationalisierten« Zivilisation sich überhaupt noch verwirklichen läßt. Seine Antwort: Die Wissenschaft, die in ihren technischen Auswirkungen unseren Lebensalltag von Grund aus umgestaltet und im Krieg bewiesen hat, wieviel Zerstörungskraft in ihr steckt – diese Wissenschaft ist zum Schicksal geworden, jedoch läßt sie uns mit den Sinnfragen allein: »Was ist … der Sinn der Wissenschaft als Beruf, da alle diese früheren Illusionen: ›Weg zum wahren Sein‹, ›Weg zur wahren Kunst‹, ›Weg zur wahren Natur‹, ›Weg zum wahren Gott‹, ›Weg zum wahren Glück‹, versunken sind? Die einfachste Antwort hat Tolstoj gegeben mit den Worten: ›sie ist sinnlos, weil sie auf die allein für uns wichtige Frage: Was sollen wir tun? Wie sollen wir leben? keine Antwort gibt.‹ Die Tatsache, daß sie diese Antwort nicht gibt, ist schlechthin unbestreitbar. Die Frage ist nur, in welchem Sinne sie ›keine‹ Antwort gibt, und ob sie statt dessen nicht doch vielleicht dem, der die Frage richtig stellt, etwas leisten könnte.«

Sie kann die Angemessenheit der Mittel an vorgegebene Zwecke, die selbst in Wertentscheidungen begründet sind, überprüfen. Sie kann auch die innere Widersprüchlichkeit und die Verträglichkeit mit anderen Wertentscheidungen analysieren. Sie kann also einen Beitrag zur Selbstbesinnung leisten, aber sie kann uns die Entscheidung, wie wir leben sollen, nicht abnehmen. Diese Freigabe der persönlichen Wertentscheidung könnte als Befreiung von jeglicher Bevormundung empfunden werden. Dann wäre die Tatsache, daß die Wissenschaften keine Sinn- und Wertentscheidungen treffen können, kein Problem, sondern eine Chance. So aber verhält es sich nicht. Denn unsere Zivilisation, sagt Max Weber, hat sich so grundlegend und umfassend in die Rationalität hineingelebt, daß sie beim einzelnen das Zutrauen in seine eigene Entscheidungskompetenz untergräbt. Man will auch noch bei seinen Wertentscheidungen die objektive Gewißheit und Gewähr haben, an die man in der technisierten Welt sonst gewöhnt ist. Wer mit der Straßenbahn fährt, braucht nicht zu wissen, wie sie funktioniert, er kann sich darauf verlassen, daß alles gut ›berechnet‹ ist. Wenn man aber von einer Lebenswelt umgeben ist, die sich in so unendlich vielen Belangen ›berechnen‹ läßt, und daran gewöhnt wird, daß man zwar nicht selbst alles genau begreift, aber weiß, daß andere es begreifen – sonst hätten sie nicht diese technischen Wunderdinge herstellen können –, dann wird man diese Gewißheit und Gewähr auch dort fordern, wo man sie eigentlich nicht fordern kann: auf dem Gebiet der Sinn- und Wertentscheidungen. Statt die Freiheit, die darin liegt, zu ergreifen, will man auch hier die Objektivität der Wissenschaft in Anspruch nehmen. Und so kommt es zur Konjunktur der Weltanschauungen, die um Vertrauen werben, indem sie sich wissenschaftlich drapieren. Es ist dies das Geschäft der von Max Weber so genannten »Kathederpropheten«. Sie reagieren auf die Geheimnislosigkeit einer durch Rationalisierung entzauberten Welt, indem sie den letzten Zauber, der geblieben ist, nämlich die Personalität und ihre Freiheit, auf falsche Weise rationalisieren. Sie wollen das Spannungsverhältnis zwischen Rationalität und Personalität nicht aushalten, sondern zaubern aus dem »Erleben« eine Weltdeutung hervor, mit der man dann genauso verläßlich fährt wie mit der Straßenbahn. Statt das Geheimnis dort zu lassen, wo es noch besteht, in der Seele des einzelnen, tauchen die »Kathederpropheten« die entzauberte Welt in das Zwielicht einer absichtsvollen Wiederverzauberung. Max Weber plädiert demgegenüber für eine Entmischung. Auf der einen Seite der rationale Zugriff und Ausgriff auf die Welt, auf der anderen Seite der Respekt vor dem Mysterium der Person, auch wenn sie sich der Last der Freiheit bisweilen gerne entledigt. Max Weber fordert Redlichkeit. Man soll den Tatsachen ins Auge blicken, auch den unangenehmen: In einer Welt, die wir rational durchdringen und technisch zurichten können, ist Gott verschwunden; wenn er noch existiert, dann nur in der Seele des einzelnen Menschen, der »auf eigene Rechnung« bereit sein muß, das »Opfer des Intellekts« zu bringen und an ihn zu glauben. Der lebendige Glaube, der nicht von dieser Welt ist, faszinierte Max Weber so, wie man von einem Künstler oder Virtuosen fasziniert ist. Solche Menschen nennt er »Religionsvirtuosen«. Einen Glauben aber, der sich mit Wissenschaft verwechselt oder die Idealkonkurrenz mit ihr sucht, nennt er einen gefährlichen Betrug. Nur ein Glaube, der keine trügerischen Anleihen bei der Wissenschaft macht, besitzt in seinen Augen Würde und Wahrheit im »hinterweltlichen Reich mystischen Lebens oder in der Brüderlichkeit unmittelbarer Beziehungen der Einzelnen zueinander«. Hier mag ein »prophetischer Pneuma« wehen, doch sollte man darauf achten, daß er nicht in die politische Arena bläst.

Die Warnungen Max Webers verschlugen nichts. Die »Kathederpropheten« reagierten verärgert. Einer, der erst noch das Katheder erklimmen wollte (und mit dem Martin Heidegger in der nationalsozialistischen Revolution zu tun haben wird), der Volksschullehrer Ernst Krieck, machte sich zum Wortführer der ›rechten‹ Max-Weber-Kritik. Er attackierte die »Pose der Objektivität« und die Wertfreiheit. Das sei eine typische Dekadenzerscheinung, Ausdruck des »entwurzelten Intellektuellentums«. Es zeige sich eben auch in der Wissenschaft: die

Nation hat ihre Seele verloren. Deshalb fordert Krieck »die Revolution der Wissenschaft«. Sie habe mitzuwirken bei der Herausbildung einer »allgemeinen Nationalreligion«, die das Volk zur »moralischen Einheit« bringen müsse und den Staat über das Niveau einer bloß utilitaristischen Maschine emporheben könne. Max Weber konnte sich gegen Kritik, Anwürfe und Verleumdungen kaum mehr wehren. Er starb 1920. Er hätte aber auch nicht fertig werden können mit allem, was da an Prophetien, Visionen, Heilslehren und Weltanschauungen emporkam. Denn in den ersten Jahren der Weimarer Republik war den von Max Weber verlästerten »Kathederpropheten« eine starke freischaffende Konkurrenz erwachsen. Es war die Zeit der Inflationsheiligen, die auf der Straße, in den Wäldern, auf den Marktplätzen, in den Zirkuszelten und den verräucherten Hinterzimmern von Kneipen Deutschland oder die Welt erlösen wollten. Oswald Spenglers »Der Untergang des Abendlandes«, in jenen Jahren sechshunderttausendmal verkauft, war der großtheoretische Entwurf, der in tausend kleine Splitter, Weltdeutungen aus dem Geiste von Endzeit und radikalem Neubeginn, zersprang. Fast jede größere Stadt verfügte über einen oder sogar mehrere ›Heilande‹. In Karlsruhe gab es einen, der sich »Urwirbel« nannte und seinen Anhängern Teilhabe an kosmischen Energien versprach; in Stuttgart trieb ein »Menschensohn« sein Wesen, der zu erlösendem vegetarischem Abendmahl einlud; in Düsseldorf predigte ein neuer Christus den nahen Weltuntergang und rief zum Rückzug in die Eifel auf. In Berlin füllte der »geistige Monarch« Ludwig Haeusser große Säle, wo er die »allerkonsequenteste Jesus-Ethik« im Sinne des Urkommunismus forderte, die Liebesanarchie propagierte und sich selbst als »Führer« anbot – »die einzige Möglichkeit zur Höherentwicklung von Volk, Reich und Menschheit«. Die zahlreichen Propheten und Charismatiker jener Jahre sind fast alle millenarisch und apokalyptisch gestimmt, es sind Irrgänger der revolutionären Erregungen bei Kriegsende, Dezisionisten der Welterneuerung, wild gewordene Metaphysiker und Geschäftemacher auf dem Jahrmarkt der Ideologien und Ersatzreligionen. Wer sich um seine Seriosität sorgte, ging auf Distanz zu dieser Schmuddelszene, doch waren die Übergänge durchaus fließend. Das gilt auch für die politische Szene im engeren Sinne, wo Messianismus und Heilslehren links und rechts ebenfalls üppig gediehen. In den Tagen der Münchener Räterepublik kündigt ein von Toller und Mühsam verfaßter Erlaß die Verwandlung der Welt in »eine Wiese voll Blumen« an, »in der jeder seinen Teil pflücken« könne, es wird Ausbeutung, jegliche Hierarchie und juristisches Denken für abgeschafft erklärt und den Zeitungen befohlen, auf der Titelseite Gedichte von Hölderlin oder Schiller neben den neuesten Revolutionsdekreten zu publizieren.

Der fiebrige Geist jener Jahre warf sich in allen politischen Lagern auf die Sinngebung des Sinnlosen. Man war nicht bereit, weder in der Politik noch in der Wissenschaft, die Entzauberung der modernen Welt hinzunehmen. Der Geist des Realismus und der Realpolitik (»Weimarer Koalition«) war nach 1920 nicht mehr mehrheitsfähig, und bei den Geistes- und Gesellschaftswissenschaften fand Max Webers Aufforderung zur weltanschaulichen Enthaltsamkeit wenig Gehör. Eduard Spranger faßte 1921 den Protest gegen die Webersche Sachlichkeit und seinen Metaphysikverzicht so zusammen: »Gläubig ... erwartet die junge Generation eine innerste Wiedergeburt... Der junge Mensch atmet und lebt heute mehr als zu allen Zeiten durch die Totalität seiner geistigen Organe...« Es gibt einen »Trieb zur Ganzheit« und »zugleich religiöse Sehnsucht: ein Zurücktasten aus künstlichen und mechanischen Verhältnissen in das ewig quellende Metaphysische«.

Die erste Vorlesung Martin Heideggers nach dem Krieg, gehalten im Notsemester Anfang 1919, trägt den Titel: DIE IDEE DER PHILOSOPHIE UND DAS WELTANSCHAUUNGSPROBLEM. Der junge Privatdozent will sich in den Streit der Zeit einmischen. Seine Vorüberlegungen knüpfen an Max Weber an. Er betont den wissenschaftlichen Charakter der Philosophie, bei der die *persönliche Stellungnahme des Philosophen – wie in jeder Wissenschaft – ausgeschaltet bleiben soll* (GA 56/57, 10).

Aber Heidegger will nicht bei der Weberschen Entmischung von wissenschaftlicher Erkenntnis und Werturteil stehenbleiben, er will nicht nur ausgrenzen, sondern die Tatsache, daß und wie wir werten und Weltanschauungen bilden, selbst zum Problem machen.

Anders als die meisten Kritiker Max Webers will er nicht Wissenschaft, Wertung und Weltanschauung wieder versöhnen und in irgendeiner letztlich metaphysischen Synthese zusammenführen. Er setzt sich das ehrgeizige Ziel, einen Bereich aufzudecken, der vor dieser Unterscheidung liegt. Er fragt: Wie erleben wir die Wirklichkeit, noch ehe wir sie uns in wissenschaftlicher oder wertender oder weltanschaulicher Einstellung zurechtlegen? Diese Wissenschaft der Wissenschaft nennt er nun nicht etwa Wissenschaftstheorie, sondern *Die Idee der Philosophie als Urwissenschaft*. Das klingt so, als wolle er das Husserlsche Projekt der phänomenologischen Begründung der Wissenschaft fortsetzen, also Beschreibung der Bewußtseinsstrukturen, aus denen die Wissenschaft ebenso wie die natürliche Welteinstellung hervorwachsen. Aber schon in dieser ersten Vorlesung wird deutlich, daß Heidegger über Husserl hinausdrängt. Er zitiert Husserls Prinzip: *Alles, was sich in der ›Intuition‹ originär ... darbietet, ist einfach hinzunehmen ... als was es sich gibt* (GA 56/57, 109), um dann darauf hinzuweisen, daß Husserl die Arten des *Gegebenseins* doch nur beim theoretisch eingestellten Bewußtsein beschrieben habe. Tatsächlich aber sind wir in unserem *Umwelterleben* ja nur in Ausnahmefällen theoretisch eingestellt. Die *Urhaltung des Erlebens* (GA 56/57, 110) ist eine ganz andere, sie ist überhaupt noch nicht richtig ins Visier der Philosophie gekommen, verkündet überaus selbstbewußt der junge Privatdozent, der zur Zeit noch als hoffnungsvollster Schüler Husserls gilt.

Das *Erleben*, gar die *Urhaltung des Erlebens* – ist das nicht ein Titel für verborgene Geheimnisse, für den schwarzen Sack, aus dem sich zuletzt doch wieder metaphysische Schätze hervorzaubern lassen? Den Studenten damals, das wissen wir von Karl Löwith und Hans-Georg Gadamer, klang es so in den Ohren. Doch wer solches erwartete, wer weltanschauungshungrig und metaphysikbedürftig im *Erleben* nach den neuen oder alten Sinnangeboten fahndete, wurde von dem kühl und doch leidenschaftlich, lakonisch und doch umständlich formulierenden Heidegger enttäuscht. Statt nämlich als Kathederprophet aufzutreten, fordert er die Studenten auf, sich das *Erleben* des Katheders, an dem er steht und vorträgt, genau zu Bewußtsein zu bringen. Die ganze Vorlesung wird sich um dieses Kathedererlebnis drehen, deshalb sei hier eine längere Passage dieser eindrucksvollen phänomenologischen Beschreibung der Situation zitiert:

Sie kommen wie gewöhnlich in diesen Hörsaal um die gewohnte Stunde und gehen auf Ihren gewohnten Platz zu. Dieses Erlebnis des ›Sehens Ihres Platzes‹ halten Sie fest, oder Sie können meine eigene Einstellung ebenfalls vollziehen: in den Hörsaal tretend, sehe ich das Katheder ... Was sehe ›ich‹? Braune Flächen, die sich rechtwinklig schneiden? Nein, ich sehe etwas anderes: eine Kiste, und zwar eine größere, mit einer kleineren daraufgebaut. Keineswegs, ich sehe das Katheder, an dem ich sprechen soll. Sie sehen das Katheder, von dem aus zu Ihnen gesprochen wird, an dem ich schon gesprochen habe. Es liegt im reinen Erlebnis auch kein – wie man sagt – Fundierungszusammenhang, als sähe ich zuerst braune, sich schneidende Flächen, die sich mir dann als

Kiste, dann als Pult, weiterhin als akademisches Sprechpult, als Katheder gäben, sodaß ich das Kathederhafte gleichsam der Kiste aufklebte wie ein Etikett. All das ist schlechte, mißdeutete Interpretation, Abbiegung vom reinen Hineinschauen in das Erlebnis. Ich sehe das Katheder gleichsam in einem Schlag; ich sehe es nicht nur isoliert, ich sehe das Pult als für mich zu hoch gestellt. Ich sehe ein Buch darauf liegend, unmittelbar als mich störend ..., ich sehe das Katheder in einer Orientierung, Beleuchtung, einem Hintergrund... In dem Erlebnis des Kathedersehens gibt sich mir etwas aus einer unmittelbaren Umwelt. Dieses Umweltliche ... sind nicht Sachen mit einem bestimmten Bedeutungscharakter, Gegenstände, und dazu noch aufgefaßt als das und das bedeutend, sondern das Bedeutsame ist das Primäre, gibt sich mir unmittelbar, ohne jeden gedanklichen Umweg über ein Sacherfassen. In einer Umwelt lebend, bedeutet es mir überall und immer, es ist alles welthaft, es weltet (GA 56/57, 71/72).

Es weltet: dies die erste der eigenwilligen Heideggerschen Wortschöpfungen, von denen es später so viele geben wird. Hier kann man beobachten, wie der Ausdruck gefunden wird, um einen Vorgang zu bezeichnen, der zunächst selbstverständlich erscheint, beim näheren Zusehen indes eine Komplexität aufweist, für die es noch keinen Namen gibt. So erfindet er ihn, um das zu bezeichnen, was wir gemeinhin nicht erkennen, weil es uns zu nahe ist. Denn es ist tatsächlich so, daß, wenn wir über das Sehen eines Katheders nachdenken, wir unversehens in eine andere Ordnung, die nicht mehr die Ordnung des Gewahrens ist, hinübergleiten. Wir denken dann nämlich nach dem Muster: Da gibt es ein wahrnehmendes Ich, und dieses Ich begegnet einem Etwas, einem Gegenstand, und an diesem Gegenstand bemerkt das Ich dann nach und nach einige Eigenschaften. Heidegger will nun darauf aufmerksam machen, daß uns die Dinge in Wirklichkeit so nicht begegnen. Wie sie uns in Wirklichkeit begegnen, das läßt sich im Kontrast dazu überhaupt nur aufweisen, wenn man jetzt und hier die Probe aufs Exempel macht, also zum Beispiel das Erleben des Katheders hier im Hörsaal 2 der Universität Freiburg an einem grauen Februartag des Jahres 1919. Man muß versuchen, nicht ›über‹ die Wahrnehmungsakte zu reden, man darf nicht ersatzweise auf gängige Theorien zurückgreifen, sondern man muß den Akt vollziehen und gleichzeitig ihn mit Aufmerksamkeit begleiten. Man muß also die Aufmerksamkeit auf die Aufmerksamkeit richten. Und dann wird nachvollziehbar, worauf es Heidegger in diesem Zusammenhang ankommt und was er immer aufs neue umkreist, so daß man den Eindruck gewinnen kann, er komme gar nicht von der Stelle. Nachvollziehbar wird, daß wir zuerst einen diffusen, aber bedeutsamen Weltzusammenhang wahrnehmen und zu einem ›neutralen‹ Gegenstand nur auf dem Weg der Abstraktion vom natürlichen Wahrnehmungsakt gelangen. Wenn wir den Vorgang in gewöhnlicher theoretischer Einstellung betrachten, drehen wir ihn um: wir lassen ihn beginnen beim scheinbar ›neutralen‹ Ding, dem wir dann Eigenschaften zusprechen und in den entsprechenden Ausschnitt eines Weltzusammenhangs hineinstellen.

Der raunende Begriff des *Urerlebnisses* bekommt einen prägnanten Sinn: er bezeichnet das Wahrnehmen so, wie es sich tatsächlich vollzieht – jenseits der theoretischen Meinungen darüber. Das Katheder *weltet* heißt dann also: Ich erlebe die Bedeutsamkeit des Katheders, seine Funktion, seine Plazierung im Raum, seine Beleuchtung, die kleinen Geschichten, die hereinspielen (die Stunde zuvor stand jemand anders hier; die Erinnerung an den Weg, den ich zurücklegte, um hierherzukommen; mein Ärger, daß ich hier vor dem Katheder sitze und mir dieses unverständliche Zeug anhöre usw.). Das Katheder *weltet*, das heißt: es versammelt eine ganze Welt, räumlich und zeitlich. Man kann ganz gut die Probe darauf machen. Wenn wir uns nämlich später an so etwas wie dieses Kathedererlebnis erinnern, dann werden wir bemerken – und seit Proust bemerken wir es besonders gut –, daß wir uns damit zugleich an eine ganze Lebenssituation erinnern: wir ziehen das Katheder hervor, und eine ganze Welt kommt mit. Proust tauchte das Madeleine-Törtchen in den Tee, und es entfaltet sich das Universum von Combray. Das Madeleine-Törtchen *weltet*.

Nicht jedes Etwas erleben wir so stark *weltend*, aber etwas *weltet* jedes Etwas. Heidegger stellt sich vor, einen *Senegalneger* hätte es in den Vorlesungssaal verschlagen und der würde nun dieses seltsame Holzding da vorne bemerken, würde er dann nicht etwas unverständlich-neutrales, ein gewissermaßen nacktes Ding wahrnehmen müssen? Trifft es in diesem Falle überhaupt noch zu, daß man zunächst immer Bedeutsamkeiten wahrnimmt? Es trifft auch in diesem Fall zu, denn der Neger wird dieses Etwas immerhin in der Bedeutung erleben: ›Ich kann damit nichts anfangen.‹

Am Anfang ist *Bedeutung*, am Anfang *weltet es*, so oder so.

Wozu aber nun diese ganze Vertiefung ins *Erleben* und in dieses *Welten*? Zunächst einmal deshalb: Wir sollen uns bewußtmachen, wie es eigentlich zugeht, wenn wir uns in der Welt, beispielsweise vor dem

Katheder, vorfinden. Dieses Befinden, das immer ein Erleben ist, soll für uns selbst transparent werden. Doch Heidegger will noch mehr: er will ins grelle Licht setzen, was da eigentlich vor sich geht, wenn wir uns in eine theoretische, also üblicherweise ›wissenschaftlich‹ genannte Einstellung zur Welt versetzen. In der sogenannten ›objektivierend-wissenschaftlichen Einstellung‹ lassen wir nämlich die primäre Bedeutsamkeit, das *Umweltliche*, die Erlebnishaftigkeit verschwinden, entkleiden das Etwas bis auf seine ›nackte‹ Gegenständlichkeit, was nur dadurch gelingt, daß wir auch das erlebende Ich herausziehen und ein künstliches neues, sekundäres Ich aufrichten, das auf den Namen ›Subjekt‹ getauft wird und das dann in entsprechender Neutralität dem ebenso neutralen ›Gegenstand‹, der nun ›Objekt‹ heißt, gegenübersteht. Und in diesem Augenblick wird klar, worauf Heidegger hinausmöchte: Was die neuzeitliche Philosophie und von ihr ausgehend die neuzeitliche Wissenschaft als die Ursituation, den voraussetzungslosen Anfang des Nachdenkens und die letzte Gewißheit ansetzen, nämlich die Gegenüberstellung »Subjekt–Objekt«, ist gar kein voraussetzungsloser Anfang. Damit fängt es nicht an. Es fängt vielmehr damit an, daß wir uns in der beschriebenen *weltenden* Weise erlebend bei der Welt mit ihren Kathedern, Madeleine-Törtchen und Senegalnegern vorfinden.

Wenn wir uns inzwischen an das raunende *ur-* bei Heidegger gewöhnt haben sollten und seinen präzisen Sinn (des jeweils situativ Anfänglichen) nachvollziehen können, dann werden wir auch verstehen, warum Heidegger von der *Urintention des gelebten Lebens* spricht, die es unterhalb der künstlichen und pseudoanfänglichen Subjekt-Objekt-Entgegensetzung aufzudecken gilt. Er will, so sagt er, Einspruch erheben gegen eine *ungerechtfertigte Verabsolutierung des Theoretischen* (deren er auch Husserl bezichtigt). Die *tief eingefressene Verranntheit ins Theoretische ist ... ein großes Hindernis, den Herrschaftsbereich des umweltlichen Erlebens ... zu überschauen* (GA 56/57, 88). Er spricht mit aggressivem Unterton vom Prozeß der *fortschreitenden zerstörenden theoretischen Infizierung des Umweltlichen* (GA 56/57, 89) und findet auch dafür einen neuen Namen: *Entleben*. Die theoretische Einstellung, so nützlich sie auch ist und obgleich sie auch ins Repertoire unserer natürlichen Welteinstellungen gehört, ist *entlebend*; später wird Heidegger dafür auch den von Georg Lukács übernommenen Begriff *Verdinglichen* verwenden. In der Vorlesung sagt er: *Die Dinghaftigkeit umschreibt eine ganz originäre Sphäre, die aus dem Umwelt-*

lichen herausdestilliert ist. Daß ›es weltet‹ ist in ihr bereits ausgelöscht. Das Ding ist bloß noch da als solches, d.h. es ist real... Das Bedeutungshafte ist ent-deutet bis auf diesen Rest: Real-sein. Das Umwelt-erleben ist ent-lebt bis auf den Rest: ein Reales als solches erkennen. Das historische Ich ist ent-geschichtlicht bis auf einen Rest von spezifischer Ich-heit als Korrelat der Dingheit... (GA 56/57, 91).

Mit dieser Art der theoretischen Einstellung haben die Menschen schon vor langer Zeit begonnen, das Leben, das eigene und das der Natur, in einem nutzbringenden, aber auch gefährlichen Ausmaß zu verändern. Und das war nur möglich, indem man es *entlebte*, so Heidegger, oder »entzauberte«, so Max Weber.

Max Weber hatte als einziges ›Jenseits‹ zu dieser entzauberten Welt der Rationalität den privatisierten Bereich der persönlichen und nicht weiter rationalisierbaren »Wertentscheidungen« übriggelassen. Aus diesem privaten Asyl sprießen dann auch die Weltanschauungen hervor, gegen die nichts einzuwenden ist, solange sie nicht wissenschaftliches Prestige in Anspruch nehmen.

Heideggers Kritik am *Irrationalen* ist noch unversöhnlicher. Was die Wissenschaften das ›Irrationale‹ nennen, ist in Wirklichkeit, so Heidegger, der Titel für den Erlebnisrest im blinden Fleck der theoretischen Einstellung. *Theoretisch komme ich selbst aus dem Erleben her..., mit dem man nun nichts anzufangen weiß und für das nun der bequeme Titel des Irrationalen erfunden ist* (GA 56/57, 117).

Dieses Irrationale wird dann zu einem ›Gegenstand‹, mit dem man, eben weil er so ›dunkel‹ ist, alles machen kann, was man will: einen Keller für die Heimwerker der Weltanschauungen, einen Fels für die neuen Propheten, ein obskures Objekt der metaphysischen Begierden, eine Zufluchtsstätte für Nachtschwärmer, die aus unsagbarem Erleben ihre unsäglichen Theorien fertigen. Solches irrational Psychische kann dann beispielsweise das Aussehen einer psychohydraulischen Maschine annehmen oder das eines gutbürgerlichen Hauses mit Souterrain (Es), Beletage (Ich) und Dachkammer (Über-Ich) oder das einer Meerlandschaft mit ozeanischen Weiten, Dämmen, Überschwemmungen, Versumpfungen, Trockenlegungen usw. Im Umgang mit diesem Irrationalen kann man auch so tun, als wollte man den Tiger reiten.

Man kann aber auch dieses Irrationale, wie es Max Weber offenbar vorschwebt, als den Ursprung von Werturteilen ansehen. Aber ist es tatsächlich so, fragt Heidegger an anderer Stelle, daß wir da ›Gegenstände‹ vor uns haben – Menschen, Sachverhalte, Dinge –, *die zunächst da sind als nackte Wirklichkeiten ..., die dann im Verlauf des Erfahrens einen Wertcharakter angezogen bekommen, damit sie nicht so nackt herumlaufen?* (GA 61, 91).

Heidegger gießt Hohn und Spott aus über die Rickertsche Wertphilosophie – unter deren Einfluß auch Max Weber steht –, über die Machtsprüche der angeblich wertfreien Wissenschaft. Aber mit kalter Wut geradezu spricht er über den erbaulichen und weltanschaulichen Typus einer Metaphysik, die in friedlicher Koexistenz mit unseren sonstigen Erkenntnissen einen Himmel über uns malt, an dem die Werte wie Früchte am Baum hängen; einer Metaphysik also, die das Leiden am entzauberten und stählernen Gehäuse der rationalen Welt trostreich kompensiert und sich dabei auf ›höheres‹ oder ›tieferes‹ Erleben beruft. Das nennt Heidegger (in einer zwei Jahre später gehaltenen Vorlesung): *Berufung auf die Unklarheit als Refugium, nebelhafte Ausdünstung von unsauberen und dabei großspurigen und sich selbst hinters Licht führenden sogenannten ›Weltgefühlen‹* (GA 61, 101).

Heidegger nennt keine Namen, doch man muß wissen, daß die große Masse der Weltanschauungsliteratur jener Jahre eine metaphysische Tendenz hatte. Das lag allerdings nahe. Denn dem Unbehagen an der Physik des Lebens konnte man am leichtesten entkommen, indem man eben auf das ›Meta‹ einer spekulativen Großdeutung auswich. Martin Heidegger schüttelt sich vor Ekel, fast jede seiner Vorlesungen in diesen ersten Jahren beginnt mit einer Schimpfrede gegen den Kulturbetrieb, und er wird nicht müde zu betonen, daß die Philosophie sich solches Schielen nach dem Himmel endlich abgewöhnen muß. Er fordert den *kalten Blick*, die ganzen Weltanschauungsfragen könne man getrost *kaltstellen* (GA 61, 45); wer es nicht ertrage, in die *absolute Fragwürdigkeit hineingestoßen* (GA 61, 37) zu werden, der solle lieber die Finger von der Philosophie lassen.

Diese Bannsprüche sind zweideutig. Da verteidigt ein professioneller Philosoph sein Revier gegen die freischaffenden Metaphysiker und philosophierenden Feuilletonisten. Das hat selber etwas von jenem Biedersinn, den er doch gerade angreift. Andererseits aber gebärdet sich Heidegger als Bürgerschreck, er provoziert die Hüter des Schönen-Guten-Wahren. Es ist ein Rundumschlag gegen die Kultur der hohlen Erhabenheit, der falschen Innerlichkeit, der großen Worte und des Tiefenschwindels. Es ist, mit einem Wort, auch ein – dadaistischer Auftritt in der Philosophie.

Die Dadaisten, in Berlin, Zürich und anderswo, hatten schon während des Krieges über das Ästhetentum des George-Kreises, über das ›O Mensch‹-Pathos der Expressionisten, über den Traditionalismus der Bildungsphilister, über die metaphysischen Himmelsgemälde gespottet, weil alle diese Ideen sich wieder einmal tüchtig blamiert hätten vor der Wirklichkeit des Krieges. Die Provokation der Dadaisten bestand aber vor allem darin, daß sie auf die Frage: ›Was wollt ihr dem allen entgegensetzen?‹ antworteten: ›Nichts! Wir wollen nur das, was sowieso schon der Fall ist.‹ Der Dadaismus, so heißt es im »Dadaistischen Manifest«, »zerfetzt alle Schlagworte von Ethik, Kultur und Innerlichkeit«. Das heißt: eine Trambahn ist eine Trambahn, Krieg ist Krieg, ein Professor ist ein Professor, eine Latrine eine Latrine. Wer redet, beweist damit nur, daß er vor der lakonischen Tautologie des Seins in die geschwätzige des Bewußtseins ausweicht. »Mit dem Dadaismus tritt eine neue Realität in ihre Rechte« (Dadaistisches Manifest). Diese neue Realität ist eine, die von allen guten Geistern verlassen und deren Kulturkomfort zertrümmert ist. »Das Wort Dada symbolisiert das primitivste Verhältnis zur umgebenden Wirklichkeit« (Manifest). Es gibt nur noch dies da und dies da und dies da.

Wenn wir in dem ganzen Aufwand an Scharfsinn und philosophischem Akademismus der ersten Heideggerschen Vorlesung den dadaistischen Impuls herausspüren wollen, dann müssen wir uns noch einmal vergegenwärtigen, daß er ja begonnen hat mit einer Frage, die auf hohem Kothurn daherkommt, die Frage nämlich nach der *Urwissenschaft*, der *Urintention des Lebens*, nach dem *Prinzip der Prinzipien*, um dann die erwartungsvoll gestimmten Studenten in das obskure Geheimnis des Erlebens eines Katheders einzuführen. Das ist eine Provokation – tatsächlich nach dadaistischem Geschmack. Und das gilt auch für die dann folgende Verwandlung des Gewöhnlichen ins Ungewöhnliche. Das Alltägliche wird durch solche Aufmerksamkeit zu etwas Geheimnisvollem und Abenteuerlichem. Die Dadaisten, wenigstens einige von ihnen, waren, wie auch Heidegger, trotz oder gerade wegen der bilderstürmerischen Tendenz, nach wie vor auf der Suche nach dem Wunderbaren. Hugo Ball schreibt, nach einem Abend im Züricher »Club Voltaire«, in seinem metaphysischen Tagebuch »Die Flucht aus der Zeit«: »Es gibt wohl noch andere Wege, das Wunder zu erreichen, auch andere Wege des Widerspruchs.« Sie blieben, wie auch Heidegger, auf ihre Weise heimliche und unheimliche Metaphysiker.

Der »kleine Zauberer von Meßkirch«, wie man ihn jetzt bald nennen wird, konnte über das Erleben eines Katheders so philosophieren, daß es den Studenten, obwohl im Krieg an grellere Ereignisse gewöhnt, den Atem verschlug. Da wurde Ballast abgeworfen, da gab es die Geste des unwirschen Wegschiebens der alten großen Worte und der ausladenden Systeme, der in die Luft hinausgebauten akademischen Subtilitäten und statt dessen das Zurückkommen auf ganz elementare Fragen: Was geschieht eigentlich hier und jetzt, wenn ich das Katheder erlebe? Diese Blickwendung ist jener verwandt, die in der Kahlschlagperiode der deutschen Literatur nach 1945 kultiviert wurde: »zerschlagt eure Lieder / verbrennt eure Verse / sagt nackt / was ihr müßt« (Schnurre) oder »dies ist meine Mütze, / dies ist mein Mantel, / hier mein Rasierzeug / im Beutel aus Leinen« (Eich).

Heideggers Rückkehr zu den Marginalien hat eine polemische und provozierende Stoßrichtung gegen die auch in der Philosophie grassierende Bereitschaft zum Kreditbetrug und zum Ausstellen von Wechseln auf eine Zukunft, der man doch keinesfalls mächtig ist. Die mitgemeinte Botschaft der Heideggerschen Kargheit lautet: Es gibt keine Feldherrnhügel der Philosophie mehr, wir haben genug damit zu tun, das unmittelbar Geschehende angemessen zu begreifen. Viele Jahre später wird Heidegger diese Wendung um einiges salbungsvoller beschreiben als den Rückgang *in jenes Nächste, das wir ständig übereilen, das uns jedesmal neu befremdet, wenn wir es erblicken* (UNTERWEGS ZUR SPRACHE, GA 12, 94).

Es ist schon erstaunlich, wie Heidegger an diese Nähe des *umweltlichen* Erlebens zu fesseln versteht. Zwar wird es auch den Studenten damals schon so ergangen sein wie uns heute, daß man nämlich in dieses Denken hineingezogen wird; dann aber kommt der Augenblick des verwunderten Augenreibens, und man fragt sich: Da war doch was, was soll mir das Kathedererlebnis? Karl Jaspers hat diese Erfahrung mit dem Heideggerschen Philosophieren prägnant formuliert in seinen Notizen zu Heidegger, die er seit den zwanziger Jahren aufhäufte und die bei seinem Tode immer noch griffbereit auf dem Schreibtisch lagen. Jaspers über Heidegger: »Unter den Zeitgenossen der erregendste Denker, herrisch, zwingend, geheimnisvoll – aber dann leer loslassend.«

Tatsächlich birgt das Umwelterleben, so wie es Heidegger in dieser Vorlesung nachzeichnet, ein leeres Geheimnis. Heidegger zeigt, wie wir uns gewöhnlich den Reichtum des unmittelbaren Erlebens nicht aufschließen. Aber wenn es nun gilt, diesen Reichtum zu bestimmen und zu beschreiben, dann bleibt fast nichts übrig – außer ein paar Trivialitäten, wie es scheint.

Nun will Heidegger ja nicht das Wesen eines Katheders ergründen, sondern er will an diesem Beispiel eine bestimmte Aufmerksamkeit nachvollziehbar demonstrieren, von der er behauptet, daß sie erstens für das Philosophieren grundlegend sein sollte und zweitens von uns (und auch der ganzen philosophischen Tradition) gewöhnlich *übereilt* werde. Wirkliches Philosophieren verlangt, sich in eine solche Einstellung, in eine solche Aufmerksamkeit – egal bei welchen ›Gegenständen‹ und Situationen – versetzen zu können. Es handelt sich um eine Methode, aber nur um eine paradoxe Methode. Sie besteht darin, die sonstigen Methoden des theoretischen Zugriffs auszuschalten und eine Situation so zu erfassen, wie sie ›gegeben‹ ist, noch ehe ich sie zum Thema der Untersuchung oder Reflexion mache. Auch der Ausdruck ›gegeben‹ enthält bereits zuviel Theoretisches. Denn in der Situation sage ich mir nicht: diese Situation ist mir ›gegeben‹, sondern ich bin in der Situation, und wenn ich ganz darin bin, dann gibt es auch gar kein ›Ich‹ mehr, das sich dieser Situation gegenüberstellt. Das Ich-Bewußtsein ist bereits eine Brechung. Wahrnehmen und Erleben fangen nicht mit dem ›Ich‹ an; mit dem ›Ich‹ fängt es erst an, wenn das Erleben einen Sprung bekommt. Ich verliere die unmittelbare Fühlung mit der Situation; da klafft etwas auf. Oder um es mit einem anderen Bild zu sagen: Ich sehe durch eine Glasscheibe auf die Gegenstände; mich selbst sehe ich erst, wenn diese Scheibe nicht mehr vollkommen durchsichtig ist, sondern reflektiert. Heidegger will eine Aufmerksamkeit, die das Hingegebensein an eine Situation unmittelbar erfaßt. Es handelt sich um etwas Mittleres zwischen dem expressiven Ausdruck einer gelebten Situation auf der einen Seite und dem distanzierenden, vergegenständlichenden, abstrakt zurichtenden Sprechen darüber auf der anderen Seite. Es geht um eine Selbsttransparenz des Lebens in seinen jeweiligen Augenblicken.

Und warum diese Selbsttransparenz?

Nun, zum einen, um bewußtzumachen, was uns in theoretischer Einstellung verlorengeht. Soweit ist die Intention Heideggers klar. Aber es gibt in der bohrenden Intensität seines Philosophierens einen eigenartigen Überschuß – und der macht sein Denken so faszinierend, schon zu diesem frühen Zeitpunkt. Der Überschuß steckt in der Frage, die er jetzt noch nicht so explizit stellt, aber später geradezu rituell wiederholen wird: die Frage nach dem Sein. Heidegger vertieft sich in das Erleben, um unserem ›Sein in Situationen‹ auf die Spur zu kommen, und wenn er auch erst dabei ist, eine Sprache für dieses Sein zu finden, so weiß er doch genau, daß wir es im wissenschaftlichen Theoretisieren und in den Al-fresco-Gemälden der Weltanschauungen regelmäßig verfehlen.

Eine überschießende Intention richtet sich auf das ›Sein‹. Was aber ist daran überschießend?

Überschießend ist diese Intention, weil sie nicht nur auf sachgemäße Erkenntnis einer Erlebnissituation abzielt, sondern auf eine Seinsgemäßheit, die weniger mit reiner Erkenntnis als mit gelingendem Leben zu tun hat. Heidegger bemüht sich um die Selbsttransparenz eines erlebten Augenblicks so, als stecke darin ein Versprechen, fast eine Verheißung. Das ist bei ihm ins Indirekte, Abgekühlte, auch Akademische abgeschoben, aber häufig genug blitzt es doch durch. Einmal nennt er die wiederhergestellte Selbsttransparenz einer Lebenssituation schlicht *Lebenssympathie* (GA 56/57, 110), ein andermal beschreibt er den Punkt, wo man sich entscheiden muß, ob man Theorie oder Transparenz will, so: *Wir stehen an der methodischen Wegkreuzung, die über Leben oder Tod der Philosophie überhaupt entscheidet, an einem Abgrund: entweder ins Nichts, d.h. der absoluten Sachlichkeit, oder es gelingt der Sprung in eine andere Welt, oder genauer: überhaupt erst in die Welt* (GA 56/57, 63).

»Leer loslassend«, sagt Jaspers. Tatsächlich, es bleibt ein uneingelöster Überschuß an Intention. Vielleicht gelingt das Exerzitium einer ungewohnten Intensität, einer luzideren Geistesgegenwart – aber hat man sich nicht doch mehr versprochen, und ist einem denn nicht unterschwellig von Heidegger mehr versprochen worden, und hat er selbst sich nicht auch mehr davon versprochen?

Ich erinnere an die Sätze, die Heidegger zum Zeitpunkt dieser Vorlesung an Elisabeth Blochmann schreibt: *Das neue Leben, das wir wollen, oder das in uns will, hat darauf verzichtet, universal, d.h. unecht und flächig (ober-flächlich) zu sein – sein Besitztum ist Ursprünglichkeit – nicht das Erkünstelte-Konstruktive, sondern das Evidente der totalen Intuition* (1.5.1919). In diesem Brief ist auch vom *Geheimnis- und Gnadencharakter alles Lebens* die Rede und davon, daß wir *warten können müssen* auf *hochgespannte Intensitäten sinnvollen Lebens.*

In diesem Jahr erscheint ein Werk, das in frappierender Übereinstimmung mit Heideggers Intention ebenfalls den Versuch unternimmt, dem vielversprechenden Sein im »Dunkel des gelebten Augenblicks« auf die Spur zu kommen. Es handelt sich um ein großes Buch der Philosophie dieses Jahrhunderts: Ernst Blochs »Geist der Utopie«. Dieses

Buch, expressionistisch im Stil und beschwingt von einer hellen Gnosis, dabei bildersüchtig und bilderverliebt, beginnt mit den Sätzen: »Zu nahe – ... während wir leben, sehen wir nicht, wir fließen dahin. Was also darin geschah, was wir eigentlich darin waren, will sich mit dem, was wir erleben können, nicht decken. Es ist nicht das, was man ist und erst recht nicht, was man meint.« Bloch besitzt im Übermaß, was Heidegger fehlt: eine spirituelle Einbildungskraft für das »Dunkel des gelebten Augenblicks«. Außerdem hat der philosophische Außenseiter Bloch eine Unbefangenheit, die Heidegger abgeht, der trotz seines unkonventionellen Auftretens immer noch in der Disziplin einer Schule, der phänomenologischen, steckt. Bloch sagt es unumwunden: Die Aufhellung des Dunkels des gelebten Augenblicks verlangt einen »philosophischen Lyrismus letzter Grenze«.

Eine Kostprobe. Bloch beschreibt das Erlebnis eines Kruges, der da vor ihm steht, den er vor uns hinstellt:

»Es ist schwer zu ergründen, wie es im dunkeln, weiträumigen Bauch dieser Krüge aussieht. Das möchte man hier wohl gerne inne haben. Die dauernde, neugierige Kinderfrage geht wieder auf. Denn der Krug ist dem Kindlichen nahe verwandt... Wer den alten Krug lange genug ansieht, trägt seine Farbe und Form mit sich herum. Ich werde nicht mit jeder Pfütze grau und nicht von jeder Schiene mitgebogen, um die Ecke gebogen. Wohl aber kann ich krugmäßig geformt werden, sehe mir als einem Braunen, sonderbar Gewachsenen, nordisch Amphorahaften entgegen, und dieses nicht nur nachahmend oder einfach einfühlend, sondern so, daß ich darum als mein Teil reicher, gegenwärtiger werde, weiter zu mir erzogen an diesem mir teilhaftigen Gebilde... Alles, was derart jemals liebevoll und notwendig gemacht wurde, führt sein eigenes Leben, ragt in ein fremdes, neues Gebiet hinein und kommt mit uns, wie wir lebend nicht sein könnten, geformt zurück, geschmückt mit einem gewissen, wenn auch noch so schwachen Zeichen, Siegel unseres Selbst. Auch hier fühlt man, sich in einen langen sonnenbeschienenen Gang mit einer Tür am Ende hineinzusehen, wie bei einem Kunstwerk.«

Warum sollte man nicht am Erlebnis eines Kruges aufweisen können, was es mit unserem Sein auf sich hat? Heidegger wird in einer späteren Schrift sich auch am Krug versuchen. Dem Kathedererlebnis seiner frühen Vorlesung indes fehlt noch jene Fülle des Seins, nach der er, ebenso wie der junge Bloch, sucht.

Aber Heidegger ist es ja nicht nur um diese Fülle zu tun, sondern mehr noch um das andere Mysterium: das Staunen vor dem ›nackten‹ D a ß. Daß es da überhaupt etwas gibt.

Die Beziehung zwischen dem unmittelbaren Erleben und seiner Vergegenständlichung hatte Heidegger als einen Vorgang des *Entlebens* charakterisiert: Die Einheit der Situation löst sich auf, aus dem Erleben wird die Selbstwahrnehmung eines Subjektes, dem Objekte gegenüberstehen. Man ist aus dem unmittelbaren Sein herausgefallen und findet sich als jemand vor, der ›Gegenstände‹ hat, unter anderem auch sich selbst als einen Gegenstand, Subjekt genannt. Diese Objekte und auch das Subjekt können dann nach ihren weiteren Merkmalen, Zusammenhängen, Verursachungen usw. abgesucht werden; sie werden analytisch bestimmt und schließlich auch bewertet. In diesem sekundären Vorgang werden die neutralisierten ›Objekte‹ wieder in einen Weltzusammenhang eingebaut, oder ihnen wird, wie Heidegger sagt, ein Kleid angezogen, damit sie nicht so nackt herumstehen.

Diese theoretische Weltkonstitution hat einen abstrakten Fluchtpunkt. Was hier gemeint ist, demonstriert Heidegger wieder an seinem Umwelterlebnis des Katheders. In theoretischer Einstellung kann ich dieses Katheder wie folgt analysieren: *Es ist braun; braun ist eine Farbe; Farbe ist echtes Empfindungsdatum; Empfindungsdatum ist Resultat von physischen oder physiologischen Prozessen; die physischen sind die primäre Ursache; diese Ursache, das Objektive, ist eine bestimmte Anzahl von Ätherschwingungen; die Ätherkerne zerfallen in einfache Elemente, zwischen ihnen als einfache Elemente bestehen einfache Gesetzlichkeiten; die Elemente sind letzte; die Elemente sind etwas überhaupt* (GA 56/57, 113).

Auf diesem Wege gelangt man zu einem *etwas überhaupt* als eine Art Kern oder Wesen der Dinge. Dieser vermeintliche Kern des Etwas läßt die ganze Stufenfolge als bloße Abstufungen von Erscheinungen erscheinen. Das braune Katheder ist nicht das, als was es erscheint. Es ist zwar nicht nichts, aber auch nicht dieses Etwas, als das es erscheint. Diese Auffassungsweise läßt Heisenberg davon sprechen, daß im modernen naturwissenschaftlichen Weltbild die antike Naturphilosophie wiederauflebt, wonach die Atome (oder sogar die subatomaren Teilchen) das »eigentlich Seiende« seien.

Heidegger zeigt, daß bei dieser analytischen Reduktion das Rätsel, daß da überhaupt etwas ist, mikrokosmisch auf die subatomaren Verhältnisse verschoben wird (genausogut könnte man sie übrigens makrokosmisch auf das Ganze des Weltraumes verschieben), daß dabei aber übersehen wird, wie dieses Rätsel des Etwas auf jeder Reduktionsstufe erhalten bleibt, denn die Farbe ist ebenso schon ein ›Etwas‹, wie das Empfindungsdatum oder die Ätherschwingung oder die Kerne etc. Im Unterschied zu jenem Etwas, das die Wissenschaft am Ende ihrer Reduktionen übrig behält, bezeichnet Heidegger dieses ›Etwas‹, das an jedem Punkt des Erlebens seine staunenswerte Präsenz offenbart, als etwas *Vorweltliches* (GA 56/57, 102). Offenbar hat Heidegger diesen Ausdruck gewählt komplementär zu Nietzsches Ausdruck »Hinterwelt«, der jene Neugier charakterisieren sollte, welche die ›Erscheinungen‹ als vermeintlich substanzlose durchgreift, um zum ›Wesen‹ zu gelangen, das dahinter oder darunter oder darüber liegt. Dieses staunenerregende Etwas, das Heidegger im Sinne hat und das er *vorweltlich* nennt, ist das Gewahrwerden des Wunders, daß es da überhaupt etwas gibt. Das Staunen vor dem Etwas kann sich an jedes beliebige Erlebnis anknüpfen. Der Ausdruck *vorweltlich* für dieses Staunen ist von Heidegger auch deshalb glücklich gewählt, weil darin jenes Staunen anklingt, wenn man sich wie eben erst zur Welt gekommen in ihr vorfindet. So wird man am Ende der Vorlesung wieder an ihren Anfang erinnert. Zu Beginn hatte Heidegger seinen Versuch, ein Erleben zur phänomenologischen Selbsttransparenz zu bringen, als *Sprung in eine andere Welt, oder genauer: überhaupt erst in die Welt* (GA 56/57, 63) bezeichnet.

Diese ursprüngliche Erfahrung des Staunens ist für Heidegger der theoretischen *Entlebung* genau entgegengesetzt. Sie besagt nicht *absolute Unterbrochenheit des Lebensbezuges, keine Entspannung des Entlebten, keine theoretische Fest- und Kaltgestelltheit eines Erlebbaren*, sondern sie ist *der Index für die höchste Potentialität des Lebens*. Sie ist ein *Grundphänomen*, das gerade in *Momenten besonders intensiven Erlebens* (GA 56/57, 115) sich ereignet. Aber wenn es sich ereignet, mag sein selten, so ist es stets verbunden mit dem Bemerken, daß es latent immer schon mitschwingt, aber verdeckt bleibt, weil wir uns in der Regel in unseren Lebensbezügen *festleben*, distanzlos oder eben mit den *entlebenden* Distanzen der theoretischen Einstellung. Kein Zweifel: Es geht hier um die phänomenologische Aufhellung einer Erfahrung, die in ihrer Einfachheit zugleich mystisch ist, vorausgesetzt, man wählt zur Charakteristik der Mystik den denkwürdigen Satz von Wilhelm Wundt: »Der Mystik ist überall eigen, den Begriff in die Anschauung zurückzuverwandeln.« Das Katheder anschauend, kann ich des Wunders innewerden, daß ich bin und daß es eine ganze Welt gibt, die sich mir gibt.

Im Staunen über das rätselhafte ›Daß da überhaupt etwas ist‹ lebt eine Fraglichkeit, die von keiner möglichen Antwort gestillt werden kann, denn jede Antwort, die das ›Daß‹ mit einem ›Warum‹ erklärt, gerät ja in den infiniten Regreß: an jedes ›Warum‹ läßt sich ein nächstes ›Warum‹ knüpfen. Und weil keine Antwort möglich ist, so läßt sich das, wonach gefragt wird beim Rätsel des ›Daß‹, eigentlich auch gar nicht formulieren. Deshalb hat Ernst Bloch, der auch hier am verwandten Problem arbeitete, dieses Staunen die »Gestalt der unkonstruierbaren Frage« genannt. Und er war klug genug, im entscheidenden Moment, wenn es gilt, dieses Staunen selbst nachvollziehbar und erlebbar zu machen, das Wort dem Poeten zu überlassen. In den »Spuren« zitiert er eine wundervolle Passage aus Knut Hamsuns »Pan«:

»›Denken Sie nur. Zuweilen sehe ich die blaue Fliege. Ja, das hört sich alles so dürftig an, ich weiß nicht, ob Sie es verstehen.‹ – ›Doch, doch, ich verstehe es.‹ – ›Ja, ja. Und zuweilen sehe ich das Gras an und das Gras sieht mich vielleicht wieder an; was wissen wir? Ich sehe einen einzelnen Grashalm an, er zittert vielleicht ein wenig und mich dünkt, das ist etwas; und ich denke bei mir: hier steht nun dieser Grashalm und zittert! Und ist es eine Fichte, die ich betrachte, so hat sie vielleicht einen Zweig, der mir auch ein wenig zu denken gibt. Aber zuweilen treffe ich auch Menschen auf den Höhen, das kommt vor...‹ – ›Ja, ja‹, sagte sie und richtete sich auf. Die ersten Regentropfen fielen. ›Es regnet‹, sagte ich. ›Ja, denken Sie nur, es regnet‹, sagte auch sie und ging bereits.«

Siebtes Kapitel

Abschied vom Katholizismus. Das ›faktische Leben‹ und das ›Handaufheben gegen Gott‹. Destruktionsarbeiten. Der Gott des Karl Barth. Wie man fallend die Fallgesetze studiert. Beginn der Freundschaft mit Karl Jaspers. Die ONTOLOGIE-*Vorlesung von 1923. Das Präludium von* SEIN UND ZEIT.

In die Zeit dieser Vorlesung über das ›Kathedererlebnis‹ fällt Heideggers Abschied vom Katholizismus. Am 9. Januar 1919 schreibt er an den Freund aus gemeinsamen katholischen Tagen, Engelbert Krebs, inzwischen Professor für katholische Dogmatik in Freiburg:

Die vergangenen zwei Jahre, in denen ich mich um eine prinzipielle Klärung meiner philosophischen Stellungnahme mühte … haben mich zu Resultaten geführt, für die ich, in einer außerphilosophischen Bindung stehend, nicht die Freiheit der Überzeugung und der Lehre gewährleistet haben könnte. Erkenntnistheoretische Einsichten, übergreifend auf die Theorie des geschichtlichen Erkennens haben mir das System des Katholizismus problematisch und unannehmbar gemacht – nicht aber das Christentum und die Metaphysik, diese allerdings in einem neuen Sinne. Ich glaube zu stark … empfunden zu haben, was das katholische Mittelalter an Werten in sich trägt… Meine religionsphänomenologischen Untersuchungen, die das Mittelalter stark heranziehen werden, sollen … Zeugnis davon ablegen, daß ich mich durch eine Umbildung meiner prinzipiellen Standpunkte nicht habe dazu treiben lassen, das objektive vornehme Urteil und die Hochschätzung der katholischen Lebenswelt einer verärgerten und wüsten Apostatenpolemik hintanzusetzen… Es ist schwer zu leben als Philosoph – die innere Wahrhaftigkeit sich selber gegenüber und mit Bezug auf die, für die man Lehrer sein soll, verlangt Opfer und Verzichte und Kämpfe, die dem wissenschaftlichen Handwerker immer fremd bleiben. Ich glaube, den inneren Beruf zur Philosophie zu haben und durch seine Erfüllung in Forschung und Lehre für die ewige Bestimmung des inneren Menschen – und nur dafür das in meinen Kräften Stehende zu leisten und so mein Dasein und Wirken selbst vor Gott zu rechtfertigen.

Engelbert Krebs hatte zwei Jahre zuvor die kirchliche Trauung von

Martin und Elfride vollzogen und das Versprechen der Eheleute entgegengenommen, die Kinder katholisch taufen zu lassen. Der Anlaß des Briefes nun war, daß Elfride ein Kind erwartete und die Eheleute inzwischen übereingekommen waren, es nicht katholisch taufen zu lassen. Die Trennung vom *System des Katholizismus* ist für Heidegger also auch eine Trennung von der Institution. Formell ist er nicht aus der Kirche ausgetreten (was nach katholischem Kirchenrecht auch gar nicht möglich ist), aber im Husserl-Kreis gilt er nun als »undogmatischer Protestant«, so Husserl in dem schon zitierten Brief an Rudolf Otto vom 5. März 1919.

Daß er sich innerlich schon sehr weit von der katholischen Welt entfernt hat, geht auch daraus hervor, daß er die Versuchung zum *wüsten Apostatentum* ausdrücklich von sich weist, so als käme es für ihn doch in Betracht. Die Hochschätzung der Werte des katholischen Mittelalters halte ihn davon ab, schreibt er. Für Krebs ein schwacher Trost, da die katholische Gegenwart offenbar diesen Respekt nicht erheischt. Seine geistige Entwicklung verdanke er der Freiheit von *außerphilosophischer Bindung*. Rückblickend erscheint es ihm also als Gewinn, die Priesterlaufbahn beizeiten abgebrochen zu haben. Welche religiösen Überzeugungen sind ihm geblieben? An *Christentum* und *Metaphysik* halte er fest – *allerdings in einem neuen Sinne*, erklärte er.

Es ist nicht mehr jene Metaphysik, die im katholischen mittelalterlichen Denken Gott und die Welt zu einer Einheit zusammenschloß. Heidegger hatte in diesem Denken zuerst eine geistige Heimat gefunden und dann mit subtilem Gespür die haarfeinen Risse darin entdeckt, in denen sich das spätere Auseinanderbrechen des Ganzen andeutete.

Die Metaphysik, an der er festhält, ist eine n a c h dem Auseinanderbrechen der vormaligen Einheit. Der alte Himmel ist eingestürzt, die Welt hat sich zur Weltlichkeit losgerissen, und von diesem Faktum muß man ausgehen. Die Philosophie habe sich bisher noch nicht genügend in diese Weltlichkeit vorgewagt, behauptet er in der Vorlesung des Kriegsnotsemesters 1919.

Auf den ersten Blick scheint es so, als würde Heideggers emphatische Aufforderung, das *Welten* der Welt endlich ernst zu nehmen, eine Bewegung wiederholen, die aus dem späten 19. Jahrhundert stammt: die Entdeckung der wirklichen Wirklichkeit. Da wurde die Ökonomie hinter dem Geist (Marx), die sterbliche Existenz hinter der

Spekulation (Kierkegaard), der Wille hinter der Vernunft (Schopenhauer), der Trieb hinter der Kultur (Nietzsche, Freud) und die Biologie hinter der Geschichte (Darwin) entdeckt.

Von dieser Bewegung der ›Entdeckung‹ der wirklichen Wirklichkeit ist Heidegger tatsächlich getragen, mehr als er es sich selbst eingesteht. Aber er, der noch vor kurzer Zeit unter katholischem Himmel gedacht hat, will diese ›Entdeckungen‹ an Radikalität womöglich noch überbieten. Für ihn sind diese kritischen Vorstöße immer noch Versuche, Geborgenheit gewährende Weltanschauungen zu entwickeln; sie dringen noch nicht vor bis zur *Potentialität des Lebens* – der wahren Produktionsstätte aller Selbstauslegungen und Weltbilder, wissenschaftlicher oder weniger wissenschaftlicher Natur. In seiner Vorlesung vom Winter 1921/22 findet er einen Namen für diese wirkliche Wirklichkeit: *das faktische Leben.*

Dieses *faktische Leben* wird von keiner metaphysischen Instanz mehr gehalten, es stürzt in eine Leere und schlägt im Dasein auf. Nicht nur die Welt, auch das einzelne *faktische Leben* sind im wörtlichen Sinne – der Fall.

Um es vorweg zu sagen: Wir werden in diesem von Heidegger so genannten *faktischen Leben* nichts finden, was dazu berechtigen könnte, einem religiösen Glauben oder einer metaphysischen Konstruktion irgendeinen Wahrheitswert zuzubilligen. Das mittelalterliche Prinzip des gleitenden Übergangs zwischen dem endlichen Menschen und der Wahrheit des Unendlichen, dieser grenzüberschreitende Verkehr ist für das *faktische Leben* illusionär geworden. Illusionär ist somit auch der Gott, der von einer traditionsreichen, institutionell festgefügten Kirche als stets verfügbarer *Wahrheitsschatz* verwaltet wird.

Heidegger hielt Anfang der zwanziger Jahre Vorlesungen zur Religionsphänomenologie. Es ging dort um Paulus, Augustin, Luther und auch Kierkegaard. Diese Vorlesungen sind zum Teil noch nicht veröffentlicht. Otto Pöggeler aber hat Einsicht nehmen können in die Nachschriften und darin den ›Protestanten‹ Heidegger entdeckt.

Heidegger interpretiert eine Stelle aus dem Ersten Thessalonicher-Brief des Paulus, wo es heißt: »Von den Zeiten aber und Stunden, liebe Brüder, ist nicht not euch zu schreiben; denn ihr selbst wisset gewiß, daß der Tag des Herrn wird kommen wie ein Dieb in der Nacht.« Gott ist ebenso unverfügbar wie die Zeit. Bei den tiefen religiösen Denkern, so Heidegger, wird Gott zu einem Namen für das Mysterium der Zeit. Ausführlich spricht Heidegger auch über eine Stelle im Zweiten Brief an die Korinther, wo Paulus denen, die sich einer besonderen mystischen Verbindung mit Gott rühmen, das Christuswort in Erinnerung ruft: »Laß dir an meiner Gnade genügen; denn meine Kraft ist in den Schwachen mächtig.« Man braucht nur – wie der junge Luther und später Kierkegaard – in diese urchristliche Religiosität des unverfügbaren Augenblicks der Gnade wieder einzudringen, und die Kathedralen der Metaphysik und Theologie, die den Glauben zeitresistent machen wollen, brechen in sich zusammen.

Diese Versuche, den unverfügbaren ›zeitlichen‹ Gott in ein Guthaben zu verwandeln, werden angetrieben, sagt Heidegger mit Augustin, von der »Unruhe« des menschlichen Herzens, das Ruhe finden will. Augustin hatte streng unterschieden zwischen der Ruhe, die man sich selbst nimmt, und der Ruhe, die man bekommt – von Gott. Sie überkommt einen, und auch von ihr gilt, was Paulus über den Herrn sagt: Sie kommt »wie ein Dieb in der Nacht«, sie nimmt hinweg alle Unruhe. Wir werden keinen Frieden machen können, wenn uns keiner geschenkt wird.

Wer immer in der abendländisch-christlichen Tradition an den Abgrund zwischen Gott und dem Menschen und an den unverfügbaren Augenblick der Gnade, also an das Mysterium der Zeit, erinnert hat – den ruft Heidegger jetzt als Eideshelfer auf für das eigene Unterfangen, das *faktische Leben* als losgerissen von Gott und die metaphysischen Behausungen als Schimären zu erweisen.

In der 1922 verfaßten Einleitung zu der Schrift PHÄNOMENOLOGISCHE INTERPRETATIONEN ZU ARISTOTELES – von diesem Text wird noch die Rede sein – schreibt Heidegger: *Jede Philosophie, die in dem, was sie ist, sich selbst versteht, muß als das faktische Wie der Lebensauslegung gerade dann, wenn sie dabei noch eine ›Ahnung‹ von Gott hat, wissen, daß das von ihr vollzogene sich zu sich selbst Zurückreißen des Lebens, religiös gesprochen, eine Handaufhebung gegen Gott ist. Damit allein aber steht sie ehrlich, d. h. gemäß der ihr als solcher verfügbaren Möglichkeit vor Gott; atheistisch besagt hier: sich freihaltend von verführerischer, Religiosität lediglich beredender, Besorgnis* (DJ, 246).

Heidegger redet von Gott so wie Husserl von der Wirklichkeit außerhalb des Bewußtseins. Husserl klammerte die Wirklichkeit ein, Heidegger klammert Gott ein. Husserl wollte mit seiner Einklammerung das Feld des reinen Bewußtseins gewinnen und nachweisen, wie dieses in sich und aus sich die ganze Pluralität des Wirklichen schon enthält. Und Heidegger klammert Gott ein, um die reine Weltlichkeit der Welt zu erfassen, frei von jeder Tendenz, sich darin Ersatzgötter zu schaffen. Husserl sagte: »Man muß erst die Welt … verlieren, um sie in universaler Selbstbesinnung wiederzugewinnen.« Setzt Heidegger auf eine ähnliche Inversion? Will er durch die Selbstdurchsichtigkeit des faktischen Lebens Gott verlieren, um ihn dann als unverfügbares Ereignis, das ins faktische Leben einbricht »wie der Dieb in der Nacht«, wiederzugewinnen?

Wir werden sehen.

Einstweilen jedenfalls nimmt Heidegger mit seinem philosophischen *Atheismus* eine Position ein komplementär zur dialektischen Theologie, die im Jahr 1922 mit der Veröffentlichung der zweiten Fassung von Karl Barths »Römerbrief« ihren mächtigen Durchbruch erlebte.

Ein »Handaufheben gegen Gott« gibt es auch bei Karl Barth, der seine Theologie als eine Theologie der Krise bezeichnet hat. Es ist der Gott der Kultur, der in die Krise geraten ist, im Krieg und durch den Krieg. Mit diesem Gott der Kultur verhält es sich für Barth ebenso wie für Heidegger mit dem *Wahrheitsschatz der Kirche*: Das schlechthin Unverfügbare wird fälschlich zu einem kulturellen Guthaben gemacht. Auch Barth will, wie Heidegger, das »Leben zurückreißen«, ihm die Fluchtwege in trostreiche metaphysische Konstruktionen abschneiden. Zu Gott gibt es keinen gleitenden Übergang, Gott ist die Negation der Welt. Selbstbetrug sei es, sagt Barth, aus der Weltlichkeit heraus einen Begriff Gottes entwickeln zu wollen. Das ist auch die Kritik Heideggers an der Metaphysik und der Kulturfrömmigkeit. Heidegger spürte eine Nähe zu dem großen protestantischen Theologen, deshalb sagte er einmal Anfang der zwanziger Jahre, geistiges Leben gebe es zur Zeit eigentlich nur noch bei Karl Barth. Wahrscheinlich hat der von Heidegger ›eingeklammerte‹ Gott Ähnlichkeit mit dem Gott Karl Barths: »Gott, die reine Grenze und der reine Anfang alles dessen, was wir sind, haben und tun, in unendlichem qualitativem Unterschied dem Menschen und allem Menschlichen gegenüberstehend, nie und nimmer identisch mit dem, was wir Gott nennen, als Gott erleben, ahnen und anbeten, das unbedingte Halt! gegenüber aller menschlichen Unruhe und das unbedingte Vorwärts! gegenüber aller menschlichen Ruhe, das Ja in unserem Nein und das Nein in unserem Ja, der Erste und der Letzte und als solcher der Unbekannte, nie und nimmer aber eine Größe unter andern in der uns bekannten Mitte … das ist der lebendige Gott.«

Gegen die kulturelle Vereinnahmung Gottes gewandt, schreibt

Barth: »Hier gibts nichts zu erleben für Romantiker, nichts zu schwärmen für Rhapsoden, nichts zu analysieren für Psychologen, nichts zu erzählen für Geschichtenerzähler. Nichts, gar nichts ist hier von jenen ›Keimzellen‹ oder ›Ausflüssen‹ Gottes, nichts von jenem sprudelnden quellenden Leben, in dem etwa ein kontinuierlicher Zusammenhang zwischen Gottes Sein und dem unsrigen stattfände.«

Manches an dieser Theologie war ein Gegenstück zu Spenglers epochemachendem Buch »Der Untergang des Abendlandes«. Die »Erdbebenatmosphäre« des Gerichts Gottes über unsere Kultur, von Karl Barth so beredt beschworen, entspricht ziemlich genau der Erschütterung des Kulturoptimismus, der auch Spenglers Werk Ausdruck gibt. In Barths Theologie hört man noch das Echo der Kriegskatastrophe, beispielsweise wenn er davon spricht, daß »Einschlagstrichter« zurückbleiben, wenn Gott in das Leben einbricht.

Das *Zurückreißen des Lebens* von einem falschen Jenseits – das ist also für Heidegger und Barth die wichtigste Aufgabe. Martin Heidegger reißt das Leben von Gott los, Karl Barth reißt Gott vom Leben los.

Dieses ›Leben‹, das man auf sich selbst zurückreißen muß, nimmt sich Heidegger in seiner Vorlesung PHÄNOMENOLOGISCHE INTERPRETATIONEN ZU ARISTOTELES vom Wintersemester 1921/22 vor. Die Studenten, die eine Einführung in Aristoteles erwartet haben sollten, werden überrascht gewesen sein. Heidegger beginnt zwar mit einigen Überlegungen zur Aristoteles-Rezeption, mit Philosophiegeschichte also, aber nur, um darauf hinzuweisen, daß Philosophiegeschichte betreiben in der Regel wenig mit Philosophie zu tun hat. *Das eigentliche Fundament der Philosophie ist das radikale existenzielle Ergreifen und die Zeitigung der Fraglichkeit; sich und das Leben und die entscheidenden Vollzüge in die Fraglichkeit zu stellen ist der Grundbegriff aller und der radikalsten Erhellung* (GA 61, 35).

In der Vorlesung des Kriegsnotsemesters hatte Heidegger am Beispiel des Kathedererlebnisses demonstriert, wie schlecht wir uns auf die einfachsten Erlebnisse verstehen. Nun sollen die *entscheidenden Vollzüge* des Lebens in den Blick gebracht werden.

Wenn es für die Studenten die erste Überraschung war, statt von Aristoteles vom *faktischen Leben* zu hören, dann folgte die zweite gleich auf dem Fuß, denn wer erwartete, daß die *radikale existenzielle Ergreifung* ins Persönlich-Existentielle überleiten würde, sah sich enttäuscht. Heidegger betont zwar unentwegt, man dürfe nicht *über* das faktische Leben, sondern müsse *aus* ihm philosophieren; zwar ist häufig vom *Risiko* die Rede und davon, daß man im Vollzug dieses Denkens auch *untergehen* könne, man brauche *Mut*, denn radikale Fraglichkeit bedeute, seine *ganze innere und äußere Existenz aufs Spiel zu setzen*. Das Vorspiel also ist dramatisch, erhitzt, doch dann wird die ganze Angelegenheit seltsam heruntergekühlt durch eine komplizierte Apparatur von Begriffen, die aus dem Arsenal neusachlicher Distanzierungslust stammen könnten. Da ist von *Ruinanz, Prästruktion, Destruktion, Larvanz, Reluzenz* die Rede. Heidegger, der in diesen Jahren damit beginnt, in eigenartigen Bauernkitteln aufzutreten, spricht nicht ursprungsnah und erdig, sondern sachlich, fast technisch, unterkühlt. Ein Gestus von glitzernder Modernität. So mußte man es damals empfinden. Keine Spur von Jargon der Eigentlichkeit.

In dieser Vorlesung ist der für die nächsten Jahre typische Heidegger-Ton zum ersten Mal zu hören, diese eigenartige Spannung zwischen existentieller Hitze und distanzierter Neutralität, zwischen abstrakter Begrifflichkeit und emotionaler Konkretion, zwischen appellativer Zudringlichkeit und beschreibender Distanz.

Wir leben so hin, aber wir kennen uns nicht. Wir sind uns selbst im blinden Fleck. Wenn wir für uns selbst durchsichtig werden wollen, so ist dies eine Anstrengung, von der Heidegger sagt: sie *schlägt auf das Leben zurück*. Heideggers Philosophie des Lebens ist eine Philosophie gegen die spontane Lebenstendenz. Deshalb auch kann sie von klirrender Kälte sein und gleichzeitig existentiell unter Strom stehen.

Heideggers Vorlesung über Aristoteles beginnt also mit der Explikation des Gedankens, daß wer Aristoteles begreifen, wer sich mit ihm in ein spannungsreiches Verhältnis setzen will, zuvor sich selbst begriffen haben muß; zumindest muß er begriffen haben, was er an und durch Aristoteles begreifen will. Wer sich selbst begreifen will, muß sich die Situation, in der er steht, klarmachen. Es ist eine Ausbildungssituation an der Universität im Fach Philosophie im Jahre 1921. Diese Situation schließt eine ganze Welt ein, Fragen über Fragen. Warum jetzt ausgerechnet Philosophie studieren? Welche Rolle kann Philosophie überhaupt spielen, an der Universität, als Beruf oder als Propädeutik für einen anderen Beruf, in dieser Zeit? Was verspricht man sich von seinem Leben, wenn man Philosophie gewählt hat? Heidegger wirft diese Fragen auf, oder besser: er inszeniert sie. Denn er will ein Gestöber aus lauter Undeutlichkeiten und Fragwürdigkeiten herstellen, das deutlich machen soll, wie undeutlich, nebelhaft die Situation eigentlich ist, wenn wir versuchen, sie uns zur Transparenz zu bringen. In diesem Zusammenhang können wir Heidegger wieder dabei beobachten, wie seine originellen Wortschöpfungen bei der allmählichen Verfertigung des Gedankens zustande kommen. Dieses Leben, worin wir uns vorfinden, können wir, sagt Heidegger, nicht von außen betrachten, wir sind immer mitten darin, umzingelt von seinen Einzelheiten. Wo wir sind, gibt es nur ›dieses‹ und ›dieses‹ und ›dieses‹. Heidegger beschreibt dieses Leben mit seinen vielen ›dies da‹, und plötzlich ist der treffende Ausdruck da: Das Charakteristische des Lebens ist – *Diesigkeit* (GA 61, 88). Diese *Diesigkeit* hält man schlecht aus. Die Philosophie antwortet darauf in der Regel so, daß sie Werte, Traditionen, Systeme, Gedankengebäude errichtet, in denen man sein Unterkommen findet, damit man nicht *so nackt* und ungeschützt herumsteht in seiner eigenen Zeit. Man verschanzt sich hinter Bildungsgütern, läßt sich auf die Philosophie ein wie auf eine Lebensversicherung oder einen Bausparvertrag. Man investiert Arbeit und Mühe und fragt sich, welche Rendite wirft das ab, welchen Nutzen habe ich davon, was kann ich damit machen. Mit der Philosophie aber, sagt Heidegger, kann man nichts machen, man kann sich philosophierend höchstens deutlich machen, was man überhaupt ›macht‹. Philosophie hat es mit dem *Prinzipiellen* zu tun, das Prinzipielle aber ganz wörtlich verstanden: das Anfängliche. Es handelt sich nicht um die Frage, wie die Welt angefangen hat, auch nicht um Prinzipien im Sinne von obersten Werten oder Axiomen. Das Prinzipielle ist dasjenige, das mich antreibt und mich stets aufs neue zum Anfänger meines Lebens macht.

Mühsam und mäandernd versucht Heidegger eine Bewegung zu beschreiben und steigert die Spannung. Man will endlich eine Antwort auf die Frage, was denn nun eigentlich das bewegende Prinzip sei. Die Vorlesung ist schon fast zur Hälfte vorbei, da wird man immer noch im dunkeln sitzengelassen mit dem Satz: *Sofern man versteht, daß das faktische Leben eigentlich immer auf der Flucht vor dem Prinzipiellen ist, dann kann nicht wunder nehmen, daß die zueignende Umkehr zu ihm nicht ›so ohne weiteres‹ da ist* (GA 61, 72).

Orpheus durfte sich nicht umdrehen, wenn er Eurydike aus dem Totenreich ins Leben hinausführen wollte. Er drehte sich um, und Eurydike sank zurück ins Reich der Schatten. Heidegger will das bewegte Leben veranlassen, sich umzudrehen; es soll sich *wurzelhaft ergreifen*, was bedeutet: es soll des Grundes gewahr werden, aus dem es kommt und dem es entkommen will, indem es sich *festlebt* in seiner Welt. Aber fällt diese *Umkehr* nicht vielleicht deshalb so schwer, weil das Leben ahnt, daß da im Herzen seiner selbst *nichts* ist, eine Leere, ein Horror vacui, der hinaustreibt in die Suche nach einer Füllung? Müssen wir nicht, der Lebenstüchtigkeit wegen, vor uns selbst verdeckt halten, was uns hinaustreibt in eine Welt, in der wir immer schon etwas zu besorgen haben? Heidegger ermuntert dazu, auf das, womit es uns alltäglich Ernst ist, einen Blick zu werfen, der dem ernsthaft Besorgten nicht mehr erlaubt, auf dieselbe Weise ernst zu bleiben. Das Zauberwort, durch das Heidegger das Alltägliche und Gewöhnliche plötzlich wie verwandelt erscheinen läßt, heißt: Sorge. *Leben ist Sorgen, und zwar in der Neigung des Es-sich-leicht-Machens, der Flucht* (GA 61, 109).

Der Begriff *Sorge* wird im Zentrum von SEIN UND ZEIT stehen, doch schon in dieser Vorlesung wird ihm ein imponierender Auftritt zugedacht. *Sorge* ist der Inbegriff solcher Haltungen wie: ›es geht einem um etwas‹, ›man kümmert sich um‹, ›ist besorgt‹, ›hat etwas vor‹, ›schaut nach dem Rechten‹, ›geht mit etwas um‹, ›will etwas herausbekommen‹. In diesem Sinne verstanden, ist *Sorgen* und *Besorgen* nahezu identisch mit Handeln überhaupt. Heidegger hat diesen Begriff gewählt, um den zeitbezogenen Charakter dieser Lebenstätigkeiten herauszuheben. Indem ich besorgend handle, bin ich mir selbst *vorweg*. Ich habe etwas *vor mir*, im räumlichen und zeitlichen Sinne, um das ich mich bekümmere, das ich verwirklichen will; oder ich habe es *hinter mir* und will es darum bewahren oder loswerden. Das Besorgen hat um sich herum einen räumlichen, vor allem aber einen zeitlichen Horizont. Jedes Handeln ist janusköpfig. Das eine Gesicht blickt in die Zukunft, das andere in die Vergangenheit. Man besorgt die Zukunft, damit man in der Vergangenheit nichts versäumt haben wird.

Diese ganze Analyse könnte man verstehen als eine mit absonderlichem Vokabular aufgeputzte Beschreibung einer Trivialität, nämlich der Tatsache, daß die Menschen immer in irgendeiner Weise handeln. Aber wenn man Heidegger so versteht, hat man ihn schlecht verstanden. Die Pointe wäre verlorengegangen. Sie besteht in dem folgenden Gedanken: Im Besorgen ist man nicht nur sich selbst *voraus*, sondern, so Heidegger, im Besorgen geht man sich selbst verloren. Die Welt des Besorgten deckt mich zu. Ich bin mir selbst verborgen, ich *lebe mich fest* in den zu besorgenden Bezügen. *Im Sorgen riegelt sich das Leben gegen sich selbst ab und wird sich in der Abriegelung gerade nicht los. Im ständig neuen Wegsehen sucht es sich immer*... (GA 61, 107).

Für diesen Vorgang, daß das Leben *aus sich hinauslebt* und sich in dem Besorgten *festlebt* und bei alledem sich selbst *entgeht*, prägt Heidegger den Terminus *Ruinanz*. Die Assoziation ›Ruine‹, ›ruinös‹ ist von Heidegger durchaus beabsichtigt. Im engeren Sinne bedeutet Ruinanz *Sturz*.

Die Sorge und das Besorgen waren von Heidegger als Bewegung in die Zukunft oder in die Vergangenheit, auf jeden Fall aber ›horizontal‹ verstanden worden. Jetzt kippt er diese Bewegtheit von der Horizontalen in die Vertikale und gibt ihr dadurch naturgemäß eine rasante Beschleunigung: Sturz, Absturz. Aber das *faktische Leben*, das da so vor sich hin lebt, merkt gar nicht, daß es stürzt. Die Philosophie erst öffnet die Augen für eine Lage, die gar keine ist, sondern ein Fall. Das Leben soll, sagt Heidegger, auf sich selbst zurückgerissen werden, um dann zu bemerken, daß es an sich selbst keinen Halt finden kann, aber auch nirgendwo sonst. Heidegger verwendet große Mühe darauf, das Mißverständnis auszuräumen, als würde eine Selbstdurchsichtigkeit des Lebens seine Ruhigstellung bedeuten. Ganz im Gegenteil: Philosophie ist gesteigerte Unruhe. Sie ist gleichsam methodisch betriebene Unruhe. Für Heideggers Philosophie dieser Jahre gilt die dadaistische Devise: »Ich werde ja doch nicht so sehr den Kopf verlieren, daß ich nicht fallend die Fallgesetze studiere« (Hugo Ball).

Wohin stürzen wir? Diese Frage kann Heidegger am Ende der Vorlesung nicht umgehen. Seine Antwort ist ein Orakel, das wohl nicht wenig Studenten in die Ratlosigkeit abstürzen ließ: *Das Wohin des Sturzes ist nicht ein ihm Fremdes, es ist selbst vom Charakter des faktischen Lebens und zwar ›das Nichts des faktischen Lebens‹* (GA 61, 145).

Was ist das *Nichts des faktischen Lebens*? Das faktische Leben selbst kann nicht gut ›nichts‹ sein, weil es ja stattfindet. Das faktische Leben gibt es, oder besser: es ist der Fall. Also muß das *Nichts des faktischen Lebens* etwas sein, das zu diesem Leben dazugehört, ohne dieses ins Nichts aufzulösen. Ist mit diesem zum faktischen Leben dazugehörenden Nichts vielleicht der Tod gemeint? Vom Tod aber ist in dieser Vorlesung nicht die Rede. Dieses ›Nichts‹ definiert Heidegger vielmehr so: Das *faktische Leben* wird zu einem Nichts, sofern es sich im *ruinanten Dasein* verliert. Heidegger sagt: *Nichtvorkommen* (des faktischen Lebens, R.S.) *im ruinanten Dasein* (GA 61, 148).

Heidegger, inzwischen ahnt er, daß er dabei ist, eine neue Wendung in die Philosophie zu bringen, variiert mit seinem Gedanken vom *Nichtvorkommen* des faktischen Lebens im *ruinanten Dasein* den Entfremdungsgedanken, der im 19. Jahrhundert bei Hegel und dann bei Marx eine überaus geschichtsmächtige Rolle gespielt hat. Der Gedanke besagt: Der Mensch erzeugt seine Welt so, daß er sich nicht in ihr wiedererkennen kann. Seine Selbstverwirklichung ist seine Selbstverkümmerung.

In dieser Vorlesung will es Heidegger noch nicht gelingen, seine eigenen Überlegungen von dieser Gedankentradition deutlich genug abzusetzen. An dem Unterschied aber hängt alles. Denn die Philosophie der Entfremdung setzt ein Bild des ›wahren Selbst‹ voraus, eine ›Idee‹ des Menschen, wie er ist, wie er sein könnte und sollte. Aber gerade hinter diese Idee setzt Heidegger sein großes Fragezeichen. Woher haben wir dieses vermeintliche Wissen über die eigentliche Bestimmung des Menschen? Heidegger vermutet hinter diesem ›Wissen‹ theologische Schmuggelware. Man mag daran festhalten, sagt er, dann muß man aber auch solche Ideen korrekt deklarieren, muß erklären, daß man sie in Treu und Glauben angenommen hat, und darf sie nicht als philosophisch erweisbare Wesenheiten ausgeben.

Wir sehen Heidegger, wie er diese Idee eines wahren Selbst zurückweist, aber doch noch in ihrem Banne steht. Diese Spannung bleibt. Ausdrücklich und in großem Stil wird sie dann ausgetragen in SEIN UND ZEIT unter dem Titel der *Eigentlichkeit*.

In den frühen zwanziger Jahren, als Heidegger auf dem Weg zu seiner Philosophie der Selbstdurchsichtigkeit des Lebens ist, tastend, suchend, sich abgrenzend, in dieser Zeit also beginnt die Freundschaft mit Karl Jaspers, der auch auf der Suche nach einem neuen Anfang der Philosophie ist. Die heikle Freundschaft dieser zwei Anfänger fängt an.

Die beiden lernen sich im Frühjahr 1920 bei einem geselligen Abend im Hause Husserl kennen. Nach anderthalb Jahren vorsichtigen Abtastens fühlen sie sich im Sommer 1922 schließlich verbunden im *Bewußtsein einer seltenen und eigenständigen Kampfgemeinschaft* (Heidegger an Jaspers, 27.6.1922). Schon die erste Begegnung stand im Zeichen einer gemeinsamen Frontstellung gegen akademische Rituale. Jaspers schildert diesen Abend bei Husserl im Rückblick seiner »Philosophischen Autobiographie« so: »Im Frühjahr 1920 waren meine Frau und ich einige Tage in Freiburg... Es wurde Husserls Geburtstag gefeiert. Man saß in größerem Kreise am Kaffeetisch. Dabei wurde Heidegger von Frau Husserl das ›phänomenologische Kind‹ genannt. Ich erzählte, eine Schülerin von mir, Afra Geiger, eine Persönlichkeit ersten Ranges, sei nach Freiburg gekommen, um bei Husserl zu studieren. Nach der Aufnahmeordnung seines Seminars habe er sie abgewiesen. So sei ihm und ihr durch den akademischen Schematismus eine gute Möglichkeit verlorengegangen, weil er es versäumt habe, den Menschen selbst zu sehen. Heidegger fiel lebhaft, mich bestätigend, ein. Es war wie eine Solidarität der beiden Jüngeren gegen die Autorität abstrakter Ordnungen... Die Atmosphäre dieses Nachmittags war nicht gut. Es schien mir etwas Kleinbürgerliches, etwas Enges fühlbar, das des freien Zuges von Mensch zu Mensch, des geistigen Funkens ... entbehrte... Nur Heidegger schien mir anders. Ich besuchte ihn, saß allein mit ihm in seiner Klause, sah ihn beim Lutherstudium, sah die Intensität seiner Arbeit, hatte Sympathie für die eindringliche knappe Weise seines Sprechens.«

Karl Jaspers, sechs Jahre älter als Heidegger, galt damals als Außenseiter in der philosophischen Zunft. Er kam als Mediziner aus der Psychiatrie, hatte sich dort 1913 einen Namen gemacht mit der »Allgemeinen Psychopathologie«, ein Buch, das bald zu einem Standardwerk seines Faches werden sollte. Jaspers aber begann, sich vom medizinischen Fach zu lösen. Ihm wurde nicht zuletzt an den Grenzfällen des Kranken deutlich, daß Seelisches nicht zureichend verstanden werden kann im Rahmen einer naturwissenschaftlich orientierten Psychologie. Er hatte, noch auf dem Boden dieser Psychologie, Anregungen empfangen von der Diltheyschen Methode des Verstehens und der phänomenologischen Behutsamkeit bei der Beschreibung von Bewußtseinsphänomenen. Den entscheidenden Durchbruch zur Philosophie aber verdankte er den Anstößen von Max Weber und Kierkegaard.

Ihn beeindruckte Max Webers strenge Scheidung zwischen Tatsachenforschung und Wertentscheidung. Er war mit Max Weber davon überzeugt, daß falsche wissenschaftliche Prätentionen zurückgewiesen werden mußten, aber – und darin ging er über ihn hinaus – seine Idee war: Der Bereich der Wertentscheidungen, das persönlich-verantwortliche Leben also, bedarf und ist auch fähig einer Selbsterhellung, die zwar nicht ›wissenschaftlich‹ sein kann, aber doch auch mehr ist als eine bloß privat-reflexive oder religiöse Angelegenheit. Jaspers wollte die von Max Weber so genannten »Lebensmächte«, die den Entscheidungen zugrunde liegen, durchsichtig machen. Für dieses Philosophieren, das er später »Existenzerhellung« nennen wird, fand Jaspers in Kierkegaard das große Vorbild. Max Weber hatte die Philosophie aus dem Korpus der strengen Wissenschaften ausgeschieden und sie damit zu sich selbst befreit, und Kierkegaard hatte ihr das existentielle Pathos zurückerstattet. So sah es Karl Jaspers.

Ein Werk des Übergangs von der Psychologie zur Philosophie im Sinne der »Existenzerhellung« war Jaspers' 1919 erschienene »Psychologie der Weltanschauungen«, ein Buch, das weit über die Grenzen der Fachwissenschaft hinauswirkte. Mit der Weberschen Methodik der idealtypischen Konstruktion untersuchte Jaspers die »Einstellungen und Weltbilder«, die aus den menschlichen Lebenserfahrungen, vor allem aus den Grundproblemen wie Freiheit, Schuld, Tod erwachsen und den jeweiligen philosophischen Entwürfen ihr eigentümliches Profil geben. Beschreibend, also gewissermaßen ›von außen‹, entwirft Jaspers eine Typologie solcher Weltbilder und Einstellungen, doch nicht in historischer oder wissenssoziologischer Absicht. Auch zielt er nicht auf so etwas wie ein »Bewußtsein überhaupt«, das allen diesen Entwürfen zugrunde liegen soll – eine damals bei den Neukantianern beliebte Fragestellung. Historisch, wissenssoziologisch oder neukantianisch hat man dieses Werk zwar bisweilen verstanden, aber so war es nicht gemeint. Es ging Jaspers um die Frage, in welchen Formen sich das Selbstsein verwirklichen, wie es sich verfehlen und woran es scheitern kann. Es ist die Bewegung der Freiheit, der Jaspers hier nachspürt, es ist auch die Angst vor der Freiheit, der daraus folgenden Bereitschaft, sich in die »Gehäuse« von angeblich sicheren Prinzipien und Erklärungen einzuschließen. Ihn interessieren vor allem die Verhaltens- und Denkweisen in »Grenzsituationen« (Tod, Leiden, Zufall, Schuld, Kampf), in denen sich der Wagnischarakter eines in freier Selbstverantwortung übernommenen Lebens zeigt. »Es war alles«, schreibt Jaspers in seiner »Autobiographie« über dieses Buch, »wie in schnellem Griff erfaßt... Die Stimmung des Ganzen war umfassender als das, was zu sagen gelungen war.«

Mit diesem Werk kam ein neuer Ton in die Philosophie. Die öffentliche Resonanz war so groß, daß Jaspers, obwohl nicht philosophisch promoviert, 1921 eine Philosophieprofessur in Heidelberg erhielt. Aber seine Stellung blieb zweideutig. Bei den Wissenschaftlern strenger Observanz galt er als Abtrünniger, als jemand, der sich aufs Ungenaue, eben auf Philosophie, eingelassen hatte; und bei den Philosophen hielt man ihn für einen Psychologen mit starkem Hang zum Predigertum.

Jaspers focht das nicht an. Er fühlte sich auf dem »Weg ins Freie«.

In dieser Situation also treffen Jaspers und Heidegger zusammen. Und Jaspers versteht Heidegger nur allzugut, als der ihm, die eigene philosophische Arbeit chrakterisierend, am 5. August 1921 schreibt: *Ob ich auch ins Freie finde, weiß ich nicht; wenn ich mich nur so weit bringe und halte, daß ich überhaupt g e h e* (BwHJ, 25).

Seit 1919 arbeitete Heidegger an einer Rezension des Jasperschen Buches. Im Juni 1921 schickte er sie Jaspers zu, eine umfangreiche Abhandlung war daraus geworden, die dann gerade ihres Umfanges wegen nicht wie geplant in den »Göttingischen Gelehrten Anzeigen« erscheinen konnte, sondern erst 1973 veröffentlicht wurde.

Heidegger sagt zunächst viel Lobenswertes über das Buch, entwikkelt dann aber, noch vorsichtig formuliert, seine Kritik: Jaspers sei nicht weit genug gegangen. Er habe *über* den Existenzvollzug geschrieben, aber er habe sein eigenes Nachdenken nicht *in* diesen Existenzvollzug gestellt. Er versuche, die Freiheit gegenüber den Gehäusen der Weltanschauung zu wahren und auf den Kern der personalen Existenz hinzuweisen, aber solche Hinweise würden selbst zur Weltanschauung, wenn diese kreative Freiheit am Grunde des Selbstseins wie etwas Vorhandenes, also letztlich doch wieder wie ein wissenschaftlich konstatierbares Faktum beschrieben werde. *Eine echte Selbstbesinnung*, schreibt Heidegger am Ende seiner Rezension, *kann man sinnvoll nur freigeben, wenn sie da ist, und sie ist nur da in einem strengen Gewecktwerden, und echt geweckt werden kann sie nur so, daß der Andere in bestimmter Weise rücksichtslos in die Reflexion hineingetrieben wird… In die Reflexion hineintreiben, aufmerksam machen, kann man nur so, daß man den Weg selbst eine Strecke vorangeht* (W, 42). Vorangehen könne man aber nur, wenn man die *Sache* der Philosophie für sich selbst ergreift. Die *Sache* der Philosophie aber sei *der Philosophierende selbst und (seine) notorische Erbärmlichkeit* (W, 42).

Jaspers mußte den Hinweis auf die *Erbärmlichkeit* nicht persönlich auf sich beziehen, zu deutlich geht aus dem Zusammenhang hervor, daß eine Art anthropologische Erbärmlichkeit gemeint war, und deshalb ärgerte sich Jaspers auch nicht über diese Rezension; aber sie machte ihn ratlos. Was meinte denn Heidegger mit der Forderung, man solle nicht *über* den Existenzvollzug, sondern *aus* ihm philosophieren? Entweder hatte Heidegger ihn mißverstanden und nicht erkannt, daß er doch schon auf dem Weg war, den Heidegger anmahnte, den Weg der Philosophie als *Selbstbekümmerung* (Heidegger); oder Heidegger stellte sich unter diesem Weg etwas ganz anderes vor; aber dann waren Heideggers Andeutungen ungenügend. Jaspers jedenfalls sah nicht, wie Heidegger auf seinem Wege weiterkommen wollte. Trotzdem blieb das vage Gefühl einer Weggenossenschaft. Am 1. August 1921 schreibt Jaspers an Heidegger: »M. E. ist Ihre Besprechung von allen, die ich las, diejenige, die der Wurzel der Gedanken am tiefsten nachgräbt. Sie hat mich darum innerlich wirklich berührt. Jedoch vermisse ich noch ... die positive Methode. Ich spürte bei der Lektüre immer die Potenz zum Vorwärtskommen, war dann aber enttäuscht und fand mich so weit auch schon gekommen« (BwHJ, 23).

In seiner Antwort bezeichnet Heidegger seine Rezension als *eine lächerliche und kümmerliche Anfängersache*; keinesfalls bilde er sich ein, *weiter zu sein als Sie selbst, zumal ich mir in den Kopf gesetzt habe, einige Umwege zu machen* (5.8.1921, BwHJ, 25). Für ein Jahr lang ruht die Korrespondenz. Dann lädt Jaspers im Sommer 1922 Heidegger für ein paar Tage nach Heidelberg ein: »Es wäre doch schön, wenn wir einmal ein paar Tage in geeigneten Stunden philosophieren, und die ›Kampfgemeinschaft‹ erproben und befestigen. Ich stelle mir vor, daß wir zusammen leben – jeder in einem Zimmer für sich, meine Frau ist verreist –, jeder tut, was er will, und daß wir – abgesehen von den Mahlzeiten – uns nach Neigung treffen und sprechen, besonders abends, oder wie es sonst kommt, ohne allen Zwang« (6.9.1922, BwHJ, 32).

Heidegger nimmt die Einladung an. Und diese Tage im September werden beide nie mehr vergessen. Davon zehrten sie, denn bald wird ihre Freundschaft nur noch von dieser vergangenen Zukunft leben. Die philosophische Intensität, die freundschaftliche Gelassenheit, das plötzliche Gefühl des gemeinsamen Aufbruchs und Anfangs – für Jaspers war es, wie er rückblickend schreibt, »überwältigend«, auf eine unvergeßliche Weise sei ihm Heidegger »nah« gewesen. Und Heidegger schreibt nach diesen heiligen Gesprächen an Jaspers: *Die acht Tage bei Ihnen gehen ständig mit mir. Das Plötzliche, nach außen ganz Ereignislose dieser Tage ... der unsentimentale, herbe Schritt, mit dem eine Freundschaft auf uns zukam, die wachsende Gewißheit von einer auf beiden ›Seiten‹ je ihrer selbst sicheren Kampfgemeinschaft – all das ist für mich unheimlich in dem Sinn, wie die Welt und das Leben für den Philosophen unheimlich sind* (19.11.1922, BwHJ, 33).

So beschwingend war die Freundschaft in dieser Anfangsphase, daß Jaspers vorschlägt, eine Zeitschrift zu gründen, in der nur sie beide schreiben würden, eine »Fackel« der Philosophie. Man müßte endlich in der »philosophischen Öde der Zeit« die Stimme erheben gegen die Professorenphilosophie: »Wir werden nicht schimpfen, aber die Erörterung wird rücksichtslos sein« (24.11.1922, BwHJ, 36). Doch dann fällt dem Professor Jaspers ein, daß Heidegger ja noch nicht auf einem

Lehrstuhl sitzt, also wird man mit dem Zeitschriftenprojekt wohl doch noch warten müssen, bis Heidegger einen Ruf erhalten hat. Professorensorgen.

Noch etwas anderes spricht gegen das Zeitschriftenprojekt. Die beiden sind sich ihrer eigenen Positionen doch noch nicht so gewiß, wie sie es wohl sein müßten, wenn sie den Feldzug eröffnen wollten. Jaspers: »Wir wissen beide selbst nicht, was wir wollen; d.h. wir sind beide getragen von einem Wissen, das noch nicht explizit besteht« (24.11.1922, BwHJ). Und Heidegger antwortet, es sei schon viel erreicht, wenn er selbst *sicherer in der rechten konkreten Unsicherheit* werde (14.7.1923, BwHJ, 41).

Tatsächlich gelingen Heidegger zwischen dem Sommer 1922 und dem Sommer 1923 wichtige Schritte der Selbstklärung. Der Ansatz von SEIN UND ZEIT wird sichtbar. Dokumentiert sind sie in dem Textkonvolut PHÄNOMENOLOGISCHE INTERPRETATIONEN ZU ARISTOTELES (ANZEIGE DER HERMENEUTISCHEN SITUATION), das er Ende 1922 als Bewerbungsunterlage nach Marburg schickt (und das erst 1989 wieder aufgetaucht ist), und in der ONTOLOGIE-Vorlesung von 1923, dem letzten Freiburger Semester vor dem Antritt der Marburger Professur.

Die PHÄNOMENOLOGISCHEN INTERPRETATIONEN machten in Marburg einen gewaltigen Eindruck. Paul Natorp sah darin einen »genialen Entwurf«, und für Gadamer, der damals bei Natorp promovierte und Einblick nehmen durfte in das Manuskript, wurde es zur »wahren Inspiration«. Es sei von diesem Text eine ganz seltene »Wucht des Anstoßes« ausgegangen, die ihn veranlaßt habe, im nächsten Semester nach Freiburg zu gehen, um Heidegger zu hören und ihm dann wieder zurück nach Marburg zu folgen.

Einen ähnlich starken Eindruck muß auch die ONTOLOGIE-Vorlesung vom Sommer 1923 hinterlassen haben. Nicht wenige von denen, die später Rang und Namen in der Philosophie erlangen sollten, saßen damals zu Füßen des Privatdozenten Heidegger, der bei manchen inzwischen schon als ein heimlicher König der Philosophie galt, ein König in schwäbischem Loden. Es waren da Gadamer, Horkheimer, Oskar Becker, Fritz Kaufmann, Herbert Marcuse, Hans Jonas.

In dem Aristoteles-Manuskript gibt Heidegger eine lapidare Definition seines philosophischen Vorhabens: *Der Gegenstand der philosophischen Frage ist das menschliche Dasein als von ihr befragt auf seinen Seinscharakter* (DJ, 238).

Nur auf den ersten Blick ist diese Definition unkompliziert. Was sollte philosophische Forschung auch anderes tun und was hat sie je anderes getan, als das menschliche Dasein zu ergründen?

Allerdings hat die Philosophie in ihrer Geschichte doch noch einiges andere untersucht als das menschliche Dasein. Nur deshalb war ja der Protest des Sokrates, der die Philosophie wieder auf die Sorge des Menschen um sich selbst zurückbringen wollte, notwendig geworden. Und diese Spannung zwischen einer Philosophie, die Gott und die Welt ergründen will, und einer Philosophie, die sich aufs menschliche Dasein konzentriert, bleibt in der Geschichte der Philosophie erhalten. Thales von Milet, der in den Himmel blickt und deshalb in den Brunnen fällt, ist wohl die erste leibhaftige Verkörperung dieses Konfliktes. In Heideggers Philosophie ist das Dasein dann immer noch dabei – zu stürzen.

Keine Schwierigkeiten scheint auf den ersten Blick auch der Terminus *Seinscharakter* zu bereiten. Was soll man auch bei der Untersuchung eines ›Gegenstandes‹ anderes herausbekommen wollen, als seine Art – zu sein.

Der Seinscharakter eines Moleküls – sind das nicht die Elemente, aus denen es sich zusammensetzt, die chemischen Reaktionsweisen, die Funktion im Organismus usw.? Der Seinscharakter eines Tieres – entdeckt man ihn nicht in der Anatomie, in seinem Verhalten, in seiner Stellung in der Evolution usw.?

In dieser Weise gefaßt, verblaßt der Terminus *Seinscharakter*. Er umfaßt dann einfach alles, was man von einem ›Gegenstand‹ wissen kann. Bei solchem Wissen ist es unausweichlich, daß es zugleich ein Wissen von den Unterschieden ist: wie sich ein Molekül vom anderen unterscheidet, und wie sich das Tier von anderen Tieren oder Pflanzen oder auch dem Menschen unterscheidet. Der summarische Titel *Seinscharakter* wird zur Pluralität vieler *Seinscharaktere*.

In dieser Sicht gibt es auf der einen Seite die Haltung des Wissen-Wollens, die in sich gleich bleibt, und auf der anderen Seite die verschiedenen möglichen Gegenstände, von denen man etwas wissen, deren *Seinscharakter* man also ergründen will, mit welcher Absicht im einzelnen auch immer.

Natürlich ist den Wissenschaften spätestens seit Kant klar, daß man den verschiedenen ›Gegenständen‹ mit verschiedener Methode nahetreten muß. Das gilt besonders für die beiden ›Welten‹ der Natur und des Menschen – sofern der Mensch mehr ist als Natur, nämlich ein kulturerzeugendes und deshalb sich selbst hervorbringendes Wesen. Gerade die Neukantianer hatten das Bewußtsein für den Methodenunterschied in den Kultur- und in den Naturwissenschaften geschärft. Naturwissenschaft zielt auf allgemeine Gesetze, Kulturwissenschaft auf das Verständnis des Individuellen, lehrt Windelband. Oder Naturwissenschaft untersucht Sachverhalte, Kulturwissenschaft Wertverhalte, lehrt Rickert. Aber für Heidegger ist die dort geleistete Besinnung auf die verschiedenen Seinscharaktere längst nicht radikal genug. Worauf er selbst hinauswill, formuliert er in dem Aristoteles-Manuskript in einem einzigen überaus gedrängten und deshalb schwerverständlichen Satz, den ich zuerst zitieren und dann, die ONTOLOGIE-Vorlesung zur Erläuterung hinzuziehend, kurz kommentieren werde: *Diese Grundrichtung des philosophischen Fragens ist dem befragten Gegenstand, dem faktischen Leben, nicht von außen aufgesetzt und aufgeschraubt, sondern ist zu verstehen als das explizite Ergreifen einer Grundbewegtheit des faktischen Lebens, das in der Weise ist, daß es in der konkreten Zeitigung seines Seins um sein Sein besorgt ist, und das auch dort, wo es sich selbst aus dem Wege geht* (DJ, 238).

Nicht *von außen aufgesetzt*: Heidegger will den phänomenologischen Grundsatz, daß man dem, was untersucht werden soll, Gelegenheit geben muß, sich *zu zeigen*, auf die Untersuchung des Daseins insgesamt anwenden.

Die ONTOLOGIE-Vorlesung befaßt sich deshalb auch sehr ausführlich mit den Vorüberlegungen, wie man angemessen über den Menschen reden kann, wobei man schließlich bemerkt, daß man sich mit diesen Vorüberlegungen bereits im Inneren des Problems befindet.

Wenn wir uns, sagt Heidegger, einem ›Gegenstand‹ nähern, um herauszubekommen, was er ist; wenn wir seinen *Seinssinn* erfassen wollen, müssen wir uns in den *Vollzugssinn* hineinbegeben, aus dem heraus sich der *Seinssinn* überhaupt erschließen läßt. Wer aus einem fremden Kulturkreis in unser Wirtschaftsleben hineingerät und noch nicht seinen *Vollzugssinn* erfassen kann, dem wird der *Seinssinn* des Geldes, mag er es auch betasten und in der Hand wägen, verschlossen bleiben. Oder: Musik bleibt ein Geräusch, wenn ich nicht im Vollzugssinn der Musik stehe. Das gilt für die verschiedenen Seinsbereiche, die Kunst, die Literatur, die Religion, das Rechnen mit imaginären Zahlen, das Fußballspiel. Diese Überlegungen lassen übrigens auch e contrario den bornierten Aspekt der reduktionistischen Verfahrensweise deutlich werden. Wenn ich sage: Das Denken ist eine Funktion der Gehirnphysiologie, oder die Liebe ist eine Funktion der Drüsensekretion, dann mache ich eine Aussage über das Sein des Denkens und der Liebe, ohne mich in ihren Vollzug gestellt zu haben. Ihr Seinssinn erschließt sich aber erst in diesem Vollzug. In vollzugsfremder Einstellung beobachtet, ist das alles gar nicht da: das Spiel, die Musik, das Bild, die Religion.

Diese Überlegungen sind phänomenologischer Art. Sie sollen nämlich Klarheit darüber schaffen, welche Einstellung erforderlich ist, damit sich die *Phänomene* zeigen können, so wie sie *von sich aus sind.* Das ›Spiel‹ kann sich einer spielfremden Einstellung nicht zeigen. Nur der Liebe zeigt sich die Liebe, nur dem Glauben zeigt sich Gott. Und wie, so fragt Heidegger, muß ich hinsehen, damit sich überhaupt zeigen kann, was der Mensch ›ist‹?

Die Antwort kann nur lauten: Das Denken des Daseins muß sich, wenn es dieses Dasein verstehen will, in seinen Vollzugssinn stellen. Das meint Heidegger mit der zitierten Formulierung im Aristoteles-Manuskript: *das explizite Ergreifen einer Grundbewegtheit des faktischen Daseins.*

Diese *Grundbewegtheit* nennt Heidegger dort zum ersten Mal mit emphatischem Nachdruck: *Existenz.*

Etwas ›existiert‹ – darunter verstehen wir zumeist: Wir vermuten das Vorhandensein von irgend etwas, und wenn wir dann herausfinden, daß es das Vermutete gibt, sagen wir: Es existiert wirklich. Galilei hat aufgrund von Berechnungen angenommen, daß es einen Jupitermond geben müßte, und er hat dann mit Hilfe des Fernrohrs herausgefunden, daß dieser Jupitermond ›existiert‹. Aber genau diese Bedeutung des Existierens im Sinne von ›tatsächlich vorhanden sein‹ will Heidegger ausschließen. Er benutzt den Terminus in einem transitiven Sinn: Indem ich existiere, bin ich nicht einfach vorhanden, sondern ich muß m i c h existieren; ich lebe nicht nur, sondern ich muß mein Leben ›führen‹. Existenz ist eine Seinsweise, und zwar das *für es selbst zugängliche Sein* (DJ, 245). Existenz ist ein Seiendes, das anders als Steine, Pflanzen und Tiere in einem Selbstverhältnis steht. Es ›ist‹ nicht nur, sondern es wird gewahr, d a ß es ›da‹ ist. Und nur weil es dieses Selbstgewahren gibt, kann sich auch der ganze Horizont der Sorge und der Zeit öffnen. Existieren ist also nicht ein Vorhandensein, sondern ein Vollzug, eine Bewegung. Wie bewegend diese Einsicht für Heidegger selbst war, zeigt ein Brief an Karl Löwith von 1921. Darin heißt es: *Ich mache lediglich, was ich muß und was ich für nötig halte, und mache es so, wie ich es kann – ich frisiere meine philosophische Arbeit nicht auf Kulturaufgaben für ein allgemeines Heute... Ich arbeite aus meinem ›ich bin‹ und meiner geistigen, überhaupt faktischen Herkunft. Mit dieser Faktizität wütet das Existieren.*

Der Vollzugssinn des Daseins ist das soeben beschriebene Existieren im transitiven Sinn oder, was dasselbe bedeutet, faktisches Leben als sorgendes, bekümmertes, sich entwerfendes Leben in der Zeit. Menschliches Dasein wird nur aus seinem Vollzugssinn verständlich, nicht aber, wenn ich es wie einen vorhandenen Gegenstand vor mich hinstelle. Die Philosophie des Daseins, so wie sie Heidegger vorschwebt, und wie er sie in Umrissen schon einige Jahre vor SEIN UND ZEIT skizziert, steht nicht betrachtend ›über‹ dem Dasein, sondern ist ein Ausdruck, ein Organon dieses Daseins. Philosophie ist besorgtes Leben in geistesgegenwärtiger Aktion. Diese äußerste Möglichkeit der Philosophie ist, so sagt Heidegger in der ONTOLOGIE-Vorlesung, *das Wachsein des Daseins für sich selbst* (GA 63, 15), was vor allem bedeutet, es dabei zu ertappen, *wo es sich selbst aus dem Weg geht* (DJ, 238). Es bedeutet: die *Verfallsgeneigtheit* des Lebens durchsichtig machen, die Fluchtwege in die vermeintliche Stabilität abschneiden und den Mut haben, sich der Unruhe des Lebens zu überlassen im Bewußtsein, daß alles vermeintlich Haltbare, Festgestellte, Verbindliche nichts anderes ist als Zurechtgemachtes: eine Maske, die das Dasein sich aufsetzt oder von der *öffentlichen Ausgelegtheit*, also von den herrschenden Meinungen, Moralvorstellungen und Sinngebungen, aufgesetzt bekommt.

Die *Wachheit des Daseins für sich selbst* wird von Heidegger als die höchste Aufgabe der Philosophie bestimmt. Aber weil diese Wahrheit uns nicht ein wahres Selbst entdecken läßt, sondern uns einfach nur ins Herz der Unruhe, aus der wir fliehen wollen, zurückschleudert – gerade deshalb gibt es auch die *Angst vor der Philosophie* (GA 63, 19). Die Philosophie ist für den Heidegger dieser Jahre eine Unruhestifterin. Die Angst vor der Philosophie ist die Angst vor der Freiheit. Statt von der ›Freiheit‹ spricht Heidegger vorerst noch von dem *Möglichsein* des faktischen Lebens.

Philosophie im heideggerschen Sinne ist also Mitvollzug des sorgenden und besorgenden Daseins, sie ist aber auch freie Beweglichkeit und Besinnung darauf, daß es zur Wirklichkeit des Menschen gehört, Möglichkeiten zu haben. Mit alledem ist Philosophie also nichts anderes als waches Dasein und deshalb genauso besorgt, genauso problematisch und genauso sterblich wie dieses.

Das beste, was man über die Philosophie, auch die Heideggersche, sagen kann, ist, daß sie ein Ereignis ist, das, wie alles Dasein, seine Zeit hat.

Achtes Kapitel

Berufung nach Marburg. Kampfgemeinschaft mit Jaspers. Die Geister von Marburg. Unter den Theologen. Hannah Arendt. Die große Passion. Hannahs Kampf um Sichtbarkeit. Heideggers Sieg im Verborgenen. ›Das Leben liegt rein, einfach und groß vor der Seele‹. Die Entstehung von SEIN UND ZEIT. *Der Mutter aufs Totenbett gelegt.*

1920 hatte sich Heidegger schon einmal Hoffnung auf eine Professur in Marburg gemacht. Damals hatte es nur zu einem Achtungserfolg gereicht: er war auf den dritten Platz der Berufungsliste gesetzt worden. Man war in Marburg der Meinung gewesen, daß der junge Privatdozent zwar vielversprechend sei, aber noch zu wenig veröffentlicht habe. Als im Sommer 1922 die Frage einer möglichen Berufung nach Marburg wieder aktuell wird – ein Extraordinariat ist zu besetzen –, da liegt von Heidegger immer noch keine neue Veröffentlichung vor. Doch sein Ruhm, der sich nur auf seine Lehrtätigkeit stützt, ist inzwischen weiter angewachsen, und so schreibt Paul Natorp, das Haupt der Marburger Schule des Neukantianismus, am 22. September 1922 an Husserl, daß man in Marburg »neuerdings besonders auf Heidegger« aufmerksam geworden sei, und zwar nicht nur, weil Husserl auf seinen Assistenten offenbar so große Stücke hält, »sondern auch aufgrund dessen, was mir über seine neuere Entwicklung ... berichtet wird«. Natorp fragt an, ob denn Heidegger irgendeine Veröffentlichung vorbereite, die eingesehen werden könnte. Husserl gibt diese Anfrage an Heidegger weiter, und der setzt sich, wie er an Jaspers schreibt, *drei Wochen hin* und exzerpiert seine Aristoteles-Ausarbeitungen, versieht sie mit einem Vorwort und schickt das sechzig Seiten starke Konvolut nach Marburg: es handelt sich um den bereits kommentierten Text PHÄNOMENOLOGISCHE INTERPRETATIONEN ZU ARISTOTELES (ANZEIGE DER HERMENEUTISCHEN SITUATION).

In Marburg hat nun die Arbeit auch eingeschlagen, schreibt Heidegger am 19. November 1922 an Jaspers. Tatsächlich hatte Natorp Husserl berichtet, er und Nicolai Hartmann hätten »Heideggers Auszug mit höchstem Interesse gelesen« und darin »eine nicht alltägliche Originalität, Tiefe und Strenge« gefunden. Natorp schätzt Heideggers Chancen für Marburg positiv ein.

Auch in Göttingen interessiert man sich zur selben Zeit für Heidegger. Georg Misch verfaßt dort ein geradezu überschwenglich rühmendes Gutachten. Heidegger bringe »ein durchaus ursprüngliches, aus seiner eigenen Entwicklung entsprungenes Bewußtsein von der Bedeutung der Geschichtlichkeit des menschlichen Lebens mit«.

In Göttingen dringt der Dilthey-Schwiegersohn Misch mit seinem Lob nicht durch, trotz der Schützenhilfe Husserls, der sich nicht nur in Marburg, sondern auch an seiner ehemaligen Wirkungsstätte für eine Berufung Heideggers einsetzt. In Marburg scheinen die Aussichten besser zu sein. Doch Heidegger, der mit seinem spärlichen Assistentengehalt eine mittlerweile vierköpfige Familie nicht ernähren kann (weshalb Elfride in den Schuldienst eintreten mußte), bleibt skeptisch. An Jaspers schreibt er: *Dieses Herumgezogenwerden, halbe Aussichten, Lobhudeleien und so fort bringt einen in einen scheußlichen Zustand, auch wenn man sich vornimmt, sich nicht damit zu beschäftigen* (19.11.1922, BwHJ, 34).

Doch Heidegger hat Erfolg. Am 18. Juni 1923 erhält er seine Berufung auf ein Extraordinariat in Marburg, *mit Stellung und Rechten eines Ordinarius*, wie er am nächsten Tag stolz an Jaspers meldet.

Jaspers und Heidegger hatten sich im Jahr zuvor darin bestärkt, eine *Kampfgemeinschaft* zu sein. Sie hatten den Plan einer philosophischen Zeitschrift, die gegen den philosophischen Zeitgeist *rücksichtslos* vorgehen sollte, zurückgestellt aus Rücksicht darauf, daß Heidegger noch nicht fest im Sattel saß. Das hat sich nun geändert. Doch auf den Zeitschriftenplan kommen die beiden nicht mehr zurück. Rücksichtsloser aber werden die Töne, die Heidegger nun anschlägt. In Heideggers Brief an Jaspers vom 14. Juli 1923 sind sie unüberhörbar. Mit gutgelauntem Grimm fällt der soeben zum Professor ernannte Heidegger über die Zunft her. Über seinen Konkurrenten Richard Kroner, der nur auf dem dritten Platz der Berufungsliste landete, schreibt er: *So eine Jämmerlichkeit an Menschenwesen ist mir noch nie begegnet – jetzt läßt er sich bemitleiden wie ein altes Weib – die einzige Wohltat, die man ihm erweisen könnte, wäre, ihm heute noch die venia legendi zu entziehen*. Kroner habe dem in Marburg einflußreichen Nicolai Hartmann sogar versprochen, im Falle seiner Berufung dessen Kolleg wie ein Student zu besuchen. *Das werde ich nun nicht tun*, schreibt Heidegger, *aber ich werde ihm – durch das Wie meiner Gegenwart – die Hölle heiß machen; ein Stoßtrupp von 16 Leuten ... kommt mit.*

Ebenso martialisch beschwört Heidegger wieder die *Kampfgemein-*

schaft mit Jaspers, der Augenblick ihrer *Konkretion* sei nun gekommen: *Viel Götzendienerei muß ausgerottet werden – d.h. die verschiedenen Medizinmänner der heutigen Philosophie müssen ihr furchtbares und jämmerliches Handwerk aufgedeckt bekommen – bei Lebzeiten, damit sie nicht meinen, mit ihnen sei das Reich Gottes heute erschienen.*

Während Heidegger öffentlich Husserl immer noch als seinen *Lehrer* bezeichnet und auch davon profitiert, daß Husserl sich für ihn einsetzt, hat er sich innerlich schon so weit von ihm abgesetzt, daß er ihn in diesem Brief an Jaspers ebenfalls unter die verlästerten *Medizinmänner* steckt: *Sie wissen wohl, daß Husserl einen Ruf nach Berlin hat; er benimmt sich schlimmer als ein Privatdozent, der das Ordinariat mit einer ewigen Seligkeit verwechselt... Husserl ist gänzlich aus dem Leim gegangen – wenn er überhaupt je ›drin‹ war – was mir in der letzten Zeit immer fraglicher geworden ist – er pendelt hin und her und sagt Trivialitäten, daß es einen erbarmen möchte. Er lebt von der Mission des ›Begründers der Phänomenologie‹, kein Mensch weiß, was das ist – wer ein Semester hier ist, weiß, was los ist – er beginnt zu ahnen, daß die Leute nicht mehr mitgehen ... das will heute in Berlin die Welt erlösen.*

Übrigens hatte Husserl den ehrenhaften Ruf auf den Berliner Lehrstuhl von Ernst Troeltsch nicht angenommen. Sein Bedürfnis, von Berlin aus die Welt zu erlösen, war doch nicht so stark, wie Heidegger vermutet. Es spricht einiges dafür, daß Heidegger eigene Ambitionen auf seinen ehemaligen Lehrer projiziert. Denn gerade dieser kampflustige Brief an Jaspers zeigt, wie Heidegger inzwischen offenbar Gefallen an der Rolle des Herkules gefunden hat, der die Augiasställe der Philosophie ausmisten muß. Ist das nicht gerade die Erlöserattitüde, die er Husserl unterstellt? Jedenfalls schwelgt Heidegger in diesem Brief an Jaspers in den Phantasien von *grundsätzlicher Umbildung der Philosophie* und *Umsturz*. In diesem Sommer 1923 entdeckt Heidegger, daß er Heidegger ist.

Bei der Ontologie-Vorlesung dieses Sommers, der letzten in Freiburg, ist er sich seiner Sache sehr sicher. Beschwingt erzählt er Jaspers: *Ich lasse der Welt ihre Bücher und literarisches Getue und hole mir die jungen Menschen – ›holen‹, d.h. scharf zu fassen – so daß sie die ganze Woche ›im Druck‹ sind; mancher hält es nicht aus – die einfachste Art der Auslese – mancher braucht zwei, drei Semester, bis er versteht, warum ich ihm nichts, keine Faulheit, keine Oberflächlichkeit, keinen*

Schwindel und keine Phrasen – vor allem keine ›phänomenologischen‹ durchlasse ... Meine größte Freude ist, daß ich hier durch V*ormachen Wandel schaffen kann und jetzt frei bin* (14.7.1923, BwHJ, 41).

In den finanziellen Angelegenheiten fühlt er sich noch nicht so sicher. Welches Gehalt kann er verlangen? Hat er Anspruch auf eine Wohnung, auf Beihilfe zum Umzug? Jaspers dämpft seine Erwartungen: »In Bezug auf Gehalt werden Sie kaum Forderungen stellen können« (20.6.1923, BwHJ, 39).

Einige Zeit vor dem Umzug nach Marburg erwirbt Heidegger in Todtnauberg ein kleines Grundstück, auf dem er eine sehr bescheidene Hütte errichten läßt. Er legt selber nicht Hand an. Elfride organisiert und beaufsichtigt alles. Todtnauberg ist von nun an das Domizil seines Rückzugs von der Welt und zugleich die Sturmhöhe seines Philosophierens. Von hier aus führen alle Wege nach unten.

Im Herbst 1923 kommt Heidegger nach Marburg, im Spätsommer 1928 wird er die Stadt wieder verlassen, um in Freiburg die Husserl-Nachfolge anzutreten. Diese fünf Jahre in Marburg hat Heidegger unterschiedlich beurteilt. An Jaspers schreibt er am Ende seiner Marburger Zeit: *Etwas, was für Marburg spricht, kann ich Ihnen nicht anführen. Ich habe mich keine Stunde wohlgefühlt* (13.5.1928, BwHJ, 96).

Aus größerem zeitlichem Abstand aber bezeichnete Heidegger im privaten Gespräch diese Jahre als *erregendste, am meisten gesammelte und ereignisreiche* Periode seines Lebens, auch als die *glücklichste*.

Die negative Beurteilung der Marburger Zeit im Brief an Jaspers hatte auch eine taktische Bedeutung. Jaspers erwog damals, Heidelberg zu verlassen, und wollte von Heidegger wissen, ob er ihm einen Wechsel nach Marburg empfehlen könne. Das aber konnte Heidegger nicht, da er doch wußte, daß es nicht allein die Situation an der Universität, sondern das Pendeln zwischen Marburg und Todtnauberg gewesen war, was diese Jahre für ihn so produktiv gemacht hatte. Außerdem war da noch etwas geschehen, wovon er Jaspers keine Mitteilung machen wollte. Davon gleich mehr.

Marburg ist eine protestantisch geprägte Kleinstadt mit traditionsreicher Universität. 1927 feierte diese ihr 400jähriges Jubiläum. Bei dieser Gelegenheit, so erzählt Hermann Mörchen, sah man Heidegger mit grimmigem Gesicht im ungewohnten Cutaway in die sonst von ihm nicht besuchte katholische Kirche ziehen, während der Jubiläumsgottesdienst in der reformierten Kirche stattfand. Das von der Universität dominierte Städtchen leerte sich in den Semesterferien und schlief ein, aber zu dieser Zeit war Heidegger auf seiner Todtnauberger Hütte. Es herrschten überschaubare Verhältnisse. Jeder kannte jeden. Ein guter Ort für Intrigen, kleinstädtischen Klatsch, für kleinkariertes Cliquenwesen, für den Narzißmus der winzigen Differenz. Eine kleine Welt, die sich, weil in ihr die ›Gebildeten‹ dominierten, für groß hielt. Heidegger an Jaspers: *Die Universität langweilig. Die Studenten bieder, ohne besondere Antriebe. Und da ich mich viel mit dem Problem der Negativität beschäftige, habe ich hier die beste Gelegenheit zu studieren, wie ›das Nichts‹ aussieht* (2. 12. 1926, BwHJ, 69).

Es gab in Marburg kein ›gesellschaftliches Leben‹, worauf Heidegger ja auch keinen Wert legte. Im Hause der Frau Geheimrat Hitzig, wo alle Neuankömmlinge der akademischen Welt zeremoniell ›eingeführt‹ wurden, ließ er sich bisweilen doch auch blicken. Von dieser Frau ging das Gerücht, sie sei mit einundneunzig lebenden deutschen Ordinarien blutsverwandt. Es gab einen Kreis von George-Verehrern um den Wirtschaftshistoriker Friedrich Wolters. Die ›modern‹, neusachlich oder links dachten, trafen sich beim Kunsthistoriker Richard Hamann. Rudolf Bultmann versammelte um sich einen Kreis, in dem wöchentlich einmal abends von acht bis elf Uhr griechische Texte vorgelesen wurden; ab elf Uhr schritt man zum gemütlichen Teil, der ebenfalls in strenger Zeiteinteilung ablief: eine Stunde höherer akademischer Klatsch, und danach durften zu Wein und Zigarren Witze erzählt werden. Die besten trug Bultmann nach Gelehrtenart gewissenhaft in eine Kladde ein, um bei Gelegenheit auf sie zurückgreifen zu können. Jemand wie Ernst Robert Curtius, der großbürgerliches Leben gewohnt war, litt unter diesen Verhältnissen und fuhr bisweilen mit der Eisenbahn ins benachbarte Gießen, um im dortigen Bahnhofsrestaurant einmal gut zu essen. Das könne man nämlich nicht in Marburg, pflegte er zu sagen.

In dieser kleinräumigen Universitätswelt also wurde Heidegger sehr bald zum geheimnisumwitterten Star. Seine Vorlesungen legte er in die frühen Morgenstunden, was offenbar nicht abschreckend genug war, denn schon nach zwei Semestern saßen 150 Studenten in seiner Vorlesung. Gadamer, bis zum Eintreffen Heideggers ein Schüler von Nicolai Hartmann, berichtet, wie die Hartmannianer in Scharen zu Heidegger überliefen.

Hartmann, ein baltischer Baron, war ein Nachtmensch. Er stand mittags um 12 Uhr auf und wurde nachts um 12 Uhr erst richtig munter. Er hatte auch einen geselligen Kreis um sich geschart. Man diskutierte bis in den grauen Morgen. Gadamer: »Als Heidegger dann nach Marburg kam und seine Vorlesungen um sieben Uhr morgens ansetzte, wurde schon deshalb ein Konflikt unvermeidlich – wir waren nach Mitternacht in Hartmanns Zirkel nichts mehr wert.«

Hartmann, der bis zum Eintreffen Heideggers der philosophische Mittelpunkt gewesen war und sich nun verdrängt sah, nahm zwei Jahre später einen Ruf nach Köln an, erleichtert und befreit. Zuvor hatte der frisch bei Hartmann promovierte Gadamer noch versucht, seinen alten und seinen neuen Lehrer zusammenzuführen: »Als ich 1924, im Zeitpunkt unserer größten Armut nach dem Inflationsstop, einen kleinen Studentenumzug machen mußte, mit einem Leiterwagen, hatte ich ein edles Gespann, das den Wagen zog: Hartmann und Heidegger an derselben Deichsel. Und sie zogen in derselben Richtung! Heidegger war bei solchen Gelegenheiten von bezauberndem bubenhaftem Humor. Als der Leiterwagen auf der Rückfahrt leer war, ließ er plötzlich Hartmann allein ziehen ... sprang in den Wagen und spannte den Regenschirm auf.«

Heidegger war auch äußerlich in Marburg eine auffallende Figur. An Wintertagen konnte man ihn mit geschulterten Skiern zur Stadt hinausgehen sehen. Manches Mal kam er mit seiner Skikluft in die Vorlesung.

Im Sommer trug Heidegger seinen berühmten Lodenanzug und Kniebundhosen, das war sein veredeltes Wandervogeltum. Die Studenten nannten diese Bekleidung den »existentiellen Anzug«. Der Maler Otto Ubbelohde hatte ihn entworfen, und für Gadamer hatte diese Tracht etwas »von dem bescheidenen Prunk eines sonntäglich gekleideten Bauern«.

Heidegger hatte sogleich Verbindung aufgenommen zur »Akademischen Vereinigung Marburg«, eine mit der Bündischen Jugend verbundene Gruppierung, die sich gegen das Korporationswesen wandte, das »Alt-Herren-Spießertum« verwarf, das Prinzip der Selbsterziehung und Eigenverantwortlichkeit der Jugend im Geiste der Hohen-Meißner-Formel verfocht und das Ideal eines fächerübergreifenden Studiums zu verwirklichen suchte. Charakteristisch für diesen Kreis war eine Mischung aus Stefan-George-Strenge und Wandervogel-Romantik. Sozialpolitisch war man eher links eingestellt, auf jeden Fall aber antibürgerlich. Man setzte »Echtheit« gegen bildungsbürgerliche Phrasen. Als einmal ein Student erklärte, er wolle sich »zur Persönlichkeit bilden«, bemerkte Heidegger sarkastisch, das möge er besser bleiben lassen. Es herrschte hier eine geistige Atmosphäre ungefähr von der

Art, wie sie Thomas Mann in der Jugendbewegungsepisode im »Doktor Faustus« geschildert hat. Dort läßt er Adrian Leverkühn mit einigen Freunden bei Wanderungen und Übernachtungen in Scheunen die großen Debatten über Gott und die Welt führen mit Ausdrücken, die einem »gelehrten Jargon« angehörten, »deren Gespreiztheit ihnen nicht im mindesten zu Bewußtsein kam. Gern stellten sie ›die Wesensfrage‹, redeten vom ›sakralen Raum‹ oder dem ›politischen Raum‹ oder vom ›akademischen Raum‹, von ›Strukturprinzip‹, von ›dialektischem Spannungsverhältnis‹, von ›seinshaften Entsprechungen‹ und so fort.« Als die jungen Leute sich für den Schlaf in der Scheune fertig machen, sind die Gespräche bei der »nackten Endlichkeit« angekommen.

Heidegger hielt bei den Bündischen der »Akademischen Vereinigung« einige Vorträge. Dabei verlieh er der hier gepflegten Strenge noch einen besonderen Akzent, indem er erklärte, daß gerade die existentiellen Probleme mit *der eisigen Kälte des Begriffs* traktiert werden sollten. Heidegger lud diese Studenten auch in sein Haus ein, einmal sogar zur Nikolausfeier. Es wurden Lieder gesungen, Elfride hatte Kuchen gebacken, ein Nikolaus trat auf. Hermann Mörchen, der davon erzählt, bekam Hegels »Phänomenologie des Geistes« geschenkt. Man unternahm auch gemeinsame Wanderungen, mit Kote und Klampfe. Studenten dieses Kreises durften Heidegger auf seiner Hütte in Todtnauberg besuchen. Dort hielt der heimliche König der Philosophie auf bündische Weise Hof. Zur Sonnwendfeier ließ man Feuerräder ins Tal rollen, Heidegger rief ihnen starke Worte nach. Manchmal wurde auf der Wiese oberhalb der Hütte ein Holzstoß angezündet, und er hielt eine Rede. *Wach sein am Feuer der Nacht* ..., so begann er einmal und war mit dem nächsten Satz schon wieder bei seinen geliebten Griechen. Parmenides in Todtnauberg.

Arnold von Buggenhagen, der als Student bei Heidegger scheiterte, schildert dessen Auftreten im Seminar so: »Heidegger sprach mit mittellauter Stimme, ohne ein Konzept zu benutzen, und in den Strom der Rede floß ein außerordentlicher Verstand, aber noch mehr eine Willenskraft ein, die die Richtung der Rede bestimmte, besonders wenn die Thematik gefährlich wurde. In der Rolle eines Sprechers über ontologische Dinge bot er weniger das Bild eines Professors als das eines Kapitän-Kommodores auf der Kommandobrücke eines Ozeanriesen in einem Zeitalter, als treibende Eisberge noch die Gefahr eines Unterganges selbst titanischer Vehikel bedeuten konnten.«

Buggenhagen beschreibt, wie dieser neue Ton des Philosophierens, der erst nach Erscheinen von Jaspers philosophischem Hauptwerk 1932 auf den Namen der »Existenzphilosophie« getauft wurde, damals wirkte: als Entlastung von den Ansprüchen eines als schal empfundenen Vernunft-Universalismus und als Ermunterung, sich selbst ›irgendwie‹ ins Spiel zu bringen. Der Reiz lag gerade in der Unbestimmtheit dieses ›irgendwie‹. Denn daß es bei Heideggers Philosophieren nicht auf persönliche Bekenntnisse, auf Expressionismus oder betuliche Lebenshilfe ankam, wurde bald deutlich. Energisch genug hatte Heidegger solche Erwartungen abgewiesen. Häufig zitierte er in seinen Vorlesungen Schelling: »Die Angst des Lebens treibt den Menschen aus dem Centrum.« Das »Centrum« war für Heidegger jene Selbstbegegnung, die in dem einfachen Satz ausgedrückt wird: *Ich bemerke, daß ich bin.* Buggenhagen erzählt, wie Heidegger die Beunruhigung, die von diesem *nackten Daß* ausgeht oder doch ausgehen sollte, meisterhaft inszenierte. Wer von Kant gelernt hatte, daß der Rechtsgrund der Erkenntnis in der Vernunft liegt, dem konnte es jetzt so vorkommen, als liege er in der unverwechselbaren und unvertretbaren Existenz des Einzelnen. Also nicht im Verallgemeinerungsfähigen, sondern im Individuellen. Von diesem als von etwas Fundamentalem war unausgesprochen immer die Rede, und doch wollte es kaum einmal deutliche Konturen annehmen. Buggenhagen berichtet, wie er und manche seiner Kommilitonen sich beschämt fragten, ob sie denn nun überhaupt »genug Existenzmasse« hätten, um des Rechtsgrundes der verallgemeinerbaren Vernunft entraten zu können.

Bei Heidegger wurde einem schnell klar, daß man diese Philosophie nicht so »wegstudieren« konnte wie eine traditionelle Universitätsmaterie. Heideggers Lehrveranstaltungen waren zwar vollgepackt mit einschüchternder Gelehrsamkeit, aber man merkte doch, daß es ihm darauf nicht ankam: geradezu wegwerfend ging er mit diesem Wissen um, das ihm überreichlich zu Gebote stand. Für die Studenten war es ein staunenerregendes Schauspiel, diesen Philosophen in Aktion zu erleben. Den einen kam er vor »wie ein prachtvoll in den Lüften schwingender Adler«, anderen wie ein »in sich wütiger Mensch«. Buggenhagen erzählt, wie ihm damals plötzlich der Gedanke kam, »ob dieser Philosoph nicht ein toll gewordener Aristoteles sei, der Aufsehen errege, weil er die Größe seiner Denkmächtigkeit gegen sein Denken kehre und im Denken behaupte, überhaupt nicht zu denken, sondern Existenz zu sein«.

Aber diese Heideggersche *Existenz* blieb vielen Studenten rätselhaft, und das beste, was sie tun konnten, war, sich nach der eigenen Rätselhaftigkeit umzusehen. Buggenhagen bekennt, daß ihm dies nicht gelingen wollte. Andere werden bei diesem Bemühen erfolgreicher sein.

Hermann Mörchen berichtet, wie eindrucksvoll Heidegger auch »schweigen« konnte. Für Mörchen, der neben Philosophie und Germanistik auch Theologie studierte, hatte die Rede von der *Existenz* eine religiöse Bedeutung. Er fragte Heidegger, der aber schwieg, für Mörchen ein Beweis, »daß nichts unbedingter und lauter spricht als ein wesentliches Schweigen. Zugleich ist es ein Beispiel für die Art von Freiheit, die Heidegger denen ließ, die durch seine Schule gingen.« Im Seminar sagte Heidegger einmal: *Die Theologie ehren wir, indem wir von ihr schweigen.*

Dieses Schweigen zur Theologie aber wurde ihm in Marburg noch schwerer gemacht als in Freiburg, denn Marburg war eine Hochburg der protestantischen Theologie. Hier waren gerade ihre ›modernen‹ Ausprägungen lebendig, also die Versuche, in der Auseinandersetzung mit dem wissenschaftlichen Geist und der Kultur einen neuen Zugang zum christlichen Glauben zu gewinnen.

Kurz nach seiner Ankunft in Marburg besuchte Heidegger einen Vortrag Eduard Thurneysens, der zu den ›dialektischen‹ Theologen um Karl Barth gehörte. Für Gadamer blieb der Diskussionsbeitrag Heideggers unvergeßlich, denn was er sagte, widersprach zwar nicht dem Geist des Ortes, aber dem, was man gerüchteweise in Marburg von Heidegger gehört hatte: daß er sich von Kirche und Glaube abgewandt habe. Heidegger also sagte, »es sei die wahre Aufgabe der Theologie, zu der sie wieder finden müsse, das Wort zu suchen, das imstande sei, zum Glauben zu rufen und im Glauben zu bewahren«.

Diese Formulierung beschreibt ziemlich genau das Vorhaben des großen Theologen am Ort, Rudolf Bultmann. Der war zwei Jahre vor Heidegger nach Marburg gekommen. Von hier aus wird er die protestantische Theologie erneuern, zum zweitenmal nach Karl Barth. Diese Theologie wird unter dem Titel der »Entmythologisierung« zwar erst nach 1945 ihren großen Durchbruch erleben, aber es sind die Marburger Jahre Heideggers, in denen Bultmann sie entwirft. Und es ist eine Theologie aus dem Geiste der Heideggerschen Philosophie. Daran hat Bultmann selbst keinen Zweifel gelassen. Von Heideggers Daseinsanalyse läßt sich Bultmann die Beschreibung der menschlichen Situation, der »Existenz«, vorgeben: Geworfenheit, Sorge, Zeitlichkeit, Tod und Ausweichen in die Uneigentlichkeit. Wichtig wird ihm Heideggers

Kritik einer Metaphysik, in der das Denken sich eine gänzlich irreale Zeitenthobenheit und Lebensverfügbarkeit vorspiegelt. Was bei Heidegger die Metaphysikkritik, ist bei Bultmann die Entmythologisierung. Der Philosoph Bultmann will, wie Heidegger, die »existenziale Struktur« des menschlichen Daseins freilegen; der Theologe Bultmann will dann diese »nackte« Existenz konfrontieren mit der christlichen Botschaft, die ebenfalls von historischen Dogmen befreit und auf ihre existentielle Grundbedeutung reduziert wird. Daß Heidegger, wie ihn Bultmann versteht, kein Existenzideal, sondern eben nur die existentiellen Strukturen beschreibt, macht ihn für Bultmanns Theologie so anschlußfähig. Bultmann: »Indem die Existenzphilosophie die Frage nach meiner eigenen Existenz nicht beantwortet, legt sie meine eigene Existenz in meine persönliche Verantwortung, und indem sie das tut, macht sie mich offen für das Wort der Bibel.«

Heidegger und Bultmann schließen schnell Freundschaft, beide werden ihr Leben lang daran festhalten. Doch das geistige Verhältnis zwischen ihnen bleibt asymmetrisch. Heidegger ist von Bultmann nicht in demselben Maße beeinflußt wie umgekehrt. Er akzeptiert die Bultmannsche Theologie unter Voraussetzung des Glaubens, der aber nicht Sache der Philosophie sein kann. Insofern folgt er der Bultmannschen Theologie nicht. Bultmann aber geht den Weg der Heideggerschen Philosophie ein Stück weit mit, um jenen Ort zu finden, wo die christliche Botschaft treffen kann.

Auf Bultmanns Einladung hält Heidegger im Sommer 1924 vor der Marburger Theologenschaft den Vortrag DER BEGRIFF DER ZEIT, ein Musterbeispiel für Heideggers Kunst des beredten philosophischen Schweigens in den Angelegenheiten der Theologie.

Er wolle zu theologischen und göttlichen Dingen nichts sagen, beteuert er am Anfang, er beschränke sich auf das *Menschliche*; er wird dann aber darüber so reden, daß am Ende eine Theologie von der Art der Bultmannschen wie ein Schlüssel ins Schloß paßt.

Zum Zeitpunkt dieses Vortrags ist Heidegger schon dabei, die Gedanken von SEIN UND ZEIT auszuarbeiten. In gedrängter Form präsentiert er einen Abriß der wichtigsten *Grundstrukturen des Daseins*, die insgesamt vom Charakter der *Zeit* bestimmt sind.

Zeitlichkeit erläutert er hier – zum erstenmal mit dieser Pointierung – als Tödlichkeit: *Das Dasein ... weiß um seinen Tod... Es ist ein Vorlaufen des Daseins zu seinem Vorbei* (BZ, 12). Schon bei jedem Tun und Erleben jetzt und hier bemerken wir dieses *Vorbei*. Der Lebensgang ist immer ein Vergehen des Lebens. Zeit erfahren wir an uns selbst als dieses Vergehen. Deshalb ist dieses *Vorbei* nicht das Ereignis des Todes am Ende unseres Lebens, sondern die Art und Weise des Lebensvollzugs, *das Wie meines Daseins schlechthin* (BZ, 18).

Worin unterscheiden sich diese Überlegungen von der großen Tradition des Nachdenkens über den Tod, von den Todesgedanken des Sokrates, von der christlichen Mahnung »Memento mori«, von Montaignes Ausspruch »Philosophieren heißt sterben lernen«?

Sie unterscheiden sich darin, daß Heidegger den Tod nicht bedenkt, um dann doch mit Gedanken über ihn zu triumphieren, sondern um deutlich zu machen, daß erst das Denken des Todes, des stets gegenwärtigen *Vorbei*, den Zugang zur Zeitlichkeit und damit zur Unverfügbarkeit des Daseins eröffnet.

Dieser Vortrag begnügt sich mit Andeutungen, die später im berühmten Todeskapitel von SEIN UND ZEIT kraftvoll entwickelt werden. Doch die Andeutungen genügen, um einer mächtigen Tradition der Theologie und Metaphysik eine deutliche Absage zu erteilen. Es ist die Tradition, die Gott oder das höchste Sein als eine zeitenthobene Sphäre statuiert, an der wir, im Glauben oder im Denken, Anteil nehmen können. Heidegger deutet dies als Ausweichen vor der eigenen Zeitlichkeit. Die vermeintliche Bindung ans Ewige gelangt nicht über die Zeit hinaus, sondern schreckt nur vor ihr zurück, sie erweitert nicht unsere Möglichkeiten, sondern bleibt hinter ihnen zurück.

Diese Tradition, von der Heidegger sich absetzt, ist dieselbe, gegen die auch Bultmann seine Theologie der Entmythologisierung entwikkelt; eine Theologie, die ins Zentrum der christlichen Botschaft das Kreuz und also das Sterben eines Gottes stellt. In der Bultmannschen Theologie wird die Erfahrung der Zeitlichkeit, so wie sie Heidegger herausarbeitet, vorausgesetzt. Bei Bultmann muß man das *Sein zum Tode* erfahren haben, mit allen Schrecken und Beängstigungen, ehe man überhaupt empfänglich werden kann für die christliche Botschaft. Kreuz und Auferstehung bezeichnen die im Leben eines Gläubigen sich vollziehende Verwandlung: Die Wiedergeburt des Menschen ist kein phantasiertes Ereignis einer künftigen Ewigkeit, sondern vollzieht sich hier und jetzt als Umwendung des inneren Menschen – eine Wiedergeburt aus der radikal erfahrenen Zeitlichkeit, und das heißt Tödlichkeit, des Lebens. Im Leben vom Tod umfangen und im Tod vom Leben umfangen. Das ist die paradoxe und karge Botschaft des Neuen Testaments – in der Interpretation Bultmanns.

Wie inspirierend Heideggers Philosophieren für die religiösen Denker damals war, zeigt auch das Beispiel Hans Jonas. Er studierte bei Heidegger und Bultmann, und seine große Untersuchung zum Thema »Gnosis und spätantiker Geist« verfährt mit einer anderen spirituellen Überlieferung (die Gnosis war die mächtigste spirituelle Bewegung in der Zeit von Spätantike und frühem Christentum) ebenso wie Bultmann mit der christlichen. Wie Bultmann nimmt auch Hans Jonas die Heideggersche Daseinsanalyse als ›Schloß‹, in das dann die spirituelle Botschaft als ›Schlüssel‹ hineinpaßt. Er paßt in diesem Fall sogar besonders gut. Denn die Gnosis lebt – jedenfalls in der Interpretation von Jonas – aus der Erfahrung der »Geworfenheit«. Die gnostische Mystik und Theologie erzählt von dem »Absturz« des Geistes (Pneuma) in die irdische Welt, wo er stets fremd und heimatlos bleiben muß. Nur dann kann er sich ins Irdische einleben, wenn er seinen wahren Ursprung verrät und vergißt. Wenn er sich zerstreut und verliert an die Welt. Für die Erlösungsvorstellungen der Gnosis kommt alles darauf an, ob der in der Welt herumgeisternde Geist seine Seinsvergessenheit überwindet, sich aus der Zerstreuung wieder sammelt und seines vergessenen Ursprungs wieder eingedenk wird. Kurz: Hans Jonas beschreibt die Gnosis als eine historisch fixierbare religiöse Bewegung auf der Suche nach einer heideggerisch verstandenen *Eigentlichkeit*.

Für Heidegger eröffnete sich in der Marburger Zeit die überraschende Chance – bei den hiesigen Theologen nannte man das den ›Kairos‹, die große Gelegenheit – für eine ganz besondere Art von Eigentlichkeit. Eine Begegnung, aus der – wie er später seiner Frau Elfride gestehen wird – *die Passion seines Lebens* wurde.

Nach Marburg war Anfang 1924 eine achtzehnjährige jüdische Studentin gekommen, weil sie bei Bultmann und Heidegger studieren wollte. Es ist Hannah Arendt.

Sie entstammte einer gutbürgerlichen, assimilierten jüdischen Familie aus Königsberg, wo sie auch aufgewachsen war. Schon im Alter von vierzehn Jahren erwachte ihre philosophische Neugier. Sie las Kants »Kritik der reinen Vernunft«, beherrschte Griechisch und Latein so gut, daß sie mit sechzehn Jahren einen Studien- und Lesezirkel für antike Literatur begründete. Noch vor der Reifeprüfung, die sie als Externe in Königsberg ablegte, hatte sie in Berlin Romano Guardini gehört und Kierkegaard gelesen. Philosophie war für sie zu einem Abenteuer geworden. In Berlin hatte sie auch von Heidegger gehört.

Im Rückblick schreibt sie darüber: »Das Gerücht sagt es ganz einfach: Das Denken ist wieder lebendig geworden, die totgeglaubten Bildungsschätze der Vergangenheit werden zum Sprechen gebracht, wobei sich herausstellt, daß sie ganz andere Dinge vorbringen, als man mißtrauisch vermutet hat. Es gibt einen Lehrer; man kann vielleicht das Denken lernen... Dies Denken, das als Leidenschaft aus dem einfachen Faktum des In-die-Welt-Geborenseins aufsteigt und ... so wenig einen Endzweck ... haben (kann) wie das Leben selbst.«

Hannah Arendt in Marburg war eine junge Frau, die mit ihrem Bubikopf und der modischen Kleidung alle Blicke auf sich zog. »Das auffallendste an ihr war die suggestive Kraft, die von ihren Augen ausging«, schreibt Benno von Wiese – in den zwanziger Jahren für kurze Zeit ihr Freund – in seinen Lebenserinnerungen, »man tauchte in ihnen geradezu unter und mußte fürchten, nicht mehr nach oben zu kommen.« Ihres eleganten grünen Kleides wegen, das sie häufig trug, nannten die Studenten sie »die Grüne«. Hermann Mörchen erzählt, wie in der Mensa sogar an den Nachbartischen manchmal die Gespräche verstummten, wenn diese Studentin das Wort führte. Man mußte ihr einfach zuhören. Mit einer Mischung aus Selbstbewußtsein und Schüchternheit trat sie auf. Beim obligatorischen Zulassungsgespräch zu Bultmanns Seminar drehte sie den Spieß um und setzte selbst Bedingungen für ihre Teilnahme. Sie teilte Bultmann ohne Umschweife mit, daß »es keine antisemitischen Bemerkungen geben« dürfe. Bultmann versicherte ihr in seiner ruhigen und freundlichen Art, daß »wir zwei schon mit der Situation fertig werden«, falls irgendwelche antisemitischen Äußerungen fallen sollten. Hans Jonas, der Hannah Arendt im Bultmann-Seminar kennenlernte und mit ihr Freundschaft schloß, erzählt, wie diese Studentin unter den Kommilitonen als Ausnahmeerscheinung empfunden wurde. Man fand in ihr »eine Intensität, eine Zielstrebigkeit, ein Gespür für Qualität, eine Suche nach dem Wesentlichen, einen Tiefsinn, die ihr etwas Magisches verliehen«.

Sie wohnte in einer Dachkammer nahe der Universität. Dort fanden sich ihre Freunde, die ihr teilweise noch aus Königsberg und Berlin nach hierher gefolgt waren, zu philosophischen Diskussionsrunden zusammen, und dort bot sie ihnen auch bisweilen das reizende Schauspiel, wie sie ihre kleine Zimmergenossin, eine Maus, aus ihrem Loch rief, um sie zu füttern.

Und in dieser Dachkammer empfing sie seit dem Februar 1924, zwei Semester lang, ihren philosophischen Lehrer Martin Heidegger, ganz im geheimen, nicht einmal die besten Freunde durften davon etwas wissen.

Elzbieta Ettinger hat die Geschichte dieser Beziehung aus dem Nachlaß der Hannah Arendt rekonstruiert. Sie zitiert aus den Briefen Hannah Arendts und paraphrasiert die Briefe Heideggers (die für die Veröffentlichung nicht freigegeben sind). Nach Ettingers Recherchen, auf die ich mich im Folgenden stütze, begann die Geschichte im Februar 1924. Heidegger war die Studentin schon zwei Monate lang aufgefallen, als er sie Anfang Februar zu einem Gespräch in sein Büro einlud. Das Bild, das bei Heidegger haften blieb: »Sie trug einen Regenmantel, hatte einen Hut tief ins Gesicht gezogen und hauchte gelegentlich ein kaum hörbares ›Ja‹ und ›Nein‹« (Ettinger).

Hannah Arendt muß sich augenblicklich und unwiderstehlich zu diesem Mann, den sie bewunderte, hingezogen gefühlt haben. Am 10. Februar schreibt Heidegger seinen ersten Brief mit der formellen Anrede *Liebes Fräulein Arendt.* »Respektvolle Distanz wahrend«, so Ettinger, »versicherte er ihr seine Loyalität, pries ihre geistigen und seelischen Qualitäten und bot ihr lediglich seinen Beistand dabei an, sich selber treu zu bleiben« (Ettinger). Es ist ein Brief, sachlich und zugleich gefühlvoll, ein »lyrischer Gesang«, kommentiert Elzbieta Ettinger. Auch Heideggers erster Brief an Elisabeth Blochmann war von dieser Art: eine Mischung aus subtiler Huldigung und Selbstinszenierung als Seelenführer. Damals, am 15.6.1918, hatte er geschrieben, *und wenn ich nicht die Überzeugung gewonnen hätte, daß Sie der Ergriffenheit durch solchen Geist wertgehalten sind in Ihrer Bestimmung, möchte ich nicht gewagt haben, heute zu schreiben und auch künftig in geistigem Verkehr zu bleiben. Bleiben Sie stark und froh…* (BwHB, 7). Vielleicht weniger hölzern, aber wohl ebenso psychagogisch gibt sich Heidegger in seinem ersten Brief an Hannah, die ihrerseits überwältigt und verwirrt ist. Der große Meister hat sich ihr zugewandt. Vier Tage später schreibt Heidegger *Liebe Hannah.* Und zwei Wochen später ein paar Zeilen, aus denen der »Beginn physischer Intimität« (Ettinger) hervorgeht.

Es war auch in diesem Monat Februar, daß, wie Hermann Mörchen berichtet, Heidegger in Bultmanns Seminar eine Interpretation des Luther-Kommentar zu Genesis 3, zur Sündenfall-Geschichte also, vortrug.

Heidegger gab die Regeln dieser Beziehung vor, und Hannah hielt sich daran. Strikte Geheimhaltung war das Wichtigste. Nicht nur seine

Frau, auch sonst kein Mensch an der Universität und in der kleinen Stadt durfte etwas davon wissen. Heidegger schickte verschlüsselte Botschaften, mit denen er Hannah »unter – auf die Minute genauer – Angabe von Zeit und Ort ihres nächsten Rendezvous mit ausgeklügelten Signalen von ein- und ausgeschalteten Lampen, Vorsichtsmaßregeln und Anweisungen zu sich bestellte, wenn er damit rechnete allein zu sein« (Ettinger). Hannah fügte sich den Arrangements, *um wegen meiner Liebe zu Dir nichts schwerer für Dich zu machen, als es zu sein hat* (Ettinger). Hannah Arendt hat es nicht gewagt, von Heidegger zu verlangen, daß er sich für sie entscheide.

In den Sommersemesterferien 1924, als Heidegger in Todtnauberg ist, kehrt Hannah zu ihren Verwandten nach Königsberg zurück und verfaßt dort ein nur leicht verschlüsseltes Selbstporträt, das sie Heidegger zukommen läßt. Denn es quält sie das Gefühl, in dieser Beziehung nicht wirklich anwesend zu sein. Sie kann sich nicht zeigen, in den »Schatten« aber, so nennt sie ihren Text, will sie sich endlich zeigen. Sie versucht, für das »Außerordentliche und Wunderbare«, das soeben geschehen ist und ihr Leben in ein »Hier und Jetzt und Dann und Dort« aufgespalten hat, eine Sprache zu finden. Sie nennt ihre Liebe »eine starre Hingegebenheit an ein Einziges«. Schattenhaft, ganz in Stimmungen aufgelöst, zeichnet Hannah Arendt ihre seelische Bewegtheit nach, die unter dem Sog einer weltlosen, abgespaltenen Innerlichkeit steht. Der Text erzählt, durch Reflexionen gebrochen und in der distanzierten dritten Person, von einer Liebe, die noch nicht richtig zur Welt gekommen ist. Es fehlt etwas ganz Elementares, das Hannah Arendt später in »Vita activa« den »weltlichen Zwischenraum« nennen wird: »In der Leidenschaft, mit der die Liebe nur das Wer des anderen ergreift, geht der weltliche Zwischenraum, durch den wir mit anderen verbunden und zugleich von ihnen getrennt sind, gleichsam in Flammen auf. Was die Liebenden von der Mitwelt trennt, ist, daß sie weltlos sind, daß die Welt zwischen den Liebenden verbrannt ist.«

Dieser »weltliche Zwischenraum« wird nicht nur von der Leidenschaft, sondern auch vom äußeren Zwang der Geheimhaltung ausgelöscht. Wo die Liebe sich nicht zeigen darf, wo es keine Zeugen für sie gibt, da geht auch bald das Kriterium der Unterscheidung von Wirklichkeit und Imagination verloren. Das bedrückt Hannah, und sie spricht in den »Schatten« von ihrer »verwunschenen Verbanntheit«. Und in einem Gedicht aus dieser Zeit heißt es: »Warum gibst du mir die Hand / Scheu und wie geheim? / Kommst du aus so fernem Land, / Kennst nicht unseren Wein?«

Heidegger war siebzehn Jahre älter, Vater von zwei Söhnen, verheiratet mit einer ehrgeizigen Frau, die sehr auf die Reputation der Familie achtete und mit Argwohn verfolgte, wie ihr Mann damals von Studentinnen umschwärmt wurde. Gegen Hannah Arendt verhielt sie sich besonders abweisend, weil Heidegger sie offensichtlich bevorzugt behandelte, aber auch deshalb, weil sie Jüdin war. Elfrides Antisemitismus war schon für manche in den zwanziger Jahren notorisch. In diesem Zusammenhang weist Ettinger darauf hin, daß Günther Stern (Anders), später für einige Jahre mit Hannah Arendt verheiratet, sich daran erinnert, wie Elfride Heidegger ihn bei Gelegenheit eines Festes in Todtnauberg gefragt habe, ob er denn nicht in die nationalsozialistische Jugendgruppe von Marburg eintreten wolle, und wie entsetzt sie dann gewesen sei, als er ihr mitteilte, daß er Jude sei. Wenn Hannah damals Heidegger nicht vor eine Entscheidung gestellt hat, so schließt das doch nicht aus, daß sie eine solche von Heidegger erwartet hat. Die Geheimhaltung war schließlich sein Spiel. In ihren Augen war er es, der dieser Beziehung zu einer kompakteren Wirklichkeit hätte verhelfen müssen. Er aber wollte nicht, Hannahs Hingabe war ein Glück für ihn, doch für ihn sollte sich daraus keine Verantwortung ergeben. In den Briefen beteuert er ihr immer wieder, daß sie wie niemand anderes ihn verstünde – auch und gerade in philosophischen Dingen. Und tatsächlich: Hannah Arendt wird noch beweisen, wie gut sie Heidegger verstanden hat. Sie wird ihn besser verstehen, als er sich selbst verstanden hat. Sie wird komplementär, wie Liebende tun, auf seine Philosophie antworten und ihr jene Weltlichkeit geben, die ihr noch fehlt. Auf das *Vorlaufen in den Tod* wird sie antworten mit einer Philosophie der Geburtlichkeit, auf den existentiellen Solipsismus der *Jemeinigkeit* wird sie antworten mit einer Philosophie der Pluralität; auf die Kritik der *Verfallenheit* an die Welt des *Man* wird sie antworten mit dem »amor mundi«. Auf Heideggers *Lichtung* wird sie antworten, indem sie die ›Öffentlichkeit‹ philosophisch adelt. So erst wird aus der Heideggerschen Philosophie etwas Ganzes, aber dieser Mann wird das nicht bemerken. Er wird Hannah Arendts Bücher nicht lesen oder doch nur sehr flüchtig, und was er da liest, das wird ihn kränken. Von alledem später mehr.

Heidegger liebt Hannah und er wird sie noch lange lieben; er nimmt sie ernst als eine Frau, die ihn versteht, sie wird für ihn zur Muse von Sein und Zeit; er wird ihr bekennen, daß er ohne sie das Werk nicht hätte schreiben können. Aber in keinem Augenblick wird er die Einsicht gewinnen, daß er von ihr lernen kann. Als 1955 Arendts großes Buch »Elemente und Ursprünge totaler Herrschaft« erscheint und Hannah einen Besuch bei Heidegger erwägt, nimmt sie schließlich doch davon Abstand. In einem Brief an Heinrich Blücher gibt sie den Grund dafür an: »Die Tatsache, daß gerade jetzt mein Buch herauskommen muß ... ergibt die denkbar schlechteste Konstellation... Ich bin, wie Du weißt, durchaus bereit, Heidegger gegenüber so zu tun, als ob ich nie eine Zeile geschrieben hätte und nie eine schreiben würde. Und das ist unausgesprochen die conditio sine qua non der ganzen Affäre.«

Zurück nach Marburg. Je länger die Beziehung dauert, desto schwieriger wird es, die Heimlichkeit aufrechtzuerhalten, und darüber hinaus beginnt sie für Hannah allmählich unheimlich zu werden. Da es Heidegger auf die kostbaren Augenblicke der Begegnung ankommt und nicht darauf, Hannah immer um sich zu haben – diese Rolle ist Elfride zugedacht –, schlägt er Hannah Anfang 1925 eine Übersiedlung vor – am besten nach Heidelberg, zu seinem Freund Karl Jaspers. Kein Ende der Beziehung, nur eine räumliche Trennung. Hannah trägt sich inzwischen auch schon mit dem Gedanken, Marburg zu verlassen. Sie hat aber andere Gründe. Wahrscheinlich wird sie, wie Ettinger vermutet, gehofft haben, Heidegger würde sie zurückhalten, und sie ist gekränkt, als er von sich aus den Vorschlag macht, sie solle weggehen. Aber – auch darauf macht Ettinger aufmerksam – es war von ihrer Seite nicht nur Taktik im Spiel. Zehn Jahre später schreibt sie an Heinrich Blücher, der ihr alles sein wird – Geliebter, Freund, Bruder, Vater, Kollege –: »Immer noch scheint es mir unglaubhaft, daß ich beides habe kriegen können, die ›große Liebe‹ und die Identität mit der eigenen Person... Und ich habe doch das eine erst, seit ich auch das andere habe. Weiß aber nun endlich auch, was Glück eigentlich ist.«

In der Verbindung mit Heinrich Blücher, einem Leidensgenossen des Exils, ehemaligem Kommunisten, später in Amerika als Autodidakt auf einen philosophischen Lehrstuhl berufen –, erst mit diesem intellektuell charismatischen, souveränen und warmherzigen Mann wird sie die Einheit von Hingabe und Beisichsein leben können. Mit Heidegger war das nicht möglich. Um sich zu bewahren, will sie Ende 1924 von Heidegger weg. Aber sie kommt nicht los von ihm. Zwar verschweigt sie ihm ihre neue Heidelberger Adresse, wartet aber insgeheim darauf, daß er sie suchen und finden möge.

Von Hans Jonas erfährt Heidegger die Heidelberger Adresse, und jetzt gehen wieder die Briefe hin und her. Und wieder die Arrangements. Im Frühjahr 1926 fährt Heidegger zu einem Vortrag in die Schweiz. Die Vereinbarung war, laut Ettinger (31): Hannah sollte Heidegger unterwegs in einer kleinen Ortschaft treffen. Er würde die Fahrt unterbrechen für einen Tag. Man würde in einem Gasthof übernachten. Er verspricht, auf allen kleinen Bahnhöfen, wo der Zug hält, nach ihr Ausschau zu halten.

Hannah berichtet Heidegger von ihrer Affäre mit Benno von Wiese, später auch von ihrer Beziehung mit Günther Anders. Sie empfindet es als verletzend, wie er darauf reagiert. Er beglückwünscht sie und arrangiert weiterhin die Stelldicheins. Er gibt ihr damit zu verstehen, daß er sich mit seiner großen Leidenschaft über die kleinen Leidenschaften des Tages, in die sie sich verwickelt, erhaben dünkt. Vor allem aber: er merkt offenbar nicht, daß ihre Liebschaften hilflose Versuche sind, von ihm loszukommen. Und falls er es doch gemerkt haben sollte, dann, so kommt es ihr vor, bedeutet sein Verhalten, daß er seine Macht über sie spielen lassen möchte. Sie zieht sich zurück, antwortet auf Briefe nicht, aber dann kann es sein, daß wieder eine Aufforderung, eine Bitte, eine Liebeserklärung von ihm kommt, und sie ist zur Stelle. Ettinger erzählt ein Beispiel: Hannah ist mit einer Freundin Ende der zwanziger Jahre unterwegs auf einer Reise nach Nürnberg. Sie erhält einen Brief von Heidegger, der »sie zu einem Stelldichein rief« (Ettinger). Heidegger ruft nach ihr, wie der Schloßbeamte Klamm nach Frieda in Kafkas »Schloß«. Und wie Frieda reagiert Hannah: sie hört auf den Ruf und eilt zu Heidegger.

Sechs Jahre nach dem Abschied von Marburg schreibt Hannah Arendt ihr Buch über Rahel Varnhagen. Bei der Schilderung der gescheiterten Liebesbeziehung Rahels zum Grafen Finckenstein hat man den Eindruck, daß sie hier eigene Erfahrungen und Enttäuschungen durcharbeitet. Der Graf, so wollte es Rahel, sollte sich zu ihr bekennen, nicht nur in ihrem Salon, sondern auch vor seiner Familie. Sie, die Jüdin, wollte in seine junkerliche Welt hinübergezogen werden, und wenn er nicht den Mut dazu hätte, wenn er ihr nicht, wie Hannah Arendt schreibt, das Geschenk der »Sichtbarkeit« und des »Gekanntwerdens« machen würde, dann sollte er sich wenigstens für den Bruch entscheiden. Vor allem sei Rahel, so Hannah Arendt, dadurch gedemütigt worden, daß der Graf den Dingen ihren Lauf ließ und es so möglich machte, daß die Trägheit der Verhältnisse über das Abenteuer der Liebe triumphieren konnte. »Er ist Sieger«, schreibt Hannah Arendt, »und hat erreicht, was er wollte: das Leben, das ›Schicksal‹ – sein Leben nämlich und sein Schicksal – einfach über ihre ihm maßlos und verrückt erscheinenden Ansprüche Herr werden zu lassen, ohne sich im Bösen oder Guten zu engagieren, ohne sich zu stellen.«

War Heidegger nicht auch ein solcher »Sieger«, der durch seine Nichtentscheidung erreichte, daß das »Schicksal« über ihre »maßlos und verrückt erscheinenden Ansprüche« Herr wurde?

Nachdem das »Schicksal« diese Arbeit verrichtet und die beiden für viele Jahre getrennt hat, und als Hannah 1950 Heidegger wiedertrifft, schreibt sie an Heinrich Blücher: »Im Grunde bin ich glücklich, einfach über die Bestätigung: daß ich recht hatte, nie zu vergessen...« Mit dieser Wiederbegegnung wird ein neues Kapitel dieser lebenslänglichen Geschichte beginnen.

Die *Inspiration* für die eigene Arbeit hält bei Heidegger an, auch nach dem Weggang der Muse. In den Semesterferien arbeitet er in Todtnauberg an jenem Manuskript, das 1927 unter dem Titel SEIN UND ZEIT erscheinen wird. Er hat sich bei einem Bauern in der Nachbarschaft eine Stube gemietet. In der Hütte ist es zu eng und zu unruhig, wenn die Familie da ist. In den Briefen an Jaspers, dem er seine Beziehung zu Hannah Arendt nicht eingesteht, bekundet er seine grimmige und lustvolle Arbeitswut. Am 24. Juli 1925: *Ich fahre am 1.8. auf die Hütte – und freue mich sehr auf die starke Luft der Berge – dieses weiche leichte Zeug hier unten ruiniert einen auf die Dauer. Acht Tage Holzarbeit – dann wieder Schreiben.* Am 23. September 1925: *Hier oben ist es herrlich – am liebsten bliebe ich gleich bis zum Frühjahr hier oben bei der Arbeit. Nach der Gesellschaft der Professoren habe ich kein Verlangen. Die Bauern sind viel angenehmer und sogar interessanter.* Am 24. April 1926 die triumphierende Mitteilung aus Todtnauberg: *Ich habe am 1. April den Druck meiner Abhandlung ›Sein und Zeit‹ begonnen... Ich bin richtig im Zug und ärgere mich lediglich über das kommende Semester und die spießige Luft, die einen jetzt wieder umgibt... Es ist schon tiefe Nacht – der Sturm fegt über die Höhe, in der Hütte knarren die Balken, das Leben liegt rein, einfach und groß vor der Seele... Zuweilen begreife ich nicht mehr, daß man da unten so merkwürdige Rollen spielen kann...*

Der Anstoß, zumindest einen Teil von SEIN UND ZEIT fertigzumachen, war von außen gekommen. Nicolai Hartmann hatte 1925 die Berufung nach Köln angenommen, und die Marburger Fakultät wollte den Extraordinarius Heidegger zum ordentlichen Ordinarius machen.

Die Berufungskommission übt nun einen sanften Druck auf Heidegger aus, er möge doch endlich eine neue Arbeit zur Veröffentlichung vorlegen. Man bezieht sich dabei auf eine Aussage Hartmanns, der darauf hingewiesen hatte, daß »eine ganz hervorragende Arbeit Heideggers« unmittelbar vor dem Abschluß stehe. Dieser Hinweis genügt der Philosophischen Fakultät, um Heidegger am 5. August 1925 für die Nachfolge Hartmanns vorzuschlagen. Aber aus Berlin kommt am 27. Januar 1926 ein ablehnender Bescheid. Der Kultusminister Becker schreibt: »Bei aller Anerkennung der Lehrerfolge des Professors Heidegger erscheint es mir doch nicht angängig, ihm eine etatmäßige ordentliche Professur von der historischen Bedeutung des dortigen Lehrstuhls für Philosophie zu übertragen, bevor nicht große literarische Leistungen die besondere Anerkennung der Fachgenossen gefunden haben, die eine solche Berufung erheischt.« Am 18. Juni 1926 schreibt die Philosophische Fakultät nochmals an das Ministerium mit der Bitte, den Professor Heidegger zu berufen. Er habe in der Zwischenzeit eine größere Arbeit zum Drucke gebracht. Druckbogen liegen bei. Am 25. November kommen die Druckbogen zurück. Das Ministerium bleibt bei seiner Entscheidung. Anfang 1927 erscheint dann SEIN UND ZEIT als Sonderdruck des von Husserl und Max Scheler herausgegebenen »Jahrbuches für Philosophie und Phänomenologische Forschung«. Jetzt begreift endlich auch das Ministerium, was da für ein Werk das Licht der Öffentlichkeit erblickt hat. Am 19. Oktober 1927 erhält Heidegger den ersten ordentlichen Lehrstuhl für Philosophie.

Es war ein leidiges Hin und Her – Heidegger am 24. April 1926 an Jaspers: *Die ganze Geschichte ist ... mir gänzlich gleichgültig* – aber immerhin haben diese Umstände Heidegger gezwungen, sein Werk zur Veröffentlichung zu geben, auch wenn es für ihn noch nicht fertig war. Jaspers bekommt nach und nach die Druckbogen übersandt mit Heideggers eher bescheidenen Kommentaren. Am 24. Mai 1926: *Im Ganzen ist es für mich eine Übergangsarbeit...* Am 21. Dezember 1926: Er schätze die Arbeit nicht *übermäßig hoch* ein, habe aber *auf ihrem Grunde verstehen gelernt ..., was Größere wollten.* Am 26. Dezember 1926: *Mehr wird mir die Arbeit überhaupt nicht einbringen, als was ich schon von ihr besitze: daß ich für mich selbst ins Freie gekommen bin und mit einiger Sicherheit und Direktion Fragen stellen kann.*

Im Frühjahr 1927 liegt die Mutter Heideggers im Sterben. Heidegger deutet Jaspers gegenüber an, welchen Kummer es ihm bereitet, in den Augen der frommen Mutter als ein vom Glauben abgefallener Sohn erscheinen zu müssen: *Daß ich für sie eine schwere Sorge bin und das Sterben schwer mache, werden Sie ungefähr ermessen. Die letzte Stunde, die ich bei meiner Mutter verbrachte … war ein Stück ›praktischer Philosophie‹, das mir bleiben wird. Ich glaube, den meisten ›Philosophen‹ ist die Frage Theologie und Philosophie oder besser Glaube und Philosophie – eine reine Schreibtischfrage* (1.3.1927, BwHJ, 73).

Es ist in diesen Wochen des Sterbens der Mutter, daß Heidegger am 9. März 1927 in Tübingen einen Vortrag zum Thema PHÄNOMENOLOGIE UND THEOLOGIE hält, den er ein Jahr später in Marburg in überarbeiteter Form wiederholt. Dort spricht Heidegger davon, *daß der Glaube in seinem innersten Kern als eine spezifische Existenzmöglichkeit gegenüber der wesenhaft zur Philosophie gehörigen … Existenzform der Todfeind bleibt.* Dieser Gegensatz schließe jedoch kein *gegenseitiges Ernstnehmen und Anerkennen* aus, aber das sei eben nur möglich, wenn die Differenz festgehalten und nicht verwischt werde. Christliche Philosophie sei ein *hölzernes Eisen.* Philosophie muß sich auf sich selbst verlassen können *als das freie Fragen des rein auf sich gestellten Daseins* (W, 66).

So versteht er seine Philosophie. Mit SEIN UND ZEIT glaubt er, bei ihr angekommen zu sein. Und deshalb legte er der Mutter beim Abschied das Handexemplar des soeben erschienenen Werkes aufs Totenbett.

Neuntes Kapitel

SEIN UND ZEIT. *Der Prolog im Himmel. Welches Sein? Welcher Sinn? Wo beginnen? Das Dasein als Algenkolonie: alles hängt zusammen. Das In-Sein. Die Angst. Die Sorge geht über den Fluß. Wieviel Eigentlichkeit erträgt der Mensch? Plessners und Gehlens Alternative. Heideggers Moralphilosophie. Das Geschick und die Freiheit. Kollektives Dasein: Gemeinschaft oder Gesellschaft?*

Blicken wir zurück: Martin Heidegger hatte nach theologischem Vorspiel als katholischer Philosoph begonnen. Sein Denken bewegte sich im Umkreis der Frage nach Gott als dem Schlußstein und Garanten unserer Welt- und Selbsterkenntnis. Heidegger kam aus einer Tradition, die sich nur noch defensiv behaupten konnte gegen eine Moderne, für die Gott seine Bedeutung verloren hatte. Heidegger wollte den Himmel über Meßkirch verteidigen – auch mit den Waffen dieser Moderne, so etwa mit der Husserlschen These von der überzeitlichen und übersubjektiven Geltung der Logik, einem Gedanken, den er in der metaphysischen Philosophie des Mittelalters vorgebildet fand. Er hatte dort aber auch schon die nominalistischen Selbstzweifel einer Vernunft entdeckt, die sich eingesteht, daß ihr nicht nur Gott unbegreiflich bleibt, sondern auch die *haecceitas*, das *dieses da*, das einmalige Einzelne. Individuum est ineffabile.

Aber erst die Idee der Geschichtlichkeit deckte für ihn die ganze Fragwürdigkeit der Metaphysik auf. Das metaphysische Denken rechnet zwar nicht mit der Unwandelbarkeit des Menschen, aber mit der Unwandelbarkeit der letzten Sinnbezüge. Heidegger lernte von Dilthey, daß auch Wahrheiten ihre Geschichte haben. Gegen Ende seiner Habilitationsarbeit vollzog er den entscheidenden Perspektivwechsel: Er betrachtete das mittelalterliche Denken, dem er so nahegerückt war, aus der Ferne, und so erschien es als eine zwar bezaubernde, aber versinkende Epoche des Geistes. Die Einsicht Diltheys, »daß Sinn und Bedeutung erst im Menschen und seiner Geschichte entstehen«, wurde für ihn maßgeblich. Die radikal gefaßte Idee der Geschichtlichkeit zerstört jeden universalistischen Geltungsanspruch. Sie stellt in der Selbstauffassung des Menschen vielleicht den größten Bruch in der abendländischen Geschichte dar. Sie bedeutete auch das Ende von Heideggers ›katholischem‹ Philosophieren.

Die reale Geschichte, der Zusammenbruch der Welt von gestern im Weltkrieg, tat ein übriges, um Heidegger erfahren zu lassen, daß der Boden schwankt und daß ein neuer Anfang gemacht werden muß.

Geschichtliches Leben wird für den Heidegger nach 1918 zur Grundlage des Philosophierens. Aber mit dieser Einsicht, so Heidegger, ist noch nicht viel gewonnen, solange der Begriff ›Leben‹ unbestimmt bleibt. In der Schule der Phänomenologie war ihm zum Bewußtsein gekommen, daß es hier ein Problem gibt. Er hatte sich nämlich in gut phänomenologischer Art die Frage gestellt, welche Einstellung muß ich wählen, damit das menschliche Leben sich in seiner Eigentümlichkeit *zeigen* kann. Die Antwort auf diese Frage legt den Grund für die eigene Philosophie: die Kritik an der Vergegenständlichung. Das menschliche Leben entgleitet uns, so lehrt er, wenn wir es in theoretischer, objektivierender Einstellung erfassen wollen. Das bemerken wir schon beim Versuch, uns das einfache ›Kathedererlebnis‹ bewußtzumachen. Im objektivierenden Denken verschwindet der Reichtum der lebensweltlichen Bezüge. Die objektive Einstellung *entlebt* das Erleben und *entweltet* die uns begegnende Welt. Heideggers Philosophieren wendet sich dem Dunkel des gelebten Augenblicks zu. Es geht dabei um keine mysteriöse Tiefe, um keine Unterwelt des Unbewußten oder Überwelt des Spirituellen, sondern um die Selbstdurchsichtigkeit der Lebensvollzüge, auch der alltäglichen. Philosophie wird für Heidegger zur Kunst des *Wachseins des Daseins für sich selbst*. Die Hinwendung zum Alltäglichen hat einen polemischen Akzent, gerichtet gegen eine Philosophie, die immer noch glaubt, die Bestimmung des Menschen zu kennen. Heidegger tritt mit dem Pathos des neuen Anfangs auf. In seinen frühen Vorlesungen ist eine dadaistische Lust am Werk, die erhabenen Kulturwerte zu destruieren und die traditionellen Sinngebungen als bloßen Spuk zu entlarven. Er *wüte* mit seiner *Faktizität* und schere sich den Teufel um die *Kulturaufgaben für ein allgemeines Heute*, schreibt er 1921 an Löwith. Mühsam zuerst, doch dann mit dem Crescendo eines triumphierenden Gelingens hebt er nach und nach aus dem Dunkel des Daseins, so nennt er jetzt das menschliche Leben, die Strukturen heraus, die in SEIN UND ZEIT als *Existenzialien* vorgeführt werden: *In-Sein, Befindlichkeit, Verstehen, Verfallen, Sorge*. Er findet die Formel vom *Dasein, dem es um sein eigenes Seinkönnen geht*.

Die Jahre zwischen 1923 und 1927, dem Zeitpunkt des Erscheinens von SEIN UND ZEIT, sind eine Periode ungeheurer Produktivität. In großen Vorlesungen werden die Themen von SEIN UND ZEIT bereits entfaltet. Gemessen an diesem gedanklichen Massiv, in der Gesamtausgabe sind es anderthalbtausend Seiten, ist SEIN UND ZEIT fast nur die Spitze eines Eisbergs. Allerdings werden in diesem Werk die Gedanken in einer ausgetüftelten Architektonik und terminologisch hochgerüstet vorgetragen. Dabei sind auch die Baugerüste, die methodischen Vorkehrungen also, stehengeblieben, wodurch das Werk den Eindruck monströser Schwerfälligkeit erwecken mußte. Das hat seine Wirkung in der akademischen Szene, der ja das Einfache eher verdächtig ist, nicht beeinträchtigt. In der allgemeinen Öffentlichkeit gehörte die Dunkelheit des Buches zu seinem Nimbus. Es konnte offenbleiben, ob das Dasein selbst oder nur seine Analyse so dunkel sei. Auf jeden Fall wirkte das Ganze irgendwie geheimnisvoll.

In SEIN UND ZEIT arbeitet Heidegger an dem philosophischen Nachweis, daß menschliches Dasein keinen anderen Halt hat als dieses *da*, das es zu sein hat. Im gewissen Sinne setzt er die Arbeit Nietzsches fort: den Tod Gottes denken und die »letzten Menschen« (Nietzsche) kritisieren, die sich mit kümmerlichen Ersatzgöttern behelfen und das Entsetzen über das Verschwinden Gottes erst gar nicht zulassen. In SEIN UND ZEIT lautet die Formel für die Fähigkeit, sich entsetzen zu können: *Mut zur Angst.*

SEIN UND ZEIT. Ein Titel, der verspricht, daß es ums Ganze geht. In der akademischen Szene war bekannt, daß Heidegger ein großes Werk vorbereite, aber daß es einen solchen mächtigen Anspruch signalisieren würde, hatte man nicht erwartet. Heidegger galt, das darf man nicht vergessen, einstweilen noch nicht als konstruktiver Philosoph, sondern als virtuoser Interpret der philosophischen Tradition, der sie wie kein anderer vergegenwärtigen konnte und dabei mit Plato oder Aristoteles ähnlich verfuhr wie Rudolf Bultmann mit Christus: revitalisierend.

Hermann Mörchen erinnert sich, wie Heidegger Anfang 1927 bei einer geselligen Zusammenkunft mit seinen bündischen Studenten »wortlos-erwartungsvoll wie ein Kind, das sein geheimes Lieblingsspielzeug vorzeigt, einen frischen Korrekturbogen hinlegte, – ein Titelblatt: Sein und Zeit«.

Das Werk, effektsicher in seiner Dramaturgie, beginnt mit einer Art Prolog im Himmel. Plato tritt auf. Ein Ausspruch aus dem Dialog »Sophistes« wird zitiert: »Denn offenbar seid ihr doch schon lange mit dem vertraut, was ihr eigentlich meint, wenn ihr den Ausdruck ›seiend‹ gebraucht, wir jedoch glaubten es einst zwar zu verstehen, jetzt aber sind wir in Verlegenheit gekommen.«

Diese *Verlegenheit*, so Heidegger, gibt es immer noch, aber wir gestehen sie uns nicht ein. Immer noch wissen wir nicht, was wir meinen, wenn wir sagen, etwas sei *seiend*. Der Prolog führt Klage gegen eine doppelte Seinsvergessenheit. Wir haben vergessen, was das Sein ist, und haben auch noch dieses Vergessen vergessen. *Und so gilt es denn, die Frage nach dem Sinn von Sein erneut zu stellen*, aber weil wir das Vergessen vergessen haben, *gilt es vordem, allererst wieder ein Verständnis für den Sinn dieser Frage zu wecken.*

Wie es sich für einen Prolog geziemt, wird auch schon zu Anfang angedeutet, worauf alles hinausläuft: *Die Interpretation der Zeit als des möglichen Horizontes eines jeden Seinsverständnisses.* Der Sinn von Sein ist – die Zeit. Die Pointe wird verraten, aber um sie verständlich zu machen, braucht Heidegger nicht nur dieses ganze Buch, sondern auch den Rest seines Lebens.

Die Seinsfrage. Genaugenommen stellt Heidegger zwei Fragen. Die eine lautet: Was meinen wir eigentlich, wenn wir den Ausdruck *seiend* verwenden? Gefragt wird nach dem Sinn des Ausdrucks. An diese Frage knüpft Heidegger die ganz andere nach dem Sinn des Seins selbst. Von der Frage in ihrer doppelten Bedeutung behauptet Heidegger, es gäbe noch nicht einmal ein Verständnis für den Sinn der Frage. Eine befremdliche Behauptung.

Was die Frage nach dem Sinn von Sein (nicht nur des Ausdrucks) betrifft, so läßt sich sagen, daß es die Frage ist, die das menschliche Nachdenken von den geschichtlichen Anfängen bis heute nachhaltig in Anspruch genommen hat. Es ist die Frage nach Sinn, Ziel und Bedeutung des menschlichen Lebens und der Natur. Die Frage nach den Werten und Orientierungen für das Leben und nach dem Warum und Wozu von Welt, Kosmos, Universum. Das praktisch-moralische Leben läßt die Menschen danach fragen. In früheren Zeiten, als Physik, Metaphysik und Theologie noch zusammengehörten, hatte auch die Wissenschaft die Sinnfrage zu beantworten versucht. Seit Kant aber herausgefunden hatte, daß wir zwar als moralische Wesen die Sinnfrage stellen müssen, aber als Wissenschaftler sie nicht beantworten können, seitdem also halten sich die strengen Wissenschaften bei dieser Frage zurück. Aber das praktisch-moralische Leben stellt sie auch weiterhin, alltäglich, in der Werbung, in Dichtung und moralischer Reflexion, in der Religion. Wie kann Heidegger behaupten, es gäbe kein Verständnis mehr für diese Frage? Das kann er nur, wenn er der Meinung ist, daß alle diese Arten von Sinngebungen und die ihnen entsprechenden Fragen nach dem Sinn am *Sinn von Sein* vorbeigehen. Eine kühne Behauptung, die zunächst einmal den Philosophen selbst ins rechte Licht setzt. Denn er tritt auf als jemand, der das seit den Tagen Platons Vergessene und Verborgene wiederentdeckt. Schon im Prolog im Himmel inszeniert sich Heidegger als Protagonist einer epochalen Zäsur. Was er über den Sinn von Sein im einzelnen beizutragen hat, werden wir noch sehen. Heidegger ist ein Meister darin, die Wege lang zu machen. Über das Licht können wir uns erst so richtig freuen, wenn es am Ende des Tunnels erscheint.

Zunächst läßt Heidegger die Frage nach dem Sinn von Sein, ich nenne sie die ›emphatische Frage‹, beiseite. Er beginnt mit der anderen, der ›semantischen‹ Frage, die lautet: Was meinen wir, wenn wir den Ausdruck *seiend* verwenden, in welchem ›Sinn‹ sprechen wir vom ›Sein‹? Diese Frage gehört durchaus auch in den Zusammenhang der modernen Wissenschaften. Jede Wissenschaft, die Physik, die Chemie, die Soziologie, Anthropologie usw., bearbeitet einen bestimmten Bezirk des Seienden, oder sie behandeln denselben Bezirk, aber mit verschiedenen Fragestellungen und Methoden. Jede methodische Besinnung darauf, wie man sich angemessen seinem Gegenstand zu nähern habe, impliziert eine regionale Ontologie, auch wenn man das nicht mehr so nennt. Heideggers Behauptung, daß man sich nicht mehr klarmache, in welchem Sinn man das Sein im jeweiligen Gegenstandsbereich nimmt, will deshalb zunächst nicht recht einleuchten. Gerade der Neukantianismus hatte doch außerordentlichen Sinn für das Methodenbewußtsein entwickelt. Da gab es Rickerts und Windelbands subtile Unterscheidungen zwischen Natur- und Kulturwissenschaften, Diltheys Hermeneutik, Max Webers verstehende Soziologie, Husserls phänomenologische Methode, die psychoanalytische Hermeneutik des Unbewußten. Keine dieser Wissenschaften war methodisch naiv, alle hatten sie ontologisches Problembewußtsein, indem sie über ihren Ort im Gesamtzusammenhang der Erforschung des Wirklichen nachdachten. Für die semantisch-methodische Frage gilt also dasselbe wie für die emphatische Frage nach dem Sinn von Sein. Beidesmal behauptet Heidegger, es gäbe kein Verständnis für den Sinn der Fragen – und doch werden sie überall gestellt. Im praktisch-moralischen Leben die emphatische, in den Wissenschaften die methodisch-semantische Frage.

Heidegger muß auf etwas Besonderes hinauswollen, man weiß nur noch nicht was. Geschickt baut er die Spannung auf, um dann endlich seine These vorzutragen. Gerade bei der Erforschung des Menschen werde deutlich, daß die Wissenschaften sich nicht darüber im klaren sind, in welchem Sinne sie den Menschen *seiend* sein lassen. Sie tun so, als könnte man den Menschen wie andere vorhandene Gegenstände in der Welt als Ganzes in den Blick bekommen. Sie folgen dabei einer spontanen Tendenz des Daseins, *das eigene Sein aus dem Seienden her zu verstehen, zu dem es sich wesenhaft ständig und zunächst verhält, aus der ›Welt‹* (SuZ, 15). Doch das ist eine Selbstmystifikation des Daseins, das, solange es lebt, niemals fertig, ganz und abgeschlossen ist wie ein Gegenstand, sondern immer offen für die Zukunft bleibt, voller Möglichkeiten. Zum Dasein gehört Möglich-sein.

Im Unterschied zum übrigen Seienden hat der Mensch ein Verhältnis zu seinem eigenen Sein. Das nennt Heidegger *Existenz*. Existenz hat – wie ich bereits bei Heideggers Aristoteles-Interpretation von 1922 gezeigt habe – einen transitiven Sinn. Das Intransitive am Dasein nennt Heidegger die *Geworfenheit: Hat je ein Dasein als es selbst frei darüber entschieden..., ob es ins Dasein kommen will oder nicht?* (SuZ, 228). Aber wenn wir – intransitiv – da sind, so können wir nicht anders, als das, was an uns intransitiv ist, transitiv zu leben. Was wir intransitiv geworden sind, können und müssen wir transitiv sein. Sartre wird später die Formel dafür finden: »etwas aus dem machen, wozu man gemacht worden ist«. Wir sind ein Selbstverhältnis und damit zugleich ein Seinsverhältnis. *Die ontische Auszeichnung des Daseins liegt darin, daß es ontologisch ist* (SuZ, 12).

Der Ausdruck *ontisch* bezeichnet alles, was es gibt. Der Ausdruck *ontologisch* bezeichnet das neugierige, staunende, erschreckte Denken darüber, daß es mich gibt und daß es überhaupt etwas gibt. Ontologisch beispielsweise ist der unnachahmliche Satz von Grabbe: »einmal auf der Welt, und dann ausgerechnet als Klempner in Detmold!« Dasein oder Existenz bedeuten also: Wir sind nicht nur, sondern nehmen wahr, daß wir sind. Und niemals sind wir wie etwas Vorhandenes fertig, wir können nicht um uns herum gehen, sondern an jedem Punkt sind wir offen für eine Zukunft. Wir müssen unser Leben – führen. Wir sind uns selbst aufgegeben. Wir sind, was wir werden.

Schon zu Beginn, bei der Frage: Wie läßt sich angemessen vom Dasein sprechen? bekommt Heidegger die Zeit ins Visier.

In die Zeit wie in einen offenen Horizont hineinblickend, bemerken wir, daß uns manches Ungewisse bevorsteht, ganz gewiß aber eines: das große *Vorbei*, der Tod. Mit ihm sind wir bekannt, nicht nur weil die anderen sterben, sondern weil wir in jedem Augenblick das ›Vorbei‹ erleben können: den Fluß der Zeit – lauter kleine Abschiede, lauter kleine Tode. Zeitlichkeit ist die Erfahrung des gegenwärtigen, zukünftigen und schließlich tödlichen Vorbei.

Beide Aspekte der Zeitlichkeit – ihr abschließender und ihr eröffnender, das Sein zum Tod und das Möglich-sein – sind eine schwere Herausforderung für das Dasein. Und deshalb – womit sich der Kreis schließt und wir wieder beim Anfang sind – neigt das Dasein dazu, mit sich selbst wie mit etwas Vorhandenem umzugehen, mit dem man glaubt fertig werden zu können, noch ehe man fertig ist. Die wissenschaftliche Objektivierung des Menschen ist für Heidegger ein Ausweichen vor der beunruhigenden Zeitlichkeit des Daseins. Dabei setzen die Wissenschaften nur die schon benannte hartköpfige Tendenz des alltäglichen Daseins fort, sich selbst *von der Welt her*, d.h. als Ding unter Dingen zu verstehen. Wissenschaft ist die kultivierte und methodisch durchgeführte Form der alltäglichen Selbstverdinglichung des Daseins. An dieses steinerne Herz aber will Heidegger rühren.

Er verknüpft die beiden Fragen, die emphatische nach dem Sinn von Sein und die methodisch-semantische nach dem Sinn des Ausdrucks ›Sein‹, in der These: Die Tendenz, das Dasein unter die Dinge zu werfen, hält sich durch auch bei der emphatischen Frage nach dem Sinn von Sein. Der ›Sinn‹ wird gesucht als ein Etwas, das es in der Welt oder in einem imaginären Jenseits gibt wie etwas Vorhandenes, an dem es sich festhalten und orientieren kann: Gott, ein universelles Gesetz, die steinernen Tafeln der Moral.

Diese Art, nach dem Sinn wie nach etwas Vorhandenem zu fragen, gehört für Heidegger zur Flucht des Daseins vor seiner Zeitlichkeit und seinem Möglich-sein. Die Frage nach dem Sinn von Sein ist in der Dimension einer Vorhandenheitsmetaphysik gestellt und beantwortet – und deshalb verfehlt worden. Heute feiert solches Unwesen tatsächlich fröhliche Urständ: Da wird ›Sinn gemacht‹, es gibt Sinnbeschaffungsprogramme, von der Knappheit von Sinnressourcen ist die Rede und davon, daß man sie effektiv bewirtschaften muß. Eine besonders törichte Vorhandenheitsmetaphysik.

Hier handelt es sich nicht um eine theoretische Fehlhaltung. Die Frage nach dem Sinn von Sein gilt ja gar nicht mehr, wie schon bemerkt, als eine Frage der strengen Wissenschaften, die prächtig vorangekommen sind, gerade weil sie sich diese Frage abgewöhnt haben. Die Sinnfrage stellt das praktisch-moralische alltägliche Bewußtsein. Wie aber hat man diese Bewußtseinseinstellung zu verstehen?

Es gehört zum dramaturgischen Raffinement von SEIN UND ZEIT, daß Heidegger das wirkliche Subjekt der Frage nach dem Sinn von Sein erst in der Mitte des Werkes auftreten läßt. Das Subjekt, das ›Wer‹ dieser Frage ist eine Stimmung, bei ihm ist es *die Grundbefindlichkeit der Angst*. In der *Angst* fragt das Dasein nach dem Sinn von Sein, nach dem Sinn seines Seins. Der berühmte Paragraph 40 ist der Analyse der Angst gewidmet. Paragraphen über den Jubel, die Liebe – Gestimmtheiten, von denen aus auch die Frage nach dem Sinn von Sein aufbrechen könnte, gibt es in SEIN UND ZEIT trotz Hannah Arendt nicht. Das hat nicht nur etwas mit der philosophisch begründbaren Auszeichnung bestimmter Stimmungen hinsichtlich ihrer philosophischen Erschließungskraft zu tun, das hat auch etwas mit dem Autor zu tun, mit seinen tatsächlichen Stimmungen und seiner Vorliebe für bestimmte Stimmungen.

Nun also die Angst. Sie ist die umschattete Königin unter den Stimmungen. Man muß sie unterscheiden von der Furcht. Diese richtet sich auf etwas Bestimmtes, sie ist kleinkariert. Die Angst aber ist unbestimmt und so grenzenlos wie die Welt. Das Wovor der Angst ist *die Welt als solche*. Vor der Angst sinkt alles nackt zu Boden, aller Bedeutsamkeit entkleidet. Die Angst ist souverän, sie kann mächtig in uns werden – aus nichtigem Anlaß. Wie sollte sie auch nicht, denn ihr eigentliches Visavis ist das Nichts. Wer Angst hat, dem vermag die Welt *nichts mehr zu bieten, ebensowenig das Mitdasein Anderer*. Die Angst duldet keine anderen Götter neben sich, sie vereinzelt in zwei Hinsichten. Sie zerreißt das Band zum Mitmenschen, und sie läßt den einzelnen herausfallen aus den Vertrautheitsbezügen zur Welt. Sie konfrontiert das Dasein mit dem nackten *Daß* der Welt und des eigenen Selbst. Aber was dann übrigbleibt, wenn das Dasein durch das kalte Feuer der Angst gegangen ist, ist nicht nichts. Was ihm die Angst verbrannte, hat den Glutkern des Daseins freigelegt: *das Freisein für die Freiheit des Sich-selbst-wählens und -ergreifens.*

In der Angst erfährt also das Dasein die *Unheimlichkeit* der Welt und die eigene Freiheit. So kann die Angst zugleich beides sein: Weltangst und Angst vor der Freiheit.

Diese Analyse ist von Kierkegaard angeregt, bei dem die Angst vor der Freiheit die Angst vor dem Schuldigwerden ist. Kierkegaard versucht die Angst zu überwinden durch den *Sprung* in den Glauben, ein Sprung über den Abgrund. Heideggers *Angst* ist nicht das Vorspiel dieses Sprungs. Er hat den Glauben seines Herkommens verloren. Bei Heidegger ist es die Angst nach dem Sprung, wenn man schon dabei ist abzustürzen.

Selbstverständlich lebt Heideggers Philosophie der Angst auch aus der allgemein krisenhaften Stimmung der zwanziger Jahre. Das Unbehagen in der Kultur – Freuds Essay unter diesem Titel erschien 1929 – war weit verbreitet. Die Weltanschauungsessayistik dieser Jahre war geprägt vom unbehaglichen Gefühl einer untergehenden, verkehrten oder entfremdeten Welt. Die Diagnosen waren düster und die Therapieangebote zahlreich. Konjunktur hatten die Versuche, das unheile Ganze aus einem Punkt zu kurieren. Wie in der Politik Weimars die demokratische Mitte vom Extremismus der Totalveränderer zerrieben wurde, so dominierte auch in der Krisenphilosophie jener Jahre das Ausweichen in extreme Lösungen. Sie trugen verschiedene Namen: »Proletariat«, das »Unbewußte«, die »Seele«, das »Heilige«, das »Volkstum« usw. Den Jahrmarkt der Krisenbewältigungsphilosophien durchmusterte damals Carl Christian Bry in seinem Buch »Verkappte Religionen«, ein Bestseller der zwanziger Jahre. Als das Buch zwei Jahre vor Sein und Zeit herauskam, grassierten fanatischer Antisemitismus und Rassendenken, begann die ›Bolschewisierung‹ der KPD, schrieb Hitler in Landsberg »Mein Kampf«, suchten Millionen ihr Heil in sektiererischen Bewegungen – Okkultismus, Vegetarismus, Nacktkultur, Theo- und Anthroposophie, es gab viele Erlösungsversprechen und Orientierungsangebote. Das Trauma der Geldentwertung hatte die Geschäfte der Inflationsheiligen blühen lassen. Zur »verkappten Religion«, so Bry, kann alles werden, wenn es »monomanisch« zum alleinigen Prinzip der Sinndeutung und des Heils wird. Bry, der selbst ein religiöser Mensch war, fand ein überraschend einfaches Kriterium für die Unterscheidung zwischen Religion und Ersatzreligion. Eine wirkliche Religion erzieht zur Ehrfurcht vor der Unerklärlichkeit der Welt. Im Lichte des Glaubens wird die Welt größer, auch dunkler, denn sie behält ihr Geheimnis, und der Mensch versteht sich als Teil davon. Er bleibt seiner selbst ungewiß. Für den Monomanen der »verkappten Religion« indes schrumpft die Welt. »Er findet in allem und jedem Ding nur noch die Bestätigung seiner Meinung«, die er mit der Inbrunst des Glaubens verteidigt gegen die Welt und gegen den eigenen Zweifel.

Sein und Zeit gehörte in diese krisenhafte Stimmungslage, aber unterschied sich vom einschlägigen Genre dadurch, daß hier keine Therapie angeboten wurde. Freud hatte 1929 seine Diagnose über das »Unbehagen in der Kultur« mit den Worten eingeleitet: »So sinkt mir der Mut, vor meinen Mitmenschen als Prophet aufzustehen, und ich beuge mich ihrem Vorwurf, daß ich ihnen keinen Trost zu bringen weiß, denn das verlangen sie im Grunde alle.« Diese Worte passen auch auf das Heideggersche Unternehmen. Auch er denkt aus der Erfahrung des Unbehagens und weigert sich, als Prophet aufzustehen und »Trost zu bringen«.

Allerdings ließen sich mit Heideggers emphatischer Frage nach dem *Sinn von Sein* solche Erwartungen sehr wohl wecken. Sie wurden auch geweckt – aber eben nicht erfüllt. Daß diese Erwartung enttäuscht werden muß, gehört zur Botschaft von SEIN UND ZEIT, die da lautet: Es steckt nichts dahinter. Der Sinn von Sein ist die Zeit; die Zeit aber ist kein Füllhorn von Gaben, sie gibt uns keinen Gehalt und keine Orientierung. Der Sinn ist die Zeit, aber die Zeit ›gibt‹ keinen Sinn.

Die Angst markiert in Heideggers Daseinsanalyse den Punkt der Peripetie: Man stürzt ab aus den Bezügen, in die man sich bisher *festgelebt* hat. Die Analysen, die dem Angstkapitel vorausgehen, haben das in seiner Welt stabil eingelebte Dasein zum Thema. Es zeigt sich, daß die Angst, weil sie die Welt entgleiten läßt und insofern ein Distanzphänomen ist, leichter zu beschreiben ist als dieses eigenartig distanzlose, festgelebte *In-der-Welt-Sein* des alltäglichen Daseins. Wenn man es durchsichtig machen will, so muß man diese distanzlose Daseinsbewegung gewissermaßen ›mitmachen‹ und darf sich eben nicht auf einen Standpunkt außerhalb stellen. Gerade hier gilt der phänomenologische Grundsatz: Man darf nicht ›über‹ das Phänomen reden, sondern muß eine Einstellung wählen, die es dem Phänomen erlaubt, sich zu *zeigen*.

In dieser Hinsicht hat die Philosophie bisher häufig gesündigt. Entweder hat sie beschrieben, wie das Bewußtsein aus der Welt entsteht (Naturalismus) oder wie die Welt vom Bewußtsein konstituiert wird (Idealismus). Heidegger sucht einen dritten Weg. Sein origineller, aber auch zwingender Ansatz ist: Man muß beim *In-Sein* beginnen. Denn ›phänomenal‹ erfahre ich weder zuerst mich selbst und dann die Welt, noch umgekehrt zuerst die Welt und dann mich selbst, sondern in der Erfahrung ist beides zugleich in unauflöslicher Verbindung gegeben. Diese Erfahrung hatte die Phänomenologie »Intentionalität« genannt. Für Heidegger die wichtigste Einsicht der Phänomenologie, die er aber nun als Weltbezug des Daseins und nicht nur, wie Husserl, als Bewußtseinsstruktur faßt.

Die Analyse des *In-Seins* führt zu bizarren Verschraubungen der Terminologie. Denn jede begriffliche Aussage muß vermeiden, in die so naheliegende Trennung von Subjekt und Objekt und in die Wahl eines entweder ›subjektiven‹ (innerlichen) oder ›objektiven‹ (äußerlichen) Standpunkts zurückzufallen. So entstehen die Bindestrich-Wortungetüme, welche die Strukturen in ihrem unzerreißbaren Zusammenhang bezeichnen sollen. Einige Beispiele. *In-der-Welt-sein* bedeutet: Das Dasein tritt nicht einer Welt gegenüber, sondern findet sich immer schon in ihr vor. *Mit-sein-mit-anderen* bedeutet: Das Dasein findet sich immer schon in gemeinsamen Situationen mit anderen vor. *Sich-vorweg-sein* bedeutet: Das Dasein blickt vom Jetztpunkt aus nicht gelegentlich, sondern ständig besorgend in die Zukunft hinaus. Diese Ausdrücke zeigen den paradoxen Charakter des ganzen Unternehmens an. Analyse bedeutet ja, daß etwas auseinandergenommen wird. Heidegger aber versucht, analysierend die Effekte der Analyse, das Aufspalten in Teile und Elemente, wieder rückgängig zu machen. Heidegger greift ins Dasein wie in eine Algenkolonie. Egal wo man sie ergreift, man wird sie immer als Ganzes herausziehen müssen. Dieses Bemühen, etwas Einzelnes zu fassen und das damit zusammenhängende Ganze immer mitzumeinen, führt zuweilen zur unfreiwilligen Selbstparodie. So wird beispielsweise die *Sorge* bestimmt als *Sich-vorweg-schon-sein in (einer Welt) als Sein-bei (innerweltlich begegnendem Seienden)* (SuZ, 327).

Die Kompliziertheit der Sprache soll der Komplexität des alltäglichen Daseins angemessen sein. In der Vorlesung PROLEGOMENA ZUR GESCHICHTE DES ZEITBEGRIFFS vom Sommer 1925 sagt Heidegger: *Wenn wir hier schwerfällige und vielleicht unschöne Ausdrücke einzuführen genötigt sind, so ist das keine Marotte von mir und keine besondere Liebhaberei für eine eigene Terminologie, sondern es ist der Zwang der Phänomene selbst ... Wenn oft derartige Formulierungen auftauchen, darf man sich nicht daran stoßen. Schönes gibt es überhaupt nicht in den Wissenschaften und am allerwenigsten vielleicht in der Philosophie* (GA 20, 204). Die besondere Terminologie ist außerdem – analog zum Brechtschen Verfahren – eine Verfremdungstechnik, denn was da zur Untersuchung ansteht, ist *keine fremde und unbekannte Sache, sondern umgekehrt die nächste*, und deshalb eine *zum Fehlsehen* verleitende (GA 20, 205). Insofern handelt es sich um eine kalkulierte Sprache. Sie sagt das Selbstverständliche so, daß es auch Philosophen begreifen können. Und insofern bekundet die Sprache auch die Mühen der Philosophie bei der Erkundung des alltäglichen Lebens, dem sie bisher in der Regel aus dem Weg gegangen ist. *Das ontisch Nächste und Bekannte ist das ontologisch Fernste, Unerkannte und ... Übersehene* (SuZ, 43).

Die Analyse des Daseins nennt Heidegger *Existenzialanalyse*, und die Grundbestimmungen des Daseins heißen *Existenzialien*. An diesen Begriff haben sich viele Mißverständnisse geknüpft. Er ist aber schlicht in Analogie zum herkömmlichen Begriff der Kategorie gebildet. Die traditionelle Philosophie hat üblicherweise die Grundbestimmungen ihrer ›Gegenstände‹ Kategorien genannt, wie etwa Raum, Zeit, Ausdehnung usw. Da für Heidegger das Dasein kein vorhandener ›Gegenstand‹, sondern *Existenz* ist, so bezeichnet er die Grundbestimmungen auch nicht als Kategorien, sondern eben als – *Existenzialien*.

Heidegger beginnt seine Daseinsanalyse also beim *In-Sein*, weil das Dasein selbst damit beginnt. Das *In-Sein* bedeutet nicht nur, daß man sich irgendwo befindet, sondern daß man immer schon mit etwas umgeht, mit etwas zu tun hat.

Radikal ist bekanntlich, wer an die Wurzeln geht. Für Marx war die Wurzel des Menschen der arbeitende Mensch. Heideggers *Umgehen mit etwas* als Grundbestimmung des Menschen ist noch umfassender gemeint als ›arbeiten‹. Arbeit hatte Marx definiert als »Stoffwechsel mit der Natur«. Bei Heidegger bezieht sich das *Umgehen* zwar auch auf die (dingliche, natürliche) *Umwelt*, aber ebenso auf die *Selbstwelt* (das Selbstverhältnis) und die *Mitwelt* (Gesellschaft).

Heideggers Ansatz ist pragmatisch, denn das Handeln, nichts anderes bedeutet *umgehen*, gilt als die grundlegende Struktur des Daseins.

Pragmatisch ist auch die Verknüpfung von Handeln und Erkennen. In der Heideggerschen Terminologie: Das primäre Umgehen hat seine jeweils zugehörige *Umsicht*. Das Erkennen ist eine Funktion des Handelns. Deshalb ist es auch verfehlt, erkennendes Bewußtsein aus sich selbst heraus verstehen zu wollen. Das richtet sich gegen die phänomenologische Bewußtseinserforschung eines Husserl. Da das Erkennen aus dem praktischen Umgehen mit der Welt hervorgeht, muß es auch von der praktischen Lebenstätigkeit her erforscht werden.

Ist das nicht ein Rückgriff auf das wohlbekannte materialistische Prinzip: »das Sein bestimmt das Bewußtsein«? Heideggers Einwand: Wenn man das Bewußtsein vom Sein bestimmt sein läßt, gibt man vor zu wissen, was das Sein ist. Aber das wissen wir nicht, danach fragen wir, sagt Heidegger. Man kann nur aufmerksam beobachten und phänomenologisch beschreiben, wie die *Umwelt, Mitwelt und Selbstwelt* dem Dasein begegnen.

Er fragt zunächst: Wie und als was begegnet die dingliche Umwelt? Sie begegnet als *Zeug*, mit dem es im Umkreis meiner Tätigkeit eine bestimmte *Bewandtnis* hat.

Ein Beispiel: Die Tür, die ich gewohnheitsmäßig öffne, nehme ich nicht als lackiertes Holzbrett wahr. Wenn ich auf sie eingespielt bin, nehme ich sie überhaupt nicht wahr. Ich öffne sie, um ins Arbeitszimmer zu gehen. Sie hat ihren ›Ort‹ in meinem Lebensraum, aber auch in meiner Lebenszeit: sie spielt eine bestimmte Rolle im Ritual meines Alltags. Ihr Knarren gehört dazu, die Spuren ihres Gebrauchs, die Erinnerungen, die an ihr ›haften‹, usw. Diese Tür ist, wie der Heideggersche Ausdruck dafür lautet, *zuhanden*. Sollte sie einmal überraschenderweise verschlossen sein, und ich renne mir an ihr den Kopf ein, dann werde ich die Tür als das harte Holzbrett, das sie auch ist, schmerzlich bemerken. Dann ist aus der *zuhandenen* eine *vorhandene* Tür geworden.

Die Bezüge, in die wir auf diese Weise eingelebt sind, bilden die Welt des *Zuhandenen*. Dort gibt es einen Bedeutungszusammenhang, auf den ich handelnd eingespielt bin, auch ohne ihn im einzelnen zu erkennen. Wir ›leben‹ diese Bedeutungen, ohne daß wir sie uns ausdrücklich zum Bewußtsein bringen. Erst wenn es zu einer Störung kommt, von außen oder vom Bewußtsein her, fällt dieser gelebte Zusammenhang auseinander, und die Dinge werden als etwas bloß *Vorhandenes* auffällig. Im *Vorhandenen* aber sind die gelebten Bedeutsamkeiten des Zuhandenen verschwunden oder doch kraftlos geworden. Erst mit der Verwandlung des Zuhandenen ins Vorhandene werden die Dinge im strengen Sinn zu *Gegenständen*, die in theoretischer Einstellung erforscht werden können.

Heideggers Analyse versucht, die Welt des *Zuhandenen* für das Denken zu retten, weil sie von der philosophischen Erkenntnis zumeist *übereilt* wird. Allzuschnell richtet man sich die Dinge (und Menschen) so zu, daß sie nur noch auf gleichgültige Weise *vorhanden* sind. Später wird Heidegger die Verwandlung der Welt in etwas bloß Vorhandenes *Seinsvergessenheit* nennen, und die bewußte Bewahrung des *zuhandenen* Lebensraumes wird zur Seinsverbundenheit, verstanden als *Nähe* oder *Wohnen bei den Dingen*. Die entsprechende Haltung wird dann *Gelassenheit* heißen.

In SEIN UND ZEIT ist allerdings ein anderes Existenzideal vorherrschend, wie wir noch sehen werden.

Die Grundstruktur dieses Umgehens mit der Welt nennt Heidegger *Sorge*. Er gibt dem Ausdruck eine umfassende Bedeutung. Sorge ist alles. Um dies zu erläutern, zitiert Heidegger die spätantike »Cura«-Fabel des Hyginus.

Als einst die ›Sorge‹ über den Fluß ging, sah sie tonhaltiges Erdreich: sinnend nahm sie davon ein Stück und begann es zu formen. Während sie bei sich darüber nachdenkt, was sie geschaffen, tritt Jupiter hinzu. Ihn bittet die ›Sorge‹, daß er dem geformten Ton Geist verleihe. Das gewährt ihr Jupiter gern. Als sie aber ihrem Gebilde nun ihren Namen beilegen wollte, verbot das Jupiter und verlangte, daß ihm sein Name gegeben werden müsse. Während über den Namen die ›Sorge‹ und Jupiter stritten, erhob sich auch die Erde (Tellus) und begehrte, daß dem Gebilde ihr Namen beigelegt werde, da sie ja doch ihm ein Stück ihres Leibes dargeboten habe. Die Streitenden nahmen Saturn zum Richter. Und ihnen erteilte Saturn folgende anscheinend gerechte Entscheidung: »Du, Jupiter, weil du den Geist gegeben hast, sollst bei seinem Tode den Geist, du, Erde, weil du den Körper geschenkt hast, sollst den Körper empfangen. Weil aber die ›Sorge‹ dieses Wesen zuerst gebildet, so möge, solange es lebt, die ›Sorge‹ es besitzen« (SuZ, 198).

Mit *Sorge* soll also nicht gemeint sein, daß man sich hin und wieder ›Sorgen‹ macht. *Sorge* ist ein Grundmerkmal der Conditio humana. Heidegger verwendet den Ausdruck im Sinne von Besorgen, Planen, Bekümmern, Berechnen, Voraussehen. Der Zeitbezug ist hier entscheidend. Sorgend kann nur ein Wesen sein, das einen offenen und unverfügbaren Zeithorizont vor sich sieht, in den es hineinleben muß. Wir sind sorgende und besorgende Wesen, weil wir den nach vorne offenen Zeithorizont ausdrücklich erfahren. Sorge ist nichts anderes als gelebte Zeitlichkeit.

Sorgend umgetrieben von der Zeit begegnen wir handelnd der Welt, die aus der Perspektive des Umgangs mit ihr vorhanden oder zuhanden sein kann. Dasein selbst aber ist weder etwas Vorhandenes noch etwas Zuhandenes, sondern *Existenz. Existieren* bedeutet, ein Selbstverhältnis haben; sich zu sich selbst und damit zu seinem Sein verhalten müssen. Wie bekundet sich dem Menschen das eigene Sein? Heideggers Antwort: in der *Stimmung*.

Die Erschließungsmöglichkeiten des Erkennens tragen viel zu kurz … gegenüber dem ursprünglichen Erschließen der Stimmungen, in denen das Dasein vor sein Sein … gebracht wird (SuZ, 134).

Nachdrücklich bekämpft Heidegger eine zählebige Selbstmystifikation der Philosophie. Da Philosophie eine Anstrengung des Denkens ist, traut sie dem Denken die größte Erschließungskraft zu. Gefühle und Stimmungen seien ›subjektiv‹ und deshalb ungeeignet, die objektive Erkenntnis von Welt zu tragen, heißt es. Die sogenannten ›Affekte‹ waren natürlich immer schon Gegenstände der theoretischen Neugier. Sie durften Objekte des Erkennens sein, aber als Organe des Erkennens waren sie in der Regel nicht zugelassen. Mit Nietzsche und der Lebensphilosophie hatte sich das geändert, für Heidegger aber noch nicht radikal genug. Das von den *Stimmungen* ausgehende Philosophieren habe sich ins *Refugium des Irrationalismus* abdrängen lassen. Ein schlechtes Domizil für die Philosophie. *Der Irrationalismus – als das Gegenspiel des Rationalismus – redet nur schielend von dem, wogegen dieser blind ist* (SUZ, 136).

Heidegger nimmt sich die *Stimmungen* vor, direkt – ohne Schielen.

Wir sind immer *irgendwie* gestimmt. Stimmung ist eine *Befindlichkeit*. Wir können uns zwar in Stimmungen hineinsteigern, aber wesentlich ist doch, daß sie sich einstellen, einsickern, uns beschleichen, überfallen. Wir sind ihrer nicht Herr. In der Stimmung erfahren wir die Grenzen unserer Selbstbestimmung.

Heidegger durchmustert nun nicht alle möglichen Stimmungen, sondern konzentriert sich auf einige wenige – die in sein Konzept passen. Als alltägliche Grundstimmung hebt er hervor die *oft anhaltende, ebenmäßige und fahle Ungestimmtheit* mit Spuren von *Überdruß* und *Langeweile*. Darin zeige sich: *Das Sein ist als Last offenbar geworden* (SuZ, 134). Die alltägliche Betriebsamkeit sei eine Flucht vor dieser Stimmung. Das Dasein reißt sich zusammen, es wird aktiv, es gesteht sich nicht ein, was die Stimmung vermeldet. *Das Dasein weicht zumeist ... dem in der Stimmung erschlossenen Sein aus* (SuZ, 135).

Man kann Heideggers Fundamentalontologie als den aufwendigen Versuch verstehen, dem Dasein die Fluchtwege abzuschneiden. Mit ebenso umständlicher wie bohrender Intensität nimmt Heidegger sich jene Stimmungen vor, in denen der *Lastcharakter des Daseins* offenbar wird – fahl und alltäglich im Überdruß und der Langeweile, grell und dramatisch in der Angst.

Nun ist die Behauptung, daß die belastenden Stimmungen die grundlegenden seien, durchaus nicht zwingend. Max Scheler, der ähnlich wie Heidegger den Stimmungen grundlegenden Charakter zuschreibt, kommt zu anderen Ergebnissen. In seiner Untersuchung »Wesen und Formen der Sympathie« (1912) erklärt er Liebe und Verbundenheit, das

»Mitschwingen und Mitgehen«, zur Grundbefindlichkeit und bewertet umgekehrt das Trübe und Lastende als eine Störung und ein Aussetzen dieses sympathetischen Grundzugs.

Man könnte einfach sagen, Heidegger habe die bei ihm vorherrschende grundierende Stimmung und die Stimmungslage der Krisenzeit Weimars zum Ausgangspunkt genommen. Das wäre insofern gerechtfertigt, da Heidegger selbst immer die *Je-meinigkeit* und die *Geschichtlichkeit* der Stimmung hervorhebt. Doch trotz *Je-meinigkeit* und *Geschichtlichkeit* will er fundamentalontologisch gerechtfertigte Aussagen machen: nicht nur das eigene Dasein und das seiner Zeit, sondern Dasein überhaupt soll in seinen Grundstimmungen erfaßt werden.

Heidegger wollte mit seiner Daseinsanalyse die Frage nach dem Sein stellen und er wollte sie deshalb nicht nur als einen Beitrag zur philosophischen Anthropologie verstanden wissen. Um so auffälliger ist es, daß bedeutende philosophische Anthropologen jener Zeit, Helmuth Plessner und Arnold Gehlen, ebenfalls vom Lastcharakter des menschlichen Daseins ausgehen. Aber beide ziehen andere Schlüsse daraus. Im Kontrast dazu wird Heideggers Ansatz besonders deutlich. Plessner definiert in seinem anthropologischen Hauptwerk »Die Stufen des Organischen und der Mensch« (1928) den Menschen mit dem Hinweis auf seine »exzentrische« Position. Er hat keine spezielle organische Umwelt, in die er vollkommen eingegliedert ist. Er ist weltoffen. Er lebt nicht wie die Tiere »aus seiner Mitte heraus, in seine Mitte hinein«, sondern er muß sich seine Mitte erst suchen und schaffen. Er ist ein Distanzwesen, das schwer an sich selbst und seiner exzentrischen Position zu tragen hat. Denn diese verwickelt ihn in heikle Widersprüche. Er sucht sich seine Position, stellt Verbindungen her, aber schafft es nicht, ganz in ihnen aufzugehen. Er durchschneidet immer wieder diese Verbindungen, indem er sich von innen als reflexives Wesen erfährt. Er handelt in die Welt hinein und reflektiert sich aus ihr heraus. Exzentrisch ist er also nicht nur der Welt, sondern auch sich selbst gegenüber. »Als Ich, das die volle Rückwendung des lebendigen Systems zu sich selbst ermöglicht, steht der Mensch nicht mehr im ›Hier-Jetzt‹, sondern ›hinter‹ ihm, hinter sich selbst, ortlos, im Nichts... Seine Existenz ist wahrhaft auf Nichts gestellt.«

Exzentrizität bedeutet: Man muß das Leben mehr ertragen, als daß man von ihm getragen wird, oder, positiv gewendet, man muß sein Leben führen. Menschliches Leben steht unter dem Gesetz der »natürlichen Künstlichkeit«.

An diesen Befund knüpft in den dreißiger Jahren Arnold Gehlen an. Auch für ihn ist der Mensch weltoffen, in keine spezielle Umwelt instinktsicher eingepaßt. Diese Nichtangepaßtheit würde die biologischen Überlebenschancen mindern, wenn die Mängel nicht auf andere Weise kompensiert würden. Was ihm als Natur fehlt, muß der Mensch als Kultur leisten. Er muß sich seine passende Umwelt selbst schaffen. Dabei verfährt er nach dem Prinzip der Entlastung. Da er schon so vieles ›machen‹ muß, ist er bestrebt, die Dinge und sich selbst so auszugestalten, daß sie mit einem möglichst geringen Aufwand an Spontaneität, Motivations- und Antriebsenergie »funktionieren«. Der Mensch versucht also, seine Exzentrizität und Reflexivität wegzuarbeiten, indem er seine Lebenswelt so einrichtet, daß sie ihn von dem entlastet, was bei einer ganzen philosophischen Tradition als Inbegriff der Menschenwürde galt: Spontaneität, Reflexivität, Freiheit.

Das Leben wird um so lastender, je innerlicher der Mensch wird. Solche Innerlichkeit ist in der Regel zu schwach, um eine eigene Welt zu tragen, aber stark genug, um die notwendige Versachlichung und Institutionalisierung der gesellschaftlichen Lebenswelt als Zumutung und als ›Unwahrheit‹ empfinden zu lassen. Schließlich schickt sich der Mensch, der am »Hiatus« dieser Innerlichkeit leidet, ins Unvermeidliche und läßt sich von der Zivilisation Daseinslasten abnehmen – auch wenn er dabei das Gefühl hat, sich selbst zu verlieren. Der Mensch geht in sich und verliert die Welt, und er geht in die Welt und verliert sich. Für Gehlen folgt daraus: »Der Mensch kann zu sich und seinesgleichen ein dauerndes Verhältnis nur indirekt festhalten, er muß sich auf einem Umweg, sich entäußernd, wiederfinden, und da liegen die Institutionen. Es sind dies allerdings ... von den Menschen produzierte Formen, in denen das Seelische ... versachlicht, in den Gang der Dinge verflochten und gerade nur damit auf Dauer gestellt wird. So werden wenigstens die Menschen von ihren eigenen Schöpfungen verbrannt und konsumiert und nicht von der rohen Natur, wie die Tiere.«

Gehlen und Plessner setzen beide, wie auch Heidegger, am Lastcharakter des Daseins an und beschreiben dann die kulturellen Techniken der Entlastung als elementare Überlebensnotwendigkeit. Heidegger spricht zwar auch von der naheliegenden und vorherrschenden *Tendenz zum Leichtnehmen und Leichtmachen* (SuZ, 127). Aber für ihn ist es gerade diese Tendenz, die den Menschen um sein *eigentliches Seinkönnen* bringt. Wie man mit dem Lastcharakter des Daseins umgeht, ob Entlastung suchend oder die Last auf sich nehmend, das entscheidet über Uneigentlichkeit und Eigentlichkeit. Entlastung jedenfalls steht für Heidegger zunächst unter dem Verdacht, ein Manöver der Flucht, des Ausweichens, des Verfallens – eben der *Uneigentlichkeit* zu sein. Der *eigentliche* Held trägt wie Atlas das Gewicht der Welt und soll dann noch das Kunststück des aufrechten Ganges und des kühnen Lebensentwurfes zustande bringen.

Neben dem berühmten Todeskapitel sind es die Analysen zur Eigentlichkeit und Uneigentlichkeit, die dem schwierigen Werk in den zwanziger Jahren eine große Publizität verschafften. Heideggers Beschreibung der uneigentlichen Lebenswelt hat deutlichen zeitkritischen Bezug, obwohl er das stets in Abrede gestellt hat. Gleichwohl, Kritik an der Vermassung und Verstädterung, am nervösen öffentlichen Leben, an der mächtig aufkommenden Unterhaltungsindustrie, am hektischen Alltag, an der feuilletonistischen Beliebigkeit des geistigen Lebens fließt ein in seine Beschreibung eines Daseins, das nicht von seinem eigenen *Seinkönnen* her lebt, sondern vom *Man* gelebt wird: *Jeder ist der Andere, und keiner ist er selbst* (SuZ, 128).

Diese Welt des *Man* ist von anderen Autoren der zwanziger Jahre bisweilen noch eindringlicher und genauer beschrieben worden. Robert Musil in »Der Mann ohne Eigenschaften«: »›Man muß es schätzen, wenn ein Mann heute noch das Bestreben hat, etwas Ganzes zu sein‹, sagte Walter. ›Das gibt es nicht mehr‹, meinte Ulrich. ›Du brauchst bloß in eine Zeitung hineinzusehen. Sie ist von einer unermeßlichen Undurchsichtigkeit erfüllt. Da ist die Rede von so vielen Dingen, daß es das Denkvermögen eines Leibniz überschritte. Aber man merkt es nicht einmal; man ist anders geworden. Es steht nicht mehr ein ganzer Mensch einer ganzen Welt gegenüber, sondern ein menschliches Etwas bewegt sich in einer allgemeinen Nährflüssigkeit.‹«

Walter Mehring in seinem Song »Hoppla, wir leben!«: »In diesem Hotel zur Erde / War die Creme der Gesellschaft zu Gast – / Sie trug mit leichter Gebärde / Die schwere Lebenslast!«

Vicki Baum in ihrem Erfolgsroman »Menschen im Hotel« von 1931: »Wennse abreisen kommt ein Anderer und legt sich in ihr Bett. Schluß. Setzense sich so mal ein paar Stunden in die Halle und sehnse genau hin: aber die Leute haben ja kein Gesicht! Sie sind nur Attrappen alle miteinander. Sie sind alle tot und wissen's gar nicht…«

Heideggers *Man* ist auch eine solche Attrappe: *Das Man, mit dem sich die Frage nach dem Wer des alltäglichen Daseins beantwortet, ist das Niemand, dem alles Dasein im Untereinander sich je schon ausgeliefert hat* (SuZ, 128).

Eindruck machen Heideggers Beschreibungen der Weimarer Moderne gerade wegen der Umgebung, in der sie plaziert werden. Dadurch ergibt sich der Effekt, daß das Triviale und Alltägliche einen großen Auftritt auf der fundamentalontologisch hergerichteten Bühne bekommt. Es spielt die Hauptrolle im Drama unserer Existenz. Und darum will Heidegger auch nicht als Zeitkritiker verstanden werden, denn Kritik wäre etwas Ontisches, er aber hat es mit dem Ontologischen zu tun.

Diese *Niemands* führen auf Heideggers Bühne ein gespenstisches Stück auf. Es sind Masken, aber es ist nichts dahinter. Kein Selbst. Wo ist das Selbst geblieben? Ist die Uneigentlichkeit ein Zustand der Abkehr, des Abfalls oder der Entfremdung vom eigentlichen Selbst? Wartet das wahre Selbst in uns oder in den Kulissen darauf, endlich wieder verwirklicht zu werden? Nein, sagt Heidegger. Die Uneigentlichkeit ist die *ursprüngliche* Gestalt unseres Daseins, und zwar nicht nur im Sinne des (ontisch) Üblichen, sondern auch ontologisch. Denn die *Uneigentlichkeit* ist ein ebensolches Existenzial wie das *In-Sein*. Wir finden uns immer schon in einer Situation, in der wir geschäftig aufgehen. Das wurde schon erläutert am Beispiel der *Umwelt,* das gilt aber natürlich auch für die *Mitwelt* und die *Selbstwelt*. Das bedeutet: Das Dasein ist *zunächst und zumeist* nicht bei sich selbst, sondern dort draußen bei seinen Geschäften und bei den anderen. *Zunächst ›bin‹ nicht ›ich‹ im Sinne des eigenen Selbst, sondern die Anderen in der Weise des Man... Zunächst ist das Dasein Man und zumeist bleibt es so. Wenn das Dasein die Welt eigens entdeckt und sich nahebringt, wenn es ihm selbst sein eigentliches Sein erschließt, dann vollzieht sich dieses Entdecken von ›Welt‹ und Erschließen von Dasein immer als Wegräumen der Verdekkungen und Verdunkelungen, als Zerbrechen der Verstellungen, mit denen sich das Dasein gegen es selbst abriegelt* (SuZ, 129).

Einen Augenblick, in dem die *Verstellungen* zerbrechen und sich das *eigentliche Sein* erschließt, kennen wir schon: Es ist der Augenblick der Angst. Die Welt verliert ihre Bedeutsamkeit, sie erscheint als nacktes ›Daß‹ auf dem Hintergrund des Nichts, und das Dasein selbst erfährt sich unbehaust, von keinem objektiven Sinn behütet und geleitet. Der Durchbruch zum *eigentlichen Sein* ereignet sich also als Kontingenzschock, als die Erfahrung: Es steckt nichts dahinter. Dieses Initiationserlebnis für eine Philosophie der Eigentlichkeit hat Heidegger noch deutlicher als in SEIN UND ZEIT in der Freiburger Antrittsvorlesung von 1929 formuliert. Philosophie, sagt er dort, beginne erst, wenn wir den Mut haben, das *Nichts begegnen zu lassen*. Aug in Aug mit dem Nichts merken wir nämlich, daß wir nicht nur ›etwas‹ Wirkliches sind, sondern daß wir schöpferische Wesen sind, die aus dem Nichts etwas hervorkommen lassen können. Entscheidend ist: Der Mensch kann sich erfahren als der Ort, wo aus Nichts Etwas und aus Etwas Nichts wird. Die Angst führt uns an diesen Umschlagpunkt. Sie konfrontiert uns mit dem *Möglichsein*, das wir selbst sind.

Heideggers Analyse der Angst hat ausdrücklich nicht die Todesangst zum Thema. Man könnte eher sagen, daß ihr Thema die Angst vor dem Leben ist, vor einem Leben, das einem plötzlich in seiner ganzen Kontingenz gegenwärtig wird. Die Angst macht offenbar, daß alltägliches Leben auf der Flucht vor seiner Kontingenz ist. Das ist der Sinn aller Versuche, sich *festzuleben*.

Man könnte denken, das *Man* sei nur der Jedermann, aber es sind auch die Philosophen. Denn die, so Heideggers Kritik, leben sich fest in ihren großen Konstruktionen, ihren Wertewelten und metaphysischen Hinterwelten. Auch die Philosophie ist zumeist damit beschäftigt, den Kontingenzschock wegzuarbeiten oder, besser noch, ihn erst gar nicht zuzulassen.

Und nun die *Eigentlichkeit* selbst. Sie ist Negation der Negation. Sie widersteht der Neigung zur Flucht, zum Ausweichen.

Eigentlichkeit hat ihr Sach' auf nichts gestellt. Sie bedeutet, noch einmal zur Welt zu kommen. Eigentlichkeit entdeckt keine neuen Daseinsgebiete. Alles kann bleiben und wird auch wohl so bleiben, wie es war, nur die Haltung dazu hat sich geändert.

Wenn die Angst das Initiationserlebnis der Eigentlichkeit ist, dann gehört das berühmte Heideggersche *Vorlaufen zum Tod* bereits zum Gelingen dieser Eigentlichkeit. Deshalb hat das Todeskapitel im ausgeklügelten Aufbau von SEIN UND ZEIT seinen Platz im Abschnitt über das mögliche *Ganzsein des Daseins* – ein anderer Terminus für *Eigentlichkeit.*

Auch beim Verhältnis zum Tod wählt Heidegger als Kontrast das alltägliche Todesverständnis, das sich auf die Formel bringen läßt: *man stirbt am Ende auch einmal, aber zunächst bleibt man selbst unbetroffen* (SuZ, 253). Der eigene Tod ist, solange man lebt, *für einen selbst noch nicht vorhanden und daher unbedrohlich* (SuZ, 253).

Es wäre nun philosophisch nicht sonderlich originell, wollte Heidegger die jahrtausendealte Tradition des »memento mori« um eine neue Buß- und Umkehrpredigt bereichern. Er spielt zwar darauf an, wenn er die spätmittelalterliche Schrift »Der Ackermann aus Böhmen« von Johannes Tepl zitiert: »Sobald der Mensch zum Leben kommt, sogleich ist er alt genug zu sterben.«

Heidegger will die verschiedenen Weisen, wie wir im Leben vom Tode betroffen werden, phänomenologisch beschreiben, nicht in ergriffener Rede, sondern mit hochgerüsteter, sachlich-distanzierter Terminologie. Gleichwohl spürt man hier eine Erregung, die anzeigt, daß wir uns in den heißen Zonen seines Philosophierens befinden. Der Tod, sagt Heidegger, ist nicht das Ende des Lebens, sondern das *Sein zum Ende*, er steht uns nicht nur bevor als das letzte Stündlein, sondern er steht in unser Leben *herein*, da wir doch von unserem Sterben wissen. Der Tod ist die *Möglichkeit*, die uns ständig bevorsteht, und als solche die *Möglichkeit der Unmöglichkeit der eigenen Existenz*. Obwohl alle vom Tod betroffen sind, muß doch jeder seinen eigenen Tod sterben. Es hilft ihm nicht der Gedanke an die Allgemeinheit dieses Schicksals. Der Tod vereinzelt, auch wenn massenhaft gestorben wird. Der Versuch, ihn als absolute Grenze zu verstehen, muß ihn zugleich als Grenze des Verstehens verstehen. Der Bezug zum Tod ist das Ende jeden Bezugs. Das Denken des Todes ist das Ende jeden Denkens. Beim Denken des Todes will Heidegger dem Geheimnis der Zeit auf die Spur kommen: Der Tod ist nicht ein Ereignis ›in‹ der Zeit, sondern das Ende der Zeit. Als Ereignis ›in‹ der Zeit erscheint der Tod, wenn ich den Tod der anderen erfahre. Dann stehe ich unter der Suggestion der verräumlichten Zeit. Der Zeitraum ist so geräumig, daß ich, nach dem Ableben des anderen, immer noch Platz darin habe. Solche Raumbilder der Zeit entspringen dem uneigentlichen Zeitdenken. Es wird nicht die Eigen-Zeit bedacht, die Tatsache, daß die irreversible Zeitbewegung, das große *Vorbei*, durch mich hindurchgeht. Die uneigentlichen Raumbilder nehmen die Zeit als etwas Vorhandenes.

Heidegger hatte, ich erinnere daran, das Seiende als Existenz unterschieden vom Vorhandenen. Im Zusammenhang der Analyse des Todes wird diese Unterscheidung besonders dringlich. Das Vorhandene ist das Verräumlichte. Menschliches Dasein aber ist aufgegebene, ausgestandene, zu Ende gelebte Zeit. Gegen die *Vorhandenheit* steht das *Vorbeisein*. Dinge sind ›in‹ der Zeit, das Dasein aber hat seine Zeit, es *zeitigt* sich; und da dies für das Bedürfnis nach Sicherheit und Haltbarkeit eine Zumutung ist, so gibt es eben diese mächtige Tendenz zur

Selbstverdinglichung des Lebens. Man möchte so in der Zeit ruhen wie die Dinge. Die tröstlichen Gedanken der Unsterblichkeit bieten die Kraft des beharrenden Raums auf gegen die vorbeigehende Zeit.

Die zu Anfang gestellte Frage nach dem Sinn von Sein erscheint vom Denken der Zeitlichkeit her plötzlich in einem neuen Licht. Man erkennt, in welchem Sinn die Frage nach dem Sinn zumeist gestellt wird, nämlich als Frage nach einem beharrenden Sinn oder nach dem Sinn des Beharrenden. Gegen dieses Beharren, gegen die heimliche und unheimliche Suggestion des Raumes denkt Heidegger an. Der Sinn von Sein ist die Zeit – das bedeutet: Sein ist schlechterdings nichts Beharrendes, es ist etwas Vorbeigehendes, es ist nichts Vorhandenes, sondern Ereignis. Wer den eigenen Tod wirklich zu denken wagt, der entdeckt sich selbst als ein endliches Ereignis des Seins. Diese Entdeckung ist schon fast das Höchstmaß an Selbstdurchsichtigkeit, die das Dasein für sich selbst erreichen kann. Wenn Selbstverdeckung Uneigentlichkeit ist, dann ist diese Selbstdurchsichtigkeit ein Akt der Eigentlichkeit. Da aber Heideggers Philosophie an dieser Selbstdurchsichtigkeit arbeitet, versteht sie sich selbst als einen solchen Akt der Eigentlichkeit.

Manche Interpreten von SEIN UND ZEIT bemühen sich, Heideggers Philosophie der Eigentlichkeit fundamentalontologisch von jeder Ethik zu reinigen, nur um den Verdacht abzuwehren, wonach es einen Zusammenhang geben könnte zwischen dieser *Eigentlichkeit* und Heideggers späterem Engagement für den Nationalsozialismus. Doch solches Bemühen forciert unzulässig den Formalismus dieser Eigentlichkeits-Philosophie. Denn immerhin hat Heidegger ausdrücklich erklärt, daß der *Auffassung von eigentlicher Existenz ein faktisches Ideal des Daseins zugrunde* liege (SuZ, 310).

Dieses Ideal ist zunächst einmal negativ bestimmt. Das Dasein ist dann eigentlich, wenn es den Mut hat, sich auf sich selbst zu stellen und sich auf die von Hegel so genannte »substantielle Sittlichkeit« von Staat, Gesellschaft, öffentlicher Moral nicht zu verlassen; wenn es auf die Entlastungsangebote von seiten der Welt des *Man* verzichten kann und die Kraft aufbringt, sich aus der *Verlorenheit* zurückzuholen; wenn es nicht mehr spielt mit den tausend Möglichkeiten, die es gibt, sondern das Möglichsein ergreift, das man selbst ist.

Wenn Heidegger, der große Aristoteles-Interpret, seine Ethik der Eigentlichkeit gegen die Ethik der Öffentlichkeit in Stellung bringt, dann muß er sich absetzen von der aristotelischen Tradition einer praktischen Ethik des öffentlichen Lebens. Aristoteles hatte die ›Philosophie des Guten‹, im Gegensatz zu Platon, auf den Boden der gesellschaftlichen Wirklichkeit seiner Zeit zurückgebracht. Er hatte das Übliche und Gewöhnliche rehabilitiert. Das sittlich Gute war für ihn nicht in Abgrenzung zum gesellschaftlich Geltenden, sondern nur im Anschluß daran zu gewinnen.

Für Aristoteles und für die von ihm ausgehende Tradition bis hin zum ethischen Pragmatismus und zur Theorie der kommunikativen Vernunft gilt als Ausgangspunkt und Orientierungsgröße für gelingendes und ethisch verantwortliches Leben genau jener Bereich, den Heidegger als die Welt des *Man* bezeichnet.

Wenn das Selbst sich aus dem *Man* zurückholt und auf sich selbst zurückkommt, wo kommt es dann an? Heideggers Antwort: beim Bewußtsein der Sterblichkeit und der Zeit, bei der Einsicht in die Unverläßlichkeit aller zivilisatorischen Daseinsfürsorge und vor allem: beim Bewußtsein des eigenen Seinkönnens, bei der Freiheit also im Sinne von Spontaneität, Initiative, Schöpfertum. Es ist ein Ankunftsort, zu dem auf anderen Wegen auch Gottfried Benn hingelangen will. Im Gedicht »Destille« heißt es: »Ich lasse mich zerfallen, / ich bleibe dem Ende nah, / dann steht zwischen Trümmern und Ballen / eine große Stunde da.« Bei Benn muß das bei sich selbst ankommende Dasein zuerst »zerfallen«, bei Heidegger muß es sich losreißen, und es findet keinen Grund unter den Füßen, sondern den Abgrund der Freiheit, aber auch – eine »große Stunde«.

Beim spektakulären Disput mit Cassirer in Davos 1929 wird Heidegger erklären, *daß der Mensch nur in ganz wenigen Augenblicken auf der Spitze seiner eigenen Möglichkeiten existiert* (K, 290).

Es geht bei der Heideggerschen Eigentlichkeit tatsächlich nicht primär um das gute und ethisch richtige Handeln, sondern um die Eröffnung von Chancen für große Augenblicke, es geht um Intensitätssteigerung des Daseins; aber sofern es auch um Ethisches geht, lassen sich Heideggers Überlegungen dazu in SEIN UND ZEIT in einem Satz formulieren: Tu, was du willst, aber entscheide dich selbst und laß dir von niemandem die Entscheidung und damit auch die Verantwortung abnehmen. Die Studenten, die damals in Marburg Heidegger parodierend sagten: »Ich bin entschlossen, nur weiß ich nicht wozu«, hatten den Heideggerschen Dezisionismus ganz gut verstanden und doch auch mißverstanden. Verstanden hatten sie ihn, weil Heidegger wirklich einer Entschlossenheit das Wort redete, ohne Gehalte oder Werte zu nennen, für die man sich zu entschließen hätte. Mißverstanden aber hatten sie ihn, sofern sie solche Anweisungen und Orientierungen von seiner Philosophie erwartet haben sollten. Diese Erwartungshaltung will Heidegger ausdrücklich enttäuschen. Sie gehört nämlich zur uneigentlichen Art, Philosophie zu treiben. Philosophie ist keine moralische Auskunftsinstanz, sie ist, bei Heidegger jedenfalls, die Arbeit des Abtragens und Abbauens von vermeintlichen ethischen Objektivitäten. Was nach dieser Arbeit übrigbleibt, ist tatsächlich ein Nichts – gemessen an der reichen Tradition ethischen Denkens.

Nach gutem moralphilosophischem Brauch nimmt sich Heidegger auch das Gewissen vor, aber nur, um auch dort dieses Nichts an konkreten Bestimmungen aufzuweisen. Das Gewissen ruft uns zur Eigentlichkeit auf, sagt uns aber nicht, was wir tun müssen, um eigentlich zu werden. *Was ruft das Gewissen den Angerufenen zu? Streng genommen – nichts... Dem angerufenen Selbst wird ›nichts‹ zu-gerufen, sondern es ist aufgerufen zu ihm selbst, das heißt zu seinem eigensten Seinkönnen* (SuZ, 273).

Heidegger scheut den Vorwurf des Formalismus nicht. Im Marburger Vortrag Der Begriff der Zeit weist er auf den Formalismus der Kantschen Moralphilosophie hin, die ja bekanntlich auch keine andere moralische Maxime ausgearbeitet hat als die, daß im eigenen Handeln die Vernunft des anderen, und das heißt: seine Freiheit zu achten sei. Populär ausgedrückt: Was du nicht willst, daß man dir tu, das füg auch keinem anderen zu.

Analog zum Kantschen Postulat der wechselseitigen Achtung von Vernunft und Freiheit entwickelt Heidegger sein Prinzip der wechselseitigen Respektierung des Daseins im anderen: *Das Seiende, zu dem sich das Dasein als Mitsein verhält, hat aber nicht die Seinsart des zuhandenen Zeugs, es ist selbst Dasein. Dieses Seiende wird nicht besorgt, sondern steht in der Fürsorge* (SuZ, 121).

Heidegger wählt eine deskriptive Formulierung, die aber in Wirklichkeit eine Forderung enthält. Denn diese *Fürsorge* bezeichnet gerade nicht die alltägliche, gesellschaftlich übliche Art, wie Menschen miteinander umgehen, sondern wie sie ›eigentlich‹ miteinander umgehen sollten. *Die Fürsorge, die wesentlich die eigene Sorge – das heißt die Existenz des Anderen betrifft und nicht ein Was*, das er besorgt, verhilft dem Anderen dazu, in seiner Sorge sich durchsichtig und für sie frei zu werden (SuZ, 122).

Im Gestus der Beschreibung formuliert Heidegger hier seinen kategorischen Imperativ: Zur Eigentlichkeit gehört, weder sich selbst noch den anderen zum Ding, zum *Zeug* zu machen. Und auch die *Entschlossenheit zu sich selbst* wird, wieder unter einer deskriptiven Formulierung versteckt, an eine moralische Forderung gebunden. Diese Entschlossenheit soll nämlich die Möglichkeit eröffnen, *die mitseienden Anderen ›sein‹ zu lassen in ihrem eigensten Seinkönnen… Aus dem eigentlichen Selbstsein der Entschlossenheit entspringt allererst das eigentliche Miteinander* (SuZ, 298).

Was nun aber das *eigentliche Miteinander* sein könnte, bleibt einstweilen ebenso unbestimmt wie das eigentliche Selbstsein. Die einzige Auskunft ist auch hier nur wieder eine negative. Das Miteinandersein muß, ebenso wie das Selbstsein, aus der *Verlorenheit in das Man* herausfinden. Ist ein kollektiver Ausbruch und Aufbruch aus der Uneigentlichkeit denkbar?

Man hat Heideggers Unterscheidung zwischen dem uneigentlichen und dem eigentlichen Miteinandersein häufig gleichgesetzt mit der Unterscheidung zwischen Gesellschaft und Gemeinschaft, wie sie Ferdinand Tönnies in dem gleichnamigen Buch vorgenommen hat. Das Werk war 1887 erschienen, aber zunächst ohne Wirkung geblieben. In den zwanziger Jahren wurde es zum soziologischen Bestseller und stellte der konservativen Kritik der modernen Massengesellschaft die wichtigsten Begriffe zur Verfügung. Danach ist Gemeinschaft von höherem Wert als Gesellschaft. Gemeinschaft bedeutet »lebendiger Organismus« und »dauerndes und echtes« Zusammenleben. Gesellschaft ist ein »mechanisches Aggregat und Artefakt« und gewährt nur ein »vorübergehendes und scheinbares« Zusammenleben. In der Gemeinschaft sind die Menschen »verbunden trotz aller Trennung«, in der Gesellschaft sind sie »getrennt trotz aller Verbundenheit«.

Tatsächlich aber deckt sich Heideggers eigentliches Miteinandersein nicht mit der Vorstellung von Gemeinschaft. Denn zum Bild der Gemeinschaft gehört doch, daß der einzelne seine Distanzlasten, seine Einsamkeit, seine Individualität loswerden will. Heideggers Eigentlichkeit aber wehrt jeden Konformismus ab. Da er das Dasein zu seinem *unvertretbaren* und das heißt individuellen Seinkönnen ermuntert, müßte ihm eine Gemeinschaft von dichter Homogenität eher verdächtig vorkommen. Doch Heidegger wird aus seiner Ethik der Eigentlichkeit andere politische Konsequenzen ziehen. Er wird die nationalsozialistische Revolution als kollektiven Ausbruch aus der Uneigentlichkeit verstehen und sich ihr deshalb anschließen. Aber diese Konsequenzen ergeben sich nicht zwingend aus der Weltsicht von SEIN UND ZEIT. Andere haben andere Konsequenzen daraus gezogen. Heideggers Fundamentalontologie einschließlich seiner Eigentlichkeitsphilosophie sind unbestimmt genug, um in politischen Dingen unterschiedlichen Optionen Raum zu geben. Heideggerianer der ersten Stunde wie Herbert Marcuse, Jean-Paul Sartre, Günther Anders, Hannah Arendt, Karl Löwith sind Beispiele dafür.

Aber es kann kein Zweifel daran bestehen, daß Heidegger trotz seiner Ontologie der Freiheit sich in SEIN UND ZEIT als Gegner der pluralistischen Demokratie zu erkennen gibt. Er hat kein Verständnis für das Prinzip der demokratischen Öffentlichkeit. *Sie* (die Öffentlichkeit) *regelt zunächst alle Welt- und Daseinsauslegung und behält in allem Recht. Und das nicht ... weil sie über eine ausdrücklich zugeeignete Durchsichtigkeit des Daseins verfügt, sondern auf Grund des Nichteingehens ›auf die Sachen‹, weil sie unempfindlich ist gegen alle Unterschiede des Niveaus und der Echtheit* (SuZ, 127).

Was Heidegger hier der demokratischen Öffentlichkeit vorwirft, ist nichts anderes als ihr Strukturprinzip. Tatsächlich gehört es zu ihr, daß dort alle Meinungen und Ideen Zugang haben, ob sie nun über die *Durchsichtigkeit des Daseins* verfügen oder nicht. Es gehört zu diesem Typ von Öffentlichkeit, daß in ihr die Menschen in aller Durchschnittlichkeit und ›Niveaulosigkeit‹ erscheinen und das Wort ergreifen können, ob eigentlich oder nicht. Solche Öffentlichkeit ist, jedenfalls ihrer Idee nach, ein Spiegelbild des Lebens, so trivial und unansehnlich – uneigentlich – es auch sein mag. Und es gehört auch zu ihr, daß die Wahrheiten es erdulden müssen, zur bloßen Meinung auf dem Markt der Meinungen herabgestuft zu werden. Demokratische Öffentlichkeit ist tatsächlich ein Tummelplatz des *Man.*

Es ist bekannt, daß die von einer unpolitischen oder antidemokratischen Tradition geprägten akademischen Mandarine sich nur in seltenen Fällen mit der Weimarer Demokratie anfreunden konnten. Sie verachteten, was zur Demokratie gehörte: das Parteienwesen, die Vielfalt der Meinungen und Lebensstile, die wechselseitige Relativierung der sogenannten ›Wahrheiten‹, die Durchschnittlichkeit und die unheroische Normalität. In diesen Kreisen galten Staat, Volk, Nation als Werte, in denen eine abgesunkene metaphysische Substanz fortlebte: der Staat, über den Parteien, wirksam als sittliche Idee, die den Volkskörper läutert; Führungspersönlichkeiten, die charismatisch den Geist des Volkes zum Ausdruck bringen. In dem Jahr, als SEIN UND ZEIT erschien, wetterte der Rektor der Universität München, Karl Vossler, gegen das antidemokratische Ressentiment seiner Kollegen: »Immer in neuen Verpuppungen die alte Unvernunft: ein metaphysisches, spekulatives, romantisches, fanatisches, abstraktes und mystisches Politisieren ... (man) kann seufzen hören, wie schmutzig, wie unheilbar unsauber doch alle politischen Geschäfte seien, wie unwahr die Presse, wie falsch die Kabinette, wie gemein die Parlamente und so weiter. Man dünkt sich, indem man also jammert, zu hoch, zu geistig für die Politik.«

Auch der eigentliche Heidegger stellt sich über die Parteien und blickt mit Verachtung auf das politische Geschäft herab.

Wie aber stellt sich Heidegger zu diesem Zeitpunkt die Überwindung der Uneigentlichkeit in der politischen Sphäre vor? Darauf gibt SEIN UND ZEIT noch keine schlüssige Antwort. Denn einerseits bleibt die Konversion zur Eigentlichkeit ein Akt radikaler Vereinzelung. Heidegger zitiert zustimmend den Grafen Yorck von Wartenburg: »Staatspolitische Aufgabe wäre es, die elementare öffentliche Meinung zu zersetzen und möglichst die Individualität des Sehens und Ansehens bildend zu ermöglichen. Es würden dann statt eines sogenannten öffentlichen Gewissens – dieser radikalen Veräußerlichung, wieder Einzelgewissen, das heißt Gewissen mächtig werden« (zit. SuZ, 403).

Andererseits gehört zum In-der-Welt-Sein auch die Tatsache, daß der Mensch eingebettet ist in die Geschichte seines Volkes, in sein *Geschick* und sein *Erbe*. Und da Eigentlichkeit kein besonderes Handlungsgebiet mit speziellen Zielsetzungen und Werten darstellt, sondern lediglich eine veränderte Einstellung und Haltung zu jedwedem Lebensbereich bedeutet, so kann das Dasein sich eben auch eigentlich oder uneigentlich in dieses *Geschick* des Volkes hineinstellen. Aber wie eine eigentliche Übernahme und Fortsetzung des Geschicks eines Volkes aussehen könnte, das wird in SEIN UND ZEIT nicht weiter ausgemalt. Nur soviel wird angedeutet: Das Dasein, auch das kollektive, findet nicht durch Normen, Verfassungen, Institutionen zu seiner Eigentlichkeit, sondern nur durch gelebte Vorbilder, nur dadurch, *daß das Dasein sich seinen Helden wählt* (SuZ, 385).

Doch trotz dieser dunklen Andeutungen über einen kollektiven Weg zur Eigentlichkeit bleibt in SEIN UND ZEIT der individualistische Zug vorherrschend. Heidegger nennt seinen Ansatz sogar einmal einen *existenzialen Solipsismus* (SuZ, 298). Bei den entscheidenden Fragen der Existenz bleibt jeder allein. Kein Volk und kein kollektives *Geschick* kann dem einzelnen die Entscheidungen in dem Bereich des *eigent-*

lichen Seinkönnens abnehmen. Gegenüber dem kollektiven *Geschick* kommt es darauf an, *für die Zufälle der erschlossenen Situation hellsichtig zu werden* (SuZ, 384). Nachdrücklich verabschiedet Heidegger alle langfristig angelegten Projekte des geschichtlichen Handelns. Übrig bleibt ein geschichtlicher Okkasionalismus. Man muß den Augenblick nutzen, die Gelegenheit ergreifen.

Wozu, wofür?

Nicht für ein in der Ferne liegendes Geschichtsziel; wenn es überhaupt ein Ziel gibt, dann ist es dieser Augenblick selbst. Es geht um eine Steigerung des Daseinsgefühls. Eigentlichkeit ist Intensität, nichts anderes.

Noch findet Heidegger seine Augenblicke der Intensität vor allem in der Philosophie. Es wird nicht mehr lange dauern, dann sucht er sie auch – in der Politik.

Zehntes Kapitel

Die Zeitstimmung: das Warten auf den großen Augenblick. Carl Schmitt, Tillich und andere. Geistesgegenwart. Die Entschlossenheit und das Nichts. Befreiung vom Schulzwang. Beschwörung des Daseins. Die Nachtmesse von Beuron. Andacht und Verwegenheit. Das Böse. Die große Debatte von Davos: Heidegger und Cassirer auf dem Zauberberg. Die Nacht und der Tag.

SEIN UND ZEIT war ein Torso. Zwei Teile waren geplant. Noch nicht einmal der erste wurde fertig, obwohl Heidegger unter Termindruck zuletzt Tag und Nacht daran arbeitete. Es war wohl das einzige Mal in seinem Leben, daß er sich tagelang nicht mehr rasierte. Doch er hat alle Themen der in SEIN UND ZEIT angekündigten, aber nicht aufgeführten Kapitel nach und nach bearbeitet. Eine Skizze des fehlenden dritten Abschnitts des ersten Teils zum Thema *Zeit und Sein* trägt er noch im Sommer 1927 vor im Rahmen der Vorlesung DIE GRUNDPROBLEME DER PHÄNOMENOLOGIE.

Den noch ausstehenden großen zweiten Teil von SEIN UND ZEIT – vorgesehen war die Destruktion exemplarischer Ontologien bei Kant, Descartes und Aristoteles – arbeitet Heidegger in den folgenden Jahren zu Einzelschriften oder Vorlesungen aus: 1929 erscheint KANT UND DAS PROBLEM DER METAPHYSIK, 1938 wird der WELTBILD-Vortrag gehalten mit der Kritik des Cartesianismus; die Auseinandersetzung mit Aristoteles führt er in Vorlesungen weiter.

In diesem Sinne ist SEIN UND ZEIT weitergeführt und auch abgeschlossen worden. Auch die sogenannte *Kehre*, von der Heideggerschule später so mystifiziert, wird noch im Rahmen dieses Projektes anvisiert. In der LOGIK-Vorlesung vom Sommersemester 1928 wird sie zum ersten Mal als Aufgabe genannt: Die *temporale Analytik ist zugleich die Kehre* (GA 26, 201).

Diese *Kehre* bedeutet: Die Analytik des Daseins ›entdeckt‹ zuerst die Zeit, kehrt sich dann aber zurück auf das eigene Denken – unter dem Gesichtspunkt der begriffenen Zeit. Das Denken der Zeit bedenkt die eigene Zeitlichkeit des Denkens. Dies nun allerdings nicht im Sinne einer Analyse der historischen Umstände – darin liegt für Heidegger nicht der Kern der Zeitlichkeit. Die Zeitlichkeit des Daseins vollzieht sich, wie wir schon wissen, in der – *Sorge*. Sorgend lebt das Dasein in seinen offenen Zeithorizont hinein, besorgend und vorsorgend auf der Suche nach Haltepunkten und Verläßlichkeiten im Fluß der Zeit. Solche Haltepunkte können sein: Arbeit, Rituale, Institutionen, Organisationen, Werte. Solche Haltepunkte aber müssen für eine Philosophie, die sich zum Bewußtsein ihrer eigenen Zeitlichkeit ›gekehrt‹ hat, alle substanzhafte Würde verlieren. Indem die Philosophie den Strom der Zeit entdeckt, kann sie nicht mehr anders, als sich selbst als Teil davon zu begreifen. Ihrer universalistischen, zeitenthobenen Prätentionen beraubt, entdeckt diese ›gekehrte‹ Philosophie, daß, wenn der Sinn des Seins die Zeit ist, es auch keine Flucht aus der Zeit in ein verläßliches Sein geben kann. Die Fluchtwege sind abgeschnitten; Philosophie gibt keine Antworten mehr, sie kann sich nur noch verstehen als besorgtes Fragen. Philosophie ist nichts anderes als Sorge in Aktion, *Selbstbekümmerung*, wie Heidegger sagt.

Philosophie hat wegen ihrer Weisheitsprätentionen eine besonders schwer durchschaubare Art, sich etwas vorzumachen. Philosophierend will Heidegger der Philosophie auf die Schliche kommen. Was kann sie denn überhaupt leisten? Heideggers Antwort: Sie kann, indem sie die Zeit als Sinn entdeckt, die Sinne schärfen für das pochende Herz der Zeit – für den *Augenblick*. Die Kehre: nach dem Sein der Zeit nun also die Zeit des Seins. Die aber balanciert auf der Spitze des jeweiligen Augenblicks.

Der *Augenblick* hat für Heidegger ein eigentümliches Pathos. Gemeint ist damit nämlich nicht der Gemeinplatz, daß die verstreichende Zeit stets eine Gegenwart, einen Augenblickspunkt durchläuft. Der Augenblick ist nicht einfach ›gegeben‹, sondern er muß entdeckt werden, und zwar deshalb, weil unser gewöhnliches Verhältnis zur Zeit die Augenblicklichkeit durch ein leeres oder stabiles Undsoweiter zudeckt. Augenblicklichkeit ist kein Vorkommen, sondern eine Leistung des Daseins, eine Tugend der Eigentlichkeit. *Der Augenblick ist nichts anderes als der Blick der Entschlossenheit, in der sich die volle Situation eines Handelns öffnet und offenhält.* Sich dem Augenblick und damit dem Zwang zur Entscheidung stellen, nennt Heidegger eine *Grundmöglichkeit der eigentlichen Existenz des Daseins* (GA 29/30, 224).

Heideggers Entdeckung und Auszeichnung des *Augenblicks* gehört zur fiebrigen Neugier und metaphysischen Experimentierfreude der zwanziger Jahre. Die philosophischen Entwürfe des Zeitenbruchs – von Ernst Blochs »Dunkel des gelebten Augenblicks« bis Carl Schmitts »Augenblick der Entscheidung«, von Ernst Jüngers »plötzlichem Schrecken« bis Paul Tillichs »Kairos« – bezogen sich alle, wie eben auch Heidegger, auf den *Augenblick*, dessen Karriere bei Kierkegaard begonnen hatte.

Der Kierkegaardsche »Augenblick«: wenn Gott in das Leben einbricht und der einzelne sich zur Entscheidung aufgerufen fühlt, den Sprung in den Glauben zu wagen. In solchem Augenblick wird die historische Zeit, die den einzelnen von Christus trennt, bedeutungslos. Wen die Botschaft und das Erlösungswerk Christi anspricht und herausfordert, der existiert mit Christus »gleichzeitig«. Die ganze Kulturtradition, worin die Religion als kultureller Besitz und konventionelle Moral mitgeschleppt wird, verbrennt in diesem existentiell erhitzten Augenblick. Seit Kierkegaard wird der »Augenblick« zum Fanal antibürgerlicher Religionsvirtuosen von der Art eines Carl Schmitt, der sich mit seiner Augenblicksmystik in die Politik und das Staatsrecht verirrt, oder Ernst Jüngers, der damit unter die Krieger und Surrealisten gerät. Gegen das flache Undsoweiter bürgerlicher Stabilität steht der grelle Genuß einer intensiven Unendlichkeit – im Augenblick.

Der so verstandene Augenblick verspricht eine Beziehung zu dem »ganz Anderen«, er bedeutet eine andere Erfahrung der Zeit und die Erfahrung einer anderen Zeit. Er verspricht jähe Wendungen und Verwandlungen, vielleicht sogar Ankunft und Erlösung, auf jeden Fall aber zwingt er zur Entscheidung. In solchem Augenblick wird die horizontale Zeit von einer vertikalen geschnitten. Der Augenblick, so die Definition Rudolf Ottos 1917 in seinem wirkungsmächtigen Buch »Das Heilige«, ist das subjektive Zeitäquivalent für die Begegnung mit dem Numinosen. Auf das Numinose in jeder Gestalt hat es das intensitätshungrige geistige Leben der zwanziger Jahre abgesehen. Der metaphysische Antrieb verwandelt sich in die Angst, man könnte den entscheidenden Augenblick verpassen. »Die Normaluhr einer abstrakten Epoche ist explodiert«, schreibt Hugo Ball in »Die Flucht aus der Zeit«, während er im »Club Voltaire« die tausend kleinen Kulturumbrüche inszeniert in Erwartung des einen großen Umbruchs. Der Dadaismus ist ein einziges Trainingsprogramm für den großen Augenblick, der alles neu machen soll. Deshalb die spezifische Ungeduld. »Dadaist sein heißt, sich von den Dingen werfen lassen, gegen jede Sedimentbildung sein, ein Moment auf einen Stuhl gesessen heißt, das Leben in Gefahr gebracht haben« (Dadaistisches Manifest). In einem geistig und materiell destabilisierten Lebensmilieu ist Geistesgegenwart das große Ideal. Geistesgegenwart ist der Sinn für Gelegenheiten. Von dieser Geistesgegenwart handelt auch Kafkas Roman »Das Schloß«, geschrieben Anfang der zwanziger Jahre. Darin wird die verpaßte Gelegenheit und mangelnde Geistesgegenwart zu einem metaphysischen Horrorszenario: Der Landvermesser Josef K. verschläft ein Stelldichein bei der Schloßbehörde. Vielleicht hätte es ihn retten können.

Die Neue Sachlichkeit, metaphysisch stark herabgekühlt, setzt ebenfalls auf die Geistesgegenwart. Sie läßt als Niveau nur gelten, was »auf der Höhe der Zeit« ist. Für Brecht wird der Boxer zur kultischen Figur, er ist der Athlet der Geistesgegenwart. Der gute Boxer hat einen Instinkt für die Augenblicke, wenn er sich ducken und wenn er zuschlagen muß. Die Mobilitätsphantasien der Neuen Sachlichkeit werden von der Obsession beherrscht, man könnte seine Zeit verfehlen wie man einen Zug verpaßt. Ein bestimmter Typus der Zeitdiagnostik der letzten Weimarer Jahre sucht die geschichtliche Wahrheit nicht im Zeitkontinuum, sondern in Riß und Bruch. Blochs »Spuren«, Benjamins »Einbahnstraße«, Ernst Jüngers »Abenteuerliches Herz« sind Beispiele dafür. Für diese Versuche insgesamt gilt der Satz Benjamins: »Das Jetzt der Erkennbarkeit ist der Augenblick des Erwachens.« Geschichte als vulkanischer Krater: sie geschieht nicht, sie bricht aus. Deshalb muß man deutungsschnell zur Stelle sein, ehe man verschüttet wird. Wer den Augenblick liebt, darf nicht allzusehr um seine Sicherheit besorgt sein. Die gefährlichen Augenblicke verlangen abenteuerliche Herzen. Da die »Weltgeschichte von Katastrophe zu Katastrophe fortschreitet«, so Oswald Spengler, muß man sich darauf gefaßt machen, daß das Entscheidende »plötzlich« geschieht, »jäh wie ein Blitz, ein Erdbeben... Wir müssen uns auch darin von den Anschauungen des vorigen Jahrhunderts lösen, wie sie ... im Begriffe ›Evolution‹ liegen.«

Kierkegaard war der eine Denker des 19. Jahrhunderts, der das 20. Jahrhundert in das Mysterium des Augenblicks einweihte. Der andere war Nietzsche. Der Kierkegaardsche Augenblick bedeutete Einbruch des ganz Anderen. Nietzsches Augenblick bedeutet Ausbruch aus dem Gewohnten. Im Augenblick der »großen Loslösung« ereignet sich bei Nietzsche die Geburt des freien Geistes: »Die große Loslösung kommt ... plötzlich, wie ein Erdstoß: die junge Seele wird mit einem Male erschüttert, losgerissen, herausgerissen – sie selbst versteht nicht, was sich begibt. Ein Antrieb und Andrang waltet und wird über sie Herr wie ein Befehl; ein Wille und Wunsch erwacht, fortzugehen, irgendwohin, um jeden Preis; eine heftige gefährliche Neugierde nach einer unentdeckten Welt flammt und flackert in allen ihren Sinnen... Ein plötzlicher Schrecken und Argwohn gegen das, was sie liebte, ein Blitz von Verachtung gegen das, was ihr ›Pflicht‹ hieß, ein aufrührerisches, willkürliches, vulkanisches stoßendes Verlangen nach Wanderschaft.«

Nietzsches Augenblick ist gesteigerte Intensität, die nicht durch Berührung mit dem Absoluten, wie bei Kierkegaard, sondern im selbstmächtigen Transzendieren – »die große Loslösung« – gewonnen wird. Eine endogene Erhitzung. Es gibt für sie keine Orientierung an übergeordneten Werten, die ja verschwunden sind – »Gott ist tot!« Die Intensität des Augenblicks kommt aus der Freiheit, aus der absoluten Spontaneität. Aus dem Nichts. Natürlich sind solche Augenblicke Ausnahmezustände. Aber erst von dieser Ausnahme her wird deutlich, was im regelhaften Leben sonst verborgen bleibt. »Das Normale beweist nichts, die Ausnahme beweist alles... In der Ausnahme durchbricht die Kraft des wirklichen Lebens die Kruste einer in Wiederholung erstarrten Mechanik.«

Das sind Sätze aus der »Politischen Theologie« des Carl Schmitt von 1922, der kraftvoll für Entscheidungen plädiert, die »normativ gesehen aus dem Nichts geboren« sind. Die Macht der Entscheidung hat kein anderes Fundament als den Willen zur Macht; statt Legitimation die Intensität eines ursprungsmächtigen Augenblicks. Diese Theorie der normativ aus dem Nichts entsprungenen Entscheidung hat Paul Tillich 1932 »politische Romantik« genannt, welche die Forderung in sich enthält, »vom Sohn her die Mutter zu schaffen und den Vater aus dem Nichts zu rufen«. Für Carl Schmitt ist der Staat ein auf Dauer gestellter numinoser Ausnahmezustand: der verstaatlichte heilige Augenblick heißt bei ihm Souveränität. Deren schneidende Definition lautet: »Souverän ist, wer über den Ausnahmezustand entscheidet.« Carl Schmitt bekennt sich zum theologischen Gehalt seines Souveränitätsbegriffs. »Der Ausnahmezustand hat für die Jurisprudenz eine analoge Bedeutung wie das Wunder für die Theologie.« Im Wunder offenbart sich die Souveränität Gottes, im Ausnahmezustand die des Staates.

Die Liebhaber der großen Augenblicke in den Weimarer Jahren sind fast alle Adventisten des Nichts, Priester ohne frohe Botschaft, die Haltung ist der Gehalt.

Der Heideggersche Augenblick, wenn das Dasein aus der Zerstreuung auf sich selbst zurückkommt, ist auch ein Ausnahmezustand, in dem die »Kruste einer in Wiederholung erstarrten Mechanik« (Carl Schmitt) durchbrochen wird. Es ist ein Augenblick zugleich im Sinne Nietzsches und Kierkegaards: da bricht etwas ein und da bricht etwas aus. Es kommt darauf an, so Heidegger in der Vorlesung DIE GRUNDBEGRIFFE DER METAPHYSIK (1929/30), daß man den Augenblick des *inneren Schreckens* zuläßt, den *jedes Geheimnis bei sich trägt und der dem Dasein seine Größe gibt* (GA 29/30, 244).

Heidegger ist inzwischen wieder nach Freiburg zurückgekehrt. Er wird 1928 auf den Husserl-Lehrstuhl berufen. Husserl selbst hatte sich für Heidegger als Nachfolger eingesetzt.

In Heideggers Schriften und Vorlesungen nach 1928, in der Freiburger Antrittsvorlesung von 1929 WAS IST METAPHYSIK?, in den Vorträgen VOM WESEN DES GRUNDES (1929) und VOM WESEN DER WAHRHEIT (1930), vor allem aber in der großen Vorlesung von 1929/30 DIE GRUNDBEGRIFFE DER METAPHYSIK ist ein neuer Ton zu vernehmen. Die Temperatur steigt. Schließlich findet die Neue Sachlichkeit auch in Heideggers Werk ihr Ende. Die kühlen, fast ingenieurhaften fundamentalontologischen Beschreibungen werden jetzt ausdrücklich unter existentiellen Strom gesetzt. Heidegger beginnt damit, seinen Hörern einzuheizen.

Während der Arbeit an der Vorlesung von 1929/30 schreibt er an Elisabeth Blochmann: *Meine ›Metaphysikvorlesung‹ macht mir viel zu schaffen; aber die ganze Arbeit ist eine freiere. Schulzwang und verkehrte Wissenschaftlichkeit und all das, was damit zusammengeht, ist von mir abgefallen* (18.12.1929, BwHB, 34).

Was ist geschehen?

Noch in der Vorlesung METAPHYSISCHE ANFANGSGRÜNDE DER LOGIK von 1928 hatte Heidegger bei der Zusammenfassung der ›Ergebnisse‹ von SEIN UND ZEIT betont, daß die Existenzanalyse reine Deskription ist, daß sie von der Existenz spricht, aber nicht z u i h r. *Die Analytik des Daseins liegt also vor aller Prophetie und weltanschaulicher Verkündigung; sie ist auch nicht Weisheit* (GA 26, 172), sie ist nur – Analytik.

Die Daseinsanalyse erhebt keinen der beiden Ansprüche, die Aristoteles als Grundmöglichkeiten ethischen Denkens aufgewiesen hat. Sie ist weder »Sophia« (Weisheit) noch »Phronesis« (praktische Klugheit, Umsicht). Sie ist keine weltanschauliche Verkündigung, die anrät, wie man sich in und zur Zeit verhalten solle. Sie ist aber auch keine Weisheit, die einen Standpunkt jenseits der Turbulenzen der Zeit anvisiert. Sie hat es weder mit ewigen Wahrheiten noch mit zeitlich befristeten Klugheiten zu tun.

Die Analyse soll nur zeigen, wie es sich mit dem Dasein insgesamt verhält, und das bringt diese Vorlesung von 1928 ohne Scheu vor Vereinfachungen auf einige knappe *Leitsätze*:

Das Dasein ist, erstens, faktisch immer zunächst *zerstreut* in seine Welt (der Leib, die Natur, die Gesellschaft, die Kultur).

Zweitens könnte diese Zerstreuung gar nicht bemerkt werden, wenn es da nicht die *ursprüngliche Positivität und Mächtigkeit* des Daseins gäbe, die sich in die Zerstreuung verliert, aber auch sich daraus zurückholen kann. Ohne ursprüngliche Mächtigkeit würde es nichts geben, was da zerstreut werden könnte. Das dramatische Grundgeschehen des Daseins spielt zwischen Ursprung und Zerstreuung, wobei paradoxerweise die Zerstreuung ursprünglicher ist als die ursprüngliche Mächtigkeit, die man niemals hat, sondern immer nur gewinnt – aus der Zerstreuung.

Drittens bedarf diese Zurückholung aus der Zerstreuung eines Anstoßes durch Evidenz: des Augenblicks der wahren Empfindung; bei Heidegger ist es die Stimmung der Angst, der Langeweile. In dieser Stimmung wird die Stimme des Gewissensrufs hörbar, wodurch das Dasein zu sich selbst aufgerufen wird.

Viertens wird dieses Hin und Her zwischen Zerstreuung und Sammlung, zwischen den großen Augenblicken und dem alltäglichen Besorgen, nur sichtbar, wenn es gelingt, *das Dasein als Ganzes* in den Blick zu bekommen. Das Hin und Her zwischen Zerstreuung und Ursprung ist das Ganze, mehr gibt es nicht.

Dieser Blick aufs Ganze ist, fünftens, nur möglich *auf dem Grunde extremen existenziellen Einsatzes* des Philosophierenden selbst (GA 26, 176). Der Fundamentalontologe kann nur das *existenzial* analysieren, was er *existenziell* durchlebt hat.

Was hat der Philosophierende einzusetzen? Antwort: seine eigene Angst und Langeweile, sein eigenes Hören auf den Gewissensruf. Ein Philosophieren, das nicht bei den Augenblicken der wahren Empfindung ansetzt, ist wurzel- und gegenstandslos.

Was immer nun dieser *extreme existenzielle Einsatz* im einzelnen bedeuten mag, fest steht jedenfalls, daß die Daseinsanalyse im Heideggerschen Sinne nur verstanden werden kann, wenn auch beim Hörer/

Leser dieser *Einsatz* im Spiel ist. Heidegger muß es irgendwie gelingen, diesen *existenziellen Einsatz* herauszufordern. Er kann nicht nur *von der Existenz* sprechen, er muß die *ursprüngliche Positivität und Mächtigkeit* im Dasein des anderen erwecken. Wer hören will, und mehr noch: wer verstehen will, muß fühlen. Der Philosoph kann sich nicht darauf beschränken, das *Bewußtsein des Menschen zu beschreiben*, sondern er muß die Kunst beherrschen, *das Dasein im Menschen zu beschwören*. Das bedeutet: Die Perspektiven der Fundamentalontologie eröffnen sich *überhaupt nur in und aus einer Verwandlung des menschlichen Daseins*. Kurz: Die existenziale Analytik braucht, um überhaupt verstanden zu werden, das existentielle Engagement. So muß Heidegger einen Weg finden, um jene Augenblicke der wahren Empfindung bei seinen Hörern hervorzurufen. Er muß sie gewissermaßen inszenieren. Das werden dann Initiationen, Exerzitien und Meditationen sein, frei vom *Schulzwang und verkehrter Wissenschaftlichkeit*. Die Augenblicke der wahren Empfindung – Angst, Langeweile, Gewissensruf – müssen bei den Hörern geweckt werden, damit das *Geheimnis des Daseins*, das ihnen innewohnen soll, sich bekunden kann. Heideggers neuer Stil: Ereignisphilosophie. Die Philosophie muß die Befindlichkeit herbeizaubern, um deren Deutung sie sich dann im folgenden bemüht. Beispielsweise muß sie dem Dasein einen Schrekken einjagen, es in Angst versetzen, in eine Langeweile hineintreiben, um dann mit der Entdeckung aufwarten zu können, daß es ein Nichts ist, was in diese Stimmungen treibt.

Dieser neue Ton der existentiellen Aktionsphilosophie übte damals eine gewaltige Wirkung aus auf die Hörer. Heinrich Wiegand Petzet, der als Student die Antrittsvorlesung WAS IST METAPHYSIK? erlebte, berichtet: »Es war, als spalte ein riesiger Blitz jenen dunkel verhangenen Himmel ... in einer fast schmerzenden Helle lagen die Dinge der Welt offen da ... es ging nicht um ein ›System‹, sondern um Existenz ... Es hatte mir die Sprache verschlagen, als ich die Aula verließ. Mir war, als hätte ich einen Moment auf den Grund der Welt geblickt ...«

Es ist so, Heidegger will seine Zuhörer zwingen, für einen Augenblick »auf den Grund der Welt« zu blicken.

Der Grund, die Begründung, alle diese Sätze vom zureichenden Grund, die wissenschaftliche Einstellung und das alltägliche Lebensgefühl – wo man hinblickt: überall meldet sich das Bedürfnis, auf festem Boden zu stehen. Heidegger läßt die verschiedenen Varianten von Solidität und Behaustheit mit leicht spöttischem Unterton Revue passieren.

Wie aber steht es mit dem Nichts? – fragt er dazwischen. Wer radikal nach dem Grund und den Gründen fragt, muß der nicht irgendwann einmal entdecken, daß der Grund ein Abgrund ist? Daß ein Etwas sich vor uns nur abheben kann auf dem Hintergrund des – Nichts?

Für eine Weile übernimmt Heidegger den Part der positivistischen Wissenschaftler und Logiker, für die es das Nichts bekanntlich gar nicht gibt. Der Wissenschaftler hat es stets nur mit einem Etwas zu tun, und der Logiker weist darauf hin, daß das Nichts nur ein sprachliches Kunststück ist, nämlich eine Substantivierung eines negativen Urteils (›Die Blume ist nicht gelb‹ oder ›Er kommt nicht nach Hause‹). Diese Einwände geben Heidegger die Gelegenheit, gegen die innere *Abgestorbenheit* und *Wurzellosigkeit* der modernen Wissenschaften zu polemisieren. Sie verriegele sich gegen elementare Erfahrungen. *Die Idee der Logik selbst löst sich auf im Wirbel eines ursprünglicheren Fragens* (WM, 37). Heidegger bleibt dem Nichts auf der Spur. Er kann es aber nicht argumentativ aufweisen, er muß eine Erfahrung wachrufen. Es ist der Augenblick der Angst, den wir schon kennengelernt haben. *Die Angst offenbart das Nichts. Wir ›schweben‹ in Angst. Deutlicher: die Angst läßt uns schweben, weil sie das Seiende im Ganzen zum Entgleiten bringt* (WM, 9).

Dieses *Entgleiten* ist beengend und entleerend zugleich. Entleerend, weil alles seine Bedeutung verliert und nichtig wird. Beengend, weil das Nichtige ins Selbstgefühl eindringt. Angst entleert, und diese Leere beengt: das Herz krampft sich zusammen. Die äußere Welt verdinglicht sich, erstarrt in Leblosigkeit, und das innere Selbst verliert sein Aktionszentrum, es depersonalisiert sich. Angst ist Verdinglichung draußen und Depersonalisierung drinnen. *Darin liegt, daß wir selbst – diese seienden Menschen – inmitten des Seienden uns mitentgleiten. Daher ist im Grunde nicht ›dir‹ und ›mir‹ unheimlich, sondern ›einem‹ ist es so* (WM, 32).

An diesem Nullpunkt der Angst vollzieht Heidegger nun eine überraschende Wendung. Dieses augenblicksweise Versinken ins Nichts nennt er ein *Hinaussein über das Seiende*. Es ist ein Akt des Transzendierens, wodurch es uns überhaupt erst möglich ist, vom Seienden als einem Ganzen zu sprechen. Natürlich können wir auch abstrakt das Thema des Ganzen ansprechen. Wir bilden rein gedanklich einen Über- oder Sammelbegriff: totum, das Ganze. Doch das so verstandene Ganze hat keine erlebte Wirklichkeit, es ist nur Begriff ohne Gehalt. Erst wenn das beängstigende Gefühl aufkommt, daß es nichts auf sich hat mit diesem Ganzen, wird es zur erlebten Wirklichkeit; eine Wirklichkeit, die nicht auf uns zukommt, sondern von uns weggleitet. Wem die Wirklichkeit in der Angst entgleitet, der erfährt darin das Drama des Abstandes. Der ängstigende Abstand beweist, daß wir nicht ganz von dieser Welt sind, daß wir über sie hinausgetrieben werden, abgetrieben, nicht in eine andere Welt, sondern in eine Leere. Mitten im Leben sind wir von Leere umfangen. In der Transzendenz dieses leeren Spielraums, der sich zwischen uns und der Welt auftut, erfahren wir die *Hineingehaltenheit in das Nichts* (WM, 38). Jede Warum-Frage zehrt von jener letzten Frage: Warum ist Etwas und nicht vielmehr Nichts? Wer sich selbst oder die Welt wegdenken kann, wer nein sagen kann, handelt in der Dimension des Nichtens. Er beweist, daß es das gibt: das Nichts. Der Mensch ist, sagt Heidegger, *Platzhalter des Nichts* (WM, 38).

Die Transzendenz des Daseins ist also – das Nichts.

Die Religiösen unter den Augenblicks-Philosophen lassen im Augenblick das Numinose ankommen (Rudolf Otto) oder das, »was uns unbedingt angeht« (Paul Tillich), oder »das Reich Gottes« (Karl Barth) oder das »Umgreifende« (Karl Jaspers). Auch Heideggers Augenblick führt zu einer Transzendenz, aber eine Transzendenz der Leere. Die Transzendenz des Nichts. Doch die Gewalt des Numinosen ist nicht verschwunden. Sie geht aus von der eigentümlichen Bewegung zwischen Nichts und Etwas, die der Mensch mit Bewußtsein vollziehen kann. Das ist sein numinoser Spielraum, der es ihm erlaubt, das Wunder, daß es da überhaupt etwas gibt, als Wunder zu erleben. Und nicht nur das – ebenso staunenerregend ist auf diesem Hintergrund die schöpferische Potenz des Menschen: Er kann etwas hervorbringen; er findet sich selbst vor mit der ganzen Kontingenz seines Soseins, doch er kann sich und seine Welt gestalten, er kann das Sein wachsen lassen oder auch zerstören. In der Angst der Leere verliert man eine Welt und erfährt doch, wie aus dem Nichts stets wieder eine neue Welt geboren wird. Durch die Angst hindurch kann man wieder neu zur Welt kommen.

Dasein bedeutet: in diesem Spielraum, in dieser offenen Weite zu existieren. Der Spielraum wird eröffnet von der Erfahrung des Nichts. Das Rad kann sich drehen, weil es an der Nabe ›Spiel‹ hat – ebenso ist das Dasein in Bewegung, weil es ›Spiel‹, d.h. Freiheit hat. Zu dieser Freiheit gehört nicht nur, daß das Dasein das Nichts erfährt, sondern auch, daß es sich Platz schaffen kann durch Nein-Sagen in der *Härte des*

Entgegenhandelns oder in *der Schärfe des Verabscheuens*, im *Schmerz des Versagens* oder in der *Schonungslosigkeit des Verbietens* (WM, 37).

Das Nein und das Nichts sind für Heidegger das große Mysterium der Freiheit. Denn jener Spielraum zwischen Nichts und Etwas, der sich im Dasein aufgetan hat, gibt die Freiheit zum Scheiden, zum Unterscheiden und zum Entscheiden. *Ohne ursprüngliche Offenbarkeit des Nichts kein Selbstsein und keine Freiheit* (ebenda).

Das metaphysische Grundereignis des Daseins ist also dieses: Indem das Dasein ins Nichts transzendieren kann, vermag es auch das Seiende insgesamt als etwas zu erfahren, das aus der Nacht des Nichts in die Helligkeit des Seins tritt.

Im Sommer 1929, wenige Wochen nach dem Vortrag WAS IST METAPHYSIK? besucht Elisabeth Blochmann Heidegger in Todtnauberg. Es ist eine verhaltene Liebesgeschichte zwischen den beiden. Noch in diesem Spätsommer hatte Hannah Arendt in einem Brief Heidegger gestanden, daß er immer noch »die Kontinuität« ihres Lebens darstelle, und sie hatte ihn »kühn« an die »Kontinuität unserer – laß mich *bitte* sagen – Liebe« erinnert. Nun also Elisabeth Blochmann. Heidegger zwischen den Frauen. Elisabeth Blochmann gegenüber spricht er von der *Grenze unserer Freundschaft*, an die er gerührt habe, indem er sie *vor etwas gezwungen* habe, was ihr *zuwider sein mußte*. Entweder hatte Heidegger Elisabeth Blochmann dadurch verletzt, daß er ihr zu nahe oder zu wenig nahe gekommen war. Der undeutliche Brief vom 12. September 1929 läßt beide Interpretationen zu. Dieser Brief nimmt Bezug auf einen Ausflug nach Beuron, den die beiden unternommen hatten. Sie hatten die Kirche der dortigen Benediktinerabtei besucht. Die Gespräche kreisten um das Thema Religion. Heidegger erläuterte Elisabeth seine Einstellung zur katholischen Kirche. Der Brief erinnert an dieses Gespräch. Die Wahrheit, so schreibt er, *ist kein einfaches Ding*. Sie bedarf *ihres Tages und der Stunde, in der wir das Dasein ganz haben*. Und weiter: *Gott – oder wie sie es nennen – ruft jeden mit anderer Stimme*. Man dürfe sich keine Verfügungsmacht darüber anmaßen. Keine Institution und keine Dogmen vermögen die Wahrheit aufzubewahren. Das alles sei *sprödes Gemächte*. Und dann kommt er auf jene Situation zu sprechen, die Elisabeth Blochmann nach diesem langen Gespräch irritiert haben mußte. Sie hatten nämlich gemeinsam die nächtliche Andacht, die Komplet, in der Abteikirche besucht, und Heidegger war ergriffen gewesen, zur Überraschung von Elisabeth, die noch unter dem Eindruck seiner heftigen Polemiken gegen die katholische Kirche stand. In diesem Brief nun versucht er, seine Haltung zu erläutern. Dieses Beuron-Erlebnis werde *als ein Samenkorn für etwas Wesentliches sich entfalten*, schreibt er.

Der Versuch, dieses *Wesentliche* zu beschreiben, ist fast eine Paraphrase der Zentralgedanken des METAPHYSIK-Vortrags – oder vielleicht sollte man besser sagen: Der METAPHYSIK-Vortrag ist eine Paraphrase des Erlebnisses bei der nächtlichen Andacht in Beuron. Heidegger: *Daß der Mensch täglich in die Nacht hineinschreitet, ist dem Heutigen eine Banalität... In der Complet ist noch da die mythische und metaphysische Urgewalt der Nacht, die wir ständig durchbrechen müssen, um wahrhaft zu existieren. Denn das Gute ist nur das Gute des Bösen.*

Die Komplet sei ihm zum Symbol geworden des *Hineingehaltenseins der Existenz in die Nacht und der inneren Notwendigkeit der täglichen Bereitschaft für sie.*

Und dann verknüpft er diese Erfahrung mit seiner Philosophie des Nichts: *Wir wähnen das Wesentliche zu verfertigen und vergessen, daß es nur wächst, wenn wir g a n z u. d. h. im Angesicht der Nacht und des Bösen – nach unserem Herzen leben. Entscheidend ist dieses urgewaltige N e g a t i v e: n i c h t s in den Weg legen der Tiefe des Daseins. Dies ist es, was wir konkret lernen und l e h r e n müssen.*

Doch der Brief geht in einem wichtigen Aspekt über den Vortrag hinaus, denn es ist hier von einer Dimension der Nacht die Rede, die der METAPHYSIK-Vortrag über das Nichts nicht enthüllt. Im Vortrag nämlich ist dieses Nichts noch nicht ausdrücklich, wie im Brief, in Beziehung gesetzt zum – Bösen. Im Brief heißt es: wir sollen *ganz* leben – *im Angesicht der Nacht und des Bösen*. Daß Heidegger ausgerechnet im Brief an Elisabeth Blochmann den Aspekt des Bösen im Nichts anspricht – hat es vielleicht damit zu tun, daß er sich nicht dagegen wehren kann, sich als Verführer zu sehen? Auf jeden Fall aber klingt hier in seinem Denken des Nichts die christlich-gnostische Metaphysik an, die für ihn selbstverständlich noch eine lebendige Tradition ist.

Dort gibt es noch ein Wissen davon, daß das Böse zur Conditio humana gehört. In dieser Tradition, die von Paulus über Augustin und Luther bis zu Kant reicht, war noch nicht vergessen, daß jedes Nachdenken, ob es nun auf das Verständnis des ganzen Seins, der Moral oder der Politik ankam, sich herauszuarbeiten hatte aus jener alles grundierenden Nacht, die man das Chaos, das Böse nannte, oder eben: das Nichts. Und jede Helligkeit des Denkens und der Zivilisation sah man vor diesem Hintergrund sich abheben. Sie war aus der Nacht gekommen und blieb dazu verurteilt, wieder in die Nacht zurückzusinken. Man blieb darauf gefaßt, daß sich auch in stabil erscheinenden Zivilisationsphasen der Abgrund von Versuchung, Zerstörung und Vernichtung jederzeit wieder öffnen könnte. Für das frühe, noch stark von gnostischem Denken geprägte Christentum war die Frage nach dem Bösen in der Welt fast identisch mit der Frage: Was ist die Welt? Die Definitionen der Welt und des Bösen waren annähernd deckungsgleich. Damals, mit Christi Geburt, war die für einige Zeit wirkungsmächtigste Antwort auf die Existenz des Bösen in der Welt gefunden worden, nämlich der Glaube daran, daß wir zwar in dieser Welt, aber nicht von dieser Welt sind. Die Plastizität und Anschaulichkeit der früheren Teufelsbilder waren lediglich die volkstümlichen Versionen eines Mysteriums und können nicht darüber hinwegtäuschen: Das Böse galt als ebenso unergründlich wie Gott selbst. Vielleicht noch unergründlicher, weil das Böse ja keine Ordnung bildet, sondern die Negation der Ordnung ist. Hier dringt kein Verstand mehr ein, weshalb man sich zunächst auch weigerte, das Böse verstehen und wegerklären zu wollen. Man soll ihm widerstehen, hieß es, und auf die Gnade des Herrn vertrauen. Man hatte zwar ein großes Problem darin gesehen, wie Gott der Allmächtige das Böse überhaupt zulassen konnte. So gewichtig war dieses Problem, daß die ganze Philosophie und Theologie des Mittelalters nicht davon loskam. Das Theodizeeproblem der Rechtfertigung Gottes angesichts des Bösen in der Welt hielt das Denken in seinem Bann bis hinein in die Moderne, wo es dann zum Anthropodizeeproblem säkularisiert wurde.

Die alte Metaphysik hatte dem Theodizeeproblem beizukommen versucht mit einem vertieften Nachdenken über die menschliche Freiheit. Gott habe, so hieß es, als Schöpfer der Welt den Menschen gerade dadurch gottähnlich gemacht, daß er ihm die Freiheit gab. Aus des Menschen Freiheit sah man das Böse in die Welt kommen, oder genauer: Diese Freiheit ist jene ›offene‹ Stelle in der Schöpfung, durch die das Böse hervorbricht, das als ein Nichts oder als Chaos der Schöpfung zugrunde liegt. Schon für dieses Denken damals war der Mensch, gerade weil er frei und auch schöpferisch sein konnte – ein *Platzhalter des Nichts.*

Mit diesen Gedanken wird sich Heidegger immer wieder auseinandersetzen, vor allem bei seinen Interpretationen der Schellingschen Freiheitsschrift, die ganz aus dieser Gedankentradition herkommt.

Heideggers Überlegungen werden immer wieder verraten, wie intim vertraut er ist mit der Metaphysik eines Nichts, das zugleich die Versuchung durch das Böse meint.

Der METAPHYSIK-Vortrag meidet, anders als der Brief, die ethische Bedeutsamkeit der Rede über das Nichts und die Nacht. Der Brief aber – *das Gute ist nur das Gute des Bösen* – lenkt die Aufmerksamkeit geradezu auf das moralische Problem, wie dem Bösen das Gute abzuringen sei, wie man die Nacht besteht und wie man zum Tag wieder zurückfindet. Im Vortrag spricht Heidegger von der Tendenz des Daseins, vor sich den Abgrund des Nichts zu verbergen und sich in falscher Sicherheit und Geborgenheit zu wiegen. Die Angst *schläft*, sagt er. Demgegenüber ermuntert er zum *verwegenen Dasein*, das den gefährlichen Spielraum der Freiheit ergreift. Man muß durch die Angst hindurchgegangen sein, ehe man die Kraft hat, sich loszureißen *von den Götzen, die jeder hat und zu denen er sich wegzuschleichen pflegt.*

In moralische Begriffe übersetzt würde die Problemstellung des METAPHYSIK-Vortrags lauten: Es kann nicht nur darum gehen, dem Bösen zu widerstehen, sondern man muß überhaupt erst bemerken, daß es dieses Böse gibt, diese Nacht in uns und um uns. Das Problem ist die fade Eindimensionalität unserer Kultur, die sich vor dem Abgründigen und Bösen geschützt fühlt. Der moderne Mensch, schreibt Heidegger im Brief, macht die Nacht *zum Tage, so wie er den Tag versteht, als Fortsetzung eines Betriebs und eines Taumels.*

Hätte nun aber Heidegger in seinem METAPHYSIK-Vortrag wirklich statt vom Nichts vom Bösen gesprochen, so hätte die Ermunterung, sich dem Nichts zu stellen und durch es hindurchzugehen, einen schillernden Doppelsinn angenommen. Die Faszination vor dem Nichts hätte sich mit der Bedeutung verbunden, daß sich da jemand intensitätshungrig, moralvergessen auf das Böse wie auf eine seltsam lockende, wilde Erfahrung einläßt – ganz so, wie es der revolutionäre Nihilismus eines Ernst Jünger in jenen Jahren offen propagierte. »Eines der besten Mittel«, so schreibt Ernst Jünger in seinem Essay »Der Arbeiter« von 1932, »zur Vorbereitung eines neuen und kühneren Lebens besteht in der Vernichtung der Wertungen des losgelösten und selbstherrlich gewordenen Geistes, in der Zerstörung der Erziehungsarbeit, die das bürgerliche Zeitalter am Menschen geleistet hat... Die beste Antwort auf den Hochverrat des Geistes gegen das Leben ist der Hochverrat des Geistes gegen den Geist; und es gehört zu den hohen und grausamen Genüssen unserer Zeit, an dieser Sprengarbeit beteiligt zu sein.«

Heideggers Ermunterung zum *verwegenen Dasein* geht zwar in die ähnliche Richtung, aber es ist eben doch nicht vom Mut zum Bösen, von der abgründigen Lust an der kriegerischen, anarchischen, abenteuerlichen Amoralität die Rede, sondern ›nur‹ vom Mut zum Nichts. Der Mensch als *Platzhalter des Nichts* muß nicht der Kriegertypus Ernst Jüngers sein. Wie aber haben wir ihn uns sonst vorzustellen?

Gehen wir auf die eisigen Höhen von Davos, wo im Frühjahr 1929 Martin Heidegger zusammen mit Ernst Cassirer bei der Davoser Hochschulwoche seinen inzwischen legendären Auftritt hatte. Beide hielten vor geladenem internationalem Publikum mehrere Vorträge. Der Höhepunkt dieser Woche war ein Streitgespräch. Ein großes Ereignis. Die internationale Presse war angereist. Wer philosophisch etwas auf sich hielt, war dabei oder las doch wenigstens drunten im Flachland die Berichte, denn das Zeitalter der Rundfunkübertragungen hatte noch nicht begonnen. Martin Heidegger befand sich auf dem ersten Höhepunkt seines Ruhmes. Auch Cassirer war ein Star und stand in hohem Ansehen. Sein Hauptwerk »Die Philosophie der symbolischen Formen« war in den zwanziger Jahren erschienen, ein monumentales Werk der Kulturphilosophie. Cassirer, der vom Neukantianismus herkam, hatte sich befreit von den engeren Fragestellungen einer Theorie des wissenschaftlichen Erkennens und war in diesem Werk durchgedrungen zu einer umfassenden Philosophie des schöpferischen Geistes der Menschheit. Cassirer hatte dafür die riesigen Materialsammlungen der Aby-Warburg-Bibliothek in Hamburg nutzen können. Er galt als der große Repräsentant einer humanistischen Tradition und eines universal gestimmten Kulturidealismus. Im Jahr 1929, kurz nach dem Davoser Gipfeltreffen, hatte er das Rektorat der Universität Hamburg übernommen – der erste Jude, der zum Rektor einer deutschen Universität gewählt wurde. Das war um so bemerkenswerter, weil Cassirer zum Ärger der reaktionären Professorenmehrheit öffentlich für die Republik eintrat. Er hatte auf Einladung des Hamburger Senats im Rathaus der Stadt die Festrede zur Verfassungsfeier gehalten. Gegen das im professoralen Justemilieu gepflegte Vorurteil, die republikanisch-parlamentarische Verfassung sei ›undeutsch‹, hatte er den Beweis geführt, daß der Republikanismus in der Philosophie eines Leibniz und Wolf schon angelegt gewesen sei und in Kants Friedensschriften seinen vollendeten Ausdruck gefunden habe. »Tatsache ist«, so Cassirer, »daß die Idee der republikanischen Verfassung als solche im Ganzen der deutschen Geistesgeschichte keineswegs ein Fremdling, geschweige ein äußerer Eindringling ist, daß sie vielmehr auf deren eigenem Boden erwachsen und durch ihre ureigensten Kräfte, durch die Kräfte der idealistischen Philosophie, genährt worden ist.«

Diese Rede hatte in Hamburg Proteste und Polemiken ausgelöst. Der konziliante Cassirer war unversehens in erbitterte Kampffronten geraten, weshalb dann seine Wahl zum Rektor auch als ein Triumph des liberalen Geistes über Hamburg hinaus gefeiert wurde. Cassirer war wirklich ein Verfassungspatriot.

Dieser Grandseigneur des politischen Humanismus und der idealistischen Kulturphilosophie war also von der Veranstaltungsregie in Davos als Widerpart von Martin Heidegger eingeladen worden, der seinerseits für das Neue, Revolutionäre stand. Die Teilnehmer fühlten sich erinnert an die legendären Disputationen des Mittelalters, als die Matadore der geistig mächtigen Zeittendenzen aufeinandertrafen. Ein metaphysisches Waffenklirren auf den schneeglitzernden Höhen von Davos. Doch es gab noch eine andere Reminiszenz – nicht in der Tiefe der Zeit, sondern im Raum der Imagination.

Dort oben in Davos hatte Thomas Mann in seinem 1924 erschienenen Roman »Der Zauberberg« den Humanisten Settembrini und den Jesuiten Naphta ihre große Debatte führen lassen. Es waren Archetypen der Geisterschlacht dieser Epoche. Auf der einen Seite Settembrini, dieses unbußfertige Kind der Aufklärung, ein Liberaler, ein Antiklerikaler, ein Humanist von unendlicher Beredsamkeit. Und auf der anderen Seite Naphta, der Apostel des Irrationalismus und der Inquisition, verliebt in den Eros des Todes und der Gewalt. Für Settembrini ist der Geist eine Macht des Lebens, dem Menschen zu Nutz und Frommen gegeben; Naphta aber liebt den Geist gegen das Leben. Settembrini will die Menschen heben, trösten, erweitern; Naphta aber will ihnen einen Schrecken einjagen, sie aus dem humanistischen »Lotterbett« aufscheuchen, sie aus ihren Behausungen der Bildung vertreiben und ihrem Eigendünkel das Genick brechen. Settembrini meint es gut mit den Menschen, Naphta ist ein metaphysischer Terrorist.

Teilnehmer der Davoser Hochschulwoche fühlten sich tatsächlich an jenes imaginäre Ereignis erinnert. Kurt Riezler, damals Kurator der Frankfurter Universität und ein Begleiter Heideggers bei den Skitouren in die Berge, spielt in seinem Bericht für die »Neue Zürcher Zeitung« (30. März 1929, Morgenausgabe) auf diese Zauberbergepisode an.

Hinter Cassirer also das Gespenst Settembrinis und hinter Heidegger Naphta? Heidegger selbst hatte den Zauberberg-Roman gemeinsam mit Hannah in dem Liebessommer von 1924 gelesen.

Der Eindruck dieses Zusammentreffens sei »atemberaubend« gewesen, erinnert sich O. F. Bollnow, der als Student, von Heidegger eingeladen, damals dabei war. Die Teilnehmer hätten das »erhebende Gefühl« gehabt, »einer geschichtlichen Stunde beigewohnt zu haben, ganz ähnlich wie es Goethe in der ›Kampagne in Frankreich‹ ausgesprochen hatte: ›Von hier und heute geht eine neue Epoche der Weltgeschichte aus‹ – in diesem Fall der Philosophiegeschichte – ›und ihr könnt sagen, ihr seid dabeigewesen‹.«

Heidegger mißfielen diese hochgeschraubten Erwartungen. In einem Brief an Elisabeth Blochmann spricht er von der *Gefahr,* daß *das Ganze zur Sensation* werden könnte; er werde, mehr als ihm *lieb* sei, *in den Mittelpunkt gerückt*, deshalb habe er sich vorgenommen, das philosophische Interesse von sich selbst abzulenken dadurch, daß er sich ganz auf Kant konzentriere. Weniger unangenehm war ihm die Aufmerksamkeit, die er mit seinem unkonventionellen Auftreten im eleganten Rahmen des Grand Hotel erregte. Er berichtet Elisabeth, wie er mit einem Bekannten (es ist der erwähnte Kurt Riezler) zwischen den Veranstaltungen zu *herrlichen Fahrten* in die Berge aufgestiegen sei. *In schöner Müdigkeit, voll Sonne und Freiheit der Berge, noch den ganzen klingenden Schwung der weiten Abfahrten im Körper kamen wir dann immer abends in unserer Skiausrüstung mitten hinein in die Eleganz der abendlichen Toiletten. Diese unmittelbare Einheit von sachlich forschender Arbeit und völlig gelockertem und freudigen Skilauf war für die meisten der Dozenten und Hörer etwas Unerhörtes* (12.4.1929, BwHB, 30).

So wollte er gesehen werden: als strenger Arbeiter in den riesigen Steinbrüchen der Philosophie, als Verächter der eleganten Welt, als Sportsmann und Naturbursche, als Gipfelstürmer und als ein Mann der verwegenen Abfahrten. So ähnlich haben ihn denn auch Zeugen dieses philosophischen Gipfeltreffens auf den Höhen des Zauberbergs erlebt. »Die Auseinandersetzung zwischen Heidegger und Cassirer«, so berichtet einer der Teilnehmer, »hat uns auch menschlich ungeheuer viel gegeben ... dieser kleine braunschwarze Mann, dieser gute Skiläufer und Sportsmann, mit seiner energischen unverrückbaren Miene, dieser herbe und abweisende, manchmal geradezu derbe Mensch, der in imponierender Abgeschlossenheit mit dem tiefsten sittlichen Ernste dem von ihm gestellten Probleme lebt und dient, auf der einen Seite, und jener andere mit seinen weißen Haaren, nicht nur äußerlich, sondern auch innerlich ein Olympier mit weiten Gedankenräumen und mit umfassenden Problemstellungen, mit seiner heiteren Miene, seinem gütigen Entgegenkommen, seiner Vitalität und Elastizität und nicht zuletzt seiner aristokratischen Vornehmheit auf der anderen.«

Toni Cassirer, die Ehefrau des Philosophen, erzählt in ihrem 1950 geschriebenen Lebensrückblick, sie und ihr Mann seien von den anwesenden Kollegen ausdrücklich auf das eigenartige Auftreten Heideggers vorbereitet worden. »Seine Ablehnung jeder gesellschaftlichen Konvention war uns bekannt.« In ihren Kreisen befürchtete man von Heidegger das Schlimmste; er wolle, so munkelte man, die Philosophie Ernst Cassirers »wenn möglich vernichten«.

Doch von solcher persönlichen Verfeindung, an die Toni Cassirer sich später zu erinnern glaubt, war bei dem Streitgespräch wohl nichts zu spüren. Es verlief in »wundervoller Kollegialität«, wie der bereits zitierte Berichterstatter schreibt. Heidegger selbst wertete in einem Brief an Elisabeth Blochmann das Zusammentreffen mit Cassirer als persönlichen Gewinn, bedauerte aber, daß die verbindliche Atmosphäre die Gegensätze nicht scharf genug habe hervortreten lassen. *Cassirer war in der Diskussion äußerst vornehm und fast zu verbindlich. So fand ich zu wenig Widerstand, was verhinderte, den Problemen die nötige Schärfe der Formulierung zu geben* (BwHB, 30).

Das Protokoll der Disputation allerdings vermittelt diesen Eindruck nicht. Die Gegensätze sind denkbar scharf.

Cassirer fragt, ob Heidegger auf diese »ganze Objektivität« und »Absolutheit«, wie sie sich in der Kultur darstellten, »verzichten« wolle, indem er sich »zurückziehe« auf das »endliche Wesen« des Menschen (K, 278).

Cassirers eigene Bemühungen sind darauf gerichtet, die symbolbildende und damit kulturschaffende Kraft des menschlichen Geistes als eine Welt der »Formen« verständlich zu machen. Sie repräsentieren zwar nicht Unendlichkeit im traditionellen metaphysischen Sinne, aber sind doch mehr als bloße Selbsterhaltungsfunktionen eines endlichen Wesens. Die Kultur ist ihm formgewordenes Transzendieren, sie errichtet das geräumige Haus des Menschen, das leichter zu zerstören als zu bewahren ist, ein zerbrechlicher Schutz gegen die Barbarei, die als das stets Menschenmögliche droht.

Heidegger wirft Cassirer vor, daß er es sich zu bequem mache in den

Behausungen des Geistes. Er sehe zwar ganz richtig, daß jede Kultur, jede Tat des Geistes ein Ausdruck der Freiheit sei; doch diese Freiheit könne in ihren Gestaltungen erstarren. Deshalb müsse Freiheit stets wieder zur Befreiung werden; wenn sie zu einem Zustand der Kultur geronnen sei, dann habe man sie bereits verloren. *Der einzige adäquate Bezug der Freiheit im Menschen ist das Sich-Befreien der Freiheit im Menschen* (K, 285).

Für Heidegger besteht das Problem darin, daß der Mensch sich in der selbstgeschaffenen Kultur *festlebt,* auf der Suche nach Halt und Geborgenheit, und dadurch das Bewußtsein seiner Freiheit verliert. Es gilt, dieses Bewußtsein wieder zu erwecken. Das leiste keine Philosophie des Kulturbehagens. Man müsse das Dasein vor seine ursprüngliche Nacktheit und Geworfenheit bringen. Cassirer richte seine Aufmerksamkeit auf die transzendierenden Leistungen der Kultur – »aus dem Kelche dieses Geisterreiches strömt ihm die Unendlichkeit«, so hatte Cassirer Hegel zitiert –, erspare dem Menschen die Konfrontation mit seiner Endlichkeit und Nichtigkeit und verkenne damit die eigentliche Aufgabe der Philosophie, die darin besteht, *aus dem faulen Aspekt eines Menschen, der bloß die Werke des Geistes benutzt, gewissermaßen den Menschen zurückzuwerfen in die Härte seines Schicksals* (K, 291).

Auf dem Höhepunkt der Kontroverse fragt Heidegger: *Wie weit hat die Philosophie die Aufgabe, frei werden zu lassen von der Angst? Oder hat sie nicht die Aufgabe, den Menschen gerade radikal der Angst auszuliefern?* (K, 286).

Seine eigene Antwort hat Heidegger schon gegeben: Die Philosophie habe dem Menschen zuerst einmal einen Schrecken einzujagen und ihn zurückzuzwingen in jene Unbehaustheit, aus der er stets aufs neue die Flucht in die Kultur antritt.

Cassirer aber bekennt sich in seiner Antwort zu seinem Kulturidealismus: Daß der Mensch die Kultur schaffen könne, »ist das Siegel seiner Unendlichkeit. Ich möchte, daß der Sinn, das Ziel in der Tat die Befreiung in diesem Sinne ist: ›Werft die Angst des Irdischen von euch!‹« (K, 287).

Cassirer ist es um die Kunst des Wohnens in der Kultur zu tun, Heidegger aber will *den Boden zu einem Abgrund* machen (K, 288).

Cassirer plädiert für die Arbeit der Sinnstiftung durch Kultur, für das Werk, das mit seiner inneren Notwendigkeit und seiner Dauer triumphiert über die Kontingenz und Flüchtigkeit der menschlichen Existenz.

Das alles verwirft Heidegger mit pathetischer Gebärde. Was bleibt, sind einige wenige Augenblicke von großer Intensität. Man sollte sich nicht mehr länger verhehlen, *daß die höchste Form der Existenz des Daseins sich nur zurückführen läßt auf ganz wenige und seltene Augenblicke der Dauer des Daseins zwischen Leben und Tod, daß der Mensch nur in ganz wenigen Augenblicken auf der Spitze seiner eigenen Möglichkeiten existiert* (K, 290).

Ein solcher Augenblick war für Heidegger der Besuch der nächtlichen Messe in der Klosterkirche von Beuron, als ihm bewußt wurde die *mythische und metaphysische Urgewalt der Nacht, die wir ständig durchbrechen müssen, um wahrhaft zu existieren.*

Eine solcher Augenblick war auch jene Kindheitsszene, die Heidegger bei Freunden später manches Mal erzählte. Wie er als Läutebub in der noch nächtlichen Frühe des Tages im Hausflur von der Mutter die Kerze angezündet bekam, wie er die Flamme mit der hohlen Hand hütend über den Platz zur Kirche gegangen sei und dort am Altar gestanden und mit den Fingerspitzen das herabfließende Wachs die Kerze wieder hinaufgeschoben habe, damit sie länger brenne. Und doch sei sie dann ausgegangen, und doch habe er auf diesen Moment gewartet, indem er ihn hinauszögerte.

Wenn das Dasein zwei Akte hat: die Nacht, aus der es entspringt, und den Tag, der die Nacht überwindet, so richtet Cassirer seine Aufmerksamkeit auf den zweiten Akt, also den Tag der Kultur; Heidegger aber geht es um den ersten Akt, er blickt in die Nacht, aus der wir hervorkommen. Sein Denken fixiert jenes Nichts, vor dem sich erst ein Etwas abhebt. Der eine wendet sich dem Entsprungenen zu, der andere dem Ursprung. Der eine hat es mit dem Haus der menschlichen Schöpfung zu tun, der andere verharrt fasziniert vor dem abgründigen Geheimnis der creatio ex nihilo, das sich stets aufs neue ereignet, wenn der Mensch zum Bewußtsein seiner Existenz erwacht.

Elftes Kapitel

Ein heimliches Hauptwerk: die Metaphysik-*Vorlesung von 1929/30. Über die Langeweile. Das Geheimnis und sein Schrecken. Heideggers Versuch einer Naturphilosophie. Vom Stein zum Bewußtsein. Die Geschichte einer Eröffnung.*

Als Martin Heidegger im Februar 1928 auf den Husserl-Lehrstuhl nach Freiburg berufen worden war, hatte er an Karl Jaspers geschrieben: *Freiburg wird noch einmal die Probe für mich werden, ob etwas von Philosophie da ist oder ob alles in Gelehrsamkeit aufgeht* (24.11.1928, BwHJ, 104). Sich selbst will Heidegger auf den Prüfstand stellen. Doch da gibt es nicht nur die Verführung zur Gelehrsamkeit, sondern auch der neue Ruhm bereitet ihm Schwierigkeiten. *Weniger angenehm ist mir die öffentliche Existenz, in die ich hinein geraten bin*, schreibt er an Jaspers am 25. Juni 1929 (BwHJ, 123). Heideggers Vorträge sind inzwischen eine Attraktion geworden. Siegfried Kracauer berichtet über Heideggers Vortrag vor der Kant-Gesellschaft in Frankfurt am 25. Januar 1929: »Zu erwähnen bleibt noch, daß der Name des Redners eine stattliche Menge vermutlich nicht durchweg philosophisch berufener Hörer angelockt hatte, die sich bereitwillig mitten ins Dickicht der schwierigsten Definitionen und Distinktionen wagte.«

Natürlich genießt Heidegger seine Auftritte, auch seinen Ruhm. Er fühlt sich geschmeichelt, als Jaspers ihm berichtet, daß im Heidelberger Seminar nun auch ›Heidegger‹ gelesen und behandelt werde. Doch Heidegger will nicht nur als der Autor von Sein und Zeit gelten. In den Briefen an Jaspers spielt er dieses Buch herunter. *Ich denke schon gar nicht mehr daran, daß ich vor kurzem ein sogenanntes Buch geschrieben habe* (24.9.1928, BwHJ, 103).

In den ersten Jahren nach Erscheinen von Sein und Zeit hatte er sich damit auseinanderzusetzen, daß die philosophische Öffentlichkeit von ihm eine systematisch abgerundete und alle Lebensbereiche umfassende Darstellung des Menschen in seiner Welt erwartete. Man las Sein und Zeit als Beitrag zur philosophischen Anthropologie und hoffte auf eine Fortsetzung des Projektes.

In seinem Kant-Buch von 1929 hatte Heidegger eine solche Erwartung ausdrücklich als Mißverständnis zurückgewiesen. Es läßt sich, schreibt er dort, keine abgerundete Philosophie *über* den Menschen und über seine grundlegenden Lebenszusammenhänge entwickeln. Das Ansinnen einer solchen Abrundung widerspricht der Grundbeschaffenheit des Daseins: seine Endlichkeit und Geschichtlichkeit. Wenn das Philosophieren im Menschen erwacht, so fängt es jedesmal neu an, und sein Ende wird nicht von innen her als systematische Abrundung erreicht, sondern das wirkliche und einzige Ende des Philosophierens ist sein kontingenter Abbruch – durch den Tod. Auch die Philosophie stirbt.

Doch man kann als Philosoph schon vor dem definitiven Ende ›sterben‹. Dann nämlich, wenn das lebendige Denken in dem, was man schon einmal gedacht hat, erstarrt. Wenn Vergangenheit über Gegenwart und Zukunft triumphiert, wenn das Gedachte das Denken gefangennimmt. In den frühen zwanziger Jahren hatte Heidegger die Gedanken der philosophischen Tradition – von Aristoteles bis Husserl – wieder *verflüssigen* wollen; jetzt setzt er sich zur Aufgabe, die eigene inzwischen als System zitierbare und als Methode traktierbare Fundamentalontologie wieder in die Bewegung des Denkens aufzulösen.

Am 12. September 1929 schreibt er – im Blick auf den Rummel um seine Person und sein Werk – an Elisabeth Blochmann: *Wir sind durch die herrschende Betriebsamkeit und ihre Erfolge und Resultate von Grund auf mißleitet in unserem Suchen –, wir wähnen das Wesentliche sei zu verfertigen* (BwHB, 32).

Er will nicht einfach weitermachen, weiterbauen an den eigenen Gedanken, am eigenen System. *Mit meiner Metaphysikvorlesung im Winter*, schreibt er in demselben Brief, *soll mir ein ganz neuer Anfang gelingen.*

Auf die große METAPHYSIK-Vorlesung vom Wintersemester 1929/30, die Heidegger unter dem Titel *Die Grundbegriffe der Metaphysik. Welt – Endlichkeit – Einsamkeit* ankündigt, habe ich schon hingewiesen. Hier wird ein neuer Stil versucht. Ereignisphilosophie habe ich ihn im vorausgehenden Kapitel genannt. In dieser Vorlesung spricht Heidegger davon, daß Philosophie das *Grundgeschehen im menschlichen Dasein* (GA 29/30, 12) wachrufen müsse. Welches Grundgeschehen? Die im Titel der Vorlesung genannten Wörter *Endlichkeit* und *Einsamkeit* deuten bereits an, daß es Heidegger auf eine Vertiefung der Erfahrung des *Unzuhause* ankommt. Philosophie *ist das Gegenteil aller Beruhigung und Versicherung. Sie ist der Wirbel, in den der Mensch hineingewirbelt wird, um so allein ohne Phantastik das Dasein zu begreifen* (GA 29/30, 29).

Die *Begriffe* solchen Philosophierens werden dann aber eine andere Funktion und eine andere Art der *Strenge* haben müssen als die Begriffe der Wissenschaft. Philosophische Begriffe bleiben leer, *wenn wir nicht zuvor ergriffen sind von dem, was sie begreifen sollen* (GA 29/30, 9). Die Begriffe der Philosophie versteht Heidegger als *Angriff* auf jede Art der Selbstgewißheit und des Weltvertrauens. Die *höchste Ungewißheit* gehöre zur *ständigen und gefährlichen Nachbarschaft* der Philosophie. Diese *elementare Bereitschaft für die Gefährlichkeit der Philosophie* sei aber selten anzutreffen, weshalb es auch keine wirkliche philosophische Auseinandersetzung gebe – trotz der inzwischen unüberschaubar gewordenen Menge philosophischer Veröffentlichungen. *Sie alle wollen sich gegenseitig Wahrheiten anbeweisen und vergessen dabei die eine wirkliche und schwerste Aufgabe, das eigene Dasein und das der anderen in eine fruchtbare Fraglichkeit hineinzutreiben* (GA 29/30, 29).

In dieser Vorlesung ist viel die Rede von Gefahr, Unheimlichkeit und Fraglichkeit. Für dieses Unternehmen, philosophisch wild und gefährlich zu leben, nimmt Heidegger den Titel der Metaphysik in Anspruch; Metaphysik aber nicht in der Bedeutung einer Lehre von den übersinnlichen Dingen. Er will dem Aspekt des Überschreitens (Meta) einen anderen, und zwar – wie er behauptet – seinen ursprünglichen Sinn geben. Es handle sich um eine Überschreitung nicht im Sinne des Aufsuchens eines anderen *Ortes*, einer jenseitigen Welt, sondern um eine *eigentümliche Umwendung gegenüber dem alltäglichen Denken und Fragen* (GA 29/30, 66).

Auch für diese Umwendung ist es offenbar gut, wenn *das Dasein sich seinen Helden wählt* (SuZ, 385). Denn es gibt Menschen, die das *merkwürdige Schicksal* haben, *für die anderen eine Veranlassung dafür zu sein, daß in diesen das Philosophieren erwacht* (GA 29/30, 19).

Kein Zweifel, daß Heidegger selbst sich zu diesen *merkwürdigen* Menschen rechnet. Inzwischen weiß er, daß er ein Charismatiker der Philosophie ist, daß er eine Mission hat. *Das ist es*, schreibt er am 3. Dezember 1928 an Karl Jaspers, *was so eine merkwürdige Vereinsamung ins Dasein bringt – jenes dunkle Stehen vor dem eigenen anderen, was man glaubt der Zeit bringen zu müssen* (BwHJ, 114). Und Jaspers, nach einem Besuch Heideggers noch ganz hingerissen, schreibt zurück: »Seit undenklichen Zeiten habe ich niemandem so wie heute Ihnen zugehört. Wie in der reinen Luft war mir frei zumute in diesem unablässigen Transzendieren« (5. 12. 1929, BwHJ, 129).

In Heideggers Analyse der Angst hatte sich schon gezeigt, wohin dieses Transzendieren geht: in jenes Nichts, aus dem dann das überaus erstaunliche und beängstigende Etwas hervorkommt. Für Heideggers Ereignisphilosophie, die dem Geheimnis der Zeit und des Augenblicks auf der Spur ist, liegt es nun nahe, sich mit dem anderen großen Ereignis der Leere zu beschäftigen: mit der Langeweile. Und was dabei herauskommt, gehört zu dem Eindrucksvollsten, was Heidegger jemals vorgetragen hat. So ist in der gesamten philosophischen Überlieferung nur ganz selten eine Stimmung beschrieben und ausgedeutet worden wie in dieser Vorlesung. Hier wird die Langeweile wirklich zum Ereignis.

Heidegger will seine Hörer hineinstürzen lassen in die große Leere, sie sollen das Grundrauschen der Existenz hören, er will den Augenblick eröffnen, da es um nichts mehr geht, kein Weltgehalt sich anbietet, woran man sich festhalten oder mit dem man sich füllen kann. Der Augenblick des leeren Verstreichens der Zeit. Die Zeit pur, ihre reine Anwesenheit. Die Langeweile, der Moment also, da man bemerkt, wie die Zeit vergeht, weil sie gerade nicht vergehen will, da man sie sich nicht vertreiben, nicht herumbringen, nicht, wie es heißt, sinnvoll ausfüllen kann. Mit unbeirrbarer Langmut – im Vorlesungstext 150 Seiten lang – hält es Heidegger bei diesem Thema aus. Er inszeniert die Langeweile als Initiationsereignis der Metaphysik. Er zeigt, wie in der Langeweile die beiden Pole der metaphysischen Erfahrung – die Welt als Ganzes und die einzelne Existenz – auf paradoxe Weise miteinander verbunden sind. Der einzelne wird vom Ganzen der Welt gerade dadurch ergriffen, daß er davon nicht ergriffen, sondern leer zurückgelassen wird. Heidegger will seine Hörer bis zu jenem Punkt führen, wo sie sich fragen müssen: *Ist es am Ende so weit mit uns, daß eine tiefe Langeweile in den Abgründen des Daseins wie ein schweigender Nebel hin- und herzieht?* (GA 29/30, 119).

Vor den Abgründen dieser Langeweile packt uns in der Regel der Horror vacui. Diesen Schrecken aber muß man ausgehalten haben, denn er macht einen intim bekannt mit jenem Nichts, das die alte metaphysische Frage: Warum ist etwas und nicht vielmehr Nichts? anvisiert. Heidegger mutet seinen Hörern das Nichts als ein Exerzitium in der Kunst des Leer-bleibens zu.

Es handelt sich hierbei – das betont Heidegger – nicht um eine gesuchte, erkünstelte Stimmung, um keine angestrengte Einstellung, sondern umgekehrt, *es gilt die Gelassenheit des alltäglich freien Blickes* (GA 29/30, 137). Alltäglich ist uns häufig so leer zumute, sagt Heidegger, aber wir decken diese Leere ebenso alltäglich sogleich wieder zu. Er fordert dazu auf, dieses eilige Zudecken eine Weile lang – eine Langeweile lang – zu unterlassen. Diese Unterlassung allerdings ist philosophisch hart erkämpft, denn sie widerstreitet der spontanen alltäglichen Strebung, die ja an die Welt verfallen und nicht, wie in diesem ausgehaltenen leeren Augenblick, aus ihr herausfallen möchte. Aber es hilft alles nichts: Philosophieren ist ohne dieses Herausfallen, diese Verlorenheit und Verlassenheit, ohne diese Leere nicht zu haben. Heidegger will die Geburt der Philosophie aus dem Nichts der Langeweile vorführen.

Bei den Überlegungen zur alltäglichen Latenz der Langeweile kommt Heidegger auf die geistige Situation der Zeit zu sprechen. Weit verbreitet sei ein Unbehagen an der gegenwärtigen Kultur. Als Autoren, die es formulieren, nennt er Spengler, Klages, Scheler und Leopold Ziegler. Mit wenigen Worten fertigt Heidegger deren Diagnosen und Prognosen ab. Das mag interessant sein, geistreich, aber seien wir ehrlich, sagt Heidegger, eigentlich *berührt* es uns doch gar nicht. *Im Gegenteil, das Ganze ist eine Sensation, und das heißt immer eine uneingestandene und doch wieder scheinbare Beruhigung* (GA 29/30, 112). Warum? Weil es *uns von uns selbst entbindet* und dazu ermuntert, sich *in einer weltgeschichtlichen Lage und Rolle* (GA 29/30, 112) zu spiegeln. Da werden Dramen aufgeführt, in denen wir auf den Kothurnen von Kultursubjekten einherschreiten dürfen. Sogar beklemmende Untergangsvisionen schmeicheln unserem Selbstwertgefühl, oder genauer: unserem Bedürfnis, uns darzustellen und dargestellt zu sehen. Heidegger schließt seine Kritik dieser Art philosophischer Zeitdiagnostik ab mit der apodiktischen Bemerkung: *Diese Philosophie gelangt nur zur Dar-stellung des Menschen, aber nie zu seinem Da-sein* (GA 29/30, 113).

Im Abgrund des Daseins aber lauert die Langeweile, vor der das Leben Zuflucht sucht in den Darstellungsformen.

Heideggers Analyse wird zu einer Erkundung des Mittelpunktes der Wüste. Dabei beweist er Sinn für dramatische Steigerung. Die Spannung wächst, je leerer der Ort ist, an den er das Denken führt. Er beginnt beim Gelangweiltwerden *von etwas.* Da haben wir noch einen identifizierbaren Gegenstand – ein Ding, ein Buch, ein Festakt, eine bestimmte Person –, dem wir die Langeweile zuschreiben können. Sie dringt gewissermaßen von außen in uns ein, sie hat eine äußere Ursache. Wenn dieser Gegenstand aber nicht mehr so eindeutig zu ermitteln ist, wenn die Langeweile ebenso von außen eindringt und zugleich von innen emporsteigt, dann handelt es sich um ein *Sichlangweilen bei etwas*. Man kann nicht sagen, daß ein Zug, der nicht pünktlich eintrifft, einen langweilt, doch die Situation, in die man durch seine Verspätung gerät, kann einen langweilen. Man langweilt sich bei oder anläßlich eines bestimmten Ereignisses. Das Irritierende dieser Langeweile liegt darin, daß in den entsprechenden Situationen man sich selbst langweilig zu werden beginnt. Man weiß nichts mit sich anzufangen, und die Folge ist, daß es das Nichts ist, das nun etwas mit einem anfängt. Eine langweilige Abendunterhaltung – Heidegger schildert genüßlich eine solche in akademischem Milieu – bereitet nicht nur Verdruß, sondern versetzt auch in eine milde Panik, und zwar deshalb, weil solche Situationen einen selbst zum Langweiler machen. Die Situation ist wirklich kompliziert, denn was da Langeweile bereitet, ist ja in der Regel eine Unternehmung, welche die Langeweile gerade vertreiben soll. Die Langeweile lauert in den Maßnahmen des Zeitvertreibs. Was gegen sie aufgeboten wird, ist immer schon von ihr infiziert. Unterhalten werden müssen die Absturzgefährdeten. Wohin wird die Zeit vertrieben, oder wohin treibt das zeitvertreibende Dasein ab? Gibt es eine Art schwarzes Loch der Existenz, das anzieht und verschlingt?

Die tiefste Langeweile ist die gänzlich anonyme. Es gibt nichts Bestimmtes, das sie hervorruft. *Es langweilt einen*, sagen wir. Heidegger unterzieht diesen Ausdruck einer subtilen Analyse. Es gibt hier eine doppelte Unbestimmtheit: *Es* – das ist alles und nichts, auf jeden Fall nichts Bestimmtes. Und *einen* – das ist man selbst, aber als ein Wesen unbestimmter Personalität. So als hätte die Langeweile auch noch das Ich verschlungen, das sich immerhin noch dafür schämen kann, ein Langweiler zu sein. Dieses *es langweilt einen* nimmt Heidegger als Ausdruck für jene vollkommene Abwesenheit einer erfüllten und erfüllenden Zeit, für jenen Augenblick, da einen nichts mehr anspricht und in Anspruch nimmt. Diese *Leergelassenheit* bezeichnet er als *Ausgeliefertheit an das sich im Ganzen versagende Seiende* (GA 29/30, 214).

Da gibt es ein überraschendes Verständnis des Ganzen, aber eines Ganzen, das einen nichts mehr angeht. Ein leeres Etwas steht einem leeren Ganzen gegenüber und ist in dieser Bezugslosigkeit aufeinander bezogen. Eine dreifache Negativität: ein Nicht-Selbst, ein nichtiges Ganzes und die Bezugslosigkeit als negativer Bezug. Es wird deutlich:

Das ist der Höhepunkt oder Tiefpunkt, auf den Heidegger seine spannende Analyse der Langeweile hinführen wollte. Wir befinden uns im Herzen einer Metaphysik nach dem Geschmack Heideggers. An diesem Punkt kommt er auch mit seiner Absicht ins Ziel, *durch die Auslegung des Wesens der Langeweile zum Wesen der Zeit vor(zu)dringen* (GA 29/30, 201). Wie wird denn, so fragt Heidegger, in dieser vollkommenen Abwesenheit alles Erfüllenden die Zeit erlebt? Sie will nicht verstreichen, sie steht, sie hält einen in einer trägen Unbeweglichkeit fest, sie *bannt*. Diese umfassende Lähmung läßt gewahr werden, daß die Zeit nicht einfach ein Medium ist, darin wir uns bewegen, sondern daß sie etwas ist, das wir hervorbringen. Wir *zeitigen* die Zeit, und wenn wir durch die Langeweile gelähmt sind, so haben wir eben aufgehört, sie zu zeitigen. Doch dieses Aufhören ist niemals total. Der Vorgang der Zeitigung, der für Augenblicke aussetzt und aufhört, bleibt auf den Zeitfluß, der wir selbst sind, bezogen – aber im Modus des Stockens, der Bannung und Lähmung.

Diese ambivalente Erfahrung des stockenden Zeitflusses ist der Punkt der Peripetie im Drama der Langeweile, das Heidegger inszeniert und analysiert. Aus der dreifachen Negativität – das Nicht-Selbst, das nichtige Ganze und die Bezugslosigkeit – gibt es nur einen einzigen Ausweg: Man muß sich losreißen. Wenn nichts mehr geht, muß man sich selbst auf den Weg machen. Umständlich formuliert Heidegger seine Pointe: *Was aber das Bannende als solches, die Zeit ... zu wissen gibt und eigentlich ermöglicht ... ist nichts Geringeres als die Freiheit des Daseins als solche. Denn diese Freiheit des Daseins ist nur im Sichbefreien des Daseins. Das Sichbefreien des Daseins geschieht aber je nur, wenn es sich zu sich selbst entschließt* (GA 29/30, 223).

Da aber in der Langeweile dieses Selbst zum wesenlosen Gespenst ausgedünnt worden ist, so wird dieses Entschließen nicht zurückgreifen können auf ein kompaktes Selbst, das darauf wartet, in Aktion zu treten. Vielmehr wird erst im Entschluß dieses Selbst geboren. Es wird im gewissen Sinne nicht gefunden, sondern erfunden – durch den Entschluß. In ihm erst wird, was verschlossen war, erschlossen. Der *Augenblick des Entschlusses* entspringt aus der Langeweile und beendet sie. So kann Heidegger davon sprechen, daß die (in der Langeweile) *bannende Zeit* komplementär eine *Hingezwungenheit des Daseins in die Spitze des eigentlich Ermöglichenden* (GA 29/30, 224) bewirke. Man kann es auch populärer ausdrücken: In der Langeweile merkst du, daß es nichts von Belang gibt, außer du tust es...

Das zu sich selbst erwachende Dasein muß also die Zone der tiefen Langeweile – diese *Leere im Ganzen* – durchquert haben. An diesem Punkt der Überlegung wendet sich Heidegger von den eher ›privaten‹ und ›intimen‹ Stimmungen der Langeweile ab und nimmt – kulturphilosophisch – die aktuelle gesellschaftlich-geschichtliche Lage ins Visier. Er fragt: Wird diese Not der *Leere im Ganzen* überhaupt noch erfahren, oder wird sie nicht vielmehr überspielt, verdrängt durch den notwendigen Kampf gegen andere, handfestere Nöte?

Es ist das Wintersemester 1929/30. Die große Arbeitslosigkeit und Verelendung in der Folge der Weltwirtschaftskrise hat inzwischen begonnen. Heidegger riskiert einen kurzen Blick auf die zeitgenössischen Szenen der Not: *Überall gibt es Erschütterungen, Krisen, Katastrophen, Nöte: das heutige Elend, die politische Wirrnis, die Ohnmacht der Wissenschaft, die Aushöhlung der Kunst, die Bodenlosigkeit der Philosophie, die Unkraft der Religion. Gewiß, Nöte gibt es überall* (GA 29/30, 243). Gegen diese Nöte werden Programme, Parteien, Maßnahmen aufgeboten, es gibt Geschäftigkeiten aller Art. Aber, so Heidegger, *diese zappelnde Notwehr gegen die Nöte läßt gerade eine Not im Ganzen nicht aufkommen* (GA 29/30, 243).

Die *Not im Ganzen* ist also nicht irgendeine einzelne Not, sondern der Inbegriff für den gerade auch in der Stimmung der Langeweile erfahrbaren Lastcharakter des Daseins überhaupt, *dieses, daß dem Menschen das Dasein als solches zugemutet wird, daß ihm aufgegeben ist – da zu sein* (GA 29/30, 246). Wer vor dieser *wesenhaften Bedrängnis* (GA 29/30, 244) ausweicht, dem fehlt das trotzige Trotzdem, das für Heidegger den alltäglichen Heroismus ausmacht. Wer das Leben nicht als *Bürde* in diesem Sinne erfahren hat, der weiß auch nichts vom *Geheimnis* des Daseins, und damit bleibt *der innere Schrecken aus, den jedes Geheimnis bei sich trägt und der dem Dasein seine Größe gibt* (GA 29/30, 244).

Das Geheimnis und der Schrecken. Heidegger spielt auf die Definition des Numinosen bei Rudolf Otto an. Der hatte die religiöse Erfahrung des Heiligen gedeutet als Erschrecken vor einer Macht, die uns als Geheimnis begegnet. Heidegger übernimmt die Merkmale des so verstandenen Numinosen, aber streicht den Jenseitsbezug. Das Dasein selbst ist das Numinose, das geheimnisvoll Schreckenerregende. Der Schrecken ist das dramatisch gesteigerte Staunen darüber, daß da etwas ist und nicht Nichts; das schreckliche Rätsel ist das Seiende in seinem nackten Daß. Von diesem Schrecken ist auch in den folgenden Sätzen die Rede – was betont werden muß, weil man ihnen später einen explizit politischen Sinn zugelegt hat, den sie zu diesem Zeitpunkt noch nicht hatten: *Wenn die Bedrängnis unseres Daseins trotz aller Nöte heute ausbleibt, und wenn das Geheimnis fehlt, dann handelt es sich für uns zuerst darum, diejenige Basis und diejenige Dimension für den Menschen zu gewinnen, innerhalb derer ihm überhaupt wieder dergleichen wie ein Geheimnis seines Daseins begegnet. Daß bei dieser Forderung und bei derAnstrengung, ihm näher zu kommen, dem heutigen Normalmenschen und Biedermann bange wird und zuweilen vielleicht schwarz vor den Augen, so daß er sich krampfhaft an seine Götzen klammert, ist vollkommen in der Ordnung. Es wäre ein Mißverständnis, etwas anderes zu wünschen. Wir müssen erst wieder rufen nach dem, der unserem Dasein einen Schrecken einzujagen vermag* (GA 29/30, 255).

Wer kann diesen Schrecken einjagen? Das ist einstweilen noch niemand anderes als der charismatische Philosoph, der jenes *merkwürdige Schicksal* hat, *für die anderen eine Veranlassung dafür zu sein, daß in diesen das Philosophieren erwacht* (GA 29/30, 19). Es ist, mit anderen Worten, Heidegger selbst, der sich das zutraut. Schrecken einjagen und das Philosophieren erwachen lassen, sind zur Zeit noch dasselbe.

So als hätte Heidegger geahnt, daß seine Aussage politisch als Ruf nach dem ›starken Mann‹ mißverstanden werden könnte, weist er im Anschluß an die zitierte Passage darauf hin, daß kein politisches Ereignis, nicht einmal der Weltkrieg, dieses Erwachen des Menschen zu sich selbst hervorbringen konnte. Es geht also noch nicht um ein politisches, sondern um ein philosophisches Erweckungserlebnis. Deshalb auch Heideggers Kritik an allen Versuchen, auf dem politischen Feld das *Gebäude einer Weltanschauung* zu errichten und aufzufordern, darin zu wohnen (GA 29/30, 257). Wenn das Dasein sich selbst *durchsichtig* geworden ist, so hört es auf, solche Gebäude zu errichten. Das Dasein im Menschen *zu beschwören* (GA 29/30, 258) bedeutet nichts anderes, als es so in Bewegung zu setzen, daß solche Gebäude einstürzen müssen.

Einen langen Weg hat Heidegger inzwischen zurückgelegt – in der Textfassung der Vorlesung 260 Seiten lang. Die von ihm zu Anfang herausgestellten metaphysischen Grundfragen: Was ist die Welt? Was ist Endlichkeit? Was ist Einsamkeit? – sind inzwischen schon fast in Vergessenheit geraten. Jetzt nimmt Heidegger sie wieder auf und erinnert daran, daß die bisherigen Exerzitien der Langeweile eine Vorbereitung waren: der Versuch, eine Stimmung wachzurufen oder zu inszenieren, in der *Welt, Endlichkeit und Einsamkeit* auf eine Weise begegnen, die überhaupt erst die Arbeit des Begriffs möglich macht. Auf das ›Wie‹ dieser Begegnung kommt alles an. Was begriffen werden soll, muß allererst geschehen sein, und zwar hier und jetzt, in den Donnerstagnachmittagstunden des Wintersemesters 1929/30.

Die *Welt als Ganzes*. Weshalb bedarf es einer besonderen Stimmung, um sie zu erfahren? Die *Welt* ist doch immer da; sie ist alles, was der Fall ist. Wir befinden uns doch stets mitten in ihr. Gewiß. Aber das wissen wir inzwischen: Für Heidegger ist dieser alltägliche Aufenthalt in der Welt zugleich das Verfallensein an sie. Wir sind in ihr verschwunden. Und deshalb zeichnet er die Stimmung der Langeweile aus, weil in ihr – ebenso wie in der Stimmung der Angst, die in SEIN UND ZEIT analysiert wird – das *Ganze der Welt* in einen Abstand gerückt erscheint, der die metaphysische Haltung des Staunens oder Erschreckens ermöglicht – als dritter Akt eines existentiellen Dramas. Im ersten Akt geht man – alltäglich – in der Welt auf und die Welt erfüllt einen; im zweiten Akt rückt alles fern, das Ereignis der großen Leere, die dreifache Negativität (Nicht-Selbst, nichtige Welt, Bezugslosigkeit); im dritten Akt schließlich kehrt das Entrückte, das eigene Selbst und die *Welt*, wieder zurück. Das Selbst und die Dinge werden gewissermaßen ›seiender‹; sie gewinnen eine neue Intensität. Darauf läuft alles hinaus. Selten hat Heidegger das so klar und ungeschützt formuliert wie in dieser Vorlesung: *Um nichts geringeres geht es, als diese ursprüngliche Dimension des Geschehens im philosophischen Dasein wieder zu gewinnen, um alle Dinge erst wieder einfacher, stärker und nachhaltiger zu ›sehen‹* (GA 29/30, 35).

Die ›Welt als Ganzes‹ ist ein zu großes Thema für den forschenden Blick. Das mag sein. Gerade deshalb will Heidegger zeigen, daß dieses große Thema, wenn es auch zu groß für die Forschung sein sollte, in solchen Stimmungen wie der Langeweile und Angst alltäglich unmittelbar erlebt wird – und zwar im Entgleiten von Welt. Vom Ende her wird deutlich, daß die minutiöse Analyse der Langeweile nichts anderes ist als ein Versuch, die Art, wie wir die ›Welt als Ganze‹ haben, zu beschreiben.

Nun läßt sich die Perspektive aber auch umdrehen. Daß wir ›Welt haben‹ ist eines, etwas anderes ist, daß die Welt uns ›hat‹. Nicht nur in dem Sinne, daß wir in die Welt des *Man* und in das *Besorgen des Zuhan-*

denen aufgehen. Das hatte Heidegger bereits in SEIN UND ZEIT gezeigt. Sondern in dem Sinne, daß wir zum Reich der Natur gehören.

Im zweiten Teil dieser Vorlesung trägt Heidegger zum ersten Mal eine Art Naturphilosophie vor, ein bei ihm einzigartig dastehender Versuch, den er später niemals wiederholen wird. Und welche Bedeutung er ihm gibt, erkennt man daran, daß er diese Überlegungen gleichberechtigt neben SEIN UND ZEIT stellt.

Ein Jahr zuvor waren zwei gewichtige Werke zur philosophischen Anthropologie erschienen: Max Schelers »Die Stellung des Menschen im Kosmos« und Helmuth Plessners »Die Stufen des Organischen und der Mensch«. Scheler und Plessner versuchten auf unterschiedliche Weise, biologische Forschungsergebnisse und philosophische Deutung miteinander verbindend, den Zusammenhang und den Bruch zwischen Mensch und übriger Natur aufzudecken. Heidegger hatte in SEIN UND ZEIT den Bruch zwischen Dasein und der nichtmenschlichen Natur so stark betont, daß, wie Karl Löwith später kritisierte, der Eindruck einer Abgehobenheit der menschlichen Existenz von ihren leiblichen, naturhaften Voraussetzungen entstehen mußte. Scheler und Plessner, beide auch von Heidegger angeregt, versetzten den Menschen wieder in den Zusammenhang der Natur, aber – und darauf kam es ihnen an – ohne ihn zu naturalisieren.

Insbesondere Schelers Versuch erregte damals großes Aufsehen. Heidegger fühlte sich dadurch zu einer eigenen Exkursion ins Feld der naturphilosophischen Anthropologie herausgefordert.

Zur Welt gehört Natur. Aber hat die nichtmenschliche Natur überhaupt ›Welt‹? Der Stein, das Tier – haben sie eine Welt oder kommen sie nur darin vor? Darin – das heißt in einem Welthorizont, den es nur für den Menschen, dieses weltbildende Naturwesen, gibt?

In SEIN UND ZEIT hatte Heidegger erklärt, daß die Seinsweise der Natur, das Anorganische und Organische, das körpergebundene Leben nur *im Sinne einer abbauenden Betrachtung zugänglich ist* (SuZ, 371). Das ist gar nicht so leicht: Das Bewußtsein soll das Bewußtlose erfassen, Erkenntnis das Erkenntnislose. Dasein soll ein Seiendes verstehen, für das es dieses ›da‹ gar nicht gibt.

Der naturphilosophische Teil dieser Vorlesung ist eine einzige Meditation über dieses ›da‹ und darüber, wie wir Natur, die dieses ›da‹ nicht kennt, überhaupt verstehen können. In dieses Dunkel will Heidegger eindringen, um dann von dorther noch einmal einen Blick auf den Menschen zu werfen. Einen verfremdenden Blick, für den das Ereignis, daß es im Menschen hell wird und daß es dadurch in der Natur überhaupt hell wird, zu etwas vollkommen Ungewöhnlichem wird. Darum geht es: von der Natur her entdecken, daß sich im Menschen ein Da-sein aufgetan hat – eine Lichtung, wird Heidegger später sagen –, dem die Dinge und Wesen, die sich selbst verborgen sind, erscheinen können. Das Dasein gibt der Natur die Bühne. Der einzige Sinn von Heideggers Naturphilosophie ist die Inszenierung der Epiphanie dieses ›Da‹.

Die Dinge und Wesen treten vor uns auf. Aber können wir uns auch in sie hineinversetzen? Können wir ihre Art zu sein – teilen? Teilen sie sich uns mit und teilen wir uns ihnen mit?

Wir teilen mit ihnen eine Welt, in die sie versunken sind und die für uns ›da‹ ist. Und insofern geben wir ihnen das ›da‹, das sie selbst nicht haben. Und wir empfangen von ihnen den Zauber dieser Ruhe und Eingelassenheit in das, was sie sind. Im Hinblick darauf können wir an uns selbst geradezu einen Mangel an Sein erfahren.

Heidegger beginnt seinen Kursus bei den Steinen. Der Stein ist *weltlos*. Er kommt in der Welt vor, ohne daß er von sich aus eine Beziehung zur Welt herstellen könnte. Bei der Beschreibung des Weltverhältnisses der Tiere folgt Heidegger vor allem den Forschungen von Jakob von Uexküll. Er nennt das Tier *weltarm*. Seine Umwelt ist ein *Umring*, von dem die Triebe des Tieres *benommen* (GA 29/30, 347) sind. Den von dorther kommenden Reizen entsprechend werden bestimmte Verhaltensweisen und Strebungen angesprochen und *entriegelt*. Welt ist für das Tier *Umwelt*. Es kann sich nicht getrennt davon erleben. Heidegger zitiert den holländischen Biologen Buytendijk: »Es zeigt sich also, daß in der ganzen Tierwelt die Verbundenheit des Tieres mit seiner Umgebung fast so innig ist wie die Einheit des Körpers« (zit. GA 29/30, 375). Diese ›Umwelt‹ als erweiterter Körper nennt Heidegger den *Enthemmungsring*. Das Tier reagiert auf das, was diesen Ring durchbricht; es reagiert auf ein Etwas und ist insofern darauf bezogen, aber es nimmt das Etwas nicht als dieses bestimmte Etwas wahr, mit anderen Worten: es nimmt nicht wahr, daß es etwas wahrnimmt. Das Tier hat eine bestimmte Offenheit für die Welt, doch kann ihm die Welt nicht als Welt *offenbar* werden. Das geschieht erst im Menschen. Zwischen dem Menschen und seiner Welt klafft ein Spielraum auf. Die Weltgebundenheit hat sich soweit gelockert, daß der Mensch sich auf die Welt, auf sich selbst und auf sich als etwas in der Welt Vorkommendes beziehen kann. Der Mensch ist nicht nur unterschieden, er kann sich auch von sich her unterscheiden von anderen; und er kann sich nicht nur auf unterschiedliche Dinge beziehen, sondern er kann zwischen den Dingen Unterscheidungen treffen. Diesen ›Spielraum‹ – das kennen wir schon – nennt Heidegger *Freiheit*. Das vorkommende Seiende bekommt im Horizont der Freiheit einen anderen Wirklichkeitscharakter: es zeichnet sich als Wirkliches ab auf dem Hintergrund des Möglichseins. Ein Wesen, das Möglichkeiten hat, kann nicht anders, als die Wirklichkeit als Verwirklichung von Möglichkeiten anzusehen. Der Spielraum des Möglichen, der sich für den Menschen auftut, gibt dem Wirklichen Kontur, Schärfe, Einzelheit. Es steht in einem Horizont der Vergleichbarkeit, der Genese und Geschichte und damit auch der Zeit. Das alles ermöglicht, daß ein Etwas als dieses Etwas festgehalten, unterschieden, befragt werden kann. Aus der *Benommenheit*, in der die Welt gelebt, aber nicht erlebt wird, taucht sie auf als eine ausdrücklich wahrgenommene. Zum Möglichsein gehört der Gedanke, daß etwas auch nicht sein könnte. Dadurch bekommt die Welt eine eigenartige Durchsichtigkeit. Sie ist zwar alles, was der Fall ist, aber gerade darum ist sie nicht Alles. Sie ist eingelassen in den noch größeren Raum des Möglichen und Nichtigen. Nur weil wir einen Sinn für das Abwesende haben, können wir Anwesenheit als solche erfahren – in Dankbarkeit, staunend, erschreckt, im Jubel. Wirklichkeit, so wie sie der Mensch erfährt, ist in die Bewegung des Ankommens, des Sich-Verbergens und Sich-Zeigens hineingerissen.

Diese Vertrautheit mit dem Möglichsein und dem Nichts – was es im Weltbezug des Tieres nicht gibt – zeigt den gelockerten Weltbezug, den Heidegger *weltbildend* nennt.

So wie Max Scheler in seinem anthropologischen Entwurf »Die Stellung des Menschen im Kosmos« die geistige Personalität des Menschen gedeutet hatte im Anschluß an Schellings Idee des in dem und durch den Menschen *werdenden Gottes*, so knüpft Heidegger am Ende seiner Vorlesung an einen anderen großen Gedanken Schellings an: Die Natur schlägt im Menschen ihre Augen auf und bemerkt, daß sie da ist. Diesen Schellingschen *Lichtblick* (GA 29/30, 529) nennt Heidegger die *offene Stelle*, die sich im Menschen inmitten des naturhaft verschlossenen Seienden aufgetan hat. Ohne den Menschen wäre das Sein stumm: es wäre vorhanden, aber es wäre nicht – da. Im Menschen ist die Natur zur Selbstsichtbarkeit durchgebrochen.

Diese Vorlesung vom Winter 1929/30 – wohl die bedeutendste, die Heidegger gehalten hat, und schon fast ein zweites Hauptwerk – hatte mit der Weckung und Analyse der Langeweile begonnen, dieser Stimmung fahler Entrücktheit. Mit dem Umschlag dieser gelangweilten Entrücktheit in die ganz andere des Enthusiasmus endet die Vorlesung. Eine der seltenen Passagen im Werk Heideggers, die vom Geist der Feier des Lebens erfüllt sind: *Der Mensch ist jenes Nichtbleibenkönnen und doch nicht von der Stelle Können... Und nur wo die Gefährlichkeit des Entsetzens, da die Seligkeit des Staunens – jene wache Hingerissenheit, die der Odem alles Philosophierens ist* (GA 29/30, 531).

Zwölftes Kapitel

Bilanzen am Ende der Republik. Plessner. Einstürzende ›Überwölbungen‹. Freund und Feind. Heideggers Zweideutigkeit: der Einzelne oder das Volk? Der erste Ruf nach Berlin. Karl Mannheim. Der Streit um die Wissenssoziologie, Rettungsversuch des Liberalismus. Leben mit den ›Unschlichtbarkeiten‹. Heidegger in Platons Höhle. Die Idee der Ermächtigung. Wie das Seiende seiender wird.

Kurz vor seinem Tode sagte Max Scheler 1928 in einem Vortrag: »Wir sind in der ungefähr zehntausendjährigen Geschichte das erste Zeitalter, in dem sich der Mensch völlig und restlos problematisch geworden ist; in dem er nicht mehr weiß, was er ist, zugleich aber auch weiß, daß er es nicht weiß.«

Schelers Diagnose bezieht sich auf zwei Aspekte der geschichtlichen Situation am Ende der Weimarer Zeit. Der erste Aspekt betrifft die Zersplitterung in eine Vielzahl sich bekämpfender Ideologien und Weltanschauungen. Fast alle sind auf Zusammenbruch, Umbruch und Aufbruch gestimmt und erzeugen insgesamt doch nur das Gefühl der Ratlosigkeit.

»Es ist, als sei die Welt flüssig geworden und zerrinne in den Händen«, so beschrieb Walther Rathenau bereits 1912 eine Entwicklung, deren fortgeschrittenes Stadium Robert Musil gegen Ende der Weimarer Republik nur noch satirisch kommentieren kann: »Sobald ein neuer Ismus auftritt, glaubt man, ein neuer Mensch sei da, und mit Schluß jedes Schuljahrs hebt eine neue Epoche an ... Unsicherheit, Energielosigkeit, pessimistische Farbe zeichnet alles aus, was heute Seele ist ... Naturgemäß spiegelt sich das in einer unerhörten geistigen Einzelkrämerei ... Die politischen Parteien der Landwirte und der Handarbeiter haben verschiedene Philosophien ... Der Klerus hat sein Netz, aber auch die Steinerianer haben ihre Millionen, und die Universitäten ihre Geltung: Ich habe in der Tat einmal in einem Gewerkschaftsblatt der Kellner von der Weltanschauung der Gasthausgehilfen gelesen, die immer hochgehalten werden müsse. Es ist ein babylonisches Narrenhaus; aus tausend Fenstern schreien tausend verschiedene Stimmen.«

Die Weimarer Weltanschauungsproduktion reagiert auf die offenkundige Überlastung der traditionellen Deutungs- und Orientierungsmuster durch die neuen Ereignisse und Verhältnisse. Zu diesen neuen Verhältnissen gehört der Pluralismus einer liberalen offenen Gesellschaft, die gerade dadurch definiert ist, daß sie keine Weltanschauung und kein Menschenbild verbindlich setzt. Verbindlich sind nicht mehr inhaltliche Aussagen, sondern nur die Spielregeln, die, dem Anspruch nach, auch die gegensätzlichen Sinnentwürfe auf die friedliche Koexistenz verpflichten wollen. Im pluralistischen Milieu der geistigen Vielfalt werden die sogenannten ›Wahrheiten‹ zu bloßen Meinungen heruntergestuft. Eine kränkende Zumutung für jeden, der glaubt, das erlösende Wort gefunden zu haben. Die Demokratie als Lebensform relativiert absolute Wahrheitsansprüche. Hans Kelsen, unter den Juristen einer der wenigen Verteidiger der Republik, hat das damals so formuliert: »Der metaphysisch-absolutistischen Weltanschauung ist eine autokratische, der kritisch-relativistischen die demokratische Haltung zugeordnet. Wer absolute Wahrheit und absolute Werte menschlicher Erkenntnis für verschlossen hält, muß nicht nur die eigene, muß auch die fremde, gegenteilige Meinung zumindest für möglich halten. Darum ist der Relativismus die Weltanschauung, die der demokratische Gedanke voraussetzt.«

In der Weimarer Gesellschaft profitieren alle von den liberalen Garantien der Meinungs- und Gedankenfreiheit, aber die wenigsten sind bereit, ihre Konsequenz, eben diesen Relativismus, in Kauf zu nehmen. Eine Studie über die geistige Haltung der deutschen Jugend im Jahre 1932 kommt zu dem Ergebnis, daß der Liberalismus für den größten Teil der Jugend tot sei: »Diese jungen Menschen haben nur unsagbare Verachtung für die ›liberale‹ Welt übrig, die geistige Unbedingtheit geringschätzig Weltfremdheit nennt; sie wissen, daß Kompromisse im Geistigen aller Laster und Lügen Anfang sind.«

Ein Wortführer dieses Antiliberalismus war der damals in Deutschland vielgelesene russische Philosoph Nikolaus Berdjajew, der im Berlin der zwanziger Jahre das Laboratorium der Moderne kennen und verachten lernte. Sein Essay »Das neue Mittelalter« (1927) rechnet mit der Demokratie ab, der er vorwirft, sie lasse die »Stimmenmehrheit« entscheiden, was Wahrheit sei. »Die Demokratie ist freiheitsliebend, aber nicht aus Respekt vor dem menschlichen Geist und der menschlichen Persönlichkeit, sondern aus Gleichgültigkeit gegen die Wahrheit.«

Berdjajew setzt Demokratie und mangelnden Respekt vor dem Geist gleich. Auch Max Scheler spricht von der grassierenden Geistverachtung – dies ist nach der Ratlosigkeit der zweite Aspekt seiner philosophischen Gegenwartsanalyse. Aber Scheler lastet diese Geistverachtung nicht der Demokratie, sondern ihren Gegnern an. Geistverachtend sind für ihn alle Bestrebungen, die vor den Anstrengungen der Zivilisation ins angeblich Naturhafte, Elementare ausweichen und Blut und Boden, Instinkt, Rausch, völkische Gemeinschaft und Schicksal als Ursprungsmächte beschwören. »Alle diese Dinge deuten hin auf eine systematische Triebrevolte im Menschen des neuen Weltalters.« Es ist, so Max Scheler, ein Aufstand gegen die Vernunft des Ausgleichs im Gange. Ähnlich hatte Thomas Mann, von Scheler angeregt, den dominierenden geistigen Habitus der Zeit in seiner »Deutschen Ansprache« (1930) beschrieben. Er spricht von den »losgelassenen Schuljungen«, die der »idealistisch-humanistischen Schule« entlaufen seien und nun einen »Veitstanz des Fanatismus« aufführten. »Der exzentrischen Seelenlage einer der Idee entlaufenen Menschheit entspricht eine Politik im Groteskstil mit Heilsarmee-Allüren, Massenkrampf, Budengeläut, Halleluja und derwischmäßigem Wiederholen monotoner Schlagworte, bis alles Schaum vor dem Mund hat. Fanatismus wird Heilsprinzip, Begeisterung epileptische Ekstase, Politik wird zum Massenopiat des Dritten Reiches oder einer proletarischen Eschatologie, und die Vernunft verhüllt ihr Antlitz.« Thomas Mann rühmt die sachlich republikanische Vernunft der sozialdemokratischen Arbeiterbewegung. Er setzt auf die politischen Kräfte der linken Mitte und warnt die Intellektuellen vor der Erosion humanistischer Grundüberzeugungen, empfiehlt Mißtrauen gegenüber den Exaltationen eines abenteuerlichen Herzens, das intensitätshungrig die Revolte um jeden Preis will und die Zerstörung als metaphysische Ekstase feiert. Thomas Mann hat es auf jene Wilden von der Art Ernst Jüngers abgesehen, der Mitte der zwanziger Jahre erklärte: »Wir werden nirgends stehn, wo nicht der Flammenwerfer die große Säuberung durch das Nichts vollzogen hat.«

Thomas Mann argumentiert ausdrücklich politisch, Scheler jedoch bleibt philosophisch. Er plädiert für eine Selbstbesinnung des Geistes, der selbstkritisch einsehen muß, daß die Zeit der großen geistigen Synthesen tatsächlich vorbei ist. Aber er darf darum doch nicht abtreten und resignieren. Er muß seine eigene Fragwürdigkeit als eine Chance ergreifen. Scheler gewinnt der Ratlosigkeit eine erhabene Bedeutung ab. Sein letztes Werk, »Die Stellung des Menschen im Kosmos«, schließt bekanntlich mit der Erwägung ab, daß der Verlust an Gewißheiten zugleich ein Prozeß sein könnte, durch den ein neuer Gott geboren wird. Ein Gott nicht mehr der »Bergung und Stützung« und der »außerweltlichen Allmacht«, sondern ein Gott der Freiheit. Ein Gott, den wir durch unser freies Handeln, unsere Spontaneität und Initiative wachsen lassen. Dieser Gott gewährt kein Asyl für die Fußkranken der Modernität. »Zur Stützung des Menschen, zur bloßen Ergänzung seiner Schwächen und Bedürfnisse, die es immer wieder zu einem ›Gegenstand‹ machen wollen, ist das absolute Sein nicht da.«

Schelers Gott zeigt sich also im Mut zur Freiheit. Man muß die gegenwärtigen Turbulenzen und Orientierungslosigkeiten durchstehen. Aus der Kraft, die den fanatischen Einseitigkeiten und Dogmatismen widersteht, wird ein neuer Humanismus entspringen als die »Idee des ewigen, objektiven Logos, ... in dessen ... Geheimnisse einzudringen nicht *einer* Nation, einem Kulturkreise ... zukommt, sondern nur allen zusammen mit Einschluß der zukünftigen in solidarischer ... Kooperation unersetzlicher, weil individualer Kultursubjekte«.

Helmuth Plessner zitiert in seinem Essay »Macht und menschliche Natur« von 1931 diese Überlegungen Schelers als Beispiel für das offenbar auch bei freien Geistern nicht überwundene Verlangen nach Formeln des Ausgleichs, nach »Überwölbungen« in der Situation geistiger Obdachlosigkeit. »Wie dürfen wir hier, wo alles im Fluß ist, auf irgendeine bleibende Synthese hoffen, die nicht schon nach wenigen Jahren überholt ist? Von Überwölbungen ist nichts zu erwarten, außer, daß sie zusammenstürzen.«

Plessners anthropologischer Grundsatz lautet: Der Mensch ist dadurch definiert, daß er sich nicht abschließend definieren läßt, weil jeder ethische, wissenschaftliche, religiöse Bezugsrahmen einer möglichen Definition selbst ein geschichtliches Produkt des Menschen ist. Der ›Mensch‹ im definitorischen, wesensmäßig verstandenen Sinne bleibt immer eine Erfindung der von ihm selbst geschaffenen Kultur. Alle Aussagen *über* den Menschen können den Menschen niemals als fertige, gegenständliche Größe in den Blick bekommen. Jede mögliche Perspektive entspringt dem »Machtbereich schöpferischer Subjektivität«. Diese ist radikal geschichtlich zu denken. Geschichte aber ist nicht nur die »Bühne«, auf der »nach irgendeinem Zusammenhang Träger außerzeitlicher Werte kommen und gehen«, man muß sie vielmehr verstehen als »Ort der Erzeugung und Vernichtung der Werte« (304). Aber auch diese Idee der Geschichtlichkeit ist eine geschichtliche Idee. Auch der Gedanke der Selbstrelativierung der Werte durch Geschichte ist keine absolute Position. Es gab und gibt noch Kulturen, welche diese Art der Selbstthematisierung nicht kennen. Was bleibt, ist die »aufwühlende« Erkenntnis der »Unergründlichkeit« des Menschen. Er ist unergründlich, weil er seine Gründe immer noch vor sich hat. Was der Mensch ist, das stellt sich immer erst heraus – im jeweiligen Augenblick der Entscheidung. Die Bestimmung des Menschen ist die Selbstbestimmung. Der Mensch ist das, wozu er sich entschieden haben wird. Er entwirft sich aus einer Situation der Unbestimmtheit. »In dieser Relation der Unbestimmtheit zu sich faßt sich der Mensch als Macht und entdeckt sich für sein Leben, theoretisch und praktisch, als offene Frage« (321).

Daraus zieht Plessner die Konsequenz: Es ist nicht die Philosophie, sondern das praktische Handeln in den notwendig unübersichtlichen Situationen, das darüber entscheidet, was es mit dem Menschen im jeweiligen geschichtlichen Augenblick auf sich hat. Das Wesen des Menschen läßt sich in »keiner neutralen Definition einer neutralen Situation« (319) auffinden. In diesem Zusammenhang nun kommt Plessner auf Heidegger zu sprechen: dessen Fundamentalontologie, behauptet Plessner, enthalte schon ein Zuviel an neutralen Definitionen des menschlichen Daseins.

Heideggers existenziale Begriffe seien historisch indifferent, und das sei ihr Mangel. Beispielsweise werde der Begriff der Geschichtlichkeit selbst nicht geschichtlich verstanden.

Max Scheler und Martin Heidegger bringen, so Plessner, auf verschiedene Weise ihre »Symphonie von Ausblicken ins Absolute« (286) zur Aufführung. Der eine legt das Absolute in den schöpferischen Geist, der andere in die daseinsmäßigen Fundamente.

Bei Heidegger führe das schließlich zu einer Verachtung gegenüber der ganzen politischen Sphäre, die als ein Bereich des *Man* und der *Uneigentlichkeit* gelte, abgegrenzt von einem aparten Bereich des eigentlichen Selbstseins. Das sei aber nichts anderes als deutsche »Innerlichkeit«, die letzte metaphysische Zuflucht vor der Gewalt der Geschichte.

Helmuth Plessner aber will die Philosophie von innen her dieser Gewalt aussetzen, auch wenn sie dabei möglicherweise aufgerieben wird. Die Philosophie muß sich auf die »Bodenlosigkeit des Wirklichen« (345) einlassen, und das heißt: sie wird gewahr, daß sie selbst, ob sie will oder nicht, in den »urwüchsigen Lebensbeziehungen von Freund und Feind« (281) steht. Es gibt für sie kein entspanntes Außerhalb, keine

Position über den streitenden Parteien. Die Zeit erlaubt keine universalistische Entspannung, da ist kein Atemholen; eine Philosophie, die sich aufs Wirkliche versteht, muß in die elementaren Freund- und Feindverhältnisse eintreten und sie zu begreifen versuchen, indem sie sich aus ihnen begreift. Ausdrücklich knüpft Plessner hier an Carl Schmitts Definition des Politischen an.

Helmuth Plessners Essay ist zu einem Zeitpunkt geschrieben, da in Deutschland der Bürgerkrieg bereits begonnen hat. Der Durchbruch der Nationalsozialisten bei den Septemberwahlen 1930, die SA marschiert und liefert sich Straßenkämpfe mit dem Rotfrontkämpferbund und den Verteidigern der Republik. Die politische Mitte, die Vernunft des Ausgleichs, wird zerrieben. Militante Lagerbildung bestimmt den politischen Stil.

In dieser Situation fordert Plessner, daß die Philosophie endlich aus ihrem Traum erwache, der ihr vorgaukelt, sie könne den »Grund« des Menschen erfassen. Sie ist nicht klüger als die Politik. Beide haben dasselbe Gesichtsfeld, »das in das unergründliche Wohin geöffnet ist, aus dem Philosophie und Politik im wagenden Vorgriff ... den Sinn unseres Lebens gestalten« (362).

Der Begriff der radikal verstandenen Geschichtlichkeit führt Plessner zu der Einsicht, daß die Philosophie nicht nur im Sinne einer äußerlichen Verpflichtung, sondern aus ihrer inneren Logik sich auf den riskanten Bereich des Politischen einlassen muß. Wenn sich aber die Philosophie der Politik stellt, dann bemerkt sie, wie schwer es ihr fällt, auf der Höhe der Zeit zu sein. Das philosophische Denken »ist nie so weit wie das Leben und immer weiter als das Leben« (349). Eine Geistesgegenwart im geschichtlichen Augenblick scheint die Philosophie konstitutionell zu überfordern. Deshalb hat sie sich in der Regel darauf beschränkt, Prinzipien oder Visionen zu formulieren. Sie hält sich entweder im Bereich der Voraussetzungen oder der Erwartungen auf. Dem verworrenen Gegenwärtigen, dem Augenblick der Entscheidung, weicht sie aus. Politik indes, so Plessner, »ist die Kunst des rechten Augenblicks, der günstigen Gelegenheit. Auf den Moment kommt es an« (349). Plessner fordert also eine Philosophie, die sich diesem »Augenblick« öffnet.

Was fordert im Jahre 1931 der Augenblick vom Philosophen? Plessners Antwort: Er muß die Bedeutung des »Volkstums« erfassen. »Volkheit ist ein Wesenszug des Menschen: wie Ich-und-Du-sagen-Können, wie Vertrautheit und Fremdheit« (361). Es ist schlechter Idealismus, diese Zugehörigkeit in der Idee einer universellen Humanität einfach verschwinden zu lassen. Das Eigene muß sich behaupten, das gilt für den Einzelnen ebenso wie für ein Volk. Solche Selbstbehauptung bedeutet aber nicht Vorherrschaft und Hierarchie. Da alle Völker und Kulturen aus dem »Mächtigkeitsgrund« der »schöpferischen Subjektivität« entspringen, gesteht Plessner die »wertdemokratische Gleichstellung aller Kulturen« (318) zu und hofft auf die »allmähliche Überwindung der Absolutsetzung des eigenen Volkstums« (361). Das bedeutet im politischen Klartext: nationale Selbstbehauptung gegenüber den Zumutungen des Friedensvertrags von Versailles und den Reparationszahlungen und zugleich Zurückweisung des nationalen oder gar rassischen Chauvinismus. Gleichwohl behält die Zugehörigkeit zum eigenen »Volkstum« einen »Absolutheitsaspekt«, weil der einzelne nicht über seine Zugehörigkeit verfügen kann, sondern sich immer schon in ihr vorfindet. »In dem Gesichtskreis seines Volkes liegen für den Menschen alle politischen Probleme beschlossen, weil er nur in diesem Gesichtskreis, in der zufälligen Gebrochenheit dieser Möglichkeit existiert.« Diese Situation erlaube dem Menschen »keine reine Realisierung, weder im Denken noch im Tun ... sondern nur die auf ein bestimmtes Volkstum relative, dem er bluthaft und traditional immer schon angehört« (361).

Plessner beschließt seinen Essay mit einer zweiten Kritik an Heidegger, dem er einen mangelnden Bezug zum »Volkstum« vorwirft. Mit seiner Eigentlichkeitsphilosophie vertiefe er den in Deutschland traditionellen »Riß zwischen einer privaten Sphäre des Heils der Seele und einer öffentlichen Sphäre der Gewalt«. Er begünstige den »politischen Indifferentismus«. Das sei, so Plessner, eine Gefahr für »unser(en) Staat und unser Volk«.

Ich habe Plessner so ausführlich zu Wort kommen lassen, weil seine Philosophie, die bei Heidegger anknüpft, jene Politisierung und Nationalisierung mit hohem Reflexionsaufwand vollzieht, die bei Heidegger eher verdeckt geschieht. Da sie aber verdeckt geschehen ist, braucht sich Heidegger, als die Kritik Plessners 1931 erscheint, von ihr nicht mehr getroffen zu fühlen. Er ist nämlich inzwischen auch schon dabei, einen ausdrücklichen Bezug zum »Volkstum« und damit auch zur Politik zu suchen – auf ähnlichen Wegen wie Plessner.

Ich erinnere noch einmal an den Gedankengang von *Geschichtlichkeit, Geschick* und *Volk* in SEIN UND ZEIT: Dort hatte die Bindung an die Volksgemeinschaft bereits eine Rolle gespielt, wenn auch keine zentrale. Zwar ist das Existenzideal von Sein und Zeit auf den freien Selbstbezug des einzelnen zugeschnitten, doch will Heidegger das nicht als Individualismus verstanden wissen. Deshalb betont er die *faktischen* Daseinsmächte der Gemeinschaft und des Volkes, die als Aspekte der Geworfenheit in den eigenen Daseinsentwurf übernommen werden müssen. Wer sich dazu durchgerungen hat, die Geworfenheit des eigenen Daseins *illusionslos* (SuZ, 391) hinzunehmen, der muß auch bemerken, daß er sich sein Volk, zu dem er gehört, nicht wählen kann, daß er auch ins Volk geworfen ist, hineingeboren in seine Geschichte, seine Tradition und Kultur. *Geschick* nennt Heidegger diese Verwicklung des einzelnen Daseins in das *Geschehen der Gemeinschaft, des Volkes* (SuZ, 284). Diese Zugehörigkeit kann jedoch – wie die anderen Lebensvollzüge auch – in unterschiedlicher Weise gelebt werden: *eigentlich* und *uneigentlich*. Das Dasein kann das so verstandene Volks-*Geschick* bewußt *übernehmen*; es ist bereit, dieses Geschick mitzutragen und zu verantworten; es macht die Sache des Volkes zur eigenen Sache bis hin zur Bereitschaft zum *Opfer* des eigenen Lebens; es *wählt sich seinen Helden* (385) aus dem Traditionsbestand dieses Volkes. Aber bei alledem gibt der einzelne nicht seine Selbstverantwortlichkeit preis. Der eigentliche Bezug zum Volk bleibt ein Bezug zum eigenen Selbst. Uneigentlich aber verhält sich, wer die Gemeinschaft des Volkes sucht, um seinem Selbst zu entkommen; für den ist *Volk* nichts anderes als die Welt des *Man*.

Da es also einen eigentlichen und uneigentlichen Bezug zum Volk gibt, so muß das Reden über Volk und Volkszugehörigkeit in jener *Zweideutigkeit* bleiben, die allem ›eigentlich‹ Gemeinten anhaftet. *Alles sieht so aus wie echt verstanden, ergriffen und gesprochen und ist es im Grunde doch nicht, oder es sieht nicht so aus und ist es im Grunde doch* (SuZ, 173).

Über diese *Zweideutigkeit* ist Heidegger in Sein und Zeit nicht hinausgekommen. Es ist von Volk und Geschick die Rede, aber das Denken bemüht sich noch nicht herauszubekommen, was die Stunde geschlagen hat, was der geschichtliche Augenblick konkret fordert. Heidegger hat sich *seinen Helden* noch nicht gesucht. Er hat den terminologisch gut verbarrikadierten Bezirk des Grundsätzlichen, die Fundamentalontologie, noch nicht verlassen. Die konkrete Geschichte steht unter Uneigentlichkeitsverdacht oder wird zur *Geschichtlichkeit* formalisiert, eine Hohlform, die jeden oder keinen geschichtlichen ›Stoff‹ aufnehmen kann. Das Denken fordert von sich selbst eine geschichtlich-politische Öffnung (*Geschick* des *Volkes*), aber es vollzieht sie noch nicht.

Die zeitgenössische Kritik hatte diese *Zweideutigkeit*, dieses Changieren zwischen unhistorischer Ontologie und Geschichtlichkeitspostulat, durchaus bemerkt. Plessners kritische Bemerkungen zu Heidegger sind ein Beispiel dafür. Und schon zuvor hatte Georg Misch in einer ausführlichen Rezension von SEIN UND ZEIT die Auffassung vertreten, daß in Heidegger der Ontologe über den Hermeneutiker des geschichtlichen Lebens gesiegt habe.

Heidegger selbst, der sonst häufig über die angeblich verständnislosen Reaktionen auf SEIN UND ZEIT klagte, hatte dies ähnlich gesehen. Denn er begann schon bald nach Veröffentlichung von SEIN UND ZEIT in der von Plessner und Misch anvisierten Richtung auf eine radikalere Geschichtlichkeit, Augenblicks-Bezogenheit und politische Entschiedenheit weiterzudenken.

Am 18. September 1932 schreibt Heidegger an Elisabeth Blochmann, daß SEIN UND ZEIT ihm mittlerweile ferne gerückt sei und ihm der damals eingeschlagene Weg nun ganz *verwachsen* und nicht mehr gangbar erscheine. Seit 1930 spricht er in den Briefen an Elisabeth Blochmann und an Jaspers häufig von der Notwendigkeit eines *neuen Anfangs*, aber auch von den Zweifeln, ob ihm ein solcher neuer Anfang gelingen würde. In einem Brief an Jaspers vom 20. Dezember 1931 gesteht er offen ein, daß er sich *zu weit vorgewagt habe, über die eigene existenzielle Kraft hinaus und ohne die Enge des sachlich von mir Erfragbaren klar zu sehen*. In diesem Brief bezieht er sich auf die nun schon ein Jahr zurückliegende *Berliner Episode*.

Am 28. März 1930 hatte Heidegger einen Ruf nach Berlin, auf den bedeutendsten Philosophielehrstuhl in Deutschland erhalten. Die Berufungskommission hatte, zunächst noch unter der Verantwortung des preußischen Kultusministers Becker, Ernst Cassirer favorisiert. Zwar war auch Heidegger in die engere Wahl gezogen worden, doch der Widerstand gegen ihn hatte überwogen. Farías hat die Vorgänge recherchiert. Danach war es vor allem Eduard Spranger, der gegen Heidegger auftrat. Er hatte die Frage gestellt, ob sich die Popularität Heideggers nicht eher seiner Persönlichkeit als seiner Philosophie verdanke, die doch kaum geeignet sei, gelehrt und studiert zu werden. Im Kommissionsbericht hieß es dann: »Viel genannt wird neuerdings der Name Martin Heideggers. Ist auch der wissenschaftliche Wert seiner bisherigen literarischen Leistungen sehr umstritten, so ist doch gewiß, daß er … eine starke persönliche Anziehungskraft ausübt. Indessen gestehen auch seine Verehrer zu, daß von den zahlreichen Studenten, die sich zu ihm drängen, ihn kaum einer wirklich versteht. Er befindet sich gegenwärtig in einer Krise. Deren Ausgang ist abzuwarten. Ihn jetzt nach Berlin zu berufen, wäre verhängnisvoll.«

Das Gerücht, Heidegger befände sich in der Krise, basierte zum einen darauf, daß der zweite Band von SEIN UND ZEIT noch nicht erschienen und auch nicht angekündigt war. Das Kantbuch von 1929 hatte ein zwiespältiges Echo gefunden, vor allem aber hatte man es nicht als Teil der Fortsetzung von SEIN UND ZEIT aufgenommen. Auch Heideggers Auftreten in Davos hatte zu dem Eindruck der Krise beigetragen. In Erinnerung geblieben waren seine barsche Abfertigung der Kulturphilosophie und seine Ankündigungen eines neuen Anfangs, der aber selbst im ungewissen blieb.

Im Frühjahr 1930 kam es zu einem Wechsel im preußischen Kultusministerium. Adolf Grimme löste Becker ab. Grimme, ein philosophisch gebildeter Politiker – Husserl-Schüler – aus dem Kreis der religiösen Sozialisten um Paul Tillich, wies die Liste der Fakultät zurück und ließ gegen deren ausdrücklichen Willen den Ruf an Martin Heidegger ergehen. Grimme wollte eine prominente Berufung. Außerdem konnte das antibürgerliche, kulturrevolutionäre Auftreten Heideggers einen Mann wie Adolf Grimme nicht abschrecken, der selbst aus der antibürgerlichen Jugendbewegung stammte. Die liberalen Zeitungen in Berlin waren empört über diesen Oktroi des Ministers: »Ein sozialistischer Minister beruft einen Kultur-Reaktionär nach Berlin.«

Im April 1930 reist Heidegger zu Verhandlungen nach Berlin. Er fährt über Heidelberg, um sich mit Jaspers zu beraten. Jaspers hatte aus der Zeitung von dem Ruf erfahren und ihm geschrieben: »Sie treten an den sichtbarsten Posten und werden dadurch bisher nicht gekannte Impulse ihres Philosophierens erfahren und verarbeiten. Es gibt, wie ich glaube, keine bessere Chance« (29.3.1930, BwHJ, 130). Da er selbst sich auch schon einmal Hoffnungen auf Berlin gemacht habe, empfinde er einen »leisen Schmerz … aber er ist der geringstmögliche, da Sie nun diesen Ruf haben«.

Heidegger, der durch den Minister über den Widerstand der Fakultät informiert wird, führt trotzdem zunächst ernsthafte Verhandlungen. So fordert er Vorkehrungen dafür, daß er sein Leben *fern von den Störungen des großstädtischen Betriebs in verhältnißmäßiger Ruhe* aufbauen könne, denn das sei eine unverzichtbare *Grundlage* seines Philosophierens.

Aber nach Freiburg zurückgekehrt, entschließt sich Heidegger, den Ruf abzulehnen. *Die Ablehnung ist mir nur schwer geworden mit Rücksicht auf Grimme selbst*, schreibt er am 10. Mai 1930 an Elisabeth Blochmann. Grimme gegenüber begründet er seine Absage so: *Ich fühle mich heute, wo ich gerade an den Anfang einer sicheren Arbeit gekommen bin, nicht gerüstet genug, die Berliner Professur so auszufüllen, wie ich selbst es von mir und jedem anderen verlangen muß. Wirklich bleibende Philosophie kann nur die werden, die wahrhaft Philosophie ihrer Zeit, d. h. aber ihrer Zeit mächtig ist.*

Ein entscheidender Satz: Heidegger gesteht offen ein, daß er sich noch nicht *gerüstet genug* fühle, daß er noch nicht bei der *wahrhaften Philosophie* angekommen sei, die nicht nur in hegelscher Manier ihre Zeit in Gedanken ausdrückt, sondern ihrer *mächtig* zu sein, und das heißt, ihr die Richtung zu weisen habe, oder, wie er ein Jahr später in der Platon-Vorlesung sagen wird: die *Gegenwart überwinden* müsse.

Diesem selbstgesetzten Anspruch fühle er sich noch nicht gewachsen, aber, das schreibt er auch, er befinde sich auf dem Wege, ein *Anfang* sei gemacht.

Obwohl schon diese erste Berufung nach Berlin viel öffentliches Aufsehen erregt, gibt es diesmal von seiten Heideggers noch kein triumphierend-programmatisches »Bekenntnis zur Provinz«, sondern nur das bescheidene Eingeständnis: Ich bin noch nicht soweit! Heideggers Absage an Grimme schließt mit der Bitte um *Anerkennung der Grenzen, die auch mir gezogen sind.*

Wahrhafte Philosophie muß *ihrer Zeit mächtig sein*, hatte Heidegger geschrieben. Damit hatte er die Philosophie und sich selbst vor eine große Aufgabe gestellt: sie muß zeitdiagnostische und prognostische Kraft beweisen und außerdem bestimmte Entschlüsse – und nicht nur Entschlossenheit überhaupt – nahelegen. Philosophische Einsichten von politisierbarer Prägnanz sind gefragt, Handlungsalternativen sollen sichtbar und womöglich philosophisch entscheidbar werden. Das alles muß Heidegger von der Philosophie verlangen, wenn sie denn ihrer *Zeit mächtig* sein will.

Heidegger befindet sich mit diesem Anspruch im Trend der Zeit. Das zeigt sich besonders deutlich bei dem damals die geistige Welt aufwühlenden großen Streit um die Wissenssoziologie, der hervorgerufen worden war durch das spektakuläre Auftreten Karl Mannheims beim

Soziologentag im September 1928. Ein Teilnehmer dieser Tagung, der junge Norbert Elias, sprach damals von einer »geistigen Revolution«, die sich soeben vollzogen habe, und der Soziologe Alfred Meusel schildert seine »bängliche Empfindung, auf einem nicht seefesten Schiff einen gewaltig aufgewühlten Ozean« befahren zu sollen. Was war geschehen?

Karl Mannheim hatte über die »Bedeutung der Konkurrenz im Gebiet des Geistigen« referiert und dabei etwas getan, was auf den ersten Blick so aussah wie die übliche marxistische Erklärung geistiger Gebilde aus den Bedingungen der gesellschaftlichen Basis. Provozierend für die Marxisten war, daß Mannheim diesen Ideologieverdacht, mit dem die Marxisten in der Regel nur ihren Gegnern zu Leibe rückten, auf jene selbst anwandte. Damit bestritt er deren universalistische Prätentionen. Diese Kränkung der Marxisten aber hätte nicht ausgereicht, jenes große allgemeine Aufsehen in der wissenschaftlichen Welt zu erregen. Provozierend wirkte Mannheims Vorstoß, weil er die Einklammerung der Wahrheitsfrage bei der Analyse der geistigen Gebilde zum Grundsatz erhob. Es gibt für ihn auf geistigem Gebiet nur verschiedene »Denkstile«, die in einem doppelten Bezug – Mannheim selbst nennt seinen Ansatz »relationistisch« – stehen: Sie beziehen sich direkt auf die natürliche und zivilisatorische Wirklichkeit und sie beziehen sich aufeinander, was dann ein überaus komplexes Geschehen aus Traditionsbildung, Konsensgemeinschaften, Konkurrenzen und Verfeindungen ergibt, das einer entfesselten Marktwirtschaft zum Verwechseln ähnlich sieht. Dieses ganze Geschehen hat natürlich eine ›Basis‹, aber diese ist selbst nur wieder erfaßbar mittels eines Denkstils. Dasjenige, worin das Denken wurzelt, muß im Streit der Denkstile selbst strittig bleiben. Deshalb kann es für diese ›Basis‹ auch keinen fertigen Begriff geben. Mannheim verwendet den Terminus »Sein« und meint damit die Gesamtheit dessen, worauf sich das Denken überhaupt beziehen kann und wovon es herausgefordert wird. Das Denken, so Mannheim, hat es niemals mit der nackten Realität oder der wirklichen Wirklichkeit zu tun, sondern bewegt sich immer in einer interpretierten, verstandenen Wirklichkeit. Mannheim kommentiert kritisch Heideggers Analyse des »Man«. »Der Philosoph sichtet dieses ›Man‹, dieses geheimnisvolle Subjekt, es interessiert ihn aber nicht, wie dieses ›Man‹ zustande kommt. Aber gerade hier, wo der Philosoph aufhört zu fragen, beginnt das soziologische Problem. Die soziologische Analyse zeigt, daß diese öffentliche Auslegung des Seins nicht einfach da ist, sie wird auch nicht ausgedacht, sondern es wird um sie gerungen. Nicht kontemplative Wißbegier leitet hierbei das Interesse; die Weltauslegung ist zumeist Korrelat der Machtkämpfe einzelner Gruppen.«

Mannheims Relationismus gibt keiner weltanschaulichen Partei, keinem Deutungsentwurf recht. Wie die Rankeschen Geschichtsepochen ist jedes geistige Gebilde zwar nicht vor Gott, aber im Blick auf das fundierende Sein gleichwertig. Es gibt keine privilegierten Zugänge. »Seinsgebundenheit« besitzt jedes Denken – auf seine Weise. Vor allem aber: Es ist jeweils ein besonderes Sein, worin das Denken des einzelnen oder der Gruppen wurzelt. In den Fundamenten gibt es die »paradigmatischen Urerfahrungen bestimmter Lebenskreise« (345), die sich dann in den verschiedenen geistigen Gebilden ausprägen und die deshalb einen Kern von »Unschlichtbarkeiten existentieller Art« (356) besitzen. Einen vollkommenen Ausgleich der Differenzen in einem gemeinsamen Weltbild und in daraus abgeleiteten Handlungsprinzipien wird es deshalb nicht geben können. Aber, so Mannheim, es ist die politische Aufgabe der Wissenssoziologie, die Gegensätze und Spannungen dadurch zu vermindern, daß den im Streit und Verdrängungswettbewerb liegenden »Parteien« die jeweilige Seinsgebundenheit zugute gehalten wird. Durch diesen Akt des Verstehens soll dem zerrissenen Ganzen ein Teil der Verfeindungsenergie entzogen werden. Wenn dieser Schritt getan ist, stehen in der Gesellschaft verschiedene Weltsichten nebeneinander, von denen keine Absolutheit beanspruchen darf, im besten Falle treiben sie mit ihrem durch Selbstdurchsichtigkeit disziplinierten Gegen- und Miteinander die historische Entwicklung voran. Der Gesellschaft, die nur aus den Relationen ihrer Teile besteht, müßte die Wissenssoziologie zugeordnet sein, wie der Supervisor-Therapeut den streitenden Eheleuten. Keine privilegierte Seinsgebundenheit, keine zeitlos geltende Wahrheit, einzig ein bestimmtes Maß »freischwebender Intelligenz« kann die Wissenssoziologie qualifizieren für das Amt der politischen Schlichtung und Neutralisierung der Gegensätze – soweit es eben geht. Sie weiß, daß es weder möglich noch wünschenswert ist, eine vollkommene Homogenität zu erreichen. Das geistpolitische Programm der Wissenssoziologie will die Gegensätze entspannen durch das Verstehen der unschlichtbaren Anteile der seinsgebundenen Differenzen in den »Tiefenschichten der menschlichen Weltformung« (350).

Die Mannheimsche Wissenssoziologie ist der eindrucksvolle wissenschaftspolitische Versuch am Ende der Weimarer Republik, den Liberalismus zu retten, indem ihm eine Art ontologischer Pluralismus unterlegt wird. Das Denken wird aufgefordert, zwischen schlichtbaren und unschlichtbaren Gegensätzen zu unterscheiden, nach rationalem Ausgleich zu suchen dort, wo es möglich ist, andernfalls aber das Geheimnis der »Unschlichtbarkeiten existentieller Art« walten zu lassen. Karl Mannheim schließt mit den Worten: »Wer das Irrationale schon dort haben möchte, wo de jure noch die Klarheit und Herbheit des Verstandes walten muß, der hat Angst, dem Geheimnis an seinem wahren Ort ins Auge zu sehen« (369).

Heidegger hat dieses wissenssoziologische Entspannungsprogramm zur Kenntnis genommen. Doch einen solchen Versuch, den Liberalismus durch Zurückführung auf einen ontologischen Pluralismus zu retten, kann er nicht als Beitrag zur Bewältigung der anstehenden Probleme der Zeit gelten lassen. Er bestreitet ganz einfach, daß die Wissenssoziologie dem *Geheimnis an seinem wahren Ort* auch nur einen Schritt nähergekommen sei.

Bei der Platon-Vorlesung im Wintersemester 1931/32, die sich über weite Strecken mit dem Höhlengleichnis aus der »Politeia« beschäftigt, setzt Heidegger die Wissenssoziologen in die Höhle unter die Gefangenen, die nur das Schattenspiel an der Wand beobachten können und weder die wirklichen Gegenstände noch gar die alles erleuchtende Sonne sehen können. Wer aus der Höhle zum Licht der Wahrheit befreit worden sei und nun in die Dunkelheit zurückkehre, um seine ehemaligen Mitgefangenen zu befreien, der würde von ihnen nicht gut aufgenommen werden. *Man würde ihm sagen, er sei einseitig, er habe, da irgendwoher kommend, einen in ihren Augen einseitigen Standpunkt; und vermutlich, ja gewiß haben sie da unten eine sogenannte ›Soziologie des Wissens‹, mit deren Hilfe ihm bedeutet wird, daß er da mit sogenannten weltanschaulichen Voraussetzungen arbeite, was natürlich die Gemeinschaft des gemeinsamen Meinens in der Höhle empfindlich störe und deshalb abzulehnen sei.* Der wahrhafte Philosoph aber, der das Licht erblickt habe, wird auf dieses *Höhlengeschwätz* nicht viel geben, sondern er wird einige, die es wert sind, ergreifen, *hart anfassen und herauszerren* und in einer *langen Geschichte aus der Höhle herauszuführen versuchen* (GA 34, 86).

Heidegger hatte 1930 den Anspruch erhoben, Philosophie müsse ihrer *Zeit mächtig* werden. In den folgenden Jahren aber können wir ihn dabei beobachten, wie er sich immer tiefer in die Geschichte des griechischen Denkens eingräbt. Sucht er der Geschichte zu entkommen?

Geradezu wütend weist er in der soeben zitierten Platon-Vorlesung diesen Verdacht von sich: *im echten Rückgang in die Geschichte nehmen wir den Abstand von der Gegenwart, der uns erst den Zwischenraum schafft für den Anlauf, der notwendig ist, um über unsere eigene Gegenwart hinauszuspringen, d.h. sie als das zu nehmen, als was genommen zu werden jede Gegenwart einzig verdient: daß sie überwunden werden soll... Am Ende bringt uns der Rückgang in die Geschichte erst in das, was heute eigentlich geschieht* (GA 34, 10).

Aber Heidegger gerät in die Gefahr, in der rückwärtigen Geschichte steckenzubleiben, und ob aus dem Anlauf wirklich ein Sprung in die Gegenwart wird, erscheint ihm bisweilen ungewiß. Der Eindruck, den er vom Platonischen Philosophieren empfängt, ist so übermächtig, daß ihm immer wieder Zweifel kommen, ob er überhaupt noch etwas Eigenes zu sagen habe. In einem Brief an Jaspers bezeichnet er sich als eine Art *Aufseher* im Museum der Großen Philosophie, dessen einzige Sorge es ist, darauf zu achten, *daß die Vorhänge an den Fenstern in der rechten Weise auf- und zugezogen sind, damit die wenigen großen Werke der Überlieferung für die zufällig zulaufenden Beschauer eine einigermaßen ordentliche Beleuchtung haben* (20.12.1931, BwHJ, 144). Wie ernst es ihm mit dieser eher komischen Selbstcharakteristik ist, läßt eine Bemerkung in einem Brief an Elisabeth Blochmann ahnen: *Je stärker ich in die eigene Arbeit komme, um so sicherer werde ich jedesmal in den großen Anfang bei den Griechen zurückgezwungen. Und oft schwanke ich, ob es nicht wesentlicher ist, alle eigenen Versuche zu lassen und nur dafür zu wirken, daß diese Welt uns nicht zur bloßen Übernahme, aber in ihrer aufrührenden Größe und Vorbildlichkeit wieder vor Augen stehe* (19.12.1932, BwHB, 55).

Mit den griechischen Anfängen der Philosophie hatte sich Heidegger schon seit den frühen zwanziger Jahren beschäftigt. Aber jetzt wirken sie auf ihn mit solcher Gewalt, daß ihm das eigene philosophische Selbstbewußtsein bisweilen abhanden zu kommen droht. Er wird bescheiden, aber nur vor den Griechen, nicht vor den Philosophen der Gegenwart.

Heideggers intensiver Umgang mit den Griechen ist also von einer ambivalenten Stimmung begleitet. Es eröffnet sich ihm ein unendlicher Horizont, der ihn beschwingt, ihm ein großes Gefühl freier Beweglichkeit gibt. Ein Horizont, vor dem er sich aber auch klein und unbedeutend vorkommt. Es gibt die starke Verlockung, in dieser Vergangenheit einfach zu verschwinden; aber sein Verständnis der radikalen

Geschichtlichkeit, die von der Philosophie fordert, daß sie des geschichtlichen Augenblicks *mächtig* zu sein habe, erlaubt es ihm nicht, im *Ursprung* zu verweilen. Er muß sich das lustvolle Eintauchen in die Vergangenheit zurechtdeuten als *Anlauf*, um in die Gegenwart hineinzuspringen. Aber illusionslos gesteht er sich ein, daß er als akademischer Philosoph doch noch in der *Enge* des *sachlich Erfragbaren* steckt und gehemmt ist durch die *Verfilzung in der eigenen Arbeit* (an Elisabeth Blochmann, 10.5.1930, BwHB, 35). In seinen depressiven Augenblicken weiß Heidegger: er sitzt selbst in der Höhle. Zu den drängenden Problemen der Gegenwart hat er, genau besehen, noch nichts Besonderes, nichts Eigenes zu sagen. Und das quält ihn. Die Stimmung schwankt, manchmal spürt er die Kraft zu einem neuen Anfang, fühlt sich gleichberechtigt neben Platon; manchmal fühlt er sich leer, ohne Originalität, ohne Schöpferkraft. Er wird von seinen überschießenden Intentionen teils mitgerissen, teils bedrängt. Jaspers gegenüber kleidet er sie in die platonisierende Formel: Philosophie habe das Amt des *wissenden Führers und Wächters* in der *echten Öffentlichkeit* (20.12.1931, BwHJ, 144).

Was findet er bei Platon, das so gewaltig ist, daß ihm *das Eigene* verschwimmt (an Jaspers, 8.12.1932, BwHJ, 149), und welches sind die Einsichten, die zum *wissenden Führer* qualifizieren?

Die erste Hälfte der Platon-Vorlesung von 1931/32 ist, wie schon gesagt, der Interpretation des Höhlengleichnisses aus der »Politeia« gewidmet. Ausführlich schildert und deutet er die einzelnen Phasen des Geschehens. Erster Akt: Die Höhlenbewohner beobachten das Schattenspiel an der gegenüberliegenden Wand. Zweiter Akt: Einer von ihnen wird entfesselt, befreit. Dritter Akt: Er kann sich umdrehen, sieht die Gegenstände, das Feuer dahinter; wird hinaufgeführt ans Tageslicht. Geblendet sieht er zunächst gar nichts, dann aber erstrahlen die Gegenstände vor ihm im Licht, sie werden *seiender*, und schließlich erblickt er die Sonne, die nicht nur alles erleuchtet, sondern auch alles wachsen und gedeihen läßt. Vierter Akt: Der Befreite steigt zurück in die Höhle, um seine Gefährten zu befreien, die sich aber dagegen wehren, aus ihren Gewohnheiten herausgerissen zu werden. Der Befreier gilt ihnen als verrückt, lächerlich, anmaßend und gefährlich. Sie werden ihn töten, wenn sie seiner habhaft werden.

Dieses Gleichnis scheint zunächst sonnenklar zu sein, zumal da Platon es selbst noch einmal interpretiert. Die Gefangenen sind gefesselt von ihren äußeren Sinnen, ihrer äußeren Wahrnehmung. Die Befreiung entbindet den inneren Sinn, das Denken. Das Denken ist das kontemplative Vermögen der Seele. Während die Begehrlichkeit und der Mut, die beiden anderen Seelenvermögen, in die Sinnenwelt verstricken, löst das Denken heraus und gewährt eine Anschauung der Dinge, wie sie wahrhaft sind. Die Sonne, zu deren Anblick sich das Denken emporschwingt, ist das Sinnbild der höchsten Wahrheit. Was aber ist diese Wahrheit? Platon sagt: das Gute. Was aber ist das Gute? Das Gute ist wie die Sonne. Das bedeutet zweierlei. Es läßt, erstens, die Dinge sehen, es ermöglicht die Erkennbarkeit der Dinge und damit auch unsere Erkenntnis; zweitens läßt es alles, was ist, entstehen, wachsen und gedeihen. Das Gute ermöglicht den Triumph der Sichtbarkeit, wovon auch noch die Höhlenbewohner profitieren, denn das Feuer, ein Abkömmling der Sonne, läßt sie wenigstens die Schattengebilde sehen; und das Gute macht, daß es überhaupt etwas gibt und daß dieses Etwas sich im Sein hält. Dieses umfassende Sein, das aus der Kraft des Guten lebt, stellt sich Platon vor wie ein gerecht geordnetes Gemeinwesen: die ideale Polis. Von der Frage nach dem Wesen der Gerechtigkeit war dieser Dialog ausgegangen, und Platon erklärt ausdrücklich, daß man Gerechtigkeit, also das vom Guten geordnete Sein, nur schwer auf dem Wege der Seelenerforschung erkennen kann und daß es besser ist, sie im größeren Maßstab, im Maßstab der Polis eben, zu betrachten. Hat man sie im Makroanthropos der Polis erkannt, dann wird man sie auch in der Seele des einzelnen wiedererkennen. Das Grundprinzip der Gerechtigkeit, das Platon in seinem idealen Staat vorführt, ist die Verwirklichung des rechten Maßes und der Ordnung. In einer hierarchisch gestuften Welt der ungleichen Menschen wird jedem der Ort zugewiesen, an dem er die ihm eigentümlichen Kräfte entfalten und für das Ganze wirken lassen kann. Das Bild des harmonisch zusammenwirkenden Ganzen wird von Platon über die Polis hinaus in die noch umfassendere Dimension der pythagoreischen Sphärenharmonie vergrößert. So aber schließt sich auch der Kreis. Die Seele ist kosmischen Ursprungs, und der Kosmos ist seelenartig. Seele und Kosmos schwingen beide in einer Sphäre der Ruhe und der Unveränderlichkeit. Sie sind reines Sein, im Gegensatz zur veränderlichen Zeit, zum Werden.

Mit solchem Platonismus aber kann Heidegger nichts anfangen. Um beim zuletzt genannten Aspekt, dem Seinsideal der Unvergänglichkeit, zu beginnen:

Für Heidegger ist der Sinn des Seins die Zeit, also das Vergehen und Geschehen. Es gibt für ihn kein Seinsideal der Beständigkeit, und das

Denken hat bei ihm gerade die Aufgabe, den Menschen für das Vergehen der Zeit empfindlich zu machen. Das Denken eröffnet den Zeithorizont überall dort, wo die alltägliche Verdinglichungstendenz Verhältnisse und Situationen in einer falschen Zeitlosigkeit erstarren läßt. Denken soll *verflüssigen*, soll das Seiende, vor allem das Dasein selbst, dem Fluß der Zeit überantworten, es löst die metaphysische Jenseitswelt der ewigen Ideen auf. Nichts soll mehr Bestand haben im *Wirbel der Fragen*.

Heidegger muß also Platon gegen den Strich lesen, wenn er ihm etwas abgewinnen will. Das gilt für den Aspekt des platonisch ruhenden Seins im Gegensatz zur Heideggerschen Zeit. Das gilt auch für den Aspekt der ›Wahrheit‹.

Bei Platon gibt es ›Wahrheit‹, die Bestand hat, die also darauf wartet, von uns gefunden zu werden. Die Schattenbilder an der Wand sind ein Abklatsch des Originals, nämlich der schattenwerfenden Gegenstände, die hinter dem Rücken im Feuerschein vorbeigetragen werden. Das Abbild bezieht sich auf ein Original. Aber auch diese ›originalen‹ Dinge sind in bezug auf die nächsthöhere Stufe, also in bezug auf die Ideen, nur unvollkommene Abbilder. Die wahre Erkenntnis greift durch die Abbilder hindurch und entdeckt das Original, das, was eigentlich ›ist‹. Wahrheit ist Richtigkeit, Angemessenheit einer Erkenntnis an das Erkannte. Die Wahrnehmungen der Höhlenbewohner sind unwahr, weil sie bloß den Schein erfassen und das in ihnen erscheinende Sein verfehlen. Für Platon gibt es die absolute Wahrheit der Ideen. Im Aufschwung der Seele, mit einem Denken zwischen Mathematik und mystischer Ekstase, kann sie erfaßt werden. Für Heidegger aber kann es keine solche Wahrheit geben; für ihn gibt es nur ein Wahrheitsgeschehen, das im Selbst- und Weltverhältnis des Menschen sich vollzieht. Der Mensch entdeckt keine unabhängig von ihm existierende Wahrheit, er entwirft – in den verschiedenen Epochen jeweils verschieden – einen Deutungshorizont, in dem das Wirkliche einen bestimmten Sinn erhält. Diesen Begriff der Wahrheit hatte Heidegger in SEIN UND ZEIT ansatzweise bereits entwickelt und in dem 1930 gehaltenen Vortrag VOM WESEN DER WAHRHEIT entfaltet.

Wahrheit, so führt er dort aus, gibt es weder auf der Subjektseite im Sinne der ›wahren‹ Aussage noch auf der Objektseite im Sinne des zutreffend Bezeichneten, sondern es ist ein Geschehen, das sich in einer doppelten Bewegung vollzieht: eine Bewegung von der Welt her, die sich zeigt, hervortritt, erscheint; und eine Bewegung vom Menschen her, der sich die Welt aneignet und erschließt. Dieses doppelte Geschehen spielt im Abstand, in den der Mensch zu sich und seiner Welt gestellt ist. Er weiß um diesen Abstand und weiß deshalb auch, daß es eine Welt gibt, die sich ihm zeigt, und eine, die sich entzieht. Er weiß dies, weil er sich selbst als ein Wesen erfährt, das sich zeigen und sich verbergen kann. Diese Abständigkeit ist der Spielraum der Freiheit. *Das Wesen der Wahrheit ist die Freiheit* (WW, 13). Freiheit in diesem Sinne bedeutet: Abstand haben, Spielraum. Diese Spielraum gewährende Abständigkeit bezeichnet Heidegger auch als *Offenheit*. Erst in dieser Offenheit gibt es das Spiel von Verbergen und Enthüllen. Gäbe es diese Offenheit nicht, dann könnte der Mensch sich nicht unterscheiden von dem, was ihn umgibt. Er könnte sich noch nicht einmal von sich selbst unterscheiden, wüßte also auch gar nicht, daß er da ist. Nur da es diese Offenheit gibt, kann der Mensch auf die Idee kommen, seine Aussagen über die Wirklichkeit an dem zu messen, was sich von der Wirklichkeit her ihm zeigt. Der Mensch besitzt keine unverbrüchlichen Wahrheiten, aber er steht – unverbrüchlich – in einem Wahrheitsverhältnis, das jenes Spiel von Verbergen und Enthüllen, Hervortreten und Verschwinden, Da-Sein und Weg-Sein hervorbringt. Den kürzesten Ausdruck für dieses Verständnis von Wahrheit findet Heidegger in dem griechischen Terminus für Wahrheit: *aletheia*, wörtlich übersetzt Un-Verborgenheit. Wahrheit ist der Verborgenheit abgerungen, entweder dadurch, daß etwas Seiendes sich zeigt, hervorkommt – oder dadurch, daß es herausgebracht, enthüllt wird. Auf jeden Fall ist es eine Art Kampf, der hier stattfindet.

Diese Überlegungen müssen zu dem Schluß führen, daß es kein metahistorisches Kriterium der Wahrheit geben kann. Es gibt nicht mehr die unendliche Geschichte der Annäherung an eine Wahrheit, auch nicht den platonischen Seelenaufschwung in den Ideenhimmel, es gibt nur ein Wahrheitsgeschehen, und das heißt: eine Geschichte der Seinsentwürfe. Diese aber ist identisch mit der Geschichte der leitenden Paradigmen der Kulturepochen und Zivilisationstypen. Die Neuzeit beispielsweise ist durch ihren Seinsentwurf der Natur bestimmt. *Das Entscheidende, was geschah, ist, daß ein Entwurf vollzogen wurde, durch den vorausspringend u m g r e n z t wurde, was überhaupt unter Natur und Naturvorgang künftig verstanden werden soll: ein raumzeitlich bestimmter Bewegungszusammenhang von Massenpunkten* (GA 34, 61). Dieser Seinsentwurf, den man sich natürlich nicht als aus einem einzelnen Kopf entsprungen vorzustellen hat, sondern als kulturelle Synthese, bestimmt die Moderne in allen ihren Aspekten. Natur wird zu einem Gegenstand der Berechnung, und der Mensch blickt auf sich selbst wie auf ein Ding unter Dingen; die Aufmerksamkeit verengt sich auf die Aspekte der Welt, die in irgendeiner Weise beherrschbar und manipulierbar erscheinen. Diese instrumentelle Grundhaltung hat die technische Entwicklung hervorgerufen. Unsere ganze Zivilisation, sagt Heidegger, ist Ausdruck eines bestimmten Seinsentwurfes, in dessen Bereich wir uns auch noch bei dem *trivialen Vorkommnis einer beliebigen Fahrt mit der elektrischen Bahn durch die Stadt* (GA 34, 121) bewegen. Unsere Erkenntnisse werden dadurch, daß sie zu technischen Fertigkeiten führen, nicht ›wahrer‹, sondern die Natur gibt verschiedene Antworten, je nachdem, wie wir sie befragen. Sie *entbirgt* unter unserem Zugriff jeweils verschiedene Aspekte. Und da wir selbst zur Natur gehören, so werden wir durch die Art unseres Zugreifens selbst auch verwandelt. Auch wir enthüllen uns und lassen andere Aspekte unseres Wesens wirksam werden.

Es gibt keine Wahrheit im Sinne eines großen unbekannten X, der wir uns in unendlichem Progreß annähern, der wir unsere Aussagen immer treffender und richtiger anmessen, sondern es gibt nur die tätige *Auseinandersetzung* mit dem Seienden, das sich jeweils anders zeigt, wobei wir uns selbst auch anders zeigen. Und alles dies ist ein schöpferischer Prozeß; denn jeder Seinsentwurf bringt eine in bestimmter Weise gedeutete und organisierte Welt hervor, materiell und geistig.

Wenn es also kein absolutes Kriterium der Wahrheit gibt, sondern nur ein dynamisches Wahrheitsgeschehen, so findet Heidegger doch noch ein darüber hinausliegendes Kriterium für die Beurteilung dieses Wahrheitsgeschehens, es ist ein Kriterium des Gelingens. Das Seiende kann nämlich durch die Art, wie wir ihm begegnen und wie wir es sein lassen, *seiender* oder weniger seiend wirken. Das moderne technisch-rationale Naturverständnis ist für ihn ein Seinsentwurf, der das Seiende verblassen läßt. *Es ist eine Frage für sich, ob durch diese Wissenschaft das Seiende seiender wurde oder ob sich nicht etwas ganz anderes zwischen das Seiende und den erkennenden Menschen schob, wodurch das Verhältnis zum Seienden zerrieben, der Instinkt für das Wesen der Natur dem Menschen ausgetrieben – und der für das Wesen des Menschen erwürgt wurde* (GA 34, 62).

An diesen Formulierungen zeigt sich, daß es Heidegger mit dem komparativen Kriterium des *Seienderen* um Steigerung oder Minderung des Lebendigen geht: ob das Seiende sich in der Fülle seiner Möglichkeiten zeigen kann, ob wir uns und die Welt *freigeben*, ob die Art unserer Aufmerksamkeit dem Seienden erlaubt, in seinem ganzen Reichtum hervorzutreten und zu wachsen, so wie wir selbst dabei auch wachsen. *Wesensblick für das Mögliche* (GA 34, 64) nennt Heidegger diese Aufmerksamkeit, die ihre besonderen Organe besitzt: *ursprüngliche Philosophie* und *große Dichtung*. Beide machen *das Seiende seiender* (GA 34, 64).

Nach 1933 wird Heidegger eher auf den Spuren der *großen Dichtung* philosophieren; Anfang der dreißiger Jahre ist es nun also die *ursprüngliche Philosophie* eines Platon.

Für das Heideggersche Verständnis der Wahrheit als Wahrheitsgeschehen dürfte aber Platon, dieser Metaphysiker einer absoluten Wahrheit par excellence, keinerlei Anhaltspunkte geben. Oder doch?

Heidegger räumt ein – was auch schwer zu leugnen wäre –, daß bei Platon diese Grunderfahrung der *aletheia*, verstanden als eröffnendes Wahrheitsgeschehen (ohne ›objektive‹ Wahrheit), bereits begonnen hat *unwirksam zu werden* und sich umzubilden in die *gemeinübliche Fassung des Wesens der Wahrheit*, verstanden als *Richtigkeit* von Aussagen (GA 34, 17). Wenn Heidegger sich des Großen Anfangs bei den Griechen versichern will, so muß er Platon besser verstehen, als der sich selbst verstanden hat. Deshalb eliminiert er den von Platon gemeinten Bezugspunkt der Wahrheit, die Ideenwelt mit der durch die Sonne symbolisierten höchsten Idee des Guten an der Spitze, und richtet statt dessen die Aufmerksamkeit fast ausschließlich auf den Vorgang der Befreiung und des Aufstiegs der Seele, wobei es, nach Heidegger, nicht darauf ankommt, eine *geistige Hinterwelt* zu entdecken. Vielmehr ereigne sich in dieser Befreiung eine Haltungs- und Einstellungsänderung, die das *Seiende seiender* werden läßt. Heidegger unterscheidet den Platonischen Aufschwung von jeder Wirklichkeitsflucht. Es gilt das Umgekehrte: Wer sich aus der Höhle der Schatten (der Meinungen, Gewohnheiten, Alltagseinstellungen) befreit, kommt erst richtig zur Welt, zur wirklichen Welt nämlich. Und was ist die wirkliche Welt? Wir kennen sie inzwischen schon, Heidegger hat sie allzuoft beschrieben: Es ist die Welt gesehen aus der Perspektive der Eigentlichkeit, die Arena der Geworfenheit und des Entwurfs, der Sorge, des Opfers, des Kampfes, eine Welt vom Geschick durchwaltet, vom Nichts und dem Nichtigen bedroht; ein gefährlicher Ort, an dem nur die zur Obdachlosigkeit Entschlossenen, die wirklich Freien, aushalten können, ohne Schutz suchen zu müssen unter dem Dach vorgegebener Wahrheiten.

Da es Heidegger auf dieses Bild der Welt ankommt, verweilt er nicht lange beim eigentlichen Höhepunkt des Höhlengleichnisses, dem Augenblick der Erlösung in der ekstatischen Schau der Sonne, sondern eilig kehrt er mit dem Entrückten wieder zurück in die Höhle. Für Heidegger ereignet sich erst dort der dramatische Höhepunkt der Parabel. Denn der zum Licht Befreite wird nun zum Befreier. Der Befreier aber *muß ein Gewalttätiger sein* (GA 34, 81), denn die Gefesselten haben es sich in ihrer Welt bequem gemacht und wollen gar nicht aus ihrer Situation befreit werden, da sie doch nichts anderes kennen. Zwei Aspekte dieses Geschehens beutet Heidegger extensiv aus für das Bild des heroischen Philosophen: Er ist zum Amt des Führers und Wächters berufen, und er muß sich darauf gefaßt machen, daß er zum Märtyrer werden kann beim Versuch, die Gefesselten zu befreien. Denn diese werden sich wehren und dem, der Gewalt übt, mit Gewalt antworten. Sie werden ihn vielleicht totschlagen, um Ruhe vor ihm zu haben.

Der philosophische Führer, der berufen ist, für eine ganze Gemeinschaft ein neues Wahrheitsgeschehen in Gang zu setzen und ein neues Wahrheitsverhältnis zu stiften. Und der Philosoph als Märtyrer, der nicht nur, wie Sokrates, den Tod des Philosophen stirbt, sondern vielleicht sogar den Tod der Philosophie erleiden muß... Die *Vergiftung* der Philosophie, sagt Heidegger, geschieht dadurch, daß sie sich den Gewohnheiten und Nützlichkeitserwägungen der Höhlenbewohner unterstellt. Heidegger entwirft eine bissige Skizze des Philosophiebetriebs – Philosophie als Schwundform religiöser Erbauung, als erkenntnistheoretische Magd der positiven Wissenschaften, als weltanschauliches Gerede, als Feuilletonismus auf dem Jahrmarkt der intellektuellen Eitelkeiten. Alles dies bedeutet, daß die Philosophie das *Nichtig- und Machtlos-werden des eigenen Wesens* (GA 34, 84) erdulden müßte. Die eigentliche Philosophie, die bei Platon die Sonne des Guten erschaut und bei Heidegger von den Früchten der Freiheit genossen hat, die bei Platon Wahrheit besitzt und bei Heidegger ein Wahrheitsgeschehen auslöst, diese eigentliche Philosophie gerät in eine Ausweglosigkeit; denn sie kann sich gegen diese *Vergiftung* durch Instrumentalisierung für das Nützliche und Gängige nicht wehren, sie wird, wenn sie nicht mittut, verachtet und ins Abseits gedrängt werden. Das Ethos des Freiseins verbietet es ihr aber auch, sich vor der Gefahr zu drücken. Sie darf sich nicht aus der Höhle zurückziehen, *Frei-sein, Befreier-sein ist Mithandeln in der Geschichte* (GA 34, 85). Heideggers Resümee: *das eigentliche Philosophieren ist machtlos innerhalb des Bereichs der herr-*

schenden Selbstverständlichkeit; nur soweit diese selbst sich wandelt, kann Philosophie ansprechen (GA 34, 84).

Da ist sie wieder – die Geschichte. Die *herrschende Selbstverständlichkeit* muß sich wandeln, ehe die wirkliche Philosophie ansprechen kann. Was bleibt anderes übrig als das Warten auf den großen geschichtlichen Augenblick? Allerdings gibt es da noch die andere Möglichkeit, daß einmal ein großer Philosoph kommt, der, wie Heidegger in seiner METAPHYSIK-Vorlesung von 1929/30 gesagt hatte, das Charisma besitzt, das ihn zum Schicksal für andere werden läßt, zur Veranlassung, *daß in diesen das Philosophieren erwacht* (GA 29/30, 19). Heidegger, der im Museum der Philosophie für die rechte Beleuchtung der großen Werke sorgt, probiert doch auch schon seine neue Rolle aus: die des Vorläufers, der, wie er in der Platon-Vorlesung sagt, *den Weg bahnt* dem, der da kommen soll (GA 34, 85). *Ob es gelingt*, so fragt Heidegger zur selben Zeit sibyllinisch in einem Brief an Jaspers, *für die kommenden Jahrzehnte der Philosophie einen Boden und einen Raum zu schaffen, ob Menschen kommen, die in sich eine ferne Verfügung tragen*? (8.12.1932, BwHJ, 149).

Wenn es einen solchen großen Wandel in der Geschichte unter der Mitwirkung der Philosophen geben soll, wenn das eigentliche Philosophieren als ein Werk der Befreiung angesehen wird, dann ist der Bezug zum Politischen nicht länger mehr zu vermeiden. In eine politische Dimension führt ja schließlich auch der Seelenaufschwung, wie ihn Platon in der »Politeia« beschreibt. Dort entwickelt Platon bekanntlich den Gedanken, daß ein Gemeinwesen nur dann wohlgeordnet ist, wenn die wahrhaften Philosophen darin zu Königen werden. Platon selbst hatte es beim Tyrannen Dionys in Syrakus versucht und war bekanntlich übel gescheitert. Er ward als Leibeigener verkauft, und nur mit Glück kam er wieder frei.

Aber Platon wird das nicht anfechten: Der wahrhafte Philosoph ist von der Idee des Guten erleuchtet. Er hat dadurch in sich selbst Ordnung geschaffen, die Seelenvermögen – das Begehren, der Mut, die Weisheit – befinden sich in einer Harmonie; und nach dem Modell dieser inneren Harmonie wird er dann das Gemeinwesen ordnen können. Dreistufig wie die wohlgeordnete Seele baut es sich auf: dem Begehrungsvermögen entspricht die Klasse der Werktätigen, dem Mut die Klasse der Krieger und Wächter, der Weisheit die philosophischen Oberhäupter. Es sind die drei Ordnungen, auf die das politische Denken des Abendlandes über lange Zeit fixiert blieb; im Mittelalter wurden sie formuliert in der Triade Bauern – Ritter – Priester; und noch in Heideggers Rektoratsrede wird dieses Denken herumspuken, wenn er die Dreieinigkeit von *Arbeitsdienst, Wehrdienst und Wissensdienst* beschwört.

Der Philosoph, der die Sonne geschaut hat und in die Höhle als Befreier zurückkehrt, hat ethische Maximen im Gepäck. Platons »Politeia« ist unzweifelhaft ein Werk der philosophischen Ethik. Um so erstaunlicher, daß Heidegger, dessen Gedanken um das Problem des Mächtigwerdens der Philosophie in ihrer Zeit kreist, demgegenüber behauptet, bei Platons Idee des Guten handle es sich *überhaupt nicht um Ethisches oder Moralisches*, man müsse sich *von jeder sentimentalen Vorstellung dieser Idee des Guten freihalten* (GA 34, 100).

So wird am Ende die Frage immer dringlicher: Wenn Heidegger die handfeste politische Ethik Platons ausblendet, worin entdeckt er dann die bewunderungswürdige Gewalt des Platonischen Philosophierens?

Im Höhlengleichnis muß der zum Licht Befreite nicht zwangsläufig als Befreier in die Höhle zurückkehren. Er könnte sich ja damit zufriedengeben, zur Wahrheit erlöst zu sein, die höchste Form des Lebens, den »bios theoretikos«, erreicht zu haben. Warum mengt er sich wieder unter die Leute, warum will er dort sein Befreiungswerk verrichten, warum kehrt die *Weisheit* wieder auf den Markt des Politischen zurück? Platon wirft diese Fragen auf und unterscheidet dabei das Tugendideal der politischen Gerechtigkeit von dem Ideal des Freikommens von allen politischen Verwicklungen. Praktische Philosophie und Philosophie der Erlösung stehen sich gegenüber. Der Philosoph kann wählen. »Die nun ... gekostet haben, was für eine süße und herrliche Sache« die Philosophie »ist, und auf der anderen Seite die Torheit der Menge deutlich genug einsehn, und daß ... an keinem etwas gesundes ist von denen die den Staat bewirtschaften ... – dies alles wohl zu Herzen nehmend wird ein solcher sich ruhig verhalten und sich nur um das seinige bekümmernd – wie einer im Winter, wenn der Wind, Staub und Schlagregen herumtreibt, hinter einer Mauer untertritt – froh sein, wenn er die Anderen voll Frevel sieht, nur selbst frei von Ungerechtigkeit und unheiligen Werken dieses Leben hinzubringen, und beim Abschied daraus in guter Hoffnung zu scheiden.« Diese Möglichkeit der Selbsterlösung durch Philosophie bleibt für Platon stets eine Verlokkung, eine Alternative zur politischen Ethik.

Wenn Heidegger die politische Ethik Platons ausklammert, bezieht sich seine Begeisterung dann vielleicht auf diese Verlockung der Selbsterlösung durch Philosophie? Nein, denn ausdrücklich bekennt sich Heidegger zur philosophischen Pflicht des *Mithandelns in der Geschichte* (GA 34, 85). Wenn es weder die konkret ausformulierte Platonische Ethik noch der Wille zur philosophischen Selbsterlösung ist, woran entzündet sich dann Heideggers Philosophieren im Anschluß an Platon?

Es ist ganz einfach der Akt des Freiwerdens, des Hinaustretens in eine offene Weite; eine *ursprüngliche Erfahrung*, für die alles, was eine bestimmte Kultur und Zivilisation an Üblichkeiten, Verbindlichkeiten, Wertorientierungen besitzt, ihre letzte Verbindlichkeit verliert. Das bedeutet allerdings keine Einübung ins Unverbindliche, sondern die Erfahrung, daß das, was einen bindet, sich in etwas verwandelt, was man selbst gewählt hat. Die offene Weite, in die der aus der Höhle Befreite gelangt, läßt diesen das Seiende *im Ganzen* sehen. *Im Ganzen* – das heißt im Horizont des Nichts, aus dem das Seiende hervorkommt und vor dem es sich abhebt. Der befreite Höhlenbewohner hat sein Sach' auf Nichts gestellt, er wählt seinen Standort *in der Fraglichkeit des Seienden im Ganzen*, er verhält sich damit *zum Sein und zu seiner Grenze im Nichts* (GA 34, 78). Heideggers Formel für diese Haltung lautet: *Ermächtigung* (GA 34, 106). Was heißt das? Heidegger verweigert die Antwort. *Was das heißt, darüber ist jetzt nicht weiter zu reden, es ist lediglich zu tun* (GA 34, 78). Mit der Erfahrung der *Ermächtigung* ist die *Grenze der Philosophie* (GA 34, 106) erreicht.

Heideggers Denken in dieser Zeit kreist um die Idee der Ermächtigung. Er sucht nach einem Weg, die Grenzen der Philosophie zu überschreiten – aber mit philosophischen Mitteln und aus philosophischen Gründen.

Heidegger, tief in Platon vergraben, berauscht von der *Gigantomachie*, die er dort entdeckt, wechselnd zwischen Höhenrausch und dem Gefühl der Entmutigung, ist dabei, seine Rolle zu finden: Er will der Herold sein einer geschichtlich-politischen und zugleich philosophischen Epiphanie. Es wird eine Zeit kommen, die der Philosophie würdig ist, und es wird eine Philosophie kommen, die der Zeit mächtig ist. Und irgendwie wird er dann mit von der Partie sein. Als Knappe oder als Ritter. Es gilt, wachsam zu sein und den Augenblick nicht zu verpassen, wenn die Politik philosophisch und die Philosophie politisch werden kann und muß.

Dreizehntes Kapitel

Winter 1931/32 auf der Hütte: ›Auf einen groben Klotz gehört ein grober Keil.‹ Die nationalsozialistische Revolution. Kollektiver Ausbruch aus der Höhle. Das Sein ist angekommen. Die Sehnsucht nach unpolitischer Politik. Das Bündnis zwischen Mob und Elite. Hitlers ›wunderbare Hände‹. Heidegger schaltet sich ein. Wahl zum Rektor. Rektoratsrede. Explodierende Altertümer. Der Priester ohne Botschaft.

Platon drängte es in die Politik. Ursache dafür waren die elementaren politischen Instinkte des Polisbewohners, die Verführbarkeit der Philosophie durch die Macht und das Verlangen nach einer gesellschaftlichen Organisation, die der Philosophie das ungestörte Glück der Theorie erlauben würde. Platon mochte sich noch so weit vom gewöhnlichen Leben entfernen, er blieb doch ein Bewohner seiner Stadt und konnte sich nicht von ihr losreißen – auch die später von ihm gegründete Akademie begab sich unter den Schutz und in den Dienst der Polis.

Martin Heidegger, Platon lesend, drängt noch nicht in die Politik, aber er hofft auf einen geschichtlichen Wandel, der vielleicht ein neues Seinsverständnis hervorbringen würde. Noch grenzt Heidegger die schöpferischen Kräfte der Geschichte von der sogenannten Tagespolitik ab. In ihr sieht er nur *Machenschaften*, sterile Aufgeregtheit, Betriebsamkeit und Parteiengezänk am Werk. Die eigentliche Geschichte vollzieht sich für ihn in einer Tiefe, von der die herrschende Politik angeblich nichts weiß.

Solche geschichtsphilosophische Vertiefung oder Überbietung der Politik hatte in den Weimarer Jahren Konjunktur. Die philosophisch ambitionierten Zeitdiagnostiker saßen damals vor dem politischen Geschehen wie vor der Platonischen Höhlenwand und wollten hinter dem Schattenspiel der Tagesaktualitäten die eigentlichen Gigantomachien entdecken. Es mußten erhabene Polaritäten sein, um die es auch tagespolitisch gehen sollte: Ursprungsmythos gegen Prophetie (Tillich); Faustischer Mensch gegen Fellachentum (Spengler); das neue Mittelalter gegen die Dämonie der Moderne (Berdjajew); totale Mobilisierung gegen bürgerliches Biedermeier (E. Jünger).

Auch Heidegger bevorzugt diesen pathetischen Al-fresco-Stil. Er durchquert eilig das wimmelnde Geschehen des Tages, um auf die ›eigentliche‹ Geschichte zu stoßen. Die Platon-Vorlesung von 1931/32 spricht von der *Umwälzung des ganzen menschlichen Seins, an deren Beginn wir stehen* (GA 34, 324). Aber alles bleibt noch schemenhaft. Deutlich ist vorerst nur der Aufbruch und Umbruch in der einsamen denkerischen Ekstase des Höhlengleichnisses. Diese Ekstase, deren Formel lautet: das *Seiende wird seiender*, soll aus der Höhle bloßer Innerlichkeit herausgeführt und vergesellschaftet werden. Wie aber kann das geschehen? Vielleicht dadurch, daß der philosophische Ekstatiker zum *Stifter* einer neuen Gemeinschaft wird? Einstweilen begnügt sich Heidegger noch damit, in den Seminarräumen den Geist der Philosophie wachzurufen und zu großen Fahrten in die unabsehbaren Fernen der philosophischen Überlieferungen aufzubrechen. Aber Heidegger weiß: das alles bedeutet noch nicht, daß die Philosophie ihrer Zeit *mächtig* wird. Aber das soll sie. Heidegger wartet noch. Wahrscheinlich muß erst die Geschichte machtvoll auftreten, ehe der Philosoph sich ermächtigt fühlen kann.

Auch wer auf die Geschichte und die Große Politik wartet, hat zur Tagespolitik seine Meinungen. Heidegger hatte sie bisher selten geäußert, und wenn, dann zumeist beiläufig, fast schon wegwerfend. Das gilt ihm ja alles als *Höhlengeschwätz*.

Zum Jahreswechsel 1931/32, also in den Ferien des Platon-Semesters, ist Hermann Mörchen zu Besuch beim Philosophen auf der Hütte in Todtnauberg. Mörchen hat seine Eindrücke damals im Tagebuch festgehalten: »Man schläft dort oben sehr ausgiebig; abends um halb neun schon ist ›Hüttenzeit‹. Trotzdem ist es im Winter lange genug dunkel, daß auch noch etwas Zeit zum Schwatzen übrig bleibt. Von Philosophie war freilich nicht die Rede, sondern vor allem vom – Nationalsozialismus. Die einst so liberale Anhängerin Gertrud Bäumers ist Nationalsozialistin geworden, und ihr Mann folgt ihr! Ich hätte es nicht gedacht, und doch ist es eigentlich nicht zu verwundern. Verstehen tut er nicht viel von Politik, und so läßt ihn wohl wesentlich sein Abscheu vor aller mittelmäßigen Halbheit von der Partei etwas erhoffen, die etwas Entschiedenes zu tun und damit vor allem dem Kommunismus wirksam entgegenzutreten verspricht. Demokratischer Idealismus und Brüningsche Gewissenhaftigkeit könnten, wo es einmal so weit gekommen sei, nichts mehr schaffen; so müsse heute eine Diktatur, die vor Boxheimer Mitteln nicht zurückschrecke, gutgeheißen werden. Nur durch eine solche Diktatur sei die schlimmere kommunistische, die alle individuelle Persönlichkeitskultur und damit alle Kultur im abendländischen Sinne überhaupt vernichte, zu vermeiden. – Mit politischen Einzelfragen beschäftigt er sich wohl kaum. Wer hier oben wohnt, der hat für all dies andere Maßstäbe.«

Hermann Mörchen war von den politischen Sympathien Heideggers vollkommen überrascht. Er konnte sie sich nur erklären mit dessen Ignoranz gegenüber »politischen Einzelfragen«. Ein anderer Student Heideggers, Max Müller, berichtet ebenfalls, wie überrascht man im Kreise der Schüler war, als Heidegger sich als Anhänger des Nationalsozialismus zu erkennen gab. Denn »an Politik hat niemand von seinen Schülern damals gedacht. In den Übungen kam kein politisches Wort vor.«

Zum Zeitpunkt des Mörchen-Besuchs in Todtnauberg und der Platon-Vorlesung, im Winter 1931/32, ist Heideggers Parteinahme für die NSDAP nichts anderes als eine politische Meinung. Er sieht in dieser Partei eine Ordnungskraft im Elend der Wirtschaftskrise und im Chaos der zerfallenden Weimarer Republik und vor allem ein Bollwerk gegen die Gefahr eines kommunistischen Umsturzes. *Auf einen groben Klotz gehöre eben ein grober Keil*, sagt er zu Mörchen. Einstweilen aber findet seine politische Sympathie für den Nationalsozialismus noch keinen Eingang in seine Philosophie. Ein Jahr später wird sich das grundlegend ändern. Dann nämlich ist für Heidegger der große Augenblick der Geschichte da, jene *Umwälzung des ganzen menschlichen Seins*, wovon er in der Platon-Vorlesung ahnungsvoll gesprochen hatte. Dann wird für ihn die nationalsozialistische Revolution zu einem daseinsmächtigen Ereignis, das seine Philosophie bis ins Innerste durchdringt und den Philosophen über die *Grenzen der Philosophie* hinausdrängt. Bei der Platon-Vorlesung hatte Heidegger die Analyse der philosophischen Ekstase abgebrochen mit der Bemerkung, *darüber ist jetzt nicht weiter zu r e d e n, es ist lediglich zu tun* (GA 34, 78). Im Februar 1933 ist für Heidegger der Augenblick der Tat gekommen. Die Ekstase scheint plötzlich auch in der Politik möglich zu sein.

Bei der Platon-Vorlesung hatte Heidegger verkündet, daß er zu den griechischen Anfängen zurückkehren wolle, um Abstand zu gewinnen für den Sprung in die Gegenwart und über sie hinaus. Er war zu kurz gesprungen und nicht in der Gegenwart angekommen. Aber jetzt kommt ihm die Geschichte entgegen, sie überwältigt ihn und reißt ihn mit. Er braucht nicht mehr zu springen, er könnte sich treiben lassen, wenn da nicht der Ehrgeiz wäre, selbst zu den Antreibern zu gehören. *Man muß sich einschalten*, sagt Heidegger zu Jaspers im März 1933.

Im rechtfertigenden Rückblick der späteren Jahre betont Heidegger die Not der Zeit, die ein entschiedenes politisches Handeln notwendig gemacht habe. Arbeitslosigkeit, Wirtschaftskrise, die immer noch ungelöste Frage der Reparationen, Bürgerkrieg auf der Straße, Gefahr des kommunistischen Umsturzes. Das politische System Weimars, das mit alledem nicht fertig werden konnte und nur Parteigezänke, Korruption und Verantwortungslosigkeit hervorbrachte. Er habe sich mit den Kräften zusammentun wollen, bei denen er einen wirklichen Willen zum Neuanfang verspürte. Er habe die Hoffnung gehabt, so schreibt er am 19. September 1960 in einem Brief an den Studenten Hans-Peter Hempel, *daß der Nationalsozialismus alle aufbauenden und produktiven Kräfte anerkennen und in sich aufnehmen werde.*

Der Student hatte dem Philosophen von seinem Konflikt berichtet, in den ihn die Bewunderung für Heideggers Philosophie und der Abscheu vor seiner Politik gestürzt habe. Heidegger machte sich die Mühe einer ausführlichen Antwort. Er schreibt: *Der Konflikt bleibt unlösbar, solange Sie z. B. an einem Tag morgens im ›Satz vom Grund‹ lesen und abends Berichte oder Dokumentarfilme aus den späteren Jahren des Hitler-Regimes sehen, solange Sie den Nationalsozialismus nur von heute aus im Rückblick und im Hinblick auf das beurteilen, was nach 1934 allmählich deutlich ans Licht kam. Anfang der 30iger Jahre waren die Klassenunterschiede in unserem Volk für alle mit sozialem Verantwortungsgefühl lebenden Deutschen unerträglich geworden, insgleichen die schwere wirtschaftliche Knebelung Deutschlands durch den Versailler Vertrag. Im Jahre 1932 gab es 7 Millionen Arbeitslose, die mit ihren Familien nur Not und Armut vor sich sahen. Die Verwirrung durch diese Zustände, die sich die heutige Generation überhaupt nicht mehr vorstellen kann, griff auch auf die Universitäten über.*

Heidegger nennt rationale Motive. Seine revolutionäre Begeisterung aber erwähnt er nicht. Er will in der Rückschau die »Radikalität seiner Intentionen … nicht mehr wahrhaben« (Max Müller).

Was mit der nationalsozialistischen Machtergreifung geschah, war für Heidegger eine Revolution; es war weit mehr als Politik, ein neuer Akt der Seinsgeschichte, ein Epochenumbruch. Er sieht mit Hitler ein neues Zeitalter beginnen. Deshalb weist Heidegger in dem Brief an Hempel zur eigenen Entlastung auf Hölderlin und Hegel hin, die sich auf ähnliche Weise *versehen* hätten: *Solche Irrtümer sind schon Größe-*

ren geschehen: Hegel hat in Napoleon den Weltgeist gesehen und Hölderlin als den Fürsten des Festes, zu dem die Götter und Christus geladen seien.

Hitlers Machtübernahme hatte in dem Augenblick eine revolutionäre Stimmung ausgelöst, als man mit Schrecken, aber auch mit Bewunderung und Erleichterung bemerkte, daß die NSDAP tatsächlich daranging, das nur noch von einer Minderheit unterstützte ›Weimarer System‹ zu zerschlagen. Die Entschlossenheit und Brutalität machten Eindruck. Alle Parteien, mit Ausnahme der Sozialdemokraten und der bereits verhafteten Kommunisten, stimmten am 24. März dem sogenannten Ermächtigungsgesetz zu. Daß die Weimarer Parteien sich auflösten, geschah nicht nur aus Angst vor Repression, sondern auch, weil man von der nationalsozialistischen Revolution mitgerissen wurde. Theodor Heuss, damals ein Abgeordneter der Deutschen Demokratischen Partei, schrieb am 20. Mai 1933 anerkennend: »Revolutionen greifen stark zu, um die ›öffentliche Meinung‹ einzuspannen, das ist immer so gewesen... Sie melden darüber hinaus auch den historischen Anspruch, den ›Volksgeist‹ neu zu formen...«

Es gab überwältigende Kundgebungen des neuen Gemeinschaftsgefühls, Massenschwüre unter Lichterdomen, Freudenfeuer auf den Bergen, Führerreden im Rundfunk, man versammelte sich festtäglich gekleidet auf öffentlichen Plätzen, um sie anzuhören, in der Aula der Universität und in den Wirtshäusern. Choralgesang in den Kirchen zu Ehren der Machtübernahme. Generalsuperintendent Otto Dibelius am 21. März 1933, dem »Tag von Potsdam«, in der Nikolaikirche: »Durch Nord und Süd, durch Ost und West geht ein neuer Wille zum deutschen Staat, eine Sehnsucht, nicht länger, um mit Treitschke zu reden, ›eine der erhabensten Empfindungen im Leben eines Mannes‹ zu entbehren, nämlich den begeisterten Aufblick zum eigenen Staat.« Die Stimmung jener Wochen sei schwer wiederzugeben, schreibt Sebastian Haffner, der sie selbst erlebte. Sie bildete die eigentliche Machtgrundlage für den kommenden Führerstaat. »Es war – man kann es nicht anders nennen – ein sehr weit verbreitetes Gefühl der Erlösung und Befreiung von der Demokratie.« Nicht nur bei den Feinden der Republik gab es dieses Gefühl der Erleichterung über das Ende einer Demokratie. Auch die meisten ihrer Anhänger hatten ihr nicht mehr die Kraft zugetraut, die Krise meistern zu können. Es war, als hätte sich ein lähmender Bann gelöst. Etwas wirklich Neues schien sich anzukündigen: eine Volksherrschaft ohne Parteien mit einem Führer, von dem man hoffte, daß er Deutschland wieder einig nach innen und selbstbewußt nach außen machen werde. Auch bei distanzierten Beobachtern der Vorgänge wurde die Vorstellung geweckt, als sei Deutschland wieder zu sich selbst heimgekehrt. Hitlers »Friedensrede« vom 17. Mai 1933, worin er erklärte, daß »die grenzenlose Liebe und Treue zum eigenen Volkstum« den »Respekt« vor den nationalen Rechten anderer Völker einschließe, tat ihre Wirkung. Die »Times« schrieb: Hitler hat »tatsächlich für ein einiges Deutschland gesprochen«.

Sogar unter der jüdischen Bevölkerung gab es – trotz des Boykotts jüdischer Geschäfte am 1. April und der Entlassung jüdischer Beamter seit dem 7. April – zum Teil eine begeisterte Zustimmung zur »Nationalen Revolution«. Georg Picht erinnert sich, wie Eugen Rosenstock-Huessey im März 1933 bei einem Vortrag erklärte, die nationalsozialistische Revolution sei der Versuch der Deutschen, den Traum Hölderlins zu verwirklichen. In Kiel eröffnete Felix Jacoby im Sommer 1933 seine Horaz-Vorlesung mit den Worten: »Als Jude befinde ich mich in einer schwierigen Lage. Aber als Historiker habe ich gelernt, geschichtliche Ereignisse nicht unter privater Perspektive zu betrachten. Ich habe seit 1927 Adolf Hitler gewählt und preise mich glücklich, im Jahr der nationalen Erhebung über den Dichter des Augustus lesen zu dürfen. Denn Augustus ist die einzige Gestalt der Weltgeschichte, die man mit Adolf Hitler vergleichen kann.«

Die Sehnsucht nach einer unpolitischen Politik schien plötzlich ihre Erfüllung zu finden. Politik war ja für die meisten eine mühsame Angelegenheit der Interessenwahrung und -durchsetzung gewesen, eine Sache des Gezänks, des Egoismus und Unfriedens. Im politischen Milieu sah man nur Gruppen und Verbände, Drahtzieher und Verschwörer, Banden und Cliquen ihr Unwesen treiben. Heidegger selbst hatte dieses Ressentiment gegen Politik zum Ausdruck gebracht, als er diese ganze Sphäre dem *Man* und dem *Gerede* zuschlug. ›Politik‹ galt als Verrat an den Werten des ›wahren‹ Lebens, Familienglück, Geist, Treue, Mut. »Ein politischer Mensch ist mir widerlich«, hatte schon Richard Wagner gesagt. Der antipolitische Affekt will sich nicht abfinden mit der Tatsache der Pluralität der Menschen, sondern sucht nach dem großen Singular: der Deutsche, der Volksgenosse, der Arbeiter der Faust und der Stirn, der Geist.

Was von politischer Klugheit geblieben war, büßte über Nacht allen Kredit ein, was jetzt noch zählte, war Ergriffenheit. Gottfried Benn schrieb in diesen Wochen an die Adresse der literarischen Emigranten:

»Großstadt, Industrialismus, Intellektualismus, alle Schatten, die das Zeitalter über meine Gedanken warf, alle Mächte des Jahrhunderts, denen ich mich in meiner Produktion stellte, es gibt Augenblicke, wo dies ganze gequälte Leben versinkt, und nichts ist da als die Ebene, die Weite, Jahreszeiten, einfache Worte –: Volk.«

Das waren auch die Gefühle Heideggers, von dessen letztem Besuch im Juni 1933 Jaspers die folgende Schilderung gibt: »Heidegger selbst schien sich verändert zu haben. Schon bei der Ankunft entstand eine uns trennende Stimmung. Der Nationalsozialismus war zu einem Rausch der Bevölkerung geworden. Ich suchte Heidegger zur Begrüßung oben in seinem Zimmer auf. ›Es ist wie 1914... ‹, begann ich, und wollte fortfahren: ›wieder dieser trügerische Massenrausch‹, aber angesichts des den ersten Worten strahlend zustimmenden Heideggers blieb mir das Wort im Halse stecken... Angesichts des selber vom Rausche ergriffenen Heideggers habe ich versagt. Ich sagte ihm nicht, daß er auf falschem Wege sei. Ich traute seinem verwandelten Wesen gar nicht mehr. Ich fühlte für mich selbst die Bedrohung angesichts der Gewalt, an der Heidegger nun teilnahm...«

Für Heidegger selbst war es eine Gewalt der Erlösung. Heidegger, der das Geschäft des Denkens so lustvoll betrieb, forderte jetzt den Gerichtstag über die Philosophie. Beim letzten Gespräch mit Jaspers sagte er, Zorn und Wut in der Stimme, »daß es so viele Philosophieprofessoren gebe, sei ein Unfug, man solle in Deutschland nur zwei oder drei behalten«. Als Jaspers fragte, »welche denn?«, schwieg Heidegger vielsagend. Es handelt sich um einen philosophischen Salto mortale in die Primitivität. In einem Vortrag vor der Tübinger Studentenschaft am 30. November 1933 wird Heidegger, einem Zeitungsbericht zufolge, sich ausdrücklich dazu bekennen: *Primitiv sein heißt aus innerem Drang und Trieb dort stehen, wo die Dinge anfangen, primitiv (zu) sein, getrieben (zu) sein von inneren Kräften. Gerade deshalb, weil der neue Student primitiv ist, hat er die Berufung zur Durchführung des neuen Wissensanspruchs.*

Da will jemand den gordischen Knoten der Wirklichkeit durchhauen; da nimmt jemand wütenden Abschied von den mühsamen Subtilitäten des eigenen Seinsdenkens. Ein Hunger nach Konkretheit und kompakter Wirklichkeit bricht plötzlich durch, und die einsame Philosophie sucht das Bad in der Menge. Eine schlechte Zeit für Differenzierungen, Heidegger fegt sogar seine prominenteste Differenz, die zwischen dem Sein und dem Seienden, beiseite, indem er zu verstehen gibt:

Das Sein ist endlich angekommen, *wir stehen unter der Befehlskraft einer neuen Wirklichkeit.*

Was hier vor sich geht, wird Hannah Arendt später in ihrer großen Studie »Elemente und Ursprünge totaler Herrschaft« als das »Bündnis zwischen Mob und Elite« bezeichnen. Eine geistige Elite, für die im Ersten Weltkrieg die traditionellen Werte der Welt von gestern untergegangen waren, verbrennt die Brücken hinter sich in dem Augenblick, als die faschistischen Bewegungen an die Macht kommen. Es war »die Masse, in der die Nachkriegselite unterzugehen wünschte«.

Im *Wirbel des philosophischen Fragens*, so hatte Heidegger früher gesagt, gehen unsere selbstverständlichen Wirklichkeitsbezüge unter. Jetzt ist es umgekehrt: Heideggers Philosophie überläßt sich dem Wirbel der politischen Wirklichkeit. Aber das kann er nur, weil er in diesem Augenblick die Wirklichkeit für ein Stück verwirklichter Philosophie hält.

»Der Deutsche, in sich selbst zerfallen, uneinig im Geist, zersplittert in seinem Wollen und damit ohnmächtig in der Tat, wird kraftlos in der Behauptung des eigenen Lebens. Er träumt vom Recht in den Sternen und verliert den Boden auf der Erde... Am Ende blieb den deutschen Menschen immer nur der Weg nach innen offen. Als Volk der Sänger, Dichter und Denker träumte es dann von einer Welt, in der die anderen lebten, und erst, wenn die Not und das Elend es unmenschlich schlugen, erwuchs vielleicht aus der Kunst die Sehnsucht nach einer neuen Erhebung, nach einem neuen Reich und damit nach neuem Leben.«

Der hier auftritt als die Verwirklichung der geheimen Träume der Künstler und Denker, ist Adolf Hitler bei seiner Rede am Tag von Potsdam, 21. März 1933.

Karl Kraus sagte einmal, zu Hitler falle ihm nichts mehr ein. Heidegger ist zu Hitler nicht nur vieles eingefallen, er hat, wie er 1945 vor dem Bereinigungsausschuß der Freiburger Universität erklärte, an Hitler *geglaubt*. Das Protokoll des Bereinigungsausschusses faßt Heideggers Einlassungen zu diesem Punkt zusammen: »Er glaubte, Hitler werde über die Partei und ihre Doktrin hinauswachsen, und die Bewegung könne geistig in andere Bahnen gelenkt werden, so daß sich alles auf dem Boden einer Erneuerung und Sammlung zu einer abendländischen Verantwortung zusammenfinden werde.«

Im Rückblick stellt Heidegger sich als jemanden dar, der aus nüchternen realpolitischen Erwägungen und sozialer Verantwortung handelte. Aber tatsächlich war Heidegger in diesem ersten Jahr von Hitler verzaubert.

»Wie soll ein so ungebildeter Mensch wie Hitler Deutschland regieren?« fragt Jaspers entgeistert Heidegger bei dessen letztem Besuch im Juni 1933. Und Heidegger darauf: *Bildung ist ganz gleichgültig... sehen Sie nur seine wunderbaren Hände an!*

Es ist kein taktisches Manöver, keine äußerliche Anpassung, sondern eine Herzenssache, wenn Heidegger am 3. November 1933 seinen »Aufruf an die Deutschen Studenten« aus Anlaß der Volksabstimmung zum Austritt aus dem Völkerbund mit den Sätzen schließt: *Nicht Lehrsätze und ›Ideen‹ seien die Regeln Eures Seins. Der Führer selbst und allein ist die heutige und künftige deutsche Wirklichkeit und ihr Gesetz.*

In dem Brief an Hans-Peter Hempel, der ihn auf diesen Satz angesprochen hatte, gibt Heidegger die folgende Erklärung: *Hätte ich nur das gedacht, was man bei flüchtigem Lesen erfaßt, dann müßte ›der Führer‹ gesperrt sein. Das eigens gesperrte ›ist‹ dagegen meint ... daß ›zuvörderst und jederzeit die Führer selbst Geführte sind‹ – geführt durch das Geschick und Gesetz der Geschichte.*

In dem Brief von 1960 weist Heidegger also entschuldigend darauf hin, er habe sich bei dem ominösen Satz etwas ganz Besonderes gedacht, was dem flüchtigen Lesen entgehen muß. Dieses Besondere ist aber nichts anderes, als was Hitler von sich selbst stets behauptet hat, daß er nämlich die Verkörperung eines Schicksals sei. Und so hat ihn Heidegger tatsächlich auch erlebt.

Was Heidegger verschweigt – was aber erst seinen Äußerungen und Aktivitäten während dieser Monate ihren eigentlichen Sinn und ihr besonderes Pathos verleiht –, ist die Tatsache, daß die nationalsozialistische Revolution ihn philosophisch elektrisierte, daß er in dem Umsturz von 1933 ein metaphysisches Grundgeschehen, eine metaphysische Revolution entdeckte: eine *völlige Umwälzung unseres deutschen Daseins* (Tübinger Rede, 30. 11. 1933). Eine *Umwälzung* zudem, die nicht nur das deutsche Volksleben betrifft, sondern auch ein neues Kapitel der abendländischen Geschichte aufschlägt. Es handle sich um den *großen zweiten Waffengang* nach dem *ersten Anfang* bei der griechischen Philosophie – dem Ursprung der abendländischen Kultur. Dieser zweite Waffengang ist notwendig geworden, weil der Impuls des ersten Anfangs inzwischen verbraucht ist. Die griechische Philosophie hatte das Dasein des Menschen in die offene Weite der Unbestimmtheit, Freiheit und Fragwürdigkeit gestellt. Inzwischen aber hat sich der Mensch wieder in das Gehäuse seiner Weltbilder und Werte, seiner technischen und kulturellen *Machenschaften* verkrochen. In der griechischen Frühe gab es einen Augenblick der Eigentlichkeit. Inzwischen aber ist die Weltgeschichte ins trübe Licht der Uneigentlichkeit, in die platonische Höhle, zurückgekehrt.

Die Revolution von 1933 deutete Heidegger als kollektiven Ausbruch aus der Höhle, als Aufbruch in jene offene Weite, die sonst nur das einsame philosophische Fragen und Denken eröffnet. Mit der Revolution von 1933 war für ihn der geschichtliche Augenblick der Eigentlichkeit gekommen.

Es waren politische Vorgänge, auf die Heidegger reagierte, und sein Handeln vollzog sich auf der politischen Ebene – aber es war die philosophische Einbildungskraft, die das Reagieren und das Handeln steuerte. Und diese philosophische Einbildungskraft verwandelte die politische Szenerie in eine geschichtsphilosophische Bühne, auf der ein Stück aus dem Repertoire der Seinsgeschichte gespielt wurde. Die wirkliche Geschichte konnte man darin kaum wiedererkennen. Aber darauf kam es ja auch gar nicht an. Heidegger wollte sein eigenes geschichtsphilosophisches Stück zur Aufführung bringen und dafür Mitspieler rekrutieren. Heidegger beruft sich zwar in allen seinen Reden dieser Monate auf die *Befehlskraft der neuen deutschen Wirklichkeit*, aber – und daran läßt er keinen Zweifel – es ist seine Philosophie, welche die eigentliche Bedeutung der *Befehle* enthüllt. Die Philosophie rückt die Menschen so in den Machtbereich dieser Befehle, daß sie von innen her umgewandelt werden können. Deshalb organisiert er das Wissenschaftslager, deshalb spricht er vor Arbeitslosen, die er an die Universität holt, deshalb die zahllosen Aufrufe, Ansprachen, Appelle, die alle darauf abzielen, die tagespolitischen Ereignisse in diesem Sinne zu *vertiefen*, so daß sie auf die imaginäre metaphysische Bühne passen. Diese Macht übt die Philosophie nur dann aus, wenn sie nicht über die Verhältnisse und Ereignisse spricht, sondern aus ihnen. Die Philosophie muß selbst Teil der *revolutionären Wirklichkeit* werden, von der sie spricht. *Erfahrbar ist sie* (die revolutionäre Wirklichkeit, R. S.) *nur für den, der den rechten Sinn hat, sie zu erfahren, nicht für den Betrachter... denn die revolutionäre Wirklichkeit ist nichts Vorhandenes, sondern es liegt in ihrem Wesen, daß sie sich erst entrollt... Eine solche Wirklichkeit verlangt ein ganz anderes Verhältnis als zu einem Tatbestand* (Tübinger Rede, 30. 11. 1933, Zeitungsbericht).

Heidegger hatte immer den Grundsatz verfochten, daß die *Stim-*

mung unser In-der-Welt-Sein definiert, und deshalb nimmt er auch jetzt die revolutionäre Stimmung des Umbruchs, Aufbruchs und der neuen Gemeinschaft zum Ausgangspunkt. Staatliche Repression, das Randalieren des Pöbels, antisemitische Aktionen gelten ihm als Begleiterscheinungen, die man in Kauf nehmen muß.

Wir sehen also einen Heidegger, der in seinen Traum einer Seinsgeschichte eingesponnen ist, und seine Bewegungen auf der politischen Bühne sind die eines philosophischen Träumers. Daß er politisch geträumt und sich deshalb getäuscht hat, wird er später Jaspers gegenüber in einem Brief (8.4.1950) einräumen. Aber daß er sich politisch täuschte, weil er philosophisch träumte, wird er niemals zugeben können. Denn als ein Philosoph, der die geschichtliche Zeit ergründen wollte, mußte er – auch vor sich selbst – seine philosophische Deutungskompetenz für das politisch-geschichtliche Geschehen verteidigen.

Anders wäre es gewesen, wenn er sich in das politische Abenteuer gestürzt hätte, ohne daß ihm philosophisch dazu etwas eingefallen wäre; wenn er gehandelt hätte, ohne sich vom eigenen Philosophieren belehren oder lenken zu lassen. In diesem Falle hätte er trotz seiner Philosophie gehandelt oder es wären ihm beim Handeln die philosophischen Sicherungen durchgebrannt. Aber alles dies war es nicht. Es war ihm etwas Philosophisches zu Hitler eingefallen, er hatte philosophische Motive ins Spiel gebracht und eine ganze imaginäre philosophische Bühne für das geschichtliche Geschehen aufgeschlagen. Die Philosophie müsse ihrer *Zeit mächtig werden*, hatte er 1930 geschrieben. Um aber das Mächtigkeitskonzept der Philosophie nicht aufgeben zu müssen, macht er seine politische Unerfahrenheit, nicht jedoch seine philosophische Deutung der Ereignisse verantwortlich dafür, daß er sich in der nationalsozialistischen Revolution *versehen* hatte. Später allerdings wird er dieses *Versehen* auch wieder in eine philosophische Geschichte verwandeln, worin er sich selbst eine grandiose Rolle vorbehält: es war das Sein selbst, das sich in ihm und durch ihn geirrt hatte. Er hat den Kreuzstab der *Irrnis des Seins* getragen.

Man muß sich einschalten, hatte Heidegger zu Jaspers gesagt. Dieses *Sich-Einschalten* beginnt im März 1933 mit Heideggers Eintritt in die »Kulturpolitische Arbeitsgemeinschaft Deutscher Hochschullehrer«, eine Art nationalsozialistische Fraktion im »Deutschen Hochschulverband«, der offiziellen Standesorganisation der Hochschullehrer. Die Mitglieder dieser Gruppe verstanden sich als Kader der nationalsozialistischen Revolution an den Universitäten. Sie drangen auf die baldige Gleichschaltung des »Hochschulverbandes«, auf die Einführung des »Führerprinzips« an den Universitäten und auf die ideologische Ausrichtung der Lehre, wobei es gerade an diesem Punkt erhebliche Differenzen gab.

Initiator und Mittelpunkt dieser Gruppe war Ernst Krieck, der sich vom Volksschullehrer zum Titularprofessor für Philosophie und Erziehungswissenschaft an der Pädagogischen Akademie Frankfurt emporgearbeitet hatte. Krieck hatte den Ehrgeiz, zum führenden Philosophen der Bewegung zu werden, in Konkurrenz zu Rosenberg und Baeumler. Mit der Arbeitsgemeinschaft wollte er sich eine Hausmacht verschaffen. Krieck hatte für die NSDAP schon zu einem Zeitpunkt getrommelt, als es noch nicht karrierefördernd war. 1931 war er wegen nazistischer Agitation strafversetzt und 1932 vom Dienst suspendiert worden. Die Machtübernahme verhalf diesem Mann wieder zu einer Professur, zuerst in Frankfurt, dann in Heidelberg. In der Partei galt er als »Philosoph der Zeitwende«. Krieck vertrat einen heroisch-völkischen Realismus, der sich gegen den Kulturidealismus wandte: »Radikale Kritik lehrt einsehen, daß die sogenannte Kultur gänzlich unwesentlich geworden ist.« Diesem »Kulturschwindel« stellt Krieck den neuen Typus des heroischen Menschen entgegen: »er lebt nicht aus dem Geist, sondern aus Blut und Erde. Er lebt nicht der Bildung, sondern der Tat.« Der »Heroismus«, den Krieck fordert, gleicht der Heideggerschen *Verwegenheit* darin, daß die »Kultur« als Schutzraum der Schwachen verächtlich gemacht wird. Man muß lernen, sagt auch Krieck, ohne die sogenannten ewigen Werte zu leben. Das Haus der »Bildung, der Kultur, der Humanität und des reinen Geistes« sei inzwischen eingestürzt, die universalistischen Ideen seien zum offenbaren Selbstbetrug geworden.

Doch anders als Heidegger bietet Krieck in dieser Situation der metaphysischen Obdachlosigkeit seine neuen blut- und bodenhaften Werte auf; statt der Metaphysik von oben nun also eine Metaphysik von unten. »Es erhebt sich«, schreibt Krieck, »das Blut gegen den formalen Verstand, die Rasse gegen das rationale Zweckstreben, die Bindung gegen die ›Freiheit‹ zubenannte Willkür, die organische Ganzheit gegen die individualistische Auflösung ... Volk gegen Einzelmensch und Masse.«

Krieck wollte im März 1933 die »Arbeitsgemeinschaft« ein kulturpolitisches Programm verabschieden lassen, das auf seiner ideologischen

Linie lag. Dem widersetzte sich Heidegger, da er die Blut-und Boden-Ideologie nicht akzeptierte. Nur in der Kritik am »Hochschulverband« und dem dort vorherrschenden und nur oberflächlich an die neuen Verhältnisse angepaßten Bildungsidealismus war man sich einig. Der Vorsitzende dieses Verbandes, der Philosoph Eduard Spranger, hatte inzwischen an den »kämpfenden Staat« zwar eine Loyalitätsadresse gerichtet, aber darin zugleich um Schonung des »Geistes« gebeten. Über diesen Versuch des Ausgleichs mokierte sich Heidegger: *seiltänzerische Zeitgemäßheiten*. So steht es in einem Brief an Elisabeth Blochmann vom 30. März 1933, geschrieben nach einer der ersten Zusammenkünfte des Arbeitskreises in Frankfurt. In diesem Brief gibt er auch eine knappe Charakteristik Ernst Kriecks. Er sei ein Mann von *subalterner* Gesinnung, den die *heutige Phraseologie* daran hindere, die *wirkliche Größe und Schwere der Aufgabe* zu begreifen. Es sei überhaupt ein Merkmal der gegenwärtigen Revolution, daß nun plötzlich alles nur noch *politisch* genommen werde, das sei ein *Sichankleben an das Vordergründliche*. Für *die Vielen* mag das zwar eine *erste Erweckung* sein; das sei aber nur eine Vorbereitung, es müsse eine *zweite und tiefere Erweckung* folgen. Mit dieser ominösen *zweiten Erweckung* will sich Heidegger von einem Ideologen wie Ernst Krieck unterscheiden. Was sie bedeutet, davon spricht Heidegger in dem Brief an Elisabeth Blochmann, die als Halbjüdin einen Monat später ihre Dozentenstelle verliert, nur in dunklen Andeutungen. Von einem *neuen Boden* ist da die Rede, der es erlaube, sich *dem Sein selbst in neuer Weise und Aneignung aus(zu)setzen* (BwHB, 60). Auf jeden Fall aber ist mit diesem *Boden* nicht *Blut und Rasse* gemeint, wie bei Ernst Krieck.

Heidegger wollte Alfred Baeumler in die Arbeitsgruppe einbeziehen. Baeumler, mit dem Heidegger zu dieser Zeit noch befreundet war, bewarb sich ebenso wie Krieck um die Rolle des führenden Philosophen der Bewegung. Baeumlers politischer Dezisionismus stand dem Heideggerschen Denken näher. Baeumler setzte in einem Vortrag, gehalten im Februar 1933 vor der NS-Studentenschaft, den »politischen Menschen« gegen den »theoretischen Menschen«. Dieser bilde sich ein, in einer »höheren geistigen Welt« zu wohnen, jener aber verwirkliche sich als »ursprünglich handelndes Wesen«. In dieser Ursprungsdimension des Handelns würden Ideen und Ideologien, so Baeumler, keine entscheidende Rolle mehr spielen. »Handeln heißt nicht, sich entscheiden für..., denn das setzt voraus, daß man wisse, wofür man sich entscheidet, sondern handeln heißt: eine Richtung einschlagen, Partei nehmen, kraft eines schicksalhaften Auftrags, kraft ›eigenen Rechts‹ ... Die Entscheidung für etwas, das ich erkannt habe, ist schon sekundär.«

Das sind Formulierungen, die auch von Heidegger stammen könnten. Die Entscheidung als ›reiner‹ Akt ist das Primäre, dieser Ruck, den der Mensch sich gibt, dieses Herausspringen aus dem gewohnten Geleise. Das ›Wozu‹ der Entscheidung ist demgegenüber nur der Anlaß, damit die Kraft der Umwälzung des ganzen Daseins hervortreten kann. Bei Heidegger ist es das *Man*, das die besorgten Fragen nach dem ›Wozu‹ stellt, das Angst hat vor der Entscheidung und sich deshalb beim Abwägen der *Möglichkeiten* aufhält, sie zerredet und sich dabei *immer schon davongeschlichen* hat, wo es eine Entscheidung zu treffen gilt (SuZ, 127). Diese Scheu vor der Entscheidung ist für Heidegger *Schuld*, und so sieht es auch Baeumler, der von Heidegger gelernt hatte. Und auch Baeumler verknüpft diesen Dezisionismus, der bei Heidegger in den späten zwanziger Jahren noch eigentümlich leer geblieben war, mit der nationalsozialistischen Revolution. Baeumler wirbt für die ›reine‹ Bewegung, sie ist die existentielle Substanz, die Ideologie ist dagegen ein bloßes Akzidens, und wer sich von der Bewegung fernhält, wird schuldig »durch Neutralität und Toleranz«.

Heidegger setzt sich bei Krieck nicht durch mit seinem Vorschlag, Baeumler zur Arbeitsgemeinschaft einzuladen. Für Krieck ist Baeumler ein zu gefährlicher Konkurrent. Doch Baeumlers Karriere ist dadurch nicht aufzuhalten. Er wird vom Amt Rosenberg protegiert. Die Partei bestellt ihn zum ›politischen Erzieher‹ der Studentenschaft in Berlin und richtet ihm dort ein »Institut für Politische Pädagogik« ein. Eduard Spranger, der in Berlin den Lehrstuhl für philosophische Pädagogik innehat, protestiert – auch deshalb, weil er in Baeumler den Verantwortlichen für die Denunziationskampagne gegen liberale und jüdische Wissenschaftler sieht. Spranger veröffentlicht am 22. April eine Erklärung gegen »Lüge, Gewissensdruck und ungeistige Art«. Das gibt Baeumler Anlaß zum Gegenangriff. In seiner Rede zur zentralen Bücherverbrennungsaktion in Berlin am 10. Mai attackiert er ihn, indem er den »alten Geist« der Hochschule anprangert. »Aber eine Hochschule, die selbst im Jahre der Revolution nur von der Führung durch Geist und Idee, nicht von der Führung durch Adolf Hitler und Horst Wessel redet, ist unpolitisch.«

Heidegger ist von der Machtübernahme Hitlers elektrisiert und will handeln, aber was er tun soll, weiß er noch nicht genau. Präzise Vorstellungen werden wir bei ihm vergeblich suchen. Natürlich richtet sich sein Blick vor allem auf die Universität. Heidegger wird in seiner späteren Selbstrechtfertigung behaupten, daß er sich in das Freiburger Rektorat habe hineindrängen lassen, um *dem Vordringen ungeeigneter Personen und der drohenden Vormacht des Parteiapparates und der Parteidoktrin begegnen zu können* (R, 24).

Aus den Materialien, die Hugo Ott, Victor Farías und Bernd Martin zusammengetragen haben, ergibt sich aber ein ganz anderes Bild. Danach hat seit März 1933 eine Gruppe nationalsozialistischer Professoren und Dozenten unter Anführung von Wolfgang Schadewaldt und Wolfgang Aly im Einvernehmen mit Heidegger die Amtsübernahme gezielt betrieben. Das Schlüsseldokument ist ein Brief, den Wolfgang Aly, das älteste Parteimitglied im Freiburger Lehrkörper und Schulungsredner der Parteiorganisation, an das Kultusministerium am 9. April, also drei Wochen vor der Rektoratswahl, geschrieben hatte. Darin teilt Aly mit, »daß Herr Prof. Heidegger bereits in Verhandlungen mit dem preußischen Kultusministerium eingetreten« sei und daß er das »vollste Vertrauen« der universitären Parteigruppe besitze. Man könne ihn amtlicherseits als »Vertrauensmann« der Universität betrachten. Bei der nächsten Tagung der Kulturpolitischen Arbeitsgruppe in Frankfurt, am 25. April, würde Heidegger dann schon als »Sprecher unserer Universität« auftreten können.

Zu diesem Zeitpunkt war die Wahl Heideggers ins Rektorat für den Parteizirkel eine abgemachte Sache. Heidegger selbst mag noch gezögert haben, aber nicht, weil ihm die nationalsozialistische Schützenhilfe unangenehm war, sondern weil er bezweifeln mußte, ob er die von den ›revolutionären‹ Kräften in ihn gesetzten Erwartungen auch erfüllen würde. Handeln, sich einschalten – das wollte er, er suchte nur noch nach der *rechten Einsatzstelle* (an Jaspers, 3.4.1933).

In einem Brief an Elisabeth Blochmann vom 30. März 1933 bekennt er seine Ratlosigkeit und zerstreut zugleich seine Bedenken: *Was mit den Universitäten geschehen wird, weiß niemand... Im Unterschied zu den Bonzen, die vor wenigen Wochen noch Hitlers Arbeit als ›ausgekochten Blödsinn‹ bezeichneten und jetzt um ihre Gehälter u. dgl. zittern, müssen die Einsichtigen sich sagen, daß nicht viel verdorben werden kann. Denn es ist ja nichts mehr da; eine wirklich in sich gesammelte, wirkungskräftige oder führende Welt ist die Universität schon lange nicht mehr. Ein Zwang zur Besinnung – selbst wenn Mißgriffe unterlaufen – kann nur von Segen sein* (BwHB, 61).

Wo gehobelt wird, fallen Späne; wer revolutionäres Neuland betritt, muß eben das Risiko auf sich nehmen, sich zu irren und zu verirren. Er wird sich jedenfalls von dem warnenden Ruf »Wissenschaft in Gefahr!« nicht beirren lassen. Außerdem sei die Aufgabe zu wichtig, als daß man sie nur den *Parteigenossen* überlassen dürfe, schreibt Heidegger am 12. April 1933 an Elisabeth Blochmann, drei Wochen ehe er selbst öffentlich in die Partei eintritt.

Während hinter den Kulissen die Rektoratsübernahme Heideggers vorbereitet wird, amtiert noch der katholische Kirchengeschichtler Josef Sauer. Die Amtseinführung des Ende 1932 gewählten Rector designatus Wilhelm von Möllendorff war vorgesehen für den 15. April. Möllendorff, Professor der Anatomie, war Sozialdemokrat.

In der Version Martin Heideggers und seiner Frau Elfride war es Möllendorff selbst, der nach der Machtübernahme nicht mehr bereit war, das Rektorat anzutreten. Möllendorff war mit Heidegger befreundet und wandte sich direkt an ihn, um die zu erwartenden Schwierigkeiten des Rektorats zu besprechen. Heidegger, der im Winter 1932/33 ein Freisemester gehabt hatte, war am 7. Januar von Todtnauberg nach Freiburg zurückgekehrt. Nach den Erinnerungen von Frau Heidegger äußerte Möllendorff den »dringenden Wunsch«, Heidegger, »der parteipolitisch in keiner Weise gebunden war«, möge das Rektorat übernehmen. »Er wiederholte diesen Wunsch viele Male bei seinen Besuchen morgens, mittags und abends.«

Daß der Sozialdemokrat Möllendorff große Bedenken hatte, das Rektorat zu übernehmen, ist nur zu verständlich, denn in Freiburg hatte wie überall die Verfolgung der Sozialdemokraten sofort eingesetzt. Unter dem Reichskommissar Robert Wagner verlief sie besonders bösartig. Es gab Anschläge auf das Gewerkschaftshaus und die Parteizentrale bereits Anfang März sowie Verhaftungen und Hausdurchsuchungen. Beim SPD-Landtagsabgeordneten Nußbaum kommt es am 17. März zu einem schlimmen Zwischenfall. Nußbaum, der die Wochen zuvor in psychiatrischer Behandlung verbracht hatte, wehrt sich gegen zwei Polizisten und verletzt sie tödlich, woraufhin das Kesseltreiben gegen die SPD in der Stadt verstärkt wird. Auf dem Münsterplatz findet eine Demonstration gegen den Marxismus statt – er soll ausgerottet werden »bis an die Wurzel«, verkünden die Agitatoren. Schon werden nicht weit vom Heuberg zwei Konzentrationslager eingerichtet. Die örtliche Presse bringt Fotos vom Abtransport der Verhafteten. Die NSDAP attackiert jetzt den Bürgermeister Dr. Bender von der Zentrumspartei. Der Vorwurf: er habe unzureichend auf den

Nußbaum-Vorfall reagiert. Bender hatte von einem »Unfall« gesprochen. Er soll aus dem Amt gejagt werden. Eine Bürgerdeputation tritt für ihn ein. Einer ihrer Sprecher ist – Möllendorff. Bender wird am 11. April beurlaubt. Zu seinem Nachfolger wird der NSDAP-Kreisleiter Kerber, der auch Schriftleiter des NS-Blattes »Der Alemanne« ist, bestimmt. In dieser Zeitung wird Heidegger einen Artikel veröffentlichen. Durch die Nußbaum-Bender-Affäre ist Möllendorff für die Nationalsozialisten am Ort vollends untragbar geworden. Möllendorff mochte Bedenken gehabt haben, das Rektorat zu übernehmen – aber er war ein mutiger Mann und zeigte sich dann doch zur Amtsübernahme bereit. Sie fand, wie vorgesehen, am 15. April statt. Am Abend zuvor war Schadewaldt im Auftrag der Parteigruppe beim ausscheidenden Rektor Sauer vorstellig geworden, hatte seine Bedenken angemeldet, ob Möllendorff der richtige Mann dafür sei, die notwendige Gleichschaltung an der Universität durchzusetzen, und Heidegger vorgeschlagen. Sauer, ein Mann der katholischen Kirche, der auf Heideggers Antiklerikalismus nicht gut zu sprechen war, verhielt sich reserviert. So amtete Möllendorff noch fünf Tage. Am 18. April – an diesem Tag fand die erste von Möllendorff geleitete Senatssitzung statt – veröffentlichte »Der Alemanne« eine heftige Attacke gegen den neuen Rektor, die mit dem Satz schloß: »Herrn Professor Dr. von Möllendorff legen wir nahe, die Gelegenheit zu benutzen und der Neuordnung der Hochschule nicht im Wege zu stehen.« Jetzt wurde es Möllendorff klar, daß er sich nicht mehr länger würde halten können. Er berief für den 20. April eine Senatssitzung ein, auf der er und der ganze Senat seinen Rücktritt erklärten und Martin Heidegger als seinen Nachfolger vorschlugen. Laut Elfride Heidegger soll er am Abend zuvor ins Haus gekommen sein und zu Martin Heidegger gesagt haben: »Herr Heidegger, jetzt müssen Sie das Amt übernehmen!«

Heidegger, für den eine mächtige Fraktion im Lehrkörper schon seit einem Monat Stimmung gemacht hatte, will noch bis zum letzten Moment unentschlossen gewesen sein: *Noch am Vormittag des Wahltages zögerte ich und wollte von der Kandidatur zurücktreten* (R, 21). Die Plenarversammlung wählt Heidegger nahezu einstimmig, allerdings waren von den 93 Professoren bereits 13 als Juden ausgeschlossen und von den verbleibenden 80 nahmen nur 56 an der Wahl teil. Es gab eine Gegenstimme und zwei Enthaltungen.

Dafür daß Heidegger so zögerlich gewesen sein will, zeigt er unmittelbar nach der Wahl einen bemerkenswerten Tatendrang.

Am 22. August fordert er in einem Brief Carl Schmitt zur Mitarbeit in den neuen Verhältnissen auf. Der hat allerdings eine solche Aufforderung nicht nötig, er gehörte bereits dazu – allerdings aus entgegengesetztem Grund: Heidegger wollte die Revolution, Schmitt wollte die Ordnung. Die Plenarversammlung hatte Heidegger gemäßigte, zumeist altkonservative Senatsmitglieder zur Seite gestellt; Heidegger sollte ›eingebunden‹ werden. Heidegger entzieht sich dem, indem er den Akademischen Senat nicht einberuft. Er proklamiert noch vor der feierlichen Übernahme des Rektorats (mit der Rede vom 27. Mai) das Führerprinzip und die Gleichschaltung der Universität. Kurz nach dem 1. Mai, dem »nationalen Feiertag der Volksgemeinschaft« tritt er mit demonstrativer Wirkung der NSDAP bei. Den Termin des Eintritts hatte er zuvor unter taktischen Gesichtspunkten mit den Parteistellen abgesprochen. Zur Teilnahme an den 1.-Mai-Feierlichkeiten fordert er Studentenschaft und Lehrkörper auf im Stil eines Gestellungsbefehls. In dem Rundschreiben heißt es: *Der Aufbau einer neuen geistigen Welt für das deutsche Volk wird zur wesentlichsten Aufgabe der deutschen Universität. Das ist n a t i o n a l e A r b e i t von höchstem Sinn und Rang.* Als der Reichskommissar Robert Wagner – ein berüchtigter Scharfmacher, der für den Abtransport der Oppositionellen ins KZ Heuberg verantwortlich war – in den ersten Maitagen zum Reichsstatthalter ernannt wird, gratuliert Heidegger mit den markigen Worten: *Hocherfreut über die Ernennung zum Reichsstatthalter, grüßt den Führer der heimatlichen Grenzmark mit einem kampfverbundenen Sieg Heil der Rektor der Freiburger Universität. Gez. Heidegger.*

Am 20. Mai unterzeichnet er ein Telegramm einiger nationalsozialistischer Rektoren an Hitler. Darin wird um eine Verschiebung des Empfangs einer Delegation des »Hochschulverbandes« gebeten mit der Begründung: »Nur ein aufgrund der Gleichschaltung neu gewählter Vorstand besitzt das Vertrauen der Hochschule. Zudem ist dem bisherigen Vorstand das schärfste Mißtrauen der Deutschen Studentenschaft ausgesprochen worden.«

Am 26. Mai, einen Tag vor der Rektoratsfeier, hält Heidegger seine erste öffentliche Rede bei der Gedenkfeier für Leo Schlageter, jenen Freikorpskämpfer, der 1923 Bombenanschläge gegen die französische Besetzung im Ruhrgebiet durchführte und deshalb standrechtlich erschossen worden war. Bei den Völkischen galt er als ein Märtyrer für die nationale Sache. Heidegger fühlte sich ihm auch deshalb verbunden, weil Schlageter ebenfalls ein Zögling des Konstanzer Konradihauses gewesen war. Der 26. Mai war der zehnte Todestag Schlageters, der in Freiburg wie überall mit großem Pomp gefeiert wurde.

In seiner Gedenkrede versucht Heidegger zum ersten Mal vor großer Öffentlichkeit eine politische Nutzanwendung seiner Eigentlichkeitsphilosophie. Er stilisiert Schlageter zu einer Figur, an der sich ablesen lassen soll, was es konkret-geschichtlich und politisch heißt, dem Mysterium des Seins des Seienden zu begegnen. Schlageter, so Heidegger, erlitt den *schwersten Tod*. Nicht im gemeinsamen Kampf, nicht geschützt und getragen von einer Gemeinschaft, sondern einsam, ganz auf sich *zurückgeworfen*, im *Scheitern* (S, 48). Schlageter verwirklicht das Existenzideal von SEIN UND ZEIT, er *übernimmt* den Tod als *eigenste, unbezügliche, unüberholbare Möglichkeit* (SuZ, 250). Die Teilnehmer der Gedenkveranstaltung sollen die *Härte und Klarheit* dieses Todes in sich *einströmen lassen*. Woher aber nahm Schlageter seine Kraft? Er hatte sie von den Bergen, den Wäldern und dem Himmel der Heimat. *Urgestein, Granit sind die Berge... Sie schaffen seit langem an der Härte des Willens... Die Herbstsonne des Schwarzwalds ... sie nährt seit langem die Klarheit des Herzens* (S, 48). Die Berge und Wälder vermitteln nur den Bequemen ein Geborgenheitsgefühl, auf die Harten und Entschlossenen wirken sie als *Gewissensruf*. Das Gewissen ruft, so hatte Heidegger in SEIN UND ZEIT erklärt, nicht zu einer bestimmten Tat, sondern zur *Eigentlichkeit*. Was konkret zu tun ist, darüber entscheidet die Situation. Bei Schlageter hat sie darüber so entschieden, daß er in der Stunde der Erniedrigung die Ehre Deutschlands wahren mußte. Er *mußte* ins Baltikum (gegen die Kommunisten kämpfen), er *mußte* an die Ruhr (gegen die Franzosen kämpfen). Er folgte seinem *Geschick*, das er sich erwählt und das ihn erwählt hatte. *Wehrlos vor die Gewehre gestellt schwang sich der innere Blick des Helden über die Gewehrmündungen hinweg zum Tag und zu den Bergen seiner Heimat, um im Blick auf das alemannische Land für das deutsche Volk und sein Reich zu sterben* (S, 49). Das war ein Augenblick der Wahrheit, denn das Wesen der Wahrheit, so hatte Heidegger im gleichnamigen Vortrag von 1930 (allerdings vom später veröffentlichten Text abweichend) gesagt, ist ein Geschehen, das sich auf dem *Boden der Heimat* abspielt. Es kommt darauf an, sich den Daseinsmächten zu öffnen. *Bodenständigkeit* ist eine Voraussetzung dafür.

Und dann, ein Tag später, die Rektoratsrede.

Es hatte im Vorfeld schon beträchtliche Aufregung gegeben. Am

23. Mai war vom Rektor Heidegger eine Mitteilung an die Universitätsangehörigen ergangen über den äußeren Ablauf: das Horst-Wessel-Lied sollte gesungen und »Sieg Heil« gerufen werden. Das Ganze sollte das Gepränge eines nationalen Feiertages haben. Es rührte sich unter den Professoren einiger Unmut. In einem Rundschreiben schob Heidegger die Erklärung nach, daß *das Erheben der rechten Hand* nicht die Verbundenheit mit der Partei, sondern mit der nationalen Erhebung zum Ausdruck bringen würde. Außerdem signalisierte er Kompromißbereitschaft: *Ich habe nach Rücksprache mit dem Führer der Studentenschaft das Hochheben der Hand auf die 4. Strophe des Horst-Wesselliedes beschränkt.*

Heidegger weiß, daß die philosophische Welt in diesem Augenblick auf ihn blickt. Er hat in den letzten Wochen keine Gelegenheit verstreichen lassen, sein Führertum herauszustreichen; hohe Parteichargen, Minister, Rektoren anderer Universitäten, Presseleute sind gekommen, mehr Braunhemden als Männer im Frack. Heidegger hat sich weit vorgewagt. *Alles hängt daran*, so hatte er an Jaspers am 3. April 1933 geschrieben, *ob wir der Philosophie die rechte Einsatzstelle vorbereiten und ihr zum Wort verhelfen*. Die Einsatzstelle hat er nun gefunden, aber wird er auch das rechte philosophische Wort finden?

Er stellt die Rektoratsrede unter das Thema *Die Selbstbehauptung der Deutschen Universität*. Er fragt: Was ist das ›Selbst‹ der Universität, worin besteht ihr ›Wesen‹?

Das Wesen der Universität ist es nicht, daß hier junge Menschen eine Ausbildung für einen Beruf erhalten und das dafür erforderliche Wissen erwerben. Das Wesen der Universität ist die Wissenschaft, aber was ist das Wesen der Wissenschaft? Mit dieser Frage ist Heidegger im Handumdrehen wieder bei seinen geliebten *griechischen Anfängen der Philosophie*, dort also, wohin er zurückgegangen war, um Abstand für den Anlauf zum Sprung in die Gegenwart zu gewinnen.

Das Wesen der Wissenschaft sei also bei den Griechen zutage getreten. Dort hatte sich gegen die *Übermacht des Schicksals* der Wille zum Wissen erhoben, in trotziger Auflehnung. Dieser *höchste Trotz* will wissen, was mit ihm geschieht, welche Daseinsmächte ihn bestimmen und was es bedeutet, daß es dieses Ganze überhaupt gibt. Dieses Wissen schlägt eine Lichtung ins Dickicht.

Heidegger dramatisiert das Wahrheitsgeschehen. Um welche Wahrheiten es sich dabei im einzelnen handelt, bleibt unklar. Dafür verselbständigt sich die Zentralmetapher, von der dieser ganze Text organisiert wird. Es ist die Metapher des Kampfes oder genauer: des Stoßtruppunternehmens.

Das Wesen des griechischen Anfangs ist also die Erkämpfung einiger Sichtbarkeiten inmitten des dunklen Seienden im Ganzen. Das ist der heroische Anfang der Wahrheitsgeschichte, und darin liegt auch das wahre Selbst der Wissenschaft und der Universität, sagt Heidegger.

Wovon aber ist diese so verstandene Wissenschaft bedroht? Natürlich von der Dunkelheit des Seienden, aber das ist ihr Stolz. Mit ihm im Kampf zu stehen macht ja gerade das Wesen des Wissens aus. Bedrohlicher ist die Degeneration durch die *gefahrlose Beschäftigung zur Förderung eines bloßen Fortschritts von Kenntnissen* (R, 13).

Die Gefahr droht von der Etappe, vom gängigen Wissenschaftsbetrieb, wo Karrieren gemacht, Eitelkeiten befriedigt und Geld verdient werden. Das bequeme Leben in der Etappe ist um so skandalöser, weil draußen an der Front des Wissens inzwischen große, gefährliche Dinge geschehen sind. Die Stellung des Daseins zum Dunkel des Seienden hat sich nämlich inzwischen geändert. Das Wahrheitsgeschehen ist in eine kritische Phase getreten. Bei den Griechen gab es noch ein *bewunderndes Ausharren* vor der Fragwürdigkeit alles Seienden. Da war noch Geborgenheit, Seinsgläubigkeit, Weltvertrauen im Spiel. Doch diese Seinsgläubigkeit ist geschwunden, denn *Gott ist tot*. In der Etappe aber hat man davon noch wenig bemerkt. Dort hätte man es sich in einer *abgelebten Scheinkultur* noch bis zum Zusammenbruch in *Wahnsinn* und *Vernichtung* bequem gemacht, wenn nicht die Revolution, diese *Herrlichkeit des Aufbruchs* (R, 19), gekommen wäre.

Was geschieht in dieser Revolution?

Mit ihr, so phantasiert Heidegger, ist Nietzsches Befund »Gott ist tot« erst richtig begriffen worden, und ein ganzes Volk nimmt bewußt die *Verlassenheit des heutigen Menschen inmitten des Seienden* (R, 13) auf sich. Es überwindet die Degenerationsstufe der von Nietzsche im »Zarathustra« so genannten »letzten Menschen«, die kein »Chaos« mehr in sich haben und deshalb auch keinen »Stern« mehr gebären können, die sich damit begnügen, das bequeme »Glück« erfunden und die »Gegend verlassen« zu haben, »wo es hart war zu leben«, die sich statt dessen mit ihrem »Lüstchen für den Tag und für die Nacht« begnügen und ihre »Gesundheit« ehren.

Die nationalsozialistische Revolution ist für Heidegger also der Versuch, in einer götterlosen Welt einen »Stern zu gebären« (Nietzsche). Und deshalb zieht Heidegger alle Register seiner metaphysischen Schauerromantik, um den Ereignissen eine ungeahnte Tiefe zu geben.

Die zu seinen Füßen lauschenden Studenten und Parteioberen, die Professoren, Honoratioren, Ministerialbeamten und Dezernenten samt Gattinnen werden von Heidegger so angesprochen, als gehörten sie zu dem metaphysischen Stoßtrupp, der aufbricht in die Region *der schärfsten Gefährdung des Daseins inmitten der Übermacht des Seienden*. Und Heidegger selbst ist der Stoßtruppführer. Die Führer wagen sich bekanntlich am weitesten ins Dunkle vor, dorthin, wo sie nicht mehr von den eigenen Leuten gedeckt werden; sie scheuen nicht das *völlig ungedeckte Ausgesetztsein in das Verborgene und Ungewisse* und beweisen damit ihre *Kraft zum Alleingehenkönnen* (R, 14).

Kein Zweifel: Der Redner will sich selbst und seine Zuhörer aufwerten. Alle zusammen gehören sie eben zum Stoßtrupp, zur verwegenen Schar. Der Redner selbst – der Führer – ist vielleicht noch ein bißchen verwegener, weil er die *Kraft zum Alleingehenkönnen* beweist oder wenigstens beansprucht.

Alles dreht sich um die Gefahr, und dabei verschwindet das einfache Faktum, daß es in dieser Situation gefährlicher war, nicht zu diesem ominösen Stoßtrupp der Revolution zu gehören.

Welche Gefahren aber faßt Heidegger ins Auge? Ist es die Gefahr, die Kant meint, wenn er den Menschen auffordert: »Habe Mut, dich deines eigenen Verstandes zu bedienen«? Das Selberdenken erfordert Mut, weil es auf den Schutz und die Bequemlichkeit von konsensbildenden Vorurteilen verzichtet.

In diese Gefahr begibt sich Heidegger mit seiner Rede nicht. Man wird ihm zwar hinterher beim Bankett zuraunen, er habe wohl seinen »privaten Nationalsozialismus« zu Gehör gebracht, das änderte aber nichts daran, daß er auch weiterhin ›dazugehörte‹. Mit dieser Rede hatte er sich noch nicht ins Abseits gestellt.

Ist es die Gefahr der Erkenntnis, wie sie Schopenhauer einmal so unübertrefflich formulierte, als er den wahrhaften Philosophen mit Ödipus verglich, »der Aufklärung über sein eignes schreckliches Schicksal suchend, rastlos weiter forscht, selbst wenn er schon ahndet, daß sich aus den Antworten das Entsetzliche für ihn ergeben wird«? Mit diesem »Entsetzlichen« hatte Schopenhauer den metaphysischen Abgrund gemeint, der sich vor dem nach Lebenssinn fragenden Menschen auftut.

Solche Abgründigkeit hat auch Heidegger im Blick, er nennt sie die

Verlassenheit des heutigen Menschen inmitten des Seienden. Aber die Erfahrung solcher Sinnverlassenheit kann doch nur der einzelne als einzelner, herausgeworfen aus den kollektiven Sinnbezügen, durchleben und durchdenken. Wie sollte von solcher *Verlassenheit* noch die Rede sein können, wenn ein ganzes Volk *auf dem Marsch* ist?

Tatsächlich interpretiert Heidegger die Revolution als kollektiven Ausbruch aus den Höhlen falscher Tröstungen und bequemer Sinn-Gewißheiten. Ein Volk wird eigentlich, es steht auf und stellt die beunruhigende Seinsfrage: Warum ist etwas und nicht vielmehr – Nichts? Es überantwortet sich trotzig den Daseinsmächten – *Natur, Geschichte, Sprache; Volk, Sitte, Staat; Dichten, Denken, Glauben; Krankheit, Wahnsinn, Tod; Recht, Wirtschaft, Technik* (R, 14) – im Wissen darum, daß sie keinen letzten Halt geben, sondern ins Dunkle, Ungewisse, Abenteuerliche hinausführen.

Der Mensch, der auf diese Weise tätig ist, erobert sich keine aparte Welt des Geistes, die ihm vielleicht Entlastung bringt von den Mühen des Tages. Für solchen Eskapismus hat Heidegger nur Worte der Verachtung übrig. Wem das *Seiende fraglich* geworden ist, der weicht nicht davor zurück, sondern wagt sich vor, vom Geist des Angriffs beseelt. Es kommt nicht darauf an, irgend etwas Jenseitiges zu ergrübeln, sondern es geht einfach darum, *am Werke zu sein.* So übersetzt Heidegger den griechischen Ausdruck »energeia«.

Heidegger will den griechischen Anfang der Philosophie wiederholen, aber ohne sich von der Idee des kontemplativen Lebens – Platons Sonne – bestricken zu lassen. Er fegt sie beiseite, indem er beansprucht, die Griechen besser zu verstehen, als sie sich selbst verstanden haben. Die *Theorie* im griechischen Sinne, sagt er, geschieht *einzig in der Leidenschaft, dem Seienden als solchen nahe und unter seiner Bedrängnis zu bleiben* (R, 12). Das ist nun gerade nicht der Sinn des Platonischen Höhlengleichnisses. Dort geht es um Erlösung, um Freiwerden von der Bedrängnis in der Höhle. Heidegger zielt auf etwas Paradoxes: Er will die platonische Ekstase ohne platonischen Ideenhimmel. Er will den Ausbruch aus der Höhle, aber ohne den Glauben an einen Ort jenseits der Höhle. Das Dasein soll von unendlicher Leidenschaft, nicht aber von der Leidenschaft für das Unendliche ergriffen sein.

Im Jahre 1930 hatte Thomas Mann vor den Gefahren der »explodierenden Altertümer« gewarnt. Eine dieser gefährlichen Altertümlichkeiten findet sich auch in Heideggers Rede, an der Stelle, wo er von den drei Diensten spricht, *Arbeitsdienst – Wehrdienst – Wissensdienst.* Hier kehrt wieder das ehrwürdige, die gesellschaftliche Imagination des Mittelalters beherrschende Bild der »Drei Ordnungen«: Bauern – Krieger – Priester. Die mittelalterliche Definition dieser Ordnung lautet: »Dreifach also ist das Haus Gottes, das man eines wähnt: hier auf Erden beten die einen, andere kämpfen, und noch andere arbeiten; diese drei gehören zusammen und ertragen nicht, entzweit zu sein; derart, daß auf der Funktion des einen die Werke der beiden anderen beruhen, indem alle jeweils allen ihre Hilfe zuteil werden lassen« (Adalbert von Laon).

Im mittelalterlichen Bild der »Drei Ordnungen« verknüpfen die Priester den gesellschaftlichen Organismus mit dem Himmel. Sie sorgen dafür, daß spirituelle Energien im Irdischen zirkulieren. Die Stelle der Priester nehmen bei Heidegger nun die Philosophen ein, genauer: die Philosophie, die ihrer Zeit mächtig ist. Aber wo einmal der Himmel war, dort ist jetzt das Dunkel des sich verbergenden Seienden, die *Weltungewißheit*; und die neuen Priester sind nun wirklich die *Statthalter des Nichts* geworden und erweisen sich womöglich als noch verwegener als die Krieger. Sie haben keine Botschaften mehr, die sie vom Himmel auf die Erde lenken könnten, und doch strahlen sie noch einen matten Abglanz jener alten priesterlichen Macht aus, die sich einst auf das Monopol an den großen unsichtbaren und überschwenglichen Dingen gründete.

Heidegger mischt sich als Priester in die Politik und ergreift das Wort, als es darum geht, der Weimarer Republik den Todesstoß zu versetzen. Fünfzehn Jahre zuvor, am Anfang dieser Republik, hatte Max Weber in seiner Münchener Rede über den »Beruf zur Wissenschaft« die Intellektuellen aufgefordert, die »Entzauberung der Welt« zu ertragen. In diesem Zusammenhang erinnerte auch Max Weber an das »wundervolle Bild« des Platonischen Höhlengleichnisses. Aber es ist nur noch eine melancholische Reminiszenz, denn die platonische Einheit von strenger Erkenntnis und überschwenglichem Sinn ist für Weber unwiderruflich verloren. Die große Erlösung, ein Höhlenausgang, ist nicht in Sicht, und Max Weber warnte vor dem trüben Geschäft der absichtsvollen Wiederverzauberung durch die »Kathederpropheten«.

Auch Heidegger ist den »Kathederpropheten« nicht wohlgesonnen. Aber Kathederpropheten sind immer nur die anderen.

Heidegger hatte, als er das erste Mal in der Vorlesung vom Sommer 1927 über das Platonische Höhlengleichnis sprach, die Befreiung aus der Höhle als einen Vorgang beschrieben, der *in aller Nüchternheit und in der völligen Entzauberung eines rein sachlichen Fragens* sich vollziehe (GA 24, 404).

Aber jetzt steht Heidegger da, emporgereckt und martialisch mit Worten klirrend, der Priester ohne Botschaft, der metaphysische Sturmtruppführer, umgeben von Fahnen und Standarten; er hatte sich bei der Platon-Vorlesung hineingeträumt in die Figur des Befreiers, der die Gefangenen in der Höhle entfesselt und herausführt. Jetzt bemerkt er, daß die Höhlenbewohner alle schon auf dem Marsch sind. Er braucht sich nur noch an ihre Spitze zu setzen.

Vierzehntes Kapitel

Die Rektoratsrede und ihre Wirkungen. Die Universitätsreform. Heidegger ein Antisemit? Heideggers revolutionäre Umtriebe. Ähnlichkeiten mit der 68er-Bewegung. Dem Volke dienen. Das Wissenschaftslager.

Die Rektoratsrede war in den Wind gesprochen und nach dem Tag der Rektoratsfeier vergessen ... Man bewegte sich in den seit Jahrzehnten ausgetretenen Bahnen der Fakultätspolitik, schreibt Heidegger in seiner Rechtfertigungsschrift TATSACHEN UND GEDANKEN von 1945 (R, 34).

Tatsächlich wurde die Rede so schnell nicht vergessen. Als Einzeldruck erlebte sie während der nationalsozialistischen Zeit zwei Auflagen und wurde in der Parteipresse rühmend erwähnt. In der Zeitung »Kieler Blätter« etwa heißt es in einem Artikel von 1938, der auf die bisher zurückgelegte Wegstrecke nationalsozialistischer Wissenschaftspolitik zurückblickt: »Ähnlich wie Baeumler bestimmt Martin Heidegger in seiner Rektoratsrede das Wesen der Wissenschaft aus einer aktivistischen, heroischen Grundhaltung.«

Die unmittelbaren Reaktionen waren enthusiastischer. Die Lokalpresse und die überregionalen Zeitungen stellen die Rede als ein großes, bahnbrechendes Ereignis dar. Die Zeitschrift der nationalsozialistischen Studentenschaft warnt vor dem Opportunismus vieler Wissenschaftler, die sich nur oberflächlich den neuen Verhältnissen anpaßten, und hebt als positive Ausnahme Heideggers Rektoratsrede hervor; in ihr komme der Geist des Aufbruchs und der Revolution tatsächlich zum Ausdruck. Selbst die Zeitschrift »Volk im Werden« veröffentlicht 1934, zu einem Zeitpunkt, als ihr Herausgeber Ernst Krieck schon ein Intimfeind Heideggers war, einen Artikel von Heinrich Bornkamm, in dem es heißt: »Aus der allzu zahlreichen Hochschulreformliteratur unserer Tage bietet, soweit ich sehe, die bedeutendsten Ansätze Heideggers Freiburger Rektoratsrede.«

Auch die weniger offizielle Presse reagiert positiv. Eugen Herrigel, der spätere Taoist (»Die Kunst des Bogenschießens«), nennt die Rede einen »klassischen Text«, und die »Berliner Börsenzeitung« schreibt:

»Es gibt wohl wenig Rektoratsreden, die eine gleich bannende und verpflichtende Wirkung ausüben.«

Eine gewisse Ratlosigkeit ist indes auch festzustellen. Karl Löwith hat über die unmittelbare Wirkung der Rektoratsrede gesagt, man habe nicht gewußt, ob man nun die Vorsokratiker studieren oder in die SA eintreten sollte. Deshalb ziehen sich die zeitgenössischen Kommentatoren auch gerne auf die Aussagen zurück, die sich problemlos der nationalsozialistischen Doktrin zuschlagen lassen, etwa auf Heideggers Programmatik der ›drei Dienste‹: Arbeitsdienst, Wehrdienst, Wissensdienst.

Bei den kritischen ausländischen Kommentatoren überwiegt ungläubiges Staunen, manche sind entsetzt. Die »Neue Zürcher Zeitung« schreibt: »Heideggers Rede, man mag sie drei-, viermal lesen, bleibt Ausdruck eines abgründigen, zerstörenden Nihilismus, den auch das Bekenntnis zu Blut und Erde eines Volkes nicht aufzuheben vermag.« Benedetto Croce in einem Brief an Karl Voßler vom 9. September 1933: »Ich habe endlich die Rede von Heidegger ganz gelesen, die dumm und zugleich servil ist. Ich wundere mich nicht über den Erfolg, den sein Philosophieren eine Zeitlang haben wird: das Leere und Allgemeine hat immer Erfolg. Es bringt aber nichts hervor. Auch ich glaube, daß er in der Politik keinerlei Wirkung wird haben können: aber er entehrt die Philosophie, und das ist ein Schaden auch für die Politik, wenigstens für die zukünftige.«

Überraschend ist die Reaktion von Karl Jaspers. Er schreibt am 23. August 1933 an Heidegger: »Ich danke Ihnen für Ihre Rektoratsrede… Der große Zug Ihres Ansatzes im frühen Griechentum hat mich wieder wie eine neue und sogleich wie selbstverständliche Wahrheit berührt. Sie kommen darin mit Nietzsche überein, aber mit dem Unterschied, daß man hoffen darf, daß Sie einmal philosophisch interpretierend verwirklichen, was Sie sagen. Ihre Rede hat dadurch eine glaubwürdige Substanz. Ich spreche nicht von Stil und Dichtigkeit, die – soweit ich sehe – diese Rede zum bisher einzigen Dokument eines gegenwärtigen akademischen Willens macht, das bleiben wird. Mein Vertrauen zu Ihrem Philosophieren … wird nicht gestört durch Eigenschaften dieser Rede, die zeitgemäß sind, durch etwas darin, was mich ein wenig forciert anmutet und durch Sätze, die mir auch wohl einen hohlen Klang zu haben scheinen. Alles in allem bin ich nur froh, daß jemand so sprechen kann, daß er an die echten Grenzen und Ursprünge rührt« (BwHJ, 155).

Zwei Monate vor diesem Brief war Heidegger zum letzten Mal bei Jaspers zu Besuch gewesen. Damals hatte Heidegger einen Vortrag über DIE UNIVERSITÄT IM NEUEN REICH gehalten. Er war von der Heidelberger NS-Studentenschaft eingeladen worden, um die Front gegen die konservativen Professoren und insbesondere gegen den noch nicht gleichgeschalteten Rektor Willy Andreas zu stärken. Das war ihm offenbar gelungen. Ein Teilnehmer dieser Veranstaltung, der Historiker Gerd Tellenbach, notierte in seinen Erinnerungen: »Einen hörte ich, fanatisiert von der Hetzrede, zu einem anderen sagen: da müßte sich Andreas ... eigentlich eine Kugel durch den Kopf schießen.« Tatsächlich war Heidegger sehr militant aufgetreten, er hatte die herkömmliche Universität für tot erklärt, mit starken Worten die *humanisierenden, christlichen Vorstellungen* verworfen und *zur Arbeit für den Staat* aufgerufen. Vom *Wagnis* des Wissenwollens war die Rede gewesen und davon, daß *nur ein hartes Geschlecht ohne den Gedanken an Eigenes* diesen Kampf würde bestehen können. Wer aber *den Kampf nicht besteht, bleibt liegen* (S, 75).

Die Professoren waren in Amtstracht zu dieser Rede erschienen, die in großer Aufmachung in der Presse angekündigt worden war. Heidegger aber trat bündisch-jugendbewegt auf, in kurzen Hosen und mit Schillerkragen. Jaspers in seinen Erinnerungen: »Ich saß vorne am Rande mit weit vorgestreckten Beinen, die Hände in den Taschen, und rührte mich nicht.«

Beim privaten Gespräch hernach war ihm Heidegger wie »vom Rausch ergriffen« erschienen, und etwas Bedrohliches spürte er von ihm ausgehen.

Und doch: Zwei Monate danach lobt er die Rektoratsrede. In seinen persönlichen Aufzeichnungen erklärt er später sein Verhalten damit, daß er die Rede »zum Besten hin« habe ausdeuten wollen, um mit Heidegger im Gespräch bleiben zu können, in Wirklichkeit aber habe er Abscheu empfunden vor dem »unerträglich tiefen und fremden Niveau« Heideggers Redens und Tuns.

Jaspers Zustimmung zur Rektoratsrede hatte nicht nur diesen von ihm später herausgestellten taktischen Sinn. Es gab nach wie vor wichtige Berührungspunkte zwischen den beiden, und zwar überraschenderweise auch auf dem Gebiet der nationalsozialistischen Universitätsreform. In seinem Brief vom 23. August 1933 nennt Jaspers die soeben vom badischen Kulturministerium erlassene neue Universitätsverfassung, deren Kernpunkt die Einführung des Führerprinzips und die

Entmachtung der Kollegialorgane war, einen »außerordentlichen Schritt«. Er finde die »neue Verfassung richtig«. Die »große Zeit« der Universität sei schon lange zu Ende gewesen, und deshalb mußte ein neuer Anfang gemacht werden.

Jaspers hatte im Sommer 1933 selbst Thesen zur Universitätsreform ausgearbeitet. Sie sollten unter den Heidelberger Dozenten beraten werden. Jaspers hatte Heidegger beim letzten Besuch davon berichtet in der Hoffnung, dieser werde die Regierungsstellen anregen, sich mit ihm, Jaspers, in Verbindung zu setzen. Für diesen Fall hatte Jaspers einen Begleitbrief entworfen, worin er beteuert, daß die eigenen Reformideen nicht »im Widerstreit« zu den »bisher von Regierungsseite gehörten Prinzipien« stünden, sondern mit ihnen »in eins« gehen. Jaspers hatte schließlich darauf verzichtet, mit seinen Thesen hervorzutreten. Den Grund vermerkte er auf einem Blatt, das dem Thesenkonvolut beilag: »Ungefragt kann ich nichts tun, da mir gesagt wird, daß ich als nicht zur Partei gehörig und als Gatte einer jüdischen Frau nur geduldet bin und kein Vertrauen haben kann« (BwHJ, 260).

In seinen »Thesen«, die Jaspers übrigens 1946 zur Grundlage seiner Universitätsreform-Schrift nehmen wird, zeichnet er ein Bild des Zerfalls der Universität. In der Diagnose stimmt er mit Heidegger überein. Als manifeste Schäden werden genannt: die Zerstückelung in Fachdisziplinen, die zunehmende Verschulung und die einseitige Berufsorientierung, das Überwuchern der Verwaltung, das Absinken des Gesamtniveaus der Lehre, der Mißbrauch der Lernfreiheit, bei der »das zur Freiheit gehörige Korrelat: die Ausschaltung der Versagenden« nicht mehr zur Anwendung komme. In der gegenwärtigen Situation, Sommer 1933, bestehe die vielleicht »nie wiederkehrende Möglichkeit« der Überwindung aller Hemmnisse und Verkrustungen »durch die entscheidende Anordnung eines die Universität schrankenlos beherrschenden Mannes, der auf den mächtigen Antrieb einer der Situation bewußten Jugend und die ungewöhnliche Bereitschaft der sonst Lauen und Gleichgültigen sich stützen kann«. Wenn jetzt nicht entschieden gehandelt würde, werde die Universität dem »endgültigen Tod« entgegengehen.

Die Jasperschen Reformpläne sehen im einzelnen vor: Deregulierung des Studiums, Abschaffung der Studienpläne und der formalen Nachweise, Vereinfachung der Verwaltung durch Stärkung der Verantwortlichkeit der leitenden Instanzen. Rektor und Dekane sollen nicht mehr von Mehrheitsbeschlüssen abhängig sein. Jaspers will das

Führerprinzip, aber mit dem Vorbehalt, daß die verantwortlich Entscheidenden sich auch wirklich verantworten müssen und gegebenenfalls abgewählt werden können. Es geht um Sicherungen gegen den Mißbrauch des Führerprinzips. Ob die erneuerte badische Hochschulverfassung sie gewährleiste, werde die Zeit erweisen. Jedenfalls wünsche er dem neu installierten »aristokratischen Prinzip« vollen Erfolg, schreibt Jaspers in dem Brief an Heidegger vom 23. August 1933 (BwHJ, 156).

Jaspers teilte also im Sommer 1933 die Überzeugung Heideggers, daß sich mit der nationalsozialistischen Revolution auch eine vernünftige Erneuerung der Universität durchführen lasse, wenn nur die Machthaber auf die Gelehrten von Rang hören. Auch Jaspers will sich auf seine Weise »einschalten«. Er macht sogar Zugeständnisse an die Konzepte von Arbeitsdienst und Wehrsport. Sie gehören für ihn zur »Wirklichkeit des Übergreifenden«, das mit den »Daseinsgründen und dem Gesamtvolk« verbindet. Ausdrücklich aber wendet sich Jaspers gegen das Primat der Politik. »Keine andere Instanz in der Welt« könne der Forschung und Lehre ihre Zielsetzung geben »als die hervorgebrachte Helligkeit des wahren Wissens selbst«.

Etwas anderes aber hatte auch Heidegger bisher nicht verlauten lassen. In seiner Rektoratsrede leitet er den Geist der Wissenschaft nicht aus der Politik ab, sondern begründet umgekehrt den politischen Einsatz aus der Haltung des recht verstandenen philosophischen Fragens. Und dennoch: Was die Stimmung und die Art der inneren Anteilnahme an der politischen Bewegung betrifft, so liegen doch Welten zwischen Jaspers und Heidegger. Jaspers verteidigt die Aristokratie des Geistes, und Heidegger will sie zerschlagen. Daß es so viele Philosophieprofessoren gebe, sei ein Unfug, es genügten zwei oder drei, sagte Heidegger im letzten Gespräch mit Jaspers.

Für Heidegger, der noch im April 1933 an Jaspers geschrieben hatte, es komme alles darauf an, in der *neuen Wirklichkeit* die *rechte Einsatzstelle* für die Philosophie zu finden und *ihr zum Wort* zu verhelfen, für ihn ist inzwischen diese *neue Wirklichkeit* die nationalsozialistische Revolution. Jaspers aber will das durch die Politik unverfälschte Wort der Philosophie bewahren. Mit Staunen und Entsetzen sieht er, wie Heidegger die Mächte, in deren Bann er steht, zu Daseinsmächten des metaphysischen Typs emporeutet. Aber er spürt auch, daß in Heideggers politischen Umtrieben immer noch ein philosophischer Furor wirkt. Und das fasziniert Jaspers. Er will verstehen, wodurch diese *neue Wirk-*

lichkeit für Heidegger eine solche philosophische Stoßkraft und Bedeutung gewinnen kann. Deshalb seine ominöse Bemerkung zu Heideggers Rektoratsrede, »daß man hoffen darf, daß Sie einmal philosophisch interpretierend verwirklichen, was Sie sagen« (BwHJ, 155).

Heidegger hatte nach der Rektoratswahl das Führerprinzip in Freiburg de facto bereits eingeführt, noch ehe es durch die badische Hochschulreform offiziell etabliert wurde. Er berief über mehrere Monate den akademischen Senat nicht ein und entmachtete ihn dadurch. Seine Mitteilungen und Rundschreiben an die Kollegialorgane und Fakultäten waren in gellendem und befehlendem Ton abgefaßt. Heidegger, ein Mann mit begrenzter Fronterfahrung im Ersten Weltkrieg, war von der Idee fasziniert, soldatischen Geist in den Lehrkörper zu tragen. Er beauftragte Professor Stieler, einen ehemaligen Korvettenkapitän, mit der Ausarbeitung einer Ehrengerichtsordnung für die Dozentenschaft, die sich an den entsprechenden Regelungen des Offizierskorps ausrichten sollte. Heidegger, der selbst Geschick bei Berufungsverhandlungen bewiesen hatte, wollte jetzt dem Schachern um Gehaltszulagen, Lehrstuhlausstattungen usw. ein Ende setzen, der Geist des Marktes und der ökonomischen Konkurrenz sollte überwunden werden. Deshalb heißt es in dem Entwurf der Ehrengerichtsordnung: »Wir wollen unter uns selbst jenen Geist wahrer Kameradschaft und echten Sozialismus pflegen und immer mehr zur Entfaltung bringen, der im Kollegen nicht den Konkurrenten im Kampf ums Dasein sieht.«

In diesem von Heidegger gutgeheißenen Entwurf findet sich auch der Satz: »Wir wollen unsere Körperschaft von minderwertigen Elementen reinigen und künftigen Entartungskampagnen vorbeugen.«

Heidegger mochte in diesem Zusammenhang unter den »minderwertigen Elementen« wohl eher die fachlich und charakterlich unzureichend qualifizierten gemeint haben, doch für die nationalsozialistische Revolution waren es natürlich vor allem die Juden und die politisch Oppositionellen. Das mußte Heidegger wissen.

In Freiburg hatte die SA bereits Anfang März den Boykott der jüdischen Geschäfte propagiert und Listen jüdischer Rechtsanwälte und Ärzte in Umlauf gebracht. Die NS-Studentenschaft hatte damit begonnen, zum Boykott jüdischer Professoren aufzurufen. Am 7. April wurde das »Gesetz über die Wiederherstellung des Berufsbeamtentums« erlassen, das alle »Nicht-Arier«, die erst nach 1918 eingestellt worden waren, aus dem Staatsdienst ausschloß. In Freiburg aber hatte der Reichskommissar Robert Wagner einen Tag zuvor eine noch schärfere Verfügung getroffen: vorläufige Beurlaubung mit dem Ziel der Entlassung aller jüdischen Beamten, auch wenn sie schon vor 1918 im Staatsdienst standen. Aufgrund dieser Verfügung wurde Husserl am 14. April 1933 beurlaubt. Zu diesem Zeitpunkt war Heidegger noch nicht im Amt. Als der Wagner-Erlaß Ende April zugunsten des Gesetzes über die Wiederherstellung des Berufsbeamtentums aufgehoben wurde, mußte die Beurlaubung von Husserl rückgängig gemacht werden. Das war dann die Aufgabe des inzwischen amtierenden neuen Rektors. Heidegger verband sie mit einer persönlichen Geste. Er ließ durch Elfride Blumen an Husserl schicken. Husserl hatte die Beurlaubung als die »größte Kränkung« seines Lebens empfunden, er fühlte sich vor allem in seinem Nationalgefühl verletzt und hatte in einem Brief geschrieben: »Ich denke, ich war nicht der schlechteste Deutsche (alten Stils und Umfangs) und mein Haus eine Stätte wirklicher nationaler Gesinnung, die meine Kinder alle in ihrer kriegsfreiwilligen Tätigkeit im Felde und ... im Lazarett während des Krieges erwiesen haben.«

Der Blumenstrauß und der Gruß konnten Husserl in seiner Enttäuschung über Heidegger nicht umstimmen. In einem Brief an seinen Schüler Dietrich Mahnke vom 4. Mai 1933 bezeichnet er den »ganz theatralischen« Parteieintritt Heideggers als »Abschluß dieser vermeintlichen philosophischen Seelenfreundschaft«. Vorangegangen sei in den letzten Jahren Heideggers »immer stärker zum Ausdruck kommender Antisemitismus – auch gegenüber seiner Gruppe begeisterter jüdischer Schüler und in der Fakultät«.

Heidegger – ein Antisemit?

Er war es nicht im Sinne des ideologischen Wahnsystems der Nationalsozialisten. Denn auffällig ist, daß sich weder in den Vorlesungen und den philosophischen Schriften noch in den politischen Reden und Pamphleten antisemitische, rassistische Bemerkungen finden. Wenn Heidegger beispielsweise im Rundschreiben vor der Maifeier als *Gebot der Stunde* den *Aufbau einer neuen geistigen Welt für das deutsche Volk* bezeichnet, dann will er von dieser Aufgabe niemanden ausschließen, der willens ist, daran mitzuwirken. Heideggers Nationalsozialismus war dezisionistisch. Nicht die Abstammung, sondern die Entscheidung ist für ihn maßgebend. In seiner Terminologie heißt das: Der Mensch ist nicht von seiner *Geworfenheit*, sondern von seinem *Entwurf* her zu beurteilen. Insofern konnte Heidegger bedrängten jüdischen Kollegen sogar helfen, wenn er ihre Leistungen anerkannte. Als Eduard Fraenkel, Ordinarius für Klassische Philologie, und Georg von Hevesey, Professor für Physikalische Chemie, als Juden entlassen werden sollten, versuchte Heidegger dies mit einem Schreiben an das Kulturministerium zu verhindern. Darin argumentiert er taktisch: Eine Entlassung dieser beiden jüdischen Professoren, deren ungewöhnlich hohe wissenschaftliche Reputation unbestritten sei, würde gerade einer *Grenzlanduniversität* schaden, auf die sich die Blicke des kritischen Auslandes besonders richteten. Außerdem seien beide *edle Juden*, von vorbildlichem Charakter. Er könne für ihr untadeliges Verhalten einstehen, *soweit das menschliche Urteil reicht*. Fraenkel wurde trotz Heideggers Eingabe entlassen, Hevesey durfte einstweilen bleiben.

Auch für seinen jüdischen Assistenten Werner Brock setzte sich Heidegger ein. Er konnte ihn zwar nicht an der Universität halten, aber er vermittelte ihm ein Forschungsstipendium in Cambridge.

Martin Heidegger hat nach 1945 auf sein Eintreten für jüdische Wissenschaftler hingewiesen und auch darauf, daß er schon wenige Tage nach Amtsantritt einen Konflikt mit der NS-Studentenschaft riskiert habe, als er verbot, das antisemitische Plakat »Wider den undeutschen Geist« in der Universität auszuhängen.

Diese Verhaltensweisen zeigen Heideggers Reserve gegenüber einem grobschlächtigen und ideologischen Antisemitismus.

Anfang 1933, kurz vor ihrer Emigration, schrieb Hannah Arendt an Heidegger. Ihr seien, so paraphrasiert Ettinger diesen Brief, Berichte über Heidegger zu Ohren gekommen, »ob es wahr sei, daß er Juden von seinem Seminar ausschließe, jüdische Kollegen ... nicht grüße, seine jüdischen Doktoranden abweise und sich wie ein Antisemit verhalte?« (Ettinger). Heidegger antwortet darauf im wütenden Ton, es ist sein letzter Brief an Hannah bis 1950. »Der Reihe nach«, so Ettingers Paraphrase, »zählte er die Gefälligkeiten auf, die er Juden zuteil werden ließ, beginnend mit seiner Aufgeschlossenheit gegenüber jüdischen Studenten, denen er großzügig seine Zeit zur Verfügung stelle, obwohl dies störend für seine eigene Arbeit sei... Wer kommt in einer Notlage zu ihm? Ein Jude. Wer besteht darauf, dringend über seine Dissertation sprechen zu wollen? Ein Jude. Wer schickt ihm ein umfangreiches Werk, damit er es sofort rezensiere? Ein Jude. Wer bittet ihn um Hilfe, um einen Zuschuß zu bekommen? Ein Jude« (Ettinger).

Abgesehen davon, daß Heidegger hier als *Gefälligkeiten* anführt, was zu seinen dienstlichen Pflichten gehört, offenbart Heidegger mit seiner Verteidigung, »daß er die Deutschen, seine Kollegen ebenso wie seine Studenten, tatsächlich in Juden und Nichtjuden einteilte« (Ettinger) und er läßt auch anklingen, daß er die Juden an der Universität als zudringlich empfindet. Aus einem 1989 entdeckten Brief Heideggers vom 20. Oktober 1929 an Victor Schwörer, den stellvertretenden Präsidenten der »Notgemeinschaft der deutschen Wissenschaft« (eine Organisation zur Vergabe von Stipendien), geht hervor, daß Heidegger den in akademischen Kreisen weitverbreiteten »Konkurrenzantisemitismus« (eine Bezeichnung Sebastian Haffners) durchaus geteilt hat. Heidegger: *es geht um ... die unaufschiebbare Besinnung darauf, daß wir vor der Wahl stehen, unserem d e u t s c h e n Geistesleben wieder echte bodenständige Kräfte und Erzieher zuzuführen oder es der wachsenden Verjudung im weiteren und engeren Sinne endgültig auszuliefern.*

Dieser »Konkurrenzantisemitismus« akzeptiert im Kern nicht die Assimilation der Juden, sondern identifiziert sie auch weiterhin als eine besondere Gruppe und wehrt sich dann dagegen, daß sie in der Kultur eine dominierende, ihrem proportionalen Anteil an der Gesamtbevölkerung nicht entsprechende Stellung einnehmen. In diesem Sinne, berichtet Max Müller, hatte Heidegger in einem Gespräch vor 1933 darauf hingewiesen, »daß ursprünglich nur zwei jüdische Ärzte in der Internistik tätig waren, dann schließlich aber in diesem Fach nur noch zwei Nicht-Juden anzutreffen waren. Das hat ihn schon etwas geärgert.«

Es kann deshalb nicht überraschen, daß Heidegger bei seinem Einsatz für die von Entlassung bedrohten jüdischen Kollegen Hevesey und Fraenkel dem Kulturministerium gegenüber ausdrücklich die »Notwendigkeit des Gesetzes zur Wiederherstellung des Berufsbeamtentums« einräumt.

Der »Konkurrenzantisemitismus« schließt auf kulturellem Gebiet in der Regel die Annahme eines besonderen ›jüdischen Geistes‹ ein. Aber bei Heidegger gibt es diesen ›jüdischen Geist‹, vor dem man sich zu hüten habe, nicht. Gegen diese Art ›geistigen‹ Antisemitismus hat er sich stets gewehrt. In einer Vorlesung Mitte der dreißiger Jahre verteidigt er Spinoza und erklärt, wenn dessen Philosophie *jüdisch* sei, dann sei die ganze Philosophie von Leibniz bis Hegel auch jüdisch. Diese Zurückweisung des ›geistigen‹ Antisemitismus ist um so erstaunlicher, da Heidegger sonst das *Deutsche* in der Philosophie gerne hervorhebt und gegen den Rationalismus der Franzosen, den Utilitarismus der Engländer und die Technikbesessenheit der Amerikaner abhebt. Aber dieses *Deutsche* in der Philosophie hat Heidegger, anders als seine Mitkämpfer und Kontrahenten Krieck und Baeumler, niemals zur Abgrenzung vom ›Jüdischen‹ verwendet.

Karl Jaspers, der 1945 um ein Gutachten über Heideggers Antisemitismus gebeten wird, kommt zu dem Urteil, daß Heidegger in den zwanziger Jahren kein Antisemit gewesen sei, und fährt dann fort: »Er hat in dieser Frage nicht nur Zurückhaltung geübt. Das schließt nicht aus, daß ihm, wie ich annehmen muß, in anderen Fällen der Antisemitismus gegen sein Gewissen und seinen Geschmack ging.«

Auf jeden Fall war seine Art des Antisemitismus für ihn kein Motiv, sich der nationalsozialistischen Revolution anzuschließen. Aber die sehr früh zutage tretende Brutalität des nationalsozialistischen Antisemitismus hat ihn auch nicht von der Bewegung abgeschreckt. Er unterstützte diese Aktionen nicht, aber er nahm sie in Kauf. Als nationalsozialistische Studenten im Sommer 1933 das Haus einer jüdischen Studentenverbindung stürmten und so gewalttätig dabei vorgingen, daß die Staatsanwaltschaft nicht umhinkonnte, Ermittlungen anzustellen, und sich mit der Bitte um Informationen an den Rektor Heidegger wandte, da lehnte dieser jede weitere Nachforschung ab mit dem Hinweis, daß an dem Überfall nicht nur Studenten beteiligt gewesen seien (vgl. V. Farías, 172). Heidegger deckte den Mob, das war er der Revolution schuldig, so glaubte er.

Als Elisabeth Blochmann, als Halbjüdin nach dem Gesetz zur »Wiederherstellung des Beamtentums« entlassen, einen hilfesuchenden Brief an Heidegger schreibt, da verspricht er zwar, sich in Berlin für die Freundin einzusetzen – was zu keinem Erfolg führen wird –, aber selbst in dieser persönlichen Beziehung, wo keine taktischen Rücksichten erforderlich sind, findet er keine Worte der Empörung über diese Maßnahmen. Er bedauert Elisabeth Blochmann so, als sei ihr eben ein Unglück zugestoßen. Es scheint ihm niemals der Gedanke gekommen zu sein, daß sein Handeln, verwoben in das kollektive Handeln der Revolution, auch gegen seine Freundin gerichtet ist, die ihm verzweifelt schreibt: »Ich habe sehr schwere Tage hinter mir, hatte mir doch nicht vorstellen können, daß ein solches Ausgestoßenwerden möglich sei. Ich habe vielleicht zu naiv in der Sicherheit einer tiefen Zugehörigkeit des Geistes und des Gefühls gelebt – so war ich zuerst ganz wehrlos und verzweifelt« (18.4.1933, BwHB, 64). Und Heidegger antwortet ihr: *Ich bin jederzeit für alle Ihre Wünsche und Nöte ganz bereit* (16.10.1933, BwHB, 77).

Hannah Arendt, Elisabeth Blochmann, Karl Löwith – Menschen aus der nächsten Umgebung Heideggers – müssen Deutschland verlassen, aber das beeinträchtigt bei ihm einstweilen noch nicht die *Gemeinsamkeit des Wollens* mit den Nationalsozialisten. Er fühlt sich der Bewegung zugehörig, auch wenn in seiner Heimatgegend die ersten KZs eingerichtet, wenn jüdische Studenten brutal angegriffen und die ersten Proskriptionslisten in der Stadt verteilt werden. Und wenn Heidegger dann eine erste vorsichtige Kritik an der offiziellen Politik formuliert, dann nicht, weil ihn die antisemitischen Exzesse, sondern die Zugeständnisse an die alten bürgerlichen Kräfte empören.

Was Hannah Arendt Anfang 1933 zu Ohren gekommen war, daß Heidegger sich von seinen jüdischen Kollegen und den jüdischen Studenten zurückziehe, und was er in der Antwort an Hannah bestritt, das geschieht tatsächlich in den folgenden Monaten. Von dem Moment an, da er Rektor wurde, hat er den privaten Umgang mit jüdischen Kollegen beendet und keinen seiner jüdischen Schüler mehr promoviert. Er schob sie an Fakultätskollegen ab. »Heidegger wollte, daß seine jüdischen Studenten noch promovierten, aber nicht bei ihm« (Max Müller). Zu Wilhelm Szilasi, dem befreundeten jüdischen Privatgelehrten, sagte er: *Bei der jetzigen Situation müssen wir unsere Kontakte abbrechen.*

Abgebrochen hat Heidegger auch seine Kontakte zu Edmund Husserl. Daß er seinem alten Lehrer und Freund das Betreten des Seminars verboten habe, ist zwar nur ein unzutreffendes Gerücht. Aber Heidegger hat auch keinen einzigen Schritt unternommen, um die wachsende Isolation Husserls von sich aus zu durchbrechen. Es war Heideggers Kollege auf dem katholischen Lehrstuhl, Martin Honecker, der Verbindung hielt und durch den ›Boten‹ Max Müller regelmäßig Edmund Husserl die »besten Grüße aus dem Philosophischen Seminar« übermitteln und über die Vorgänge am Institut informieren ließ. »Er erschien mir dabei wie ein ›Weiser‹, denn ihn interessierte keine Tagesfrage, wo doch die Tagespolitik ihn als Juden und seine jüdische Frau ständig bedrohte. Es war, als ob er von dieser Bedrohung nichts wüßte oder sie einfach nicht zur Kenntnis nähme« (Max Müller). Husserl nahm wenig Anteil an Institutsangelegenheiten, aber über Heidegger wollte er stets etwas hören. Nach der ersten Empörung über dessen ›Verrat‹ von 1933 wurde sein Urteil schließlich wieder milde. »Er ist wohl die größte aller Begabungen von denen, die jemals zu meinem Kreis gehörten«, sagte er zu Max Müller.

Als Edmund Husserl 1938 vereinsamt starb und am 29. April eingeäschert wurde, da war außer Gerhard Ritter niemand aus der Philosophischen Fakultät zugegen. Auch nicht Martin Heidegger, der krank zu Bett lag. Am Abend dieses Tages hielt der Nationalökonom Karl Diehl in einer kleinen Versammlung von Kollegen eine Gedenkrede auf Husserl. Diehl pflegte diesen Kreis »die Fakultät der anständigen Menschen« zu nennen.

Anfang der vierziger Jahre wird Heidegger auf Druck des Verlages die Husserl-Widmung auf dem Vorsatzblatt von SEIN UND ZEIT zurückziehen. Die in den Anmerkungen versteckte Danksagung aber bleibt erhalten.

Zurück in das Jahr 1933.

Erinnern wir uns: Heidegger hatte in der Rektoratsrede das Szenario eines Epochenbruchs, eines zweiten Anfangs der Menschheitsgeschichte entworfen; alle waren eingeladen, Zeugen und Mithandelnde eines entscheidenden Aktes in der Gigantomachie der Seinsgeschichte zu werden. Aber es kommt in seinem Falle nicht viel mehr dabei heraus als ein Kampf gegen die Ordinarien-Universität. Heidegger später zu Jaspers: *Ich ›träumte‹ und dachte im Grunde nur an ›die‹ Universität, die mir vorschwebte* (8.4.1950, BwHJ, 200).

Dieser Kampf um eine ›neue‹ Universität hat einige Ähnlichkeit mit der Studentenrevolte von 1967. Heidegger tritt betont jugendbewegt auf, als Speerspitze der revolutionären Studenten, die *auf dem Marsch* sind. Heidegger mit Kniebundhosen und Schillerkragen gegen den Muff unter den Talaren. Heidegger spielt die nationalsozialistischen Studentenvertreter in den Fachschaften gegen die Ordinarien aus und unterstützt die Selbständigkeit der Assistenten. Es ist die Stunde der Privatdozenten, die sich einige Hoffnungen machen dürfen. Heidegger achtet darauf, daß auch das sonstige Dienstpersonal zu Beratungen hinzugezogen wird.

So vermessen war Heidegger nicht, daß er glaubte »den Führer führen zu können« – wie später Jaspers behauptet hat –, aber auf universitätspolitischem Gebiet strebte er tatsächlich eine führende Position im Kampf gegen die Ordinarienherrschaft an. Auf der Tagung des »Hochschulverbandes« im Juni 1933 gelang es der nationalsozialistischen Hochschullehrer-Fraktion, in der Heidegger eine Führungsposition beanspruchte, die alten Vorstandsmitglieder des Verbandes zum Rücktritt zu bewegen. Bei der anschließend stattfindenden Rektorenkonferenz setzte sich Heidegger für die Auflösung des Verbandes ein. Außerdem sollte Freiburg zum »Vorort« der nationalsozialistischen

Umwälzung der Universitäten erklärt werden. Dann wäre Heidegger tatsächlich zu einer Art Führer der deutschen Universitäten geworden. Den entsprechenden Ehrgeiz hatte er. Aber man konnte sich gegen die anderen Rektoren nicht durchsetzen. Die nationalsozialistische Fraktion verließ unter Protest die Versammlung. Da Heideggers Aktivitäten auf nationaler Ebene nicht den gewünschten Erfolg hatten, so wollte er wenigstens regional ein beispielgebendes Modell verwirklichen. Es ist mittlerweile unbestritten, daß Heidegger während des Sommers 1933 intensiv mitwirkte bei der Ausarbeitung der badischen Hochschulreform, die am 21. August in Kraft trat, womit Baden als erstes Land die Gleichschaltung der Universitäten nach dem Führerprinzip vollzog.

Für Heidegger bedeutete die Entmachtung der Ordinarienherrschaft die Fortsetzung seines Kampfes gegen den bürgerlichen Idealismus und gegen den neuzeitlichen Geist der positivistischen Fachwissenschaften. Auch dieser Impuls wird in der Studentenrevolte von 1967 wiederkehren. Wogegen Heidegger damals focht, das nannten die Studenten von 1967 »Fachidioten«. Die Kritik von 1967 lautete: Die bürgerliche Gesellschaft lehrt das Interesse an den Wissenschaften als Desinteresse an der Gesellschaft. Von dieser Verantwortung der Wissenschaft für das gesellschaftliche Ganze redet nun auch Heidegger – wenn auch mit anderen Worten: *Der Aufbau einer neuen geistigen Welt für das deutsche Volk wird zur wesentlichen Aufgabe der Deutschen Universität. Das ist nationale Arbeit im höchsten Sinn und Rang.*

Ein Ideal der Studentenbewegung von 1967 war die sogenannte »Aufhebung der Trennung von Hand- und Kopfarbeit«. Es war auch das Ideal Heideggers. Zur Immatrikulationsfeier am 25. November 1933 hielt er eine programmatische Rede zum Thema DER DEUTSCHE STUDENT ALS ARBEITER. Mit Formulierungen, in denen Gedanken aus Ernst Jüngers 1932 erschienenem Essay »Der Arbeiter« anklingen, polemisiert Heidegger gegen den Gebildetendünkel. Der Student soll keine Geistesschätze sammeln wollen für den privaten Gebrauch und für die Karriere, sondern er soll sich fragen, wie er mit seinem Forschen und Wissen am besten dem Volke dienen könne. *Solcher Dienst verschafft die Grunderfahrung des Ursprungs echter Kameradschaft.* Der Student soll sein Studium ganz bescheiden als *Arbeit* begreifen, aber er soll auch wirklich Hand anlegen: bei der Ernte helfen, bei Meliorationsarbeiten in der Umgebung Freiburgs, bei der Stadtküche und wo immer. *Der nationalsozialistische Staat ist der Arbeiterstaat*, sagt Heidegger, und die Studenten sollten sich, jeder an seinem Platz, mit ihrem Forschen und Wissen *im Dienst* fühlen.

Befremdlich ist, wie Heidegger, der bisher doch stets den Geist der wahren Wissenschaft und Philosophie von allen Erwägungen der Nützlichkeit und der unmittelbaren Praxisorientierung freihalten wollte, nun einer Instrumentalisierung der Wissenschaft für nationale Zwecke das Wort redet. Er hatte die Orientierung der Philosophie an *Werten* als Schwundstufe des bürgerlichen Idealismus karikiert und holt jetzt die Werte der nationalen Selbstbehauptung hervor, um in ihrem Namen, philosophisch beglaubigt, die *Bereitschaft bis zum Äußersten* und *Kameradschaft bis zum letzten* einzufordern. Das alles wird – besonders pointiert bei seiner Rede auf der Leipziger »Kundgebung der deutschen Wissenschaft für Adolf Hitler« vom 11. November 1933 – in bezug gesetzt zu jenem philosophischen Grundsatz, wonach es die *Urforderung* allen Seins sei, *daß es sein eigenes Wesen behalte und rette* (S, 149).

Heideggers Dienst am Volk. Die NSDAP hatte Anfang des Jahres 1934 ein Programm zur sozialen Eingliederung von Arbeitslosen verkündet. Arbeitslose werden zur ›staatspolitischen‹ Weiterbildung an die Universität abkommandiert. Dort sollen »die Arbeiter der Faust« von den »Arbeitern der Stirn« unterrichtet werden. Heidegger hat sich für dieses Programm des »Basisbezugs«, wie man es 1967 genannt hätte, eingesetzt. Er hielt vor 600 Arbeitern die Eröffnungsrede.

Zunächst macht Heidegger den vor ihm versammelten Arbeitern klar, was es bedeutet, daß sie vor ihm versammelt sind. Schon dadurch nämlich dienen sie dem *Aufbau und Bau in der neuen Zukunft unseres Volkes*. Nun sind sie aber leider arbeitslos – für Heidegger eine günstige Gelegenheit, vorsichtig die ersten philosophischen Termini einfließen zu lassen, indem er ihre mißliche Lage als *nicht daseinsfähig* bezeichnet. *Daseinsfähig* würden sie erst, wenn sie dem Staat und dem Volksganzen dienen könnten. Arbeitsbeschaffung ist also die erste Aufgabe des nationalen Staates. Die zweite Aufgabe ist: Wissensbeschaffung. *Jeder Arbeitende unseres Volkes muß w i s s e n, w a r u m und w o z u er dort steht, wo er steht*. Nur so würde der einzelne im *Volksganzen und im Volksschicksal verwurzelt*. Da Heidegger die Arbeitslosen nun nicht mit der Fraglichkeit des Seienden im ganzen als einer Form des Wissens, dessen der Volksgenosse bedarf, sitzenlassen kann, und da er die aus der Arbeit Geworfenen auch nicht eigens auf ihre Geworfenheit aufmerksam machen will, so muß er Konkreteres anbieten und beschaffen. Man merkt der Rede an, welche Schwierigkeiten er damit hat. Es will ihm nichts Rechtes einfallen. Und so redet er von dem, was zu wissen not tut, nämlich, *wie das Volk sich gliedert ... was mit dem deutschen Volk in diesem nationalsozialistischen Staat vor sich geht ... was die künftige Gesundung des Volkskörpers bedeutet ... was die Verstädterung den deutschen Menschen gebracht hat ...* Durch solches Wissen würden die hier versammelten Arbeitslosen *klare und entschlossene deutsche Menschen* werden können. Die Wissensbeschaffer von der Universität würden ihnen dabei helfen. Sie würden das gerne tun. Denn die Wissensbeschaffer wissen, daß auch sie nur Volksgenossen werden können, wenn sie ihr Wissen an den arbeitenden Mann bringen. Die Einheit von Faust und Stirn ist die wahre Wirklichkeit. *Dieser Wille, die Arbeitsbeschaffung in einer rechten Wissensbeschaffung zu vollenden, dieser Wille muß sein innerste Gewißheit und nie wankender Glaube.* Dieser Glaube aber hat seine Stütze in dem *überragenden Wollen unseres Führers*. Mit einem *Sieg Heil!* beschließt Heidegger seine Rede.

In einer Rede vor der Tübinger Studentenschaft vom 30. November 1933 beschreibt Heidegger den Vorgang der *Erkämpfung der neuen Wirklichkeit*, als handle es sich um die Entstehung eines Kunstwerkes. Es sei höchste Zeit, den Raum der bisherigen Universität zu verlassen, sie sei nur noch *die leere Insel eines leeren Staates*. Wer aber kämpft, befindet sich gleichsam im Inneren eines entstehenden Werkes. Er empfängt die Fülle des Daseins und wird *Mitbesitzer der Wahrheit des Volkes in seinem Staat*.

An die Stelle der philosophischen Ekstase ist die Mystik der Volksgemeinschaft getreten. Die Philosophie als das einsam denkende Fragen kann einstweilen abdanken. Aber natürlich bleibt das Ganze eine philosophische Angelegenheit, da Heidegger sich von der Bewegung philosophisch verzaubern läßt – und es gelingt ihm, andere zu verzaubern. Einer der Verzauberten sagte damals: »Es fällt mir wie Schuppen von den Augen, wenn Heidegger spricht.«

Ein mit besonderem Ehrgeiz betriebenes Projekt Heideggers war das »Wissenschaftslager«. Die Idee dazu hatte Heidegger schon am 10. Juni 1933 bei einer Schulungstagung des »Amtes für Wissenschaft der Deutschen Studentenschaft« in Berlin vorgetragen. Es sollte eine Mischung aus Pfadfinderlager und Platonischer Akademie werden. Gemeinsam leben, gemeinsam arbeiten, gemeinsam denken – für eine befristete Zeit in der freien Natur. Dabei sollte die Wissenschaft wieder zur *Lebens-*

wirklichkeit der Natur und der Geschichte erwachen, der *fruchtlose Ideologismus* des Christentums und die *positivistische Tatsachenkrämerei* sollten überwunden werden. Die Teilnehmer würden sich öffnen können für die neuen Daseinsmächte. So das Vorhaben. Umgesetzt wurde es vom 4. bis 10. Oktober 1933 am Fuß der Hütte von Todtnauberg. Geschlossener Abmarsch von der Universität. Heidegger hatte für den ersten Versuch einen kleinen Kreis von Dozenten und Studenten ausgesucht und Regieanweisungen verfaßt: *Das Ziel wird durch Fußmarsch erreicht ... SA- und SS-Dienstanzug, eventuell Stahlhelmuniform mit Armbinde.* Der Tagesplan: um 6 Uhr Wecken und Zapfenstreich um 22 Uhr. *Die eigentliche Lagerarbeit gilt der Besinnung auf die Wege und Mittel zur Erkämpfung der zukünftigen hohen Schule des deutschen Geistes.* Die Themen für die Arbeitskreise und Kurse, die Heidegger vorgab, betrafen Universitätsangelegenheiten, Organisation der Fachschaften, nationalsozialistische Hochschulreform, Führerprinzip usw. Entscheidend aber sei, schreibt Heidegger, daß durch die *Lagergemeinschaft* die *Grundstimmung und Grundhaltung* der gegenwärtigen Revolution erweckt werde. Heidegger will eine Jungschar ins friedliche Todtnauberg führen zu Lagerfeuer, Fahnenappell, Essenfassen, Gesprächen, Singen mit Klampfe – doch kündigt er dieses Vorhaben so an, als zöge man in Feindesland und hätte Gefahren zu bestehen: *Das Gelingen des Lagers hängt ab von dem Ausmaß an neuem Mut ... von der Entschiedenheit des Willens zur Treue, zu Opfer und Dienst...* Die einzige Gefahr bei diesem Unternehmen war, daß Heidegger sich blamierte und daß nichts weiter daraus würde als ein ganz gewöhnliches Lagerleben mit Leuten, die eigentlich über das Alter von Pimpfen schon hinaus waren. Heinrich Buhr, ein Teilnehmer, berichtet, wie Heidegger am Lagerfeuer eindrucksvoll gegen »Weltentwertung, Weltverachtung und Weltvereinigung« durch das Christentum gesprochen und »das große, noble Wissen um Ungeborgenheit des Daseins« gerühmt habe. Heinrich Buhr, der später Pfarrer wurde, fühlte sich an Jüngers »Abenteuerliches Herz« erinnert. Es war eine erbauliche, für manche sogar ergreifende Veranstaltung, aber Mut gehörte nicht dazu, sie durchzustehen. Es war romantisch, aber nicht gefährlich. Für eine gewisse Mißstimmung sorgte eine Kabale zwischen den Getreuen Heideggers und einer Gruppe von SA-Studenten aus Heidelberg, die gegen das Bündische das Militärische setzten und einen militanten Antisemitismus vertraten. Heidegger hat in seiner Verteidigungsschrift für das politische Reinigungsverfahren 1945 daraus einen wichtigen politischen Konflikt gemacht. *Die Heidelberger Gruppe hatte den Auftrag, das Lager zu sprengen*, schreibt er.

Bei den Auseinandersetzungen verläßt der Privatdozent Stadelmann aus der Gefolgschaft Heideggers auf dessen Geheiß das Lager. Hugo Ott hat den Briefwechsel zwischen Stadelmann und Heidegger über dieses Vorkommnis aufgefunden. Daraus gewinnt man den Eindruck, als wäre etwas Hochdramatisches zwischen einem Ritter und seinem Knappen geschehen, Treue bis zum Letzten, Opfer, Verrat, Heimtücke, Reue, Zerknirschung. Heidegger schreibt, daß die *Probe des Lagers* wahrscheinlich keiner bestanden habe, *aber jeder hat das große Bewußtsein mitgenommen, daß die Revolution noch nicht zu Ende ist. Und daß das Ziel der Universitätsrevolution der SA-Student ist*. Und Stadelmann, den es offenbar gekränkt hatte, daß Heidegger ihn vorzeitig aus dem Gefecht genommen hatte, schreibt: »Und noch nie ist mir so deutlich geworden wie in Todtnauberg, daß ich ins Lager der Revolution gehöre... Disziplin werde ich halten – aber ich hatte mehr gehofft, ich hatte an die Möglichkeit einer Gefolgschaft geglaubt.« Heidegger antwortet: *Ich weiß, daß ich mir Ihre Gefolgschaft, die mir ungemindert wesentlich ist, nun erst wieder erwerben muß.*

Die Daseinsmächte, die hier offenbar eine Rolle spielen, sind männerbündisch und wandervogelartig. Heidegger aber gelingt es, eine Bühne aufzuschlagen, wo Ränke, Intrigen und gruppendynamische Spannungen aussehen wie etwas *Großes*, das – so Heidegger in der Rektoratsrede – *im Sturm steht*. Heidegger wird zum Gefangenen der Bedeutungen, die er in die Wirklichkeit hineinlegt.

Er gewinnt die freie Beweglichkeit seines Denkens zurück, wenn er nicht mehr mitwirken will am Gesamtkunstwerk der Volksgemeinschaft, sondern sich wieder den Werken der Kunst und der Philosophie zuwendet. In solchen Werken konnte Heidegger doch besser ›lesen‹ als in der politischen Wirklichkeit. Zu Hause fühlte er sich nur in der Philosophie und in einer philosophisch zugerichteten Wirklichkeit. Es war eine Selbstüberforderung, als er sich in die revolutionäre Bewegung realpolitisch *einschaltete*. Er wird sich bald wieder in die vergleichsweise sicheren Quartiere des philosophischen Denkens zurückziehen.

Fünfzehntes Kapitel

Der Kurzschluß zwischen Philosophie und Politik. Der Mensch im Singular und im Plural. Das Verschwinden der Verschiedenheit. Keine Ontologie der Differenz. Der zweite Ruf nach Berlin. Heideggers Kampf um die Reinheit der Bewegung. Der Revolutionär als Denunziant.

Philosophie soll ihrer Zeit *mächtig* sein, hatte Heidegger gesagt.

Beim Versuch, diesem Anspruch zu genügen, reißt er seine Fundamentalontologie aus ihren Halterungen.

Erinnern wir uns: Er hatte in SEIN UND ZEIT das Dasein des Menschen auf einer elementaren Ebene beschrieben, noch unterhalb der geschichtlichen Unterschiede und Gegensätzlichkeiten der individuellen Lebensentwürfe. Auch die Stimmungen der Langeweile und der Angst, die er in den Vorlesungen der frühen dreißiger Jahre analysiert hatte, waren auf das In-der-Welt-Sein überhaupt bezogen, nicht auf individuelle Daseinsbefindlichkeiten in bestimmten Situationen.

Obwohl Heidegger gelegentlich das Mit-Sein zum Thema machte, war sein Denken doch immer nur auf den Menschen im Gattungssingular gerichtet: der Mensch, das Dasein; auch was dem Menschen gegenübersteht oder worin er sich befindet, ist singularistisch zugerichtet: die Welt, das Seiende, das Sein.

Aber zwischen dem Menschen und dem großen Ganzen – dem Sein, dem Geist, der Geschichte – gibt es noch einen anderen Bereich, jenes ›Dazwischen‹, wo es die Menschen in ihrer Pluralität gibt, die vielen, die sich voneinander unterscheiden, unterschiedlichen Interessen nachgehen, sich handelnd begegnen und dabei erst das hervorbringen, was politische Wirklichkeit genannt werden kann. Diese ganze Sphäre, deren ontologische Bedeutung in der Vielheit und den Unterschiedenheiten der einzelnen liegt, verschwindet in Heideggers Daseinspanorama. Es gibt nur zwei Arten des Daseins, das eigentliche und das uneigentliche, das *Selbst* und das *Man*. Natürlich würde Heidegger nicht leugnen, daß die Daseinsentwürfe der einzelnen unterschiedlich sind, aber diese Unterschiedlichkeit ist für ihn keine positive Herausforderung, er nimmt sie nicht auf unter die Grundbedingungen von Existenz. Daß wir mit dem Faktum leben müssen, von Menschen umgeben zu sein, die anders sind, die wir nicht verstehen oder allzugut verstehen, die wir lieben, hassen, die uns gleichgültig oder rätselhaft sind, von denen uns ein Abgrund oder nichts trennt – diesem ganzen Universum von Bezugsmöglichkeiten hat Heidegger keine Aufmerksamkeit geschenkt, und er hat es nicht unter seine Existenzialien aufgenommen. Heidegger, der Erfinder der ontologischen Differenz, ist niemals auf die Idee gekommen, eine Ontologie der Differenz zu entwickeln. Die ontologische Differenz bedeutet: das Sein vom Seienden zu unterscheiden. Eine Ontologie der Differenz würde bedeuten: die philosophische Herausforderung durch die Verschiedenheit der Menschen und die Schwierigkeiten und Chancen, die sich daraus für das Zusammenleben ergeben, anzunehmen.

In der philosophischen Tradition gibt es schon lange diese Mystifikation, daß immer nur von dem Menschen geredet wird, wo doch immer nur die Menschen vorkommen. Auf der philosophischen Bühne agieren Gott und Mensch, Ich und Welt, das »ego cogito« und »res extensa« und nun bei Heidegger das Dasein und das Sein. Auch Heideggers Rede vom *Dasein* unterstellt, schon allein durch die Suggestion der Sprache, die Identität von allem, was *Dasein* ist. Das Dasein ist *hinausgehalten* in das *Seiende im Ganzen*, sagt Heidegger. Aber zunächst ist das einzelne Dasein hinausgehalten in die Welt der anderen daseienden Menschen.

Statt nun die fundamentale Pluralität dieser Menschenwelt zu bedenken, weicht Heidegger in den kollektiven Singular aus: das Volk. Und dieser völkische Singular wird unter das Existenzideal des Selbstseins gestellt, ein Ideal, das ›eigentlich‹ an dem auf sich selbst zurückgeworfenen einzelnen entwickelt worden war. Die *Urforderung alles Daseins, daß es sein eigenes Wesen behalte und rette*, überträgt Heidegger bei der »Kundgebung der deutschen Wissenschaft für Adolf Hitler« am 11. November 1933 in Leipzig ausdrücklich auf das Volk, das sein *eigenes Wesen behalten und retten* muß. Wodurch ist es bedroht? Durch die Demütigungen des Versailler Vertrages, durch die Abtrennung ehemals deutscher Gebiete, durch die Reparationen. Welche Organisation sanktioniert dieses Unrecht? Der Völkerbund. Und deshalb war es richtig, daß Hitler den Austritt aus dem Völkerbund erklärte und nun vom Volk in einem Plebiszit (verbunden mit der Wahl des Reichstags mittels Einheitsliste) die nachträgliche Zustimmung für diesen Schritt einholt. Diesem politischen Manöver erteilt Heidegger mit seiner vom einzelnen aufs Volk verschobenen Eigentlichkeitsphilosophie die höheren Weihen: *Urforderung des Daseins.*

Diese Rede vom November 1933 ist angewandte völkische Fundamentalontologie. In der LOGIK-Vorlesung vom Sommer 1934 – veröffentlicht ist sie bisher nur in einer verstümmelten Mitschrift – hat Heidegger ausdrücklich über diese Verwandlung der *Je-meinigkeit* in die ›Jeunsrigkeit‹ reflektiert. *Das Selbst*, so sagt er, *ist keine auszeichnende Bestimmung des Ich*. Fundierend vielmehr ist das *Wir-selbst*. Beim Bemühen um das *Ich-selbst* verliert der einzelne den Boden unter den Füßen, er *steht in der Verlorenheit zum Selbst*, weil er das Selbst am falschen Ort, nämlich im losgelösten Ich sucht. Zu finden ist es nur im *Wir*, allerdings ist nicht jede Ansammlung von Menschen – *ein Kegelklub, eine Räuberbande* – schon ein solches *Wir*. Die Unterscheidung von Eigentlichkeit und Uneigentlichkeit gibt es auch auf der Ebene des *Wir*. Das uneigentliche ›Wir‹ ist das *Man*, das eigentliche ›Wir‹ ist das Volk, das sich wie ein Mann behauptet. *Ein Volksganzes ist also ein Mensch im Großen* (L, 26ff.).

Das Pathos der Eigentlichkeit von SEIN UND ZEIT war die Einsamkeit. Wenn aber das Volk zum kollektiven Singular des Daseins wird, dann ist diese Einsamkeit in der ominösen Einheit des Volkes verschwunden. Aber Heidegger möchte auf das existentielle Pathos nicht verzichten, und so wählt er eine Bühne, wo ein ganzes Volk in entschlossener Einsamkeit vorgeführt werden kann. Einsam ist das deutsche Volk inmitten der anderen Völker. Es hat sich mit seiner Revolution weiter hinausgewagt in das Ungewisse des *Seienden im Ganzen*. Das haben wir schon in der Rektoratsrede gehört: Das Volk ist unter den leeren Himmel des Zarathustra vorgerückt, eine Gemeinschaft, die aufgebrochen ist, um die Sinnstiftung im Sinnlosen zu wagen, gegliedert in Formationen, Gefolgschaften, Bünden. Das deutsche Volk, das metaphysische Volk.

Was wirkliches politisches Denken ist, wird Hannah Arendt – auch als Antwort auf Martin Heidegger – entwickeln: Es entspringt aus dem »Zusammen- und Miteinander-Sein des Verschiedenen« und es widersteht der Versuchung, das Gewimmel des geschichtlichen Geschehens gnostisch zu vertiefen oder zu überhöhen auf eine »eigentliche« Geschichte hin, die dann jenen Automatismus und jene Logik besitzt, die dem Chaos der wirklichen Geschichte, die nur aus unendlich vielen sich kreuzenden Geschichten besteht, immer fehlen muß. Statt zum politischen Denken fand Heidegger nur zu solcher Geschichtsgnosis. Das wäre nicht so schlimm gewesen, hätte er bemerkt, daß ihm politische Begriffe fehlen. Nicht daß er unpolitisch war, sondern daß er es nicht bemerkte und seine Geschichtsgnosis mit politischem Denken verwechselte, macht sein politisches Auftreten während dieser Monate so verfänglich. Hätte er als Geschichtsgnostiker seine ›eigentlichen‹ Geschichten weitererzählt, ohne mit ihnen ›Politik‹ machen zu wollen, so wäre er der Künstler der Philosophie, der er war, geblieben; doch er wollte, von der Revolution mitgerissen, zum Politiker der Philosophie werden. Und da steht er dann am Sonnwendfeuer und ruft denen, die ihm ergriffen lauschen, zu: *Die Tage vergehn, sie werden wieder kürzer. Unser Mut aber steigt, das kommende Dunkel zu durchbrechen. Niemals dürfen wir blind werden im Kampf. Flamme künde und leuchte uns, zeige uns den Weg, von dem es kein Zurück mehr gibt! Flamme zündet, Herzen brennt!* –

Die Mehrzahl der Professoren in Freiburg hielt den Rektor für einen wild gewordenen, radikalen Phantasten. Bisweilen fand man ihn auch komisch und erzählte sich die Geschichte, wie einige Studenten unter der Leitung des bereits erwähnten Philosophiedozenten und ehemaligen Korvettenkapitäns Stieler in der Lehmgrube einer Ziegelei mit Gewehrattrappen aus Holz exerzierten, und wie dann Heidegger im Wagen vorgefahren und herausgesprungen sei. Der baumlange Stieler – er maß 2,02 Meter – habe sich vor dem kleinwüchsigen Heidegger aufgebaut und militärisch korrekt Meldung erstattet, und Heidegger, der Kriegsdienst nur bei der Postzensur und einer Frontwetterwarte geleistet hatte, habe militärisch ebenfalls korrekt wie ein Kommandeur die Meldung salutierend entgegengenommen. Von solcher Art waren Heideggers Kampfszenen.

Im September 1933 erhält Heidegger den Ruf an die Universität Berlin, im Oktober den an die Universität München. Victor Farías hat die Hintergründe recherchiert. Danach ist beide Male der Ruf offenbar gegen den Widerstand der dortigen Fakultäten ergangen. In Berlin hatte sich Alfred Baeumler besonders nachdrücklich für Heidegger ausgesprochen und ihn in einem Gutachten als »philosophisches Genie« bezeichnet. Bei der gleichzeitigen Verhandlung mit München weist Heidegger darauf hin, daß ihm in Berlin eine Professur *mit besonderem politischen Auftrag* zugesagt worden sei, und er erkundigt sich, ob er denn auch in München seinem Wunsch entsprechend zur *Neugestaltung des Hochschulwesens* herangezogen werde. Er werde seine Entscheidung davon abhängig machen, wo und wie er dem *Werk Adolf Hitlers* am besten dienen könne. Der Widerstand gegen Heidegger kam von zwei Seiten: Die konservativen Professoren vermißten bei Heidegger einen ›positiven‹ Lehrgehalt, die ›harten‹ Nazi-Ideologen wie Ernst Krieck und Jaensch ein Bekenntnis zur nationalsozialistischen Weltanschauung.

Im Hintergrund der Berliner und Münchener Bewerbung kursierte ein Gutachten des Psychologen Jaensch, Heideggers Kollege aus der Marburger Zeit. Darin wurde Heidegger als »gefährlicher Schizophrener« bezeichnet, dessen Schriften in Wirklichkeit »psychopathologische Dokumente« darstellten. Heideggers Denken sei im Kern jüdisch geartet, »talmudisch-rabulistisch«, weshalb es auch Juden besonders anziehe. Mit Geschick habe Heidegger seine »Existenzphilosophie« auf die »Tendenzen des Nationalsozialismus umgemünzt«. Ein Jahr später, als Heidegger im Gespräch ist für die Leitung der nationalsozialistischen Dozentenakademie, verfaßt Jaensch ein zweites Gutachten. Darin wird gewarnt vor Heideggers »schizophrenem Gefasel«, das »Banalitäten mit dem Schein von Bedeutsamkeiten« zu umgeben verstünde. Heidegger sei ein »Revolutionär schlechthin«, und man müsse deshalb für den Fall, daß die »Revolution bei uns einmal zum Stillstand kommen werde«, damit rechnen, daß Heidegger »wohl nicht mehr auf unserer Seite bleiben«, sondern wieder »die Farbe wechseln« werde. Ernst Krieck, der die Rolle des ›offiziellen‹ Philosophen der Bewegung prätendiert, charakterisiert Heideggers Position als »metaphysischen Nihilismus«. Anders als Jaensch äußert Krieck seine Kritik 1934 öffentlich in der von ihm herausgegebenen Zeitschrift »Volk im Werden«: »Der weltanschauliche Grundton der Lehre Heideggers ist bestimmt durch den Begriff der Sorge und der Angst, die beide auf das Nichts hinzielen. Der Sinn dieser Philosophie ist ausgesprochener Atheismus und metaphysischer Nihilismus, wie er sonst vornehmlich von jüdischen Literaten bei uns vertreten worden ist, also ein Ferment der Zersetzung und Auflösung für das deutsche Volk. In ›Sein und Zeit‹ philosophiert Heidegger bewußt und absichtlich um die ›Alltäglichkeit‹ – nichts darin von Volk und Staat, von Rasse und allen Werten unseres nationalsozialistischen Weltbildes. Wenn in der Rektoratsrede … plötzlich das Heroische anklingt, so liegt darin eine Anpassung an das Jahr 1933, die im völligen Widerspruch zur Grundhaltung von ›Sein und Zeit‹ (1927) und ›Was ist Metaphysik?‹ (1931) mit ihren Lehren von der Sorge, der Angst und dem Nichts steht.«

Der Polyzentrismus der nationalsozialistischen Machtapparate wirkte sich auch auf den wissenschaftspolitischen und ideologischen Sektor aus. In den Kulturministerien in Bayern und Berlin wollte man

Heidegger seiner internationalen Reputation wegen gewinnen. Man wollte ein prominentes Aushängeschild und sah darüber hinweg, daß Heideggers ›privater‹ Nationalsozialismus den Parteikreisen zumeist unverständlich bleiben mußte oder sogar einen verdächtigen Eindruck machte. Krieck äußerte sogar den Verdacht, Heidegger verknüpfe die Revolution mit dem Nihilismus der Angst, um das deutsche Volk schließlich doch »den rettenden Armen der Kirche« zuzutreiben. Auf jeden Fall eigne sich Heidegger nicht für die Aufgabe, der »Bewegung einen geistigen und ethischen Kern zu schaffen«.

Walter Gross, der Leiter des Rassenpolitischen Amtes der NSDAP dachte auch an Heideggers Version des Nationalsozialismus, als er 1936 in einer Denkschrift zu dem Schluß kam, daß der »überkommene Menschenbestand fachlich ausreichender und rassisch und politisch nicht belasteter Wissenschaftler ... so gut wie gar keine ... nationalsozialistisch brauchbaren Elemente« enthalte. Eine »politische Ausrichtung« der Hochschulen sei derzeit sinnlos; besser sei es, den wirtschaftlich-technischen Effekt der Wissenschaften zu steigern. Gross empfiehlt eine »Entpolitisierung« der Universität, um die »peinlichen Bemühungen« der derzeitigen Ordinarien, »Nationalsozialismus zu spielen«, zu beenden. Die Entwicklung und Verbreitung der nationalsozialistischen Weltanschauung überlasse man einstweilen doch besser den entsprechenden Parteistellen, die gewährleisten müßten, daß etwa in einem Jahrzehnt ein »weltanschaulich einwandfreier« wissenschaftlicher Nachwuchs nachrücken könne.

In den ideologischen Machtzentren des Nationalsozialismus also galt Heidegger als jemand, der »Nationalsozialismus spielte«. Gross war es auch, der das Amt Rosenberg eindringlich vor Heidegger warnte, als dieser im Spätsommer 1934 für einige Zeit parteiintern als Leiter einer zu gründenden nationalsozialistischen Dozentenakademie, einer Einrichtung zur weltanschaulichen Schulung des wissenschaftlichen Nachwuchses, im Gespräch war. Gross verwies auf die Gutachten von Jaensch und Krieck und berief sich auch auf die internen ungünstigen Berichte über Heideggers »Aktivitäten« in Freiburg.

Trotz dieser Widerstände waren der Ruf nach München und nach Berlin an Heidegger ergangen. Und in beiden Fällen lehnte Heidegger schließlich ab. Amtlich und intern begründete er seine Ablehnung mit dem Hinweis, er werde für die Universitätsreform in Freiburg noch gebraucht, und ein geeigneter Nachfolger für das Rektorat stehe noch nicht zur Verfügung. *Wenn ich mich zurückziehe*, schreibt er am

19. September 1933 an Elisabeth Blochmann, *bricht in Freiburg alles zusammen* (BwHB, 73).

An der Freiburger Universität sah man das anders. Die Mehrheit der Professorenschaft wünschte sich lieber heute als morgen ein Ausscheiden Heideggers aus dem Amt. Denn man liebte nicht diesen strammen Ton seiner Rundschreiben, Appelle, Abmahnungen; vor allem aber war der Lehrkörper in seiner Mehrzahl zwar bereit, sich mit den neuen politischen Verhältnissen zu arrangieren, aber die Lehre und Forschung sollten weiter nicht davon berührt werden. Besonders ärgerlich war für die Professoren der Ausfall von Seminar- und Vorlesungsstunden durch die von der SA-Studentenschaft organisierten Wehrsportübungen und Arbeitsdiensteinsätze. Auf diese Einsätze aber legte Heidegger großen Wert, sofern sie vom Reichs-SA-Hochschulamt angeordnet worden waren. Erik Wolf, den Heidegger zum Dekan der Juristischen Fakultät ernannt hatte, versuchte besonders eifrig, den juristischen Lehrbetrieb im Sinne Heideggers umzugestalten, um für Wehrsport und Arbeitsdienst Zeit zu schaffen, und stieß dabei auf den energischen Widerstand der konservativ eingestellten Professorenschaft. Zermürbt wollte Wolf am 7. Dezember 1933 aufgeben und bot Heidegger seinen Rücktritt an. Er sei seelischen Qualen ausgesetzt, zweifle daran, ob er der rechte Mann auf diesem Posten sei, er stelle aber, so schreibt er ehrfurchtsvoll an Heidegger, dem »Urteil Eurer Magnifizenz, das tiefere Gründe kennt, als das anderer Menschen« anheim zu entscheiden, ob das Scheitern seiner Bemühungen an der »Dürftigkeit seiner Person« oder an der Obstruktion der Kollegenschaft liege. Heidegger nimmt den Rücktritt nicht an: *Es liegt im Sinne der neuen Verfassung und der gegenwärtigen Kampflage, daß Sie in erster Linie mein Vertrauen haben, nicht so sehr das der Fakultät.* Heidegger fühlt sich verpflichtet, seinem treuen, aber verunsicherten Gefolgsmann beizustehen, und deshalb schickt er die widerspenstigen Lehrkräfte mit der folgenden Abmahnung in die Weihnachtsferien: *Der bestimmende Grund und das eigentlich nur schrittweise zu erreichende Ziel ist seit dem ersten Tag meiner Amtsübernahme der grundsätzliche Wandel der wissenschaftlichen Erziehung aus den Kräften und Forderungen des nationalsozialistischen Staates. Eine bloß fallweise Angleichung etwa der Auswahl und der Verteilung des Vorlesungsstoffs an ›heutige Verhältnisse‹ genügt nicht nur nicht, sondern täuscht die Studentenschaft und Dozentenschaft über die eigentliche Aufgabe hinweg. Die durch Wegfall von Stunden für die Dozenten frei-*

werdende Zeit muß unbedingt der Besinnung auf den i n n e r e n *U m b a u der Vorlesungen und Übungen dienstbar gemacht werden ... Kämpfe und Gegensätze, die aus einem wirklich gemeinschaftlichen Wollen des Wandels der Universität entspringen, sind mir wesentlicher als jede möglichst allseitige Befriedigung der Kollegen, bei der nichts geschieht und lediglich das Bisherige gedeckt wird. Ich bin für die kleinste Hilfe, die das Ganze der Hochschule vorwärts bringt, dankbar. Ich werde aber auch die Arbeit der Fakultät und der einzelnen Dozenten nur einschätzen nach dem Ausmaß, in dem die Mitarbeit an der Erwirkung des Künftigen sichtbar und wirksam wird. Gewiß bleibt, daß nur der unbeugsame Wille zum Künftigen der gegenwärtigen Bemühung Sinn und Halt gibt. Der einzelne, wo er auch steht, gilt nichts. Das Schicksal unseres Volkes in seinem Staat gilt alles.*

Heidegger droht, er werde die Unwilligen entsprechend *einschätzen*. Das kann vieles bedeuten, von Ermahnung über Denunziation bei höheren Stellen bis zur Entfernung aus dem Amt oder gar Inhaftierung. Doch Heidegger war, was Arbeitsdienst und Wehrsport betrifft, in einer schwachen Position, denn inzwischen war bei den zuständigen Parteistellen die Tendenz vorherrschend, die Normalität wieder in den Lehrbetrieb einziehen zu lassen.

Heidegger behauptet in seiner späteren Selbstrechtfertigung, das Karlsruher Ministerium habe die Entlassung der Dekane Wolf und Möllendorf aus politischen Gründen gefordert, und er habe das insbesondere im Falle des Sozialdemokraten Möllendorf nicht vertreten können und sei deshalb zurückgetreten. Nach den Recherchen von Hugo Ott und Victor Farías läßt sich diese Darstellung nicht aufrechterhalten. Heidegger ist nicht zurückgetreten aus Solidarität mit einem Sozialdemokraten, sondern weil die Parteipolitik in seinem Sinne nicht revolutionär genug war. Heidegger ging es nicht, was er später behauptete, um die Verteidigung des abendländischen Geistes der Universität, die *universitas*, sondern er verteidigte die Revolution gegen Gelehrtenkonservativismus und bürgerliche Realpolitik, die nur am wirtschaftlichen und technischen Nutzen der Universität interessiert war. Deshalb konnte er bei seinem Vortrag in Tübingen am 30. November 1933 erklären, *die Revolution in der deutschen Hochschule ist nicht nur nicht zu Ende, sie hat nicht einmal begonnen*, und deshalb tritt er als Rektor am 23. April 1934 zurück, nachdem ihm am 12. April vom Kulturministerium empfohlen worden war, Erik Wolf wegen der »nicht ganz unbegründeten Bedenken« der Fakultät als Dekan abzuberufen – von Möllendorf war gar nicht die Rede. Das Ministerium gibt also zu erkennen, daß ihm der Revolutionarismus der *Umwälzung des ganzen deutschen Daseins* (Heidegger) an der Universität zu weit geht.

Heideggers Rücktritt vom Rektorat steht demnach im Zusammenhang seines Kampfes für die Reinheit der revolutionären Bewegung, so wie er sie verstand: Erneuerung des abendländischen Geistes nach dem ›Tode Gottes‹.

Diese Reinheit der revolutionären Bewegung verteidigte er auch gegen die besonders in Freiburg mächtigen klerikalen Tendenzen. Als Anfang 1934 die katholische Studentenverbindung »Ripuaria« mit Zustimmung Heideggers von örtlichen Parteistellen zunächst suspendiert, dann aber aufgrund des inzwischen abgeschlossenen Konkordats wieder zugelassen wurde, schrieb Martin Heidegger verärgert an Oskar Stäbel, den Führer der »Deutschen Studentenschaft«: *Dieser öffentliche Sieg des Katholizismus gerade hier darf in keinem Falle bleiben. Es ist eine Schädigung der ganzen Arbeit, wie zur Zeit größer nicht gedacht werden kann. Ich kenne die hiesigen Verhältnisse und Kräfte bis ins Kleinste... Man kennt katholische Taktik immer noch nicht. Und eines Tages wird sich das schwer rächen.*

Der Katholizismus mit seinem großen organisatorischen und geistigen Einfluß in Freiburg bedeutete für Heidegger, der selbst nur unter großen Mühen von seinen katholischen Ursprüngen losgekommen war, ein nicht zu unterschätzendes Hemmnis bei der *Umgestaltung des ganzen deutschen Daseins*. Deshalb hatte er auch beim Wissenschaftslager seine Hauptangriffe gegen das Christentum gerichtet, wie es in den Kirchen vertreten wird. Dort herrsche, so hatte er gesagt, die wahre Gottlosigkeit, weil man sich einen Gott für die Bequemen und Feigen zurechtgemacht habe, eine Art Lebensversicherung. Seine metaphysische Revolution jedoch war etwas für die Starken, Verwegenen, Entschlossenen.

Heidegger drang mit seiner radikalen Kritik am Katholizismus bei den Parteistellen nicht durch, die sich zunächst einmal mit den traditionellen Mächten arrangieren wollten.

Der Kampf um die Reinheit der revolutionären Bewegung war es auch, der Heidegger in zwei Fällen veranlaßte, politisch Mißliebige zu denunzieren.

Eduard Baumgarten, ein Neffe Max Webers, hatte seine wissenschaftliche Laufbahn in den USA begonnen, wo er sich philosophisch dem amerikanischen Pragmatismus angenähert hatte. In Freiburg freundete er sich in den zwanziger Jahren mit Heidegger an, der sogar Taufpate einer Tochter von Baumgarten wurde. Philosophisch gab es Meinungsverschiedenheiten, die aber zunächst noch freundschaftlich ausgetragen wurden. Baumgarten übersiedelte nach Göttingen, wo er einen Lehrauftrag für Amerikakunde erhielt. Da er mit seinen Lehrveranstaltungen sehr erfolgreich war, sollte er 1933 eine Dozentenstelle mit Prüfungserlaubnis erhalten. Er war bereit, sich politisch anzupassen, und beantragte die Aufnahme in die SA und in die NS-Dozentenschaft. In diesem Moment griff Heidegger ein. Er schrieb am 16. Dezember 1933 an die NS-Dozentenschaft: *Dr. Baumgarten kommt verwandtschaftlich und seiner geistigen Herkunft nach aus dem liberal-demokratischen Heidelberger Intellektuellenkreis um M. Weber. Während seines hiesigen Aufenthaltes war er alles andere als Nationalsozialist... Nachdem Baumgarten bei mir gescheitert war, verkehrte er sehr lebhaft mit dem früher in Göttingen tätig gewesenen und nunmehr hier entlassenen Juden Fränkel. Ich vermute, daß Baumgarten sich auf diesem Wege in Göttingen untergebracht hat... Ich halte zur Zeit seine Aufnahme in die SA für ebenso unmöglich wie die in die Dozentenschaft. Baumgarten ist rednerisch außergewöhnlich geschickt. Auf dem Gebiet der Philosophie jedenfalls halte ich ihn für einen Blender.*

Heidegger hatte auch in seinen öffentlichen Reden immer wieder vor denen gewarnt, die sich nur oberflächlich den neuen Verhältnissen anpassen. Insofern liegt diese Warnung vor Baumgarten durchaus in der Konsequenz seines Revolutionarismus. Dieses Gutachten, das Heidegger geschrieben hatte, wirkte auf den Führer der Göttinger Dozentenschaft »haßgeladen«, es wurde als »unbrauchbar« zu den Akten gelegt. Baumgarten konnte seine Karriere fortsetzen – mit Hilfe der Partei. Er wurde später Direktor des Philosophischen Seminars in Königsberg, ehrenamtlicher Blockleiter seiner Ortsgruppe, das Amt Rosenberg lud ihn zu Arbeitstagungen ein.

Über Marianne Weber erfuhr Jaspers 1935 von diesem Gutachten. Es war etwas, über das er nie hinwegkam, es gehörte zu »den einschneidendsten Erfahrungen« seines Lebens. Der Hieb auf den »liberaldemokratischen Heidelberger Intellektuellenkreis um Max Weber« mußte auch ihn treffen. Als noch schlimmer aber empfand er, daß Heidegger, den er bisher nicht als Antisemiten kennengelernt hatte, bereit war, mit antisemistischen Insinuationen einen mißliebigen Wissenschaftler anzuschwärzen. Jaspers war entsetzt, aber er hatte inzwischen auch Angst vor ihm und wagte deshalb nicht, ihn in dieser Angelegenheit direkt anzusprechen. Erst als Ende 1945 die Bereinigungskommission von Jaspers (auf Vorschlag Heideggers) ein Gutachten über Heidegger erbat, machte Jaspers den Fall Baumgarten bekannt.

Zum Fall Hermann Staudinger, Professor für Chemie und Nobelpreisträger (1953), hat Hugo Ott die einschlägigen Dokumente aufgefunden und den Vorgang rekonstruiert. Bei einem Besuch des badischen Hochschulreferenten Fehrle in Freiburg am 29. September 1933 – aus Anlaß der Ernennung Heideggers zum Führer-Rektor nach der neuen Hochschulverfassung – informierte Heidegger den Referenten darüber, daß bei Staudinger der Verdacht politischer Unzuverlässigkeit bestünde. Fehrle ließ sofort Ermittlungen anstellen, denn Eile war geboten, weil nach dem »Gesetz zur Wiederherstellung des Berufsbeamtentums« die Frist für die Einleitung von Verfahren am 30. September 1933 ablief. Heidegger hatte bereits im Sommer damit begonnen, Erkundigungen über Staudinger einzuziehen. Die Vorwürfe gegen Staudinger bezogen sich auf die Zeit während des Ersten Weltkriegs. Staudinger war seit 1912 Professor an der Technischen Hochschule in Zürich, aber deutscher Staatsbürger geblieben. Er war zunächst aus gesundheitlichen Gründen nicht zum Kriegsdienst eingezogen worden. In den Kriegsjahren veröffentlichte er pazifistische Artikel, in denen er zum politischen Umdenken aufforderte angesichts der Entwicklung einer Kriegstechnik, welche die Menschheit insgesamt bedroht. Er hatte sich 1917 um die Schweizer Staatsbürgerschaft beworben. Damals waren auf deutscher Seite Akten über ihn geführt worden, in denen Staudinger verdächtigt wurde, kriegswichtiges Wissen auf dem Gebiet der Chemie an die Feindmächte verraten zu haben. Dieser Verdacht wurde zwar fallengelassen, aber noch im Mai 1919 kam der Vermerk zu den Akten, daß Staudinger in Kriegszeiten eine Haltung eingenommen habe, die »geeignet war, das Ansehen der deutschen Sache im Ausland schwer zu schädigen«. Als Staudinger 1925 nach Freiburg berufen wurde, war diese Angelegenheit noch einmal zur Sprache gekommen, aber selbst die nationalkonservative Professorenschaft hatte daran keinen Anstoß mehr genommen, denn Staudinger war inzwischen bereits zu einer weltberühmten Kapazität geworden.

Nun also veranlaßt Heidegger Ermittlungen mit dem Ziel, Staudinger aus dem Amt zu entfernen. Die Gestapo trägt die Akten zusammen und legt sie am 6. Februar 1934 Heidegger zur Stellungnahme vor. Der listet die Vorwürfe im einzelnen auf: der Verdacht, chemische Herstellungsverfahren ans feindliche Ausland verraten zu haben; daß Staudinger sich in der *höchsten Notzeit des Vaterlandes* um die schweizerische Staatsbürgerschaft beworben hatte und sich schließlich ohne deutsche Genehmigung hatte einbürgern lassen; daß er öffentlich erklärt hatte, *daß er sein Vaterland niemals mit der Waffe oder sonstigen Dienstleistungen unterstützen werde*. Das sei belastendes Material genug. *Es dürfte*, schreibt Heidegger, *eher Entlassung als Pensionierung in Frage kommen*. Ein *Einschreiten* sei um so dringlicher, da Staudinger sich *heute als 110prozentiger Freund der nationalen Erhebung ausgibt*.

Wie schon im Falle Baumgarten ist es Heidegger auch jetzt vor allem um das Aufspüren von sogenannten Opportunisten zu tun. Dabei wird Heideggers Eifer noch besonders angestachelt, weil er dem pragmatischen Bündnis zwischen Staat und Fachwissenschaften mißtraut. Die *Umgestaltung des ganzen deutschen Daseins* muß in seinen Augen mißlingen, wenn die *wurzellosen* Fachwissenschaften durch politische Dienstbarkeit wieder in den Vordergrund rücken. Deshalb seine Kampagne gegen Staudinger, der nun auch seinerseits alles daransetzt zu beweisen, wie wichtig seine Forschungen für den nationalen Aufbruch seien. Staudinger veröffentlicht in der Woche, da er den quälenden Verhören ausgesetzt ist, einen Artikel, worin er die Bedeutung der Chemie für das nach Autarkie strebende neue Deutschland herausstreicht und seiner *großen Freude* über den *Ausbruch der nationalen Revolution* Ausdruck gibt. Da hohe Parteifunktionäre zu seinen Gunsten intervenieren, kommt es nicht zur Entlassung. Auch Heidegger macht einen Rückzieher und empfiehlt am 5. März 1934 Pensionierung statt Entlassung, mit *Rücksicht auf die Stellung, die der Genannte in seiner Wissenschaft im Ausland genießt*. Aber auch mit diesem Vorschlag dringt Heidegger nicht durch. Staudinger darf nach einem komplizierten Arrangement im Amt bleiben.

Diese Geschichte hat ein Nachspiel. Als Heidegger 1938 seinen Vortrag über DIE BEGRÜNDUNG DES NEUZEITLICHEN WELTBILDES DURCH DIE METAPHYSIK hält, worin er den Technizismus der modernen Wissenschaften kritisiert, bringt das NS-Parteiorgan »Der Alemanne« einen Artikel, worin Heidegger als Beispiel für die Nutzlosigkeit (ein Philosoph, der von »niemandem verstanden werde und der das Nichts... lehre«) der tatsächlich »lebenswichtigen« Arbeit der Fachwissenschaft gegenübergestellt wird. Was damit gemeint ist, zeigt eine Anzeige, die unter dem Artikel plaziert ist: die Ankündigung eines Vortrags von Professor Staudinger zum Thema: »Vierjahresplan und Chemie«.

Dieses Vorkommnis erwähnt Heidegger zu seiner Verteidigung vor dem Bereinigungsausschuß am 15. Dezember 1945. Aber daß er Staudinger zuvor denunziert hatte, verschweigt er.

Vermutlich hat Heidegger seine Denunziationen nicht nur verschwiegen, weil er sich nicht belasten wollte. Wahrscheinlich ist ihm das, was er getan hat, gar nicht als Denunziation vorgekommen. Er fühlte sich zugehörig zur revolutionären Bewegung, und es war sein Bestreben, die Opportunisten vom revolutionären Aufbruch fernzuhalten. Es sollte ihnen nicht erlaubt sein, sich in die Bewegung einzuschleichen und sie zu ihrem Vorteil zu nutzen. Für Heidegger war Staudinger einer dieser Wissenschaftler, die allen Zwecken dienstbar sind, wenn es sich nur für sie persönlich lohnt, die nichts weiter suchen als *das beruhigte Behagen einer gefahrlosen Beschäftigung.*

Die Ironie der Geschichte: Tatsächlich waren es nicht Philosophen wie Heidegger, die dem Regime die größten Dienste erwiesen, sondern ›unpolitische‹ Fachwissenschaftler. Sie haben dem System, dem Heidegger eine Zeitlang auf seine revolutionär-phantastische Art dienen wollte, erst die praktische Durchschlagskraft verliehen.

Sechzehntes Kapitel

Wo sind wir, wenn wir denken? Todtnauberg in Berlin: der Plan einer Dozentenakademie. Abschied vom politischen Umtrieb. ›Ich lese Logik…‹. Heidegger wählt sich seine Helden: von Hitler zu Hölderlin. Die ›Weltverdüsterung‹ und der real existierende Nationalsozialismus.

Wo sind wir eigentlich, wenn wir denken?

Xenophon überliefert eine schöne Anekdote über Sokrates. Der hatte als Soldat beim peloponnesischen Feldzug tapfer mitgekämpft, bei einer Gelegenheit aber, die Truppen befanden sich auf dem Marsch, war er plötzlich in Gedanken versunken stehengeblieben, und da stand er nun einen ganzen Tag lang, selbstvergessen, ortsvergessen, situationsvergessen. Ihm war etwas eingefallen oder aufgefallen, was ihm zu denken gab, und so war er aus seiner Wirklichkeit herausgefallen. Er war unter die Gewalt eines Denkens geraten, das ihn in ein Nirgendwo beförderte, wo er aber auf seltsame Weise heimisch zu sein schien. Dieses Nirgendwo des Denkens ist die große Unterbrechung im Geschehen des Alltags, und es ist ein verlockendes Anderswo. Nach allem, was wir von Sokrates wissen, ist die Erfahrung dieses Anderswo des Geistes eine Voraussetzung seines Triumphes über die Angst vor dem Tode. Der vom Denken ergriffene Sokrates wird zu einem Unberührbaren. Sie werden seinen Leib töten können, sein Geist aber wird leben. Er ist vom Kampf des Daseins gelöst. An diesen Sokrates, wie er unbewegt und versunken dasteht, während die Dinge um ihn ihren Lauf nehmen, dachte Aristoteles, als er an der Philosophie ihr Talent für das Überall und Nirgendwo rühmte; sie verlange »weder eine Ausrüstung noch bestimmte Orte zur Ausübung … wo immer auf Erden jemand sich dem Denken widmet, da wird er die Wahrheit erlangen, als wäre sie dort anwesend«.

Aber Sokrates war auch ein Philosoph der Polis, des Marktplatzes von Athen. Dort wollte er mit seinem Anderswo, mit seinen philosophischen Abwesenheiten – anwesend sein. Ortlos und ortsgebunden zugleich ist die Philosophie.

Nun war Heidegger ein besonders ortsfester Philosoph, und in der Zeit seiner politischen Umtriebe war er mit starken Worten gegen das sogenannte *macht- und bodenlose* Denken zu Felde gezogen. Aber jetzt merkt er, wie der Boden der neuen revolutionären Wirklichkeit, auf dem er Fuß fassen wollte, schwankt. Als er mit Berlin Berufungsverhandlungen führt, schreibt er an Elisabeth Blochmann: *Das Ganze wäre bodenlos. Ich war erleichtert, als ich wieder aus Berlin draußen war* (19.9.1933, BwHB, 74).

In diesem Brief formuliert Heidegger sein Hinundhergerissensein. Einerseits: *Ich ... glaube nur das Eine zu wissen, daß wir uns auf große geistige Wandlungen vorbereiten und diese selbst mit heraufführen müssen.* Andererseits: *Von meiner eigensten Arbeit ... bin ich z.Zt. weit weg, wenngleich ich jeden Tag spüre, wie das tägliche Handeln sich ... dahin drängt.*

Wohin drängt es ihn zurück?

Die Orte seines Denkens lassen sich recht genau bestimmen. Ein imaginärer und ein wirklicher, das Griechenland der Philosophie und die Provinz, näherhin Todtnauberg.

Was den Griechenland-Traum betrifft, den Heidegger mit der nationalsozialistischen Revolution verwirklichen wollte, so hatte Nietzsche darüber schon ein halbes Jahrhundert zuvor das Notwendige gesagt:

»Die deutsche Philosophie als Ganzes ... ist die gründlichste Art ... Heimweh, die es bisher gab ... Man ist nirgends mehr heimisch, man verlangt zuletzt nach dem zurück, wo man irgendwie heimisch sein kann, weil man dort allein heimisch sein möchte: und das ist die griechische Welt! Aber gerade dorthin sind alle Brücken abgebrochen, – ausgenommen die Regenbogen der Begriffe! ... Freilich: Man muß sehr fein sein, sehr leicht, sehr dünn, um über diese Brücke zu schreiten! Aber welches Glück liegt schon in diesem Willen zur Geistigkeit, fast zur Geisterhaftigkeit ... Man will zurück, durch die Kirchenväter zu den Griechen ... Die deutsche Philosophie (ist) Wille zur Renaissance, ... Aufgrabung der antiken Philosophie, vor allem der der Vorsokratiker – der bestverschütteten aller griechischen Tempel! ... Wir werden von Tag zu Tag griechischer, zuerst, wie billig, in Begriffen und Wertschätzungen, gleichsam als gräzisierende Gespenster: aber dereinst, hoffentlich auch mit unserem Leibe!«

Heidegger wollte, wie wir inzwischen wissen, die Wiederkehr des Griechentums im gesellschaftlichen Leibe: die Revolution als die Wiederherstellung der ursprünglichen *Macht* des *Aufbruchs der griechischen Philosophie* (Rektoratsrede).

Der andere Ort: die Provinz, Todtnauberg. Auf seiner Schwarzwaldhöhe hatte Heidegger sich seinem griechischen Traum nahe gefühlt, von dorther war er herabgestiegen ins politische Flachland, dem er etwas abgewinnen konnte, weil es sich im Aufruhr befand – denn *Alles Große steht im Sturm!*

In den Monaten seiner politischen Aktivität muß Heidegger die schmerzliche Erfahrung machen, daß er die beiden Welten – die, in der er lebt, und die, in der er denkt – nicht so zusammenbringen kann, wie er sich das wünscht. Es ist viel gelästert worden über Heideggers Rundfunkvortrag vom März 1934, der die öffentliche Absage an Berlin enthielt: SCHÖPFERISCHE LANDSCHAFT: WARUM BLEIBEN WIR IN DER PROVINZ? Man hat häufig nur eine ideologisierte Heimat- und Bauernromantik darin sehen wollen. Doch auf seine Weise gibt Heidegger hier wirklich Auskunft über eine einfache, aber für ihn sehr wesentliche Erfahrung: *Meine ganze Arbeit ... ist von der Welt dieser Berge und Bauern getragen und geführt. Zuweilen ist jetzt die Arbeit dort oben für längere Zeit unterbrochen durch Verhandlungen, Vortragsreisen, Besprechungen und die Lehrtätigkeit hier unten. Aber sobald ich wieder hinaufkomme, drängt sich schon in den ersten Stunden des Hüttendaseins die ganze Welt der früheren Fragen heran, und zwar ganz in der Prägung, in der ich sie verließ. Ich werde einfach in die Eigenschwingung der Arbeit versetzt und bin ihres verborgenen Gesetzes im Grunde nicht mächtig* (D, 11).

Heidegger bemerkt und gesteht sich ein, daß die Welt seines Lebens und seines Denkens in der Hütte von Todtnauberg, und eigentlich nur dort, zur Übereinstimmung kommen. Nur im *Hüttendasein* wird *die ganze Welt der früheren Fragen*, dieses Wiederholen des griechischen Anfangs, zur lebendigen Wirklichkeit; nur dort *west sie an*, wie Heidegger zu sagen pflegt. Deshalb ist er auch erleichtert, nach dem Scheitern des Rektorats wieder an diese *Ortschaft* seines Denkens zurückkehren zu können. »Zurück aus Syrakus?« soll Wolfgang Schadewaldt anzüglich gefragt haben bei einer zufälligen Begegnung auf der Straße. In Syrakus hatte Platon bekanntlich seine Staatsutopie verwirklichen wollen und war dabei nur mit großem Glück der Sklaverei entronnen.

Als Heidegger am 23. April 1934 vom Rektorat zurücktritt, gibt er eine politisch exponierte Stellung auf, doch an seinem Vorhaben, der Philosophie die *rechte Einsatzstelle* (an Jaspers, 10.3.1933, BwHJ, 150) in der neuen revolutionären Wirklichkeit zu verschaffen, hält er einstweilen noch fest. Aber da er die wiedergefundene *Ortschaft* seines Denkens nun nicht mehr verlassen will, so bleibt ihm nichts anderes übrig als der Versuch, diese *Ortschaft* zu verpflanzen, sie wie das Schneckenhaus seiner Philosophie einfach mitzunehmen. Er hatte den Ruf nach Berlin abgelehnt, weil es dort *bodenlos* zugehe, aber im Sommer 1934 entwickelt er seine Ideen für die Ausgestaltung einer Dozentenakademie in Berlin und signalisiert seine Bereitschaft, dorthin zu kommen unter der Voraussetzung, daß ihm die Möglichkeit zur Verwirklichung dieser Ideen gegeben werde. Seine Pläne laufen darauf hinaus, eine Art Philosophen-Kloster, ein Todtnauberger Asyl, mitten in Berlin zu errichten.

Schon seit dem Herbst 1933 hatte Heidegger in dieser Angelegenheit mit Berlin verhandelt. Das Projekt der Dozentenakademie war von Parteikreisen in Berlin und dem dortigen Ministerium für Wissenschaft und Erziehung in Gang gebracht worden. Gedacht war an eine politische Fortbildungsanstalt, die alle Nachwuchswissenschaftler, die einmal Ordinarien werden konnten, zu durchlaufen hätten; das Ziel war selbstverständlich die ideologische Ausrichtung auf die völkische Weltanschauung. Die Erteilung der Venia legendi sollte vom Absolvieren der Dozentenakademie abhängig gemacht und damit den Universitäten entzogen werden. Auf diese Weise sollte dem von Parteistellen diagnostizierten Übelstand, daß der »überkommene Menschenbestand« an Wissenschaftlern sich zwar brav anpasse, aber doch »so gut wie gar keine … nationalsozialistisch brauchbaren Elemente« enthalte, abgeholfen und die Voraussetzung dafür geschaffen werden, daß in etwa einem Jahrzehnt ein »weltanschaulich einwandfreier« wissenschaftlicher Nachwuchs herangebildet werden könnte. Für diese Akademie ist Heidegger als Leiter im Gespräch. Er macht detaillierte Vorschläge und schickt sie am 28. August 1934 nach Berlin. Es soll keine Akademie, kein Honoratiorenklub, aber auch keine politische Volkshochschule werden, sondern eine *erzieherische Lebensgemeinschaft*. Er beschreibt sie wie einen Orden, der unter einem *eigenen Geist* steht und eine *Überlieferung* schafft, die auch über die Zeit des Aufenthaltes *verpflichtend bleibt*. Die *unausgesprochene Wirkung der Atmosphäre* sei das Entscheidende. Deshalb müßten die Lehrer *vor allem durch das wirken, was und wer sie sind, und nicht durch das, was und worüber sie ›reden‹*. Lehrer und Schüler sollen zusammenleben in der Tagesordnung des *natürlichen Wechsels von wissenschaftlicher Arbeit, Entspannung, Sammlung, Kampfspiel, körperlicher Arbeit, Aufmärschen, Sport und Feier*. Auch müsse es Gelegenheit zu *echter Einsamkeit und Sammlung* geben, denn was der Gemeinschaft dient, könne nicht nur *durch die Gemeinschaft entstehen.* Diesem Wechsel zwischen Einsamkeit und Gemeinschaft müsse die äußere Einrichtung entgegenkommen: Hörsaal, Speisesaal mit Vorlesepult, Räume für Feiern und musisches Leben, gemeinsame Schlafräume. Dagegen *Zellen*, in die sich der einzelne für die geistige Arbeit und die innere Sammlung zurückziehen kann. Die Bibliothek müßte kärglich ausgestattet sein und sollte nur das Wesentliche enthalten, *sie gehört zur Schule wie der Pflug zum Bauern.* Die Schüler sollen bei der Auswahl der Bücher mitbeteiligt werden, um so zu lernen, *was echte und gründliche Beurteilung des Schrifttums bedeutet.* Abschließend faßt Heidegger den Kerngedanken dieses Wissenschaftsklosters zusammen: *Wenn der ohnehin schon allzu mächtige ›Amerikanismus‹ im heutigen Wissenschaftsbetrieb überwunden und künftig vermieden werden soll, dann gilt es, der Neugestaltung der Wissenschaften die Möglichkeit zu geben, aus ihren inneren Notwendigkeiten zu wachsen. Das ist noch nie und wird auch nie anders geschehen als durch den bestimmenden Einfluß einzelner Persönlichkeiten.*

Die Dozentenakademie im Sinne Heideggers kommt nicht zustande. Es hatte Intrigen und Kabalen im Hintergrund gegeben. Das Amt Rosenberg und das Ministerium waren von anderen Parteistellen gewarnt worden. Krieck hatte am 14. Februar 1934 an Jaensch geschrieben: »Die Gerüchte verdichten sich, daß Heidegger mit der preußischen Dozentenakademie der ganze Nachwuchs der preußischen Hochschulen in die Hände gegeben werden soll. Ich würde darin ein Verhängnis sehen. Für höhere Parteistellen bitte ich Sie um eine Denkschrift über den Mann, seine Haltung, seine Philosophie und seine deutsche Sprache.« Jaensch, der schon während der Münchener und Berliner Berufungsverhandlungen interveniert hatte, lieferte ein solches Gutachten. Darin heißt es: »Wenn Sie von mir ... eine Meinungsäußerung wünschen, so möchte ich einer solchen den Satz Adolf Hitlers voranstellen, daß er über sich jederzeit die Gesetze der gesunden Vernunft als höchste Autorität anerkenne. Ein Widerstreit mit der Vernunft bei entscheidenden Schritten im Staatsleben führt zwangsläufig und unabänderlich zu einer Katastrophe ... Ein Widerspruch gegen die gesunde Vernunft würde es sein, wenn auf die für das Geistesleben der nächsten Zukunft vielleicht wichtigste Stelle einer der größten Wirrköpfe und ausgefallensten Eigenbrötler berufen würde, die wir im Hochschulleben haben... Zum obersten Erzieher unseres akademischen Nachwuchses einen Mann ernennen, dessen ebenso eigenbrötlerisches wie unklares, schizoformes, teilweise schon schizophrenes

Denken (offenkundig ist), wird unter den Studenten, wie wir hier in Marburg deutlich beobachten konnten, erzieherisch einen verheerenden Einfluß (ausüben).«

Das Ministerium wies dieses Gutachten zwar zurück, zeigte sich aber doch eher an einem Weltanschauungsfunktionär interessiert, und deshalb schied Heidegger aus dem Kreis der Kandidaten aus. Doch Heidegger ist immer noch verwendungsfähig für die ideologischen Apparate des Regimes. Im Mai 1934 wird er in den Ausschuß für Rechtsphilosophie bei der »Akademie für Deutsches Recht« berufen. Der Vorsitzende des Ausschusses ist der Reichsjustizkommissar Hans Frank, der in der Eröffnungsansprache den Charakter und die Aufgabe dieses Ausschusses definierte. Es sollten für ein neues deutsches Recht neue Grundlagen gelegt werden mit den Werten »Rasse, Staat, Führer, Blut, Autorität, Glauben, Boden, Wehr, Idealismus«, der Ausschuß habe sich »als ein Kampfausschuß des Nationalsozialismus« zu konstituieren. In diesem Ausschuß, der im Weimarer Nietzsche-Archiv tagte, arbeitete Heidegger bis 1936 mit. Über seine Beiträge ist weiter nichts bekannt. 1935 wird Julius Streicher in das Gremium aufgenommen. Die Sache erregte solches Aufsehen, daß Karl Löwith 1936 Heidegger in Rom darauf ansprach. Nach einigem Zögern antwortete Heidegger, »über Streicher brauche man kein Wort zu verlieren, der ›Stürmer‹ sei doch nichts anderes als Pornographie. Warum sich Hitler nicht von diesem Kerl befreie, das verstünde er nicht, er habe wohl Angst vor ihm.«

Wenn auch der Glaube an Hitler und die Notwendigkeit der Revolution bei Heidegger ungebrochen ist, so lockert sich doch allmählich sein Verhältnis zur Politik. Seine Philosophie hatte sich einen Helden gesucht, und es war ein politischer Held. Jetzt ist er wieder dabei, die Sphären zu trennen. Die Philosophie wird *tiefer* gelegt, sie wird wieder zu dem Grundgeschehen des *Geistes*, das zwar die Politik bedingt, aber nicht in Politik aufgeht. Zu Beginn der Schelling-Vorlesung 1936 wird er dann sagen: *Und bald sollte die tiefe Unwahrheit jenes Wortes an den Tag kommen, das Napoleon in Erfurt zu Goethe gesprochen: Die Politik ist das Schicksal. Nein, der Geist ist das Schicksal und Schicksal ist Geist. Das Wesen des Geistes aber ist die Freiheit* (GA 42, 3).

Die Wendung von der Politik zurück zum *Geist* kündigt sich schon an in der Vorlesung des Sommersemesters 1934. Angekündigt war sie unter dem Thema »Der Staat und die Wissenschaft«. In der ersten Vorlesungsstunde war alles versammelt, was Rang und Namen hatte, Parteiprominenz, Honoratioren, Kollegen; die Studenten waren in der Minderzahl. Man war gespannt, was Heidegger nach seinem Rücktritt vom Rektorat sagen würde. Diese Vorlesung war ein gesellschaftliches Ereignis. Heidegger bahnte sich den Weg durch das überfüllte Auditorium, wo die Braunhemden überwogen, zum Podium und erklärte, daß er sein Thema geändert habe: *Ich lese Logik. Logik kommt von Logos. Heraklit hat gesagt...* In diesem Augenblick wurde klar, daß Heidegger sich anschickte, in seine *Tiefe* abzutauchen, und daß er zwar nicht gegen die Politik sprechen, aber doch den alten Abstand zu ihr wahren wollte. Schon mit den ersten Sätzen erteilt er dem *zuchtlosen Weltanschauungsgerede* eine Absage, aber auch dem *Formelkram*, den die bürgerliche Wissenschaft unter dem Titel ›Logik‹ gewöhnlich anbietet. *Logik ist uns das fragende Abschreiten der Gründe des Seins, die Stätte der Fragwürdigkeit* (L, 2). Bereits in der zweiten Vorlesungsstunde saßen nur noch die philosophisch Interessierten im Auditorium.

Es sei ein schwerer Anfang gewesen, schreibt Heidegger ein Jahr später an Jaspers, auf die ersten Semester nach dem Rektorat zurückblikkend: *Bei mir ist es ... ein mühsames Tasten; erst seit wenigen Monaten habe ich den Anschluß an die im Winter 32/33 ... abgerissene Arbeit wieder erreicht; aber es ist ein dünnes Gestammel, und sonst sind ja auch zwei Pfähle – die Auseinandersetzung mit dem Glauben der Herkunft und das Mißlingen des Rektorats – gerade genug an solchem, was wirklich überwunden sein möchte* (1.7.1935, BwHJ, 157).

Bei dieser Arbeit, die eigenen religiösen und politischen Antriebe zu verstehen, hilft ihm ein anderer *Held*: Hölderlin.

Im Wintersemester 1934/35 hält er seine erste Hölderlin-Vorlesung. Von nun an wird Hölderlin ein ständiger Bezugspunkt seines Denkens bleiben. Bei Hölderlin will Heidegger herausfinden, was es auf sich hat mit dem Göttlichen, das uns fehlt, und mit einer ›Politik‹, die über den Geschäften des Tages steht. Hölderlin, sagt Heidegger, ist eine *Macht in der Geschichte unseres Volkes*, aber sie ist noch nicht wahrhaft zum Vorschein gekommen. Das muß sich ändern, wenn das deutsche Volk zu sich selbst finden will. Dabei mitzuhelfen nennt Heidegger *›Politik‹ im höchsten und eigentlichen Sinne, so sehr, daß wer hier etwas erwirkt, nicht nötig hat, über das ›Politische‹ zu reden* (GA 39, 214).

Es gab eine Hölderlin-Renaissance, als Heidegger sich diesem Dichter zuwandte. Hölderlin ist nicht mehr, wie noch bis Anfang des Jahrhunderts, lediglich ein literaturgeschichtlich interessanter Lyriker, der auch einen merkwürdigen Briefroman »Hyperion« verfaßt hat und zu den Philhellenen gehört, von denen es zur Zeit der deutschen Klassik so viele gegeben hat. Weder Dilthey noch Nietzsche, die dringlich auf Hölderlin aufmerksam gemacht hatten, konnten ihn ins Bewußtsein der deutschen Öffentlichkeit rücken. Das gelang erst am Vorabend des Ersten Weltkrieges dem George-Kreis und dem dort zugehörigen Norbert von Hellingrath, der Hölderlins Spätwerk entdeckte, kommentierte und mit der Edition einer großen Gesamtausgabe begann. Der George-Kreis sah in Hölderlin den genialen Vorläufer des ›Symbolismus‹, aber nicht einen artistisch verspielten, sondern einen existentiell dringlichen. »Es ist, als ob ein Vorhang zum Allerheiligsten aufgezogen sei und noch Unsagbares sich dem Blicke biete« – auf diesen Ton war die Hölderlin-Begeisterung der zwanziger und dreißiger Jahre gestimmt. Max Kommerell reihte Hölderlin ein unter die »Dichter als Führer«; bei Hölderlin bekomme man Fühlung mit einem »deutschen Kraftstrom«. Bei den Jugendbewegten galt Hölderlin als ein Genie des Herzens, das an Deutschland zerbrach. Immer wieder wurden jene Sätze aus dem »Hyperion« zitiert: »Es ist ein hartes Wort, und dennoch sag ichs, weil es die Wahrheit ist: ich kann kein Volk mir denken, das zerrißner wäre, wie die Deutschen, Handwerker siehst du, aber keine Menschen, Denker, aber keine Menschen, Herrn und Knechte, Jungen und gesetzte Leute, aber keine Menschen – ist das nicht, wie ein Schlachtfeld, wo Hände und Arme und alle Glieder zerstückelt untereinander liegen, indessen das vergoßne Lebensblut im Sande zerrinnt?«

Mit seiner Sehnsucht nach einer neuen Ganzheit des Lebens wurde Hölderlin für ein breites politisches Spektrum der Gebildeten eine bedeutsame Identifikationsfigur, aber doch ganz besonders für diejenigen, die Ausschau hielten nach Möglichkeiten einer neuen Erfahrung des Heiligen – im Dichterwort. Rilke in seinem Gedicht »An Hölderlin«: »Ach, was die Höchsten begehren, du legtest es wunschlos / Baustein auf Baustein: es stand. Doch selbst sein Umsturz / irrte dich nicht.«

Der spätere Wahnsinn gab Hölderlins Dichtung noch eine zusätzliche Authentizität; daß er verrückt wurde – lag es nicht daran, daß er weiter als andere vorgerückt war in die gefährlichen und geheimnisvollen Zonen des Lebens?

Der Dichter des Deutschen; der Poet, den die Macht der Poesie überwältigte; der Geburtshelfer neuer Götter, der Grenzgänger und der groß Gescheiterte – in solchen Bildern sah man Hölderlin, und Heidegger knüpft daran an.

Seine Hölderlin-Exegese hat drei Schwerpunkte. Es geht, nach dem Scheitern der eigenen ›Macht‹-Politik, um das Wesen der Macht und um die Hierarchie der Daseinsmächte. Dichten, Denken und Politik – in welchem Verhältnis stehen sie zueinander?

Zweitens will Heidegger mit Hölderlin eine Sprache finden für das, was uns fehlt. Er zitiert Hölderlin als wortmächtigen Zeugen unseres Mangels an Sein (»Götternacht«) und als Vorboten einer möglichen Überwindung dieses Mangels. Und drittens will er über das Medium Hölderlin, diesen *Dichter des Dichtens*, sein eigenes Tun begreifen, das Denken des Denkens. Er spiegelt sich selbst in Hölderlin, vor allem in dessen Scheitern. Er zeichnet indirekt ein Bild von sich, wie er sich sieht und wie er gesehen werden möchte.

In seiner Vorlesung kommentiert er die beiden späten Hölderlin-Hymnen »Germanien« und »Der Rhein«. Heidegger zitiert als Grundgedanken seiner ganzen Auslegung einen Aphorismus Hölderlins: »Meist haben sich Dichter zu Anfang oder zu Ende einer Weltperiode gebildet. Mit Gesang steigen die Völker aus dem Himmel ihrer Kindheit ins thätige Leben, ins Land der Cultur. Mit Gesang kehren sie da zurück ins ursprüngliche Leben« (GA 39, 20).

Es ist das Wort des Dichters, sagt Heidegger, wodurch in der jeweiligen Periode in der Geschichte eines Volkes und seiner Kultur *erst all das ins Offene tritt, was wir dann in der Alltagssprache bereden und verhandeln.*

Eine für die Dichter schmeichelhafte Vision von der Macht des dichterischen Wortes. Die Dichter geben einem Volk die Identität. Sie bringen, wie Homer und Hesiod, dem Volk ihre Götter und stiften dadurch *Sitte und Brauch*. Die Dichter sind die eigentlichen Erfinder der Kultur eines Volkes. Weil Hölderlin in seinen Gedichten diese Macht des Dichtertums selbst zum Thema gemacht hat, nennt ihn Heidegger den *Dichter des Dichtens.*

Nun setzt Heidegger die kulturstiftende Tat des Dichtens in Beziehung zu den anderen großen Stiftungstaten: die philosophische Welterschließung und die Gründung eines Staates. *Die Grundstimmung, und das heißt die Wahrheit des Daseins eines Volkes, wird ursprünglich gestiftet durch den Dichter. Das so enthüllte Seyn des Seienden aber wird als Seyn begriffen ... durch den Denker, und das so begriffene Seyn wird ... in die b e - s t i m m t e geschichtliche Wahrheit gestellt dadurch, daß das Volk zu sich selbst als Volk gebracht wird. Das geschieht durch die Schaffung ... des Staates durch den Staatsschöpfer* (GA 39, 144).

Dichten, Denken, Politik haben gemeinsam, daß sie *Werke* von großer Mächtigkeit sein können. In bezug auf Hölderlin sagt Heidegger: *Es kann sein, daß wir dann eines Tages aus unserer Alltäglichkeit herausrücken und in die Macht der Dichtung einrücken müssen, daß wir nie mehr so in die Alltäglichkeit zurückkehren, wie wir sie verlassen haben* (GA 39, 22).

Die Dichter, die Denker, die Staatsmänner werden den anderen zum Schicksal, weil sie *schöpferisch* sind, wodurch ein Etwas in die Welt kommt, das einen ›Hof‹ um sich herum schafft, worin es neue Daseinsverhältnisse und Sichtbarkeiten gibt. Dieses Schaffen von Werken, die dann in der Landschaft des Seienden mächtig und magisch herumstehen, nennt Heidegger auch *Kampf*. In der ein Jahr später gehaltenen Vorlesung EINFÜHRUNG IN DIE METAPHYSIK beschreibt er diesen schöpferischen Kampf so: *Der Kampf entwirft und entwickelt erst das Unerhörte, bislang Un-gesagte und Un-gedachte. Dieser Kampf wird dann von den Schaffenden, den Dichtern, Denkern, Staatsmännern getragen. Sie werfen dem überwältigenden Walten den Block des Werkes entgegen und bannen in dieses die damit eröffnete Welt* (EM, 47).

Wie Heidegger von der *schöpferischen*, staatsgründenden Tat eines Hitler *gebannt* werden konnte, haben wir schon beobachten können. Jetzt geht es um den *Machtbereich* der Hölderlinschen Dichtung, für den dasselbe gilt wie für die nationalsozialistische Revolution. Bei seinem Tübinger Vortrag über DIE UNIVERSITÄT IM NATIONALSOZIALISTISCHEN STAAT vom 30. November 1933 hatte er davor gewarnt, die *revolutionäre Wirklichkeit* als etwas *Vorhandenes* oder bloß *Tatsächliches* anzusehen. So wird man nie erfahren, was sie ist. Man muß in den Bannkreis dieser Wirklichkeit treten und sich verwandeln lassen. Das gilt also auch für Hölderlin, für alle große Dichtung. Sie verlangt eine Entscheidung, ob man sich ihrem *Wirbel* aussetzen oder Sicherheitsabstand wahren will. Die Hölderlinsche Dichtung erschließt sich nur dem Entschlossenen, dem sie dann – wie die Politik oder das Denken – zum revolutionären Ereignis, zur *Umwälzung des ganzen Daseins* werden kann. Aber nur wenige wollen in dieses Abenteuer hineingeraten. Heidegger untersucht die Taktiken des Sicherheitsabstandes, die alle nur darauf abzielen, sich dem Machtwort der Dichtung gerade nicht auszusetzen. Da gibt es das Verständnis der Dichtung als *Ausdruck* von Erlebnissen und Phantasie, unterhaltsam und gut für die Erweiterung des geistigen Horizonts. Oder Dichtung als ideologischer Überbau, als Verklärung oder Vernebelung der wirklichen Verhältnisse. Oder die

Vorstellung – und hier zitiert Heidegger nationalsozialistische Ideologie –: *Dichtung ist eine biologisch notwendige Funktion des Volkes* (GA 39, 27). Auch die Verdauung, spottet Heidegger, ist eine notwendige Funktion des Volkes. Diese Haltung, sich nicht in den Machtbereich eines Phänomens zu begeben, sondern es bloß von außen zu fixieren, nennt Heidegger die *liberalistische* Grundeinstellung. *Wenn etwas mit dem vielmißbrauchten Titel ›liberalistisch‹ belegt werden kann und muß, dann ist es diese Denkweise. Denn sie stellt sich grundsätzlich und im vorhinein aus dem, was sie meint und denkt, heraus, macht es zum bloßen Gegenstand ihres Meinens* (GA 39, 28).

Eine eigenwillige Verwendung des Terminus ›liberalistisch‹. Gemeint ist damit gedanken- und gefühllose oder methodische Weigerung, sich dem Eigensinn einer Sache zu überlassen; man will ›über‹, ›unter‹ oder ›hinter‹ die Dinge kommen, auf jeden Fall aber vermeiden, ›in‹ sie hineingezogen zu werden. Mit dieser Kritik ist Heidegger unversehens bei einer Befindlichkeit angelangt, die für Hölderlin das Charakteristische der »Götternacht« ist.

Wir »Heutigen«, sagt Hölderlin, sind zwar »Vielerfahrene«, nämlich im Sinne wissenschaftlicher Erkenntnis, aber wir haben dabei die Fähigkeit verloren, die Dinge, die Natur und die menschlichen Beziehungen in ihrer Fülle und Lebendigkeit wahrzunehmen. Wir haben das »Göttliche« verloren, was bedeutet, der »Geist« ist aus der Welt gewichen. Wir haben uns die Natur unterworfen, das »Sehrohr« dringt in die entlegensten Fernen des Alls, und dabei »übereilen« wir den »festlichen Aufgang« der erscheinenden Welt. Aus den »Liebesbanden« zwischen Natur und Mensch haben wir »Stricke gemacht«, wir haben der Grenzen des Menschlichen und Natürlichen »gespottet«. Wir sind ein »schlaues Geschlecht« geworden, das sogar noch stolz darauf ist, die Dinge »nackt« sehen zu können. Und so »sieht« man die Erde nicht mehr, »hört« nicht mehr den Vogellaut, und die Sprache zwischen den Menschen ist »verdorrt«. Das alles bedeutet bei Hölderlin »Götternacht«. Sie meint also den Verlust der immanenten Bedeutsamkeit und Strahlkraft der weltlichen, menschlichen Verhältnisse.

In Hölderlins Verständnis muß der Dichter diese ganze lebendige, aber inzwischen untergegangene Welt wieder ins Wort heben. Sofern er nur an Untergegangenes erinnern kann, ist er ein »Dichter in dürftiger Zeit«.

Das Göttliche ist bei Hölderlin kein jenseitiger Bereich, sondern bezeichnet eine gewandelte Wirklichkeit im Menschen, zwischen den

Menschen und im Verhältnis zur Natur. Ein zur Welt hin geöffnetes, gesteigertes, abenteuerliches, intensives, waches Leben, einzeln sowohl wie allgemein. Der Jubel über das In-der-Welt-Sein.

Für dieses hölderlinsche Göttliche hatte der Heidegger der zwanziger Jahre den Namen *Eigentlichkeit* und jetzt findet er einen neuen Namen dafür: der *Bezug zum Seyn*. Dasein – das hatte Heidegger in SEIN UND ZEIT erläutert – steht immer schon in einem Bezug zum Sein. Auch das Ausweichen in die Uneigentlichkeit gehört zu diesem Bezug. Der *Bezug zum Sein* wird zu einem *Bezug zum Seyn*, wenn er ausdrücklich ergriffen, also *eigentlich* gelebt wird. Von nun an schreibt Heidegger *Seyn* mit Ypsilon immer dann, wenn er genau jenen *eigentlichen* Bezug meint, der das Dasein in diesem Sinne vergöttlicht. Und die Öffnung zum Göttlichen hin bedeutet im Dasein genau dieses: sich öffnen und sich hervorwagen bis zur eigenen Abgründigkeit und bis zum Wunder der Welt.

Man könnte denken, daß diese Öffnung ganz und gar eine Leistung des einzelnen, entschlossenen Daseins ist. In der Eigentlichkeits-Philosophie von SEIN UND ZEIT dominiert auch tatsächlich dieser individuelle Aspekt, und in dem Bilde von den Dichter- und Denker-Heroen, die einem ganzen Volk die Götter und die Göttlichkeit *stiften*, lebt dieser Individualismus fort. Und doch betont Heidegger jetzt stärker den geschichtlichen und kollektiven Aspekt. Es gibt geschichtliche Epochen, die solchen Seyns-Bezug begünstigen, und andere, die ihn erschweren oder gar verunmöglichen. Die »Götternacht« oder, wie Heidegger auch sagt, *die Weltverdüsterung* legt sich auf ganze Epochen. Für Heidegger ist Hölderlin gerade darum so groß, weil er in einer Zeit des Epochenbruchs, da die alten Götter verschwunden und die neuen noch nicht angekommen sind, als einzelner, als Verspäteter und zugleich Verfrühter, den Schmerz des Verlorenen durchlitten und die Gewalt des Künftigen erleiden mußte. »Aber Freund! wir kommen zu spät. Zwar leben die Götter, / Aber über dem Haupt droben in anderer Welt … / Denn nicht immer vermag ein schwaches Gefäss sie zu fassen«, so heißt es in einem späten Gedicht Hölderlins, das Heidegger mit Versen aus dem Gedicht »Wie wenn an Feiertagen …« zusammenbringt: »Doch uns gebührt es, unter Gottes Gewittern, / Ihr Dichter! mit entblösstem Haupte zu stehen, / Des Vaters Stral, ihn selbst, mit eigner Hand / Zu fassen und dem Volk ins Lied / Gehüllt die himmlische Gaabe zu reichen« (zit. GA 39, 30).

Dieses Bild von »Gottes Gewitter« über dem Haupt des Dichters kommentiert Heidegger als *Ausgesetztheit in die Übermacht des Seyns* (GA 39, 31) und zitiert Hölderlins Briefe vom 4. Dezember 1801, kurz vor der Reise nach Bordeaux, an seinen Freund Böhlendorff: »Sonst kann ich jauchzen über eine neue Wahrheit, eine bessere Ansicht dess, das über uns und um uns ist, jetzt fürcht ich, dass es mir geh am Ende, wie dem alten Tantalus, dem mehr von den Göttern ward, als er verdauen konnte.« Und nach seiner Rückkehr, verwirrt und abgerissen, schreibt er: »Das gewaltige Element, das Feuer des Himmels, und die Stille der Menschen ... hat mich beständig ergriffen, und wie man Helden nachspricht, kann ich wohl sagen, daß mich Apollo geschlagen« (an Böhlendorff, November 1802).

Hölderlin, so Heideggers Interpretation, hat sich weit vorgewagt, vielleicht zu weit, *in den Bereich, wo eine Gesamtbedrohung des geistig-geschichtlichen Daseins zur Auswirkung kommt* (GA 39, 113). Während das Volk um ihn herum in der *Not der Notlosigkeit* verharrt und deshalb seinen Dichter *nicht brauchen kann,* muß dieser alles alleine tragen, den Schmerz und das überwältigende Glück. Die *Grundstimmung*, aus der Hölderlin lebt und dichtet, findet noch keine Resonanz im Volk. Dies muß erst noch *umgestimmt* werden. *Für diesen Kampf der Umstimmung der jeweils noch herrschenden und sich fortschleppenden Stimmungen müssen die Erstlinge geopfert werden. Das sind jene Dichter, die in ihrem Sagen das künftige Seyn eines Volkes in seine Geschichte vorausssprechen und dabei notwendig überhört werden* (GA 39, 146).

Das sind jene Dichter, sagt Heidegger, er meint aber auch: ›das sind jene Denker...‹ Und damit ist er beim Selbstporträt angekommen. Denn es will ihm scheinen, daß es auch ihm so ergangen ist wie Hölderlin. Auch er hat sich geöffnet für die »Gewitter Gottes«, auch in ihn ist der Blitz des Seyns eingeschlagen, auch er hat sich abzuplagen mit der *Not der Notlosigkeit* des Volkes, auch er hat ein Werk *gestiftet*, das noch nicht recht angenommen worden ist. »Aber sie können mich nicht brauchen«, zitiert Heidegger doppeldeutig und fährt dann, mit Bezug auf die gegenwärtige Revolution fort: *Wie lange noch werden die Deutschen dieses furchtbare Wort überhören? Wenn nicht die große Wende ihres Daseins sie hellsichtig macht, was soll ihnen dann überhaupt noch Ohren geben zu hören* (GA 39, 136).

Da ist sie wieder, *die große Wende*, die metaphysische Revolution des nationalsozialistischen Aufbruchs. Und das müßte doch eigentlich der Augenblick sein, da Hölderlin, dieser *Stifter* eines neuen *Seyns*, endlich Gehör finden sollte. Hölderlin ist doch dem Volk vorangegangen bei dem Abenteuer, es *noch einmal mit den Göttern (zu) wagen, um so eine geschichtliche Welt zu schaffen* (GA 39, 221).

Noch einmal also feiert Heidegger den großen *Aufbruch*. Wenn das die weltgeschichtliche Stunde Hölderlins ist, wie sollte das nicht auch die Stunde Heideggers sein! Aber Heidegger weiß nach dem Scheitern seines Rektorats, daß die unmittelbare politische Aktion, das *Organisieren und Administrieren*, doch nicht seine Sache ist. Seine Aufgabe ist es, dem *Aufbruch* zu dienen *durch eine andere Metaphysik, d.h. eine neue Grunderfahrung des Seyns* (GA 39, 195).

Welche weltgeschichtlichen Großtendenzen diesen *Aufbruch* bedrohen und zum Erliegen bringen könnten, beschreibt Heidegger ein halbes Jahr später in der Vorlesung EINFÜHRUNG IN DIE METAPHYSIK. Hier wagt er sich auf das Gebiet einer aktuellen philosophischen Zeitdiagnose. In den Mittelpunkt seiner Überlegungen stellt er, was er die *Entmachtung des Geistes* nennt (EM, 34).

Der Geist wird erstens reduziert auf instrumentelle Vernunft, Heidegger sagt: *Intelligenz*. Es geht nur noch um *Berechnung und Betrachtung der vorgegebenen Dinge und ihrer möglichen Abänderung und Neuherstellung*. Diese berechnende *Intelligenz* wird zweitens in den Dienst einer Weltanschauung, einer ideologischen Doktrin gestellt. Er nennt in diesem Zusammenhang Marxismus, Technikbesessenheit – aber auch den völkischen Rassismus. *Ob dieser Dienst der Intelligenz sich nur auf die Regelung und Beherrschung der materiellen Produktionsverhältnisse (wie im Marxismus) oder überhaupt auf die verständige Ordnung und Erklärung alles ... schon Gesetzten (wie im Positivismus) bezieht oder ob er sich in der organisatorischen Lenkung der Lebensmasse und Rasse eines Volkes vollzieht* (EM, 36) – auf jeden Fall verlieren die *Mächte des geistigen Geschehens* ihre freie Beweglichkeit und ihre selbstzweckhafte Würde. Sie verlieren damit auch ihre *Offenheit* für den Anspruch des Seins. Die totale Mobilisierung, ökonomisch, technisch und rassistisch, hat zur Folge eine *Verdüsterung der Welt*, auf die Heidegger mit formelhaften Wendungen hinweist: *Flucht der Götter, die Zerstörung der Erde, die Vermassung des Menschen, der hassende Verdacht gegen alles Schöpferische und Freie* (EM, 29).

In dieses düstere Panorama zeichnet Heidegger auch die deutsche Wirklichkeit im Jahre 1935 ein. Der Geist des Aufbruchs von 1933 ist bedroht: von außen durch Amerika (= technische Mobilisierung) und Rußland (= ökonomische Mobilisierung). *Dieses Europa, in heilloser*

Verblendung immer auf dem Sprunge, sich selbst zu erdolchen, liegt heute in der großen Zange zwischen Rußland auf der einen und Amerika auf der anderen Seite. Rußland und Amerika sind beide, metaphysisch gesehen, dasselbe; dieselbe trostlose Raserei der entfesselten Technik und der bodenlosen Organisation des Normalmenschen. Wenn die hinterste Ecke des Erdballs technisch erobert und wirtschaftlich ausbeutbar geworden ist, wenn jedes beliebige Vorkommnis an jedem beliebigen Ort zu jeder beliebigen Zeit beliebig schnell zugänglich geworden ist, … wenn Zeit nur noch Schnelligkeit, Augenblicklichkeit und Gleichzeitigkeit ist und die Zeit als Geschichte aus allem Dasein aller Völker geschwunden ist, wenn der Boxer als der große Mann eines Volkes gilt, wenn die Millionenzahl von Massenversammlungen ein Triumph sind – dann, ja dann greift immer noch wie ein Gespenst über all diesen Spuk hinweg die Frage: wozu? – wohin? – und was dann? (EM, 29).

Aber der Geist des Aufbruchs ist auch bedroht von innen – durch den Rassismus (*organisatorische Lenkung der Lebensmasse und Rasse eines Volkes*).

In der nationalsozialistischen Revolution hatte er eine Kraft des Widerstandes gegen die unheilvolle Entwicklung der Moderne gesehen. Das machte für ihn die *innere Wahrheit und Größe dieser Bewegung* (EM, 152) aus. Aber 1935 sieht er die Gefahr, daß die besten Impulse dieser Bewegung verspielt werden und der *trostlosen Raserei der entfesselten Technik und der bodenlosen Organisation des Normalmenschen* (EM, 28) zum Opfer fallen. In dieser Situation muß der Philosoph die ursprüngliche Wahrheit des revolutionären Aufbruchs bewahren und verteidigen. Er muß sich aber mit Geduld wappnen. *Die Philosophie ist wesenhaft unzeitgemäß, weil sie zu jenen wenigen Dingen gehört, deren Schicksal es bleibt, nie einen unmittelbaren Wiederklang in ihrem jeweiligen Heute finden zu können und auch nie finden zu dürfen* (EM, *6*).

Mit keinem Wort aber geht Heidegger darauf ein, daß er selbst der Versuchung, einen *unmittelbaren Wiederklang* hervorrufen zu wollen, kurz zuvor erlegen war. Nach der mißlungenen Machtergreifung der Philosophie kehrt Heidegger jedenfalls wieder zurück zur einsamen Philosophie, die, wie das Vorbild Hölderlin, die epochale *Gefahr der Weltverdüsterung* einzelkämpferisch zu bannen versucht. Das hat er bei seinem gescheiterten Ausflug in die Politik doch gelernt: *Die Vorbereitung des Wahren* geschieht nicht über Nacht. Das *Offenbarwer-*

den des Seyns ereignet sich zwar jetzt schon gelegentlich in der Philosophie, in seiner Philosophie, aber ehe dieses Geschehnis ausstrahlt in die ganze Gesellschaft und sie von Grund aus umgestaltet, wird noch eine *lange Zeit* verstreichen, die gerade deshalb eine *dürftige Zeit* bleibt. *An solchem Ort der metaphysischen Not* müssen die Geister, ob Hölderlin oder Heidegger, aushalten, um die Erinnerung an das, was noch aussteht, wachzuhalten.

Heidegger hält also an seiner philosophischen Phantasie fest, er beginnt aber, sie aus ihrer Verstrickung in die nationalsozialistische Politik zu lösen.

Der real existierende Nationalsozialismus wird für ihn immer mehr zu einem System der verratenen Revolution, die für ihn ja eine metaphysische Revolution war, ein *Offenbarwerden des Seyns* auf dem Boden einer völkischen Gemeinschaft. So muß der authentische Nationalsozialist, als der sich Heidegger auch weiterhin fühlt, zum Denker in dürftiger Zeit werden.

Aus dem Scheitern des Rektorats macht Heidegger das Beste: Er schreibt sich in seine Seinsgeschichte ein als Herold, der zu früh gekommen ist und deshalb in die Gefahr gerät, von seiner Zeit zerrieben und verworfen zu werden. Ein Bruder Hölderlins.

Siebzehntes Kapitel

Die Zeit des Weltbildes und der totalen Mobilisierung. Heidegger auf dem Rückzug. Vom Ins-Werk-Setzen der Wahrheit. Der feierliche Pragmatismus. Staatsgründer, Künstler, Philosophen. Kritik des Machtdenkens. Nietzsche und Heidegger – wer überwindet wen? Vom Bauen der Flöße auf offener See.

Bei den letzten freien Wahlen am 6. November 1932 hatten die Nationalsozialisten 33,5 Prozent der Stimmen gewonnen. Bei der Wahl vom 5. März 1933, nach Reichstagsbrand, Ausschaltung der KPD und massiver Einschüchterung der übrigen Opposition, brachte die NSDAP immer noch nicht die Mehrheit des Volkes hinter sich. Bei der Reichstagswahl vom 12. November 1933, als es nur eine Einheitsliste gab, verbunden mit einem Plebiszit über den Austritt aus dem Völkerbund, stimmten dann 92 Prozent für die NSDAP. Dieses Wahlergebnis wird die Stimmung im Volk sicherlich nicht zutreffend widergespiegelt haben: so groß war die Zustimmung zu Hitler zu diesem Zeitpunkt noch nicht. Aber für die späten dreißiger Jahre wird man vermuten dürfen, daß die überwältigende Mehrheit des Volkes Hitlers Politik im großen und ganzen unterstützte. Und zwar nicht deshalb, weil Terror, Gleichschaltung und Einschüchterung so wirkungsvoll gewesen wären, sondern weil Hitlers Politik zu diesem Zeitpunkt in den Augen der übergroßen Mehrheit sich als erfolgreich erwiesen hatte. Am 28. April 1939 gibt Hitler in einer großen Rede ein Resümee dieser Erfolge: »Ich habe das Chaos in Deutschland überwunden, die Ordnung wiederhergestellt, die Produktion auf allen Gebieten unserer nationalen Wirtschaft ungeheuer gehoben... Es ist mir gelungen, die uns allen so zu Herzen gehenden sieben Millionen Erwerbslosen restlos wieder in nützliche Produktionen einzubauen... Ich habe das deutsche Volk nicht nur politisch geeint, sondern auch militärisch aufgerüstet, und ich habe weiter versucht, jenen Vertrag Blatt um Blatt zu beseitigen, der in seinen 448 Artikeln die gemeinste Vergewaltigung enthält, die jemals Völkern und Menschen zugemutet worden ist. Ich habe die uns 1919 geraubten Provinzen dem Reich wieder zurückgegeben, ich habe Millionen von uns weggerissenen, tiefunglücklichen Deutschen wieder in die Heimat geführt, ich habe die tausendjährige historische Einheit des deutschen Lebensraumes wiederhergestellt, und ich habe ... mich bemüht, dies alles zu tun, ohne Blut zu vergießen und ohne meinem Volke oder anderen das Leid des Krieges zuzufügen. Ich habe dies ... als ein noch vor 21 Jahren unbekannter Arbeiter und Soldat meines Volkes, aus meiner eigenen Kraft geschaffen.«

Dieser Erfolgsbilanz konnte auch Heidegger Punkt für Punkt zustimmen. Er begrüßte die diktatorisch herbeigeführte innere politische Einheit des Volkes. Als Verächter der Weimarer Demokratie nahm er keinen Anstoß an der Ausschaltung der politischen Opposition. Gegen das Prinzip Führung und Gefolgschaft hatte Heidegger nichts einzuwenden. Das NS-Regime hatte vielen Menschen wieder Arbeit gegeben und sie damit wieder *daseinsfähig* (Heidegger in einem Vortrag vom Februar 1934) gemacht. Der Austritt aus dem Völkerbund und die einseitige Außerkraftsetzung des Versailler Vertrages galten Heidegger als Bekundung des Willens zur Selbstbehauptung des Volkes, als Erfüllung *jener Urforderung des Daseins, daß es sein eigenes Wesen behalte und rette*. Die Annexionspolitik Hitlers fand seine Unterstützung, hatte er es doch als Skandal empfunden, *daß 18 Millionen Deutsche zwar zum Volk, aber, weil außerhalb der Reichsgrenze lebend, doch nicht zum Reich gehören*. Die innere und äußere Politik des Regimes entsprach Heideggers politischen Vorstellungen, die ja niemals klar umrissen waren.

Der Nationalsozialismus sei der *für Deutschland vorgezeichnete Weg*, man müsse *nur lange genug ›durchhalten‹*, sagte er im Sommer 1936 zu Karl Löwith in Rom. Doch diese Zustimmung war nun wieder herabgestimmt zur politischen Meinungsäußerung. Das metaphysische Pathos war weg. Es war eben die Meinung, daß die Nationalsozialisten eine ganz gute Politik machten – Beseitigung der Arbeitslosigkeit, sozialer Friede, Revision des Versailler Vertrages usw. Es war ihm inzwischen klar, daß die Vision der metaphysischen Revolution, die ihn in die politische Arena gelockt hatte, nicht Wirklichkeit geworden war. Und indem er mit *mühsamem Tasten*, wie er an Jaspers am 1. Juli 1935 schreibt, wieder Anschluß zu finden sucht an die im Wintersemester 1932/33 *abgerissene Arbeit*, kann er sich immer weniger der Einsicht verschließen, daß der Durchbruch von der Neuzeit zur neuen Zeit einstweilen nur dem einsamen Denken vorbehalten bleibt – einem Denken, das der überwältigenden Dynamik der Neuzeit und damit dem tieferen Grund für das Scheitern der eigenen politik-philosophischen Ambitionen auf die Spur kommen will. Er hatte diese Dynamik offenbar unterschätzt, als er die nationalsozialistische Revolution als einen Bruch in der Tiefe der Zeit erlebte. Die Jahre zwischen 1935 und 1938 sind der Arbeit an der Umdeutung gewidmet. Noch 1935 in der METAPHYSIK-Vorlesung hatte er dem Nationalsozialismus *innere Wahrheit und Größe* bescheinigt und damit das gegen die Neuzeit Widerständige an ihm bezeichnen wollen. Während der folgenden Jahre, in denen er die unabschließbare Dimension des Projektes Moderne erkundet, verändert sich seine Optik, und der Nationalsozialismus erscheint ihm nun nicht mehr als Ausbruch aus der Moderne, sondern als ihr besonders konsequenter Ausdruck. Er entdeckt, daß der Nationalsozialismus selbst das Problem ist, für dessen Lösung er ihn gehalten hatte. Er sieht im Nationalsozialismus den Furor der Neuzeit toben: technische Raserei, Herrschaft und Organisation, also Uneigentlichkeit als totale Mobilisierung.

Heidegger scheut sich allerdings nicht, diese spätere Einsicht früheren Bemerkungen über die Bewegung unterzuschieben. So geschehen bei der 1953 erfolgten Veröffentlichung der METAPHYSIK-Vorlesung von 1935. Dort fügt er der Bemerkung über die *innere Wahrheit und Größe* der Bewegung die in Klammern gesetzte Erläuterung hinzu, es sei die Größe des Schrecklichen gemeint, nämlich die *Begegnung der planetarisch bestimmten Technik und des neuzeitlichen Menschen.* Wie wir gleich sehen werden, ist dies eine Deutung, die Heidegger erst nach der METAPHYSIK-Vorlesung entwickelt – in den NIETZSCHE-Vorlesungen, in seinen geheimphilosophischen Aufzeichnungen, den BEITRÄGEN ZUR PHILOSOPHIE, und in dem Vortrag DIE BEGRÜNDUNG DES NEUZEITLICHEN WELTBILDES DURCH DIE METAPHYSIK, der nach dem Krieg unter dem Titel DIE ZEIT DES WELTBILDES erscheint – unter den Schriften Heideggers eine der wirkungsmächtigsten.

Zwischen 1935 und 1938 verarbeitet Heidegger also seine Enttäuschung darüber, daß die metaphysische Revolution als politische nicht stattgefunden hat, er versucht die überwältigende Macht der Neuzeit zu begreifen; zu begreifen, was ihn selbst ergriffen hat und wie man sich diesem Griff wieder entwinden kann.

Was ist das für ein Moloch – diese Neuzeit, an der Heideggers politik-philosophische Hoffnungen zunichte wurden und die ihn wieder das Asyl des einsamen Denkens aufsuchen ließ?

Heidegger beschreibt in DIE ZEIT DES WELTBILDES die Neuzeit in den Bildern der totalen Mobilisierung. Er bezieht sich dabei auf Ernst

Jünger, ohne ihn ausdrücklich zu zitieren. Maschinentechnik, Wissenschaft und Forschung haben sich zu einem mächtigen System zusammengeschlossen, einem System der Arbeit und der Bedürfnisse. Das technische Denken regiert nicht nur Forschung und Produktion im engeren Sinne, sondern technisch-verfügend ist auch das Verhalten der Menschen zu sich selbst, untereinander und zur Natur. Der Mensch interpretiert sich selbst in Begriffen technischer Verfügbarkeit. Das gilt auch für die Kunst, die als ›Kunstproduktion‹ dem produktiven Universum der Neuzeit eingefügt bleibt. Die Kultur insgesamt gilt als ein Bestand von ›Werten‹, die bewirtschaftet, kalkuliert, eingesetzt und geplant werden können. Zu diesen Kulturwerten zählen dann auch religiöse Erlebnisse und Traditionen, die ebenfalls zu einem Mittel der Bestandsicherung des Ganzen herabsinken. Mit solcher Instrumentalisierung der Transzendenz ist der Zustand der vollkommenen *Entgötterung* (H, 74) erreicht. Neuzeit ist für Heidegger also: Maschinentechnik, instrumentelle Wissenschaft, Kulturbetrieb und Entgötterung. Das aber sind doch nur die dringlichen und ins Auge fallenden Symptome. Zugrunde liegt eine metaphysische *Grundstellung*, eine alle Lebensbereiche und Tätigkeiten bestimmende Sicht auf das Seiende insgesamt. Eine Entscheidung darüber, was als Seiendes zu gelten hat und worauf es bei allem Tun und Lassen ankommt. Diese Grundstellung ist nach Heidegger definiert durch die Verwandlung des Menschen in ein ›Subjekt‹, dem die Welt zum Inbegriff von ›Objekten‹, also zu lauter wirklichen und möglichen Gegenständen wird, die beherrscht, gebraucht, verbraucht, abgewehrt oder eliminiert werden können. Der Mensch richtet sich auf, er erfährt sich nicht mehr als in eine Welt eingelassen – sondern diese Welt wird zu seinem Gegenüber, das er im *Weltbild* fixiert. *Der Mensch wird zur Bezugsmitte des Seienden als solchen* (H, 86).

Aber ist er das nicht schon immer gewesen? Nein, sagt Heidegger, es war einmal anders, und es wird, bei Strafe des Untergangs, wieder einmal anders werden müssen.

Es war anders: im antiken Griechenland. In diesem Vortrag gibt Heidegger eine gedrängte Darstellung seiner Imagination über die *anfängliche* Art, in der Welt zu wohnen. Für das antike Griechentum (und also auch für unsere Zukunft, wenn wir noch eine haben wollen) gilt: *Das Seiende ist das Aufgehende und Sichöffnende, was als das Anwesende über den Menschen als den Anwesenden kommt, d.h. über den, der sich selber dem Anwesenden öffnet, indem er vernimmt. Das Seiende wird nicht seiend dadurch, daß erst der Mensch es anschaut im Sinne gar des Vorstellens... Vielmehr ist der Mensch der vom Seienden Angeschaute, von dem Sichöffnenden auf das Anwesen bei ihm Versammelte. Vom Seienden angeschaut, in dessen Offenes einbezogen und einbehalten und so von ihm getragen, in seinen Gegensätzen umgetrieben und von seinem Zwiespalt gezeichnet sein: das ist das Wesen des Menschen in der großen griechischen Zeit* (H, 88).

Diese gedrängte Darstellung ist nicht so deutlich, daß sie einen Kommentar erübrigt. Für das griechische Denken ist die Welt eine Szene, wo der Mensch unter seinesgleichen und unter die Dinge tritt, um dort zu handeln und zu sehen und behandelt und gesehen zu werden. Der Ort des Menschen ist ein Platz der Sichtbarkeit im doppelten Sinne: er zeigt sich selbst (und nur wenn er sich zeigt, ist er wirklich, sonst ist er in der Höhle des Privaten, ein ›Idiot‹), und er ist das Wesen, dem sich das übrige Seiende zeigen kann. ›Erscheinung‹ ist für das griechische Denken kein defizienter Modus des Seins. Sondern Sein ist Erscheinung und nichts anderes. Nur was erscheint, ist. Deshalb war für Platon das höchste Sein immer noch – als Idee – dem Sehen aufgegeben. Der Mensch wurde verstanden als ein Wesen, das mit der übrigen Welt das Sehen und Sich-zeigen-Können teilt. Nicht nur der Mensch, sondern die Welt insgesamt will zum Vorschein kommen; sie ist nicht nur das passiv Angeschaute, das Material für unsere Blicke und Eingriffe. Im griechischen Denken blickt die Welt gleichsam zurück. Der Mensch drückt den kosmischen Grundzug, daß alles zum Erscheinen drängt, besonders rein aus und ist darum der Punkt der höchsten Sichtbarkeit, im aktiven und passiven Sinn. Der griechische Mensch hat deshalb auch das Theater erfunden, die Bühne der Welt noch einmal. Der Kosmos insgesamt hatte für ihn Bühneneigenschaften. Der Mensch ist die offene Stelle des Seins.

In diesen Verhältnissen, so Heideggers Überzeugung, gibt es ein reicheres, intensiveres Sein, eine offene Weite. Im Kontrast dazu befindet sich der neuzeitliche Mensch in der Gefangenschaft seiner Projekte, und was ihm widerfährt, erfährt er als Abweichung, Unfall, Zufall. So verschwindet das Geheimnis aus der Welt, die Fülle, der Abgrund, das Schicksal, die Gnade. *Erst wo das Seiende zum Gegenstand des Vorstellens geworden ist, geht das Seiende in gewisser Weise des Seins verlustig* (H, 99).

So gliedert sich die Heideggersche Seinsgeschichte: Das Griechentum agierte auf einer offenen Bühne, wo der Mensch und die Welt zum

Vorschein kommen und miteinander ihre Tragödien und Komödien aufführen, im Bewußtsein der Übermacht und Überfülle des Seins, das geheimnisvoll und verborgen bleibt. In christlicher Zeit ist das Sein geborgen in Gott, dem man mit Ehrfurcht begegnet, während man aber dabei doch schon neugierig Ausschau hält nach Ähnlichkeiten und Entsprechungen zwischen dem Creator und dem Creatum und schließlich auf den Ehrgeiz verfällt, das Geschaffene im Selbstgemachten zu wiederholen. Die Neuzeit aber ist nun vollends zum *Angriff* (H, 106) übergegangen. *Im planetarischen Imperialismus des technisch organisierten Menschen erreicht der Subjektivismus des Menschen seine höchste Spitze, von der er sich in die Ebene der organisierten Gleichförmigkeit niederlassen und dort sich einrichten wird. Diese Gleichförmigkeit wird das sicherste Instrument der vollständigen, nämlich technischen Herrschaft über die Erde* (H, 109).

Den Gedanken Max Webers von der entzauberten Welt der Moderne aufnehmend und umkehrend, spricht Heidegger von unserer *Verzauberung* durch die Welt der Technik. Die neuzeitliche Geschichte bewegt sich unter einem Bann. Gibt es einen Ausweg?

Heidegger hatte 1933 daran geglaubt, daß der kollektive Ausbruch aus dem stählernen Gehäuse der Neuzeit eine geschichtliche Realität geworden sei. Fünf Jahre später konstatiert er, daß es diese Chance einer grundsätzlichen Wende nicht gegeben hat und auch weiterhin auf der politischen Ebene einstweilen nicht geben wird. Er versteht jetzt die Revolution und was aus ihr hervorging als einen Vorgang, der noch ganz im Banne der neuzeitlichen totalen Mobilisierung steht, ohne sein eigenes Engagement selbstkritisch zu reflektieren.

Seine Diagnose lautet: Die Neuzeit tritt ins Stadium der härtesten Konfrontation der konkurrierenden Weltbemächtigungskonzepte, Amerikanismus, Kommunismus, Nationalsozialismus. Die jeweiligen *Grundstellungen* werden scharf abgesetzt und entschlossen verteidigt – aber alles geschieht auf dem gemeinsamen Boden der technisch verzauberten Neuzeit. *Für diesen Kampf... setzt der Mensch die uneingeschränkte Gewalt der Berechnung, der Planung und der Züchtung aller Dinge ins Spiel* (H, 92).

Berechnung steht für Amerikanismus, *Planung* für Kommunismus und *Züchtung* für Nationalsozialismus.

Aus der Globalperspektive des Neuzeit-Kritikers Heidegger, der diese Verhältnisse in seiner NIETZSCHE-Vorlesung auch das *Zeitalter der vollendeten Sinnlosigkeit* (N II, 9) nennt, ist das alles ein einziger

›Verhängniszusammenhang‹, wie Adorno später sagen wird – in einem anderen Jargon.

Blickt man lange ins Dunkle, ist immer etwas darin. Heidegger bemüht sich darum, in der allgemeinen Finsternis Unterschiede auszumachen. Die Neuzeit ist zwar insgesamt ein *Aufstand des Subjekts*, aber es macht einen Unterschied, ob *der Mensch als das auf seine Beliebigkeit beschränkte und in seine Willkür losgelassene Ich oder als Wir der Gesellschaft, ob der Mensch als Einzelner oder als Gemeinschaft, ob der Mensch als Persönlichkeit in der Gemeinschaft oder als bloßes Gruppenglied der Körperschaft, ob er als Staat und Nation und als Volk oder als die allgemeine Menschheit des neuzeitlichen Menschen das Subjekt sein will und muß, das er als neuzeitliches Wesen s c h o n i s t* (H, 90).

Was Heidegger bevorzugt, ist klar. Er sagt es deutlich genug, wenn er wenige Sätze später vom *Unwesen des Subjektivismus im Sinne des Individualismus* spricht. Das *Wir*, die *Persönlichkeit in der Gemeinschaft* und das *Volk* – das sind die am wenigsten verwahrlosten Formen von Subjekt-Sein in der Neuzeit. Und damit sanktioniert er seinen politischen Umtrieb zwar nicht in der ursprünglich gemeinten Bedeutung einer metaphysischen Revolution, aber als die immerhin bessere Option im allgemeinen Unwesen der Neuzeit. Aber das Richtige, das, was not tut, ist dies natürlich auch nicht.

Heidegger muß Mißverständnissen vorbeugen. Es geht nicht um eine *Verneinung des Zeitalters*. Ein Denken, das sich auf den *Machtanspruch der Verneinung* versteift, bleibt an das Verneinte gefesselt und verliert damit seine eröffnende Kraft. Es geht auch nicht um eine *geschichtslose* Mystik. Das Sein des Seienden, dem das Denken sich öffnet, ist kein weltloser Gott. Ganz im Gegenteil: Solches Denken will eine Perspektive zurückgewinnen, in der die Welt wieder zu einem Raum wird, darin, so Heidegger in der METAPHYSIK-Vorlesung von 1935, *ein jeglich Ding, ein Baum, ein Berg, ein Haus, ein Vogelruf die Gleichgültigkeit und Gewöhnlichkeit ganz verliert* (EM, 20).

Wie sehr dieses Denken in die Nachbarschaft der Kunst gehört, erläutert Heidegger in seinem 1935 zum ersten Mal gehaltenen Vortrag DER URSPRUNG DES KUNSTWERKES. Er beschreibt dort am Beispiel eines Gemäldes van Goghs, das die ausgetretenen Schuhe des Künstlers darstellt (die Heidegger fälschlich für Bauernschuhe hält), wie die Kunst die Dinge so zum Vorschein bringt, daß sie ihre *Gleichgültigkeit* und *Gewöhnlichkeit* verlieren. Kunst schildert nicht, sondern macht sichtbar. Was sie ins Werk hebt, schließt sich zu einer eigenen Welt zusammen, die durchscheinend bleibt für die Welt insgesamt, doch so, daß der weltbildende Akt eigens als solcher erfahrbar wird. So stellt das Werk zugleich sich selbst dar als eine sinnspendende Kraft, die *weltet*, durch die das Seiende *seiender* wird. Deshalb kann Heidegger sagen, daß es das Wesen der Kunst sei, *daß sie inmitten des Seienden eine offene Stelle aufschlägt, in deren Offenheit alles anders ist als sonst* (H, 58).

Das Kunstwerk ist auch etwas Hergestelltes. Wie grenzt Heidegger das Hergestelltsein der Kunst ab von dem im WELTBILD-Aufsatz analysierten technischen Herstellen?

Um den Unterschied zu bezeichnen, führt Heidegger den Begriff der *Erde* ein. *Erde* ist die undurchdringliche, sich selbst genügende Natur. *Die Erde ist das wesenhaft Sich-verschließende* (H, 33). Die *technisch-wissenschaftliche Vergegenständlichung* will in die Natur eindringen, ihr das Geheimnis ihres Funktionierens entreißen. Aber auf diesem Wege werden wir nie verstehen, was sie *ist*. Es gibt dieses In-sich-Bestehen der Natur, ihre Art, sich uns zu entziehen. Diesen ›Entzug‹ eigens zu erfahren, bedeutet, sich für die faszinierende Verschlossenheit, für die ›Erdigkeit‹ der Natur zu öffnen. Nichts anderes versucht die Kunst. Wir können das Gewicht eines Steines bestimmen, das farbige Licht in Schwingungen zerlegen; aber in solchen Bestimmungen ist das Lasten des Gewichts und das Leuchten der Farbe nicht erschlossen. *Die Erde läßt so jedes Eindringen in sie an ihr selbst zerschellen* (H, 32). Die Kunst aber macht das *Unerschließbare* (H, 32) der Erde sichtbar, sie stellt etwas her, woran sonst keine Vorstellung heranreicht; sie eröffnet einen Raum, worin gerade das *Sich-verschließende* der Erde sich zeigen kann. Sie offenbart ein Geheimnis, ohne es anzutasten. Die Kunst stellt nicht nur eine Welt dar, sondern sie gestaltet das Staunen, das Entsetzen, den Jubel, die Gleichgültigkeit angesichts der Welt. Die Kunst schließt das ihre zu einer eigenen Welt zusammen, Heidegger sagt: Sie *stiftet* eine Welt, die dem allgemeinen *Weltentzug und Weltzerfall* eine Weile lang widerstehen kann. Auf diesen weltbildenden Aspekt und damit auf die besondere Mächtigkeit der Kunst kommt es ihm vor allem an. Zum Beispiel der griechische Tempel. Für uns ist er heute nur noch ein Monument der Kunstgeschichte und war doch einst die Bezugsmitte, um die herum sich das Leben einer Gemeinschaft organisierte, es mit Sinn und Bedeutung erfüllend. *Das Tempelwerk fügt erst und sammelt zugleich die Einheit jener Bahnen und Bezüge um sich, in denen Geburt und Tod, Unheil und Segen, Sieg und Schmach, Ausharren und*

Verfall – dem Menschenwesen die Gestalt seines Geschicks gewinnen (H, 27). Dadurch gibt der Tempel dem Menschen die *Aussicht auf sich selbst* (H, 28). In dieser machtvollen Manifestation stiftet das Kunstwerk den *Gott* der Gemeinschaft, ihre höchste Beglaubigung und ihre sinnspendende Instanz. Deshalb nennt Heidegger die Kunst auch ein *Sich-ins-Werk-setzen der Wahrheit* (H, 48). Unter diesem Gesichtspunkt parallelisiert er, wie schon in der HÖLDERLIN-Vorlesung, die Kunst, das Denken und die *staatsgründende Tat.*

Es handelt sich hier um einen feierlichen Pragmatismus, der erstens die Geschichtlichkeit der gestifteten ›Wahrheiten‹ begründet: sie sind von befristeter Haltbarkeit. Zweitens sind die ›Wahrheiten‹ nirgendwo anders als nur – in den Werken. *Die Einrichtung der Wahrheit ins Werk ist das Hervorbringen eines solchen Seienden, das vordem noch nicht war und nachmals nie mehr wird* (H, 48).

Wenn Heidegger die Ursprungsmacht der gestifteten Wahrheiten beschreibt, merkt man, daß die Erregung von 1933, als er die nationalsozialistische Revolution als das Gesamtkunstwerk der staatsgründenden Tat erlebte, noch nicht verebbt ist. *Das Ins-Werk-Setzen der Wahrheit stößt das Un-geheure auf und stößt zugleich das Geheure und das, was man dafür hält, um. Die im Werk sich eröffnende Wahrheit ist aus dem Bisherigen nie zu belegen und abzuleiten. Das Bisherige wird in seiner ausschließlichen Wirklichkeit durch das Werk widerlegt* (H, 61). Diese Sätze passen, aus der Sicht Heideggers, sowohl auf das politische Gesamtkunstwerk der Revolution wie auch auf einen griechischen Tempel, eine Sophokles-Tragödie, ein Heraklit-Fragment oder ein Hölderlin-Gedicht. Jedesmal handelt es sich um ein schöpferisches Tun, das den Menschen in ein gewandeltes Verhältnis zur Wirklichkeit versetzt; er gewinnt einen neuen Spielraum, einen anderen Bezug zum Sein. Doch jeder gründende Akt steht unter dem Gesetz des Veraltens und der Vergewöhnlichung. Das Eröffnete verschließt sich wieder. Das hatte Heidegger besonders bei der politischen Revolution erlebt. *Der Anfang ist das Unheimlichste und Gewaltigste. Was nachkommt, ist nicht Entwicklung, sondern Verflachung als bloße Verbreiterung, ist Nichtinnehaltenkönnen des Anfangs, ist Verharmlosung und Übertreibung* (EM, 119). So ist der anfängliche Ausbruch aus der neuzeitlichen Welt wieder ins Stocken geraten, und es bleibt dem Denken im Bunde mit dem Dichten vorbehalten, den *Spielraum* (H, 110) offenzuhalten für den ganz anderen Bezug zum Sein. Worin dieses ganz Andere besteht, dafür prägt Heidegger im WELTBILD-Aufsatz die Formel von der

Überwindung des *Subjektseins*, genauer: von der verwandelnden Kraft des Gedankens, *daß das Subjektsein des Menschentums weder die einzige Möglichkeit des anfangenden Wesens des geschichtlichen Menschen je gewesen, noch je sein wird* (WB, 109).

Aber hier gerät Heidegger in beträchtliche Schwierigkeiten: Die Überwindung des Subjektseins soll eröffnet werden durch ein Dichten und Denken, das aus dem Willen zum Werk entspringt. Das Werk aber ist Ausdruck einer höchst aktivistischen Gestimmtheit. Denn was tun die Dichter und Denker? *Sie werfen dem überwältigenden Walten den Block des Werkes entgegen und bannen in dieses die damit eröffnete Welt* (EM, 47). Ist Heideggers Wille zum Werk nicht eine besonders krasse subjektive Ermächtigung? Liegt es nicht nahe, den Willen zum Werk zu identifizieren mit Nietzsches Willen zur Macht, der ja auch als subjektive Ermächtigung verstanden werden kann? Handelt es sich nicht beide Male um subjektive Einsprüche und Machtansprüche gegen den grassierenden neuzeitlichen Nihilismus, den beide diagnostizieren?

Heidegger, der in seiner Rektoratsrede sich ausdrücklich Nietzsches Diagnose »Gott ist tot« zu eigen gemacht hatte, ist sich seiner Nähe zu Nietzsche durchaus bewußt. Im WELTBILD-Aufsatz sieht er in ihm einen Denker, dem die Überwindung der Neuzeit fast, aber eben nur fast, gelungen wäre. Dort resümiert er einen zentralen Gedanken seiner seit 1936 gehaltenen NIETZSCHE-Vorlesungen: Nietzsche ist im neuzeitlichen Wertdenken steckengeblieben. Das Zeitalter, das er überwinden wollte, hatte zuletzt doch über ihn gesiegt und ihm seine besten Gedanken verdorben. Heidegger will Nietzsche besser verstehen, als dieser sich selbst verstanden hat. Er will ihn überholen auf dem Weg zu einem neuen Seinsdenken. Dabei kommt er nicht umhin, sich mit der Vereinnahmung Nietzsches durch nationalsozialistische Ideologen wie Alfred Baeumler auseinanderzusetzen. Eine solche Vereinnahmung war gerade bei den harten Nazi-Ideologen durchaus nicht unumstritten. Ernst Krieck beispielsweise warnt sarkastisch vor einer Nietzsche-Adaption: »Alles in allem: Nietzsche war Gegner des Sozialismus, Gegner des Nationalismus und Gegner des Rassegedankens. Wenn man von diesen drei Geistesrichtungen absieht, hätte er vielleicht einen hervorragenden Nazi abgeben können.«

Arthur Drews, Philosophieprofessor in Karlsruhe, zeigt sich 1934 über die Nietzsche-Renaissance in den eigenen Reihen geradezu empört. Nietzsche sei ein »Feind alles Deutschen«, er trete für die Heranbildung des »guten Europäers« ein, wobei er gar den Juden »eine Hauptrolle bei der Verschmelzung aller Nationen« zuspreche. Er sei ein ausgemachter Individualist, dem nichts ferner liege »als der nationalsozialistische Grundsatz: Gemeinnutz gilt vor Eigennutz«. Es müsse »nach alledem geradezu unglaublich erscheinen, wenn man Nietzsche zum Philosophen des Nationalsozialismus erhebt, denn er predigt ... geradezu in allen Dingen das Gegenteil des Nationalsozialismus«. Daß solche Erhebung immer wieder geschehe, habe seinen »Hauptgrund ... wohl darin ..., daß die meisten heute, die sich über Nietzsche äußern, dabei nur die ›Rosinen‹ aus dem Kuchen seiner ›Philosophie‹ zu picken pflegen und bei seiner aphoristischen Schreibweise gar keine klare Vorstellung von dem Zusammenhange seiner Gedanken haben«.

Es war Alfred Baeumler, der mit seinem wirkungsmächtigen Buch »Nietzsche, der Philosoph und Politiker« (1931) das Kunststück fertigbrachte, sowohl »Rosinen« herauszupicken und dabei doch einen bestimmten »Zusammenhang der Gedanken« im Auge zu behalten. Er beutet die Philosophie des Willens zur Macht und Nietzsches Experimentieren mit dem Biologismus seiner Zeit aus. Der Darwinismus der Lebensmächte, die Idee der Herrenrasse und des Gestaltungstriebs, dem Menschenkonglomerate zum plastischen Material werden, die Außerkraftsetzung der Moral durch vitalen Dezisionismus – aus diesen Elementen entwirft Baeumler seine Nietzsche-Philosophie, für die er die Lehre von der ewigen Wiederkunft des Gleichen allerdings nicht gebrauchen kann. »In Wahrheit ist dieser Gedanke, von Nietzsches System aus gesehen, ohne Belang«, schreibt er. Baeumler will mit Nietzsche der traditionellen Metaphysik den Prozeß machen: Es gibt keine übersinnliche Welt der Werte und Ideen, natürlich auch keinen Gott, es gibt nur einen Triebgrund. Baeumler braucht nur Nietzsches physiologische Interpretation zu radikalisieren, so wird schließlich »Rasse« und »Blut« daraus.

Tatsächlich ist die Blut- und Rassenmystik eine mögliche Konsequenz des physiologisch gefaßten Willens zur Macht, das sieht auch Heidegger so, wenngleich er diese Konsequenz, anders als Baeumler, negativ bewertet: *Für Nietzsche ist die Subjektivität unbedingt als Subjektivität des Leibes, d.h. der Triebe und Affekte, d.h. des Willens zur Macht... Das unbedingte Wesen der Subjektivität entfaltet sich daher notwendig als die brutalitas der bestialitas. Am Ende der Metaphysik steht der Satz: Homo est brutum bestiale. Nietzsches Wort von der ›blonden Bestie‹ ist nicht eine gelegentliche Übertreibung, sondern das Kennzeichen und*

Kennwort für einen Zusammenhang, in dem er wissend stand, ohne seine wesensgeschichtlichen Bezüge zu durchschauen (N II, 200).

Die Verherrlichung der »blonden Bestie« ist, nach Heidegger, die nihilistische Konsequenz des *Aufstandes des Subjektes.*

Heidegger selbst hatte sich von den Nazi-Ideologen ›Nihilismus‹ vorwerfen lassen müssen. Krieck schreibt, wie bereits zitiert, 1934: »Der Sinn dieser Philosophie ist ausgesprochener Atheismus und metaphysischer Nihilismus, wie er sonst vornehmlich von jüdischen Literaten bei uns vertreten worden ist, also ein Ferment der Zersetzung und Auflösung für das deutsche Volk.« In den NIETZSCHE-Vorlesungen dreht Heidegger den Spieß um und versucht den Nachweis, daß der Wille zur Macht, auf den sich Nazi-Ideologen berufen, nicht Überwindung, sondern Vollendung des Nihilismus sei, ohne daß dies von den Nietzsche-Adepten überhaupt bemerkt werde. So geraten die NIETZSCHE-Vorlesungen zu einem frontalen Angriff auf die heruntergekommene Metaphysik des Rassismus und Biologismus. Heidegger gibt Nietzsches partielle Verwendbarkeit für die herrschende Ideologie zu – wobei er selbst sich von ihr absetzt. Andererseits versucht er an Nietzsche anzuknüpfen, aber so, daß er sein eigenes Denken darstellt als eine Überwindung Nietzsches – auf den Spuren Nietzsches.

Nietzsche wollte die traditionelle Metaphysik zum Einsturz bringen, indem er von einem zutiefst metaphysischen Satz ausging, der in der Schellingschen Formulierung lautet: »Wollen ist Ursein.« Doch Nietzsche faßt den Willen anders als die Tradition bis hin zu Schopenhauer. Wille ist nicht Begehren, dumpfer Trieb, sondern er ist »Befehlenkönnen«, eine Kraft, das Sein wachsen zu lassen. »Wollen überhaupt ist soviel wie Stärkerwerden-wollen, wachsen wollen.«

Wille ist der Wille zur Steigerung der Lebensmacht. Für Nietzsche ist Selbsterhaltung nur möglich in der Logik der Steigerung. Was nur die Kraft der Selbsterhaltung hat, geht unter. Es erhält sich nur, wenn es sich steigert, intensiviert, ausdehnt. Das Lebendige hat keinen transzendenten Sinn, es hat aber einen immanenten Richtungssinn: es ist auf Intensitätssteigerung und auf Gelingen aus. Es versucht das Fremde in die eigene Machtsphäre und die eigene Gestalt zu integrieren. Das Lebendige waltet, indem es überwältigt. Es ist ein energetischer Prozeß und als solcher »sinnlos«, weil auf keinen übergeordneten Zweck bezogen. Ist er darum nihilistisch? Nietzsche trägt seine Lehre vor als Überwindung des Nihilismus durch seine Vollendung.

Er will den Nihilismus vollenden, indem er in der langen Geschichte der metaphysischen Sinngebung den heimlichen Nihilismus zum Vorschein bringt. Schon immer, so Nietzsche, haben die Menschen etwas als »Wert« angesehen, wenn es der Erhaltung und Steigerung des eigenen Willens zur Macht oder zur Abwehr von Übermächten dienen konnte. Hinter jeder Wertsetzung und Wertschätzung steht also der Wille zur Macht. Das gilt auch für die »obersten Werte« – Gott, die Ideen, das Übersinnliche. Aber dieser Wille zur Macht ist über lange Zeit sich selbst nicht durchsichtig gewesen. Er hat dem Selbstgemachten einen übermenschlichen Ursprung angedichtet. Die Menschen glaubten, sie hätten selbständige Wesenheiten gefunden und haben sie doch bloß erfunden – aus der Kraft des Willens zur Macht. Sie haben ihre eigene wertschaffende Energie verkannt. Sie wollten offenbar lieber Opfer und Beschenkte als Täter und Schenkende sein – vielleicht aus Angst vor der eigenen Freiheit. Diese grundsätzliche Entwertung der eigenen wertschaffenden Energie wurde noch forciert durch die etablierten übersinnlichen Werte. Vom Übersinnlichen her wurden das Diesseits, der Körper und die Endlichkeit entwertet. Es fehlte offenbar an dem Mut zur Endlichkeit. Und insofern sind jene übersinnlichen Werte, erfunden als Schutzwehr gegen die Bedrohung durch Nichtigkeit und Endlichkeit, selbst zur Kraft der nihilistischen Entwertung des Lebens geworden. Unter dem Ideenhimmel seien die Menschen nie richtig zur Welt gekommen. Diesen Ideenhimmel will Nietzsche nun endgültig zum Einsturz bringen – dies die Vollendung des Nihilismus –, damit endlich gelernt werden könne, was es bedeutet, »der Erde treu zu bleiben« – dies die Überwindung des Nihilismus.

Gott ist tot, aber die Demutsstarre ist geblieben, so lautet Nietzsches Diagnose, und das »Ungeheure«, von dem er spricht, besteht nun im Wegarbeiten dieser Demutsstarre, im Durchbruch zum berauschenden, euphorischen Ja zum dionysischen Leben. Auf die Heiligung des Diesseits kommt es Nietzsche an. Darin will er sich vom Nihilismus der bloßen Ernüchterung unterscheiden. Der moderne Nihilismus verliert ein Jenseits, ohne das Diesseits zu gewinnen. Nietzsche aber will in der Kunst unterweisen, wie man gewinnt, wenn man verliert. Alle Ekstase, alle Beseligungen, die Himmelfahrten des Gefühls, alle Intensitäten, die sich vormals ans Jenseits hefteten, sollen sich im diesseitigen Leben sammeln. Die Kräfte des Transzendierens bewahren, aber umlenken in die Immanenz. Überschreiten und doch »der Erde treu bleiben« – das ist es, was Nietzsche seinem Übermenschen, dem Menschen der Zukunft zumutet. Der Übermensch, wie ihn Nietzsche entwirft, ist frei von Religion, aber nicht in dem Sinne, daß er sie verloren hat; er hat sie in sich selbst zurückgenommen. So hat denn auch seine Lehre von der ewigen Wiederkunft des Gleichen nicht den Zug der resignativen Weltmüdigkeit. Der kreisende Zeitumtrieb soll das Geschehen nicht zur Sinnlosigkeit und Vergeblichkeit entleeren, sondern bei Nietzsche soll der Gedanke der Wiederkehr – verdichten; sein Imperativ: Du sollst den Augenblick so leben, daß du wünschen kannst, daß er dir ohne Grauen wiederkehrt. Da capo!

Und nun Heidegger: Er folgt Nietzsche bei der Kritik des Idealismus, er folgt ihm auch bei dem ›bleibet der Erde treu‹. Aber genau an diesem Punkt kritisiert er Nietzsche und wirft ihm vor, daß er mit seiner Philosophie des Willens zur Macht eben nicht der Erde treu geblieben sei. Für Heidegger bedeutet »der Erde treu bleiben«: über die Verwicklung ins Seiende nicht das Sein zu vergessen. Nietzsche, so Heidegger, ziehe ausgehend vom Prinzip des Willens zur Macht alles in den Umkreis des wertenden Menschen hinein. Das Sein, mit dem es der Mensch zu tun hat und das er selbst ist, werde gänzlich als »Wert« gesehen. Das Sein gehe fälschlich darin auf, daß es jeweils ›Wert‹ für ihn hat. Nietzsche wollte, daß der Mensch sich zu sich selbst ermutige, sich aufrichte. Heidegger sagt: Daraus ist nicht nur ein Aufrichten, sondern ein Aufstand geworden; ein Aufstand der Technik und der Massen, die nun durch die technische Beherrschung vollends zu den von Nietzsche so genannten »letzten Menschen« werden, die »blinzelnd« sich in ihren Behausungen und ihrem kleinen Glück einrichten und sich mit äußerster Brutalität gegen jede Beeinträchtigung ihrer Sicherheit und Besitzstände wehren. *Der Mensch tritt in den Aufstand*, sagt Heidegger auch im Blick auf die deutsche Gegenwart, *die Welt wird zum Gegenstand... Die Erde selbst kann sich nur noch als der Gegenstand des Angriffs zeigen... Die Natur erscheint überall ... als der Gegenstand der Technik.* Heidegger zufolge ist das alles schon bei Nietzsche angelegt, da bei ihm das Sein nur aus der Perspektive der ästhetischen, theoretischen, ethischen und praktischen Wertsetzung gesehen und deshalb verfehlt wird. Für den Willen zur Macht ist die Welt nur noch der Inbegriff von »Erhaltung-Steigerungsbedingungen«.

Doch kann, fragt Heidegger, *das Sein höher geschätzt werden als so, daß es eigens zum Wert erhoben wird*? Und er gibt die Antwort: *Allein, indem das Sein als ein Wert gewürdigt wird, ist es schon zu einer vom Willen zur Macht selbst gesetzten Bedingung herabgesetzt*, und damit sei *der Weg zur Erfahrung des Seins selbst ausgelöscht.*

Mit der *Erfahrung des Seins* ist – das wissen wir inzwischen – nicht die Erfahrung einer höheren Welt gemeint, sondern die Erfahrung von der Unerschöpflichkeit der Wirklichkeit und das Staunen darüber, daß sich in ihrer Mitte mit dem Menschen eine *offene Stelle* aufgetan hat, wo die Natur ihre Augen aufschlägt und bemerkt, daß sie da ist. In der Erfahrung des Seins entdeckt sich der Mensch als Spielraum. Er ist nicht im Seienden gefangen und festgerannt. Inmitten der Dinge hat er ›Spiel‹, wie das Rad an der Nabe ›Spiel‹ haben muß, damit es sich bewegt. Das Problem des Seins, sagt Heidegger, sei letztlich *ein Problem der Freiheit.*

Die Erfahrung des Seins ist überall dort ausgelöscht, wo Einzelne oder ganze Kulturen in ihren jeweiligen Ritualen des Umgangs mit der Wirklichkeit erstarren – theoretisch, praktisch, moralisch –, wenn sie von ihrem eigenen Entwurf *benommen* sind, und das Bewußtsein der Relativität dieses Seinsverhältnisses verlieren und damit auch die Kraft, es zu transzendieren. Es ist eine Relativität im Blick auf den *großen verborgenen Strom* (Heidegger) der Zeit, auf dem wie zerbrechliche Flöße unsere Wahrheiten und Kulturen treiben.

Das Sein ist also nicht ein erlösendes Etwas, das Sein ist, ohne Pathos gesagt, der Grenzbegriff und Inbegriff aller praktizierten, aller denkbaren und noch undenkbaren Seins-Verhältnisse. Seins-Geschichte ist folglich für Heidegger eine geschichtliche Abfolge grundlegender Seinsverhältnisse. Im WELTBILD-Aufsatz hat Heidegger eine Skizze dieser Abfolge von Seinsverhältnissen – man könnte auch sagen: kultureller Paradigmen – gegeben. Die Abfolge selbst realisiert keinen noch darüber hinausliegenden ›höheren Sinn‹. Es handelt sich für Heidegger eher um ein Spiel der Möglichkeiten. In einer späteren Schrift Heideggers heißt es dazu: *Sein … hat keinen Grund, (es) spielt als Abgrund … Das Denken gelangt durch einen Sprung in die Weite jenes Spiels, auf das unser Menschenwesen gesetzt ist.*

Das Denken des Seins ist für Heidegger diese ›spielende‹ Bewegung des Offenhaltens für den unermeßlichen Horizont der möglichen Seinsverhältnisse. Deshalb darf man Heidegger auch nicht danach fragen, was das Sein sei; dann nämlich würde man von ihm eine Definition für etwas verlangen, das selbst der Horizont jeder möglichen Definition ist. Und weil die Seinsfrage diese Horizonteröffnung ist, so kann ihr Sinn auch nicht darin liegen, beantwortet zu werden. Eine von Heideggers Formeln für die Abwehr der Zumutung, doch nun endlich die Frage nach dem Sein zu beantworten, lautet in den NIETZSCHE-Vorlesungen: *Mit dem Sein ist es nichts...* Das bedeutet: Sein ist nichts, woran man sich festhalten könnte. Es ist gegenüber den fixierenden und Sicherheit gewährenden Weltanschauungen das schlechthin Auflösende. Die Frage nach dem Sein soll verhindern, daß die Welt zum Weltbild wird. Als Heidegger merkte, daß dieses ›Sein‹ selbst zu einem Weltbild werden könnte, schrieb er es mit einem Ypsilon, und manchmal behalf er sich auch, indem er ›Sein‹ ausschrieb und dann durchstrich.

Für Heidegger war auch noch Nietzsche ein Philosoph des Weltbildes.

Tatsächlich wirkt dessen Denken besonders bildartig geschlossen bei der Doktrin von der ewigen Wiederkunft des Gleichen. Mit diesem Gedanken wird die Dimension der Zeit getilgt, indem sie zum Kreis gerundet wird; und dies, obwohl Nietzsche, an das Heraklitische ›Werden‹ anknüpfend, eigentlich in die Zeit hinausdenken wollte. Das ist wohl doch die Pointe des Gegensatzes zwischen Nietzsche und Heidegger: Nietzsche denkt in der Dynamik des Willens zur Macht die Zeit und rundet sie in der Lehre der ewigen Wiederkunft wieder zum Sein. Heidegger aber versucht den Gedanken durchzuhalten: der Sinn des Seins ist die Zeit. Nietzsche macht aus der Zeit ein Sein, Heidegger aus dem Sein die Zeit.

Von dem japanischen Philosophen Nishida stammt das Denkbild, wonach Religionen, Sinngebungen, Kulturen die zerbrechlichen Flöße sind, welche die Menschen auf offener See bauen und worauf sie eine Weile lang durch die Zeiten treiben. Nietzsche, so denkt Heidegger über ihn, hat im Rausch der erfindungsreichen Arbeit und im Triumph über die Fertigstellung des Floßes die Gezeiten und die offene See aus dem Auge verloren. Das ist Seinsvergessenheit. Heidegger selbst aber will auf die See hinausblicken, und deshalb läßt er sich mit der Frage nach dem Sein an das Schaukeln der Dinge erinnern.

Doch – und darauf hat Karl Löwith in einer Kritik der Heideggerschen NIETZSCHE-Vorlesungen hingewiesen – es muß strittig bleiben, wer von den beiden, Heidegger oder Nietzsche, radikaler ins Offene hinausdachte und wer von ihnen dann doch wieder Halt in einem Übergreifenden suchte. Immerhin war für Nietzsche das alles übergreifende »dionysische« Leben eben kein tragender Grund, sondern ein Abgrund, bedrohlich für unsere »apollinischen« Selbstbefestigungsversuche. Vielleicht wäre es Nietzsche gewesen, der Heidegger mangelnde Radikalität in der Überwindung des Sicherheitsbedürfnisses hätte vorwerfen können. Vielleicht hätte er Heideggers ›Sein‹ auch nur als eine platonische Hinterwelt angesehen, die uns zu Schutz und Geborgenheit angeboten wird.

Bei der Erörterung der Lehre von der ewigen Wiederkunft kommt Heidegger darauf zu sprechen, daß Nietzsche seine besten Einsichten zurückgehalten habe, weil es für manche seiner Gedanken noch keine *Stätte ihrer Entfaltung* (N I, 264) gegeben habe. Er zitiert den Satz Nietzsches: *Man liebt seine Erkenntnis nicht genug mehr, sobald man sie mitteilt* (N I, 265).

So verständnisvoll kommentiert Heidegger Nietzsches Schweigen, daß man sofort bemerkt, daß Heidegger hier auch in eigener Sache spricht. *Bliebe unsere Kenntnis auf das von Nietzsche selbst Veröffentlichte beschränkt, dann könnten wir niemals erfahren, was Nietzsche schon wußte und vorbereitete und ständig durchdachte, aber zurückbehielt. Erst der Einblick in den handschriftlichen Nachlaß gibt ein deutliches Bild* (N I, 266).

Als Heidegger diese Bemerkung machte, arbeitete er selbst an einem Manuskript, das er *zurückbehielt*, an Gedanken, für deren Mitteilung er die Zeit offenbar noch nicht gekommen sah: die BEITRÄGE ZUR PHILOSOPHIE, im Untertitel: VOM EREIGNIS.

Achtzehntes Kapitel

Heideggers philosophisches Tagebuch: BEITRÄGE ZUR PHILOSOPHIE. *Heideggers philosophischer Rosenkranz. Die große Leier. Kleine Himmelfahrten. Das wortreiche Schweigen.*

Für die ›öffentliche‹ Version des Heideggerschen Seinsdenkens um 1938 gilt: *Mit dem Sein ist es nichts ...* Das Sein entzieht sich, wenn wir es direkt ergreifen wollen. Weil alles, was wir ergreifen, ebendarum zu etwas Seiendem wird. Zu Gegenständen, die wir in die Ordnung unseres Wissens oder unserer Werte überführen, einteilen, zerlegen, als Maßstäbe aufstellen und appellativ weitergeben können. Alles dies ist nicht das Sein, aber alles dies gibt es, weil wir in einem Bezug zum Sein stehen. Er ist der offene Horizont, in dem uns das Seiende begegnet. Und die Frage nach dem Sein sucht nicht nach einem höchsten Seienden, das einmal Gott genannt wurde, sondern diese Frage soll den Abstand schaffen, der es erlaubt, diesen Bezug eigens zu erfahren. Diese Erfahrung aber verwandelt. Der Mensch bemerkt, daß er gegenüber der Welt ›frei‹ ist; es hat sich in ihm ein *Spielraum* aufgetan.

In einer NIETZSCHE-Vorlesung findet sich eine dunkle Andeutung, die uns auf die Spur einer anderen Version der Heideggerschen Seinsfrage bringt. *Sobald der Mensch sich in seinem Blick auf das Sein durch dieses binden läßt, wird er über sich hinaus entrückt, sodaß er gleichsam sich zwischen sich und dem Sein erstreckt und außer sich ist. Dieses Über-sich-hinweg-gehoben- und vom Sein selbst Angezogenwerden ist der ›Eros‹* (N I, 226).

Die zwischen 1936 und 1938 geschriebenen und damals nicht zur Veröffentlichung bestimmten BEITRÄGE ZUR PHILOSOPHIE sind ein einziges Dokument dieses philosophischen Eros. Heidegger will über sich hinaus *entrückt* werden. Wodurch? – Durch die Exerzitien des eigenen Denkens. Wohin? – Das ist schwer zu sagen, wenn man die Vorstellungen vom Gott des christlichen Abendlandes aus dem Spiel lassen will. Und doch ist in den BEITRÄGEN immerzu von Gott die Rede, wenn auch von einem Gott, den die Tradition so noch nicht kennt. Er entspringt aus dem Seinsdenken. Gott, von dem geglaubt wird, er habe das Sein aus dem Nichts geschaffen, ist bei Heidegger selbst aus dem Nichts geschaffen. Das ekstatische Denken bringt ihn hervor.

In seinen BEITRÄGEN können wir Heidegger dabei zusehen, wie er sich mit einem Delirium von Begriffen und einer Litanei von Sätzen in den ›anderen Zustand‹ versetzt. Die BEITRÄGE sind ein Laboratorium für die Erfindung einer neuen Rede von Gott. Heidegger stellt mit sich selbst Experimente an, um herauszufinden, ob das geht: eine Religion stiften ohne eine positive Lehre.

Zunächst verfährt Heidegger nach dem klassischen Muster der Religionsgründung: Die Erfindung eines neuen Gottes beginnt mit der Inszenierung der Götzendämmerung. Die falschen Götter müssen weichen, der Platz muß leergefegt werden. Zu diesem Zweck wiederholt Heidegger seine uns mittlerweile bekannte Kritik des neuzeitlichen Denkens. Die Kritik läuft auf den Befund hinaus, daß auch Gott zu einem verfügbaren Gegenstand des Verstandes oder der Einbildung geworden ist. Indem diese Gottesvorstellungen in der Neuzeit verblaßten, sind Ersatzvorstellungen über das höchste Gut, die »prima causa« oder den Sinn der Geschichte an ihre Stelle getreten. Das alles muß verschwinden, denn es gehört in das Register des Seienden; vom Seienden aber gilt, daß es *ein- und umstürzen* muß, ehe das *Seyn* sich zeigen kann.

Die Exerzitien des Seinsdenkens beginnen also mit einer Entleerung. So haben auch Meister Eckhart oder Jakob Böhme ihren Gott erfahren wollen: Er sollte das leere Herz mit seiner Wirklichkeit füllen.

Welcher Gott kommt in Heideggers entleertem Denken an? Behutsam lüftet Heidegger sein Geheimnis. *Wagen wir das unmittelbare Wort*, schreibt er und dann: *Das Seyn ist die Erzitterung des Götterns* (GA 65, 239).

Worte. Kann sich Heidegger dabei etwas denken? Er versucht es, auf mehreren hundert Seiten. Ein Gott oder ein Sein, mit oder ohne Ypsilon, haben es schwer, sich zu zeigen, wenn sie sich nicht als ein ›etwas‹ zeigen dürfen. Mit dem ›was etwas ist‹ beginnt bekanntlich das vorstellende Denken, das dem Seinsdenken nun aber gerade verwehrt sein soll. In der jüdischen Religion des Bilderverbotes ist Gott immerhin etwas, das Ich zu sich sagt: »Ich bin der ich bin.« Heideggers Sein aber ist keine transzendente Ichartigkeit. Es ist nichts, was dem Dasein gegenübersteht, sondern etwas, das sich an ihm vollzieht. Um die Vorstellung eines substanzhaften Gottes zu vermeiden, spricht Heidegger vom *Göttern* im Sinne eines Geschehnisses, das uns *erzittern* läßt. Also nicht der Gott oder die Götter, sondern – das Göttern. Wenn es uns göttert, so erzittern wir nicht nur, sondern ein ganzes Register von Stimmungen ist hier zuständig: *Erschrecken, Verhaltenheit, Milde, Jubel, Scheu*. Aus diesem *Erz* der *Grundstimmungen* schlägt das *wesentliche Denken* seine Gedanken und Sätze. *Bleibt die Grundstimmung aus, dann ist alles ein erzwungenes Geklapper von Begriffen und Worthülsen* (GA 65, 21).

Heidegger füllt Seite um Seite mit den Sätzen seines Seins-Denkens, aber da diese Grundstimmungen, wie Heidegger selbst betont, selten und augenblickshaft sind, so kommen diese Sätze allzu häufig eben nicht aus der Stimmung, sondern versuchen umgekehrt, diese Stimmung erst herzustellen. Das ist das Wesen der Litanei, mit der der abtrünnige Katholik Heidegger ja vertraut war. Die BEITRÄGE sind sein Rosenkranzgebet. Deshalb die formelhaften Wiederholungen, die Leier, die nur dem monoton vorkommt, der nicht davon berührt und *verwandelt* wird. Auf die Verwandlungskraft kommt es an, und dabei kann die Drehorgel der Sätze eine wichtige Rolle spielen. Denn was sind die geleierten Sätze anderes als Sätze, mit denen nichts mehr gesagt wird und in denen sich deshalb das Schweigen ausbreiten kann. Die *Erschweigung* aber nennt Heidegger *die ›Logik‹ der Philosophie*, sofern diese dem Sein nahekommen will (GA 65, 78). Man braucht sich also nicht zu wundern, wenn Heidegger in einer seiner NIETZSCHE-Vorlesungen am Beispiel des Zarathustra verständnisvoll vorführt, wie für den Nicht-Ergriffenen die *Lehre zur Leier* werden muß (N I, 310). Das ist offenbar in eigener Sache gesprochen. Die *Leier* als Methode des wortreichen *Erschweigens*.

In den einleitenden Bemerkungen zu den BEITRÄGEN schreibt Heidegger: *Hier wird nicht beschrieben und nicht erklärt; hier ist das Sagen nicht im Gegenüber zu dem zu Sagenden, sondern ist dieses selbst als die Wesung des Seyns* (GA 65, 4). In Heidegger redet das *Seyn* wie vormals in Hegel der Weltgeist. Ein kühner Anspruch, so unverhüllt äußert er ihn nur in diesen sekretierten Aufzeichnungen.

Wie aber redet das *Seyn*? Mit der andächtigen Litanei des Sagens, mit diesem Gemurmel über die *Fuge der Wahrheit des Seyns* und des *Erzittern seines Wesens* und der *gelösten Milde einer Innigkeit jener Götterung des Gottes der Götter* (GA 65, 4), mit diesem ganzen metaphysischen Dadaismus ist es hinsichtlich seines semantischen Gehaltes – nichts. Was allerdings keine schlechte Auskunft ist über einen Gott, der sich entzieht und dem das Denken ja gerade in seinem *Entzug* nachdenken will. Heideggers BEITRÄGE sind, sofern sie das Sein direkt ansprechen, Ausdruck eines Denkens, das unter Entzugserscheinungen leidet. Die Heidegger-Schule übrigens hat dieses Problem nicht mehr. Sie ist inzwischen in der Regel trocken.

Solange Heidegger die philosophische Tradition destruiert, sind seine Gedanken auch in den BEITRÄGEN präzise und zupackend – das können sie auch sein, da sie einen Gegenstand haben, den sie zu fassen bekommen. Aber die Leere, die nach solcher Destruktion entsteht und entstehen soll, bleibt leer. Das Ereignis einer neuen Erfüllung bleibt aus.

Das wäre nicht weiter schlimm, wenn Heidegger sich auf den Glauben zurückziehen könnte. Aber er will das erfüllende Ereignis aus dem Denken hervorbringen. Er nimmt nicht mehr die Position seines Marburger Vortrags über PHÄNOMENOLOGIE UND THEOLOGIE von 1927 ein. Damals hatte er in gut lutherischer Manier Denken und Glauben strikt getrennt. Der Glaube sei das unverfügbare Ereignis, bei dem Gott in das Leben einbricht. Das Denken könne nur die Einbruchstelle bestimmen. Das Gottesereignis selbst ist nicht Sache des Denkens.

Doch genau diesem ehrgeizigen Projekt, die reale Gegenwart des Göttlichen aus dem Denken zu erfahren, hat sich Heidegger in seinen BEITRÄGEN verschrieben. Da nun aber das Göttliche im Denken keine deutliche Gestalt annehmen will, so muß sich Heidegger mit der knappen Auskunft behelfen: *Die Nähe zum letzten Gott ist die Verschweigung* (GA 65, 12). Und er weist, wie Johannes der Täufer, auf einen kommenden Gott hin und bezeichnet sich selbst als einen *Vorläufigen*. Das Warten auf Godot hat bereits in Heideggers BEITRÄGEN begonnen.

VOM EREIGNIS nennt er sie im Untertitel. Genaugenommen handelt es sich um zwei Ereignisse. Das Ereignis der Neuzeit, Zeit des Weltbildes, der Technik, der Organisation, der *Machenschaften*, kurz: das *Zeitalter der vollendeten Sinnlosigkeit*. Es ist der Verhängniszusammenhang der Seinsvergessenheit, deren Voraussetzungen sogar bis Platon zurückreichen. Das zweite Ereignis – das Ende der Neuzeit, die Kehre – bereitet sich in Heideggers Seins-Denken vor. Das erste Ereignis ist eins, über das Heidegger spricht, weil er glaubt, sich ihm teilweise wenigstens schon entwunden zu haben. Das andere Ereignis ist eines, aus dem er spricht, es bereitet eine neue Epoche vor, einstweilen aber ist es das Ereignis eines Einsamen, weshalb Heidegger sich auch an einer Stabreimkette versucht, die beim Ereignis beginnt und bei der Einsamkeit endet: *Ereignis meint immer Ereignis als Er-eignung, Ent-scheidung, Ent-gegnung, Ent-setzung, Entzug, Einfachheit, Einzigkeit, Einsam-*

keit (GA 65, 471). Heidegger ist mit seinem einsamen Seins-Denken ausgezogen, einen Gott zu fangen. *Das Er-eignis und seine Erfügung in der Abgründigkeit des Zeit-Raumes ist das Netz, in das der letzte Gott sich selbst hängt (oder fängt* – beide Lesarten sind nach der Handschrift möglich), *um es zu zerreißen und in seiner Einzigkeit enden zu lassen, gottlich und seltsam und das Fremdeste in allem Seienden* (GA 65, 263).

Das Befremdliche, ja Unsinnige seiner Rede blieb Heidegger selbst natürlich nicht verborgen. In seinen besten Augenblicken konnte er sich sogar ironisch dazu verhalten. Carl Friedrich von Weizsäcker erzählte ihm einmal die schöne ostjüdische Geschichte von dem Mann, der immer im Wirtshaus sitzt und befragt, warum, sagt: ›Ja, meine Frau!‹ – ›Was ist denn mit der?‹ – ›Ja, die redt und redt und redt und redt...‹ – ›Was redt sie denn?‹ – ›Das sagt sie nicht!‹ Als Heidegger diese Geschichte hörte, da sagte er: *So ist es.*

So ist es mit den BEITRÄGEN. Sie sind im ganzen streng gegliedert, auch wenn sie im einzelnen manches Aphoristische und Fragmentarische enthalten. Statt ›gliedern‹ sagt Heidegger *fügen*. Das Ganze soll eine *Fuge* sein. Eine Fuge mit zwei Hauptstimmen, es sind die beiden ›Ereignisse‹, die zusammen- und gegeneinanderklingen und schließlich ausklingen im Unisono des gelichteten Seins. Die Abfolge der Abschnitte soll insgesamt den Weg einer Annäherung markieren. Der *Vorblick* überblickt schon einmal die ganze Wegstrecke durchs Dickicht bis zur Lichtung. Der *Anklang* thematisiert das Sein im Stadium der Seinsvergessenheit, der Gegenwart also. Das *Zuspiel* erzählt die Geschichte, wie es immer wieder in der abendländischen Metaphysik Anklänge und Ahnungen des Seins gegeben hat. Der *Sprung* enthält Betrachtungen darüber, welche Selbstverständlichkeiten und Denkgewohnheiten abgeworfen werden müssen, ehe der entscheidende Schritt getan werden kann, der eben kein Schritt, sondern ein riskanter Sprung ist. In der *Gründung* beschäftigt sich Heidegger vornehmlich mit seiner Daseins-Analyse aus SEIN UND ZEIT, eine Selbstinterpretation, die das Werk dem Augenblick zurechnet, da man gesprungen ist und nun wieder Fuß zu fassen sucht. In den Abschnitten *Die Zu-Künftigen* und *Der letzte Gott* ereignet sich eine Art Himmelfahrt. Im letzten Abschnitt *Das Seyn* wird noch einmal von oben auf das Ganze herabgeblickt, um zu sehen, wie weit man gekommen und wie hoch man gestiegen ist. *Auf welche Gipfel müssen wir steigen, um den Menschen frei zu überblicken in seiner Wesensnot?* (GA 65, 491).

Für Heidegger ist inzwischen deutlich geworden: Der Nationalsozialismus hat an dieser *Wesensnot* nichts zu ändern vermocht. Im Gegenteil: Er gehört zu den *Machenschaften* und zur totalen Mobilisierung der Neuzeit. Was er darüber hinaus anbietet, ist *platteste ›Sentimentalität‹* und *Erlebnistrunkenboldigkeit* (GA 65, 67). Aber diese Kritik bezieht sich auf die ganze Epoche. Auch die geistigen und praktischen Tendenzen, die dem Nationalsozialismus widerstreiten, werden aus der Perspektive des Seinsdenkens verworfen. Das Ganze ist das Unwahre. Ob die verschiedenen Weltanschauungen auf das Ich, das Wir, das Proletariat, das Volk setzen, ob sie den aufklärerischen Humanismus oder das überlieferte Christentum als Wert bewahren wollen, ob sie sich nationalistisch, internationalistisch, revolutionär oder konservativ geben, alle diese Unterschiede sind nichtig, denn immer geht es nur darum, daß *das ›Subjektum‹ (Mensch) zur Mitte des Seienden* (GA 65, 443) sich aufspreizt. Diese *Selbstgesetzgebung des Menschen* nennt Heidegger *Liberalismus* und kann deshalb den völkischen Biologismus und Rassismus einen *biologischen Liberalismus* nennen. In dieser Nacht des Seinsdenkens sind, politisch gesehen, alle Katzen grau. Die Lichtung gibt es nur um Heidegger herum. Heidegger gegen den Rest der Welt – so sieht er sich selbst im einsamen Zwiegespräch der BEITRÄGE.

Es fällt auf, daß Heidegger nicht nur ›aus‹ dem Ereignis des Seinsdenkens philosophiert, sondern – fast noch häufiger – ›über‹ sich selbst wie über ein seinsgeschichtliches Faktum. Auf seiner imaginären Bühne sieht er sich agieren in der Rolle des *Suchers, Wahrers, Wächters* (GA 65, 17). Er rechnet sich zum Kreise derer, *die den höchsten Mut zur Einsamkeit mitbringen, um den Adel des Seyns zu denken* (GA 65, 11).

Er ergeht sich in Phantasien, wie das Seinsdenken durch die Stiftung eines Bundes allmählich den Gesellschaftskörper durchdringen könnte. Da gibt es – als innersten Kreis – *jene wenigen Einzelnen*, die *für die Bereiche des Seienden die Stätte und Augenblicke vorausgründen*. Den erweiterten Kreis bilden *jene zahlreicheren Bündischen*, die sich ergreifen lassen von dem Charisma der großen *Einzelnen* und sich in den Dienst der *Umschaffung des Seienden* stellen. Und dann gibt es *jene vielen Zueinanderverwiesenen*, die, durch gemeinsame geschichtliche Herkunft geeint, sich in die neue Ordnung der Dinge bereitwillig einfügen lassen. Diese *Umwandlung* soll in aller Stille geschehen, abseits des *Lärms* der *›weltgeschichtlichen‹ Umwälzungen*, die für Heidegger keine sind (GA 65, 96). Heidegger malt sich eine ›eigentliche‹ Geschichte aus, die im verborgenen spielt, und deren Zeuge und Autor er zugleich ist.

Man wird in den BEITRÄGEN vergeblich nach einer konkreten Vision der neuen Ordnung suchen. Heidegger weicht in die Metapher aus. Die *großen Philosophien*, die dem Volk einen geistigen Aufenthaltsort geben, gleichen *ragenden Bergen*. Sie *gewähren dem Land sein Höchstes und weisen in sein Urgestein. Sie stehen als Richtpunkt und bilden je den Blickkreis* (GA 65, 187).

Wenn Heidegger davon träumt, mit seiner Philosophie *als Berg zwischen Bergen zu stehen*, wenn er *Wesentliches zum Stand* bringen will, damit das Volk im Flachland am *Ragenden* der Philosophie eine Orientierungsmöglichkeit habe, dann zeigt sich darin, daß auch nach dem politischen Machtrausch Heideggers Philosophieren noch von Machtideen infiziert ist. Deshalb die Bilder der Versteinerung. Der Heidegger der zwanziger Jahre hatte eine ganz andere Metaphorik bevorzugt. Damals wollte er die versteinerten Denkgebäude *verflüssigen*. Jetzt läßt er sie hoch aufragen und auch seine eigene Philosophie schickt er ins *Gebirg des Seyns.*

Das widerspricht eigentlich der Idee von Philosophie, die Heidegger vor 1933 entwickelt hatte. Damals ging es ihm um die freie, aber in sich endliche Beweglichkeit eines Denkens, das aus dem Faktum des In-der-Welt-Seins aufsteigt, um das Dasein für eine Weile zu erhellen und mit ihm wieder zu verschwinden. Das Denken als Ereignis, so kontingent wie das Dasein selbst. Die Bergmetaphorik aber weist unübersehbar darauf hin, daß Heidegger sich inzwischen mit seiner Philosophie in eine dauerhafte Welt einschreiben will. Daß er an etwas teilhaben will, das seine zufällige Existenz und die geschichtliche Situation überragt. Dieser Hang zum Ragenden widerspricht seiner Philosophie der Endlichkeit. Der Vorgang der Lichtung wird zu einem epiphanischen Ereignis, bei dem eine Sphäre ins Spiel kommt, die früher ›das Ewige‹ oder ›das Transzendente‹ genannt wurde. Der einsam grübelnde Philosoph, der Tag für Tag in seine Kladde schreibt, will mit seinen Gedanken nicht alleine bleiben. Er sucht Anschluß, zwar nicht mehr an eine politische Bewegung, dafür aber an den ominösen Geist einer Seinsgeschichte oder eines Seinsgeschicks. In der imaginären Arena des Seins geschehen große und dauerhafte Dinge, und er befindet sich mitten unter ihnen.

Während Heidegger also ins Große und Ganze hinausblickt und sich darin spiegelt, bleibt keine philosophische Aufmerksamkeit mehr übrig für seine persönlichen Lebensverhältnisse und für sein tatsächliches Handeln während der letzten Jahre. Der Selbstprüfung, einst eine philosophische Disziplin von hoher Reputation, unterzieht er sich nicht, jedenfalls nicht in den BEITRÄGEN. Er bedenkt das großformatige Unwesen der *Seinsvergessenheit*, aber von der eigenen Kontingenz kann er absehen, ohne daß es ihm auffällt. Er bleibt sich selbst im blinden Fleck. Mit der Frage nach dem Sein will er Licht in die Weltverhältnisse bringen, aber das eigene Selbstverhältnis bleibt unaufgehellt.

Heidegger hat es stets vermieden, mit der Frage nach dem Sein dem eigenen Dasein zu Leibe zu rücken. Zwar bekannte er in dem Brief an Jaspers vom 1. Juli 1935, daß ihm *zwei Pfähle* im Fleisch stecken und ihm schwer zu schaffen machen, *die Auseinandersetzung mit dem Glauben der Herkunft und das Mißlingen des Rektorats*, aber die BEITRÄGE zeigen, wie gut er es versteht, als Hauptdarsteller in einem seinsgeschichtlichen Drama sich selbst aus dem Wege zu gehen. Habermas hat dieses Verfahren *Abstraktion durch Verwesentlichung* genannt und damit etwas Richtiges getroffen. Der Verlust des Glaubens der Herkunft wird zum Epochenschicksal und das Mißlingen des Rektorats zur ehrenhaften Niederlage im Kampf gegen die Raserei der Neuzeit emporgedeutet.

Die moralische Selbstprüfung – hält der Denker auf der seinsgeschichtlichen Bühne sie für eine Angelegenheit, die unter seinem Niveau liegt? Vielleicht ist das auch noch ein Erbteil seiner katholischen Herkunft, daß ihm der protestantische Gewissensbiß fremd bleibt. Um am Begriff vom Ganzen und an der Sache seines Denkens festhalten zu können, trennt er sie jedenfalls von dem rein Persönlichen. Mit eigenartiger Indifferenz kann er deshalb zusehen, wie die Bewegung, für die er sich begeisterte, auch in seinem Nahbereich zu üblen, für ihn eigentlich nicht tolerierbaren Konsequenzen führt: Es sei nur an das Schicksal von Hannah Arendt, Elisabeth Blochmann oder Edmund Husserl erinnert.

Hannah Arendt und Karl Jaspers haben sich nach 1945 in ihrem Briefwechsel darauf verständigt, daß Heidegger offenbar ein Mensch sei, dessen moralische Sensibilität der Leidenschaft seines Denkens nicht gewachsen war. Jaspers schreibt: »Kann man als unreine Seele – d.h. als Seele, die ihre Unreinheit nicht spürt und nicht ständig daraus hinausdrängt, sondern gedankenlos im Schmutz fortlebt, – kann man in Unaufrichtigkeit das Reinste sehen?... Sonderbar ist es, daß er um etwas weiß, was heute kaum Menschen bemerken« (1.9.1949). Hannah Arendt antwortet: »Was Sie Unreinheit nennen, würde ich Charakterlosigkeit nennen, aber in dem Sinne, daß er buchstäblich keinen hat, bestimmt auch keinen besonders schlechten. Dabei lebt er doch in einer

Tiefe und mit einer Leidenschaftlichkeit, die man nicht leicht vergessen kann« (29.9.1949).

Doch das Fehlen einer moralischen Reflexion ist nicht nur ein charakterliches Faktum, sondern auch ein philosophisches Problem. Denn was dem Denken dabei fehlt, ist jene Besonnenheit, die tatsächlich Ernst macht mit der von Heidegger so oft beschworenen *Endlichkeit*. Zu ihr gehört es nämlich auch, daß man schuldig werden kann und diese kontingente Schuld als Herausforderung für das Denken annimmt. Für die altehrwürdige philosophische Disziplin der Selbstbesinnung und Selbstprüfung ist also in den BEITRÄGEN kein Platz. Damit aber wird ein Ideal der ›eigentlichen Existenz‹ verfehlt: die Durchsichtigkeit des Daseins für sich selbst. Heideggers berühmtes Schweigen ist auch ein inneres Verschweigen, fast eine Verstocktheit gegen sich selbst. Auch ein Beitrag zur Seinsvergessenheit.

Auf eine doppelsinnige Weise geht die Gewalt des Heideggerschen Denkens über ihn selbst hinweg: Dieses Denken sieht zum einen von der ganz gewöhnlichen Person des Denkenden ab und zum anderen überwältigt es den Denker.

Heidegger sei, so erinnert sich Georg Picht, von dem »Bewußtsein« erfüllt gewesen, »mit dem Auftrag des Denkens gleichsam geschlagen zu sein«. Er habe sich bisweilen »bedroht« gefühlt durch das, »was er selbst zu denken hatte«. Ein anderer Zeitzeuge, Hans A. Fischer-Barnicol, der Heidegger nach dem Krieg kennenlernte, schreibt: »Mir schien, als bemächtige sich das Denken dieses alten Mannes wie eines Mediums. Es sprach aus ihm.« Hermann Heidegger, der Sohn, bestätigt diesen Eindruck. Der Vater, so erzählt er, habe manchesmal zu ihm gesagt: *Es denkt in mir. Ich kann mich nicht dagegen wehren.*

Ähnlich hatte sich Heidegger in Briefen gegenüber Elisabeth Blochmann geäußert. Am 12. April 1938 schildert er ihr seine *Einsamkeit*. Er klagt nicht darüber, sondern nimmt sie als die äußere Folge des Umstandes, daß er vom *Geschick des Denkens* gezeichnet und ebendarum auch ausgezeichnet sei. *Einsamkeit entsteht und besteht ja nicht im Wegbleiben des Zugehörigen, sondern – in der Ankunft einer anderen Wahrheit, im Überfall der Fülle des Nur-Befremdlichen und Einzigen* (BwHB, 91).

Solches schreibt er zu einem Zeitpunkt, da er in den BEITRÄGEN Sätze wie die folgenden notiert: *Das Seyn ist die Not-schaft Gottes, in der er s i c h erst findet. Warum aber Gott? Woher die Not-schaft? Weil der Abgrund verborgen? Weil eine Über-treffung ist, deshalb die Über-troffe-*

nen als die gleichwohl Höheren. Woher die Übertreffung, Ab-grund, Grund, Sein? Worin besteht die Gottheit der Götter? Warum das Seyn? Weil die Götter? Warum die Götter? Weil das Seyn? (GA 65, 508).

Über das *Befremdliche* der eigenen Sätze hilft er sich hinweg, indem er, etwa am Beispiel Nietzsches, sich der unentdeckten Befremdlichkeit der großen Denker nähert. *Überhaupt lerne ich jetzt erst im Befremdlichsten aller großen Denker ihre wahrhafte Nähe zu erfahren. Das hilft, auch in sich selbst das Befremdliche zu sehen und zur Geltung zu bringen, denn es ist offensichtlich der Ursprung dessen, was an Wesentlichem gelingt, wenn es gelingt* (an Elisabeth Blochmann, 14.4.1937, BwHB, 90).

In einem anderen Brief an Elisabeth Blochmann schildert Heidegger das Hin und Her zwischen dem offiziellen Lehrbetrieb, wo er Zugeständnisse an die Verständlichkeit machen müsse und deshalb in fremdes *Geleise* gerate, und dem *Rückschwung in das Eigene und Eigentliche* (20.12.1935, BwHB, 87). Die BEITRÄGE gehören für ihn sicherlich in den innersten Bereich dieses *Eigenen*. Aber es handelt sich, das wird inzwischen deutlich geworden sein, um keine denkerische Selbstbegegnung, sondern um etwas ganz anderes: Es ist ein Denken des Seins im Sinne des Genitivus subiectivus. Es wird nicht das Sein bedacht, sondern das Sein bemächtigt sich seiner und denkt durch ihn. Mediale Existenz.

Heidegger quält sich, aber es ist auch Glück im Spiel. Es fällt auf, daß in den BEITRÄGEN häufiger als in anderen Schriften Heideggers vom *Jubel* die Rede ist. Auch im *Jubel* begegnet uns das Sein. Angst, Langeweile und Jubel – daraus wird in den BEITRÄGEN die heilige Dreifaltigkeit der Seinserfahrung. Im *Jubel* wird das Dasein zu jenem Himmel, in den die Welt und die Dinge kommen, wenn sie in ihrem staunenswerten ›Daß‹ erscheinen.

Um diese *offene Stelle* des Daseins bewahren zu können, muß das Denken sich zurücknehmen und darauf achten, daß diese Offenheit nicht mit Vorstellungen aller Art zugestellt wird. Das Denken soll Ruhe geben und *still* werden. Aber aus der Paradoxie des wortreichen Erschweigens findet Heidegger nicht heraus. Und außerdem gibt es da noch die Tradition der großen Denker. Ein ganzes Gebirge ragt in die Lichtung hinein. Muß man es nicht zuerst abtragen? Bei dieser Arbeit merkt er, daß hier ein Massiv ungehobener Schätze auf ihn wartet. So ergeht es ihm mit allen ›Großen‹. Nach zwei Jahrzehnten intensiver Beschäftigung mit Platon sagt Heidegger Ende der dreißiger Jahre zu

Georg Picht: *Eines muß ich Ihnen zugeben: die Struktur des platonischen Denkens ist mir vollkommen dunkel.*

In einem Brief an Elisabeth Blochmann vom 27. Juni 1936 beschreibt er sein Dilemma: *Es scheint, daß uns der Kampf um die Bewahrung der Überlieferung aufbraucht; Eigenes zu schaffen und das Große zu bewahren – beides zugleich geht über Menschenkräfte. Und doch ist jenes Bewahren nicht stark genug, wenn es nicht aus der neuen Aneignung kommt. Es gibt keinen Ausweg aus diesem Kreis und so kommt es, daß die eigene Arbeit bald wichtig erscheint und bald wieder ganz gleichgültig und stümperhaft* (BwHB, 89).

In den Briefen an Jaspers kehrt er das Gefühl der Stümperei hervor. So noch am 16. Mai 1936, dem letzten Brief, ehe für ein Jahrzehnt die Verbindung abreißt. Angesichts der großen Philosophie werde, schreibt er, *das eigene Gezappel sehr gleichgültig und dient nur als Notbehelf* (BwHJ, 161).

In den Briefen an Elisabeth Blochmann und vor allem in den BEITRÄGEN bekundet Heidegger die andere Stimmung: das bisweilen sogar euphorische Gefühl des großen Gelingens und der hohen Bedeutsamkeit seines Werkes. Dann glaubt er zu wissen: In ihm hat sich *die Ankunft einer anderen Wahrheit* ereignet.

Neunzehntes Kapitel

Heidegger unter Beobachtung. Der Philosophiekongreß in Paris 1937. Heidegger grollt. Ideen zu einer deutsch-französischen Verständigung. Heidegger und der Krieg. ›Der Planet steht in Flammen‹. Das Denken und das Deutsche.

Das Gedränge der äußeren Dinge nimmt ab, schreibt Heidegger am 14. April 1937 an Elisabeth Blochmann (BwHB, 90).

Die äußeren Dinge: Der Göttinger Lehrstuhl des zwangsemeritierten Dilthey-Schwiegersohns Georg Misch soll neu besetzt werden. Im Juli 1935 setzt die Philosophische Fakultät Martin Heidegger auf Platz eins der Berufungsliste. Mit ihm, so heißt es in dem vom Dekan unterzeichneten Gutachten, »würde einer der führenden Köpfe der deutschen Philosophie der Gegenwart, zugleich auch ein... Denker gewonnen, der bereit ist, im Sinne der nationalsozialistischen Weltanschauung zu arbeiten«.

Beim Ministerium war inzwischen bekannt, daß Heidegger den Nationalsozialismus zwar in wichtigen politischen Belangen nach wie vor unterstützte (Außenpolitik, Wirtschaft, Arbeitsdienst, Führerprinzip), aber die nationalsozialistische Weltanschauung durchaus nicht vertrat. Deshalb ließ das Ministerium die Fakultät wissen, daß sie den Professor Heyse aus Königsberg zum Nachfolger von Misch zu ernennen beabsichtige. Die Fakultät modifizierte daraufhin eilfertig ihren ursprünglichen Listenvorschlag zugunsten von Heyse. Heidegger, der an einem Wechsel nach Göttingen kein Interesse hatte, war dennoch durch diese Zurücksetzung gekränkt worden. Heyse war philosophisch ein Epigone Heideggers – Heyse: »So aber brechen in der Philosophie und Wissenschaft wiederum die Urfragen des Existierens auf. Diese entspringen daraus, daß das menschliche Dasein hineingebannt ist in die Urgewalten des Seins« – und zugleich ein strammer und politisch-organisatorisch geschickter Nationalsozialist. Er war der von oben eingesetzte Vorsitzende der »Kant-Gesellschaft«, der international renommierten und weltweit größten Philosophenvereinigung. Heyse wird auch als Leiter der deutschen Delegation beim internationalen Philosophiekongreß in Paris 1937 fungieren. Davon später mehr.

Die Zurücksetzung in Göttingen bestärkte Heidegger in dem Eindruck, daß er bei maßgeblichen politischen Kreisen nicht mehr wohlgelitten sei. Aber Heidegger hatte immer noch (und bis zum Ende) Fürsprecher im politischen Machtapparat, anders läßt sich nicht erklären, daß das Ministerium in Berlin im selben Jahr Heidegger zum Dekan der Philosophischen Fakultät Freiburg ernennen wollte. Dazu kam es nicht, denn in Freiburg widersetzte sich dem der zur Zeit amtierende Rektor: »Professor Heidegger hat während seines Rektorats das Vertrauen der Freiburger Kollegen weitgehend eingebüßt. Die badische Unterrichtsverwaltung hat ebenfalls mit ihm Schwierigkeiten gehabt.«

Die staatlichen Stellen wollten Heideggers internationales Prestige nutzen, wenn auch die Vorbehalte gegen seine Philosophie wuchsen. Im Oktober 1935 wurde er in eine Kommission berufen, die eine neue Nietzsche-Ausgabe erarbeiten sollte. Heidegger erhielt Einladungen zu Vorträgen im Ausland und wurde nicht daran gehindert, sie wahrzunehmen. Er sprach Anfang 1936 in Zürich, im selben Jahr in Rom; Anfang der vierziger Jahre sollte er Vorträge in Spanien, Portugal und Italien halten. Er hatte sich dazu bereit erklärt und auch schon Themen angekündigt, aber die Termine so lange hinausgeschoben, bis sie schließlich im Endstadium des Krieges nicht mehr realisiert werden konnten.

Anfang April 1936 folgte Heidegger der Einladung des »Istituto italiano di studi germanici« nach Rom. Vorgesehen waren ursprünglich mehrere Vorträge in Rom, Padua und Mailand. Doch Heidegger beschränkte sich auf Rom, wo er zehn Tage blieb und vor großem Publikum über HÖLDERLIN UND DAS WESEN DER DICHTUNG sprach. Bei dieser Gelegenheit traf er mit Karl Löwith zusammen, der, obwohl Emigrant, von italienischer Seite auch zu einem Vortrag eingeladen worden war. In seinem Lebensbericht schildert Löwith dieses Zusammentreffen mit seinem einstigen Lehrer.

Nach seinem Vortrag begleitete Heidegger die Löwiths in ihre kleine Wohnung und zeigte sich »sichtlich betroffen von der Dürftigkeit unserer Einrichtung«. Am nächsten Morgen Aufbruch zu einem gemeinsamen Ausflug nach Frascati und Tusculum. Ein strahlender Tag, aber voller Hemmungen. Besonders Elfride scheint das Zusammensein »peinlich« gewesen zu sein. Heidegger trug das Parteiabzeichen. Es war ihm »offenbar nicht in den Sinn gekommen, daß das Hakenkreuz nicht am Platze war, wenn er mit mir einen Tag verbrachte«. Heidegger verhielt sich freundlich, vermied jedoch jede Anspielung auf die deutschen Verhältnisse. Löwith aber, den diese Verhältnisse außer Landes getrieben hatten, sprach davon. Er brachte das Gespräch auf die Kontroverse in den Schweizer Zeitungen, die erst vor wenigen Wochen anläßlich von Heideggers Züricher Vortrag ausgetragen worden war.

Heinrich Barth, der Bruder des großen Theologen, hatte seinen Bericht über den KUNSTWERK-Vortrag vom 20. Januar 1936 in der »Neuen Zürcher Zeitung« mit der folgenden Bemerkung eingeleitet: »Wir müssen es uns ja offenbar zur Ehre anrechnen, daß Heidegger in einem demokratischen Staatswesen das Wort ergreift, galt er doch – mindestens eine Zeitlang – als einer der philosophischen Wortführer des neuen Deutschland. Vielen haftet aber auch in Erinnerung, daß Heidegger ›Sein und Zeit‹ in ›Verehrung und Freundschaft‹ dem Juden Edmund Husserl widmete, und daß er seine Kant-Deutung mit dem Gedächtnis des Halbjuden Max Scheler auf immer verband. Das eine 1927, das andere 1929. Die Menschen sind in der Regel keine Heroen – auch die Philosophen nicht, obwohl es Ausnahmen gibt. Es kann daher kaum gefordert werden, daß einer gegen den Strom schwimmt; allein eine gewisse Verpflichtung der eigenen Vergangenheit gegenüber erhöht das Ansehen der Philosophie, die ja nicht nur Wissen ist, sondern einst Weisheit war.«

Emil Staiger, damals noch Privatdozent, hatte empört darauf reagiert: Barth habe, da er sonst mit Heidegger offenbar nichts anfangen könne, einen »politischen Steckbrief« ausgefertigt, um dessen Philosophie zu denunzieren. Aber Heidegger stehe »neben Hegel, neben Kant, Aristoteles und Heraklit. Und wenn man dies einmal erkannt hat, wird man es zwar noch immer bedauern, daß Heidegger sich überhaupt je auf den Tag einließ, wie es immer tragisch bleibt, wenn die Sphären verwechselt werden –; doch man wird in seiner Bewunderung ebenso wenig irre werden, wie man in der Ehrfurcht vor der ›Phänomenologie des Geistes‹ durch die Vorstellung des preußischen Reaktionärs nicht irre wird.« Darauf antwortet noch einmal Heinrich Barth, es gehe nicht an, »das Philosophische und das Menschliche, das Denken und das Sein durch Abgründe zu trennen«.

Im Gespräch mit Heidegger erklärt Löwith, daß er weder mit Barths politischem Angriff noch mit Staigers Verteidigung übereinstimmen könne; er sei nämlich der Meinung, daß Heideggers »Parteinahme für den Nationalsozialismus im Wesen seiner Philosophie« läge. Heidegger stimmte »ohne Vorbehalt« zu und führte aus, »daß sein Begriff von der ›Geschichtlichkeit‹ die Grundlage für seinen politischen ›Einsatz‹ sei«.

Geschichtlichkeit im Sinne Heideggers eröffnet einen jeweils begrenzten Horizont von Handlungsmöglichkeiten, in dem sich auch die Philosophie, sofern sie *ihrer Zeit mächtig* werden will, bewegt. Heidegger war, wie wir wissen, die Revolution von 1933 als Chance erschienen, aus dem Verhängniszusammenhang der neuzeitlichen *Machenschaften* auszubrechen. Und auch wenn er inzwischen begonnen hatte, die Dinge anders zu sehen, so beharrt er Löwith gegenüber darauf, daß die Chance des Neuanfangs noch nicht endgültig verspielt sei; »man müsse nur lange genug durchhalten«. Und doch gesteht er eine gewisse Enttäuschung über die politische Entwicklung ein, macht aber sogleich die »Gebildeten« mit ihrem zögernden Verhalten dafür verantwortlich, daß Umbruch und Aufbruch noch nicht gehalten haben, was sie versprachen. »Wenn sich diese Herren nicht zu fein vorgekommen wären, um sich einzusetzen, dann wäre es anders gekommen, aber ich stand ja ganz allein« (58).

Von Hitler war Heidegger nach wie vor fasziniert. Wie viele andere hatte er für alles Schlimme die Entschuldigung ›Wenn das der Führer wüßte!‹ bei der Hand. Karl Löwith war enttäuscht, ihm kam aber Heideggers Reaktion auch typisch vor: »Nichts fällt den Deutschen leichter als in der Idee radikal zu sein und in allem Faktischen indifferent. Sie bringen es fertig, alle einzelnen Fakten zu ignorieren, um an ihrem Begriff vom Ganzen umso entschiedener festhalten zu können und die ›Sache‹ von der ›Person‹ zu trennen« (58).

Heideggers »Begriff vom Ganzen« aber hatte sich mit zunehmender Distanz zur Tagespolitik noch weiter abgelöst von der konkreten Geschichte. Das merkt man seinem Vortrag an, der einen Hölderlin vorführt, der zwischen den *Winken der Götter* und der *Stimme des Volkes* ein *Hinausgeworfener* ist – *hinaus in jenes Zwischen, zwischen den Göttern und den Menschen* (EH, 47). Es ist die *Nacht der Götter*, sie sind entflohen und noch sind sie nicht wiedergekehrt. Eine *dürftige Zeit*, es gilt – und so beschließt Heidegger seinen Vortrag – im *Nichts dieser Nacht* mit Hölderlin auszuharren, »denn nicht immer vermag ein schwaches Gefäß sie zu fassen, / Nur zu Zeiten erträgt göttliche Fülle der Mensch. / Traum von ihnen ist drauf der Mensch...«

Der Brief an Karl Jaspers nach dem Rom-Aufenthalt vermittelt etwas von der Stimmung jener Tage, insbesondere davon, wie Heidegger als Philosoph sich in Nachbarschaft zu Hölderlin als einem *Dichter in dürftiger Zeit* fühlt: *Eigentlich dürfen wir es als einen wunderbaren Zustand gelten lassen, daß die ›Philosophie‹ ohne Ansehen ist – denn nun gilt es, unauffällig für sie zu kämpfen* (16. 5. 1936, BwHJ, 162).

Daß Heidegger bei den Mächtigen nicht mehr so in Ansehen stand, bekam er zu spüren in den deutschen Reaktionen auf seinen Hölderlin-Vortrag, dem das römische Publikum andachtsvoll gelauscht hatte. In der HJ-Zeitschrift »Wille und Macht« bemerkte ein Dr. Könitzer, die Jugend kenne Hölderlin »in seiner Eigenart besser ... als der Professor Heidegger«. Für jemanden, der sich auf Hölderlins »Götternacht« einstellt, reagiert Heidegger bemerkenswert ungelassen. Einem Mitarbeiter bei einem anderen NS-Publikationsorgan schreibt er beleidigt: *Da ja nach der Feststellung des famosen Herrn im ›Wille und Macht‹ mein Hölderlinaufsatz für die HJ wesensfremd ist, darf von dieser Art ›Deutschen‹ nicht mehr viel erwartet werden. Im übrigen hat mir ein alter SS-Führer, der die Marburger Verhältnisse kennt, berichtet, daß der betr. Herr Dr. K. noch im Sommer 33 in Marburg als Sozialdemokrat herumgelaufen, jetzt aber ein großer Mann am VB* (Völkischer Beobachter) *sei.*

Weniger harmlos als die Kritik in einer HJ-Zeitschrift war ein anderer Vorgang, der nach Heideggers Rom-Aufenthalt begann. Am 14. Mai 1936 gab es eine Anfrage des Amtes Rosenberg beim NS-Dozentenbund in München, »wie die Persönlichkeit von Professor Dr. Martin Heidegger eingeschätzt wird«.

Hugo Ott hat den Hintergrund dieses Vorgangs recherchiert. Danach war im Amt Rosenberg das Mißtrauen gewachsen, die Gutachten von Jaensch und Krieck hatten Wirkung gezeigt. Anstoß erregte auch das Gerücht, Heidegger halte regelmäßig Vorträge im Kloster Beuron. Man argwöhnte, Heidegger betreibe jesuitische Wühlarbeit. Deshalb heißt es in dem Schreiben des Amtes an den Dozentenbund: »Seine (Heideggers) Philosophie ist stark scholastisch gebunden, so daß es eigenartig ist, weshalb Heidegger stellenweise auch auf Nationalsozialisten einen nicht unbeträchtlichen Einfluß ausüben kann.«

Dieser Verdacht des heimlichen Klerikalismus kam ausgerechnet zu einem Zeitpunkt auf, da Heidegger nacheinander in mehreren Promotions- und Habilitationsverfahren (z. B. bei Max Müller) in Gutachten seine Überzeugung aktenkundig gemacht hatte, daß eine ›christliche‹ Philosophie letztlich doch ein *hölzernes Eisen und ein Mißverständnis sei.*

Wie dem auch sei, die Auskunft des Dozentenbundes über Heidegger muß von der Art gewesen sein, daß das Amt Rosenberg am 29. Mai

1936 sich veranlaßt sah, das Dossier an das Reichssicherheitshauptamt, Abteilung Wissenschaft, zu übermitteln. Daraufhin wurde die Überwachung Heideggers durch den Staatssicherheitsdienst angeordnet. In den TATSACHEN UND GEDANKEN berichtet Heidegger, wie im Sommersemester 1937 im Seminar ein Dr. Hanke aus Berlin auftauchte, *sehr begabt und interessiert* mitgearbeitet und nach einiger Zeit um ein persönliches Gespräch nachgesucht habe. Dabei, so Heidegger, *gestand er mir, er könne mir nicht länger verheimlichen, daß er im Auftrag von Dr. Scheel arbeite, der damals den SD-Hauptabschnitt Südwest leitete* (R, 41).

Wenn man bedenkt, daß Heidegger von der Überwachung wußte, als er in den NIETZSCHE-Vorlesungen seine Kritik am Biologismus und Rassismus äußerte, dann wird man ihm in diesem Falle persönlichen Mut bescheinigen müssen. Das haben auch die Hörer dieser Vorlesungen damals so empfunden, die sich allerdings dann um so mehr darüber wunderten, daß Heidegger, ausdrücklicher als andere Professoren, am Hitler-Gruß festhielt.

Maßgebliche Parteistellen hätten seit Mitte der dreißiger Jahre seine philosophische Arbeit behindert und *auszuschalten* versucht, schreibt Heidegger in TATSACHEN UND GEDANKEN. Beispielsweise hätten Regierungsstellen darauf hingearbeitet, daß er von der Teilnahme am Internationalen Descarteskongreß in Paris 1937 ausgeschlossen bleiben sollte. Die französische Kongreßleitung hätte interveniert, und nur deshalb sei er erst im allerletzten Moment aufgefordert worden, der deutschen Delegation beizutreten. *Das Ganze vollzog sich in einer Form, die es mir unmöglich machte, mit der deutschen Delegation nach Paris zu gehen* (R, 43).

Victor Farías aber hat Akten im Berliner Document Center und im Potsdamer Archiv aufgefunden, aus denen hervorgeht, daß Heidegger bereits im Sommer 1935 in Paris war, um die deutsche Teilnahme an dem Kongreß vorzubereiten. Heidegger hatte der Veranstaltung große Bedeutung beigemessen, war doch Descartes für ihn der Gründervater einer philosophischen Moderne, gegen die seine eigene Philosophie gerichtet war. Der Kongreß von Paris mußte ihn locken als Arena des großen Kräftemessens. Dieser Herausforderung wollte er sich nur allzu gerne stellen. Heidegger beabsichtigte, jene Gedanken zu entwickeln, die er dann wenig später, am 9. Juni 1938, in Freiburg unter dem Titel DIE BEGRÜNDUNG DES NEUZEITLICHEN WELTBILDES DURCH DIE METAPHYSIK (Titel der Veröffentlichung: ZEIT DES WELTBILDES) vortrug.

Heidegger wollte also nach Paris und wartete nur – zunächst vergeblich – darauf, von deutscher Seite offiziell dorthin geschickt zu werden. Die deutsche Aufforderung kam spät, zu spät für Heidegger. Farías hat einen Brief aufgefunden, den Heidegger am 14. Juli 1937 an den Freiburger Rektor schrieb und worin er begründete, weshalb er jetzt nicht mehr bereit sei, kurzfristig der deutschen Delegation beizutreten: *Eine vor 1½ Jahren an mich ergangene persönliche Einladung von Seiten des Präsidenten des Kongresses habe ich damals dem Reichserziehungsministerium mitgeteilt unter Beifügung des Hinweises darauf, daß dieser zugleich als Descartes-Jubiläum angelegte Kongreß bewußt zu einem Vorstoß der herrschenden liberal-demokratischen Wissensauffassung überhaupt ausgestaltet werden und eine entsprechend vorbereitete und wirkungskräftige deutsche Vertretung frühzeitig aufgestellt werden möge. Da dieser Hinweis ohne Antwort blieb, habe ich auch die seitdem mehrfach wiederholten Einladungen aus Paris nicht mehr mitgeteilt. Denn in der ganzen Sache ist für mich nicht der Wunsch der französischen Kongreßleitung wichtig. Allein entscheidend bleibt nur der ursprüngliche Wille der deutschen maßgebenden Stellen, mich bei der deutschen Delegation zu sehen bzw. nicht zu sehen*. Offenbar fühlte Heidegger sich gekränkt, weil die deutschen Amtsstellen nicht sogleich zum Zwecke der strategischen Vorbereitung des Kongresses und der Zusammenstellung einer Delegation mit ihm Verbindung aufgenommen hatten. Wahrscheinlich hatte er damit gerechnet, als Delegationsleiter nach Paris geschickt zu werden. Aber die Regierungs- und Parteistellen bestimmten Mitte 1936 Heyse zum Delegationsleiter, der in einer Denkschrift vom August 1936 die Absicht des Kongresses so charakterisierte: Offenbar solle der Descartsche Rationalismus mit dem Philosophiebegriff überhaupt identifiziert werden. Damit würde das »heutige deutsche philosophische Wollen« ausgegrenzt und als »Negation der großen europäischen Traditionen, als Ausdruck eines naturalistischen Partikularismus, als Preisgabe des Geistes« hingestellt. »Geistige Isolierung« Deutschlands und »geistige Führung« Frankreichs – das sei das strategische Ziel der Veranstaltung. Dem müsse etwas Wirkungsmächtiges entgegengesetzt werden. Die Delegation müsse nicht nur in der Lage sein, »das nationalsozialistische deutsche geistige Wollen zu vertreten und zu klarer Geltung zu bringen«, man brauche nicht nur eine starke Verteidigung, sondern man müsse auch zum Angriff übergehen können. Es gilt, schreibt Heyse, »den Versuch eines geistigen deutschen Vorstoßes in den europäischen Raum«. Leider aber gebe es nur sehr wenige Philosophen im neuen Deutschland, die den Kampf um den »internationalen Rang« der deutschen Philosophie überhaupt aufnehmen könnten. Auf Heyses Vorschlagsliste stehen u.a.: Heidegger, Carl Schmitt, Alfred Baeumler.

Die Vorschläge werden angenommen, und Heyse wendet sich im Frühjahr 1937 an Heidegger, der die Teilnahme jetzt ablehnt. Es bleiben ihm dadurch einige Peinlichkeiten erspart. Denn die Delegation war nicht nur nach ideologischen, sondern auch nach rassischen Gesichtspunkten zusammengestellt worden. Husserl, von der Kongreßleitung für ein Hauptreferat vorgesehen, durfte als »Nicht-Arier« die Einladung nicht annehmen. Die deutschen Stellen vermuteten zu Recht, daß eine Teilnahme Husserls die »amtliche Delegation vollständig in den Hintergrund« drängen würde; man befürchtete »außerordentliche Ovationen« für Husserl – eine Demonstration gegen die deutsche Delegation.

Die Delegation trat in Paris martialisch auf, manche der Professoren trugen Parteiuniform. Eine französische Zeitung wunderte sich darüber, daß im Vergleich zu früheren internationalen Philosophiekongressen auf deutscher Seite offenbar keine »Individuen« auftreten, sondern Repräsentanten eines Kollektivgeistes. Daß aus dem Land der Dichter und Denker auch die Philosophie in geschlossener Formation vorrücke, wurde als einigermaßen beängstigend empfunden.

Heidegger also blieb zu Hause und arbeitete dort an seinem eigenen Beitrag für die deutsch-französische Verständigung. WEGE ZUR AUSSPRACHE nannte er seinen im Sammelband »Alemannenland. Ein Buch von Volkstum und Sendung« 1937 veröffentlichten Aufsatz zur Auseinandersetzung zwischen dem deutschen und französischen Geist.

Der Sammelband, herausgegeben von Franz Kerber, dem Freiburger Oberbürgermeister und ehemaligen Schriftführer der NS-Zeitung »Der Alemanne«, erschien zu einem Zeitpunkt, als Hitler nach dem Einmarsch in das entmilitarisierte Rheinland den Ausgleich mit Frankreich propagierte. Heideggers Aufsatz aber war nicht für solche propagandistischen Tageszwecke bestimmt. Er las, wie Petzet berichtet, diesen Text, »an dem ihm außerordentlich viel zu liegen schien«, gerne im Freundeskreis vor, und so wurde er denn auch später in den Band DENKERFAHRUNGEN aufgenommen.

Es geht um die Verständigung des französischen und deutschen Volkes. Heidegger hält sich nicht bei geopolitischen, wirtschaftlichen oder militärischen Konflikten und Kontroversen auf. Die *jetzige Weltstunde* hat den *geschichtebildenden abendländischen Völkern* eine weitaus größere Aufgabe zugeteilt: die *Rettung des Abendlandes*. Die Rettung gelingt nicht, indem zwischen den Völkern die verschiedenen Denk- und Kulturstile einander kompromißhaft angeglichen und miteinander vermischt werden, sondern nur so, daß jedes Volk sich jeweils auf das ihm Eigentümliche besinnt und auf dieser Grundlage seinen Beitrag leistet zur Rettung der abendländischen Identität: In Frankreich dominiert der Cartesianismus, die Vision der rationalen Verfügung über die »Res extensa«. In Deutschland hat sich demgegenüber in stärkerem Maße das geschichtliche Denken ausgeprägt. Das Bemerkenswerte an dieser Gegenüberstellung, die für sich genommen nicht sonderlich originell ist, liegt darin, daß Heidegger sie als Ausdifferenzierung von Tendenzen ansieht, die in der griechischen Urszene des Abendlandes noch nicht geschieden und entschieden waren. Platons Sein und Heraklits Werden, Rationalismus und Geschichtlichkeit also, wirkten damals im gemeinsamen Raum der Polis polemisch zusammen und erwirkten so eine geistige Identität, die sich behaupten konnte gegen das *Asiatische*, von dem Griechenland wie eine Insel im Ozean umbrandet war. Was ist in der *jetzigen Weltstunde* das *Asiatische*? Heidegger sagt es nicht ausdrücklich, aber aus der Logik seiner Darstellung ergibt sich: Das Asiatische unserer Tage ist nichts ›Barbarisches‹, sondern das Moderne in seiner entfesselten Gestalt in Nordamerika und Rußland. Da aber der französische Cartesianismus der neuere Ursprung dieser Moderne ist, so wird die französisch-deutsche Kooperation zur Rettung des Abendlandes von einer charakteristischen Asymmetrie gekennzeichnet sein. Der französische Rationalismus wird in die Schule der deutschen Geschichtlichkeit gehen müssen, näherhin in die Schule des Heideggerschen Seinsdenkens. Denn nur aus der Perspektive dieses Denkens kann der Rationalismus seinen Objektivitätswahn überwinden und sich für den Reichtum der Seinsgeschichte öffnen. In der Konsequenz heißt das: Der deutsche Geist braucht den französischen nicht im selben Maße wie umgekehrt. Heideggers freundliche Bemerkungen beziehen sich denn auch darauf, daß der französische Geist inzwischen offenbar bemerkt, was ihm fehlt: ein Hegel, Schelling, Hölderlin. Ihm kann also geholfen werden.

Es gibt keinen Anhaltspunkt dafür, daß Heidegger das philosophische Pamphlet des französischen Kantianers Julien Benda »Der Verrat der Intellektuellen« (La trahison des clercs) gekannt hat. Dieses Buch, das in Frankreich sogleich nach seinem Erscheinen 1927 sensationelles Aufsehen erregte, liest sich wie eine dem Heideggerschen Gesprächsangebot vorausgehende Antwort aus Frankreich. Für Benda beginnt nämlich der Verrat der Intellektuellen genau in dem Augenblick, da sie sich dem Treibsand der Geschichte überlassen, wenn sie die universalen geistigen Werte von Wahrheit, Gerechtigkeit, Freiheit preisgeben an die irrationalen Mächte des Instinktes, des Volksgeistes, der Intuition usw. Die »clercs«, diese als weltliche Kleriker definierten philosophischen und literarischen Intellektuellen, hätten die Aufgabe, diese universalen Werte der Menschheit gegen die Übergriffe des jeweiligen politischen Zeitgeistes zu bewahren. Wer sollte es sonst tun, da doch die »Laien« notwendig in die weltlichen Händel und Leidenschaften verstrickt sind. Ein rigoroser humanistischer Rationalismus tritt hier auf gegen den Sirenengesang der romantischen Volksgeister. Vom deutschen Geist, sagt Benda, kann man seit dem Tode Kants nichts mehr lernen – man kann nur davor warnen. Benda zitiert einen Satz von Renan, der wie eine Erwiderung auf Heidegger klingt: »Der Mensch gehört weder seiner Sprache, noch seinem Volk; er gehört allein sich selbst, denn er ist ein freies, das heißt ein moralisches Wesen.« Julien Benda ist davon überzeugt, daß, wer den menschlichen Geist aus seiner universellen Heimat verbannt und zum Streitobjekt der Völker macht, sich alsbald bei denen wiederfinden wird, die zum »Krieg der Kulturen« aufrufen (98). Das nun gerade will Heidegger nicht. Er will auf seine Weise die Möglichkeit einer fruchtbaren Nachbarschaft erkunden. Zu ihr gehört *der lange Wille zum Aufeinanderhören und der verhaltene Mut zur eigenen Bestimmung* (D, 21). Aber das ändert nichts daran, daß die *Wege zur Aussprache* für ihn an den Punkt führen müssen, wo entschieden werden kann, welches Seinsverhältnis dasjenige ist, das der Offenheit des Seins mehr entspricht, das cartesianisch-rationale oder das geschichtliche. Ein *Ausweichen vor der schwierigsten Aufgabe: der Bereitstellung eines Bereichs der Entscheidbarkeit* (D, 20) ist nicht zulässig. Und deutlich wird dabei, daß Heidegger sein Denken als eines versteht, das dieser Aufgabe gerecht wird. Bei der deutsch-französischen Verständigung in den Angelegenheiten der Philosophie wird man sich nicht irgendwo in der Mitte, sondern auf den Höhen von Todtnauberg treffen müssen.

Drei Jahre später ist der von Hitler begonnene Krieg im vollen Gange. Im Sommer 1940 ist Frankreich besiegt. Und im Sommersemester dieses Jahres nimmt Heidegger in seiner NIETZSCHE-Vorlesung über den EUROPÄISCHEN NIHILISMUS Bezug auf die Kapitulation

Frankreichs und kommt dabei zu einer überraschenden Schlußfolgerung: *In diesen Tagen sind wir selbst die Zeugen eines geheimnisvollen Gesetzes der Geschichte, daß ein Volk eines Tages der Metaphysik, die aus seiner eigenen Geschichte entsprungen, nicht mehr gewachsen ist und dies gerade in dem Augenblick, da diese Metaphysik sich in das Unbedingte gewandelt hat... Es genügt nicht, daß man Panzerwagen, Flugzeuge und Nachrichtengeräte besitzt; es genügt auch nicht, daß man über Menschen verfügt, die dergleichen bedienen können... Es bedarf eines Menschentums, das von Grund aus dem einzigartigen Grundwesen der neuzeitlichen Technik und ihrer metaphysischen Wahrheit gemäß ist, d.h. vom Wesen der Technik sich ganz beherrschen läßt, um so gerade selbst die einzelnen technischen Vorgänge und Möglichkeiten zu lenken. Der unbedingten ›machinalen Ökonomie‹ ist im Sinne der Metaphysik Nietzsches nur der Über-mensch gemäß, und umgekehrt: dieser bedarf jener zur Einrichtung der unbedingten Herrschaft über die Erde* (N II, 165/166).

Das will sagen: Deutschland hat sich als cartesianischer erwiesen als die cartesianische Nation Frankreich. Deutschland ist es besser gelungen als Frankreich, dem Traum Descartes' von der Herrschaft über die »Res extensa«, also von der technischen Bewältigung der Natur, zu verwirklichen. Die *totale Mobilmachung* (N II, 21), d.h., die technische und organisatorische Zurichtung der ganzen Gesellschaft und des Individuums ist erst in Deutschland gelungen. Hier sind alle Konsequenzen gezogen worden aus der neuzeitlichen Metaphysik, wonach *Sein* nur noch *Vorgestelltheit* und am Ende *Hergestelltheit* ist. Deutschland hat gesiegt, weil es das Unwesen der Neuzeit vollkommen – *übermenschlich* – verwirklicht hat. Die Franzosen sind die Zauberlehrlinge: Sie haben einen Prozeß ausgelöst, dem sie nicht mehr *gewachsen* sind. Nur im totalitären Hitler-Deutschland hat sich jenes *Menschentum* gebildet, das der neuzeitlichen Technik *gemäß* ist. Hier sind die Menschen offenbar selbst zum Geschoß geworden. Übrigens wird Heidegger später in einer Mischung aus Entsetzen und Faszination davon berichten, wie einer seiner japanischen Studenten sich zum Kamikaze-Fliegereinsatz gemeldet habe.

Noch 1935 in der METAPHYSIK-Vorlesung waren für Heidegger Rußland und Amerika die Avantgardemächte der *trostlosen Raserei der entfesselten Technik* (EM, 28); jetzt sieht er in dieser Hinsicht Deutschland vorne liegen. Der Ton einer leisen Befriedigung darüber ist unüberhörbar. Das erinnert doch sehr an den Heinrich Mannschen

Untertan Diederich Heßling, der, von einem strammen Leutnant aufs schmerzlichste gekränkt, mit Genugtuung bemerkt: ›den macht uns keiner nach!‹ So auch Heidegger: Deutschland siegt, weil es sich wirkungsvoller als andere dem *Unwesen* der Technik hingibt, und doch: Diese stählerne Konsequenz der Seinsvergessenheit macht uns keiner nach!

Heideggers Söhne, Jörg und Hermann, werden eingezogen und sind seit 1940 an der Front. Junge Kriegsversehrte, Soldaten auf Genesungsurlaub, ältere Semester füllen die Hörsäle und Seminarräume. Der Anteil der Studentinnen wächst. Die Zahl der Todes- und Vemißtenmeldungen aus den Kriegsgebieten nimmt zu.

Am 26. September 1941 schreibt Heidegger an die Mutter eines Gefallenen, der ein Schüler von ihm gewesen war: *Für uns Zurückbleibende ist der Schritt schwer zu dem Wissen, daß jeder von den vielen jungen Deutschen, die heute aus einem noch echten Geist und ehrfürchtigen Herzen ihr Leben zum Opfer bringen, das schönste Geschick erfahren darf.*

Welches *schönste Geschick* wird dem Gefallenen denn zuteil? Ist es dies, daß Heidegger seiner gedenkt? Die meisten Toten waren nur wenigen Freunden vertraut, aber im Gedächtnis des Philosophen aufbewahrt, werden sie späteren Generationen, so Heidegger, *die innerste Berufung des Deutschen für den Geist und die Treue des Herzens wieder erwecken*. Bekommt damit dieser Krieg einen Sinn? Hat Heidegger nicht in seinen NIETZSCHE-Vorlesungen davon gesprochen, daß dieser Krieg Ausdruck des seinsvergessenen *Willens zur Macht* ist?

Tatsächlich, das sagt Heidegger in seinen Vorlesungen immer wieder, und er sagt auch, daß die Philosophie im gegenwärtigen geschichtlichen Augenblick der *illusionslosen Verwendung des ›Menschenmaterials‹ im Dienste der unbedingten Ermächtigung des Willens zur Macht* (N II, 333) vollkommen überflüssig zu werden droht. Als *Gebilde der Kultur* verschwindet sie aus dem öffentlichen Getriebe, da sie doch nichts anderes ist als das *Angesprochensein vom Sein selbst* (GA 54, 179). Aber für solches Angesprochenwerden ist jetzt keine Zeit mehr. Eine Folge des Krieges ist es, daß man in Deutschland nunmehr die *Zugehörigkeit zu einem Volk der Dichter und Denker hinter sich gebracht zu haben* glaubt (GA 54, 179). Wie kann das Opfer für einen solchen Krieg dann aber noch sinnvoll sein?

Darauf gibt es aus der Sicht Heideggers zwei Antworten. Die erste ist die altbekannte, daß es nämlich für die Eigentlichkeit eines Lebensvollzugs nicht auf die moralische Beschaffenheit der gesamten Situation ankommt; was zählt, ist allein die *Haltung*, die man einnimmt. In diesem Sinne rühmt Heidegger in dem Brief an die Mutter bei dem Gefallenen das *innere Feuer* und die *Ehrfurcht vor dem Wesentlichen* – was immer das in dem konkreten Fall bedeuten mag. Genau weiß das auch Heidegger nicht, da er ja die konkreten Umstände des Todes des jungen Mannes nicht kennt.

Die zweite Antwort: Das Opfer ist sinnvoll, weil und insofern der Krieg selbst sinnvoll ist. An diesem Punkt aber sind Heideggers Beurteilungen schwankend. Einerseits versteht er den Krieg als Ausdruck des epochalen Willens zur Macht – wobei er nirgendwo die alleinige Verantwortung Hitler-Deutschlands konstatiert – und damit im ganzen als ein Geschehnis der sinnverlassenen totalen Mobilisierung der Neuzeit. Unter diesem Gesichtspunkt würde jedes Opfer sinnlos sein müssen. Aber mit dem Kriegseintritt Amerikas ändert sich für ihn die Situation wieder. Heidegger in der HÖLDERLIN-Vorlesung im Sommer 1942: *Wir wissen heute, daß die angelsächsische Welt des Amerikanismus entschlossen ist, Europa, und d.h. die Heimat, und d.h. den Anfang des Abendländischen, zu vernichten* (GA 53, 68).

Doch wo lebt dieses *Abendländische* überhaupt noch? Das offizielle Deutschland kann sein Ort nicht mehr sein, denn dort haben, wie Heidegger nicht müde wird zu betonen, die *machinale Ökonomie* und die Herabsetzung des Menschen zum Material gesiegt.

Aber da gibt es noch das ›inoffizielle‹, das imaginäre Deutschland, woran ein Hölderlin geglaubt hatte. Das Deutschland, dessen Sprache philosophischen Geist bewahrt wie sonst nur das Griechentum. In der HERAKLIT-Vorlesung von 1943 sagte Martin Heidegger: *Der Planet steht in Flammen. Das Wesen des Menschen ist aus den Fugen. Nur von den Deutschen kann, gesetzt, daß sie ›das Deutsche‹ finden und wahren, die weltgeschichtliche Besinnung kommen* (GA 55, 123). Dieses eigentliche, abendländische Deutschland, das ringsum verraten wird, lebt es zuletzt nicht doch nur in Heideggers Philosophie?

So ist es, auch wenn Heidegger mit dem *sich aufspreizenden Sendungsbewußtsein* (GA 54, 114) nichts zu tun haben will. Seine Philosophie wendet sich in den letzten Kriegsmonaten ganz dem *Andenken* der großen Stifter zu: Hölderlin, Parmenides, Heraklit. Weit und immer weiter öffnet sich bei Heidegger die Schere zwischen dem Denken und dem äußeren Geschehen. Während die Ereignisse ihrem katastrophalen Ende zutreiben und die Verbrechen des Hitler-Regimes mit der

Ermordung der Juden einen grauenhaften Höhepunkt erreichen, gräbt sich Heidegger immer tiefer in das *Anfängliche* ein. *Der verborgene Geist des Anfänglichen im Abendland wird für diesen Prozeß der Selbstverwüstung des Anfanglosen nicht einmal den Blick der Verachtung übrig haben, sondern aus der Gelassenheit der Ruhe des Anfänglichen auf seine Sternstunde warten* (GA 53, 68).

Anders aber als 1933 ist Heidegger inzwischen dagegen gefeit, dieses *Anfängliche* von einem gesellschaftlich-politischen Großereignis zu erwarten. Die *Sternstunde* ist eine des einsamen Dichtens und Denkens. Dieses hat und sucht einstweilen keinen *Anhalt* in irgendwelchen politischen und gesellschaftlichen Bewegungen. *Das wesentliche Denken achtet auf die langsamen Zeichen des Unberechenbaren,* schreibt Heidegger 1943 in einem neuen Nachwort zu WAS IST METAPHYSIK? (WM, 51). Dieses Denken bewirkt keinen *Erfolg*. Es bleibt nur die Hoffnung, daß vielleicht da und dort ähnliches Denken *entzündet* wird, wodurch sich die geheime Bruderschaft derer bildet, die aus dem gegenwärtigen *Weltspiel* aussteigen. *Weltspiel* – genau diesen Ausdruck verwendet Heidegger in einer Vorlesung von 1941 zum ersten Mal zur Charakterisierung der großen Misere. Das gegenwärtige *Weltspiel* kennt nur noch *Arbeiter und Soldaten*. Es gibt zwei Arten, dieser ›Normalität‹ zu entkommen. Die eine bezeichnet Heidegger, auf Ernst Jünger anspielend, als das Abenteurertum: *Wer möchte sich wundern, daß in einer solchen Zeit, da die bisherige Welt aus allen Fugen geht, der Gedanke erwacht, jetzt könne nur noch die Lust an der Gefahr, das ›Abenteuer‹ die Art sein, in der sich der Mensch des Wirklichen versichere?* (GA 51, 36). Der Abenteurer gibt der Seinsvergessenheit grelle Farben und vitalen Schwung. Er stürzt sich in die Maschinerie der Moderne, auch wenn sie ihn zermalmen wird. Er erhöht seine Einsätze, um dem Spiel mehr Reiz abzugewinnen.

Die andere Art, dem Weltspiel als Verhängniszusammenhang zu widerstehen, ist für Heidegger die *Inständigkeit* des besinnlichen Denkens. Früher nannte man das Meditation, »Vita contemplativa« – Ausdrücke, die Heidegger für sein eigenes Unternehmen nicht gelten lassen will. Diese *Inständigkeit* rückt Heidegger in die Nähe des einfachen Lebens. Nehmt, sagt er in der HERAKLIT-Vorlesung von 1943, dem modernen Menschen alles weg, womit er sich unterhält und was ihn hält, *das Kino, das Radio, die Zeitung, das Theater, die Konzerte, die Boxkämpfe, die Reisen* (GA 55, 84), er würde an der Leere sterben, da er von den *einfachen Dingen* nicht mehr angesprochen wird. Im besinnlichen Denken aber wird die Leere zur Gelegenheit, sich *des Seins (zu) erinnern* (GA 55, 84). Noch auf dem Höhepunkt des Krieges – *der Planet steht in Flammen* – stimmt sich Heidegger ein auf sein großes Thema der Nachkriegsphilosophie: die Gelassenheit.

Diese Gelassenheit mitten im Krieg verdankt sich der Kunst des Absehens von der bedrängenden Wirklichkeit. In dem bereits zitierten Nachwort zur vierten Auflage von WAS IST METAPHYSIK? von 1943 schreibt Heidegger den dunklen Satz, daß *das Sein wohl west ohne das Seiende* (WM, 46). Sehr weit hat sich Heidegger im Jahr des beginnenden Infernos über das Seiende hinausgedacht, so weit, daß für ihn das Sein nun zu etwas wird, was es zuvor nicht war: eine vom Seienden unabhängige Bezugsgröße. Diese Verstiegenheit wird er in der Ausgabe des Textes von 1949 wieder zurücknehmen; dann wird aus dem *wohl* ein *nie* und nun lautet der vom Höhenschwindel freie Satz, daß *das Sein nie west ohne das Seiende.*

Für die Art und Weise aber, wie das Sein in dieser schlimmen Zeit anwesend ist, findet Heidegger in einem Hölderlin-Aufsatz aus den letzten Kriegsjahren die sinnreiche Formulierung: das *Chaos des Aufklaffens* (GA 4, 62). Der Abgrund hat sich geöffnet, die Erde bebt.

Im Kontrast dazu formuliert Heidegger zur selben Zeit im Anschluß an Hölderlin seinen Hymnus auf die schwäbische Heimat: *Suevien, die Mutter, wohnt nahe ›dem Heerde des Hausses‹. Der Herd hütet die stets gesparte Glut des Feuers, das wenn es entflammt, die Lüfte und das Licht in die Heitere öffnet... Darum verläßt einer, wenn er es muß, nur schwer den Ort der Nähe* (GA 4, 23).

Zwanzigstes Kapitel

Heidegger beim Volkssturm. Freiburg zerstört. Panische Idylle: Burg Wildenstein. Heidegger vor dem Bereinigungsausschuß. Das Gutachten von Jaspers: ›unfrei, diktatorisch, communikationslos‹. Lehrverbot. Frankreich entdeckt Heidegger. Kojève, Sartre und das Nichts. Heidegger liest Sartre. Verpaßte Begegnung. Besuch beim Erzbischof. Zusammenbruch und Genesung im Winterwald.

In der Nacht des 27. November 1944 verwüsten englisch-amerikanische Bombengeschwader die Stadt Freiburg. Martin Heidegger ist kurz zuvor mit einer Volkssturmabteilung ins Elsaß abgezogen, man will dort den Übergang der französischen Armee auf das rechte Rheinufer verhindern. Aber es ist schon zu spät dafür. Die Volkssturmleute kehren zurück, mit ihnen Heidegger. Er war eingezogen worden aufgrund des Führererlasses vom 18. Oktober 1944, der das letzte Aufgebot befahl, alle Männer zwischen sechzehn und sechzig Jahren; keine Unabkömmlichkeit sollte gelten, Arbeitsfähigkeit war das einzige Kriterium für die Tauglichkeit. Und da Heidegger arbeitsfähig war, so war er auch tauglich. Es wurden aber nicht alle Kollegen Heideggers eingezogen. Den örtlichen Parteistellen oblag die Rekrutierung. Es herrschte ein großes Durcheinander. Und so setzten sich Mitglieder der Philosophischen Fakultät dafür ein, Heidegger wieder freizubekommen. In ihrem Auftrag schrieb Eugen Fischer, ehemals berüchtigter Leiter des Kaiser-Wilhelm-Instituts für Eugenik in Berlin und inzwischen Emeritus in Freiburg, an den Reichsdozentenbundführer Scheel. Er bat um eine Freistellung Heideggers und schloß mit den Worten: »Wenn wir in schwerster Zeit, angesichts der Tatsache, daß der Feind im deutschen Elsaß keine fünfzig Kilometer von unserer Stadt entfernt ist, diese Bitte vorbringen, zeigen wir damit unser Vertrauen auf die Zukunft deutscher Wissenschaft.« Als Scheel drei Wochen später zurückschreibt: »Ich konnte wegen der ungeklärten Lage für Heidegger nichts unternehmen«, hatte sich die Angelegenheit inzwischen bereits erledigt. Von dem Volkssturmeinsatz zurückgekehrt, hatte Heidegger von der Universität eine Beurlaubung erhalten, um seine Manuskripte ordnen und sie in der Nähe von Meßkirch in Sicherheit bringen zu können. Ehe er aber das zerbombte und dem Einmarsch der Alliierten entgegensehende Freiburg verließ, besuchte er den Philosophen Georg Picht und seine Frau, die später berühmte Pianistin Edith Picht-Axenfeld. Heidegger wollte sich von ihr noch einmal etwas vorspielen lassen. Frau Picht spielte Schuberts nachgelassene B-Dur-Sonate. Heidegger sah Picht an und sagte: *Das können wir mit der Philosophie nicht.* In dieser Dezembernacht des Jahres 1944 trug sich Heidegger in Pichts Gästebuch ein: *Anders denn ein Verenden ist das Untergehen. Jeder Untergang bleibt geborgen in den Aufgang.*

War es nun ein *Verenden* oder ein *Untergang*, was ringsum geschah und wovor Heidegger floh? Die Eintragung im Gästebuch läßt diese Frage offen. Aber ein halbes Jahr später, am 20. Juli 1945, wird Heidegger sie in einem Brief an Rudolf Stadelmann, seinen ›Knappen‹ aus den Tagen des Wissenschaftslagers und inzwischen Dekan in Tübingen, beantworten: *Alles denkt jetzt den Untergang. Wir Deutsche können deshalb nicht untergehen, weil wir noch gar nicht aufgegangen sind und erst durch die Nacht hindurchmüssen.*

In diesem halben Jahr, zwischen der Flucht aus Freiburg und seiner Rückkehr in die inzwischen von Franzosen besetzte Stadt, lebt Heidegger in einer panischen Idylle. Zusammen mit seinem Bruder Fritz ordnet er in Meßkirch den Winter über seine Manuskripte. Und als der Frühling kommt, kommt auch die ganze Philosophische Fakultät oder das, was von ihr noch übrig ist, nachgezogen. Man hatte nämlich in Freiburg beschlossen, Teile der Universität auszulagern und als sicheres Rückzugsgebiet die Burg Wildenstein oberhalb Beurons in der Nähe von Meßkirch gewählt. Teils zu Fuß, teils mit Fahrrädern und schwer bepackt mit Büchern, waren im März 1945 zehn Professoren und dreißig Studenten, die Mehrzahl weiblichen Geschlechts, den Schwarzwald und die obere Donau hinaufgekommen und hatten sich in der Burg, ein Besitztum des Hauses Fürstenberg, und im nahe gelegenen Leibertingen einquartiert. Von Meßkirch hinüber zur Burg Wildenstein – diesen Wanderweg war Heidegger in seiner Jugend oft gegangen, und jetzt geht er ihn, um in der Burgschenke ein kleines Seminar abzuhalten, während unten im Tal die französischen Truppen in Richtung Sigmaringen vorstoßen, wohin sich die Reste der Vichy-Kollaborationsregierung geflüchtet hatten. Ende Mai beginnt die Heuernte. Professoren und Studenten helfen; sie erhalten dafür Lebensmittel. Nur wenige Nachrichten dringen von Freiburg herauf. Nur soviel weiß man: die Stadt ist besetzt. Zu einer Schlacht um Freiburg war es zum Glück nicht gekommen. Im Tal unten, beim Kloster Beuron ist ein Lazarett eingerichtet; täglich treffen Verwundete ein. Und oben auf dem Felsen, wo einst ein Raubrittergeschlecht wohnte, wird zwischen Ernteeinsätzen Kants »Kritik der reinen Vernunft«, mittelalterliche Geschichte und Hölderlin studiert. Vor allem Hölderlin. Hölderlin hatte im »Ister«-Hymnus die obere Donau besungen: »Man nennet aber diesen den Ister. / Schön wohnt er. Es brennet der Säulen Laub, / Und reget sich...« Heidegger hatte dieses Gedicht schon oft interpretiert, und er tut es auch diesmal wieder. Inzwischen ist Hölderlin zu einem Bestandteil seiner persönlichen Genealogie geworden. Seiner ISTER-Vorlesung von 1942 hatte er, wie bereits zitiert, die (im edierten Band nicht enthaltene) Bemerkung beigefügt: *Vielleicht muß Hölderlin, der Dichter, zum bestimmenden Geschick der Auseinandersetzung werden für einen Denkenden, dessen Großvater um dieselbe Zeit der Entstehung der ›Isterhymne‹ ... nach der Urkunde in ovili (im Schafstall einer Meierei) geboren wurde, die im oberen Donautal nahe dem Ufer des Stromes unter den Felsen liegt. Die verborgene Geschichte des Sagens kennt nicht Zufälle. Alles ist Schickung.*

Von der Burg Wildenstein aus kann man das alte Donauhaus sehen, dem jener Schafstall zugehörte, wo der Großvater Heideggers geboren wurde.

Dieses eigenartige Sommersemester wird beendet mit einem Abschlußfest auf der Burg, am 24. Juni. Die Leute der Gegend sind eingeladen, sie bringen Nahrhaftes mit. Im Burghof wird Theater gespielt und getanzt. Drei Tage später im nahe gelegenen Forsthaus des Prinzen Bernhard von Sachsen-Meiningen noch einmal ein großer Auftritt Heideggers – der letzte für einige Jahre. Ein kleines Klavierkonzert leitet den Vortrag ein. Heidegger spricht über einen Satz Hölderlins: *Es concentrirt sich bei uns alles auf's Geistige, wir sind arm geworden um reich zu werden.*

Im nunmehr besetzten Freiburg beginnen die ersten Maßnahmen zur Requirierung von Wohnraum durch die französische Militärverwaltung. »Heidegger gilt in der Stadt als Nazi (sein Rektorat)« – dieser knappe Vermerk bei den Akten des kommissarischen Oberbürgermeisters reicht aus, um das Haus Heideggers am Rötebuck 47 bereits Mitte Mai auf die »schwarze Liste« setzen zu lassen. Noch ist nicht entschieden, ob es sich nur um eine Einquartierung handelt oder ob die Heideggers ihr Haus werden verlassen müssen. Es droht sogar die Beschlagnahmung der Bibliothek. Elfride Heidegger, die in den ersten Wochen die schwierigen Verhandlungen mit den Behörden allein führen muß, erhebt Einspruch und bittet zu warten, bis ihr Mann zurückgekehrt sei.

Noch vor Heideggers Rückkehr erhält sie vom kommissarischen Oberbürgermeister den Bescheid, daß auf Anordnung der Militärregierung zur Behebung des schlimmsten Wohnungsmangels »in erster Linie Wohnungen von Parteigenossen in Anspruch zu nehmen« seien, und Heidegger sei eben unbestreitbar ein Parteigenosse gewesen.

Als Heidegger Anfang Juli von Wildenstein zurückkehrt, hat sich die Situation für ihn dramatisch verändert. Eben noch haben sie ihm auf der Burg und im Forsthaus andächtig gelauscht, wenige Tage später wird er in Freiburg zum Angeklagten. Auf den Ämtern gibt man ihm zu verstehen, daß er auf seine Bibliothek ganz gut verzichten könne, da er doch ohnedies in Zukunft seinen Beruf nicht mehr werde ausüben können. Am 16. Juli verfaßt Heidegger ein Schreiben an den Oberbürgermeister, eine erste Skizze seiner Selbstrechtfertigung der kommenden Jahre. *Ich erhebe gegen diese Diskriminierung meiner Person und meiner Arbeit den schärfsten Einspruch. Warum soll gerade ich nicht nur durch die Art der Wohnungsbeschlagnahme, sondern auch durch die völlige Entziehung meines Arbeitsplatzes bestraft und vor der Stadt – ja ich sage vor der Weltöffentlichkeit – diffamiert werden? Ich habe in der Partei niemals ein Amt innegehabt, und auch nie in ihr oder in einer ihrer Gliederungen eine Tätigkeit ausgeübt. Wenn man aber in meinem Rektorat eine politische Belastung sehen will, dann muß ich verlangen, daß mir die Möglichkeit gegeben wird, mich gegen irgendwelche, von irgendwem vorgebrachten Einwände und Anschuldigungen zu rechtfertigen, das besagt, allererst Kenntnis davon zu erhalten, was sachlich gegen mich und meine öffentliche Amtstätigkeit vorgebracht wird.*

Vorerst geht es nur um das Haus und die Bibliothek. Noch ist Heidegger im Amt. Aber die französische Militärverwaltung hatte mit politischen Reinigungsmaßnahmen bereits begonnen. Die Universität, die sich wieder als selbständige Körperschaft etablieren wollte, versuchte unter Beweis zu stellen, daß sie die Kraft zur Selbstreinigung aufbringen könne. So hatte der Senat am 8. Mai 1945 eine inneruniversitäre Fragebogenaktion und einen Kriterienkatalog für die Beurteilung der politischen Vergangenheit der Universitätsangehörigen beschlossen. Erfaßt werden sollten dabei nur herausragende Aktivitäten. Drei Kategorien waren vorgesehen: Arbeit für den Sicherheitsdienst/Denunziationen – Funktionärstätigkeit – hohe Leitungs- und Repräsentationsfunktionen (Rektoren, Dekane). Daß Heidegger zur Verantwortung gezogen werden mußte, war also auch für das Universitätsgremium selbstverständlich.

Die französische Militärverwaltung anerkennt die Universität noch nicht als selbständige Körperschaft und ist deshalb auch nicht bereit, das Bereinigungsverfahren den Universitätsgremien zu überlassen. Der französische Verbindungsoffizier bildet eine Kommission, welche die Universität bei der Militärregierung vertritt und der die Durchführung der Untersuchung obliegt. Diesem »Bereinigungsausschuß«, wie er jetzt genannt wird, gehören die Professoren Constantin von Dietze, Gerhard Ritter und Adolf Lampe an. Diese drei waren in die Verschwörung des 20. Juli verwickelt und soeben aus der Haft entlassen worden. Hinzu kommen der Theologe Allgeier und der Botaniker Friedrich Oehlkers, ein Freund Karl Jaspers und wie dieser mit einer Jüdin verheiratet, weshalb er in den letzten Jahren in großen Ängsten leben mußte. Vor dieser Kommission also muß sich Heidegger am 23. Juli 1945 zum ersten Mal verantworten. Die Kommission ist ihm gegenüber eher wohlwollend eingestellt. Gerhard Ritter beispielsweise gibt zu Protokoll, daß er aus vertrautem Umgang mit Heidegger wisse, daß dieser seit dem Röhm-Putsch innerlich zu einem Gegner des Nationalsozialismus geworden sei. Nur das Kommissionsmitglied Adolf Lampe erweist sich als entschiedener Gegner einer Rehabilitation Heideggers. Lampe, ein Nationalökonom, hatte unter dem Rektorat Heideggers zu leiden gehabt, denn Heidegger widersetzte sich damals der Verlängerung einer Lehrstuhlvertretung durch Lampe – wegen politischer Unzuverlässigkeit.

Schon bei der ersten Vernehmung vor der Kommission am 23. Juli wird Heidegger deutlich, daß er seine Verteidigung vor allem auf Lampe auszurichten habe. Deshalb bittet er zwei Tage später um ein persönliches Gespräch mit ihm. Von diesem Gespräch hat Lampe für die Kommission ein ausführliches Protokoll angefertigt. Danach hatte Lampe, um einer »peinlichen Situation« vorzubeugen und den Verdacht der Befangenheit von sich abzutun, zunächst erklärt, daß jene ihn selbst betreffenden Vorgänge von 1934 für sein Urteil keine Rolle spielten. Und dann wiederholte er die Vorhaltungen der Kommission: erstens die ganz im Stile der NS-Propaganda gehaltenen Aufrufe des Rektors an die Studentenschaft, zweitens die auch in der Form kompromißlose Durchsetzung des Führerprinzips durch Heidegger und drittens die Rundschreiben des Rektors an die Mitglieder des Lehrkörpers, deren Inhalt, so Lampe, »als empfindliche Beeinträchtigung der vom Hochschullehrer zu fordernden und zu bewahrenden Eigenständigkeit« gewertet werden müßte. Das internationale Ansehen Heideggers verstärkt das Gewicht der Verfehlungen, dadurch habe er zu einer »wesentlichen Stützung der damals besonders gefährlichen Entwicklungstendenzen des Nationalsozialismus« beigetragen. Heidegger entwickelt Lampe gegenüber jene Linie der Selbstverteidigung, an der er die nächsten Jahre bis zum »Spiegel«-Interview festhalten wird. Er habe den Nationalsozialismus unterstützt, weil er von ihm einen Ausgleich der sozialen Gegensätze auf dem Boden eines erneuerten nationalen Gemeinschaftsempfindens erhoffte. Außerdem hätte dem Vordringen des Kommunismus Einhalt geboten werden müssen. Ins Rektorat habe er sich nur *mit größtem Widerstreben* wählen lassen und er sei dann das erste Jahr im Amt geblieben, um *Schlimmeres* (z.B. die Wahl des Parteibonzen Aly) zu verhindern. Das aber hätten die Kollegen schon damals nicht bemerkt und es deshalb unterlassen, ihn in gebührender Weise zu unterstützen. Seit der Mitte der dreißiger Jahre habe er dann vor der Öffentlichkeit – vor allem in den Nietzsche-Vorlesungen – eine Kritik an dem Machtdenken der Nationalsozialisten geäußert. Die Partei habe darauf auch entsprechend reagiert, indem sie ihm Spitzel in die Lehrveranstaltungen schickte und ihm Schwierigkeiten bei der Publikation seiner Werke bereitete.

Lampe war empört über das Fehlen jeglichen Schuldbewußtseins bei Heidegger und forderte »persönliche Verantwortung«. Wer so wie Heidegger das Führerprinzip durchgesetzt habe, dürfe sich jetzt nicht herausreden mit dem Hinweis auf »Quertreibereien« und mangelnde Unterstützung. Und was Heideggers spätere Kritik am System betrifft, so könne er, Lampe, sie nicht als »Kompensation« werten; diese sei nur zu erreichen gewesen »durch ein der Entschiedenheit seiner Rektoratsführung entsprechendes offenes Hervortreten in der Kritik unter Inkaufnahme daraus resultierender persönlicher Gefährdungen«.

Heideggers Selbstverteidigung entspringt der Angst. Ebenfalls belastete Kollegen, unter ihnen der Freiburger Romanist Hugo Friedrich, sind von den Franzosen bereits in Haft genommen worden. Er befürchtet, ähnliches könnte auch ihm geschehen. Er hat Angst um sein Haus, seine Bibliothek. Er blickt in einen Abgrund, doch nicht in den der eigenen politischen Verfehlung, sondern der drohenden sozialen Deklassierung und des Verlustes seiner Arbeitsmöglichkeiten. Zu Lampe sagt er: ein negatives Votum des Auschusses würde ihn *vogelfrei* machen. So legt er alles auf Selbstverteidigung und Selbstrechtfertigung an.

Heidegger bekundet also kein Schuldgefühl. Aber er hat auch tatsächlich keines. Denn für ihn stellt sich die Situation so dar: Er hat sich bei der nationalsozialistischen Revolution engagiert für kurze Zeit, weil er sie für eine metaphysische Revolution gehalten hat. Als sie nicht einlöste, was sie ihm versprach – und was sie ihm versprach, das hatte er ja niemals genau angeben können –, da hat er sich zurückgezogen und seine philosophische Arbeit getan, unbeeinflußt von Zustimmung oder Ablehnung durch die Partei. Er hat seine kritische Distanz zum System nicht verhehlt, sondern in seinen Vorlesungen bekundet, insofern war er für das System weniger verantwortlich als die übergroße Mehrheit der Wissenschaftler, die sich angepaßt hatten und von denen keiner zur Verantwortung gezogen wurde. Was hatte er mit den Verbrechen des Systems zu schaffen? Heidegger war tatsächlich überrascht, daß er überhaupt zur Verantwortung gezogen wurde. Er empfand, wie er später Jaspers gegenüber eingestand (8.4.1950), zwar *Scham*, für kurze Zeit mitgewirkt zu haben, das wohl. Aber es war die Scham, sich geirrt, sich *versehen* zu haben. Was er selbst gewollt hatte – Aufbruch, Erneuerung –, das hatte aus seiner Sicht wenig zu tun mit dem, was dann schließlich realpolitisch dabei herauskam. Daß er nach seinem philosophisch motivierten politischen Einsatz die Sphären von Politik und Philosophie wieder getrennt hatte, das erschien ihm jetzt als die Rückgewinnung der Reinheit seiner philosophischen Gesichtspunkte. Der Weg des eigenen Denkens, zu dem er sich in der Öffentlichkeit bekannt hatte, rehabilitierte ihn vor sich selbst. Und so empfand er keine Schuld, nicht im justitiablen und wohl auch nicht im moralischen Sinne.

Der Bereinigungsausschuß kommt im August 1945 gegen das Votum Lampes zu einer sehr milden Beurteilung des politischen Verhaltens Heideggers. Er habe sich zwar zunächst in den Dienst der nationalsozialistischen Revolution gestellt und diese damit »in den Augen der deutschen Bildungswelt« gerechtfertigt und dadurch die »Selbstbehauptung deutscher Wissenschaft im politischen Umbruch« erschwert, aber seit 1934 sei er kein »Nazi« mehr gewesen.

Der Vorschlag des Ausschusses: Heidegger soll vorzeitig emeritiert, aber nicht aus dem Amt entfernt werden. Er soll Lehrbefugnis behalten, aber von der Mitwirkung an den Kollegialorganen entbunden werden.

Der Senat (und noch nicht die französische Militärregierung) aber stellt sich gegen dieses milde Votum mit dem Argument, daß, wenn Heidegger fast ungeschoren davonkomme, es keine Handhabe mehr gebe, gegen andere belastete Mitglieder des Lehrkörpers vorzugehen. Deshalb wird der Ausschuß beauftragt, die Untersuchung im Falle Heideggers noch einmal aufzunehmen.

Bisher hatte Heidegger seine Verteidigung auf eine völlige Rehabilitierung angelegt. Er wollte dem Lehrkörper mit allen Rechten und Pflichten angehören. Jetzt merkt er, daß die Universität, um gegenüber der Militärverwaltung glaubwürdig zu bleiben, offenbar bereit ist, in seinem Fall ein Exempel zu statuieren. Die Situation verschlechtert sich für ihn. Und deshalb signalisiert er seine Bereitschaft, sich emeritieren zu lassen. Er will nur noch seine Lehrbefugnis und natürlich sein Ruhegehalt verteidigen. Er schlägt vor, von Karl Jaspers ein Gutachten einzuholen, von dem er sich eine Entlastung verspricht. Doch dieses Gutachten, das Karl Jaspers in den Weihnachtstagen des Jahres 1945 verfaßt (Hugo Ott hat es wieder aufgefunden), wird die gegenteilige Wirkung haben.

Jaspers wollte es zunächst verweigern, fühlte sich dann aber doch in die Pflicht genommen, zumal er gerade in diesem Wintersemester eine Vorlesung abhielt über die Notwendigkeit der Aufarbeitung von Schuld. Hätte Heidegger diese Vorlesung gekannt, würde er Jaspers wohl nicht um ein Gutachten gebeten haben. Denn Jaspers hatte auch Heidegger im Blick, als er dort sagte: »Viele Intellektuelle, die 1933 mitgemacht haben und für sich eine führende Wirkung erstrebten und die öffentlich weltanschaulich für die neue Macht Stellung nahmen – die dann später, persönlich beiseite gedrängt, unwillig wurden ... diese haben das Gefühl, unter den Nazis gelitten zu haben und darum berufen zu sein für das Nachfolgende. Sie halten sich selbst für Antinazis. Es gab all die Jahre eine Ideologie dieser intellektuellen Nazis: Sie sprächen in geistigen Dingen unbefangen die Wahrheit aus – sie bewahrten die Überlieferung des deutschen Geistes – sie verhüteten Zerstörung – sie bewirkten im einzelnen Förderndes... Wer als reifer Mensch im Jahre 1933 die innere Überzeugtheit hatte, die nicht nur in einem politischen Irrtum wurzelte, sondern in einem durch den Nationalsozialismus gesteigerten Daseinsgefühl, der wird nicht rein, außer infolge einer Umschmelzung, die vielleicht tiefer gehen muß als alle anderen.«

Die Verbindung zwischen Jaspers und Heidegger war im Sommer 1936 abgerissen. Im letzten Brief vom 16. Mai 1936 – der vielleicht gar nicht abgeschickt wurde – hatte Jaspers die Zusendung eines Hölderlin-Aufsatzes von Heidegger mit der Bemerkung quittiert: »Daß ich ... schweige, werden Sie verstehen und billigen. Meine Seele ist verstummt; denn in dieser Welt bleibe ich nicht mit der Philosophie ›ohne Ansehen‹, wie Sie es von sich schreiben, sondern werde [...] doch mir stockt das Wort« (BwHJ, 162).

1937 war Jaspers aus dem Amt gejagt worden und hatte Lehr- und Publikationsverbot. Heidegger hatte mit keinem Wort darauf reagiert. In den folgenden Jahren mußte die Jüdin Gertrud Jaspers ständig mit der Deportation rechnen. Für diesen Fall trugen die Eheleute Giftkapseln bei sich.

In den ersten Jahren der Naziherrschaft hatte sich Jaspers Vorwürfe gemacht, daß er Heidegger gegenüber nicht offen genug gewesen sei und ihn nicht über seine politische Entwicklung zur Rede gestellt habe. Warum er es nicht getan hatte, berichtet er in einem Brief vom 1. März 1948, den er nie abschickte: »Ich habe es nicht getan aus Mißtrauen gegen jeden, der sich in dem Terrorstaat mir nicht positiv als wirklicher Freund erwiesen hatte. Ich folgte dem caute Spinozas und dem Rate Platons: in solchen Zeiten sich unterzustellen wie bei einem Regensturm... Ich habe ... Ihnen gegenüber seit 1933 gelitten, bis, wie es im Gange der Zeiten zu geschehen pflegt, dieses Leiden schon in den dreißiger Jahren unter der Wucht viel schrecklicherer Dinge fast verschwand. Nur eine ferne Erinnerung blieb und ein gelegentliches immer erneutes Verwundern« (BwHJ, 167).

Daß Heidegger sich nun in seiner Bedrängnis Ende 1945 indirekt an ihn wendet, enttäuscht Jaspers, weil er unmittelbar nach der Befreiung auf ein klärendes Wort Heideggers gewartet hatte. Es war aber nichts geschehen, auch nicht, nachdem er im Herbst 1945 an Heidegger eine Nummer der von ihm mitherausgegebenen Zeitschrift »Wandlung« geschickt hatte.

In dem (nicht abgeschickten) Brief von 1948 kommentiert Jaspers sein Gutachten von 1945: »In der Kühle dieser Äußerungen können Sie nicht wahrnehmen, was in meinem Herzen liegt. Mein Brief war abgefaßt in der Absicht, das Unausweichliche zur Geltung kommen zu lassen und in der gefährlichen Lage für Sie das Bestmögliche erwirken zu helfen, damit Sie Ihre Arbeit fortsetzen können« (BwHJ, 167).

Das »Unausweichliche«, das Jaspers zur Geltung kommen lassen wollte: Er berichtet, wie Heidegger Eduard Baumgarten denunziert, andererseits aber seinem jüdischen Assistenten Dr. Brock durch gute Zeugnisse und persönlichen Einsatz zu einem Fortkommen in England verholfen habe. Was den Antisemitismus bei Heidegger betrifft – die Kommission hatte Jaspers ausdrücklich danach gefragt –, so kommt

Jaspers zu dem Resümee: Heidegger sei in den zwanziger Jahren kein Antisemit gewesen, in »gewissen Zusammenhängen« aber, wie der Fall Baumgarten beweise, habe er sich doch dazu hinreißen lassen.

Die für die Beschlußfassung des Senats entscheidenden Sätze im Gutachten Jaspers waren die folgenden: »In unserer Lage ist die Erziehung der Jugend mit größter Verantwortung zu behandeln. Eine volle Lehrfreiheit ist zu erstreben, aber nicht unmittelbar herzustellen. Heideggers Denkungsart, die mir ihrem Wesen nach unfrei, diktatorisch, communikationslos erscheint, wäre heute in der Lehrwirkung verhängnisvoll. Mir scheint die Denkungsart wichtiger als der Inhalt politischer Urteile, deren Aggressivität leicht die Richtung wechseln kann. Solange in ihm nicht eine echte Wiedergeburt erfolgt, die sichtbar im Werke ist, kann m. E. ein solcher Lehrer nicht vor die heute innerlich fast widerstandslose Jugend gestellt werden. Erst muß die Jugend zu selbständigem Denken kommen.«

Das Jaspersche Gutachten hält sich also nicht lange dabei auf, Heideggers äußeres Engagement für den Nationalsozialismus zu bewerten, sondern beurteilt Heideggers philosophischen Denkstil als schädlich für den notwendigen politisch-moralischen Neuaufbau in Deutschland.

Auf dieses Gutachten hin faßt der Senat am 19. Januar 1946 den Beschluß, der französischen Militärregierung den Entzug der Lehrbefugnis und Heideggers Entfernung aus dem Amt bei Gewährung eines verminderten Ruhestandgehalts vorzuschlagen. Die Militärregierung wird sich dieses Votum Ende 1946 zu eigen machen und es sogar noch verschärfen, indem die Streichung der Pension ab 1947 verfügt wird. Diese Verschärfung wird dann allerdings im Mai 1947 wieder zurückgenommen.

Diesem harten Vorgehen war, wie schon erwähnt, ein Stimmungsumschwung an der Universität und bei den französischen Militärbehörden vorausgegangen. Noch im Frühherbst konnte Heidegger damit rechnen, daß sein Verfahren glimpflich ausgehen würde. Denn auch die französische Militärregierung war zu diesem Zeitpunkt, trotz der bereits verfügten Beschlagnahmung der Wohnung, noch einigermaßen wohlwollend gegenüber Heidegger eingestellt; er war als *disponibel* eingestuft worden, also als minderbelastet und bald wieder ins Amt einsetzbar.

Alarmiert aber waren die Gegner von Heideggers Rehabilitation vor allem durch Nachrichten und Gerüchte, die von einem wahren Pilgerzug französischer Intellektueller nach Freiburg und Todtnauberg sprachen. Es sollte, so das Gerücht, im Oktober 1945 sogar zu einem Treffen zwischen Heidegger und Sartre gekommen sein. Heidegger sei von offizieller Seite aufgefordert worden, so hieß es, in französischen Zeitungen die Lage in Deutschland zu kommentieren. Wie es sich mit alledem in Wirklichkeit verhielt, werden wir gleich sehen, jedenfalls taten schon allein die Gerüchte ihre Wirkung. Die Gegner Heideggers, vor allem Adolf Lampe, hatten daraufhin im November mit Erfolg die Fortsetzung der Untersuchung und ein strengeres Urteil gefordert. Lampes Argumentation: Wenn Heidegger glauben sollte, ausgerechnet er sei berufen, »ein Wort zur Klärung und Wegweisung sprechen zu dürfen«, dann handle er entweder verantwortungslos, indem er die Größe seiner Schuld verleugne, »als er unsere Universität mit brutalem Machteinsatz auf den Weg des Nationalsozialismus trieb«, oder aber Heidegger sei »in einem geradezu erschreckenden Maße wirklichkeitsblind«. Beides müßte es geraten erscheinen lassen, diesen Philosophen endlich aus dem Verkehr zu ziehen.

Es ergab sich also die Situation, daß die Universität und die französische Militärregierung gegen Heidegger gerade in dem Augenblick verschärft vorgingen, als Heideggers zweite große Karriere in der französischen Kulturszene begann.

Heideggers Wirkung in Frankreich hatte Anfang der dreißiger Jahre eingesetzt, im Zusammenhang einer geistigen Strömung, der Jean Wahl und Gabriel Marcel bereits Ende der zwanziger Jahre den Namen »Existentialismus« gegeben hatten. 1929 war eine neue Kierkegaard-Übersetzung in Frankreich erschienen, und im Anschluß daran hatte Jean Wahl den Begriff der Existenz folgendermaßen definiert: »Existieren, das bedeutet: wählen; leidenschaftlich sein; werden; vereinzelt und subjektiv sein; sich unendlich um sich selbst sorgen; sich als Sünder wissen; vor Gott stehen.«

Zwei Ideen, beide im scharfen Kontrast zum Cartesianismus konzipiert, standen im Mittelpunkt des »neuen Denkens« im Frankreich der dreißiger Jahre. Die Idee einer Existenz, die verstanden wurde als leibliches, endliches, zersplittertes, von jedem tragenden Grund abgerissenes Sein. Weder cartesianische Rationalität noch bergsonsche Intuition bahnen den Weg zur großen Geborgenheit. Die Wirklichkeit hat ihren kompakten, garantierten Sinn verloren, der Mensch findet sich unter Möglichkeiten geworfen, zwischen denen er wählen muß. Weshalb er auch schuldig werden kann. Die Idee der Existenz macht also Schluß mit den Phantasien über den Panlogismus der Welt.

Die Idee der Existenz war verbunden mit der Idee der Kontingenz. Der einzelne Mensch erfährt sich als Verkörperung des Zufalls – im wörtlichen Sinne. Ihm sind ein bestimmter Körper und somit eine bestimmte Raum- und Zeitstelle zugefallen. Darüber verfügt er nicht und somit verfügt er über das meiste nicht. Es hat immer schon, für ihn unverfügbar, mit ihm angefangen, ehe er selbst etwas mit sich anfangen kann. Kontingenz bedeutet: was es gibt, könnte es auch nicht geben. Der Mensch kann sich keiner höheren Absicht mehr gewiß sein, und wenn er doch daran glaubt, so muß er über einen kierkegaardschen Abgrund springen.

Die Idee der kontingenten Existenz implizierte von Anfang an auch die Idee einer radikal gefaßten Freiheit. Für das christliche Verständnis von Existenz bedeutet Freiheit die im Menschen liegende Möglichkeit, sich gegen Gott und das Absolute zu entscheiden. Sich davon abzuschneiden. Und für die nichtchristlich verstandene Existenz bedeutet diese Freiheit, in eine Leere hinausgestoßen zu sein.

An der Herausbildung dieses Milieus des französischen Existentialismus – gegen das der bereits zitierte Julien Benda ankämpfte –, wo Seins-Mystik, Gnaden-Dezisionismus, Absurdismus und Nihilismus sich auf gemeinsamem anticartesianischem Terrain begegnen, wirkt als weitere geistige Macht mit: die Phänomenologie. Seit den zwanziger Jahren entdeckt man in Frankreich Husserl und Scheler.

Wenn der Existentialismus daran zweifelt, daß es eine a priori garantierte sinnhafte Kohärenz im menschlichen Leben und der Kultur gibt, bietet sich die phänomenologische Methode ergänzend dafür an, eine Art beglückende Aufmerksamkeit für die disparaten Dinge der Welt zu entwickeln. Die Phänomenologie wirkt in Frankreich als die Kunst, aus der Aufmerksamkeit selbst eine Lust zu ziehen, die dafür entschädigt, daß ein sinnhaftes Ganzes zu Bruch gegangen ist. Die Phänomenologie erlaubt auch noch in einer absurden Welt – das Glück der Erkenntnis. Camus hat diesen Zusammenhang zwischen der Leidenschaft für die Phänomenologie und dem Leiden an einer absurden Welt in »Der Mythos von Sisyphos« ausgesprochen: Was Husserls Denken für ihn attraktiv mache, sei dessen Verzicht auf ein erklärendes Einheitsprinzip und die Beschreibung der Welt in ihrer regellosen Verschiedenheit. »Denken heißt, wieder sehen und aufmerksam lernen, es heißt, sein Bewußtsein lenken, jede Idee und jedes Bild nach der Art Prousts in einen bevorzugten Ort verwandeln.«

Als Raymond Aron, der in Deutschland studiert und dort die Phänomenologie kennengelernt hatte, seinem Freund Sartre Anfang der dreißiger Jahre von seinen phänomenologischen »Erfahrungen« berichtet, da ist Sartre wie elektrisiert: Es gibt also eine Philosophie, sagt er, die es uns erlaubt, über alles, über diese Tasse, den Löffel, den ich in ihr umrühre, den Stuhl, den Kellner, der auf meine Bestellung wartet, zu philosophieren? Das Gerücht der Phänomenologie, mehr war es zunächst nicht, wird Sartre veranlassen, im Winter 1933 nach Berlin zu gehen, um dort Husserl zu studieren, und er wird dann über die Phänomenologie sagen: »seit Jahrhunderten hat man in der Philosophie keine derart realistische Strömung mehr gespürt. Die Phänomenologen haben den Menschen wieder in die Welt eingetaucht, sie haben seinen Ängsten und seinen Leiden, auch seinen Revolten ihr ganzes Gewicht wiedergegeben.«

In dieser existentialistischen und phänomenologischen Szenerie beginnt seit Anfang der dreißiger Jahre nun auch Heideggers Philosophie wirksam zu werden.

1931 waren Heideggers Vorträge VOM WESEN DES GRUNDES und WAS IST METAPHYSIK? in französischen philosophischen Zeitschriften erschienen. Es waren die ersten Übersetzungen. 1938 folgte ein Auswahlband, der zwei Kapitel aus SEIN UND ZEIT (über die Sorge und über den Tod), ein Kapitel aus dem KANT-Buch und den Aufsatz HÖLDERLIN UND DAS WESEN DER DICHTUNG enthielt.

Aber Heidegger wurde zum Geheimtip der Pariser Intelligenz weniger durch diese spärlichen Übersetzungen als vielmehr durch die legendär gewordenen Hegel-Vorlesungen des Exilrussen Alexandre Kojève zwischen 1934 und 1938.

Roger Caillois verwies später auf Kojèves »absolut außergewöhnliche intellektuelle Herrschaft über eine ganze Generation«. Bataille berichtet, jede Begegnung mit Kojève habe ihn »gebrochen, zermalmt, zehnmal hintereinander getötet: erstickt und zu Boden gedrückt« zurückgelassen. Für Raymond Aron zählte Kojève zu den drei wahrhaft überlegenen Geistern (neben Sartre und Eric Weil), denen er in seinem Leben begegnet sei.

Alexandre Wladimirowitsch Kojewnikow, so hieß er ursprünglich, war, als Sproß einer hochadligen Familie, nach der Oktoberrevolution im Jahre 1920 nach Deutschland geflohen. Er lebte vom Verkauf der geschmuggelten Reste des Familienschmucks. Auch besaß er einige Bilder seines Onkels, Wassily Kandinsky, die sich gut beleihen ließen. Er studierte und promovierte bei Jaspers in Heidelberg und führte während all der Jahre ein philosophisches Tagebuch zum Thema »Philosophie des Nichtseienden«. Sein Freund Alexandre Koyré, auch ein russischer Emigrant, holte ihn Anfang der dreißiger Jahre nach Paris. Mit ihm hatte Kojève Bekanntschaft gemacht, als er mit dessen Schwägerin eine Liebschaft begann, die junge Frau entführte und Koyré nun von der Verwandtschaft beauftragt wurde, dem Verführer die Liebesbeute wieder abzujagen. Aber Koyré war von seiner ersten Begegnung mit Kojève so beeindruckt, daß er bekannte: »Das Mädchen hat recht. Kojève ist viel besser als mein Bruder.«

Kojève war in Geldnot – er hatte beim Börsenkrach sein in Aktien bei der Käsemarke »La vache qui rit« angelegtes Vermögen verloren –, und deshalb kam ihm das Angebot gelegen, an der »Ecole pratique des Hautes Etudes« Hegel zu lesen.

Kojève, dieser Nabokov der europäischen Philosophie, führte einen Hegel vor, wie man ihn bisher noch nicht kannte: es war ein Hegel, der Heidegger zum Verwechseln ähnlich sah.

Jeder kannte den Satz Hegels, »das Wirkliche ist vernünftig«. Hegel galt als Rationalist. Und nun zeigte Kojève, wie dieser Hegel nichts anderes getan hatte, als den unvernünftigen Ursprung der Vernunft aufzudecken – in den Kämpfen um Anerkennung. Ein Selbst verlangt von einem anderen in seinem So-sein anerkannt zu werden. Kojève greift Heideggers *Sorge* auf und macht daraus im Anschluß an Hegel die »Sorge um Anerkennung«. Die geschichtliche Realität, die aus dieser Sorge um Anerkennung entspringt, ist der bis aufs Blut geführte Kampf der Menschen um bisweilen lächerliche Einsätze: man setzt sein Leben aufs Spiel, um hier einen Grenzverlauf zu korrigieren, um eine Fahne zu verteidigen, um Genugtuung für eine Beleidigung zu erreichen usw. Hegel muß nicht erst umgedreht werden, er steht schon auf den Füßen und er geht durch den Schlamm der Geschichte. Im Kern der Vernunft steckt die Kontingenz, und es sind Kontingenzen, die da oft so blutig zusammenprallen. Das ist die Geschichte.

Im Anschluß an Hegel und ausdrücklich mit Heidegger fragt Kojève: Was ist der Sinn des ganzen Seins? Mit Heidegger gibt er die Antwort: die Zeit. Die Zeit aber ist nicht auf dieselbe Art wirklich wie die vorkommenden Dinge, die auch altern und ihre Zeit haben. Nur der Mensch erlebt, wie etwas, das ist, wenig später nicht mehr ist, und etwas, das noch nicht ist, nun ins Sein tritt. Der Mensch ist die offene Stelle im Sein, der Schauplatz, wo das Sein ins Nichts und das Nichts ins Sein umschlägt.

Die erregendsten Passagen der Kojèveschen Vorlesung handeln vom Tod und vom Nichts. Kojève sagt: Die Totalität der Wirklichkeit schließt die »menschliche oder sprechende Wirklichkeit« ein, was bedeutet: »Ohne den Menschen wäre das Sein stumm; es wäre da, aber es wäre nicht das Wahre.« Diese »das Wirkliche offenbarende Rede« (Kojève) setzt aber voraus, daß der Mensch zwar in den kompakten Zusammenhang des Seins hineingehört – aber zugleich auch davon abgeschnitten, losgerissen ist. Nur deshalb kann er sich – irren. Der Mensch, so formuliert Kojève im Sinne Hegels, ist der »Irrtum, der sich im Dasein erhält, der in der Wirklichkeit dauert« (151), und interpretiert dann diesen Satz im Sinne Heideggers: »darum kann man auch sagen, daß der Mensch, der sich irrt, ein im Sein nichtendes Nichts ist«. Die Grundlage und Quelle der menschlichen Wirklichkeit sei das »Nichts«, es manifestiere und offenbare sich »als negierende oder schöpferische, freie und ihrer selbst bewußte Tat« (267).

Abschließend zitiert Kojève noch einmal Hegel: »Der Mensch ist diese Nacht, dies leere Nichts, das alles in ihrer Einfachheit enthält, ein Reichtum unendlich vieler Vorstellungen... Dies ist die Nacht, das Innere der Natur, das hier existiert – reines Selbst... Diese Nacht erblickt man, wenn man dem Menschen ins Auge blickt – in eine Nacht hinein, die furchtbar wird; es hängt die Nacht der Welt einem entgegen« (268).

Diese Sätze formulieren den Übergang von SEIN UND ZEIT zu »Das Sein und das Nichts«.

Sartre hatte Kojève nicht gehört, aber sich Mitschriften besorgt. Im Winter 1933/34 hatte er Husserl und Heidegger in Berlin studiert und sich so darin vertieft, daß er vom nationalsozialistischen Regime kaum Notiz nahm.

Was ihn an der Phänomenologie faszinierte, war erstens ihre Aufmerksamkeit für die massive, verführerische, aber auch erschreckende Gegenwart der Dinge; sie führte wieder vor das beharrliche Rätsel ihres »An-sich«-Seins. Zweitens, im Kontrast dazu, sensibilisierte sie für den inneren Reichtum des Bewußtseins; eine ganze Welt des »Für-sich« brachte sie wieder zum Vorschein. Und drittens schien sie, wenn auch undeutlich, das Versprechen zu enthalten, die innere Spannung dieser doppelten Ontologie des »An-sich« und des »Für-sich« irgendwie auflösen zu können.

Über das »An-sich« der Naturdinge, die sich der phänomenologischen Einstellung in ihrer überwältigenden, sinnabweisenden Präsenz zur Geltung bringen, hatte Sartre Ende der dreißiger Jahre in seinem Roman »Der Ekel« eine eindrucksvolle Schilderung gegeben, die bald zum klassischen Muster der Kontingenzerfahrung werden sollte: »Also, ich war gerade im Park. Die Wurzel des Kastanienbaums bohrte sich in die Erde, genau unter meiner Bank. Ich erinnerte mich nicht mehr, daß das eine Wurzel war. Die Wörter waren verschwunden und mit ihnen die Bedeutung der Dinge, ihre Verwendungsweisen, die schwachen Markierungen, die die Menschen auf ihrer Oberfläche eingezeichnet haben. Ich saß da, etwas krumm, den Kopf gesenkt, allein dieser schwarzen und knotigen, ganz und gar rohen Masse gegenüber, die mir angst machte. Und dann habe ich diese Erleuchtung gehabt.« Die Erleuchtung: Roquentin, der Erzähler, sieht die Dinge ohne Zusammenhang und ohne die Bedeutung, die ihnen das Bewußtsein gibt, sie stehen nackt da. Geradezu obszön breiten sie sich vor ihm aus und machen ihm »das Geständnis ihrer Existenz«. Existenz bedeutet hier: pure Vorhandenheit und Kontingenz. »Das Wesentliche ist die Kontingenz ... kein notwendiges Sein kann die Existenz erklären: die Kontingenz ist kein Trug, kein Schein, den man vertreiben kann; sie ist das Absolute, folglich die vollkommene Grundlosigkeit. Alles ist grundlos, dieser Park, diese Stadt, und ich selbst. Wenn es geschieht, daß man sich dessen bewußt wird, dreht es einem den Magen um« (149). Die Erfahrung im Park konfrontiert mit einem Sein, das die vernünftige Rede durchschlägt. Die Szene ist eine literarische Anordnung, in der Kojèves Satz: »ohne den Menschen wäre das Sein stumm: es wäre d a, aber es wäre nicht das W a h r e« in der Anschauung überprüft wird. Der Erzähler erfährt sich als Ding unter Dingen, hinabgezogen ins vegetative An-sich – »Ich war die Wurzel des Kastanienbaumes«. Mit seinem ganzen Leib spürt er das Sein, ein schweres, undurchdringliches Etwas, und das treibt ihn angstvoll zurück in die Welt des Bewußtseins, die Welt des Für-sich, um dann dort den eigenartigen Mangel an Sein zu erfahren. »Der Mensch ist das Sein, durch das das Nichts in die Welt kommt«, heißt es in »Das Sein und das Nichts«, an Formulierungen von Kojève und Heidegger anknüpfend.

Sartre verstand dieses 1943 erschienene große philosophische Werk als Fortsetzung der von Heidegger begonnenen Fundamentalontologie. Was Heidegger *Dasein* nennt, heißt bei Sartre, in hegelsch-kojèvescher Terminologie, das »Für-sich«. Der Mensch ist dasjenige Wesen, das nicht fraglos im Sein ruht, sondern in prekärer Lage seinen Bezug zum Sein immer erst herstellen, entwerfen, wählen muß. Der Mensch ist wirklich und muß sich doch erst noch verwirklichen. Er ist zur Welt gekommen, und muß sich selbst stets aufs neue zur Welt bringen. Das Bewußtsein als bewußtes Sein ist immer auch ein Mangel an Sein, sagt Sartre. Der Mensch wird niemals so in sich ruhen können wie ein Gott oder ein Stein. Sein Merkmal ist – Transzendenz. Diese Transzendenz versteht Sartre natürlich nicht im Sinne eines Reiches übersinnlicher Ideen, sondern es handelt sich um Selbsttranszendenz, um jene Bewegung, in der das Selbst sich ständig entgleitet, sich immer voraus ist, besorgend, reflektierend, die Blicke der anderen in sich hineinnehmend. In diesen Analysen läßt sich Heideggers Lehre von den Existentialien *Geworfenheit, Entwurf, Sorge* unschwer wiedererkennen. Nur daß Sartre über eine noch eindringlichere Kunst der Beschreibung dieser Phänomene verfügt. Sartre folgt auch Heideggers Thesen zur Zeitlichkeit des Daseins. Es ist der privilegierte Zugang zur Zeit, der dem menschlichen Sein nicht erlaubt, bei sich zu bleiben. Privilegierter Zugang bedeutet: Der Mensch ist nicht in der Zeit wie der Fisch im Wasser, sondern er realisiert die Zeit, er zeitigt sie. Diese Bewußtseinszeit, sagt Sartre, ist »das Nichts, das sich als detotalisierendes Ferment in die Totalität einschleicht« (287).

Es handelt sich hier tatsächlich um eine ingeniöse Fortsetzung der phänomenologischen Daseinsanalyse von SEIN UND ZEIT, die den bei Heidegger unterbelichteten Bereich des Mit-Seins energisch in den Mittelpunkt rückt. Allerdings nimmt Sartre eine Veränderung der Terminologie vor, die dann zu folgenschweren Mißverständnissen und auch Scheingefechten führen und Heidegger später Anlaß geben wird, sich nach ersten zustimmenden Bekundungen von Sartre abzusetzen. Sartre verwendet nämlich den Terminus »Existenz« in traditionell-cartesianischem Sprachgebrauch. Existenz bedeutet das empirische Vorhandensein von etwas, im Gegensatz zu seinen bloß gedachten Bestimmungen. Sartre verwendet diesen Begriff also im Sinne von Heideggers *Vorhandenheit*. Der Mensch »existiert« heißt demnach, er bemerkt, daß er zunächst einmal einfach vorhanden ist und daß es zu seinem Schicksal gehört, sich zu seiner eigenen Vorhandenheit verhalten zu müssen. Er muß etwas daraus machen, sich entwerfen etc. In diesem Sinne wird Sartre in seinem Vortrag von 1946 »Ist der Existentialismus ein Humanismus?« sagen: Die Existenz kommt vor der Essenz. Heideggers Begriff von Existenz in SEIN UND ZEIT aber meint gerade nicht diese pure Vorhandenheit, Faktizität, sondern bezeichnet den transitiven Sinn des Existierens, das Selbstverhältnis also; daß der Mensch nicht einfach lebt, sondern sein Leben ›führen‹ muß. Doch auf dieses von Heidegger *Existenz* genannte Selbstverhältnis hat es natürlich auch Sartre abgesehen, bei dem dieses Phänomen aber »Für-sich« heißt. Sartre versucht ebenso wie Heidegger die Vorhandenheitsmetaphysik in bezug auf den Menschen zu überwinden, nur benützt er dafür eben eine andere Terminologie. Wie Heidegger betont Sartre, daß die Rede über den Menschen stets in der Gefahr der Selbstverdinglichung steht. Der Mensch ist eben nicht in der geschlossenen Kugel des Seins gefangen, sondern er ist ein ekstatisches Wesen. Deshalb versteht Sartre seine Philosophie auch als eine Phänomenologie der Freiheit. So wie auch Heidegger die Wahrheitsfähigkeit des Menschen in seiner Freiheit begründet sieht. Wahrheit, sagte Heidegger in seiner METAPHYSIK-Vorlesung von 1935, ist Freiheit. Nichts anderes.

Sartres Buch »Das Sein und das Nichts« war geschrieben und erschien in dem von den Nazis besetzten Frankreich. Es entwickelt in einem Gespinst von Subtilitäten eine ganze Philosophie des Antitotalitären. Dem totalitären Denken ist der Mensch ein Ding. Ein Faschist, sagt Sartre in seinen »Betrachtungen zur Judenfrage«, ist jemand, der »ein unerbittlicher Felsen, ein reißender Sturzbach, ein verheerender Blitz« sein will, »alles, nur kein Mensch«. Sartres Philosophie will dem Menschen seine Würde zurückgeben, indem er seine Freiheit entdeckt als ein Element, in dem sich alles feste Sein auflöst. In diesem Sinne ist das Werk eine Apotheose des Nichts, das Nichts aber verstanden als die schöpferische Kraft des Nichtens. Worauf es ankommt: nein zu sagen zu dem, was einen verneint.

Im Herbst 1945 ist Sartres Ruhm bereits weit über Frankreich hinausgedrungen und Heideggers Ruhm ist dabei, nach Frankreich einzudringen. Heidegger empfängt Besuche aus Frankreich: der junge Alain Resnais, der spätere Filmregisseur, kommt und Frédéric de Towarnicki.

Towarnicki, ein junger Soldat aus der Rhein-Division und Kulturbeauftragter in der französischen Armee, hatte Heideggers WAS IST METAPHYSIK? gelesen und beschließt, Heidegger in Freiburg aufzusuchen. Sein kühner Plan: Er will eine Begegnung zwischen ihm und Sartre vermitteln. Towarnicki spricht mit Leuten aus der Umgebung Heideggers, die ihm versichern, Heidegger habe jüdische Hochschullehrer geschützt. Das berichtet er Sartre, der dadurch veranlaßt wird, seinen anfänglichen Widerstand gegen dieses Treffen aufzugeben. Heidegger seinerseits bittet Towarnicki darum, ihm bei der Wiederaufnahme seiner Beziehungen zu Frankreich behilflich zu sein – ein Brief an den Sorbonne-Philosophieprofessor Emile Brehier war unbeantwortet geblieben –, gesteht aber, Sartres Werk nicht zu kennen, abgesehen von einigen kleineren Artikeln über ihn. Towarnicki überläßt Heidegger, als Leihgabe, ein französisches Exemplar von »Das Sein und das Nichts«. Heidegger beginnt sogleich mit der Lektüre. Towarnicki berichtet, Heidegger habe sich im Gespräch beeindruckt gezeigt von der Beschreibungskunst Sartres. Geradezu entzückt sei er über jene Passage gewesen, wo Sartre über das Skilaufen philosophiert. Sartre hatte es als Beispiel dafür gewählt, daß »Techniken« die Wahrnehmung der Welt grundlegend bestimmen, daß also beispielsweise ein Savoyer, der nach französischer Methode Ski läuft, die Berghänge anders erlebt als etwa ein Norweger. »Denn je nachdem, ob man die an sanften Hängen günstigere norwegische Methode benutzt oder die französische, die an steilen Hängen günstiger ist, wird derselbe Abhang steiler oder sanfter erscheinen.« Über das Skifahren zu philosophieren – das hatte Heidegger zwar auch schon einmal erwogen, wie Hermann Mörchen aus der Marburger Zeit berichtet, aber er hatte es, im veröffentlichten Werk jedenfalls, dann doch nicht gewagt.

Heidegger ist an einem Treffen mit Sartre interessiert. Natürlich verspricht er sich davon auch eine Entlastung in seinem gleichzeitig stattfindenden Verfahren vor dem Bereinigungsausschuß.

Towarnicki hatte also die Zustimmung von Heidegger und Sartre; er wollte sogar Camus für dieses Treffen gewinnen, aber der hatte mit Hinweis auf Heideggers Rektorat abgelehnt.

Das Treffen kam schließlich doch nicht zustande. Erst gab es keine Reisepapiere, und dann war im vorgesehenen Zug kein Platz, das jedenfalls berichtet Towarnicki, der 1993 die französische Übersetzung eines Briefes Heideggers an Sartre vom 28. Oktober 1945, geschrieben also nach der verpaßten Gelegenheit, veröffentlichte. Inzwischen hat Hugo Ott eine Kopie dieses Briefes gefunden.

Heidegger berichtet von seiner Lektüre des Sartreschen Werkes. *Hier begegnet mir zum erstenmal ein selbständiger Denker, der von Grund aus den Bereich erfahren hat, aus dem heraus ich denke. Ihr Werk ist von einem so unmittelbaren Verstehen meiner Philosophie beherrscht, wie es mir noch nirgends begegnet ist.* Heidegger akzeptiert ausdrücklich Sartres *Betonung des Für-einanderseins* und auch mit Sartres Kritik an der *Explikation des Todes* in SEIN UND ZEIT zeigt er sich einverstanden (Sartre hatte eingewandt, daß Heideggers *Vorlaufen* zum Tode den Skandal des Todes, seine Absurdität und absolute Kontingenz, zudeckt. Sartre: Der Tod kann nichts anderes bewirken, als »dem Leben jede Bedeutung [zu] nehmen«). Aber auch Differenzen können Heidegger nicht beirren in dem Wunsch, *mit Ihnen zusammen*, so schreibt er an Sartre, *das Denken wieder auf einen Punkt zu bringen, von dem her es selbst als ein Grundgeschehen der Geschichte erfahrbar wird und den heutigen Menschen in einen ursprünglichen Bezug zum Sein bringt.* Er habe sich auf die Begegnung in Baden-Baden sehr gefreut und bedauere, daß es nicht dazu gekommen sei. Aber vielleicht sollte man überhaupt intensiver und eindringlicher zur Sache gehen. *Schön wäre es, wenn Sie im Verlauf des Winters einmal hierherkommen können. In unserer kleinen Skihütte können wir zusammen philosophieren und von dort aus Skitouren im Schwarzwald unternehmen.* Heidegger beschließt seinen Brief mit einer pathetischen Aufforderung, worin er ein Bild entwirft von zwei Dioskuren eines Seinsdenkens, von denen der eine die Sache vom Nichts, der andere vom Sein her anpackt. *Es gilt, mit dem höchsten Ernst den Weltaugenblick zu erfassen und ins Wort zu bringen, über alle bloße Parteiungen, Modeströmungen, Schulrichtungen hinweg, daß endlich die entscheidende Erfahrung erwacht, wie abgründig im wesenhaften Nichts der Reichtum des Seins sich verbirgt.*

Daß Heidegger es ernst meinte mit seiner Anerkennung, fast schon Bewunderung für Sartre, und sich deshalb von einer Zusammenarbeit mit ihm einiges versprach, beweist eine persönliche Notiz vom 5. Oktober 1945, veröffentlicht im Anhang des KANT-Buches. Die Bemerkung, die man bisher meist überlesen hat, lautet: *Wirkung auf Sartre entscheidend; von da »Sein und Zeit« erst verstanden* (K, 251).

Zu einem Besuch Sartres auf der Skihütte kommt es nicht. Die beiden werden sich erst 1952 in Freiburg persönlich begegnen. Dazwischen aber liegt Heideggers öffentliche Kritik an Sartres Existentialismus, formuliert im HUMANISMUSBRIEF. Davon später mehr.

Der philosophische Grenzverkehr zwischen Deutschland und Frankreich führt zunächst zu keiner Entlastung Heideggers, sondern die Gegner einer vorschnellen Rehabilitierung werden, wie schon berichtet, dadurch eher aufgeschreckt.

Ende 1945, als Heidegger weiß, daß die Dinge schlecht für ihn stehen, und als er sich Entlastung von einem Jaspers-Gutachten erhofft, sucht er auch einen anderen Vertrauten früherer Jahre auf: den Freiburger Erzbischof Conrad Gröber, den geistlichen Mentor seiner Jugend. Gröber hatte zu Anfang der Naziherrschaft zu den eifrigen Befürwortern des »nationalen Aufbruchs« gehört und war maßgeblich am Zustandekommen des Konkordats beteiligt. Gröber hatte später aber seinen Kurs geändert und war aus kirchenkonservativer Einstellung zu einem Gegner der politischen und ideologischen Anpassung ans System geworden. So konnte er nach 1945 bei der französischen Militärregierung als Autorität auftreten. Heidegger versprach sich von ihm Hilfe und suchte ihn deshalb im Dezember 1945 in seinen Amtsräumen auf. Im Vorzimmer soll es, nach einem Bericht Max Müllers, zu folgender Szene gekommen sein. Die Schwester des Erzbischofs kam herein und sagte: »Ach der Martin isch mal wieder bei uns! Zwölf Jahre isch er nicht gekommen.« Heidegger antwortete betreten: *Marie, ich hab es schwer gebüßt. Mit mir ist es jetzt zu Ende*. Gröber setzte noch in den Weihnachtstagen ein Schreiben an die französische Militärregierung auf. Es ist noch nicht wieder aufgefunden worden, aber daß Gröber sich für Heideggers Rückkehr an die Universität verwendet haben muß, geht aus einem Brief eines Mitarbeiters der Militärregierung hervor, in dem es heißt: »Es wird aber schwer sein, Heidegger wieder an die Universität zuzulassen, wenn der Rektor dagegen stimmt. Jedenfalls werde ich mein Möglichstes tun, da Sie (Gröber, R. S.) den Mann empfehlen.« Gröbers Bemühungen konnten gegen den Widerstand der Universität keine Wirkung zeitigen. Aber für Gröber bedeutete der Besuch Heideggers eine große Genugtuung. In einem am 8. März 1946 für einen Mitarbeiter Papst Pius XII. verfaßten Lagebericht über die politische Situation schreibt er: »Der Philosoph Martin Heidegger, mein früherer Schüler und Landsmann, ist emeritiert und darf keine Vorlesungen halten. Er hält sich zur Zeit im Haus Baden bei Badenweiler auf und geht in sich, wie ich von Professor Gebsattel gestern gehört habe. Für mich war es ein großer Trost, als er bei Beginn seines Unglücks zu mir kam und sich wirklich erbaulich benahm. Ich habe ihm die Wahrheit gesagt, und er hat es unter Tränen entgegengenommen. Ich breche die Beziehungen zu ihm nicht ab, denn ich hoffe auf einen geistigen Umschwung bei ihm.«

Tatsächlich erlitt Heidegger im Frühjahr 1946 einen körperlichen und seelischen Zusammenbruch und begab sich in eine psychosomatische Behandlung bei Victor Freiherr von Gebsattel, einem Mediziner und Psychologen, der zur Binswangerschen Schule der Daseinsanalyse gehörte, einer psychoanalytischen Richtung, die sich von der Heideggerschen Philosophie hatte inspirieren lassen und der auch Heideggers späterer Freund Medard Boss zugehörte.

Heideggers eigene Auskünfte über seinen Zusammenbruch und den Sanatoriumsaufenthalt sind vage. Zu Petzet sagte er, er sei bei dem *Inquisitionsverhör* im Dezember 1945 (tatsächlich war es wohl eher der Februar 1946) zusammengebrochen. Daraufhin sei der Dekan der Medizinischen Fakultät, Beringer, gekommen und habe ihn nach Badenweiler zu Gebsattel gebracht. *Und was tat der? Er stieg erst mal mit mir durch den verschneiten Winterwald auf den Blauen. Sonst tat er nichts. Aber er half mir als Mensch. Und nach drei Wochen kehrte ich gesund zurück.*

Heidegger war wieder gesund, aber es wurde nun für einige Zeit einsamer um ihn. Manche, die selbst politisch unbescholten dastehen wollten, hielten es für besser, die Verbindung mit Heidegger zu meiden. Robert Heiß, ein Heidegger freundlich gesonnener Fakultätskollege, schreibt im Juli 1946 an Jaspers, es sei inzwischen offensichtlich, »daß Herr Heidegger in eine Art von Exil geht; man mag sagen, daß er erntet, was er gesät hat«.

Welche Saat erntet er? Er muß für sein Engagement von 1933 haften. Aber: seine philosophische Saat wird nun bald noch einmal mächtig aufgehen.

Einundzwanzigstes Kapitel

Was tun wir, wenn wir denken? Antwort an Sartre. Der BRIEF ÜBER DEN HUMANISMUS. *Renaissance des Humanismus. Hohe Töne. Befindlichkeiten im Nachkriegsdeutschland. Vom Platzhalter des Nichts zum Hirt des Seins. Heideggers Selbstinterpretation: die Kehre. Kein Bildnis machen, nicht vom Menschen, nicht von Gott.*

Was tun wir eigentlich, wenn wir denken?

Wir denken, um unser Handeln vorzubereiten und um es hinterher zu überprüfen. In diesem doppelten Sinne überdenken wir es. Beide Male ist Denken zwar auf Handeln bezogen, aber es ist selbst etwas anderes. Da es aber auf Handeln bezogen ist, so hat es in ihm seinen Sinn und erfüllt sich darin, warum sollte man sonst denken?

Aber ist nicht ein Denken denkbar, das seinen Zweck in sich selbst hat? Das nicht auf eine Wirkung absieht, die außerhalb seiner liegt? Ein Denken, das sich durch sich selbst erfüllt? Das einen auf eine etwas unheimliche Art mitnimmt, und wenn alles zu Ende ist, reibt man sich verwundert die Augen und kehrt, vielleicht ein wenig widerwillig oder erleichtert, auf den Boden der sogenannten Tatsachen zurück. Von einem realitätstüchtigen Pedanten erzählt E. T. A. Hoffmann, daß er nach dem Anhören einer Sinfonie seinen ergriffenen Nachbarn gefragt habe: »Und was, mein Herr, beweiset uns das ...?« Gibt es ein Denken, dem gegenüber sich diese Frage ebenso töricht ausnehmen würde?

Heidegger ist davon überzeugt, daß sein Denken von dieser Art ist; es führt *zu keinem Wissen wie die Wissenschaften*, es bringt *keine nutzbare Lebensweisheit*, es löst *keine Welträtsel*, es verleiht *unmittelbar keine Kräfte zum Handeln* (WHD, 161).

Was ist das für eine Neigung, die mit der Denkfähigkeit mehr anfängt, als sie bloß zur Erkenntnis und zum Handeln einzusetzen?

In dem Brief ÜBER DEN HUMANISMUS erzählt Heidegger eine von Aristoteles überlieferte Anekdote über Heraklit. Fremde wollten zu ihm vorgelangen, um zu sehen, wie ein Denkender lebt und wie es aussieht, wenn er denkt. Aber sie treffen ihn an, wie er sich an einem Backofen wärmt. *Sie blieben überrascht stehen und dies vor allem deshalb, weil er ihnen, den Zaudernden, auch noch Mut zusprach und sie herein-*

kommen hieß mit den Worten ›Auch hier nämlich wesen die Götter an‹ (ÜH, 45).

Heidegger liest diese Anekdote als eine Auskunft über die Sache des Denkens. Da gibt es das *reizlose Vorkommnis*, daß jemand friert und sich am Ofen wärmt. Daß *auch hier* die Götter anwesen, heißt: sie sind nicht nur in besonderen Bezirken und in besonderen Handlungen gegenwärtig, sondern im Alltäglichen. Dort aber nur, wenn dieses Alltägliche eigens bedacht wird. Etwas bedenken heißt, ihm seine Würde zurückgeben. Die Götter sind in dieser Backstube anwesend, weil und solange sie Heraklit zur Sprache bringt. Solches ›Zur-Sprache-Bringen‹ bedeutet für Heidegger – Denken. Das Seiende wird aus seiner Verschlossenheit herausgeholt und im eröffnenden Raum der Sprache wird es zu dem ›Es gibt‹. Dies ist der erste Aspekt des Denkens. Heraklit, der sich am Ofen wärmt, erwärmt sich und die Fremden auf andere Weise noch einmal – durch das Wort. Es eröffnet und lädt die Fremden ein. Der zweite Aspekt des Denkens: Es ist Mitteilung, darauf angelegt, die durch das Wort geöffnete Situation mit anderen – zu teilen.

Als Heidegger im 1946 geschriebenen Brief ÜBER DEN HUMANISMUS das Denken bedenkt, ist seine persönliche Situation die eines Verfemten. Ihm war die Heraklit-Anekdote wohl auch deshalb eingefallen, weil sie ihn an seine eigenen Lebensumstände erinnerte. Denn auch er führte jetzt ein karges, ärmliches Leben. Auch er hätte einen Backofen zum Aufwärmen ganz gut gebrauchen können. In Freiburg gab es kein Heizmaterial; die Hütte von Todtnauberg, wo man in der Umgebung Holz schlagen kann, ist reparaturbedürftig; sie ist nicht mehr winterfest, und um sie wiederherzustellen, fehlt es an Materialien. Und doch zieht Heidegger sich vom Frühjahr bis in den Spätherbst dorthin zurück. Das Leben im Freiburger Wohnhaus war durch die Einquartierungen allzu beengt. Auch die Lebensmittelversorgung ist oben im Schwarzwald besser. Die Bauern in der Nachbarschaft helfen.

Es gibt vieles, was ihn bedrückt. Die schmachvolle Entfernung von der Universität, das Warten auf die beiden Söhne, die noch in russischer Kriegsgefangenschaft sind. Doch trotz der bedrückenden Umstände behält Heideggers Philosophieren die eigenartig gelassene Grundstimmung der letzten Kriegsjahre.

Seine Reaktion auf die ihn diskriminierenden Maßnahmen ist eine ganz andere als beispielsweise die von Carl Schmitt. Den ›Kronjuristen‹ des Dritten Reiches, ungleich tiefer verstrickt ins verbrecherische System, hatte es härter getroffen. Auch er hatte seine Stellung verloren, seine Bibliothek war beschlagnahmt; er war ein Jahr lang interniert (September 1945 bis Oktober 1946) und für den Nürnberger Kriegsverbrecherprozeß noch einmal in Untersuchungshaft genommen worden (April, Mai 1947). Auf eine förmliche Anklage hatte man schließlich doch verzichtet, und Schmitt konnte sich ins heimatliche Plettenberg zurückziehen. Bei der Entlassung aus der Untersuchungshaft war es zu jenem denkwürdigen Dialog zwischen ihm und Robert Kempner, dem Vertreter der Anklage, gekommen. Kempner: »Was werden Sie nun machen?« Carl Schmitt: »Ich werde in die Sicherheit des Schweigens gehen.« Aber dies war kein gelassenes Schweigen. Wie die Aufzeichnungen der Jahre 1947 bis 1951 (»Glossarium«) bekunden, war Carl Schmitt unablässig mit seiner Selbstrechtfertigung beschäftigt, mit peinlicher Larmoyanz beklagt er sein Schicksal als »gejagtes Wild«. Er sieht sich als ein aus dem Bauch des Leviathan ausgespiener Prophet Jonas. Er schäumt gegen die »Kriminalisierer von Nürnberg« und höhnt: »Die Verbrechen gegen die Menschlichkeit werden von Deutschen begangen. Die Verbrechen für die Menschlichkeit an Deutschen. Das ist der ganze Unterschied.« Besonders verächtlich sind ihm diejenigen, die am »Schauspiel einer Rauferei zwischen Bußpredigern« teilnehmen. Seine Weigerung, das Entnazifizierungsverfahren über sich ergehen zu lassen, begründet er so: »Wer beichten will, gehe hin und zeige sich dem Priester.« Für die Öffentlichkeit wählt er die Attitüde des heroischen Schweigens, und in seinen Aufzeichnungen klagt er darüber, daß man seiner Stimme den Resonanzraum entzieht und er nun »ohne Kehle« schreien muß. Aber es ist immer noch besser, schreibt er, zu den Gequälten als zu den »Selbstquälern« zu gehören.

Zu diesen »Selbstquälern« gehört Heidegger allerdings auch nicht. Er denkt sich vielmehr in die Rolle des ›Weisen vom Berge‹ hinein, der in großen Perspektiven und Panoramen das neuzeitliche Unwesen beschreibt, worin zwar die Verbrechen des Nationalsozialismus mitgedacht, aber nicht eigens bedacht sind. Damit verhält sich Heidegger auch anders als etwa Alfred Baeumler, der zwar (in seinen Aufzeichnungen) schreibt: »mich selbst öffentlich für ›schuldig‹ zu erklären, halte ich für unwürdig und sinnlos«, aber auf dem inneren Schauplatz um so selbstkritischer mit sich ins Gericht geht. Baeumler diagnostiziert bei sich den Hang, vor den Schwierigkeiten der verwickelten und widersprüchlichen Geschichte auszuweichen in die »absoluten« Ideen von Volk, Führer, Rasse, geschichtliche Sendung. Statt eine wirkliche »Nähe zu den Dingen« zu suchen, hätten die »Fernsichten« triumphiert und die Wirklichkeit vergewaltigt. Das sei Ausdruck der deutschen »Zurückgebliebenheit hinter dem Westen (Weltfremdheit)« (160), die Baeumler an anderer Stelle »Abstraktion ins Unbestimmte« (160) nennt. Man müsse in politischen Angelegenheiten der Sehnsucht nach dem Erhabenen widerstehen. Er verschreibt sich eine Kur der Ernüchterung, die ihn schließlich zu einer Wertschätzung der Demokratie führt. Demokratie ist das »Anti-Erhabene«. Sie ist ohne grandiose Zukunftsperspektive, dafür aber »ganz Gegenwart«, in ihr gibt es keine Gewißheiten über geschichtliche Aufträge, sondern nur ein Leben mit »Wahrscheinlichkeiten« (174). Unter dem Eindruck der Katastrophe, auch der persönlichen, beginnt Baeumler mit der für ihn schwierigen Lektion, das Politische ohne Metaphysik zu denken.

Heidegger denkt weder so selbstmitleidig und aggressiv rechthaberisch wie Carl Schmitt noch so politisch und selbstkritisch wie Alfred Baeumler.

Das erste veröffentlichte Dokument seines Denkens nach 1945 ist der Aufsatz ÜBER DEN HUMANISMUS, geschrieben 1946 als offener Brief an Jean Beaufret, Heideggers wichtigsten Apostel in der französischen Philosophieszene der Nachkriegszeit. Beaufret hatte, wie er selbst berichtet, ausgerechnet am 4. Juni 1944, am Tage als die Landung der Alliierten in der Normandie gemeldet wurde, sein Heidegger-Erlebnis: zum ersten Mal hatte er ihn verstanden! Und das war für ihn ein so glücklicher Moment, daß im Vergleich dazu die Freude über die sich abzeichnende Befreiung Frankreichs verblaßte. Als die Franzosen in Freiburg einmarschierten, ließ Beaufret Heidegger über einen Offizier einen überschwenglichen Brief zukommen. »Ja, mit Ihnen ist es die Philosophie selbst, die sich entschlossen von jeder Platitüde befreit und das Wesentliche ihrer Würde bezieht.« Daraufhin lud Heidegger Beaufret zu einem Besuch ein. Er fand statt im September 1946, und damit begann die intensive, lebenslange Freundschaft zwischen den beiden. Die erste Folge dieser neu geknüpften Beziehung war also die Schrift ÜBER DEN HUMANISMUS. Beaufret hatte Heidegger die Frage gestellt: »Auf welche Weise läßt sich dem Wort Humanismus ein Sinn zurückgeben?«

Heidegger griff die Frage gerne auf, gab sie ihm doch Gelegenheit, auf Sartres wenige Monate zuvor erschienenen und auch in Deutschland überall diskutierten Essay »Ist der Existentialismus ein Humanismus?« zu antworten. Auch nachdem es zu einer persönlichen Begegnung mit ihm nicht gekommen war, suchte Heidegger die Auseinandersetzung mit Sartre. Allerdings war Sartres Existentialismus, nach einem Vortrag vom 29. Oktober 1945, der diesem Essay zugrunde lag, fast über Nacht zu einer europäischen Kultfigur geworden. Zu diesem Vortrag im »Salle des Centraux«, war eine große Menschenmenge zusammengeströmt in der Erwartung, daß an diesem Abend die existentialistische Enzyklika verkündet werde. Und es war so. Gedränge, Handgemenge, die Kasse ward gestürmt, kaputte Stühle, Sartre brauchte eine Viertelstunde, um sich den Weg zum Podium zu bahnen. Er begann dann in dem überhitzten, überfüllten, überreizten Saal, die Hände lässig in den Taschen, mit seinen Erklärungen, die Satz für Satz sogleich den Eindruck der gültigen, endgültigen Formulierung machten. Die zusammengedrängten, herumgestoßenen, halberstickten Zuhörer konnten das Gefühl haben, Sätze zu hören, die von nun an unablässig zitiert werden würden. Nicht nur in Frankreich verging nach diesem Vortrag fast kein Tag, an dem nicht Sartre und der Existentialismus erwähnt oder zitiert wurden. Noch wenige Monate zuvor hatte Sartre erklärt: »Der Existentialismus? Ich weiß nicht, was das ist. Meine Philosophie ist eine Philosophie der Existenz.« Und schon im Dezember 1945 kursierten die ersten populären Breviere des Existentialismus. Da hieß es dann: Existentialismus – was ist das? Antwort: »Engagiere dich, ziehe die Menschheit mit, schaffe dich immer wieder selbst, allein durch deine Taten.«

Sartres einprägsame Formulierung, daß »die Existenz der Essenz vorangeht«, mußte gerade auch im zerstörten Deutschland das Lebensgefühl derer treffen, die sich nach der Katastrophe unter den Trümmern wiederfanden im Bewußtsein, noch einmal davongekommen zu sein. Wer seine Existenz gerettet hatte, der konnte immerhin wieder neu anfangen. Und genau in diesem Verständnis machte der philosophisch höchst subtile Satz Karriere im Nachkriegsdeutschland. Als Erich Kästner Ende 1946 nach der Kriegsgefangenschaft ins zerstörte Dresden zurückkehrte, da erkannte er, so schreibt er in einer Reportage, daß die meisten Dinge unwichtig geworden sind. »Im finsteren Deutschland spürt man, daß die Essenz die Existenz ausmacht.«

Sartre hatte mit seinem legendären Vortrag vom 29. Oktober 1945 geantwortet auf die Frage nach dem Schicksal des Humanismus in einer Zeit, die soeben Exzesse des Barbarischen erlebt hatte. Sartres Antwort: Humanistische Werte, auf die wir uns verlassen können, weil sie angeblich in unserer Zivilisation fest installiert sind, gibt es nicht. Es gibt sie nur, wenn wir sie jedesmal in der Situation der Entscheidung wieder neu erfinden und wirklich werden lassen. Der Existentialismus stellt den Menschen vor diese Freiheit und die damit verbundene Verantwortung. Der Existentialismus ist darum keine Philosophie der Wirklichkeitsflucht, des Pessimismus, des Quietismus, des Egoismus oder der Verzweiflung. Er ist eine Philosophie des Engagements. Sartre bringt prägnante Formulierungen in Umlauf, die bald in ganz Europa bekanntwerden: »Der Existentialismus definiert den Menschen durch sein Handeln; – Der Existentialismus sagt dem Menschen, daß es Hoffnung nur im Handeln gibt und daß die Tat das einzige ist, was dem Menschen zu leben erlaubt; – Ein Mensch engagiert sich in seinem Leben, zeichnet sein Gesicht, und außerhalb dieses Gesichts ist nichts vorhanden; – Wir sind verlassen, ohne Entschuldigung. Das meine ich, wenn ich sage, der Mensch ist zur Freiheit verurteilt.«

In Frankreich wie in Deutschland war nach 1945 das Problem des Humanismus, seiner Wiederbelebung oder Erneuerung nach den Jahren der Barbarei und des Verrats, wieder aktuell geworden – weshalb auch Sartre und wenig später Heidegger sich veranlaßt sahen, darauf einzugehen.

Sartre hatte sich gegen den Vorwurf zu wehren, daß er in einem geschichtlichen Augenblick, da es sich erwiesen hatte, wie zerbrechlich die Werte der Zivilisation – Solidarität, Wahrheit, Freiheit – sind, daß er in dieser prekären Situation die ethischen Normen noch dadurch schwächt, daß er es dem einzelnen überläßt, über ihre Gültigkeit zu entscheiden. Sartre erwidert darauf: Da wir Gott ausgeschaltet haben, muß es wohl jemanden geben, der die Werte erfindet. Man muß die Dinge nehmen, wie sie sind. Die Aufklärung hat inzwischen alle Naivität weggearbeitet. Wir sind aus einem Traum aufgewacht: Wir finden uns unter einem leeren Himmel, und auch auf die Gemeinschaft können wir uns nicht mehr verlassen. Und so bleibt uns nichts anderes übrig, als durch unser Tun und als einzelne die Werte in die Welt zu setzen und ihre Gültigkeit zu verfechten ohne einen Segen von oben, ohne die überschwengliche Beglaubigung durch Gott oder einen Volksgeist oder eine universelle Idee des Menschentums. Daß jeder für sich die ›Menschlichkeit‹ erst erfinden muß, bedeutet: »das Leben hat a priori keinen Sinn«. Es liegt an jedem einzelnen, ihm einen Sinn zu geben, indem er durch sein Handeln bestimmte Werte wählt. Auf diese existentielle Wahl des einzelnen ist die Möglichkeit einer »Menschengemeinschaft« gegründet. Jede solche Wahl ist ein »Entwurf«, ein

Akt der Überschreitung. Sartre sagt: ein »Transzendieren« (35). Der Mensch ruht nicht in sich wie in einer fertigen Wirklichkeit, er wird aus sich herausgetrieben und muß sich immer erst noch verwirklichen. Und was er verwirklicht, ist seine Transzendenz. Diese aber nicht verstanden als ein Jenseits, sondern als Inbegriff der Möglichkeiten, auf die hin der Mensch sich überschreiten kann. Transzendenz ist nichts, worin man Ruhe finden könnte, sondern sie ist selbst das Herz der Unruhe, das den Menschen umtreibt. So ist der Existentialismus ein Humanismus, weil »wir den Menschen daran erinnern, daß es außer ihm keinen andern Gesetzgeber gibt und daß er in seiner Verlassenheit über sich selbst entscheidet; und weil wir zeigen, daß nicht durch Rückwendung auf sich selber, sondern immer durch Suche nach einem Ziel außerhalb seiner, welches diese oder jene Befreiung, diese oder jene besondere Verwirklichung ist – daß dadurch der Mensch sich als humanes Wesen verwirklichen wird« (35).

Gegen diese Konzeption erinnert Gabriel Marcel – ein christlicher Humanist, der existentialistische Motive aufgenommen hatte und zusammen mit Sartre in Deutschland bekannt wurde – daran, daß Sartres Transzendenz leer bleibt. Und das ist nicht nur ein philosophisches Problem, sondern bedeutet, den Menschen den gesellschaftlich-politischen Katastrophen auszuliefern. In einem Essay für den »Monat« »Was ist ein freier Mensch?« (September 1950) stellt er die Frage: Wie konnte sich die Unfreiheit in den totalitären Systemen des Faschismus und Stalinismus etablieren? Seine Antwort: Die Unfreiheit konnte triumphieren, weil die Säkularisierung nichts anderes mehr übriggelassen hat als die Verwirklichung innerweltlicher Zwecke. Der Mensch ist dadurch restlos und vorbehaltlos an die Welt ausgeliefert worden, so daß er mit seinen überschießenden, die Welt insgesamt transzendierenden Intentionen nichts Besseres hat anfangen können, als innerweltliche Zwecke zum Unbedingten zu erklären und daraus seine Götzen zu machen. Aus dem Gott, der uns freien Spielraum gegenüber dem Wirklichen eröffnet, wird der Götze, den wir selbst gemacht haben und der uns versklavt. Marcel spricht vom »Götzendienst der Rasse und dem Götzendienst der Klasse«. Marcels Grundsatz, daß »der Mensch nur in dem Umfang frei sein und bleiben (kann), in dem er der Transzendenz verbunden bleibt« (502), bringt eine Transzendenz ins Spiel, die in den Augenblicken ekstatischer Weltfremdheit erfahrbar wird. Die »schöpferische Erfindungskraft«, von der Marcel ebenso enthusiastisch spricht wie Sartre, bringt nicht nur die menschliche Zivilisation hervor; ihr

Schwung trägt darüber hinaus, sie will nicht nur mehr leben, sondern mehr als leben. Nur wenn wir Bürger zweier Welten bleiben, können wir die menschliche Welt in ihrer Menschlichkeit bewahren.

Tatsächlich erinnert Gabriel Marcel an einen fundamentalen Sinn der Religion. Die Transzendenz ist jener Bezug, der die Menschen davon entlastet, füreinander alles sein zu müssen. Sie können damit aufhören, ihren Mangel an Sein aufeinander abzuwälzen und sich wechselseitig dafür haftbar zu machen, wenn sie sich in der Welt fremd fühlen. Sie brauchen auch nicht mehr so ängstlich um ihre Identität kämpfen, weil sie glauben dürfen, daß nur Gott sie wirklich kennt. Mit alledem hilft diese Transzendenz dem Menschen, zur Welt zu kommen, indem sie das Bewußtsein der Fremde wachhält und sogar heiligt. Sie verhindert eine Einbürgerung mit Haut und Haaren und erinnert den Menschen daran, daß er nur zu Gast ist mit beschränkter Aufenthaltsgenehmigung. Damit mutet sie ihm das Eingeständnis seiner Ohnmacht, seiner Endlichkeit, Fehlbarkeit und Schuldfähigkeit zu. Sie macht aber dieses Eingeständnis lebbar und insofern ist sie die spirituelle Antwort auf die Grenze der Machbarkeit.

Für Marcel kann Sartre nicht recht haben mit seiner Behauptung: »Es gibt kein anderes All, als das All der menschlichen Ichheit« (35). Wäre es so, die Welt wäre die Hölle. Es genügt nicht, daß der Mensch sich überschreitet, er muß sich und kann sich auf etwas hin überschreiten, was er selbst nicht ist und nie werden kann. Er darf sich nicht nur verwirklichen wollen, man muß ihm auch helfen, jene Dimension wiederzuentdecken, worin er sich – entwirklichen kann.

Im Deutschland der ersten Nachkriegsjahre argumentiert der christliche Humanismus eines Reinhold Schneider oder Romano Guardini ähnlich wie Gabriel Marcel.

Reinhold Schneider lebte seit 1938 in Freiburg. Gegen Ende der nationalsozialistischen Herrschaft war er wegen Hochverrats angeklagt worden. Er hatte seine religiösen Betrachtungen, Sonette, Erzählungen in privaten Abschriften zu Tausenden kursieren und auch zu den Soldaten an die Front gelangen lassen. In diesen Schriften rief Schneider das religiöse Gewissen gegen die Barbarei auf. An diesem Grundzug seines Denkens hält er auch nach 1945 fest. Ist es so, fragt er in der 1945 erschienenen Schrift »Das Unzerstörbare«, daß für Kollektivverbrechen niemand haftbar zu machen sei? Seine Antwort: Weder darf man es zulassen, daß die politischen Machthaber sich aus ihrer Verantwortung stehlen, noch darf man ihnen alle Verantwortung so zuschieben, daß der einzelne vor jeder Selbstprüfung bewahrt bleibt. Solche Selbstprüfung aber wird nicht nur die bequeme Einsicht, daß wir allzumal Sünder sind, zutage fördern dürfen; wenn sie ernsthaft ist, wird man bemerken, wie sehr wir die Erfahrung der Sünde brauchen. Was wird aus der Schuld vor den Menschen, wenn die Gemeinschaft der Menschen einen verbrecherischen Weg geht? Dann gibt es diese Schuld nicht mehr. Wenn die Schuld in der Vergesellschaftung des Verbrechens verschwindet, bleibt nur noch die Sünde vor Gott. Nur der Bezug zu Gott kann den Menschen vor sich selbst retten. Diese Lehre zieht Reinhold Schneider aus der Katastrophe des Nationalsozialismus. Aber die Beziehung zu Gott können wir nicht ›herstellen‹. Gott ist nicht unser ›Entwurf‹. Reinhold Schneider kann keine Therapie vorschlagen, er hat keine politischen Konzepte zur Hand; es bleibt ihm nur der Glaube an eine Geschichte, die es vielleicht gnädig mit uns meint. »Geschichte ist Gottes Brückenbau über unerhörte Abgründe. Wir müssen über die Brücke gehen. Aber einen jeden Tag wächst sie vielleicht nur um die Länge eines Schrittes... Wir gehen in eine andere, eine ganz fremde Welt... Geschichte bricht nicht ab, doch ihre Wandlungen erscheinen wie Untergänge...«

So wie Reinhold Schneider wollte auch Romano Guardini das Licht im Untergang erblicken.

Romano Guardini, der 1946 für kurze Zeit als Nachfolger auf dem Lehrstuhl Heideggers im Gespräch war, veröffentlichte 1950 sein damals vielgelesenes Buch »Das Ende der Neuzeit«, das auf seinen Tübinger Vorlesungen vom Winter 1947/48 basierte.

Die Neuzeit, so Guardini, entfaltet sich aus dem Verständnis der Natur als bergender Macht, aus der menschlichen Subjektivität als autonomer Persönlichkeit und aus der Kultur als eigengesetzlichem Zwischenbereich. Aus Natur, Kultur und Subjektivität hat alles seinen Sinn empfangen. Mit dem Ende der Neuzeit, dessen Zeuge wir sind, versinken diese Ideen. Die Natur verliert ihre bergende Kraft und wird unvertraut und gefährlich. Der Massenmensch verdrängt die Person, und im Unbehagen an der Kultur stirbt die alte Kulturfrömmigkeit ab. Die totalitären Systeme sind Ausdruck und Antwort auf diese Krise, die aber auch die Chance eines neuen Anfangs eröffnet. Der Mensch muß offenbar erst die natürlichen und kulturellen Reichtümer verlieren, um in solcher ›Armut‹ wieder sich selbst als ›nackte‹ Person vor Gott zu entdecken. Vielleicht lichten sich die »Nebel der Säkularisation«, und ein neuer Tag der Geschichte beginnt.

Man kann nicht behaupten, daß es ein kleinlauter Humanismus war, der in den ersten Jahren nach der Katastrophe sich zu Wort meldete. Es gab zwar viel Ratlosigkeit und Streit im einzelnen, besonders in den konkreten Fragen des politischen Neuaufbaus, aber weit verbreitet war doch der Zug zum abendländisch Großen und Ganzen, um von dorther ein Pathos des neuen Anfangs zu gewinnen. Im Geleitwort zur Zeitschrift »Die Wandlung« schreibt Karl Jaspers (November 1945): »doch daß wir am Leben sind, soll einen Sinn haben. Vor dem Nichts raffen wir uns auf... Wir haben keineswegs alles verloren, wenn wir nicht, in Verzweiflung wütend, auch noch das vergeuden, was uns unverlierbar sein kann: den Grund der Geschichte, für uns zunächst in dem Jahrtausend deutscher Geschichte, dann der abendländischen Geschichte, schließlich aber der Menschheitsgeschichte im Ganzen. Aufgeschlossen für den Menschen als Menschen dürfen wir uns vertiefen in diesen Grund, in die nächsten und fernsten Erinnerungen.«

Das waren schon damals für manche skeptischen Zeitgenossen zu große Worte, eine Wiederholung der deutschen Spezialität einer überschwenglichen Misere, wie sie Helmuth Plessner in seinem Groninger Exil bereits 1935 in dem Essay »Das Schicksal deutschen Geistes im Ausgang seiner bürgerlichen Epoche« (1959 erschienen unter dem Titel »Die verspätete Nation«) diagnostiziert hatte. Aber wie sollte in einem Deutschland, das bis zum Ende seinem Führer gefolgt war, das Politik durch Gefolgschaftstreue ersetzt hatte, das jetzt in Besatzungszonen geteilt war und von den Alliierten regiert wurde, das von politischer Selbstverantwortlichkeit sich auch gerne fernhalten ließ, woher sollte hier ein politisches Räsonnement kommen, das nicht sogleich in die übergroßen Fragen auswich, ein Denken, das ein Gegengewicht hätte bilden können zu einem Geist, der oft entweder zu hoch oder zu tief ansetzte, beim Nichts oder bei Gott, beim Untergang oder beim Aufgang.

Dolf Sternberger, mit Karl Jaspers der Herausgeber der »Wandlung«, äußerte schon sehr bald sein Unbehagen an diesen ›hohen‹ Tönen der Geist-Politik. Er sah die Gefahr, daß die alte Unart des deutschen Geistes, gegenüber der Politik vornehm zu tun, fortleben könnte. Es sei überhaupt ein Fehler, Kultur und Geist als einen gesonderten Bereich zu verstehen, abgegrenzt von Politik, Wirtschaft, Technik, Alltag. Bei allen Dingen des Lebens müßte darauf geachtet werden, daß sie mit Geist und Kultur behandelt würden. Solche Pflege und Verfeinerung der menschlichen Angelegenheiten – das sei Humanität. »Ich würde«, sagte er 1950 auf dem »Kongreß für Kulturelle Freiheit«, »in Deutschland gelassen einiges von der soi-disant-Kultur preisgeben, wenn wir etwas Zivilisation dafür gewönnen.« Weniger »Dunst und Qualm einer unbestimmten Menge von Idealen und höheren Werten«, dafür mehr Sinn für das Naheliegende, Bürgersinn. »Lassen wir uns nicht in die Irre der Kultur führen: Wenn wir die Freiheit verteidigen wollen, so müssen wir sie in ihrer Eindeutigkeit, Vollständigkeit und Unteilbarkeit verteidigen, als politische, persönliche und geistige Freiheit. Kultivieren wir die Freiheit! So wird uns alles übrige zufallen« (379).

Selbstverständlich, das wußte auch Dolf Sternberger, mußte gerade um diese Frage einer Kultur der Freiheit auf deutschem Boden der Streit der Meinungen und Programme entbrennen. Ob liberaldemokratisch, ob sozialistisch oder kapitalistisch, ob auf einem dritten Weg, ob mit christlichen Werten oder mit radikalem Pluralismus. Immer wieder mußte Sternberger das in Deutschland noch durchaus nicht Selbstverständliche hervorheben: daß solcher Streit zur Kultur gehört und nicht nur Parteigezänk oder den Untergang des Abendlandes bedeutet. Nicht dieser Streit war das Problem, sondern daß der ›Geist‹ sich wieder darüber erhaben dünkte und schon wieder dabei war, sich seiner gnostischen Verzweiflung, seinen apokalyptischen Obsessionen und seinen Phantasien über Menschheitsdämmerungen im Sinne des Aufgangs wie des Untergangs hinzugeben.

Tatsächlich war die Situation in Deutschland für ein Denken, das vom Berge der globalen Erörterungen herabstieg und sich den Zumutungen der verwickelten konkreten Situation aussetzte, außerordentlich schwierig. Konnte man z. B. den Gerichtstag, den die alliierten Siegermächte mit dem Nürnberger Prozeß und den Entnazifizierungsmaßnahmen über Deutschland hielten, akzeptieren? Führte das nicht dazu, daß die Verantwortung für die eigene Geschichte abgewälzt wurde? Aber wer sollte in Deutschland richten? Mußte das Experiment einer moralischen Politik nicht scheitern, da doch die Sowjetunion, als ebenfalls verbrecherische totalitäre Macht, daran beteiligt war? Wie sollte man sich nach der Niederlage des Faschismus nun zu der neuen Bedrohung durch den Kommunismus verhalten? Der Krieg war zu Ende, und schon braute sich eine neue Kriegsgefahr zusammen. Die Befreiung und die Katastrophe – wo begann das eine und wo hörte das andre auf? Wie sollte es einen demokratischen Aufbau geben mit einem Volk, das eben noch in seiner überwältigenden Mehrheit dem Führer zugejubelt hatte? Die kapitalistischen Wirtschaftseliten, die Wissenschaftseliten – sie hatten das System gestützt. Gab es noch eine Tradition des demokratischen Bürgersinns? Konnte vielleicht die Wiederbelebung des deutschen Bildungsidealismus helfen? Zurück zu Goethe, wie das Meinecke vorschlug, war das eine Lösung? War es nicht besser, auf die zivilisatorische Wirkung der Marktwirtschaft zu setzen? Würden die Waren, wenn es sie wieder reichlicher gab, das Problem der moralischen Läuterung und des Lebens in der Wahrheit nicht vielleicht doch erledigen? Warum Trauerarbeit, wenn sie von der Arbeit abhält? Ist die Vorstellung, ein Volk sollte Trauerarbeit leisten, nicht nur eine unpolitische Phantasie, eine unzulässige Übertragung von Haltungen des Individuums auf ein Kollektivsubjekt?

Die Tages- und Realpolitik jener Jahre ließ sich nicht von diesem Gestöber von Fragwürdigkeiten beirren, sondern ging ihren in den Westzonen praktisch erfolgreichen Weg, der markiert wurde durch Währungsreform, Zusammenschluß der Westzonen, Gründung der Bundesrepublik und Westintegration im Zeichen des beginnenden Kalten Krieges. Es etablierte sich eine durch patriarchalische Autorität domestizierte offene Gesellschaft. In einer Situation allgemeiner geistiger Ratlosigkeit begann also die Erfolgsgeschichte des Adenauer-Staates.

Für diesen Zusammenhang aufschlußreich sind Hannah Arendts Beobachtungen von 1950, bei ihrem ersten Deutschlandbesuch nach dem Krieg. Sie schildert, wie die Menschen sich durch die Trümmer bewegen und schon wieder einander Ansichtskarten schreiben von Kirchen und Marktplätzen, öffentlichen Gebäuden und Brücken, die es gar nicht mehr gibt. Die Stimmung schwankt zwischen Apathie und besinnungslos tüchtiger Geschäftigkeit, da gibt es die Emsigkeit in den kleinen Dingen und die Gleichgültigkeit gegenüber dem politischen Schicksal des Gemeinwesens. »Die Realität der Zerstörung, die jeden Deutschen umgibt, löst sich in einem grüblerischen, aber kaum tief verwurzelten Selbstmitleid auf, das jedoch rasch verfliegt, wenn auf einigen breiten Straßen häßliche kleine Flachbauten, die von irgendeiner Hauptstraße in Amerika stammen können, errichtet werden.« Was ist aus der Liebe der Deutschen für ihr Land geworden, fragt Hannah Arendt. Sie kommen aus ihren Trümmern hervorgekrochen, klagen über die Schlechtigkeit der Welt, und wenn sie hungern und frieren, sagen sie, das also ist eure Demokratie, die ihr uns bringen wollt! Bei den ›Geistigen‹ stünden die Dinge nicht besser. Auch hier dieselbe Abwehr der Wirklichkeit. »Die intellektuelle Atmosphäre ist von vagen

Gemeinplätzen durchdrungen, von Anschauungen, die sich lange vor den jetzigen Ereignissen, zu denen sie nun passen sollen, herausgebildet hatten; man fühlt sich erdrückt von einer um sich greifenden politischen Dummheit« (50). Zu dieser »Dummheit« rechnet Hannah Arendt auch eine bestimmte Art des deutschen Tiefsinns, der die Ursachen des Krieges, der Zerstörung Deutschlands und der Ermordung der Juden nicht in den Taten des Naziregimes sucht, sondern »in den Ereignissen, die zur Vertreibung von Adam und Eva aus dem Paradies geführt haben« (45).

In der Situation unmittelbar nach dem Krieg wirkt Heideggers Brief ÜBER DEN HUMANISMUS wie ein Dokument der Ratlosigkeit. Gewiß steckt darin auch jene von Hannah Arendt beobachtete »Dummheit« durch Verwesentlichung. Denn auch Heidegger sucht den Anfang vom bösen Ende zwar nicht bei Adam und Eva, auch nicht wie Adorno/Horkheimers gleichzeitig erschienene »Dialektik der Aufklärung« bei Odysseus, aber eben doch auch in grauer Vorzeit, bei Platon und den Folgen.

Politisch ist dieser Text stumpf. Aber Heidegger erhebt auch nicht mehr den Anspruch auf konkret politische Wegweisung. Das hatte er sich seit dem Fiasko seines Rektorats abgewöhnt.

Politisch war Heidegger ebenso ratlos wie etwa Thomas Mann, der sich bei seiner Ansprache im Goethejahr 1949 ausdrücklich gegen die Rolle des Bescheid wissenden Mentors wehrt mit dem entwaffnenden Eingeständnis: »Wenn nicht die Zuflucht der Phantasie wäre, wenn sie nicht wären, die immer wieder, nach jedem Fertigsein zu neuen Abenteuern und erregenden Versuchen weiter lockenden, zu steigerndem Weitermachen verführenden Spiele und Unterhaltungen des Fabulierens, der Gestaltung, der Kunst – ich wüßte nicht, wie zu leben, von Rat und guter Lehre für andere ganz zu schweigen.«

So wie Thomas Mann sagt, ›ich bin nur ein Poet‹, so erklärt auch Heidegger, ›ich bin nur ein Philosoph‹, genaugenommen will er nicht einmal das sein, sondern ›nur‹ ein – Denkender. Ihn locken die Abenteuer und erregenden Versuche des Denkens, auch sie verführen ihn zu »steigerndem Weitermachen«. Würde er sich nicht diesem Geschäft des Denkens hingeben können, dann würde auch er wie Thomas Mann sagen müssen, »ich wüßte nicht, wie zu leben, von Rat und guter Lehre für andere ganz zu schweigen«.

Der Brief ÜBER DEN HUMANISMUS ist ein solches Dokument des

»steigernden Weitermachens« und zugleich eine Bilanz in eigener Sache. Als eine Einmischung in die politischen Orientierungsversuche der Zeit müßte diese Schrift hilflos erscheinen. Aber als Versuch, das eigene Denken zu rekapitulieren und seinen gegenwärtigen Ort zu bestimmen, als Eröffnung eines Horizontes, worin bestimmte Probleme des Lebens in unserer Zivilisation sichtbar werden – so gesehen ist dieser Text ein großartiges und auch wirkungsmächtiges Dokument auf Heideggers Denkweg. Außerdem ist hier bereits die ganze Heideggersche Spätphilosophie zugegen.

Heidegger antwortet also mit seinem Brief indirekt auf Sartre, auf die bereits akute existentialistische Mode und auf die ebenfalls aktuelle Humanismus-Renaissance. Zur Erinnerung: Beaufret hatte gefragt, »auf welche Weise läßt sich dem Wort Humanismus ein Sinn geben?«.

Sartre hatte seinen Existentialismus als einen neuen Humanismus der Eigenverantwortlichkeit und des Engagements in der Situation der metaphysischen Obdachlosigkeit deklariert. Und Heidegger versucht nun darzutun, warum der Humanismus selbst das Problem ist, für dessen Lösung er sich hält, warum das Denken über den Humanismus hinausgehen muß, und weshalb das Denken genug damit zu tun hat, sich für sich selbst, für die Sache des Denkens, zu engagieren.

Heidegger beginnt seine Überlegungen bei dem zuletzt genannten Punkt, bei der Sache des Denkens, beim Engagement, um von dort aus zur Frage des Humanismus zu kommen.

Was also ist – Denken? Naheliegend ist die Vorstellung einer Verschiedenheit und eines Nacheinanders von Theorie und Praxis. Erst die Überlegung, das Modell, die Hypothese, der theoretische Entwurf, dann die ›Umsetzung‹ in die Praxis. Die so verstandene Praxis ist das eigentliche Handeln, Theorie ist demgegenüber allenfalls eine Art von Probehandeln. In diesem Schema verliert ein Denken, das nicht auf das Handeln als etwas ihm Äußeres bezogen ist, seine Würde und seinen Wert, es wird nichtig. Eine solche Anbindung des Denkens an das Handeln ist gleichbedeutend mit der Herrschaft des Nützlichen. Wenn gefordert wird, daß das Denken sich zu engagieren habe, dann ist damit solche Nützlichkeit für die Durchsetzung bestimmter praktischer Anliegen in Politik, Wirtschaft und Gesellschaft gemeint. Der Aufweis des praktischen Nutzens und des löblichen Engagements dient dann auch dem Nachweis der öffentlichen Daseinsberechtigung des Denkens.

Diese Vorstellung fegt Heidegger beiseite. Er nennt sie eine *technische Interpretation des Denkens* (ÜH, 6). Sie ist uralt und schon seit den

Tagen Platons die große Versuchung für das Denken. Sie ist die kleinlaute, von den praktischen Zumutungen des Lebens eingeschüchterte Art, den Glauben an sich selbst zu verlieren, indem sie sich als *Verfahren des Überlegens im Dienste des Tuns und des Machens* (ÜH, 6) versteht. Auf die Philosophie hat sich diese Einschüchterung durch das Praxisgebot katastrophal ausgewirkt. In Konkurrenz zu den praktisch erfolgreichen Wissenschaften gerät die Philosophie in die Verlegenheit, ihre Nützlichkeit erweisen zu müssen. Die Philosophie wollte es den Wissenschaften, die sich von ihr emanzipiert hatten, gleichtun. Sie wollte sich zum *Range einer Wissenschaft erheben* (ÜH, 6) und bemerkte nicht, daß sie sich in den Wissenschaften nur verlieren oder in sie abstürzen kann. Und dies nicht, weil sie etwas ›Höheres‹, Erhabenes ist, sondern deshalb, weil sie eigentlich beim Näherliegenden anzusetzen hätte, an einer Erfahrung, die jeder wissenschaftlichen Einstellung vorausliegt. Indem das Denken sich davon entfernt, ergeht es ihm wie dem Fisch auf dem Trockenen. *Schon lange, allzu lange sitzt das Denken auf dem Trockenen* (ÜH, 7), sagt Heidegger. Wo aber ist nun dieser eigentliche Ort des Denkens, was ist dieses Naheliegende des Denkens?

Es liegt für Heidegger nahe, die Frage nach der Nähe zunächst einmal mit einem Rückblick auf SEIN UND ZEIT zu beantworten. Dort hatte er herauszufinden versucht, was für das Dasein, das sich in der Welt vorfindet, das Nächste, das Anfängliche ist. Die Pointe dieser Untersuchung war gewesen: Uns selbst und unsere Welt erfahren wir zunächst nicht in quasiwissenschaftlicher Einstellung. Die Welt ist nicht in diesem Sinne unsere ›Vorstellung‹, sondern zunächst erfahren wir unser In-der-Welt-Sein. Das In-Sein ist das Maßgebliche und Primäre. Das gestimmte In-Sein, geängstigt, gelangweilt, besorgt, geschäftig, benommen, hingebungsvoll, ekstatisch. Nur auf diesem Hintergrund des anfänglichen In-Seins kann so etwas geschehen, wie daß wir uns herausreflektieren, uns bestimmte Vorstellungen machen, ›Gegenstände‹ aus dem Kontinuum unseres Besorgens und Beziehens herausschneiden. Daß es da ein ›Subjekt‹ gibt, dem ›Objekte‹ gegenüberstehen, ist keine basale Erfahrung, sondern verdankt sich einer sekundären, abstraktiven Leistung. Wenn das ursprüngliche In-Sein das nächste ist, wenn in dieser Nähe die Dinge des Lebens noch in ihrem ganzen Reichtum aufgehen können, und wenn das Denken die Aufgabe hat, diese Nähe zu bedenken, so ergibt sich eine paradoxe Konstellation. Da wir nicht zuletzt durch das Denken die Unmittelbarkeit verlieren, so wird einem Denken, das in die Nähe kommen will, die Aufgabe zugemutet, gegen seine eigene entfernende, distanzierende Tendenz anzudenken. Das Denken, das in den Vermittlungen zu Hause ist, soll in die Nähe des Unmittelbaren kommen. Aber gerät es dabei nicht erst recht ›aufs Trockene‹? Läuft das nicht darauf hinaus, mit dem Denken die Effekte des Denkens rückgängig zu machen? Eine Wiederbelebung der Hegelschen ›vermittelten Unmittelbarkeit‹? Geht das überhaupt – in diese Nähe zurückzudenken? Darauf antwortet Heidegger lakonisch: Das Denken ist erst dann bei seiner Sache, wenn es an ihr *zerbricht*. Die *Philosophie über das Scheitern*, die gegenwärtig Konjunktur habe, sei durch einen Abgrund getrennt von dem, was not tut, *von einem scheiternden Denken* (ÜH, 34). Das scheiternde Denken ist kein Unglück, man bemerkt darin, daß man auf dem richtigen Weg ist. Doch wohin führt dieser Weg? In die Nähe. Aber was sucht es in dieser Nähe, von der wir inzwischen wissen, daß sie das elementare und primäre In-Sein bedeutet? Ist dieser Ort nur deshalb so attraktiv, weil ihn die Wissenschaft *übereilt*? So wichtig ist die Wissenschaft doch auch nicht, daß das von ihr Ignorierte ebendarum geadelt werden müßte. Hat sich Heidegger, der das Leben eines Akademikers führt, nicht doch in eine Idealkonkurrenz mit der Wissenschaft verbissen? Ist die ontologische Differenz, von der er so großes Aufhebens machte, vielleicht doch nichts weiter als ein Pochen auf der narzißtischen Differenz zum verwissenschaftlichten Philosophiebetrieb?

Wir wissen natürlich schon längst, daß in dieser ›Nähe‹ ein großes Versprechen, eine Verheißung steckt, die tatsächlich weit über das hinausgeht, was im wissenschaftlichen Bereich zu bekommen ist. Es ist die Erfahrung des Seins.

Er sei mit SEIN UND ZEIT auf dem Weg zu dieser Erfahrung und ihrer Formulierung gewesen, aber er sei nicht *durchgekommen*. Die *Absicht auf ›Wissenschaft‹ und ›Forschung‹* (47) habe ihn gehemmt und in *die Irre* geführt. Es sei zwar schon damals nicht seine Absicht gewesen, zur wissenschaftlichen Anthropologie beizutragen, sondern es war ihm um das Bedenken des Bedenklichsten zu tun, um das Dasein des Menschen als offene Stelle, die sich im Seienden aufgetan hat. Dasein verstanden als Ort, wo das Seiende zur Sprache kommt und eben dadurch zum Sein wird, und das heißt: es wird hell, begegnend, eröffnend auch in seiner Undurchdringlichkeit und in seinem *Entzug*.

Tatsächlich hatte Heidegger seine Daseinsanalyse im Blick auf das Sein vorgenommen; Dasein war für ihn jenes Seiende, dem es um sein eigenes Sein(können) geht. Aber er hatte sich dann doch, gegen seine ursprüngliche Intention, in das Dasein zu weit hineinziehen lassen. Vor lauter Dasein war schließlich doch das Sein aus dem Blick gekommen. Das läßt sich am Begriff der *Existenz* zeigen. Wenn Heidegger in SEIN UND ZEIT schreibt, *das Sein selbst, zu dem das Dasein sich so oder so verhalten kann und immer irgendwie verhält, nennen wir ›Existenz‹* (SuZ, 12), dann hatte der Begriff des ›Seins‹ hier die bestimmte Bedeutung des zu verwirklichenden eigenen Seins. Deshalb spricht Heidegger auch vom *Zu-Sein* im Sinne des Vorhabens und des Entwerfens. In diesem Sinne ist auch der Satz gemeint vom *Vorrang der ›existentia‹ vor der ›essentia‹* (SuZ, 58), auf den sich dann Sartre mit einigem Recht bei der Betonung des Entwurfscharakters des Daseins berufen kann: *Die Existenz kommt vor der Essenz.*

Aber nun, da Heidegger seine ursprüngliche Intention aus der Gefangenschaft der wissenschaftlichen Philosophie herausführen will, gibt er dem Begriff der Existenz eine andere Bedeutung. Er bezeichnet nicht mehr nur die Seinsart eines Wesens, dem es um sein eigenes Sein(können) geht – sondern Existenz, die er jetzt Ek-sistenz schreibt, bedeutet: *Das Stehen in der Lichtung des Seins nenne ich die Ek-sistenz des Menschen. Nur dem Menschen eignet diese Art zu sein.* Die Eksistenz bedeutet Ausstehen, aber auch Ekstase. Wir wissen inzwischen, wie gerne und häufig Heidegger seit den dreißiger Jahren den Brief Hölderlins zitiert, worin dieser seinem Freund Böhlendorff anvertraut, wie ihn der Blitz des Apoll getroffen habe.

Die ›Existenz‹ brachte es im besten Falle zur Entschlossenheit, Eksistenz aber bedeutet offen zu sein für Pfingsterlebnisse der verschiedensten Art. Die berühmte Heideggersche *Kehre*, die bekanntlich eine Lawine von Interpretationen losgetreten hat, sollte man so *einfach* sehen, wie sie von Heidegger gemeint ist. Im ersten Anlauf (bis SEIN UND ZEIT) blieb er im Dasein stecken, bei jenem Sein, das die Existenz verwirklichen will; im zweiten Anlauf – oder eben im *gekehrten* Zugang – will er auf ein Sein ›hinaus‹ (im wörtlichen Sinne), von dem das Dasein angesprochen, in Anspruch genommen wird. Das zieht eine ganze Reihe von Uminterpretationen nach sich, worin die aktivistischen, vom einzelnen Dasein her entworfenen Bezugsmöglichkeiten umgepolt werden auf ein Register von eher passivischen, gewährenlassenden, hinnehmenden Verhaltensweisen. Aus der *Geworfenheit* des Daseins wird sein *Geschick*, aus dem *Besorgen* der eigenen Angelegenheiten wird ein *Hüten* dessen, was einem aufgegeben und anvertraut ist.

Aus dem *Verfallen* an die Welt wird ihr *Andrang*. Und in den *Entwürfen* ist es das Sein selbst, das sich durch sie hindurch *wirft*.

Das Seinsdenken, das die Nähe sucht, findet dort etwas, das bei Nietzsche noch recht unbefangen und ungeschützt genannt wurde: »der Augenblick der wahren Empfindung«.

Ist nun damit die Frage beantwortet, was die Sache des Denkens sei, wenn sie nicht nur eine Dienlichkeit fürs Handeln sein soll? Sie ist beantwortet. Denken ist ein inneres Handeln, es ist ein anderer Zustand, der im Dasein eröffnet wird – durch und während des Denkens. Das Denken ist eine gewandelte Art, in der Welt zu sein, in den Worten Heideggers: *dieses Denken ist weder theoretisch noch praktisch. Es ereignet sich vor dieser Unterscheidung. Dieses Denken ist, insofern es ist, das Andenken an das Sein und nichts außerdem... Solches Denken hat kein Ergebnis. Es hat keine Wirkung. Es genügt seinem Wesen, indem es ist* (ÜH, 48). Und dann kommt jener Satz, den wir uns merken müssen, weil er die ganze Heideggersche Spätphilosophie enthält: Diese Art des Denkens – was tut sie? *Sie läßt das Sein – sein* (UH, 48).

Und wie verhält es sich mit dem Humanismus?

Souverän dem Faktum gegenüber, daß der Nationalsozialismus soeben den Humanismus auf katastrophale Weise ›unterboten‹ hat, schickt sich Heidegger an, den Humanismus nun zu ›überbieten‹. In der humanistischen Bestimmung des Menschen, ob als theonomer oder als autonomer Humanismus, sei *die eigentliche Würde des Menschen noch nicht erfahren* (ÜH, 21). Er denke ›gegen‹ den Humanismus, nicht weil er für die *Bestialität* plädiere, sondern weil der Humanismus *die Humanitas des Menschen nicht hoch genug ansetzt* (ÜH, 22). Wie hoch soll man sie ansetzen? So hoch, wie einst von Gott gesprochen wurde. Der Mensch als *Hirt des Seins* ist ein Wesen, von dem wir uns kein Bildnis machen sollen. Als das nicht »festgestellte Tier« (Nietzsche), als ein nicht gegenständlich fixierbares, sondern im Reichtum seiner Bezüge lebendes Wesen bedarf der Mensch zwar sittlicher Bindungen, auch wenn sie *noch so notdürftig und im bloß Heutigen zusammenhalten* (ÜH, 43), aber das sind wirklich nur Notbehelfe, sie sind etwas Vorletztes, von dem wir nicht glauben dürfen, daß bei ihnen das Denken aufhört. Das Denken dringt weiter vor, bis es in seinem beseelten Schwung die eigentliche *Erfahrung des Haltbaren* macht. *Den Halt für alles Verhalten verschenkt die Wahrheit des Seins* (ÜH, 51).

An diesem Punkt ist Heidegger nun wirklich himmelweit von Sartre entfernt. Sartre: »Der Mensch muß sich selber wieder finden und sich überzeugen, daß ihn nichts vor ihm selber retten kann, wäre es auch ein gültiger Beweis der Existenz Gottes.«

Zwar erklärt auch Heidegger, *das ›Sein‹ – das ist nicht Gott und nicht ein Weltgrund* (ÜH, 22), aber das ändert nichts daran, daß die Erfahrung des Seins auf ein Seinsverhältnis einstimmt, das – fromm ist; andachtsvoll, meditativ, dankbar, ehrfürchtig, gelassen. Der ganze Kreis von Wirkungen, den ein Gott um sich schlägt, ist da – nur verhängt Heidegger über diesen Gott ein so rigoroses Bilderverbot, wie es die etablierten Religionen nicht kennen. Dem Heideggerschen ›Gott‹ gehört die *Lichtung*. Man erfährt ihn noch nicht im Seienden, das in der *Lichtung* begegnet. Man begegnet ihm erst, wenn man diese *Lichtung* als die Ermöglichung der Sichtbarkeit eigens erfährt und dankbar empfängt.

Man kann es drehen und wenden wie man will, es bleibt zuletzt doch die Wiederholung jenes wunderbaren Gedankens von Schelling, wonach die Natur im Menschen die Augen aufschlägt und bemerkt, daß es sie gibt. Der Mensch als der Ort der Selbstsichtbarkeit des Seins. »Ohne den Menschen wäre das Sein stumm: es wäre da, aber es wäre nicht das Wahre« (Kojève).

Was folgt daraus? Wir haben es schon gehört. Nichts. *In all dem ist es so, als sei durch das denkende Sagen gar nichts geschehen* (ÜH, 52). Und doch: Das ganze Verhältnis zur Welt hat sich geändert. Es gibt eine andere Befindlichkeit, ein anderer Blick wird auf die Welt geworfen. Heidegger wird die Jahre, die ihm noch bleiben, damit zubringen, diesen Blick zu erproben, an der Technik, am Bauen und Wohnen, an der Sprache und, wie heikel auch immer, an Gott. Sein Denken, das er nun nicht mehr ›Philosophie‹ nennt, wird sich darum mühen, das sein zu lassen, was einen – sein läßt.

Weil in diesem Denken etwas Einfaches zu denken ist, deshalb fällt es dem als Philosophie überlieferten Vorstellen so schwer. Allein das Schwierige besteht nicht darin, einem besonderen Tiefsinn nachzuhängen und verwickelte Begriffe zu bilden, sondern es verbirgt sich in dem Schritt-zurück … (ÜH, 33).

Zweiundzwanzigstes Kapitel

Martin Heidegger, Hannah Arendt und Karl Jaspers nach dem Krieg. Eine persönliche und philosophische Beziehungsgeschichte.

»Das Verdrehen ist unerträglich, und allein die Tatsache, daß er jetzt alles so aufzieht, als sei es eine Interpretation von ›Sein und Zeit‹, spricht dafür, daß alles wieder verdreht herauskommen wird. Ich las den Brief gegen den Humanismus, auch sehr fragwürdig und vielfach zweideutig, aber doch das erste, was wieder auf dem alten Niveau ist.« So urteilt Hannah Arendt über Heideggers erste Nachkriegsveröffentlichung in einem Brief an Karl Jaspers vom 29. September 1949. Mit Jaspers war sie, über Melvin Lasky, im Spätherbst 1945 wieder in Verbindung getreten. Seit 1938 hatten Jaspers und Arendt nichts mehr voneinander gehört. Er habe kaum mehr Hoffnung gehabt, daß sie am Leben sei, schrieb Karl Jaspers im ersten Brief nach dem Krieg. Und Hannah antwortete: »Seit ich weiß, daß Sie beide durch den ganzen Höllenspektakel heil durchgekommen sind, ist es mir wieder etwas heimatlicher in dieser Welt zumute« (58). Man lebte in dem Gefühl, noch einmal davongekommen zu sein. Sie schrieb, sie sei immer noch eine Staatenlose und in »keiner Weise respectable« geworden, sie sei immer noch der Meinung, »daß man eine menschenwürdige Existenz nur am Rande der Gesellschaft sich heute ermöglichen kann« (65). Sie untertrieb ein wenig, denn sie hatte sich inzwischen in Amerika als politische Publizistin einen Namen gemacht. Aber sie lebte in materiell bescheidenen Verhältnissen in New York, was sie nicht daran hinderte, dem Ehepaar Jaspers monatlich drei Carepakete zukommen zu lassen.

Karl Jaspers war nach dem Krieg plötzlich sehr »respectable« geworden. Die Verfemung während der Nazi-Zeit machte ihn fast über Nacht zum Gewissen der Nation, was er zunächst als Zumutung und als heuchlerische Anbiederung empfand. Er mißtraute diesem plötzlichen Ruhm, es war für ihn ein »Leben in Fiktionen« (70), dem er sich entziehen wollte, als er im Sommer 1948 den Ruf an die Baseler Universität annahm.

Mit Jaspers nahm Hannah also sogleich wieder Verbindung auf. Nicht so mit Heidegger. Noch kurz vor ihrer Flucht aus Deutschland hatte sie erlebt, wie der Rektor Heidegger zu einem Mann des Systems geworden war. Und was sie später in Amerika hörte, schien darauf hinzuweisen, daß er es auch geblieben war. In den Jahren des Exils war es für Hannah fast unmöglich, an jenem »Unzerstörbaren«, das sie mit Heidegger verband, festzuhalten. Wie sollte sie Heidegger, den sie politisch unter ihre Verfolger rechnen mußte, eine Treue bewahren, ohne die Übereinstimmung mit sich selbst aufzugeben? Sie versucht, sich von ihm loszureißen, indem sie mit ihm abrechnet – bis sie dann nach dem ersten Wiedersehen erleichtert schreiben kann: »Dieser Abend und dieser Morgen sind die Bestätigung eines ganzen Lebens.«

Doch zuerst die Abrechnung vor dem Wiedersehen.

Anfang 1946 veröffentlichte Hannah Arendt im »Partisan Review« einen Essay »Was ist Existenzphilosophie?«. In diesem Winter hatte die existentialistische Mode auch nach Amerika übergegriffen. Sartre hielt sich dort gerade auf, und Hannah hatte ihn getroffen. Sie sollte nun dem Publikum den gediegenen philosophischen Hintergrund für eine geistige Haltung vermitteln, die bisher nur durch modische Schlagwörter bekanntgeworden war. Sartre hatte bei seinen Vorträgen in Amerika stets das gesellschaftliche Engagement des Existentialismus betont. Hannah Arendt entwickelt demgegenüber die These, daß in der deutschen Version des Existentialismus, beginnend bei Schelling über Nietzsche bis hin zu Heidegger, die Tendenz immer stärker geworden sei, das vereinzelte menschliche Selbst als einen Ort der Wahrheit dem unwahren gesellschaftlichen Ganzen gegenüberzustellen. Bei Jaspers erst werde diese Tendenz überwunden. Heidegger aber fungiert in ihrer Darstellung als Höhepunkt des existentiellen Solipsismus. Bei Heidegger habe das eigentliche Selbst das Erbe Gottes übernommen. Das gewöhnliche In-der-Welt-Sein bedeute einen Verlust der ursprünglichen Reinheit. »Was infolgedessen bei Heidegger als ›Abfall‹ erscheint, sind all jene Modi des Menschseins, die darauf beruhen, daß der Mensch Gott nicht ist und mit seinesgleichen zusammen in einer Welt lebt.« Damit verfehle Heidegger die Conditio humana. Der Mensch könne alles mögliche sein, ein ›eigentliches Selbst‹ aber vermutlich nie. Wer, so Arendt, die gewöhnliche Welt des ›Man‹ zurückweist, gibt den Boden des Menschlichen preis. Übrig bleibt ein Kokettieren mit der eigenen »Nichtigkeit« (37), was, so deutet sie an, Heidegger anfällig gemacht habe für die Barbarei. Ist nicht aus der philosophischen Negation des Begriffs ›Menschheit‹ schließlich die praktische Negation der Menschlichkeit geworden?

Hannah Arendt schickt diesen Essay an Karl Jaspers, immer noch mit der »alten Kinderangst« vor dem strengen Urteil ihres ehemaligen philosophischen Lehrers. Aber Karl Jaspers, der das Manuskript im Paket zwischen Corned-beef-Dosen, Trockenmilch und Schokoladentafeln findet, ist »begeistert«. Nur gegen das in einer Fußnote von Hannah Arendt kolportierte Gerücht, Heidegger habe Husserl den Zutritt zur Fakultät verboten, erhebt er Einspruch. »Substantiell ist natürlich wahr, was Sie berichten, nur die Richtigkeit der Schilderung des äußerlichen Vorgangs könnte nicht ganz exakt sein« (79). Heidegger wird, so vermutet Jaspers, nur die entsprechende dienstliche Anweisung, wie die anderen Rektoren auch, unterschrieben haben. (Auch das traf, wie bereits geschildert, nicht zu. Heidegger durfte Husserl die Aufhebung der »einstweiligen Beurlaubung« mitteilen, da er nicht unter das Gesetz zur »Wiederherstellung des Berufsbeamtentums« fiel.) Hannah bleibt dabei, sie sieht in Heidegger einen »potentiellen Mörder« (84), denn sein Verhalten habe Husserl das Herz gebrochen. Karl Jaspers dazu: »Ihre Beurteilung Heideggers teile ich durchaus« (99).

Trotz solcher Äußerungen – Hannah Arendt und Karl Jaspers sind mit Heidegger noch nicht ›fertig‹. Zwar wehrt sich Hannah noch zwei Jahre später gegen das Vorhaben ihres Freundes Dolf Sternberger, Heideggers Humanismus-Brief in der »Neuen Rundschau« zu veröffentlichen, aber als ihr Jaspers am 1. September 1949 mitteilt, er wechsle wieder gelegentlich einige Briefe mit Heidegger, schreibt sie: »da man doch bekanntlich nicht konsequent ist, ich jedenfalls nicht, habe ich mich gefreut« (178).

Karl Jaspers hatte die Korrespondenz mit Heidegger angefangen, als er sich gerade für die Aufhebung des Lehrverbots gegen Heidegger einsetzte. In diesem Sinne hatte Jaspers Anfang 1949 an den Freiburger Rektor Gerd Tellenbach geschrieben. »Herr Professor Martin Heidegger ist durch seine Leistungen in der Philosophie als einer der bedeutendsten Philosophen der Gegenwart in der ganzen Welt anerkannt. In Deutschland ist niemand, der ihn überträfe. Sein fast verborgenes, mit den tiefsten Fragen in Fühlung stehendes, in seinen Schriften nur indirekt erkennbares Philosophieren macht ihn vielleicht heute in einer philosophisch armen Welt zu einer einzigartigen Gestalt.« Es müsse von nun an gewährleistet werden, daß Heidegger ruhig arbeiten und, falls er dies wünsche, auch lehren könne.

Seitdem Heideggers Entnazifizierungsverfahren im März 1949 mit dem Urteil »Mitläufer. Keine Sühnemaßnahmen« abgeschlossen worden war, hatte an der Freiburger Universität die Beratung über die Aufhebung des Lehrverbotes wieder begonnen. Im Mai 1949 schlug der Senat mit knapper Mehrheit dem Ministerium vor, Heidegger wieder in die Rechte eines Emeritus einzusetzen und damit das Lehrverbot aufzuheben. Die Verhandlungen zogen sich noch längere Zeit hin. Erst im Wintersemester 1951/52 wird Heidegger wieder seine erste Vorlesung halten.

In seinem ersten Brief an Heidegger vom 6. Februar 1949 sondiert Jaspers vorsichtig, ob nicht der Zustand, »daß wir gegeneinander schweigen«, beendet werden könnte. Das sei sicherlich ein schwieriges Unterfangen. »Die unendliche Trauer seit 1933 und der gegenwärtige Zustand, in dem meine deutsche Seele nur immer mehr leidet, haben uns nicht verbunden, sondern stillschweigend getrennt.« Wenn auch »Dunkelheit« zwischen ihnen sei, so könne man doch versuchen, ob nicht im Privaten und Philosophischen »zwischen uns ein Wort von einem zum anderen geht«. Jaspers schließt seinen Brief mit den Worten: »Ich grüße Sie wie aus ferner Vergangenheit, über einen Abgrund der Zeit hinweg, festhaltend an etwas, das war und das nicht nichts sein kann« (BwHJ, 170).

Dieser Brief von Jaspers kommt zunächst nicht an. Aber Heidegger erfährt im Juni von Robert Heiß, daß Jaspers ihm geschrieben habe. Ohne den Brief also zu kennen, verfaßt Heidegger seinerseits ein kurzes Schreiben, das im forcierten Ton die Unsicherheit deutlich verrät. *Durch alle Irrung und Wirrnis und einer zeitweiligen Verstimmung hindurch ist mir der Bezug zu Ihnen unangetastet geblieben.* Auf welcher Ebene soll der *Bezug* fortgesetzt oder wie soll er wiederaufgenommen werden? Heidegger entscheidet sich einstweilen für Gemeinsamkeit im Erhabenen. *Der Wächter des Denkens sind in der steigenden Weltnot nur wenige; dennoch müssen sie gegen den Dogmatismus jeder Art ausharren, ohne auf Wirkung zu rechnen. Die Weltöffentlichkeit und ihre Organisation ist nicht der Ort, an dem das Geschick des Menschenwesens sich entscheidet. Man soll nicht über die Einsamkeit reden. Aber sie bleibt die einzige Ortschaft, an der Denkende und Dichtende nach menschlichem Vermögen dem Sein bei-stehen. Aus dieser Ortschaft grüße ich Sie herzlich* (BwHJ, 171).

Jaspers antwortet lakonisch und mit kaum verhülltem Mißtrauen: »Was Sie die Offenbarkeit des Seins nennen, das ist mir bis jetzt nicht zugänglich. Der ›Ort‹, von dem her Sie mich grüßen – vielleicht habe ich ihn noch nie betreten, empfange gerne, mit Verwunderung und Spannung, solchen Gruß« (10.7.1949, BwHJ, 176).

Hannah Arendt gegenüber kommentiert er diesen Brief verächtlich: »Er ist ganz in der Seinsspekulation, er schreibt ›Seyn‹. Vor zweieinhalb Jahrzehnten tippte er auf ›Existenz‹ und verdrehte die Sache im Grunde. Jetzt tippt er noch wesentlicher... Hoffentlich verdreht er nicht noch einmal. Aber ich zweifle. Kann man als unreine Seele, ... kann man in Unaufrichtigkeit das Reinste sehen?« Aber sogleich nimmt Jaspers die Härte des Urteils zurück und bemerkt: »Sonderbar ist es, daß er um etwas weiß, was heute kaum Menschen bemerken, und mit dem Ahnungsvollen Eindruck macht.«

Hannah Arendt ist ebenso schwankend in ihrem Urteil. Sie freut sich, wenn Jaspers wieder Verbindung zu Heidegger aufnimmt, und sie bestätigt zugleich seine negativen Urteile. »Dieses Leben in Todtnauberg, auf Zivilisation schimpfend und Sein mit einem y schreibend, ist ja doch in Wahrheit nur das Mauseloch, in das er sich zurückgezogen hat, weil er mit Recht annimmt, daß er da nur Menschen zu sehen braucht, die voller Bewunderung anpilgern; es wird ja so leicht nicht einer 1200 Meter steigen, um seine Szene zu machen« (178).

Im November 1949 kommt Hannah Arendt für vier Monate nach Europa, um im Auftrag der »Kommission für jüdischen kulturellen Wiederaufbau in Europa« die Überreste der von den Nazis geraubten jüdischen Kulturschätze zu sichten und zu inventarisieren. Während dieser Reise besucht sie im Dezember 1949 zunächst Karl und Gertrud Jaspers in Basel. Jaspers, in väterlicher Liebe Hannah zugetan, erfährt nun, so Ettinger, zum ersten Mal von der Liebesgeschichte zwischen ihr und Heidegger. »Ach, aber das ist ja sehr aufregend«, sagt er. Hannah ist erleichtert über diese Reaktion. Sie hatte sich auch vorstellen können, daß Jaspers mit moralischer Kritik oder auch mit Eifersucht reagieren könnte. Die beiden sprechen so ausgiebig über Heidegger, daß es dem skrupulösen Jaspers schon wieder unbehaglich wird: »Der arme Heidegger, nun sitzen wir hier, die beiden besten Freunde, die er hat, und durchschauen ihn.«

Als Hilde Fränkel, eine Freundin Hannahs, kurz vor der Reise fragte, ob sie sich mehr auf Basel oder auf Freiburg freue, hatte Hannah geantwortet: »Darling, um sich auf Freiburg zu ›freuen‹, dazu gehört ein bestialischer Mut – über den ich aber nicht verfüge.«

Noch am 3. Januar 1950, wenige Tage vor ihrer Fahrt nach Freiburg, schrieb sie an Heinrich Blücher: »Ob ich Heidegger sehen werde, weiß ich noch nicht... Ich überlasse alles dem Zufall.«

Heideggers letzte Briefe, die Jaspers ihr gezeigt hatte, wirkten auf sie abstoßend: »das gleiche Gemisch von Echtheit und Verlogenheit oder besser Feigheit«. Was sich dann abspielt, als Hannah am 7. Februar in Freiburg ankommt, hat Ettinger aus dem Briefwechsel wie folgt rekonstruiert: Hannah schickt Heidegger vom Hotel aus eine Mitteilung, woraufhin dieser sofort ins Hotel kommt. Er gibt an der Rezeption einen Brief ab. Darin lädt er sie für denselben Abend in sein Haus ein und läßt die Bemerkung einfließen, daß Elfride inzwischen über ihre Liebesgeschichte Bescheid wüßte. Offenbar hatte auch Heidegger ein beklemmendes Gefühl, denn er wollte zunächst die persönliche Begegnung hinauszögern. Aber nachdem er den Brief abgegeben hatte, bat er doch einen Zimmerkellner, ihn bei Hannah Arendt anzumelden. Hannah in einem zwei Tage später geschriebenen Brief an Heidegger: »Als der Kellner Deinen Namen sagte ... war es, als stünde plötzlich die Zeit still. Da kam mir blitzartig zu Bewußtsein, was ich vorher nicht mir und nicht Dir und keinem zugestanden hätte, daß mich der Zwang des Impulses ... gnädig bewahrt hat, die einzig wirklich unverzeihliche Untreue zu begehen und mein Leben zu verwirken. Aber eines sollst Du wissen (da wir ja nicht viel und nicht übermäßig offen miteinander verkehrt haben), hätte ich es getan, so nur aus Stolz, d.h. aus purer reiner verrückter Dummheit. Nicht aus Gründen.« Mit den »Gründen« war wohl, so Ettinger, Heideggers Nazi-Vergangenheit gemeint, die sie von einer Begegnung mit ihm offenbar nicht hätte abschrecken können. Was sie »Stolz« nennt, ist wahrscheinlich die Angst, von Heidegger wieder verzaubert zu werden. Aber wie ihr Brief an ihn vom 9. Februar 1950 zeigt, hat dieser Zauber bereits aufs neue begonnen. Denn was sie ihm gegenüber die »Bestätigung eines ganzen Lebens« nennt, schildert sie, aus der wiedergewonnenen Distanz, in einem Brief an Hilde Fränkel als Tragikomödie: »Er hat absolut keine Vorstellung davon, daß das alles 25 Jahre zurückliegt, daß er mich seit mehr als 17 Jahren nicht mehr gesehen hat.« Heidegger habe in ihrem Zimmer gestanden wie ein »begossener Pudel«.

Heidegger kehrt nach Hause zurück und erwartet dort den Besuch Hannahs noch am selben Abend, den die beiden alleine verbringen werden. Hannah schreibt darüber an Blücher: »Wir haben, scheint mir, zum ersten Mal in unserem Leben miteinander gesprochen.« Hannah fühlt sich nicht mehr in der Rolle einer Schülerin. Sie kommt aus der

Welt, eine ›Vielerfahrene‹, eine Überlebende der Katastrophe, eine politische Philosophin, die soeben ein Buch fertiggestellt hat, »Elemente und Ursprünge totaler Herrschaft«, das wenig später zu einem Welterfolg wird. Aber davon ist nicht die Rede. Heidegger spricht, so Ettinger, über seine politische Verstrickung, erzählt, wie ihn damals der »Teufel« geritten habe, klagt über seine Verfemung. Sie trifft einen Menschen, der rechthaberisch, zerknirscht und verbittert ist; der ihr hilfsbedürftig vorkommt. Und sie ist bereit zu helfen. Sie wird für Heidegger Verhandlungen mit Verlegern in Amerika führen, Verträge aushandeln, Übersetzungen beaufsichtigen, wird Lebensmittelpakete schicken, Bücher, Schallplatten. Und er wird zärtliche Briefe schreiben, manchmal legt er einen Stengel Zittergras bei, schreibt über seine Arbeit, schildert seinen Blick aus dem Fenster, erinnert sie an das grüne Kleid, das sie damals in Marburg trug. Und immer werden Grüße von Elfride übermittelt.

Bei dieser ersten Begegnung wollte Heidegger einen Dreibund stiften. Er erklärte Hannah, so Ettinger, daß es Elfride gewesen sei, die ihm Mut gemacht habe, die Freundschaft wiederaufzunehmen. Für den zweiten Besuchstag hatte Heidegger ein Treffen zu dritt arrangiert. Über diese Situation schreibt Hannah zwei Tage später an Heidegger: »Ich war und bin erschüttert von der Ehrlichkeit und Eindringlichkeit der Annäherung (Elfrides, R. S.).« Ein »plötzliches Gefühl der Solidarität« habe sie ergriffen. Ganz anders schreibt sie über diese Situation an Blücher: »Heute früh kam dann noch eine Auseinandersetzung mit seiner Frau – die macht ihm seit 25 Jahren, oder seit sie auf irgendeine Weise die Bescherung rausgekriegt hat, offenbar die Hölle auf Erden. Und er, der doch notorisch immer und überall lügt, wo er nur kann, hat ebenso offenbar, d.h. wie sich aus einem vertrackten Gespräch zu dritt ergab, nie in all den 25 Jahren geleugnet, daß dies nun einmal die Passion seines Lebens gewesen sei. Die Frau, fürchte ich, wird so lange ich lebe bereit sein, alle Juden zu ersäufen. Sie ist leider einfach mordsdämlich.« Heidegger hatte, folgt man der Interpretation Ettingers, die Situation anders erlebt. Für ihn war es kein Streit, sondern eine Versöhnung. Er war gerührt, als die beiden Frauen sich zum Abschied umarmten. Er wollte auch sogleich Heinrich Blücher in den Freundesbund aufnehmen und gab Hannah herzliche Grüße auf den Weg. Hannah versuchte Heideggers Überschwang ein wenig zu dämpfen und erinnerte ihn daran, daß sie sich auf Elfride nur seinetwegen einlasse. Sie befolge ihren Grundsatz von früher: »Nichts schwerer machen, als es zu sein hat. Weggegangen aus Marburg bin ich ausschließlich Deinetwegen.«

Zwei Tage nach dieser Dreibund-Szene schreibt Hannah ihren ersten und einzigen Brief an Elfride. Sie bringt das Kunststück fertig, an die neue Intimität anzuknüpfen und zugleich den für sie notwendigen Abstand wiederherzustellen. »Sie haben den Bann gebrochen«, räumt sie ein, »und dafür danke ich Ihnen aus ganzem Herzen.« Aber Schuldgefühle wegen der Heimlichkeiten in der Vergangenheit habe sie nicht. Es sei ihr in der Folge dieser Liebesgeschichte schlimm genug ergangen, schreibt sie. »Sehen Sie, ich war, als ich aus Marburg fortging, fest entschlossen, nie mehr einen Mann zu lieben, und habe dann später geheiratet (Günther Anders, R. S.), irgendwie ganz gleich wen, ohne zu lieben.« Sie ist genug gestraft, also bitte keine Vorhaltungen aus der Vergangenheit. Und über die Gegenwart schreibt sie so, als hätte es die Umarmungsszene zwei Tage zuvor nicht gegeben. »Sie haben doch aus Ihrer Gesinnung nie einen Hehl gemacht, tun es auch heute nicht, auch mir gegenüber nicht. Die Gesinnung nun bringt es mit sich, daß ein Gespräch fast unmöglich ist, weil ja das, was der andere sagen könnte, bereits im vornherein charakterisiert und (entschuldigen Sie) katalogisiert ist – jüdisch, deutsch, chinesisch.«

Als Hannah Arendt zwei Jahre später, am 19. Mai 1952, wieder zu Besuch kommt, sind auch die letzten Reste der forcierten Idylle dieses Dreibundes verschwunden. Hannah an Heinrich Blücher: »Die Frau ist halb blödsinnig vor Eifersucht, die sich in den Jahren, in denen sie offenbar dauernd gehofft hat, daß er mich einfach vergessen werde, sehr gesteigert hat. Dies äußerte sich mir gegenüber in einer halb antisemitischen Szene, ohne ihn. Überhaupt sind die politischen Überzeugungen der Dame ... von aller Erfahrung ungetrübt und von einer so vernagelten, bösartigen, ressentiment-geladenen Dummheit, daß man alles verstehen kann, was gegen ihn geschieht... Kurz und gut, es hat dabei geendet, daß ich ihm eine regelrechte Szene machte, und seither ist alles erheblich besser.« Für Hannah Arendt steht fest: Elfride ist an allem schuld. Was Hannah und Karl Jaspers in ihrem Briefwechsel über Heidegger dessen »Unreinheit« genannt hatten, das ist für sie nichts anderes als eine Verunreinigung durch die Berührung mit dieser Frau.

Aber Hannah täuscht sich, wenn sie in Elfride nur den bösen Dämon im Leben Heideggers sieht. Tatsächlich war Elfride für Heidegger eine gute Frau und treue Lebensgefährtin. Sie hatte ihn geheiratet, als es noch keine Anzeichen für seine spätere Berühmtheit gab. Während seiner Privatdozentenjahre hatte sie die Familie ernährt, indem sie an der Schule unterrichtete. Sie war eine emanzipierte, selbstbewußte Frau, der seltene Fall einer studierten Nationalökonomin. Sie war für Heidegger ein Rückhalt, als er sich von der katholischen Kirche entfernte, als der Ruhm über ihn hereinbrach, und in der Zeit der Verfemung nach dem Krieg. Sie sorgte für Lebensumstände, die es Heidegger ermöglichten, ruhig zu arbeiten. Auf ihre Initiative hin wurde die Hütte in Todtnauberg gebaut. Es ist wahr, früher als Heidegger wurde sie zur Nationalsozialistin. Aber Heidegger hatte seine eigenen Gründe für seinen »Machtrausch«. Bei ihr spielten die Ideen der Frauenemanzipation eine große Rolle. Fortschritte auf diesem Gebiet versprach sie sich von der nationalsozialistischen Revolution. Aber anders als Heidegger, der ihr darin nicht folgte, teilte sie auch die rassistische und antisemitische Ideologie der Nazi-Bewegung. Sie hing dem Nationalsozialismus länger an als ihr Mann. Manche Nachbarn fürchteten sich vor ihr und vermieden in ihrer Gegenwart jedes kritische Wort über das ›System‹. Im Herbst 1944 soll sie sich verhaßt gemacht haben, als sie als Aktivistin im Stadtteil »die Frauen Zähringens in der schlimmsten Weise brutalisierte« und darauf drang, »auch Kranke und Schwangere zum Schanzen zu schicken«, so jedenfalls der Bericht Friedrich Oehlkers, Mitglied des »Bereinigungsausschusses«, an Karl Jaspers. Vor dem »Bereinigungsausschuß« und beim Entnazifizierungsverfahren galt Elfride offenbar als zusätzliche Belastung für Heidegger. Aber er selbst benützte seine Frau als Schutzwehr gegen eine, wie er glaubte, feindselige Umwelt. Elfride übernahm diese Rolle bereitwillig. Sie idealisierte ihren Mann nicht, verstand aber seine Leidenschaft für die ›Sache des Denkens‹ und tat alles, was in ihrer Macht stand, damit er dieser Leidenschaft nachgehen konnte. Das hat Heidegger anerkannt, und er blieb ihr ein Leben lang dankbar dafür. Was ihn besonders beeindruckte: Sie tolerierte sein Bedürfnis nach Einsamkeit und gab ihm zugleich das Gefühl eines Zuhauses. Den größten Teil der Alltagslasten und der Kindererziehung trug sie. Für ihn eine bequeme Arbeitsteilung. In den früheren Jahren hatte er ihr einigemal Anlaß zur Eifersucht gegeben, denn Heidegger war ein Mann, in den sich Frauen gerne verliebten. Kleine Affären waren an der Tagesordnung. Aber niemals, auch nicht in der Beziehung mit Hannah Arendt, hatte er daran gedacht, sich von Elfride zu trennen. Jedenfalls, so Ettinger, erlaubt der Briefwechsel keinen anderen Schluß. Und jetzt, da Hannah wieder in sein Leben trat, träumte er von dem Dreibund, der ihm erlauben würde, an Elfride festzuhalten und

Hannah wiederzugewinnen, wohl nicht mehr als Geliebte, aber als geliebte Freundin. Aber ein solcher Dreibund war eben doch unmöglich, weder Hannah noch Elfride wollten ihn. Die Eifersucht mobilisierte bei Elfride alle antisemitischen Vorurteile. Und für Hannah handelte es sich bei dieser Ehe ganz einfach um das »Bündnis zwischen Mob und Elite«.

Wie Ettinger berichtet, ist Hannah in den wenigen Stunden, die sie 1952 alleine mit Heidegger verbringt, wieder hingerissen von ihrem Philosophen, der mit ihr einige Passagen aus seiner Vorlesung WAS HEISST DENKEN? durchgeht. In solchen Augenblicken habe sie, schreibt sie an Blücher, die »Gewißheit einer fundamentalen Gutartigkeit, einer mich immer wieder erschütternden Zutraulichkeit (anders kann ich es kaum bezeichnen), die völlige Abwesenheit, sobald er mit mir zusammen ist, von all den Dingen, die sich sonst wohl leicht vordrängen, seine echte Hilflosigkeit und Wehrlosigkeit. Solange die Produktivität anhält, ist keine Gefahr; Angst habe ich nur vor den bei ihm ja immer wieder eintretenden Depressionen. Dagegen versuche ich jetzt vorzubeugen. Vielleicht erinnert er sich dann, wenn ich nicht mehr da bin.«

Hannah sieht sich in der Rolle eines Schutzengels für den ›besseren‹ Heidegger. Sie will ihm helfen, seine Produktivität zu bewahren, und Heinrich Blücher bestätigt sie darin: »›Was heißt Denken?‹ ist eine großartige Frage nach Gott. So hilf ihm fragen.«

Doch Hannah Arendt hat ihm nicht nur beim Fragen geholfen, sie hat ihm auch – philosophisch – geantwortet.

Als 1960 die deutsche Ausgabe ihres philosophischen Hauptwerkes »Vita activa« erscheint, schickt sie Heidegger ein Exemplar und schreibt, so Ettinger, im Begleitbrief, daß dieses Werk nicht hätte entstehen können, »ohne das, was ich in der Jugend bei Dir gelernt habe... Es ist unmittelbar aus den ersten Marburger Tagen entstanden und schuldet Dir in jeder Hinsicht so ziemlich alles.«

Auf einem gesonderten, nicht abgeschickten Blatt, das Ettinger aufgefunden hat, schreibt Hannah: »De Vita Activa / Die Widmung dieses Buches ist ausgespart. / Wie soll ich es Dir widmen, / dem Vertrauten, / dem ich die Treue gehalten habe / und nicht gehalten habe, / Und beides in Liebe.«

Worin hat Hannah Arendt ihrem Lehrer philosophisch die »Treue« gehalten?

Hannah Arendt hat Heideggers revolutionären Bruch mit der Tradition des philosophischen Denkens mitvollzogen, sie hält also an der

Einsicht fest, daß der Weltbezug des Menschen primär kein erkennend-theoretischer, sondern ein besorgend-handelnder ist, und daß dieses Handeln zugleich ein eröffnendes Geschehen ist, ein Wahrheitsgeschehen. Für Heidegger wie für Hannah Arendt ist das Offene, von Heidegger *Lichtung* genannt, ein inneres Telos des Daseins. Aber Heidegger unterscheidet, anders als Hannah Arendt, solche Offenheit von der *Öffentlichkeit*. Heidegger hatte in SEIN UND ZEIT erklärt, *die Öffentlichkeit verdunkelt alles und gibt das so Verdeckte als das Bekannte und jedem Zugängliche aus* (SuZ, 127). In der Öffentlichkeit wird das Dasein in der Regel vom *Man* beherrscht: *jeder ist der Andere und keiner er selbst* (SuZ, 128). Dieser Öffentlichkeit stellt Heidegger bekanntlich die *Eigentlichkeit* entgegen.

Wie Heidegger orientiert sich auch Hannah Arendt an dieser Idee der Offenheit, aber sie ist bereit, diese Idee potentiell auch in der Öffentlichkeit verwirklicht zu sehen. Sie verspricht sich Offenheit nicht von dem gewandelten Verhältnis des einzelnen zu sich selbst, also nicht von der Heideggerschen *Eigentlichkeit*, sondern von dem Bewußtsein der Pluralität, also von der Einsicht, daß unser *In-der-Welt-Sein* bedeutet, mit »vielen« zusammen eine Welt teilen und gestalten zu können. Offenheit gibt es nur dort, wo die Erfahrung der Pluralität der Menschen ernst genommen wird. Ein vermeintlich authentisches Denken aber, das »die Vielen« diskreditiert, nimmt die Herausforderung durch die Pluralität, die unabdingbar zur Conditio humana gehört, nicht an. Solches Denken spricht von den Menschen nicht im Plural, sondern im Singular, für Hannah Arendt ein Verrat der Philosophie an der Politik. Wie Heidegger sucht auch Hannah Arendt im antiken Griechenland nach einer Urszene für das von ihr Gemeinte. Heidegger hat sein platonisches Höhlengleichnis, Hannah Arendt ihr Bild der griechischen Demokratie, wie es von Thukydides überliefert wird: »In (ihren) stets von neuem anhebenden Gesprächen haben die Griechen entdeckt, daß die uns allen gemeinsame Welt normalerweise von unendlich vielen verschiedenen Standpunkten aus betrachtet wird, denen die unterschiedlichsten Gesichtspunkte entsprechen... Die Griechen lernten verstehen – nicht einander als vereinzelte Personen verstehen, sondern die gleiche Welt vom Standpunkt des Anderen zu betrachten, und das Gleiche unter sehr verschiedenen und oft entgegengesetzten Aspekten sehen. Die Reden, in denen Thukydides die Standpunkte und Interessen miteinander kämpfender Parteien erläutert, sind immer noch ein lebendiges Zeugnis vom hohen Objektivitätsgrad dieser Auseinandersetzungen.« Man könnte sagen, daß Hannah Arendt das *Höhlengeschwätz* (Heidegger) der in Platons Höhle Gefesselten rehabilitiert. Das platonische Licht einer vollkommenen Wahrheit oder der heideggersche Aufstieg vom Seienden zum Seienderen gibt es für sie nicht. Es gibt nur Perspektiven auf eine gemeinsame Welt und die unterschiedliche Fähigkeit, mit dieser Vielfalt umgehen zu können. Auf Heideggers Bannsprüche gegen das *Gerede* in der Öffentlichkeit anspielend, erklärte Hannah Arendt in ihrer Lessing-Rede von 1959, die Welt würde unmenschlich bleiben, »wenn sie nicht dauernd von Menschen besprochen wird«.

Nicht die Eigentlichkeit, sondern die »Virtuosität des mit anderen zusammen Handeln« gibt der Welt jene Offenheit, auf die auch Heidegger hinauswill.

Auch beim Problem der Wahrheit hat Hannah Arendt von Heidegger gelernt und ist zugleich einen Schritt weitergegangen. Sie knüpft an sein Konzept der Wahrheit als Unverborgenheit an, aber statt, wie Heidegger, das Wahrheitsgeschehen vor allem im Verhältnis des Menschen zu den Dingen sich abspielen zu lassen, entdeckt sie es zwischen den Menschen. Erst dort, in den Tragödien und Komödien des menschlichen Zusammenlebens, wird für sie das Wahrheitskonzept der Unverborgenheit plausibel. Die Urszenen der Wahrheit spielen in der Arena des Sozialen. Hannah Arendt: »Handelnd und sprechend offenbaren die Menschen jeweils, wer sie sind, zeigen aktiv die personale Eigenart ihres Wesens, treten gleichsam auf die Bühne der Welt.«

Weil der Verkehr der Menschen untereinander Bühneneigenschaften hat, kann ihnen auch die ganze erscheinende Welt zur Bühne werden. Nur weil sie hervortreten und sich zeigen können, gewinnen sie den Eindruck, daß es sich mit der Natur auch nicht anders verhält und daß auch sie sich ›zeigen‹ will. Selbst Platons Aufstieg zu den reinen Ideen bleibt immer noch an dieses Gesellschaftsspiel des Erscheinens und Auftretens gebunden, denn diese Ideen sollen geschaut werden – auf der inneren Bühne des Philosophen.

Die »Welt«, von der Hannah Arendt spricht, meint diesen bühnenartigen, gesellschaftlichen, eröffnenden Raum. Welt tut sich auf zwischen den Menschen, sie ist deshalb nicht zu verstehen als Summe aller Dinge, Menschen und Vorkommnisse, sondern als Ort, wo Menschen sich begegnen und wo ihnen Dinge erscheinen können; und wo sie schließlich etwas hervorbringen, das mehr ist als die Summe der Tätigkeiten der einzelnen. Auf solches ›Zwischen‹ bezieht sich Hannah

Arendt übrigens auch in dem Brief an Heidegger, worin sie die Zusendung von »Vita activa« ankündigt: »Wäre es zwischen uns je mit rechten Dingen zugegangen – ich meine Zwischen, weder Dich noch mich – so hätte ich Dich gefragt, ob ich es Dir widmen darf.« Hannah jedenfalls hatte das Gefühl, daß in dieser Beziehung für sie nur die Hingabe an Heidegger oder die Selbstbehauptung gegen ihn möglich war. In einer solchen Beziehung mußte die Welt, die dazwischenliegt, gewissermaßen verbrennen. Es blieb kein Raum der freien Begegnung, zu vieles blieb ungetan, ungesagt, unbemerkt.

In ihrem Buch »Vita activa« geht Hannah Arendt der Frage nach, wie diese »Welt« das Dazwischen bewahrt und wie sie zerstört werden kann, im einzelnen Leben und im historischen Maßstab. Sie unterscheidet zwischen »Arbeiten«, »Herstellen« und »Handeln«. Auch hier knüpft sie an Heidegger an, indem sie aus dem *In-der-Welt-Sein* eine Stufenfolge der verschiedenen Tätigkeiten macht, mit denen die Menschen sich gewissermaßen ins Freie hinausarbeiten und damit die Voraussetzungen der Offenheit schaffen.

»Arbeiten« dient im Verständnis Hannah Arendts ausschließlich der biologischen Lebenserhaltung. Hier organisiert der Mensch seinen Stoffwechsel mit der Natur. Arbeit und Ruhe, Arbeit und Konsum lösen sich rhythmisch ab, sie haben strenggenommen weder Anfang noch Ende und sind wie Geburt und Tod in den Kreislauf des Gattungslebens einbezogen. In der Arbeit konsumiert der Mensch die Natur, und in der Arbeit braucht er sein Leben auf. Dauerhafte Ergebnisse werden nicht gezeitigt, Arbeit ist nicht eigentlich »weltbildend«.

Anders das »Herstellen«. Hier entstehen, handwerklich oder künstlerisch, Produkte, die über das bloß Lebensdienliche hinausgehen: Gegenstände, die nicht unmittelbar konsumiert werden können. Gerätschaften, Gebäude, Möbel, Kunstwerke, die Generationen überdauern sollen. Je mehr ein Gegenstand auf Dauer angelegt ist, desto »welthafter« ist die auf seine Fertigstellung gerichtete Tätigkeit. Der Vorgang des Herstellens ist linear, auf ein äußeres Ziel gerichtet. Da wird etwas errichtet, aufgestellt, hergestellt, das seinen Platz in der Welt behauptet und dann zu dem festen Rahmen gehört, den die Menschen sich schaffen, um daran Halt, Aufenthalt und einen Bezug für ihr lebendiges Unterwegssein zu finden. Es ist nicht nur die Notdurft des Lebens, die hier antreibt, sondern das Bedürfnis, dem zeitlichen Dasein zwischen Geburt und Tod ein Element der Dauer, der Zeit-Transzendenz zu verschaffen.

Aber noch nachhaltiger als das »Herstellen« hebt das »Handeln« den Menschen aus den naturwüchsigen Kreisläufen des Lebens heraus. Handeln – griechisch: Praxis – ist, wie schon Aristoteles definiert, vom Herstellen – griechisch: Poiesis – dadurch unterschieden, daß es Selbstdarstellung und Ausdrucksform der menschlichen Freiheit ist. Im Handeln stellen sich die Menschen dar, sie zeigen, wer sie sind und was sie mit sich und aus sich machen wollen. Handeln ist alles, was zwischen den Menschen geschieht, wenn es nicht unmittelbar der Arbeit oder dem Herstellen dient. Das Handeln macht das Theater der Welt aus, und deshalb wird auch auf den Brettern, die die Welt bedeuten, gehandelt: die Dramen der Liebe, der Eifersucht, der Politik, des Krieges, das Gespräch, die Erziehung, die Freundschaft. Nur weil die Menschen frei sind, können sie handeln. Und die Vielfalt der sich kreuzenden und verwobenen Handlungen ergibt das Chaos der menschlichen Wirklichkeit, und daher gibt es menschliche Geschichte, die keiner berechenbaren Logik folgt. Geschichte wird nicht »hergestellt« und ist auch kein »Arbeitsprozeß«; sie ist überhaupt kein Prozeß, sondern ein diskontinuierliches Geschehen, hervorgebracht durch die konfliktreiche Pluralität von handelnden Menschen. Die Menschen stellen Maschinen her und arbeiten an ihnen, aber weder die individuelle noch die kollektive Geschichte ist eine Maschine, obwohl es nicht an Versuchen gefehlt hat, sie in eine solche zu verwandeln. Daß auch Heidegger mit seiner *Seinsgeschichte* dieser Versuchung, eine eigentliche Logik hinter dem Gewirr der Zeit zu entdecken, erlegen ist – diese Vermutung wird Hannah Arendt im zweiten Band ihrer nachgelassenen Schrift »Vom Leben des Geistes« aussprechen. Dort rückt sie Heidegger in die Nähe jener »professionellen Denker«, die sich mit der Freiheit und ihrer »unentrinnbaren Zufälligkeit« nicht abfinden, die nicht »den Preis der Kontingenz für das fragwürdige Gut der Spontaneität bezahlen« wollen.

Vom »Standpunkt der natürlichen Vorgänge« und der »automatischen Prozesse, die den Lauf der Welt eindeutig zu bestimmen scheinen«, nimmt sich das Handeln »wie ein Kuriosum oder wie ein Wunder aus«. Handeln bedeutet, Initiative ergreifen zu können. Initium – der Anfang.

Hannah Arendt, die dem Holocaust entkommen war, entwickelt in »Vita activa« die grandiosen Umrisse einer Philosophie des Anfangenkönnens. Und gerade diese Philosophie trägt die Spur ihrer Liebe zu Heidegger. Als er zu ihrer Dachstube in Marburg emporgestiegen war, hatte er seine Philosophie des Eigentlichkeitsgewinns durch das *Vor-*

laufen zum Tod in der Feder. Sie, die dem Tod entkam, antwortet komplementär, wie Liebende tun, mit einer Philosophie des Vorlaufens an den Anfang, an das Anfangenkönnen. »Das Wunder, das den Lauf der Welt und den Gang der menschlichen Dinge immer wieder unterbricht und vor dem Verderben rettet ..., ist schließlich die Tatsache der Natalität, des Geborenseins... Das ›Wunder‹ besteht darin, daß überhaupt Menschen geboren werden und mit ihnen der Neuanfang, den sie handelnd verwirklichen können kraft ihres Geborenseins« (167).

Diese eindrucksvolle Antwort auf Heideggers Sterblichkeitsphilosophie, diese Philosophie der Geburtlichkeit kennt auch die Stimmung der Angst, aber auch den Jubel über das Ankommen in der Welt. Aus der Philosophie des Anfangenkönnens entwickelt Hannah Arendt ihren Begriff der Demokratie. Sie gewährleistet, daß im Miteinandersein jeder die Chance behält, seinen eigenen Anfang zu setzen; sie ist die große Aufgabe, mit der Nichtübereinstimmung leben zu lernen. Denn wenn wir in einer gemeinsamen Welt zusammentreffen oder gar zusammenstimmen wollen, so erfahren wir, daß wir jeweils von einem anderen Anfang herkommen und an einem ganz eigenen Ende aufhören werden. Das anerkennt die Demokratie, indem sie bereit ist, die Auseinandersetzung um die Fragen des gemeinsamen Lebens immer wieder neu beginnen zu lassen. Aber solche neuen Anfänge, individuell und kollektiv, sind nur möglich, wenn es zweierlei gibt: das Versprechen und das Verzeihen. Indem wir handeln, lösen wir Prozesse aus, die wir keinesfalls verantworten können; was wir in die Welt setzen, wird immer auch etwas Unwiderrufliches und Unübersehbares sein. »Das Heilmittel gegen Unwiderruflichkeit – dagegen, daß man Getanes nicht rückgängig machen kann, obwohl man nicht wußte und nicht wissen konnte, was man tat – liegt in der menschlichen Fähigkeit zu verzeihen. Und das Heilmittel gegen Unabsehbarkeit – und damit gegen die chaotische Ungewißheit alles Zukünftigen – liegt in dem Vermögen, Versprechen zu geben und zu halten« (231).

Hannah Arendt selbst hatte sich das Versprechen gegeben, an Martin Heidegger festzuhalten. Das aber konnte sie nur, weil sie die Kraft besaß, ihm zu verzeihen.

Er hat es ihr jedoch immer wieder schwergemacht.

Als Hannah 1955 erneut nach Deutschland kommt, besucht sie ihn nicht. »Daß ich nicht fahre, scheint mir wie eine stumme Verabredung zwischen Heidegger und mir«, schreibt sie an Heinrich Blücher. Hannah Arendt war eingeladen worden, um das soeben in Deutschland erschienene Totalitarismus-Buch vorzustellen. Inzwischen war sie ein großer Star, und sie wußte, daß Heidegger sofort bemerken würde, wenn sie in dem ganzen Rummel ihm nicht ihre ungeteilte Aufmerksamkeit würde zuwenden können. Hannah Arendts Reise nach Deutschland wurde tatsächlich ein Triumphzug. Es kehrte eine stolze Jüdin zurück, die ihre Bilanz der totalitären Versuchungen dieses Jahrhunderts vortrug und dabei auch mit den deutschen Mandarinen dieser Zeit scharf ins Gericht ging. »Freiwilliges Untertauchen in einen übermenschlichen Kraftprozeß der Zerstörung schien auf jeden Fall alle Bindungen an vorgegebene Funktionen in der Gesellschaft zu lösen und aus der Verstrickung in nichtssagende Banalität zu erlösen. Die Anziehungskraft der totalitären Bewegungen auf diese Menschen bestand und besteht in ... jener nur scheinbar widerspruchsvollen Amalgamierung einer von allen Bedenken ›gereinigten‹, brutal-reinen Aktion mit dem Glauben an die überwältigende Macht einer allem menschlichen Verstehen entzogenen, brutal-reinen Notwendigkeit.«

Solche Sätze mußten Heidegger schwer treffen. Er hatte wohl nur in das Buch hineingeblickt, aber gerade jene zitierten Passagen über das »zeitweilige Bündnis zwischen Mob und Elite« (528) hatten in der Öffentlichkeit so großes Aufsehen erregt, daß sie Heidegger nicht entgangen sein dürften. Dem Grundgedanken des Buches – die These von der Ähnlichkeit und Vergleichbarkeit der totalitären Systeme – konnte er inzwischen – seit der NIETZSCHE-Vorlesung – durchaus zustimmen. Trotzdem mußte er sich unangenehm daran erinnert fühlen, daß er seinen Einsatz für den Nationalsozialismus in den Rechtfertigungen der unmittelbaren Nachkriegszeit als Versuch zur Rettung des Abendlandes vor der Gefahr des Kommunismus verteidigt hatte. Es ist also möglich, daß Hannah Arendt diesmal Heidegger auch deshalb nicht aufsuchte, weil sie mit seinen ärgerlichen Reaktionen wegen des Buches rechnete.

Im Sommer 1961, sie hat soeben am Eichmann-Prozeß als Berichterstatterin teilgenommen – ihre Berichte werden in Amerika einen großen Skandal auslösen, weil darin die Mitwirkung von jüdischen Organisationen bei der Deportation geschildert wurde –, in diesem Jahr also kommt Hannah Arendt wieder nach Deutschland. Inzwischen ist auch hier ihr philosophisches Hauptwerk »Vita activa« erschienen. Sie macht auch in Freiburg Station. »Ich hatte Heidegger geschrieben, ich sei dann und dann da, er könne mich erreichen. Er meldete sich nicht, was mir weiter nicht auffiel, da ich noch nicht einmal wußte, ob er in der

Stadt war.« Sie wird, so berichtet Ettinger, zu einem Fest beim Freiburger Jura-Professor Kaiser eingeladen und äußert ihren Wunsch, Eugen Fink, den sie aus der Studentenzeit her kannte, zu sehen. Der aber lehnt die Einladung »brüsk« ab. Der ganze Hergang läßt für sie nur den Schluß zu, daß Heidegger dahintersteckt, daß er Fink dazu bewogen habe, die Einladung ihretwegen abzulehnen.

Drei Monate später schreibt sie an Jaspers: »Heidegger – ja das ist eine höchst ärgerliche Geschichte... Meine Erklärung ... ist, daß ich ihm zum ersten Mal im vorigen Winter eines meiner Bücher habe zukommen lassen... Ich weiß, daß es ihm unerträglich ist, daß mein Name in der Öffentlichkeit erscheint, daß ich Bücher schreibe, etc. Ich habe ihm gegenüber mein Leben lang gleichsam geschwindelt, immer so getan, als ob all dies nicht existiere und als ob ich sozusagen nicht bis drei zählen kann, es sei denn in der Interpretation seiner eigenen Sachen; da war es ihm immer sehr willkommen, wenn sich herausstellte, daß ich bis drei und manchmal sogar bis vier zählen konnte. Nun war mir das Schwindeln plötzlich zu langweilig geworden, und ich habe eins auf die Nase gekriegt. Ich war einen Augenblick lang sehr wütend, bin es aber gar nicht mehr. Bin eher der Meinung, daß ich es irgendwie verdient habe – nämlich sowohl für Geschwindelthaben wie für plötzliches Aufhören mit dem Spiel« (494).

Es dauert fünf Jahre, bis Heidegger wieder an Hannah Arendt schreibt, Glückwünsche zu ihrem sechzigsten Geburtstag. Diesem Brief legt er, so Ettinger, eine Ansichtskarte von Todtnauberg bei und ein Gedicht mit dem Titel HERBST.

Anfang dieses Jahres, 1966, war aus Anlaß von Alexander Schwans Buch »Politische Philosophie im Denken Heideggers« ein »Spiegel«-Artikel erschienen, der sich mit Heideggers Nationalsozialismus beschäftigte. Darüber korrespondieren Hannah Arendt und Karl Jaspers. Hannah Arendt vermutet als »Drahtzieher« die »Wiesengrund-Adorno-Leute« (670), und Karl Jaspers verteidigt Heidegger gegen den im »Spiegel« geäußerten Verdacht, Heidegger habe ihn wegen seiner jüdischen Frau nicht mehr besucht. »Gertrud und ich wurden ihm in der Tat einfach immer gleichgültiger« (665), schreibt Jaspers an Hannah Arendt am 9. März 1966. »Heidegger hat nicht geplant, den Verkehr mit uns aufzuheben. Es kam eben so. Ich habe nach 1945 nicht beschlossen, ihn nie wieder zu sehen, es kam eben so, ohne Absicht. Aber eine Analogie der Unabsichtlichkeit scheint mir vorzuliegen« (666).

Und doch: Auch Karl Jaspers ist mit Heidegger noch nicht fertig. Beim Tode von Karl Jaspers drei Jahre später werden seine Notizen griffbereit auf dem Schreibtisch liegen. Aber an einen kontinuierlichen Briefwechsel oder gar an eine persönliche Begegnung denkt Jaspers, nach der kurzen Wiederbelebung der Beziehung in den Jahren 1949 und 1950, nun schon lange nicht mehr.

Es war Jaspers, der sich wieder zurückgezogen hatte – und zwar nach Heideggers Brief vom 7. März 1950. Das war kurz nach Hannahs erstem Besuch. Sie hatte Heidegger ermuntert, sich gegenüber Jaspers offen zu äußern, und Heidegger hatte daraufhin an Jaspers geschrieben: *Ich bin seit 1933 nicht deshalb mehr in Ihr Haus gekommen, weil dort eine jüdische Frau wohnte, sondern weil ich mich einfach schämte* (BwHJ, 196). Jaspers hatte sich in einem kurzen Antwortbrief für die »rückhaltlose Erklärung« bedankt, aber dann zwei Jahre lang geschwiegen. Als er schließlich doch am 24. Juli 1952 antwortete, wird deutlich, daß er dem ganzen Heideggerschen Orakelton mißtraut. Heidegger hatte geschrieben, daß *die Sache des Bösen* noch nicht zu Ende sei und daß in dieser *Heimatlosigkeit* sich ein *Advent* vorbereite, *dessen fernste Winke wir vielleicht doch noch in einem leisen Wehen erfahren dürfen und auffangen müssen, um sie zu verwahren für eine Zukunft* (8.4.1950, BwHJ, 202/203). Jaspers antwortete: »Ist nicht eine Philosophie, die in solchen Sätzen Ihres Briefes ahnt und dichtet, die die Vision eines Ungeheuren bewirkt, wiederum Vorbereitung des Sieges des Totalitären dadurch, daß sie von der Wirklichkeit sich trennt?« Zu Heideggers *Advent* bemerkte er: »Das ist, soweit ich denken vermag, reine Träumerei, in der Reihe so vieler Träumereien, die ... uns dieses halbe Jahrhundert genarrt haben« (24.7.1952, BwHJ, 210).

Nach diesem Brief tauschten Jaspers und Heidegger nur noch längere oder kürzere Geburtstagsgratulationen aus. Im Jahr 1956 las Jaspers in dem Aufsatz ZUR SEINSFRAGE, Heideggers Geburtstagsgabe für Ernst Jünger, die Sätze: *Wer heute das metaphysische Fragen im Ganzen seiner Art und Geschichte deutlicher zu durchschauen und zu befolgen meint, sollte, wo er sich doch so überlegen gern in hellen Räumen bewegt, eines Tages darüber nachdenken, woher er denn das Licht zu einem klareren Sehen genommen hat* (W, 410). Dazu notierte sich Jaspers: »Es ist nach den gewählten sprachlichen Wendungen leider kein Zweifel, daß ich gemeint bin... Hier beginnt eine Häßlichkeit, auf die ich mich nicht weiter einlasse.« In diesem Jahr wurde Hannah Arendt bei ihrem Deutschlandbesuch von Jaspers in eine »Art Generalbesprechung« über Heidegger hineingezogen. Jaspers habe ihr, so berichtet sie Blücher, »fast ein Ultimatum wegen Heidegger« gestellt. Er forderte einen Abbruch der Beziehung. »Ich wurde wütend und erklärte, ich ließ mir keine Ultimaten stellen.«

Heidegger hat keine ›Notizen zu Jaspers‹ hinterlassen. In der Beziehung zwischen den beiden war Heidegger der Umworbene. Jaspers hatte an Heidegger ein philosophisches Charisma verspürt, in dessen Bann er immer wieder geriet. Eine entsprechende Erfahrung gibt es bei Heidegger in bezug auf Jaspers nicht. Und doch war es Heidegger, der in den frühen zwanziger Jahren zum ersten Mal von einer *Kampfgemeinschaft* gesprochen hatte im Sinne einer Revolte gegen die Professoren-Philosophie im Namen der Existenz. Und es war auch Heidegger, der zum ersten Mal von Freundschaft und sogar von Liebe sprach. *Seit dem September 1923 lebe ich mit Ihnen aus der Voraussetzung, daß Sie mein Freund sind. Das ist der alles tragende Glaube in der Liebe* (17.4.1924, BwHJ, 46). Beide haben sich um die Freundschaft bemüht und doch die Schriften des anderen kaum gelesen. Das einzige Buch von Jaspers, das Heidegger für eine Rezension gründlich durchgearbeitet hatte, war die »Psychologie der Weltanschauungen« gewesen. Aber Jaspers hatte auf die Rezension kaum reagiert. Er war mehr an den Gesprächen mit Heidegger als an dessen Schriften interessiert. Häufig notierte er sich bei der Lektüre, »ich verstehe ihn nicht«. In den fünfziger Jahren schrieb sich Jaspers zustimmend einen Satz von Löwith auf: »In der Tat wird niemand behaupten können, er habe wissentlich verstanden, was das Sein, dieses Geheimnis, ist, von welchem Heidegger redet.«

Jaspers hatte in seinem Hauptwerk »Philosophie« von 1932 das »Suchen des Seins« ähnlich wie Heidegger als wichtigste Aufgabe der Philosophie herausgestellt. Aber es war wohl doch ein anderes Sein, das er suchte, oder genauer: Er suchte es auf andere Weise. Das Sein ist für Jaspers das »Umgreifende«, das nur in der Bewegung der Freiheit, im Transzendieren, erfahrbar wird. Das »Umgreifende« kann auch nicht im direkten Zugriff durch den philosophischen Gedanken erfaßt werden.

In einer Notiz von 1956 kontrastiert Jaspers seine und Heideggers Position. Es handelt sich um das knappe Resultat einer lebenslangen Auseinandersetzung: »H: Der Gedanke selber ist Sein – das drumherum reden und Hinweisen, ohne zu ihm zu kommen. J: Der Gedanke hat existentielle Relevanz – die er im inneren Handeln des Meditierenden bezeugt (vorbereitend, zum Ausdruck bringt) und in der Lebenspraxis wirklich werden läßt – ohne daß dies im philosophischen Werk geschehen kann.« Diese Differenz hatte auch Heidegger bemerkt und sie in seiner NIETZSCHE-Vorlesung vom Winter 1936/37 formuliert (allerdings hat er die entsprechenden Passagen nicht in die zu Jaspers' Lebzeiten erschienene Buchausgabe dieser Vorlesung aufgenommen). Für Jaspers sei Philosophie im Grunde nur eine *Illusion zu Zwecken der sittlichen Erhellung der menschlichen Persönlichkeit.* Jaspers nehme das philosophische Wissen *nicht mehr ernst.* Philosophie werde bei ihm zur *moralisierenden Psychologie der Existenz des Menschen* (GA 43, 26).

Jaspers vermutet, daß Heideggers Überschätzung des Denkens damit zusammenhängt, daß er sich – trotz seiner Polemik gegen die Wissenschaft – in Wirklichkeit noch nicht von der Idee einer ›wissenschaftlichen Philosophie‹ getrennt habe. Er poche allzusehr auf die Stringenz der Begriffe und auf die bloß ausgedachte und gekünstelte Architektur des Gedankenaufbaus. Als ein solches konstruiertes Werk hatte Jaspers SEIN UND ZEIT empfunden. Im Spätwerk bemerkte er zwar Heideggers radikalen Bruch mit der Wissenschaftlichkeit, sah aber darin das andere Extrem, eine Verselbständigung der Sprache. Sie kümmert sich um sich selbst und wird dann zur Artistik, oder sie gibt sich als Offenbarung des Seins und wird so zur Magie. Jaspers blieb skeptisch gegenüber Heideggers Sprachphilosophie. Für Jaspers ist die Sprache nicht das Haus des Seins, weil das »Sein« als das »Umgreifende« in überhaupt kein Gehäuse, auch nicht das geräumige der Sprache, hineinpaßt. In einem Brief an Heidegger hatte Jaspers geschrieben: »Die Sprache ist doch im Mitteilen zur Aufhebung in der Wirklichkeit selbst zu bringen, durch Tun, Gegenwärtigkeit, Liebe« (10.7.1949, BwHJ, 179).

Jaspers, bei dem die Philosophie an ihr Ziel kam, wenn sie zum inneren Handeln der Existenz wurde, bemerkte an Heidegger sehr deutlich den Willen zur Philosophie als Werk. Jedes ›Werk‹ betont die Grenze zum sonstigen Leben. Daß seine eigene Philosophie in diesem Sinne sich nicht in ein ›Werk‹ abschloß, war Jaspers klar, und er empfand das als einen Gewinn für das Philosophieren. Zu Heidegger notiert er sich in diesem Zusammenhang: »Es ist von Anfang an ein spezifisch philosophisches Werk, das seinen Sprachakt und sein Thema bewahrt, als ein Besonderes begrenzt und herausnimmt aus dem sonstigen Leben... Meine Weise hat etwas Unbegrenztes... Der Denkweise nach ist keine

Trennung von Alltagsdenken und Philosophieren, von Kathedervortrag und lebendiger Unterhaltung.«

Und doch, trotz Kritik und Abgrenzung, Karl Jaspers bleibt dabei: In einer »philosophisch armen Welt« ist Heidegger eine »einzigartige Gestalt«.

In seiner letzten Notiz zu Heidegger schreibt der greise Jaspers: »Hoch im Gebirge auf einem weiten felsigen Hochplateau trafen sich von jeher die Philosophen ihrer Zeit. Von da blickt man hinunter auf die Schneeberge und noch tiefer in die von Menschen bewohnten Täler und überall hin unter dem Himmel auf den fernen Horizont. Sonne und Sterne sind dort heller als irgendwo. Die Luft ist rein, daß sie alles Trübe verzehrt, so kühl, daß sie keinen Rauch aufkommen läßt, so hell, daß ein Aufschwung des Denkens in unabsehbare Räume erfolgt. Der Zugang ist nicht schwer. Der auf vielen Wegen Aufsteigende muß nur entschlossen sein, seine Behausung immer wieder auf eine Weile zu verlassen, um in dieser Höhe zu erfahren, was eigentlich ist. Dort treten die Philosophen in einen erstaunlichen, gnadenlosen Kampf. Sie sind ergriffen von Mächten, die durch ihre Gedanken, die menschlichen Gedanken, miteinander kämpfen... Es scheint, daß dort heute niemand mehr zu treffen ist. Mir aber schien es, als ob ich, vergeblich suchend in den ewigen Spekulationen, nach Menschen, die sie wichtig fänden, einen träfe, sonst niemand. Dieser aber war mein höflicher Feind. Denn die Mächte, denen wir dienten, waren unvereinbar. Bald schien es, daß wir gar nicht miteinander sprechen konnten. Die Freude wurde zum Schmerz, zu einem eigentümlich trostlosen, als ob eine Möglichkeit versäumt würde, die greifbar nah war. So ging es mir mit Heidegger.«

Dreiundzwanzigstes Kapitel

Die andere Öffentlichkeit. Heideggers Technikkritik: Gestell und Gelassenheit. Am Ort der Träume: Heidegger in Griechenland. Die Träume eines Ortes: Die Seminare von Le Thor, Provence. Medard Boss. Zollikoner Seminare: Daseinsanalyse als Therapie. Der Abiturien-tentraum

Als Anfang der fünfziger Jahre an der Freiburger Universität über Heideggers Wiedereingliederung als ordentlicher Emeritus (mit Lehrerlaubnis) verhandelt wurde, gab es Stimmen, die nicht nur politische Bedenken ins Felde führten, sondern die Frage stellten, ob Heidegger nicht ein Modephilosoph oder sogar ein Scharlatan sei. War der Mann überhaupt noch wissenschaftlich respektabel, hatte er noch den nötigen akademischen Stallgeruch? Man hatte gehört, daß Heidegger im mondänen Sanatorium auf der Bühlerhöhe vor den Damen und Herren der besseren Gesellschaft und vor Schiffsmaklern, Kaufleuten und Kapitänen im »Club zu Bremen« Vorträge hielt. Tatsächlich suchte sich Heidegger, dem vorerst noch das Forum der Universität verwehrt war, eine andere Öffentlichkeit. Die Verbindung zu Bremen bestand schon seit den frühen dreißiger Jahren. Der Bremer Großbürgersohn und spätere Kulturhistoriker Heinrich Wiegand Petzet, einst Student bei Heidegger und lebenslang ein Bewunderer, hatte sie hergestellt. Heidegger hielt damals vor dem »Club«, in einem halb privaten Rahmen, den Vortrag VOM WESEN DER WAHRHEIT. Es hatte sich daraus eine Freundschaft mit den Petzets entwickelt. Der Vater von Heinrich Wiegand Petzet war ein vermögender Schiffsmakler, und Heidegger war einige Male im Sommerhaus der Familie im bayrischen Icking zu Gast gewesen. Bei Kriegsende hatte er dorthin einen Teil seiner Manuskripte ausgelagert. Im Spätherbst 1949 erging an Heidegger die Einladung nach Bremen. Der erste Vortragszyklus unter dem Gesamttitel EINBLICK IN DAS WAS IST (die einzelnen Vortragstitel lauteten: DAS DING, DAS GESTELL, DIE GEFAHR, DIE KEHRE) fand am 1. und 2. Dezember 1949 im Kaminsaal des Neuen Rathauses statt. Ein andachtsvolles Publikum war versammelt, und der Bürgermeister eröffnete die Veranstaltung. Heidegger begann: *Hier habe ich vor neunzehn Jahren einen Vortrag gehalten, in dem ich damals Dinge ausgesprochen habe, die erst jetzt langsam verstanden und wirksam zu werden beginnen. Ich habe damals etwas gewagt – und ich will auch heute wieder etwas wagen!*

Auch der Kreis hanseatischer Großbürger, der Heidegger eingeladen hatte, fühlte sich vom stolzen Gefühl gehoben, etwas ›gewagt‹ zu haben. Denn Heidegger hatte offiziell noch Lehrverbot, und man ließ es sich deshalb angelegen sein, dem Unrecht und den Anfeindungen – so sah man es hier – entgegenzuwirken und Heidegger in einer Freien Stadt das freie Wort zu gewähren. Dieser Vortragszyklus war der erste in einer Reihe von acht weiteren Vorträgen, die Heidegger in den fünfziger Jahren in Bremen hielt. Gottfried Benn fragte 1953 seinen Freund, den Kaufmann F. W. Oelze, was Heidegger denn so mit Bremen verbinde. Oelze, der es als Mitglied der ›guten‹ Gesellschaft von Bremen wissen mußte, antwortete: »Sein attachement an Bremen erkläre ich mir damit, daß er hier, und vielleicht hier allein, einer sozialen Schicht gegenübersteht, die es in den Universitätsstädten, Beamtenstädten und auf der Bühler Höhe in dieser kompakten Majorität nicht gibt; Großkaufleute, Überseespezialisten, Schiffahrts- und Werftdirektoren, alles Leute, für die ein berühmter Denker ein Fabelwesen oder ein Halbgott ist.«

Heidegger behagte dieses großbürgerliche, liberal-konservative Milieu. Die Geschäftsleute von solider bürgerlicher, meist humanistischer Bildung waren unberührt von akademischen Schulmeinungen, für sie war Philosophie eine Art weltlicher Religiosität, von der sie annahmen, daß sie in der Zerrüttung der Nachkriegszeit durchaus nötig war, auch wenn man sie im einzelnen nicht recht verstand. Vielleicht war sie gerade darum nötig. Das ehrfurchtgebietend Unverständliche – war das nicht schon immer ein Merkmal der hohen Dinge gewesen? Die Einladung kam von Leuten, die ihre Weltläufigkeit auch durch Ausflüge in eine exotische philosophische Welt unter Beweis stellen wollten. Daß man Heidegger hier nicht besonders gut verstand, gibt sogar Petzet zu, dem viel an einem Brückenschlag zwischen seinem Herkunftsmilieu und dem bewunderten Philosophen lag. Heidegger hatte sich dieses Forum, wo er eine *freie Luft* spürte, ausgesucht, um hier das Pilotprojekt seiner Spätphilosophie zu starten. In Bremen brachte er zum ersten Mal seine schwierigen und befremdlichen Überlegungen zum *Gestell*, zu *Einblick und Einblitz* und zum *Spiegelspiel des Gevierts* aus *Erde und Himmel, Göttlichen und Sterblichen* zu Gehör. In einem Bericht, den Egon Vietta wenige Tage nach dem ersten Vortrag veröffentlichte, heißt es, die Stadt könne stolz sein, daß Heidegger nach Bremen angereist sei, »um die bisher kühnste Aussage seines Denkens zu wagen«.

Ein anderes Forum fand Heidegger in dem Kurhaus »Bühlerhöhe«, hoch über Baden-Baden in den Bergen des nördlichen Schwarzwalds gelegen. Der Arzt Gerhard Stroomann hatte das Sanatorium in den frühen zwanziger Jahren in einem Jugendstilgebäude gegründet, wo zuvor ein Spielcasino untergebracht war. Stroomann war ein Arzt von der Art des Hofrat Behrens in Thomas Manns »Zauberberg«. Umtriebig, autoritär, mit Badearzt-Charisma, verordnete er seiner vermögenden, aus ganz Europa angereisten Klientel eine Heilkur, die auf die therapeutische Wirkung der Begegnung mit dem »schöpferischen Geist« setzte. Da traf es sich gut, daß die Geistesschaffenden nicht nur zu den Eingeladenen, sondern auch zu den Patienten zählten. Ernst Toller, Heinrich Mann, Karl Kerényi kurten hier, und Einladungen ergingen in den zwanziger und dreißiger Jahren an alles, was geistig Rang und Namen hatte. An diese Tradition konnte Stroomann nach dem Krieg anknüpfen. Er richtete 1949 die Vorträge der sogenannten »Mittwochabende« ein, die bis 1957 fortgeführt wurden. Vor wachsenden Auditorien und unter zunehmendem Medieninteresse wurden die sogenannten großen geistigen Fragen der Zeit erörtert. Wissenschaftler, Künstler, Politiker hielten Vorträge und sollten von den Versammelten, die sich als Elite empfinden durften, ins Gespräch gezogen werden. Wenn es in den fünfziger Jahren einen eminenten Ort für den ›Jargon der Eigentlichkeit‹ gegeben hat, dann war es die »Bühlerhöhe«. Das merkt man nicht zuletzt an den Aufzeichnungen Stroomanns über die Veranstaltungen mit Heidegger: »Heidegger hat ... viermal auf Bühlerhöhe gesprochen – und es entstand jedesmal die völlig exceptionelle Erregung, mit der seine Vorlesung, sein Erscheinen am Vortragspult überstürmt wird, wie bei keinem Gegenwärtigen... Wer aber kann sich der aufbrechenden Wucht seines Denkens und Wissens verschließen, die in jedem Wort neuschöpferisch offenbar wird: daß es noch unentdeckte Quellen gibt.« Die Veranstaltungen mit Heidegger hätten gewirkt »wie eine Feier, eine Durchglühung. Das Wort verstummt. Wenn sich aber Diskussion meldet, enthält dies höchste Verantwortung, aber auch letzte Gefahr.« Das Publikum von »Bühlerhöhe«, das sich da höchster Verantwortung und letzter Gefahr stellte, setzte sich zusammen aus der Rentierprominenz Baden-Badens, aus Industriekapitänen, Bankleuten, Gattinnen, hohen Beamten, Politikern, ausländischen Würdenträgern und einigen wenigen Studenten, die durch ihre bescheidene Kleidung auffielen. Dort also trug Martin Heidegger vor und diskutierte mit dem afghanischen Kulturminister über abstrakte Kunst und die Bedeutung des Wortes ›einräumen‹. Ein andermal geht es um die Dichtung und den Rhythmus. Heidegger erläutert, daß der Rhythmus in Leben und Dichtung das »Widerspiel des Woher und Wozu« sei. Ratlosigkeit im Publikum, man verlangt eine Erklärung. Einer ruft barsch dazwischen: »Warum immer alles erklären wollen!« Darauf Heidegger: »Das ist ein Irrtum – wir wollen hier nicht er-klären, sondern klären!« Die Diskussion geht eine Weile hin und her, dann verebbt sie. Nun ertönt der Ruf: »Könnte jetzt zur Belebung des Ganzen einmal etwas von einer Dame gesagt werden?« Betretenes Schweigen. Dann rafft sich Stroomanns Chefsekretärin auf. Es gäbe ein indisches Sprichwort, sagt sie, »wer das Geheimnis der Schwingung versteht, versteht alles«. Eine andere Dame stimmt zu, der Dichter könne die göttliche Gestalt nicht selber bringen, aber er webe die Schleier, hinter denen sie erahnbar sei. Jetzt wird es im Saal wieder lebhaft, denn die Dame, die solches gesagt hat, ist von beträchtlicher Attraktivität. »Können wir überhaupt ohne Kunstwerk existieren?« ruft jemand; ein anderer: »Ich kann sehr gut ohne Kunstwerke leben.« Ein dritter: »Einfinden und Einschwingen in den Rhythmus«, wovon die Rede gewesen sei, das sei doch reiner Dadaismus, da brauche man doch nur noch zu lallen. Heiterer und ärgerlicher Tumult. Dann der nächste Auftritt. Gustaf Gründgens und Elisabeth Flickenschildt erscheinen auf dem Podium und geben einen Sketch zum Thema »Der Geist der modernen Bühne«. Heidegger verläßt den Saal, ohne das Ende der Darbietung abzuwarten.

In den späten fünfziger Jahren wurden die »Mittwochabende« am folgenden Tag mit einer Matinee abgeschlossen. Einmal war Heidegger schon abgereist, aber sein Bruder war geblieben. Eine Dame, die Fritz wahrscheinlich für Martin hielt, stellte die Frage, was Heidegger denn von Mao Tse-tung halte. Darauf der listige Bruder: Mao tse ist das Gestell von Lao tse.

Das geschah zu einer Zeit, da Heideggers Ausdruck *Gestell* als Bezeichnung für die technische Welt in Deutschland die Runde machte. Zum ersten Mal hatte Heidegger ihn in Bremen verwendet. Aber berühmt wurde er erst durch seinen 1953 an der »Bayerischen Akademie der Schönen Künste« gehaltenen Vortrag DIE FRAGE NACH DER TECHNIK.

Seit Anfang der fünfziger Jahre hatte die Bayerische Akademie Heidegger zu Vorträgen eingeladen. Zunächst waren diese Einladungen in

München durchaus umstritten. Es hatte eine Debatte im Landtag gegeben, bei der Minister Hundhammer die Akademie dafür tadelte, daß sie Heidegger »als einstigen Steigbügelhalter des Naziregimes« sprechen lasse. Während Studenten sich von Wien, Frankfurt und Hamburg auf den Weg nach München machten, um Heidegger zu hören, kündigte die Kant-Gesellschaft, offenbar besorgt um das Seelenheil ihrer Mitglieder, für denselben Abend einen Gegenvortrag an. Fast hätte Heidegger diesen ersten Vortrag in München im Sommer 1950 abgesagt. Er war durch ein Telegramm um die Formulierung des Vortragstitels gebeten worden. Durch einen Verschreiber war aus dem ›Vortragstitel‹ ›Vortragsstil‹ geworden. Und so mußte Heidegger glauben, man bevormunde ihn, indem man einen angemessenen ›Stil‹ von ihm verlange. Empört schrieb er an Petzet: *Das Maß wird nun langsam voll... Man traut mir, von allem übrigen dieses Gebarens abgesehen, es nicht einmal zu, etwas für diese Akademie sehr Wesentliches vorzutragen. So etwas ist mir während der ganzen Hitler-Zeit nicht vorgekommen.* Nach Aufklärung des Mißverständnisses hatte Heidegger sich dann doch bereit erklärt, nach München zu kommen, doch zu Petzet sagte er: *Das bleibt eine zwiespältige Sache und der unumgängliche Tribut an das Gestell.* Am Vortragsabend wurde der Saal der Akademie gestürmt. Die geladenen Gäste wurden eingekeilt von den ungeladenen, die sich auf herbeigeschleppten Stühlen, auf Stufen, Fensterbänken, in Nischen und Gängen drängten. Heidegger sprach über DAS DING. Wieder war vom *Geviert* der Welt die Rede, aber als Heidegger mit dem *Spiegelspiel* von *Erde und Himmel, Sterblichen und Göttlichen* anfing, da wurde es dem anwesenden Staatssekretär zuviel, empört verließ er den Saal, sich mühsam den Weg durch die Menge bahnend. Das war im Sommer 1950. Drei Jahre später dann der Vortrag DIE FRAGE NACH DER TECHNIK. An diesem Abend vereinigte sich das ganze geistige München der fünfziger Jahre. Es waren da Hans Carossa, Friedrich Georg Jünger, Werner Heisenberg, Ernst Jünger, José Ortega y Gasset. Es war vielleicht der größte öffentliche Erfolg Heideggers im Nachkriegsdeutschland. Als Heidegger mit dem berühmt gewordenen Satz schloß, *denn das Fragen ist die Frömmigkeit des Denkens*, gab es kein andachtsvolles Schweigen, sondern stehende Ovationen. Man nahm Heideggers Auftritt als philosophische Belcanto-Arie und applaudierte, weil er die ganz hohen Töne getroffen hatte, die man in den fünfziger Jahren so gerne hörte.

Mit seinen Gedanken über die Technik rührte Heidegger an die damals gar nicht mehr so geheimen Ängste der Zeit. Er war nicht der einzige, der dieses tat. In der Epoche des Kalten Krieges, die eigentlich den Gedanken nahelegte, daß die Politik das Schicksal sei, meldeten sich vermehrt und unüberhörbar die Stimmen zu Wort, welche die Fixierung aufs Politische als Selbsttäuschung kritisierten und davon sprachen, daß in Wahrheit die Technik inzwischen zu unserem Schicksal geworden sei. Ein Schicksal, so hieß es, dessen wir politisch kaum mehr Herr werden könnten, vor allem dann nicht, wenn wir an den überlieferten Begriffen der Politik, seien es die des ›Plans‹ oder die des ›Marktes‹, festhielten. Es mag in den fünfziger Jahren die von den Mitscherlichs später beklagte »Unfähigkeit«, über die allgemeine Komplizenschaft mit den Verbrechen des Nationalsozialismus »zu trauern«, gegeben haben, es mag also die Unheimlichkeit des Vergangenen verdrängt worden sein, aber an den Tag trat, trotz Wirtschaftswunder und Aufbaueifer, ein Unbehagen angesichts der Zukunft der technischen Welt. Zahllos waren die Tagungen evangelischer Akademien zum einschlägigen Thema, es spukte in den Sonntagsreden der Politiker, in den Zeitschriften wurde es breit diskutiert. In der Bewegung ›Kampf dem Atomtod‹ fand es unmittelbaren politischen Ausdruck. Es waren dazu auch wichtige Bücher erschienen. Die erste Kafka-Rezeption nach dem Krieg stand im Zeichen einer metaphysischen Kritik der Technik und der verwalteten Welt. Günther Anders wurde 1951 bekannt durch seinen Essay »Kafka, pro und contra«, worin Kafka als ein Dichter dargestellt wird, den die »Übermacht der verdinglichten Welt« entsetzt und der aus seinem Entsetzen einen ›heiligen‹ Schrecken gemacht hat: ein Mystiker im technischen Zeitalter. 1953 erschien die deutsche Ausgabe von Aldous Huxleys »Schöne neue Welt«, ein Bestseller der fünfziger Jahre. Der Roman bietet die Horrorvision einer Welt, worin die Menschen schon im Reagenzglas auf ihr Glück und ihre Profession programmiert werden: eine Welt, deren Schicksal es ist, kein Schicksal mehr zu haben, und die sich zu einem totalitären System zusammenschließt – ganz ohne Politik, allein durch Technik. Im selben Jahr erschien Alfred Webers Buch »Der dritte oder der vierte Mensch«. Es erregte großes Aufsehen, weil es das Schreckgemälde einer technischen Zivilisation der Roboter-Menschen in der Sprache einer als solide empfundenen Soziologie und Kulturphilosophie ausmalte. Außerdem gab es dem Leser das Gefühl, Zeitgenosse einer epochalen Zäsur zu sein, der dritten in der Menschheitsgeschichte. Zuerst der Neandertaler, dann der primitive Mensch der Horden- und Stammesgeschichte und schließlich der Mensch der Hochkultur, der im Abendland die Technik hervorgebracht hatte. Aber inmitten dieser hochgerüsteten technischen Zivilisation, so Alfred Weber, ist die Menschheit wieder dabei, sich seelisch und geistig zurückzubilden. Was da mit uns geschieht, ist nichts weniger als die Soziogenese einer Mutation. Am Ende wird es zwei Menschentypen geben: die roboterhaft funktionierenden Gehirntiere und die neuen Primitiven, die sich in der künstlichen Welt wie in einem Dschungel bewegen, enthemmt, ahnungslos und geängstigt. Solche Panoramen erregten ein schauriges Gefühl und hatten deshalb auch einen Unterhaltungswert.

Im selben Jahr, 1953, erschien auch Friedrich Georg Jüngers Buch »Die Perfektion der Technik«. Jünger entwickelte seine Theorie bereits während der dreißiger Jahre als Antwort auf den »Arbeiter«, den großen Essay seines Bruders von 1932. Ernst Jünger hatte dort die These aufgestellt, daß die technische Welt so lange als eine fremde, äußere Macht erscheinen muß, wie die »Perfektion der Technik« durch Technisierung des inneren Menschen noch nicht erreicht ist. Ernst Jünger träumte von einem »neuen Menschentum«, das er in der »Gestalt des Arbeiters« verwirklicht sah. Dieser Menschentyp bewegt sich wie selbstverständlich in einer Landschaft der »eisigen Geometrie des Lichtes«, der »Weißglut des überhitzten Metalls«. Er ist reaktionsschnell, kaltblütig, präzise, mobil, kann sich den technischen Rhythmen anpassen. Aber er bleibt Herr der Maschine, weil er eine innere Technizität besitzt: Er kann mit sich selbst technisch spielend umgehen, wie es Nietzsche einst in der Vision des »freien Menschen« ausphantasiert hat, der seine »Tugenden« als »Werkzeuge« handhabt und mit ihnen schalten und walten, sie »aus- und wieder einhängen« kann, ganz nach Belieben und den eigenen Zwecken gemäß. Solche Menschen, so Ernst Jünger, werden es nicht mehr als Verlust empfinden, wenn »die letzten Reste der Gemütlichkeit« verschwunden sind und man seinen Lebensraum wie »vulkanische Gebiete oder ausgestorbene Mondlandschaften durchqueren kann«. Ein abenteuerliches Herz, das die Kälte sucht.

Wir werden in dieser Kälte umkommen, antwortet Friedrich Georg Jünger seinem Bruder, der inzwischen allerdings auch nicht mehr bei den Apologeten, sondern bei den Dissidenten der Technik, bei den »Waldgängern« zu finden ist. Friedrich Georg Jüngers Hauptthese: Die Technik ist nicht mehr nur ein ›Mittel‹, ein Instrument, dessen sich der moderne Mensch zu seinen Zwecken bedient. Weil die Technik den

Menschen bereits innerlich verwandelt hat, sind die Zwecke, die er sich setzen kann, bereits technisch determiniert. Zur industriellen Produktion gehört auch die Produktion von Bedürfnissen. Das Sehen, Hören, Sprechen, das Verhalten und die Reaktionsweisen, die Erfahrung der Zeit und des Raumes haben sich – durch Auto, Film und Radio – grundlegend geändert. Die Eigendynamik dieses Prozesses läßt kein Jenseits der Technik mehr übrig. Der Grundzug der technischen Zivilisation ist nicht die Ausbeutung des Menschen durch den Menschen, sondern die gigantische Ausbeutung der Erde. Der Industrialismus spürt die von der Naturgeschichte akkumulierte Energiematerie auf, verbraucht sie und erleidet damit das Schicksal der Entropie: »Die Technik insgesamt und der von ihr entwickelte Universalarbeitsplan, der vollkommene Technizität erstrebt, dieser Arbeitsplan, der mit einer Universalmaschinerie verbunden ist, untersteht den Gesetzen der Wärmelehre und den von ihr beschriebenen Verlusten nicht weniger als jede beliebige Maschine.« Indem die Technik alles verfügbar macht, nichts Unantastbares oder Heiliges kennt, zerstört sie den planetarischen Grund, auf dem sie steht. Noch trägt der Grund, noch genießt ein Teil der Erdbevölkerung die Vorteile des Zivilisationskomforts, und deshalb erscheint der Preis für die »Perfektion der Technik« angemessen. Aber der Schein trügt. Friedrich Georg Jünger: »Nicht der Anfang, das Ende trägt die Last.«

Diese Kassandrarufe der Technikkritiker werden von anderen ins Lächerliche gezogen. »Im Gruselkabinett der Technik« lautet die Überschrift eines Artikels im »Monat«, der die These entwickelt, daß das »Böse« nicht in der Technik, sondern im Menschen liegt. Nicht die Technik, sondern nur die Zwecke, für die sie eingesetzt wird, können ›böse‹ sein. Man solle sich vor einer Dämonisierung der Technik hüten und sich dafür die »Technik der Dämonisierung« genauer ansehen. »Im Erschrecken vor der Technik wiederholt sich heute auf einer höheren geistigen Ebene der Hexenwahn des Mittelalters in sublimierter Form.« Die Technikkritik, so lautet die Antikritik, nimmt die Herausforderung der Zeit nicht an und weigert sich, ein Ethos zu entwickeln, das der Technik angemessen wäre. Hätten wir dieses Ethos, brauchten wir nicht zu erschrecken. Max Bense war ein Wortführer dieser Antikritik: »Wir haben eine Welt hervorgebracht, und eine außerordentlich weit zurückreichende Tradition bezeugt die Herkunft dieser Welt aus den ältesten Bemühungen unserer Intelligenz. Aber heute sind wir nicht in der Lage, diese Welt theoretisch, geistig, intellektuell, rational zu beherrschen. Ihre Theorie fehlt, und damit fehlt die Klarheit des technischen Ethos, das heißt, die Möglichkeit, seinsgerechte ethische Urteile innerhalb dieser Welt zu fällen... Wir perfektionieren vielleicht noch diese Welt, aber wir sind außerstande, den Menschen dieser Welt für diese Welt zu perfektionieren. Das ist die bedrückende Situation unserer technischen Existenz.« Die von Bense herausgestellte »Diskrepanz« zwischen dem Menschen und der von ihm geschaffenen technischen Welt wird Günther Anders 1956 in seinem Buch »Die Antiquiertheit des Menschen« die »prometheische Scham« nennen. Der Mensch »schämt« sich vor seinen Produkten, die vollkommener und wirkungsmächtiger sind als er selbst: bei der Atombombe zum Beispiel kann er sich nicht mehr die Wirkungen dessen vorstellen, was er hergestellt hat. Im Mittelpunkt des Nachdenkens über die Technik steht also die Frage: Muß sich der Mensch an die Technik anpassen, wie es Bense fordert, oder sollte die Technik wieder an das menschliche Maß zurückgebunden werden, worauf Friedrich Georg Jünger und auch Günther Anders hinauswollen?

Soviel wird inzwischen deutlich geworden sein: Heideggers TECHNIK-Vortrag von 1953 ist kein einsamer philosophischer Vorstoß auf diesem Gebiet. Er ergreift das Wort in einer Debatte, die schon im Gange ist. Wenn er sich von der ›instrumentellen‹ Vorstellung der Technik abgrenzt und die Technik als grundlegendes Merkmal des neuzeitlichen In-der-Welt-Seins versteht, dann sagt er im Vergleich zu Friedrich Georg Jünger (und später Günther Anders) nichts Neues. Jünger wie auch Anders lassen den Ursprung dieses Vorgangs, der die menschliche Welt in ein technisches Universum verwandelt hat, ausdrücklich im dunkeln. Hier will Heidegger Licht in die Sache bringen. Seine These kennen wir schon aus seiner Philosophie der dreißiger Jahre, insbesondere aus seinem Aufsatz ZEIT DES WELTBILDES. Der Ursprung der Technik liegt in der Art, wie wir der Natur gegenübertreten. Ob wir sie von sich aus hervorkommen lassen – wie bei der altgriechischen Aletheia-Vorstellung –, oder ob wir sie herausfordern. Technik, sagt Heidegger, ist eine *Weise des Entbergens* (TK, 13). Das Entbergen, das die moderne Technik durchherrscht, *hat den Charakter des Stellens im Sinne der Herausforderung* (TK, 16). Um den Zentralbegriff der *Herausforderung* gruppiert Heidegger alle Weisen der technischen Bemächtigung. Der Gegenbegriff ist das *Hervorbringen* (TK, 27) im Sinne des Hervorkommenlassens. Michelangelo sagte einmal, die Plastik ruht schon im Stein, man muß sie nur daraus befreien. So etwa hat man sich das vorzustellen, was Heidegger mit Hervorbringen und Hervorkommenlassen meint.

Diese beiden Verhaltensweisen gegenüber der Natur – das Herausfordern und das Hervorkommenlassen – hatte Heidegger in seiner kurz zuvor gehaltenen Vorlesung WAS HEISST DENKEN? einprägsam charakterisiert. Man steht vor einem blühenden Baum. Nur in einem wissenschaftlich unbewachten und praktisch desinteressierten Augenblick wird man sein Blühen richtig erleben. In wissenschaftlicher Sicht wird man das Erleben seines Blühens als etwas Naives fallenlassen. Es gilt, sagt Heidegger, *allem zuvor und endlich den blühenden Baum nicht fallen, sondern ihn erst einmal dort stehen zu lassen, wo er steht. Weshalb sagen wir ›endlich‹? Weil das Denken ihn bisher noch nie dort hat stehen lassen, wo er steht* (WHD, 18). Wir lassen also die Natur nicht hervorkommen, sondern fordern sie heraus und gehen sie so an, daß sie sich *in irgendeiner rechnerisch feststellbaren Weise meldet und als ein System von Informationen bestellbar bleibt* (TK, 22).

Nach dem *Herausfordern* ist das *Bestellen* der zweite zentrale Terminus. Was *bestellt wird*, wird zum verfügbaren *Bestand*. Eine Brücke verbindet ein Ufer mit dem anderen und respektiert mit der Gebärde des Überwölbens den Strom. Läßt ihn sein. Ein Wasserkraftwerk aber, dessentwegen der Strom umgeleitet oder begradigt wird, macht den Strom zu einem Bestand. Es wird nicht das Kraftwerk in den Strom, sondern umgekehrt *der Strom in das Kraftwerk verbaut* (TK, 15). Um das *Ungeheure*, das hier geschieht, zu ermessen, weist Heidegger auf den Gegensatz hin zwischen einem ›Rhein‹, der in das Kraftwerk verbaut ist, und dem ›Rhein‹ der gleichnamigen Hymne Hölderlins. Aber der Rhein bleibt doch ein Strom der Landschaft, könnte man sagen. Mag sein. Aber wie bleibt er? *Nicht anders denn als bestellbares Objekt der Besichtigung durch eine Reisegesellschaft, die eine Urlaubsindustrie dorthin bestellt hat* (TK, 16).

Der technische Zugriff verwandelt die Natur in einen wirklichen oder potentiellen *Bestand*. Und damit dieser einem nicht über dem Kopf zusammenstürzt, muß man berechnende und planende Bestandssicherung betreiben. Technik fordert mehr Technik. Die Technikfolgen können nur wieder mit technischen Mitteln bewältigt werden. Man hat die Natur herausgefordert, und jetzt fordert die Natur, damit fortzufahren – bei Strafe des Untergangs. So schließt sich der Kreis zu einem Circulus vitiosus der Seinsvergessenheit. Herausforderung,

Bestand, Bestandssicherung – dieses Ganze nennt Heidegger *das Gestell*, seine Bezeichnung für die Epoche der technischen Zivilisation, in der alles mit allem in der Art eines kybernetischen Regelkreises mit Rückkoppelungseffekten zusammenhängt. *Die Industriegesellschaft existiert auf dem Grunde der Eingeschlossenheit in ihr eigenes Gemächte* (TK, 19).

Das Gestell ist etwas vom Menschen Gemachtes, aber wir haben ihm gegenüber die Freiheit verloren. Das Gestell ist zu unserem *Geschick* geworden. Das Gefährliche daran ist, daß dieses Leben im Gestell eindimensional, alternativlos zu werden droht, daß die Erinnerung an eine andere Art der Weltbegegnung und des Weltaufenthaltes ausgelöscht wird. *Die Bedrohung des Menschen kommt nicht erst von den möglicherweise tödlich wirkenden Maschinen und Apparaturen der Technik. Die eigentliche Bedrohung hat den Menschen bereits in seinem Wesen angegangen. Die Herrschaft des Gestells droht mit der Möglichkeit, daß dem Menschen versagt sein könnte, in ein ursprüngliches Entbergen einzukehren und so den Zuspruch einer anfänglicheren Wahrheit zu erfahren* (TK, 28).

Mit Heideggers *anfänglicheren Wahrheit* sind wir inzwischen schon vertraut. Es ist die Wahrheit des freien, seinlassenden Blicks auf die Dinge. Den Baum blühen lassen oder den Weg aus Platons Höhle finden, damit unter der Sonne, in der offenen Lichtung des Seins, das Seiende seiender werden kann. Die panische Mittagsstunde der Wahrheit. Es ist die Erwartung, daß die Natur anders antworten könnte, wenn wir sie anders befragen. Heidegger im HUMANISMUS-Brief: *Es könnte doch sein, daß die Natur in der Seite, die sie der technischen Bemächtigung durch den Menschen zukehrt, ihr Wesen gerade verbirgt* (ÜH, 16).

Heidegger aber begnügt sich nicht mit der Aussicht, daß *besinnliches* Denken die blühenden Bäume da und dort stehen und sein lassen könnte, daß sich im Denken da und dort ein anderes In-der-Welt-Sein ereignet, sondern er projiziert die sich im Denken vollziehende Einstellungsänderung in die Geschichte. Aus der Kehre im Kopf des Philosophen wird eine Vermutung über eine Kehre in der Geschichte. Und so findet Heidegger für die Dramaturgie seines Festvortrages ein gutes Ende, das die Zuhörer mit dem feierlichen Gefühl entläßt, Ernstes, aber auch irgendwie Erbauliches gehört zu haben. Heidegger zitiert Hölderlin: »Wo aber Gefahr ist, wächst das Rettende auch…«

Gewiß ist das Denken, das den Verhängniszusammenhang des Gestells bedenkt, eben dadurch schon einen Schritt darüber hinaus, es eröffnet einen Spielraum, in dem überhaupt erst zu sehen ist, was gespielt wird. Insofern steckt im Denken tatsächlich schon eine ›Kehre‹. Es ist die Haltung der *Gelassenheit*, die Heidegger bei einem Vortrag in Meßkirch 1955 einmal so beschrieben hat: *Wir lassen die technischen Gegenstände in unsere tägliche Welt herein und lassen sie zugleich draußen, d.h. auf sich beruhen als Dinge, die nichts Absolutes sind, sondern selbst auf Höheres angewiesen bleiben. Ich möchte diese Haltung des gleichzeitigen Ja und Nein zur technischen Welt mit einem alten Wort nennen: die Gelassenheit zu den Dingen* (G, 23). Aber diese *Gelassenheit zu den Dingen,* verstanden als Kehre des Denkens, macht die Vermutung einer realgeschichtlichen Kehre nicht plausibel.

Auf den Vorwurf mangelnder Plausibilität würde Heidegger erwidern, daß ›Plausibilität‹ eine Kategorie des technisch-berechnenden Denkens sei; wer in ›Plausibilitäten‹ denke, bleibe im Gestell – auch beim Versuch, aus ihm herauszufinden. Es gibt für Heidegger ganz einfach keine ›machbare‹ Lösung des Problems der Technik. *Kein menschliches Rechnen und Machen kann von sich aus und durch sich allein eine Wende des gegenwärtigen Weltzustandes bringen; schon deshalb nicht, weil die menschliche Machenschaft von diesem Weltzustand geprägt und ihm verfallen ist. Wie soll sie dann je noch seiner Herr werden*? (24.12.1963, BwHK, 59). Die Wende wird als ein Ereignis des *Geschicks* geschehen, oder sie wird gar nicht geschehen. Dieses Ereignis aber wirft seine Schatten voraus – ins besinnliche Denken. Von der eigentlichen *Kehre* gilt, was Paulus über die Wiederkehr Christi gesagt hat: sie kommt wie ein Dieb in der Nacht. *Die Kehre der Gefahr ereignet sich jäh. In der Kehre lichtet sich jäh die Lichtung des Wesens des Seins. Das jähe Sichlichten ist das Blitzen* (TK, 43).

Das sind die Träume vom künftigen Geschick. Etwas anderes ist es, wenn Heidegger sich von diesen Träumen lebensgeschichtlich bewegen läßt und schließlich dorthin aufbricht, wo sie für ihn ihren zwar *gewesenen*, aber immer noch *anwesenden* Ort haben.

Nach langem Zögern – Medard Boss, Erhart Kästner und Jean Beaufret hatten ihn schon seit einigen Jahren dazu ermuntert – unternimmt Martin Heidegger im Jahre 1962 eine Reise nach Griechenland, zusammen mit seiner Frau, die sie ihm zum Geschenk machte. Was er dort sucht, hatte er immer wieder und so auch im TECHNIK-Vortrag gesagt: *Am Beginn des abendländischen Geschickes stiegen in Griechenland die Künste in die höchste Höhe des ihnen gewährten Entber-*

gens. Sie brachten die Gegenwart der Götter, brachten die Zwiesprache des göttlichen und menschlichen Geschicks zum Leuchten (TK, 34).

Das erste Mal war für das Jahr 1955 eine Griechenlandreise mit Erhart Kästner geplant, den Heidegger beim Münchener TECHNIK-Vortrag kennengelernt hatte und mit dem ihn seitdem eine Freundschaft verband. Im letzten Augenblick, die Schiffs- und Bahnkarten waren schon angekommen, sagte Heidegger ab. Fünf Jahre später dasselbe Spiel. Man hatte sich schon gemeinsam über Karten gebeugt und eine Reiseroute festgelegt, da machte Heidegger wieder einen Rückzieher. *Es wird dabei bleiben, daß ich Einiges von ›Griechenland‹ denken darf, ohne es zu schauen. Ich muß jetzt darauf denken, das, was vor dem inneren Blick steht, noch in einem gemäßen Sagen festzuhalten. Die Sammlung dazu bietet am ehesten der heimische Ort* (21.2.1960, BwHK, 43). Zwei Jahre später, im Frühjahr 1962, ist Martin Heidegger schließlich bereit, die »Traumschwelle« (Erhart Kästner) zu überschreiten und die Fahrt anzutreten. Die Aufzeichnungen dieser Reise, denen er den Titel AUFENTHALTE gibt, widmet er seiner Frau zum siebzigsten Geburtstag.

Bei einem verregneten, kalten Tag in Venedig, ehe man sich einschifft, kommen ihm wieder die Zweifel, *ob das dem Land der entflohenen Götter Zugedachte nicht ein bloß Erdachtes sein könnte und den Denkweg als einen Irrweg erweisen müßte* (A, 3). Es steht einiges auf dem Spiel, das weiß Heidegger. Wird ihn Griechenland ebenso empfangen wie dieses Venedig, ein nur noch totes *Objekt der Historie* und ein *Raubstück der Fremdenindustrie*? Nach der zweiten Nachtfahrt zeigt sich am frühen Morgen die Insel Korfu, das alte Kephallenia. Das soll das Land der Phäaken sein? Heidegger liest auf dem Oberdeck noch einmal das VI. Buch der Odyssee und findet keine Übereinstimmung. Das Geahnte erscheint nicht. Alles gleicht eher einer italienischen Landschaft. Auch Ithaka, die Heimat des Odysseus, berührt ihn nicht. Heidegger zweifelt, ob die Suche nach dem *anfänglich Griechischen* die richtige Weise ist, Griechenland zu entdecken; verdirbt sie nicht das *unmittelbare Erfahren* (A, 5)? Das Schiff ankert vor der Küste, an einem sonnigen Frühlingsmorgen eine Autobusreise nach Olympia. Ein schmuckloses Dorf, halbfertige Neubauten amerikanischer Touristenhotels säumen die Straße. Heidegger macht sich auf Schlimmes gefaßt. Bleibt von seinem Griechenland doch nur die eigene *Willkür des Vorstellens* (A, 8)? Auf dem Ruinenfeld von Olympia der morgendliche Nachtigallengesang, die *hingemähten Säulentrommeln* bewahren noch ihr *tragendes Ragen*. Langsam dringt diese Welt doch in ihn ein. Mittags ruht man im Gras unter Bäumen, große Stille. Jetzt merkt er, die Ankunft könnte gelingen: *eine geringe Ahnung der Stunde des Pan*. Die nächste Station, die Gegend von Mykene. Sie erscheint *wie ein einziges zum festlichen Spiel einladendes Stadion* (A, 12). Auf einer Anhöhe drei Säulen eines ehemaligen Zeustempels: *in der Weite der Landschaft wie drei Saiten einer unsichtbaren Leier, auf der vielleicht, den Sterblichen unhörbar, die Winde der Trauergesänge spielen – Nachklänge der Flucht der Götter* (A, 12). Heidegger beginnt, in sein Element einzutauchen. Das Schiff nähert sich den griechischen Inseln vor der kleinasiatischen Küste. Da ist Rhodos, die Roseninsel. Heidegger geht nicht an Land, *die Sammlung in ein erneutes Nachdenken verlangte ihr Recht* (A, 16). Das Griechische mußte damals mit dem *Asiatischen* ringen, es war voll und ganz beansprucht von seinen gegenwärtigen Auseinandersetzungen. Und wir werden heute herausgefordert von der Technik. Von den Griechen lernen – muß das nicht bedeuten, die eigenen gegenwärtigen Herausforderungen zu bestehen? Ist das *Andenken* an die Griechen nicht eine *weltfremde Beschäftigung*, die den gegenwartsoffenen Geist des Griechentums geradezu verrät? *So scheint es wenigstens* (A, 16), mit diesen Worten schließt Heidegger diese Betrachtung vorläufig ab. Inzwischen hat man an der Insel Delos angelegt. Der Name der Insel sagt schon alles, er bedeutet: *das Offenbare, Scheinende* (A, 19). Es ist ein strahlender Tag, am Ufer stehen Frauen, die bunte Webereien und Stickereien auf dem Boden zum Verkauf ausbreiten – ein *fröhlicher Anblick*. Sonst ist die Insel fast menschenleer, aber übersät mit Trümmern von Tempeln und antiken Gebäuden. *Das Verhüllte eines gewesenen großen Anfangs sprach aus allem*. Über verwachsenes Urgestein, über Trümmerstücke und in einem wehenden Wind geht es hinauf zum zerklüfteten Gipfel des Kynthos. Jetzt kommt der große Augenblick. Die Berge, der Himmel, das Meer, die Inseln ringsum *gehen auf*, sie zeigen sich im Licht. *Was ist es, was so in ihnen erscheint? Wohin winken sie?* Sie winken ein in das Fest der Sichtbarkeit, indem sie das Erscheinende *eigens als das so und so Anwesende zum Vorschein bringen* (A, 21). Auf den Höhen von Delos mit ihrem Rundblick über das offene Meer und die hingestreuten Inseln feiert Heidegger seine Ankunft im Gelobten Land. Warum ausgerechnet Delos? Aus den Beschreibungen läßt sich nur erahnen, was dieser Ort den anderen voraus hat. Ist es vielleicht doch nur die Magie des Namens, oder kann Heidegger nicht deutlichere Auskunft geben? Er spricht vorsichtig von der Anwesenheit des Göttlichen, aber hält sich zugleich zurück, will den *verschwimmenden Pantheismus* vermeiden. Und so greift er zu seinen Formeln des Wahrheitsgeschehens, die wir schon kennen; die aber in diesem Zusammenhang nicht das schon einmal Gedachte rekapitulieren, sondern auf den Ort verweisen, dem sich dieses Denken verdankt. Er verzichtet darauf, *das Erblickte in einem einfach beschreibenden Erzählen festzuhalten* (A, 5), und wählt für den Ausdruck seines ekstatischen Glücksgefühls die Worte: *Das anscheinend nur Vorgestellte erfüllte sich, füllte sich mit Anwesenheit, mit dem, was einst gelichtet den Griechen erst Anwesen gewährt hat* (A, 21).

Die Reise führt weiter nach Athen, auf die Akropolis frühmorgens, ehe die Touristenscharen kommen, nach Delphi, wo es im heiligen Bezirk von Leuten wimmelt, die, statt ein *Fest des Denkens* (A, 32) zu begehen, nur unaufhörlich fotografieren. Sie haben ihr Gedächtnis, ihre Fähigkeit zum *Andenken* verloren.

Das Delos-Erlebnis bleibt der unvergeßliche Höhepunkt. Ein halbes Jahr später schreibt Heidegger von Freiburg aus an Erhart Kästner: *Ich ›bin‹ oft auf der Insel.* Jedoch: *Ein gemäßes Wort darüber gibt es kaum.* Was bleibt: *das Überraschende des reinen Anwesens* (23.8.1962, BwHK, 51) im Andenken zu bewahren.

Das war der erste Besuch am Ort der Träume, es werden weitere folgen, 1964, 1966 und 1967.

In diesen Jahren entdeckt Heidegger die Provence, sein zweites Griechenland. Im Anschluß an eine Tagung in Cerisy-la-Salle in der Normandie 1955 lernte er durch Jean Beaufret den französischen Dichter René Char kennen. Aus der Bekanntschaft wurde bald eine Freundschaft mit dem nicht nur als Dichter, sondern auch als Partisanenführer der Résistance berühmten Mann. Chars Gedichte sind nach seinen eigenen Worten »ein Gewaltmarsch ins Unsagbare« und suchen doch immer wieder den Schauplatz seiner geliebten Heimat auf, die Provence. Dorthin, in sein Haus bei Le Thor im Gebiet der Vaucluse, lädt er Heidegger ein. Beaufret verabredet mit Heidegger, den Besuch in Le Thor zu verbinden mit einem kleinen Seminar für einige wenige Freunde und den engsten Schülerkreis von Beaufret, unter ihnen Fédier und Vezin, der später SEIN UND ZEIT ins Französische übersetzen wird. Diese Seminare fanden statt in den Jahren 1966, 1968 und 1969. Es bildete sich ein festes Ritual heraus. Vormittags saß man vor dem Haus unter den Platanen und erörterte, vom Zirpen der Zikaden begleitet, Heraklit oder den Satz von Hegel: »Ein zerrissener Strumpf ist besser als ein geflickter. Nicht so das Selbstbewußtsein«, den griechischen Schicksalsbegriff oder – im Jahre 1969 – die Elfte Feuerbachthese von Marx: »Die Philosophen haben die Welt nur verschieden interpretiert. Es kömmt darauf an, sie zu verändern.« An diesen Vormittagen unter dem rieselnden Schatten der Bäume sind sich alle einig: Wir müssen die Welt so interpretieren, daß wir sie endlich wieder schonen können. Es wurden Protokolle geführt, auch wenn der Mistral bisweilen die Blätter verwehte. Sie wurden wieder eingesammelt und von allen gemeinsam redigiert. Eines dieser Protokolle beginnt mit dem Satz: »Hier bei den Ölbäumen, die sich an den Abhang vor uns bis in die Ebene schmiegen, wo in der Weite noch nicht sichtbar der Rhone-Strom fließt, beginnen wir wieder mit Fragment 2 (Heraklit, R. S.). Hinter uns lagert ein delphisches Bergmassiv. Das ist die Landschaft des Rebanque. Wer den Weg dorthin findet, ist bei Göttern zu Gast« (VS, 13).

Nachmittags brach man zu Ausflügen in die Umgebung auf, nach Avignon, ins Weingebiet der Vaucluse und vor allem zum Cézanne-Bergzug des Sainte-Victoire. Heidegger liebte diesen Weg in den Steinbruch von Bibemus bis zu dem Punkt, wo nach der Biegung plötzlich das ganze Massiv des Sainte-Victoire sichtbar wird. Es ist der Weg des Cézanne, und ihm entspricht, sagte Heidegger, *von seinem Beginn bis zum Ende, mein eigener Denkweg auf seine eigene Weise.* Auf einem Steinblock, dem Berg gegenüber, konnte Heidegger eine lange Weile sitzen und schauen. Ein »Augenblick des Gleichgewichts der Welt«, hatte Cézanne einmal an diesem Ort gesagt. Natürlich fühlten sich die Freunde auch an jene Erzählung erinnert, wie Sokrates, in regloser Haltung in Gedanken vertieft, stundenlang verharren konnte. Abends saß man wieder bei René Char zusammen, von dem Heidegger sagte, in seinem Sprechen und Gebaren und an seinem Ort lebe das alte Griechenland noch einmal auf. Und René Char war Heidegger dafür dankbar, daß er den Blick wieder frei gemacht habe für das Wesen der Dichtung, die nichts anderes sei als »die Welt an ihrem besten Ort«. Bei jeder Heimreise gab er dem Philosophen einen Armvoll Pflanzen mit, Lavendel und Salbei aus seinem Garten, Thymian und Kräuter des Landes, dazu Olivenöl und Honig.

»Es ist eigentlich unmöglich, die Stimmung dieser durchglänzten Tage wiederzugeben«, schreibt einer der Freunde, »die verhaltene Achtung und Verehrung der Teilnehmer für Heidegger, – sie alle tief durchdrungen von der geschichtlichen Tragweite dieses umwälzenden Denkens; ebenso aber der gelöste freundschaftliche nahe Umgang mit dem Lehrer – mit einem Wort: das südliche Licht, das heißt die gelassene Heiterkeit dieser unvergeßlichen Tage« (VS, 147).

In die zweite Hälfte der sechziger Jahre fällt auch die fruchtbarste und intensivste Phase der Seminare in Zollikon, im Hause von Medard Boss. Ärzte und Psychotherapeuten nahmen daran teil, Schüler und Mitarbeiter von Medard Boss, der an der psychiatrischen Universitätsklinik Zürich lehrte, dem »Burghölzli«, vormals die Wirkungsstätte C. G. Jungs. Medard Boss war während des Krieges Bataillonsarzt bei einer Gebirgstruppe der schweizerischen Armee. Er hatte wenig zu tun, und um seine Langeweile zu bekämpfen, studierte er Sein und Zeit. Allmählich ging ihm auf, daß in diesem Werk »grundlegend neue, unerhörte Einsichten in das menschliche Existieren und seine Welt zu Wort kamen« (ZS, VIII), die für die Psychotherapie fruchtbar gemacht werden könnten. 1947 schrieb er seinen ersten Brief an Heidegger, der freundlich antwortete und um *kleine Schokoladepäckchen* bat. 1949 kam Medard Boss zum ersten Mal nach Todtnauberg. Aus der Briefpartnerschaft wurde herzliche Freundschaft. Martin Heidegger versprach sich viel von dieser Verbindung mit einem Arzt, der sein Denken zu verstehen schien. »Er sah die Möglichkeit«, berichtet Medard Boss, »daß seine philosophischen Einsichten nicht nur in den Stuben der Philosophen steckenblieben, sondern viel zahlreicheren und vor allem auch hilfsbedürftigen Menschen zugute kommen könnten« (ZS, X). Die Reihe der Seminare begann 1959 und endete 1969. Anfangs hatten die Beteiligten das Gefühl, »es würde erstmals ein Marsmensch einer Gruppe von Erdbewohnern begegnen und sich mit ihnen verständigen wollen« (ZS, XII). Geduldig, immer wieder neu ansetzend, erläuterte Heidegger seinen ›Grundsatz‹, daß Dasein bedeutet, auf die Welt hin geöffnet zu sein. In der ersten Seminarstunde malte er Halbkreise an die Tafel, die dieses primäre Geöffnetsein zur Welt hin darstellen sollten. Bei diesen Seminaren versuchte Heidegger zum ersten Mal, seelische Störungen mit Hilfe der Grundbegriffe der Daseinsanalyse von Sein und Zeit verständlich zu machen. Es wurden Krankengeschichten durchgesprochen. Die leitende Fragestellung war dabei, ob und inwieweit der offene Weltbezug beeinträchtigt sei. Offener Weltbezug bedeutet: die Gegenwart *ausstehen*, ohne in die Zukunft oder die Vergangenheit auszuweichen. Heidegger wirft der Freudschen Psychoanalyse vor, daß sie diesen Gegenwartsbezug durch konstruierte Theorien über die Vorgeschichte des Leidens eher erschwert. Weiterhin bedeutet offener Weltbezug, jenen Zwischenraum zu bewahren, worin die Menschen und Dinge zum Vorschein kommen können. Der Manisch-Depressive beispielsweise kennt dieses freie, offene Gegenüber nicht, er kann weder die Dinge noch die Mitmenschen raum-zeitlich dort lassen, wohin sie gehören; entweder sind sie ihm zu fern oder zu nah: er verschlingt sie und wird von ihnen verschlungen – oder sie verschwinden in eine große Leere, einer inneren und äußeren. Was ihn aus der Welt anspricht, kann er nicht mehr vernehmen und festhalten. Eine abstandhaltende Nähe zu den Dingen und Menschen ist ihm nicht möglich. Es fehlt die Gelassenheit, die sich selbst und den Mitmenschen – sein läßt. Immer wieder kommt Heidegger darauf zurück, daß die meisten seelischen Krankheiten sich als eine Störung des ›Existierens‹ im wörtlichsten Sinne verstehen lassen: das ›Aus-stehen‹ des offenen Weltbezugs gelingt nicht. Zwischen Krankheit und Normalität gibt es für Heidegger keinen Bruch. Eben noch spricht er über einen Manisch-Depressiven oder einen Melancholiker und mit wenigen Sätzen ist er schon bei Descartes und der allgemeinen *Weltverdüsterung* in der Moderne. Im Verhalten des Manikers, dem die Welt als etwas erscheint, das man an sich raffen, überwältigen und verschlingen muß, ist für Heidegger der gewöhnliche neuzeitliche Wille zur Macht auf eine pathologische Spitze getrieben. Es geht in den Seminaren von Zollikon stets um beides: um seelische Krankheiten von Individuen und um die Pathologie der modernen Zivilisation. Im Irresein des einzelnen erkennt Heidegger die wahnsinnigen Zustände der Neuzeit.

Heidegger hatte in Medard Boss einen Freund gefunden, als Therapeuten aber nahm er ihn nicht in Anspruch. Doch vertraute er ihm seinen angeblich einzigen, aber häufig wiederkehrenden Traum an. Ihm träumte, er müßte noch einmal die Abiturprüfung ablegen vor den gleichen Lehrern wie damals. »Endgültig war es mit diesem stereotypen Traum vorbei«, berichtet Medard Boss, »als er (Heidegger, R. S.) im wachen Denken ›Sein‹ im Lichte des ›Ereignisses‹ zu erfahren vermochte« (ZS, 308).

Vierundzwanzigstes Kapitel

Kassandrarufe. Adorno und Heidegger. Amorbach und Feldweg. Vom Jargon der Eigentlichkeit zum eigentlichen Jargon der sechziger Jahre. Vom Reden und vom Schweigen über Auschwitz. Das »Spiegel«-Interview. Paul Celan in Freiburg und Todtnauberg.

1965 fand ein inzwischen legendäres Rundfunkgespräch zweier Kontrahenten statt, bei dem der eine den Part des Großinquisitors und der andere den des Menschenfreundes übernahm. Der Großinquisitor war Gehlen, sein Widerpart Adorno. Gehlen: »Herr Adorno, Sie sehen hier natürlich wieder das Problem der Mündigkeit. Glauben Sie wirklich, daß man die Belastung mit Grundsatzproblematik, mit Reflexionsaufwand, mit tief nachwirkenden Lebensirrtümern, die wir durchgemacht haben, weil wir versucht haben uns freizuschwimmen, daß man die allen Menschen zumuten sollte? Das würde ich ganz gerne wissen.« Adorno: »Darauf kann ich nur ganz einfach sagen: Ja! Ich habe eine Vorstellung von objektivem Glück und objektiver Verzweiflung, und ich würde sagen, daß die Menschen so lange, wie man sie entlastet und ihnen nicht die ganze Verantwortung und Selbstbestimmung zumutet, daß so lange auch ihr Wohlbefinden und ihr Glück in dieser Welt ein Schein ist. Und ein Schein, der eines Tages platzen wird. Und wenn er platzt, wird das entsetzliche Folgen haben.« Gehlen erwidert, das sei zwar ein schöner Gedanke, aber leider nur gültig für eine utopische Anthropologie. Darauf Adorno: Die Entlastungsbedürftigkeit des Menschen sei nicht, wie Gehlen behaupte, eine anthropologische Naturkonstante, sondern eine Reaktion auf die Belastungen, welche die Menschen sich durch ihre gesellschaftlichen Einrichtungen selbst auferlegten. Vor den Belastungen suchten sie Zuflucht bei genau der Macht, die ihnen das »Unheil« antue, unter dem sie litten. Diese »Identifikation mit dem Angreifer« müsse aufgebrochen werden. Gehlens Antwort, mit der die Debatte endet: »Herr Adorno, ... obzwar ich das Gefühl habe, daß wir uns in tiefen Prämissen einig sind, habe ich den Eindruck, daß es gefährlich ist und daß Sie die Neigung haben, den Menschen mit dem bißchen unzufrieden zu machen, was ihm aus dem ganzen katastrophalen Zustand noch in den Händen geblieben ist.«

Das Ganze ist das Unwahre, diese Position vertreten beide. Und es ist auch die Position Heideggers. Das beste ist, sagt Gehlen, man hilft den Menschen dabei, daß sie ihren Geschäften »kritikfest und einwandsimmun« nachgehen können, und erspart ihnen einen Reflexionsaufwand, durch den sie überhaupt erst auf den katastrophalen Zustand des Ganzen gestoßen werden. Nein, sagt Adorno, im Namen der Befreiung müssen wir sie zu solcher Reflexion ermuntern, damit sie merken, wie schlimm es um sie steht. Der eine will die Menschen aus hochreflexiven Gründen – weil er keine praktikable Alternative zum Bestehenden sieht – vor der Reflexion schützen, der andere will sie ihnen zumuten, obwohl er nur an die heiklen Erlösungsversprechen erinnern kann, wie sie in Kindheitserfahrungen, im Gedicht, in der Musik und in »Metaphysik im Augenblick ihres Sturzes« aufbewahrt sind.

Bemerkenswert ist, daß sich Philosophen wie Gehlen, Adorno und eben auch Heidegger darauf einigen können, daß die Lage, den Blick aufs Ganze gerichtet, katastrophal ist. Aber dieser Katastrophe fehlt das Alarmierende. Man kann ganz gut mit ihr leben. Für Adorno eine Folge davon, daß die Menschen doppelt entfremdet sind: Sie sind entfremdet und haben das Bewußtsein ihrer Entfremdung verloren. Für Gehlen ist die Zivilisation ohnehin nichts anderes als die Katastrophe im Zustand ihrer Lebbarkeit. Und für Heidegger ist das *Gestell* ein *Geschick*, dessen der Mensch nicht mächtig ist. Die Grundprobleme der technischen Welt sind technisch nicht zu lösen. *Nur ein Gott kann uns helfen*, sagt Heidegger.

Die Kassandras auf den hohen Bergen der schlechten Aussichten rufen sich über die Niederungen, wo die Tüchtigkeit und das ›Weiter so‹ regiert, ihre dunklen Einsichten zu.

Die fünfziger und die frühen sechziger Jahre haben einen Katastrophendiskurs ausgebildet, der friedlich koexistierte mit dem Aufbaueifer, dem Wohlstandsbehagen, dem Optimismus in kleinen Dingen und auf kurze Distanzen. Die Stimmen der Kulturkritik begleiten in düsterem Moll die muntere Geschäftigkeit der prosperierenden Bundesrepublik. Zu dem Chor dieser Stimmen gehörten Adorno und Gehlen ebenso wie Heidegger.

Auf unterschiedliche Weise nehmen sie teil an dem Unwesen, das sie zugleich kritisieren. Gehlen will die Gesellschaft mit intellektuellen Mitteln vor den Intellektuellen schützen; Adorno malt ein Horrorbild der kapitalistischen Entfremdung und untersucht, um dem »Institut für Sozialforschung« wieder Ansehen zu verschaffen, im Auftrag der Konzernleitung das Betriebsklima von Mannesmann; Heidegger verwirft das erbauliche Reden gegen die Technik – in erbaulichen Reden.

Dem Zeitkritiker Heidegger widerfuhr Ähnliches wie Adorno – man hörte auf ihn wie auf ein künstlerisches Orakel. Nicht nur die Akademien der Wissenschaften, sondern die der Schönen Künste warben um Heidegger ebenso wie später um Adorno. Fundamentalkritik, die nicht politisch werden will und sich dem Religiösen gegenüber heikel gebärdet, wird zwangsläufig ästhetisch rezipiert. Als 1957 die Berliner Akademie der Schönen Künste die Aufnahme Heideggers beriet, stimmte eine große Mehrheit Gertrud von le Fort zu, als sie sagte, Heideggers Werk müsse als »große Dichtung« gelesen werden. Diese Art Resonanz war Heidegger nicht unsympathisch, denn für ihn selbst rückten Denken und Dichten immer näher zusammen, und gemeinsam entrückten sie ihn dem Handgemenge der Zeit. *Die Hirten wohnen unsichtbar und außerhalb des Ödlandes der verwüsteten Erde, die nur noch der Sicherung der Herrschaft des Menschen nützen soll.*

Heideggers Wirkung war auch schon in den zwanziger Jahren nicht allein auf die Universität beschränkt, und sie ist es jetzt noch viel weniger, wenngleich sich in den fünfziger Jahren eine große Zahl von Ordinarien und solchen, die es werden wollen, auf Heidegger beruft. Auf deutschen Lehrstühlen wird tüchtig geheideggert, man ist dabei, den Meister kleinzuarbeiten, stellt lahme Betrachtungen über Wurf und Geworfenheit an, fertigt aus Heideggers grandioser Philosophie der Langeweile eine langweilige Philosophie, es entbrennen scholastische Streitigkeiten um die Ordnung der Existenzialien. Aber das alles war es nicht, was Heidegger zum Meisterdenker der fünfziger und frühen sechziger Jahre machte. Als der junge Habermas in einem Artikel für die »Frankfurter Allgemeine Zeitung« zum siebzigsten Geburtstag Heideggers die Wirkung des Philosophen beschreibt, hebt er besonders die »Kollegien von Laienbrüdern« hervor, die sich überall im Lande und besonders bei den Stillen im Lande bilden. Andachtszirkel, die sich um das Wort Heideggers versammeln. Wenige Jahre später wird Adorno in seinem Pamphlet »Jargon der Eigentlichkeit« das Schema der Heidegger-Wirkung auf die Formel bringen: »Irrationalität inmitten des Rationalen ist das Betriebsklima der Eigentlichkeit.« Adorno als Betriebsklimaforscher mußte es wissen. »In Deutschland wird ein Jargon der Eigentlichkeit gesprochen, mehr noch geschrieben, Kennmarke vergesellschafteten Erwähltseins, edel und anheimelnd in eins; Untersprache als Obersprache. Er erstreckt sich von der Philosophie und Theologie nicht bloß evangelischer Akademien über die Pädagogik, über Volkshochschulen und Jugendbünde bis zur gehobenen Redeweise von Deputierten aus Wirtschaft und Verwaltung. Während er überfließt von der Prätention tiefen menschlichen Angerührtseins, ist er unterdessen so standardisiert wie die Welt, die er offiziell verneint« (9). Tatsächlich eigneten sich Versatzstücke und terminologische Bestandteile der Heideggerschen Philosophie gut dafür, ergriffene Rede so ins Spiel zu bringen, daß die akademische Reputation nicht darunter litt. Beim Reden über den Tod beispielsweise konnte man einen Mittelweg wählen zwischen existentiellem Ernst und einer philosophischen Gelehrsamkeit, die zeigen will, daß ihr nichts Menschliches fremd ist. Wem es peinlich war, von Gott zu reden, wer aber auf anonyme Spiritualität doch nicht verzichten wollte, der griff gerne nach dem ›Sein‹, mit oder ohne Ypsilon. Was für die jüngeren Leute Camus und Sartre bedeutete, das war für die älteren, die das Schwergängigere oft für das Seriösere halten, Heidegger.

Für Adornos kritischen Blick auf die »deutsche Ideologie« dieser Jahre waren der Jargon der Eigentlichkeit und Martin Heidegger als dessen Stichwortgeber etwas viel Gefährlicheres: Ausdruck einer Gebildetenmentalität, die für den Faschismus disponierte. Adorno setzt bei zunächst harmlos klingenden Ausdrücken wie »Auftrag, Anruf, Begegnung, echtes Gespräch, Aussage, Anliegen, Bindung« an – bei Wörtern, mit denen sich, so Adorno, in gut gewählten Zusammenhängen die »Himmelfahrt des Wortes« (13) inszenieren läßt. Wer den Anruf vernimmt, die Begegnung wählt, sein Anliegen bekundet und die Bindung nicht scheut, zeigt sich als jemand, der zu Höherem berufen ist, weil er Höheres im Sinn hat. Es ist der einstweilen noch sanfte Übermensch, erhaben über den Betrieb der verwalteten Welt. Der Jargon veredelt die Geschäftstüchtigkeit zur Auserwähltheit. Der Eigentliche beweist Durchsetzungsvermögen mit Herz, er spielt die »Wurlitzerorgel des Geistes« (18).

Der »Jargon der Eigentlichkeit« rechnet mit einem Zeitgeist ab, dessen Zeit schon abgelaufen war, als das Buch Mitte der sechziger Jahre erschien. Es waren die Jahre der Kanzlerschaft Ludwig Erhards. Der weihevolle Jargon gedieh in der patriarchalischen Adenauerzeit, aber als Adornos Pamphlet erscheint, hält bereits eine neue Sachlichkeit Einzug. Das ›Haus der Begegnung‹ weicht der ›Mehrzweckhalle‹, die Fußgängerzone erobert die Städte, in der Architektur triumphiert der Bunker- und Gefängnisbau. Man entdeckt den Charme der nackten

Tatsachen, in der Philosophie ebenso wie in den Sexshops, und es dauert nicht mehr lange, bis die Entlarvung, die kritische Kritik und die Hinterfrage die Welt der Diskurse beherrschen.

Zur Technik des Jargons gehört, daß seine Worte klingen »wie wenn sie ein Höheres sagten, als was sie bedeuten« (11). Aber so klingt es bisweilen auch in Adornos Text, nur inszeniert Adorno keine Himmelfahrt, sondern einen Höllensturz. Adornos überschießende Intention ist sein Faschismusverdacht, der die eher komischen als gefährlichen Befunde mit Bedeutung auflädt. So bemerkt Adorno beispielsweise zu Heideggers sorgfältiger Paragrapheneinteilung im Todeskapitel: »Noch der Tod wird am Leitfaden behandelt, in den SS-Verordnungen und in den Existentialphilosophien; der Amtsschimmel als Pegasus, in extremis als apokalyptisches Roß geritten« (74). An anderer Stelle macht Adorno aus Heidegger einen Philosophen der Sekundärtugenden: »Im Namen zeitgemäßer Eigentlichkeit jedoch könnte auch ein Folterknecht allerlei ontologische Entschädigungsansprüche anmelden, wofern er nur ein rechter Folterknecht war« (105). Doch das sind nur Präliminarien der Adornoschen Kritik. Adorno will den Faschismus im Inneren der Heideggerschen Fundamentalontologie aufspüren. Ontologie, zumal die Heideggersche, sei die zum System geronnene »Bereitschaft, eine heteronome, der Rechtfertigung vorm Bewußtsein enthobenen Ordnung zu sanktionieren«, schreibt Adorno in der »Negativen Dialektik«, seinem philosophischen Opus magnum, dem der »Jargon der Eigentlichkeit« konzeptionell zugehört.

Adorno hatte 1959 erklärt, »ich betrachte das Nachleben des Nationalsozialismus *in* der Demokratie als potentiell bedrohlicher denn das Nachleben faschistischer Tendenzen *gegen* die Demokratie«. Er bezog sich dabei besonders auf die Tatsache, daß der Antikommunismus des Kalten Krieges dem faschistischen Ungeist ein Inkognito gewährte. Er mußte sich nur als Verteidiger des Abendlandes gegen die ›rote Flut‹ aufspielen und konnte dabei an die Tradition des nationalsozialistischen Antibolschewismus anknüpfen. Dieser Antikommunismus der Adenauerzeit fischte tatsächlich im Trüben der auch rassistisch getönten ›Russenangst‹ und appellierte an autoritäre, bisweilen sogar chauvinistische Regungen. Um die Front gegen den Osten zu stärken, war in den fünfziger Jahren die Rehabilitierung und Wiedereingliederung der nationalsozialistischen Elite zügig vorangetrieben worden. Adenauer hatte immer wieder gefordert, daß die Unterscheidung zwischen »zwei Klassen von Menschen«, nämlich zwischen politisch Einwandfreien und Nicht-Einwandfreien, so bald wie möglich verschwinden sollte. Bereits im Mai 1951 war ein Gesetz verabschiedet worden, das den ›Belasteten‹ wieder den Zugang zum Beamtenverhältnis eröffnete. Ergänzend sorgte das 1952 verabschiedete ›Treuepflichtgesetz‹ dafür, daß Mitglieder der ›Vereinigung der Verfolgten des Nazi-Regimes‹ unter Kommunismusverdacht aus dem öffentlichen Dienst entfernt wurden. Auch der Antisemitismus rührte sich. Adorno, der 1949 zusammen mit Horkheimer aus der Emigration an die Frankfurter Universität zurückgekehrt war, bekam ihn besonders zu spüren. 1953 wurde er auf einen »außerordentlichen Lehrstuhl für Philosophie und Soziologie« berufen, der ganz offiziell »Wiedergutmachungslehrstuhl« genannt wurde – eine für Diffamierungen handliche Bezeichnung. Adornos Hoffnung, eine ordentliche Professur allein aufgrund seines wissenschaftlichen Ranges zugesprochen zu erhalten, blieb lange Zeit unerfüllt. Als schließlich in der Fakultät 1956 Adornos Ernennung zum Ordinarius beraten wurde, sprach der Orientalistik-Professor Hellmut Richter auch prompt von »Schiebung«. Es brauche einer in Frankfurt nur die Protektion Horkheimers zu haben und Jude zu sein, um Karriere machen zu können. Das war nicht die einzige Bemerkung dieser Art. Es kam so schlimm, daß sogar Horkheimer, dessen Position als ehemaliger Rektor und Dekan gefestigter war, des grassierenden »Judenhasses« wegen 1956 um vorzeitige Emeritierung bat. Adorno und Horkheimer mußten wiederum die alte jüdische Erfahrung machen, daß sie, auch wenn sie auf privilegierte Positionen gelangten, doch stigmatisiert und leicht verwundbar blieben. »Als Minister wird er jüdischer Minister sein, Exzellenz und Paria zugleich«, so hatte Sartre in seiner »Betrachtung zur Judenfrage« diese Erfahrung auf den Begriff gebracht. ›Verwundbar‹ war Adorno in den fünfziger und frühen sechziger Jahren auch seines marxistischen Hintergrundes wegen. Die Wochenzeitung »Die Zeit« bezeichnete Adorno 1955 als »Propagandist der klassenlosen Gesellschaft«.

Gleichwohl: Wenn Adorno in Heideggers Philosophie nach faschistischer Kontinuität fahndete, dann geschah das nicht nur, weil er in Heidegger das geistige Justemilieu der Adenauerzeit treffen wollte. Da war mehr im Spiel, nämlich eine bedrohliche philosophische Nähe zum Angefeindeten. Es gab bei Adorno auch eine Rankune gegenüber einem Philosophen, der ›philosophia perennis‹ so betrieb, als hätte es Soziologie und Psychoanalyse, diese großen Widersacher des philosophischen Geistes, nicht gegeben. Diese Ignoranz mußte Adorno empören, der sich seinerseits von diesen geistigen Mächten der Entzauberung tüchtig in die Pflicht nehmen ließ – gegen den eigenen philosophischen Eros, der darunter Schaden litt. Daß sich Heidegger um diesen ›wissenschaftlichen‹ Modernitätsstandard gar nicht kümmerte, ihn sogar verachtete, das denunzierte Adorno an Heidegger als ›Provinzialismus‹. Adorno, der geschichtsphilosophisch so genau darüber Bescheid wußte, was alles ›nicht mehr geht‹, versagte es sich, philosophisch fest aufzutreten. Für seine philosophische Leidenschaft blieben ihm nur die virtuose Dauerreflexion und natürlich – die Kunst. Diese Hinwendung zur Kunst als Asyl der Philosophie war aber auch schon wieder eine Gemeinsamkeit zwischen den beiden. Adorno wird Heidegger zwar nicht um seinen schweren Gang beneidet haben, das Tänzeln war ihm natürlicher, aber worum er Heidegger vielleicht doch beneidete, war, daß dieser sich seiner unverhüllten metaphysischen Tätigkeit nicht schämte. Adorno schrieb einmal: »Scham sträubt sich dagegen, metaphysische Intentionen unmittelbar auszudrücken; wagt man es, so wäre man dem jubelnden Mißverständnis preisgegeben.« So wurde Adorno zum Meister des philosophischen Schleiertanzes. Als Herbert Marcuse Mitte der fünfziger Jahre sein Buch »Eros und Zivilisation« (dem die Suhrkamp-Kultur später den überaus anziehenden Titel »Triebstruktur und Gesellschaft« geben wird) als Sonderband der »Zeitschrift für Sozialforschung« veröffentlichen wollte, schrieb Adorno an Marcuse, daß ihm »eine gewisse Direktheit und ›Unvermitteltheit‹« nicht behage. Adorno, der auch sonst lästige Konkurrenz bei Horkheimer wegzubeißen pflegte, konnte die Veröffentlichung des Buches in der Institutsreihe erfolgreich hintertreiben. Marcuses unverzeihlicher Fehler war, daß er ein Betriebsgeheimnis der Kritischen Theorie – ihre Idee einer gelingenden Kultur auf der Grundlage einer zur Erotik befreiten Sexualität – allzu deutlich ausgeplaudert hatte. Adorno jedenfalls konnte seinen »metaphysischen Intentionen« nur unter dem Schutz eines großen Aufwandes von Heikelkeiten aller Art nachgeben.

Bei alledem war, wie schon gesagt, Adornos eigentliches Anliegen – so würde der Ausdruck des ›Jargons‹ dafür gelautet haben – dem Heideggerschen sehr verwandt. Und das wußte er. Adorno hatte 1949 Horkheimer bedrängt, für den »Monat« eine Besprechung von Heideggers soeben erschienenem Buch HOLZWEGE zu machen. Er hatte an Horkheimer geschrieben, Heidegger sei »für Holzwege, in einer uns gar nicht so fernen Art«.

Adorno und Heidegger stellen der Moderne eine ähnliche Krankheitsdiagnose aus. Heidegger spricht vom neuzeitlichen *Aufstand des Subjekts*, dem die Welt zum Objekt der *Machenschaften* wird, ein Vorgang, der aufs Subjekt zurückschlägt mit der Folge, daß dieses sich nur noch als Ding unter Dingen verstehen kann. In Adorno / Horkheimers »Dialektik der Aufklärung« findet sich derselbe Grundgedanke: Die Gewalt, die der neuzeitliche Mensch der Natur zufügt, kehrt sich gegen die innere Natur des Menschen. »Jeder Versuch, den Naturzwang zu brechen, indem Natur gebrochen wird, gerät nur um so tiefer in den Naturzwang hinein. So ist die Bahn der europäischen Zivilisation verlaufen.« Bei Heidegger heißt es: die Welt wird zum verfügbaren Gegenstand, zum Bild, zur Vorstellung für das Herstellen. Adorno / Horkheimer sprechen vom »Erwachen des Subjektes«, das erkauft wird »durch die Anerkennung der Macht als des Prinzips aller Beziehungen«, und weiter: die »Vermehrung ihrer Macht« bezahlen die Menschen mit der »Entfremdung von dem, worüber sie Macht haben« (15). Für Adorno führt dieses Machtprinzip der entfremdeten bürgerlichen Welt in letzter Konsequenz zu den Greueln der industriell betriebenen Ermordung der Juden. Adorno: »Der Völkermord ist die absolute Integration, die überall sich vorbereitet, wo Menschen gleichgemacht werden, geschliffen ... bis man sie ... buchstäblich austilgt.« Als Heidegger bei dem Bremer Vortrag 1949 erklärte: *Ackerbau ist jetzt motorisierte Ernährungsindustrie, im Wesen das Selbe wie die Fabrikation von Leichen und Gaskammern*, löste diese Äußerung, als sie später bekannt wurde, große Empörung aus gerade bei denen, die an den ähnlichen Gedanken Adornos keinen Anstoß genommen hatten. Dabei war Heideggers Äußerung durchaus im Sinne jenes kategorischen Imperativs gemeint, den Adorno so formulierte: Man muß das Denken und Handeln so einrichten, »daß Auschwitz nicht sich wiederhole, nichts Ähnliches geschehe« (358). Heidegger verstand sein Seinsdenken als eine Überwindung des modernen Willens zur Macht, der zur Katastrophe geführt hatte. Dieses Seinsdenken steht dem, was Adorno unter dem Titel »das Denken der Nichtidentität« suchte, nicht allzu fern. Das »Denken der Nichtidentität« verstand Adorno als ein Denken, das die Dinge und Menschen in ihrer Einmaligkeit gelten läßt und sie nicht »identifizierend« vergewaltigt und reglementiert. Die nicht entfremdende, also nicht identifizierende Erkenntnis »will sagen, was etwas sei, während das Identitätsdenken sagt, worunter etwas fällt, wovon es Exemplar ist oder Repräsentant, was es also nicht selbst ist« (152).

Was bei Adorno »nichtidentifizierendes Denken« heißt, ist bei Heidegger ein eröffnendes Denken, worin das Seiende sich zeigen kann, ohne vergewaltigt zu werden. Doch diesem Seinsdenken mißtraut Adorno. Er erhebt den alten Irrationalismus-Vorwurf: »Denken kann keine Position erobern, in der jene Trennung von Subjekt und Objekt unmittelbar verschwände, die in jeglichem Gedanken, im Denken selber liegt. Darum wird Heideggers Wahrheitsmoment auf weltanschaulichen Irrationalismus nivelliert« (92). Adorno spricht anerkennend von Heideggers »Wahrheitsmomenten« und meint damit seine Weigerung, sich den positivistisch zurechtgemachten ›Fakten‹ zu beugen und das ontologisch-metaphysische Bedürfnis preiszugeben. Auch Adorno kennt und billigt die »Sehnsucht, beim Kantischen Verdikt übers Wissen des Absoluten solle es nicht sein Bewenden haben« (69). Wo Heidegger aber mit feierlicher Andacht transzendiert, inszeniert Adorno das Spiel der negativen Dialektik, die der Metaphysik die Treue hält durch die Negation ihrer Negation. Deshalb kann Adorno diese Dialektik auch ein Organon der »Transzendenz der Sehnsucht« nennen. In der Bewegungsart unterscheiden sich die beiden, nicht aber im Richtungssinn. Doch diese Nähe zu Heidegger reizt Adornos Narzißmus der kleinen Differenz. Er scheut die Solidargemeinschaft der heimlichen und unheimlichen Metaphysiker. Die Ähnlichkeit des Richtungssinnes: Auch Adorno ruft Hölderlin als metaphysischen Zeugen auf, und er blickt nach Süddeutschland, also in Heideggers Gegend, wie in ein Gelobtes Land. In der »Rede über Lyrik und Gesellschaft« sagt Adorno bei Gelegenheit einer Mörike-Interpretation: »Auf drängt sich das Bild jenes Glücksversprechens, wie es heute noch am rechten Tage von der süddeutschen Kleinstadt dem Gast gewährt wird, aber ohne das leiseste Zugeständnis ans Butzenscheibenhafte, an die Kleinstadtidylle.«

Gegen Ende seiner »Meditationen zur Metaphysik« (in der »Negativen Dialektik«) erörtert Adorno, wo die in der Moderne noch zugänglichen Orte der metaphysischen Erfahrung zu finden seien. Wir finden sie nicht mehr in der Totalen, im großen Überblick; auch im Zug des Geistes durch die Geschichte, worin sie noch Hegel vergegenwärtigte, ist sie uns entschwunden. Dort gibt es nur das Grauen, aber keine Epiphanie, keinen erbaulichen Weltgeist, nur das Herz der Finsternis. Wo aber lebt Metaphysik, wie kann man »solidarisch« sein mit ihr »im Augenblick ihres Sturzes«? Adornos Antwort: »Was metaphysische Erfahrung sei, wird, wer es verschmäht, diese auf angebliche religiöse

Urerlebnisse abzuziehen, am ehesten wie Proust sich vergegenwärtigen, an dem Glück etwa, das Namen von Dörfern verheißen wie Otterbach, Watterbach, Reuenthal, Monbrunn. Man glaubt, wenn man hingeht, so wäre man in dem Erfüllten, als ob es wäre« (366). Adorno hat seine Suche nach dem Ort der verlorenen und wiedergefundenen Metaphysik in der kurzen Skizze »Amorbach« vorgeführt. In dem gleichnamigen Odenwaldstädtchen hat er seine Kindheit erlebt. Dort sieht er viele seiner Motive versammelt, die ihm später mächtig aufgegangen sind. Der Seegarten eines Klosters wird ihm zum Urbild einer Schönheit, »nach deren Grund ich vorm Ganzen vergeblich frage«. Immer noch hört er das Geräusch einer alten Fähre über den Main, das akustische Emblem des Aufbruchs zu neuen Ufern: so setzt man über, von einer Welt in die andere. Auf einer Anhöhe erlebte er, wie drunten im Ort bei beginnender Dämmerung überall mit einem Schlag das soeben eingeführte elektrische Licht aufblitzte – ein behutsames Exerzitium für die späteren Schocks der Modernität in New York und anderswo. »So gut hatte mein Städtchen mich behütet, daß es mich noch auf das ihm gänzlich Entgegengesetzte vorbereitete« (22). Adorno geht die Wege Amorbachs wie Heidegger seinen »Feldweg«; für beide handelt es sich um wirkliche und zugleich imaginäre Orte der metaphysischen Erfahrung, die aus der Erinnerung und der beschwörenden Kraft der Sprache leben. Heidegger: *Immer wieder geht zuweilen das Denken ... auf dem Pfad, den der Feldweg durch die Flur zieht... Die Weite aller gewachsenen Dinge, die um den Feldweg verweilen, spendet Welt. Im Ungesprochenen ihrer Sprache ist, wie der alte Lese- und Lebemeister Eckehardt sagt, Gott erst Gott* (D, 39).

Für Adorno, der dem Odenwald seine metaphysischen Lyrismen abgewinnt, ist Heideggers Feldweg billige »Heimatkunst«. Bei Heideggers Satz *wachsen heißt: der Weite des Himmels sich öffnen und zugleich in das Dunkel der Erde wurzeln* (D, 38) schnappt sofort Adornos Faschismus-Vorwurf ein: das sei Blut- und Bodenideologie.

Man gewinnt den Eindruck, daß die zeitweilige Verstrickung Heideggers in den Nationalsozialismus Adorno gelegen kam: so konnte er, der sonst überaus behutsam vorging, Heidegger gegenüber mit dem Hammer philosophieren und einen Abstand herstellen, der in der Sache des Denkens so groß nicht war.

Mit Adornos Auftritten gegen Heidegger (die beiden sind sich nach 1945 niemals begegnet, und Heidegger hat öffentlich kein Wort zu Adorno geäußert) beginnt der Siegeszug des Jargons der Dialektik, der mit seinem nachgestellten ›sich‹ bis in die siebziger Jahre als eigentlicher Jargon der hohen Prätentionen sich behauptet. Als Mitte der sechziger Jahre Ludwig Marcuse von einer Zeitung befragt wurde, welches Buch man seiner Meinung nach schreiben solle, hat er geantwortet: »Ich schlage vor, ein sehr seriöses, Titel ›Ganz ohne Dialektik geht die Chose nicht – Zur Pathologie des Zeitgeistes‹.« Solche ›Dialektik‹ entsteht bei dem Versuch, die Komplexität der Wirklichkeit diskursiv zu überbieten. Der Wille zur Überbietung entspringt nicht nur der Angst vor Banalität, sondern dem Bemühen, im allgemeinen »Verblendungszusammenhang« (Adorno) das ganz Andere, die Spur des gelingenden Lebens herauszufinden, ohne doch der Suggestion des Hegelschen oder Marxschen dialektischen Fortschrittsbegriffs zu verfallen. Die Kritische Theorie war der Versuch, »das Erbe der Dialektik anzutreten, ohne Siegerphantasien zu spinnen« (Sloterdijk). Aber es wurden mit solcher Dialektik doch Siege errungen, wenn auch nur in der Welt der Diskurse. Ein hochfahrender, abkanzelnder, mit unausgesprochenen Geheimnissen sich zierender Gestus breitete sich nördlich und südlich der Mainlinie aus. Da schreibt Ulrich Sonnemann beispielsweise über das Böse der Banalität und betont, daß die Banalität »des Wahren inne ist, das Innesein aber nicht aushalten kann, und also aus der Spannung eines pervertierten Gewissens sowohl ist, was sie ist, als auch die Gewißheit, daß eben dieses *nichts ist*, nicht erträgt; in welchem Nicht-Ertragen ihrer selbst, das in ihrer Weltrolle zugleich dann als Nicht-Ertragen des Wahren und Unerträglichkeit für dieses in Erscheinung tritt, ihr Sein besteht«. Jean Améry, der diesen Satz aufgespießt hat, übersetzt ihn »ins böse Banale« so, »daß der Mensch, der sich mit Denk-Klischees zufrieden gibt, statt sie zu zerstören, durch Unterlassungsschuld zum Feind der Wahrheit wird«.

Die Sprache der Dialektik war bei Adorno noch ein Wunderwerk höchster Subtilität – »die Utopie der Erkenntnis wäre, das Begriffslose mit Begriffen aufzutun, ohne es ihnen gleichzumachen« (Adorno) – sie war, wie Jean Améry sagte, eine »als Überdeutlichkeit sich selbst spielende Undeutlichkeit«, doch der Jargon gebärdete sich robuster und deutlicher, besonders als die negative Dialektik wieder positiv wurde und um 1968 damit begann, nacheinander den wissenschaftlichen Gesamtarbeiter, den nichtrepressiven Eros, den restringierten Code, das Marginalisiertenpotential und schließlich die alte Arbeiterklasse qua Zuschreibungssubjekt der Rekonstruktion des systemtranszendierenden gesellschaftlichen Emanzipationsprozesses tendenziell – so die

Formeln des Jargons – zu entdecken. In diesen Zusammenhängen war Adornos eher schöngeistige Dialektik nicht mehr gefragt. Der Paradigmenwechsel zur ›Operationalisierung‹ und zur ›Praxisrelevanz‹ führte in Frankfurt (und nicht nur dort) zur Kollision: Bei der Besetzung des soziologischen Instituts durch Studenten holte Adorno die Polizei zu Hilfe. Ein Jahr später starb er. Man darf vermuten, daß ihm die Ereignisse das Herz gebrochen haben.

Das waren die Jahre, da Heidegger in der Provence das Asyl seiner Philosophie suchte, bei manchen inzwischen als schwäbischer Taoist galt und fest davon überzeugt war, daß er für die gegenwärtige Öffentlichkeit schon so gut wie ›gestorben‹ sei. Hannah Arendts liebevoller Essay zu Heideggers achtzigstem Geburtstag 1969 klingt fast wie ein Nachruf: »Der Sturm, der durch das Denken Heideggers zieht – wie der, welcher uns nach Jahrtausenden noch aus dem Werk Platons entgegenweht –, stammt nicht aus dem Jahrhundert. Er kommt aus dem Uralten, und was er hinterläßt, ist ein Vollendetes, das, wie alles Vollendete, heimfällt zum Uralten.«

Einige Jahre zuvor hatte es noch einmal ein großes Aufsehen gegeben. Am 7. Februar 1966 war zu Alexander Schwans Buch »Politische Philosophie im Denken Heideggers« ein Artikel im »Spiegel« erschienen mit der Überschrift »Heidegger. Mitternacht einer Weltnacht«, der einige falsche Behauptungen enthielt, zum Beispiel die, daß Heidegger Husserl das Betreten der Universität verboten und seine Besuche bei Jaspers wegen dessen jüdischer Frau eingestellt habe. Jaspers hatte sich über diesen Artikel geärgert und an Hannah Arendt geschrieben: »Der ›Spiegel‹ fällt in solchen Augenblicken zurück in seine alten schlechten Manieren« (9. 3. 1966, BwAJ, 655). Hannah Arendt reagierte mit einem Zornesausbruch gegen Adorno, der aber mit dem »Spiegel«-Artikel von 1966 nun wirklich nichts zu tun hatte. »Ich kann es zwar nicht beweisen, bin aber ziemlich überzeugt, daß die eigentlichen Drahtzieher hier die Wiesengrund-Adorno-Leute in Frankfurt sind. Und das ist grotesk, um so mehr, als sich nun herausgestellt hat (die Studenten haben es entdeckt), daß Wiesengrund (Halbjude und einer der widerlichsten Menschen, die ich kenne) versucht hat, sich gleichzuschalten. Er und Horkheimer haben jahrelang jeden Menschen in Deutschland, der sich gegen sie stellte, des Antisemitismus bezichtigt oder gedroht, sie würden es tun. Wirklich eine abscheuliche Gesellschaft« (18. 4. 1966, BwAJ, 670).

Heidegger wurde von Freunden und Bekannten gedrängt, sich gegen die »Spiegel«-Kritik zu wehren. Erhart Kästner schrieb am 4. März: »Ich wünschte nichts dringlicher, ... als daß Sie es aufgäben, sich nicht zu verteidigen. Sie wissen gar nicht, wieviel Kummer Sie Ihren Freunden machen dadurch, daß Sie es bisher trotzig verschmähten. Es ist eines der stärksten Argumente, ... daß Verleumdungen, wenn man sich nicht hörbar dagegen verteidigt, zu Fakten werden« (BwHK, 80). Kästner genügte es nicht, daß Heidegger einen kurzen Leserbrief an den »Spiegel« schrieb. Er wünschte sich eine ausführlichere und energischere Verteidigung. Er selbst war kurz zuvor aus der Berliner Akademie der Schönen Künste ausgetreten, weil er ihr nicht mehr zusammen mit Günter Grass angehören wollte, der in einer Episode seines Romans »Hundejahre« gegen Heidegger zu Felde gezogen war. (»Hör gut zu, Hund: Der wurde geboren in Meßkirch. Das liegt bei Braunau am Inn. Der und der Andere wurden abgenabelt im gleichen Zipfelmützenjahr. Der und der Andere haben sich gegenseitig erfunden.«) Kästner hatte herausgefunden, daß der »Spiegel« an einem Gespräch mit Heidegger interessiert war, und versuchte, Heidegger dafür zu gewinnen. Aber Heidegger lehnte zunächst ab. *Wenn im ›Spiegel‹ ein wirkliches Interesse an meinem Denken bestünde, hätte auch Herr Augstein bei Gelegenheit seines Vortrages in der hiesigen Universität während des vergangenen Wintersemesters mich besuchen können, so gut wie er im Anschluß an seinen hiesigen Vortrag Jaspers in Basel aufsuchte* (11. 3. 1966, BwHK, 82). Kästner bleibt hartnäckig. Er schreibt am 21. März: »Niemand wird den ›Spiegel‹, seinen Ton lieben, sein Niveau überschätzen. Aber ich meine, man dürfte den günstigen Wind, der im Augenblick weht, wo Herr Augstein seinen Zorn, seinen Hohn auf den Grass hat, nicht unterschätzen. Ich höre läuten, ... daß Abneigung gegen die moderne Wissenschaftsvergötzung, eine tiefe Skepsis, Lieblingsgedanken Herrn Augsteins seien. Ich sehe eigentlich keinen Grund, diesen Besuch nicht zu wünschen« (BwHK, 85).

Das Gespräch kam zustande, weil die »Spiegel«-Redaktion auf die Bedingung Heideggers einging: keine Veröffentlichung zu Lebzeiten. Das »Spiegel«-Interview fand am 23. September 1966 im Freiburger Haus Heideggers statt. Neben Heidegger, Augstein, dem »Spiegel«-Redakteur Georg Wolf und der Fotografin Digne Meller Markovicz nahm auch Heinrich Wiegand Petzet als stummer ›Sekundant‹ Heideggers daran teil. Petzet berichtet, wie ihm Augstein kurz vor dem Gespräch seine »Heidenangst« vor dem »berühmten Denker« gestanden habe. Dadurch sei ihm Augstein, in dem er zunächst einen »fragenden

Henker« vermutete, sofort sympathisch geworden. Auch Heidegger war erregt. Er erwartete die Teilnehmer an der Tür seines Arbeitszimmers. »Ich erschrak ein bißchen«, berichtet Petzet, »als ich ihn ansah und merkte, in welcher übersteigerten Spannung er sich befand... Die Adern an den Schläfen und an der Stirn mächtig geschwollen, die Augen in Erregung ein wenig hervortretend.«

Augsteins »Heidenangst« merkt man besonders zu Anfang des Gesprächs. Äußerst behutsam, gewunden und mit spitzen Fingern wird das ›heiße Eisen‹ angefaßt: »Herr Professor Heidegger, wir haben immer wieder festgestellt, daß Ihr philosophisches Werk ein wenig umschattet wird von nicht sehr lange währenden Vorkommnissen Ihres Lebens, die nie aufgehellt worden sind, weil Sie entweder zu stolz waren oder Sie nicht für zweckmäßig hielten, sich dazu zu äußern.« Heidegger hatte damit gerechnet, daß das Gespräch vor allem um seine Verstrickung in den Nationalsozialismus kreisen würde. Um so mehr war er überrascht, daß Augstein sich geradezu beeilte, diese Thematik hinter sich zu bringen, um auf Heideggers philosophische Deutung der Moderne und insbesondere auf seine Technik-Philosophie zu sprechen zu kommen. Immer wieder entschuldigen sich Augstein und Georg Wolf dafür, wenn sie Zitate aus der Rektoratsrede oder der Rede zur Schlageter-Feier anführen und Heidegger mit den Gerüchten konfrontieren über seine angebliche Beteiligung an der Bücherverbrennung oder über sein Verhalten gegenüber Husserl. So behutsam definieren die Fragesteller Heideggers Engagement, daß Heidegger selbst eine stärkere Version vorschlägt. Augstein/Wolf boten Heidegger die Interpretation an, daß er während seiner Rektoratszeit »manches ad usum Delphini« habe sagen müssen. Doch Heidegger betont demgegenüber, *daß die Wendung ›ad usum Delphini‹ zu wenig besagt. Ich war damals des Glaubens, daß in der Auseinandersetzung mit dem Nationalsozialismus ein neuer und der allein noch mögliche Weg zu einer Erneuerung sich öffnen könnte* (87). Diese Version ist aber immer noch nicht ›stark‹ genug. Denn: Nicht die *Auseinandersetzung mit dem Nationalsozialismus,* sondern die nationalsozialistische Revolution selbst – wie er sie damals verstand – bedeutete für ihn die *Erneuerung*. Auch spricht er nicht davon, daß diese *Erneuerung* von ihm als säkulares Ereignis verstanden worden war, als metaphysische Revolution und *Umwälzung des ganzen deutschen Daseins*, ja des ganzen Abendlandes. Er spricht nicht davon, daß er in einen Machtrausch geraten war, daß er die Reinheit der Revolution hatte verteidigen wollen und deshalb auch zum Denunzianten geworden war, daß er mit den nationalsozialistischen Amtsstellen und mit seinen Kollegen zusammengestoßen war und infolgedessen als Rektor scheiterte, weil er die Revolution hatte weitertreiben wollen. Statt dessen erweckt er den Eindruck, er habe mitgemacht, um eine Art Widerstand zu leisten. Er unterstreicht seine unpolitische Einstellung vor 1933 und stellt seine Entscheidung für das Rektorat als Opfergang dar, um Schlimmeres, d. h. die Machtergreifung der Funktionäre an der Universität zu verhindern. Kurz: Heidegger versteckt in diesem Gespräch den nationalsozialistischen Revolutionär, der er für eine bestimmte Zeit gewesen war, und er verschweigt die philosophischen Antriebe, die ihn dazu gemacht hatten.

Wenn Heidegger einerseits seine Rolle in der Nazi-Zeit harmloser darstellt, als sie war, so ist er andererseits doch nicht bereit, die Rolle des ›geläuterten Demokraten‹ zu spielen, wie das im Nachkriegsdeutschland viele taten. Als das Gespräch auf das Problem kommt, *daß die Technik den Menschen immer mehr von der Erde losreißt und entwurzelt* (98), verweist Heidegger darauf, daß der Nationalsozialismus ursprünglich gegen diese Entwicklung hatte ankämpfen wollen, dann aber selbst zu ihrem Motor geworden sei. Heidegger gesteht seine Ratlosigkeit ein in bezug darauf, *wie dem heutigen technischen Zeitalter überhaupt ein – und welches – politisches System zugeordnet werden kann… Ich bin nicht überzeugt, daß es die Demokratie ist* (96). Es war an dieser Stelle des Gesprächs, daß Heidegger sagte: *Nur noch ein Gott kann uns retten* (99). Unter diesem Titel wird das Gespräch 1976, nach dem Tode Heideggers, im »Spiegel« veröffentlicht.

Das Gespräch sollte die Diskussion um Heideggers Engagement zum Ende bringen und mußte sie doch aufs neue entfachen. Denn Heidegger verteidigte sich so, wie es die meisten ›Belasteten‹ damals taten, von denen Carl Schmitt übrigens in seinem »Glossarium« bissig bemerkte, sie hätten das Mitmachen als eine Form des Widerstandes entdeckt. Was ›man‹ üblicherweise tut, mußte einen unwürdigen Eindruck machen bei einem Eigentlichkeits-Philosophen, der vom *entschlossenen Dasein* auch den Mut zur Verantwortung gefordert hatte. Verantwortung aber erstreckt sich nicht nur auf den Bereich der eigenen Absichten, sondern auch auf die nicht beabsichtigten Konsequenzen des Handelns. Aber sollte Heidegger Mitverantwortung übernehmen für die monströsen Verbrechen des Nationalsozialismus, an denen er nun wirklich keinen Anteil hatte – auch nicht über gemeinsame gedankliche Voraussetzungen? Heidegger war niemals ein Rassist gewesen.

Das Schweigen Heideggers – es ist viel darüber geredet worden. Was erwartet man von ihm? Herbert Marcuse, der am 28. August 1947 an Heidegger geschrieben hatte, erwartete ein »Wort«, das Heidegger »endgültig von der Identifizierung« mit dem Nationalsozialismus befreien würde, er wünschte sich »ein öffentliches Bekenntnis« seiner »Wandlung und Verwandlung«. In seiner Antwort wies Heidegger darauf hin, daß er diese Wandlung bereits während des Nationalsozialismus öffentlich (in seinen Vorlesungen) vollzogen habe, und daß ihm 1945 ein demonstrativer Widerruf seiner früheren Überzeugungen unmöglich war, weil er nicht in die schlechte Gesellschaft jener »Nazianhänger« geraten wollte, die »in der widerlichsten Weise ihren Gesinnungswechsel bekundeten«, um sich für ihre Nachkriegskarriere reinzuwaschen. Daß er sich, wie von der Öffentlichkeit verlangt, von dem millionenfachen Mord an den Juden distanzieren sollte, diese Forderung empfand Heidegger zu Recht als eine Ungeheuerlichkeit. Er hätte nämlich dabei implizit ein öffentliches Urteil anerkennen müssen, das ihm die Komplizenschaft mit dem Mord zutraute. Seine Selbstachtung gebot ihm, sich diesem Ansinnen zu verweigern.

Wenn Heidegger die Zumutung zurückwies, sich als potentieller Komplize des Mordes zu verteidigen, dann bedeutete das nicht, daß er sich der Herausforderung verweigerte, ›Auschwitz zu denken‹. Wenn Heidegger über die Perversion des neuzeitlichen Willens zur Macht spricht, dem die Natur und der Mensch zum bloßen Material seiner *Machenschaften* wird, ist Auschwitz ausdrücklich oder unausdrücklich immer mitgemeint. Für ihn – wie auch für Adorno – ist Auschwitz ein typisches Verbrechen der Moderne.

Versteht man also Heideggers Modernitätskritik auch als Philosophieren über Auschwitz, dann wird deutlich, daß das Problem des Heideggerschen Schweigens nicht darin liegt, daß er über Auschwitz geschwiegen hat. Philosophisch geschwiegen hat er über etwas anderes: über sich selbst, über die Verführbarkeit des Philosophen durch die Macht. Auch er stellt – wie so häufig in der Geschichte des Denkens – die eine Frage nicht: Wer bin ich eigentlich, wenn ich denke? Der Denkende hat Gedanken, aber manchmal ist es auch umgekehrt: die Gedanken haben ihn. Das ›Wer‹ des Denkens verwandelt sich. Wer die großen Dinge denkt, kann leicht in die Versuchung geraten, sich selbst für ein großes Ereignis zu halten; er will dem Sein entsprechen und achtet darauf, wie er in der Geschichte vorkommt, nicht aber, wie er sich selbst vorkommt. Die Kontingenz der eigenen Person verschwindet im denkenden Selbst und seinen großen Verhältnissen. Die ontologische Fernsicht läßt das ontisch Nächste undeutlich werden. Da gibt es eine mangelnde Bekanntschaft mit sich selbst, mit den eigenen zeitbedingten Widersprüchen, biographischen Zufallsprägungen und Idiosynkrasien. Wer mit seinem kontingenten Selbst bekannt ist, neigt weniger dazu, sich mit den Helden seines denkenden Selbst zu verwechseln und die eigenen kleinen Geschichten in der großen Geschichte untergehen zu lassen. Mit einem Wort: Die Bekanntschaft mit sich selbst schützt vor den Verführungen durch die Macht.

Heideggers Schweigen. In der Begegnung mit Paul Celan sollte es noch einmal eine Rolle spielen. Der 1920 in Czernowitz geborene Lyriker Paul Celan, der den Vernichtungslagern, wo seine Eltern umgebracht wurden, nur zufällig entkam und seit 1948 in Paris lebte, hatte besonders zu Heideggers Spätphilosophie einen Zugang gefunden. Der Philosoph Otto Pöggeler berichtet, daß Celan ihm gegenüber gerade jene späten, sprachlich so schwierigen Formulierungen Heideggers verteidigte und daß er 1957 Heidegger das Gedicht »Schlieren« schicken wollte, das dann später im Band »Sprachgitter« erschien. Das Gedicht spricht von einem Auge, dessen Verwundung die Welt erschließt und das Gedächtnis bewahrt: »Schliere im Aug: / daß bewahrt sei / ein durchs Dunkel getragenes Zeichen.« Wahrscheinlich sollte dieses Gedicht selbst das Zeichen einer angestrebten Verbindung sein, die der ›Wunde‹ eingedenk bleibt, welche die beiden, Celan und Heidegger, trennt. Ungewiß ist, ob Celan das Gedicht wirklich abgeschickt hat. Nach den zahlreichen intensiven Gesprächen über den Philosophen fragte Otto Pöggeler Celan, ob er ihm sein Buch über Heidegger widmen dürfe. Celan lehnte »nicht leicht« ab. Er müsse darauf bestehen, »daß sein Name vor einer Aussprache mit Heidegger nicht mit dessen Name verbunden werde«. Gleichwohl hat Celan Heideggers Werk gründlich studiert, in seiner Ausgabe von SEIN UND ZEIT finden sich zahlreiche ausführliche Anmerkungen, er kannte Heideggers Deutungen von Hölderlin, Trakl, Rilke. Im Gedicht »Largo« spricht er von dem »heidegängerisch Nahen«. Martin Heidegger seinerseits hatte seit den fünfziger Jahren Paul Celans Werk aufmerksam verfolgt. Als der Germanist Gerhart Baumann im Sommer 1967 eine Lesung mit Paul Celan in Freiburg vorbereitete und Martin Heidegger davon brieflich in Kenntnis setzte, schrieb dieser zurück: *Schon lange wünsche ich, Paul Celan kennen zu lernen. Er steht am weitesten vorne und hält sich am meisten zurück. Ich kenne alles von ihm, weiß auch von der schweren*

Krise, aus der er sich selbst herausgeholt hat, soweit dies ein Mensch vermag... Es wäre heilsam, Paul Celan auch den Schwarzwald zu zeigen.

Bei der Freiburger Lesung am 24. Juli 1967 im Auditorium maximum der Universität sah sich Paul Celan der zahlreichsten Zuhörerschaft in seinem Leben gegenüber. Über tausend Hörer hatten sich eingefunden. Unter ihnen Martin Heidegger in der ersten Reihe. Heidegger war zuvor durch die Buchhandlungen gegangen und hatte darum gebeten, den Celan-Gedichtbänden in den Schaufenstern einen bevorzugten Platz einzuräumen. Es geschah so. Bei seinem ersten Rundgang durch die Stadt konnte der Dichter überall in den Buchhandlungen seinen Gedichtbänden begegnen und berichtete erfreut davon bei einem Treffen mit einigen Bekannten im Foyer des Hotels, eine Stunde vor Beginn der Lesung. Martin Heidegger, der auch anwesend war, verriet seine hilfreichen Vorgespräche nicht. Bei diesem ersten Zusammentreffen zwischen Heidegger und Celan kam es zu der folgenden Szene. Nachdem man eine Weile angeregt miteinander gesprochen hatte, äußerte jemand den Wunsch, ein Foto machen zu wollen. Celan sprang auf und erklärte, er wünsche nicht, mit Heidegger fotografiert zu werden. Heidegger blieb gelassen, bedächtig kehrte er sich zur Seite und bemerkte zu Gerhart Baumann: *Er will nicht, – nun, dann lassen wir es* (62). Celan entfernte sich für eine kurze Zeit, und als er wieder zurückkam, gab er zu verstehen, seine Einwände, zusammen mit Heidegger aufgenommen zu werden, seien entfallen. Doch die erste Zurückweisung wirkte nach, keiner nahm den Vorschlag wieder auf. Jetzt zeigte sich Celan betroffen von der Wirkung seines Verhaltens und versuchte das Verletzende zurückzunehmen. Nach der Lesung traf man sich wieder zu einem Glas Wein. Heidegger schlug vor, in der Morgenfrühe hinauf in den Schwarzwald zu fahren, ein Hochmoor zu besuchen und die Hütte in Todtnauberg. So wurde es vereinbart. Heidegger war kaum aufgebrochen, da erhob Celan, der mit Gerhart Baumann zurückblieb, Einwände und Bedenken gegen den Vorschlag, dem er zuvor zugestimmt hatte. Es falle ihm schwer, erklärte er, mit einem Mann zusammenzukommen, dessen Vergangenheit er nicht vergessen könne. »Das Mißbehagen steigerte sich rasch zur Ablehnung«, berichtet Baumann, der Celan an seinen ausdrücklichen Wunsch erinnerte, Heidegger zu treffen und mit ihm zusammenzusein. Celan machte keinen Versuch, die Widersprüche aufzulösen. Die Vorbehalte blieben, andererseits beeindruckten ihn das Werk und die Person Heideggers. Er fühlte sich angezogen und machte sich dies zugleich zum Vorwurf. Er suchte die Nähe und verbot sie sich. Am nächsten Tag unternimmt Celan den Ausflug nach Todtnauberg. Er verbringt einen Vormittag mit Heidegger auf der Hütte. Worüber die beiden gesprochen haben, wissen wir nicht. Celans Eintragung ins Hüttenbuch lautet: »Ins Hüttenbuch, mit dem Blick auf den Brunnenstern, mit einer Hoffnung auf ein kommendes Wort im Herzen.«

Das »kommende Wort« – es konnte vieles bedeuten. Erwartete Celan ein Schuldbekenntnis und war enttäuscht darüber, daß Heidegger es nicht ablegte? Aber enttäuscht wirkte Celan ganz und gar nicht, berichtet Baumann, der die beiden wenige Stunden später in einem Gasthaus trifft: »Zu meinem freudigen Erstaunen fand ich den Dichter und den Denker in aufgeräumter Stimmung. Sie skizzierten die Ereignisse der zurückliegenden Stunden, der Gang zur ›Hütte‹ wurde nachdrücklich erwähnt. Von Celan war alle Schwere gewichen.« Hochgemut sei Celan am anderen Tag nach Frankfurt abgereist. Marie Luise Kaschnitz trifft dort zu ihrer Überraschung einen völlig veränderten Paul Celan. Zu Freunden sagte sie: »Was haben die in Freiburg aus ihm gemacht, was ist in ihm dort vorgegangen; er ist nicht wiederzuerkennen« (72). In dieser hochgemuten Stimmung schreibt Celan am 1. August 1967 das Gedicht »Todtnauberg«: »ARNIKA; AUGENTROST, der / Trunk aus dem Brunnen mit dem / Sternwürfel drauf, // in der / Hütte, // die in das Buch / – wessen Namen nahms auf / vor dem meinen? –, / die in das Buch geschriebene Zeile von / einer Hoffnung, heute, / auf eines Denkenden / kommendes (un- / gesäumt kommendes) / Wort / im Herzen...«

Das »kommende Wort« – diese Zeile antwortet auch auf Heideggers metaphysischen Adventismus, auf Heideggers *kommenden Gott*, auf das *Unterwegs zur Sprache*, das eine *Kehre* zu bringen vermag. Das »kommende Wort« ist jedenfalls nicht nur ein Wort der politischen Absolution Heideggers.

»Ungesäumt kommendes Wort« heißt es in der ersten Fassung des Gedichtes, das Celan Heidegger 1968 übersendet. In der Gedichtsammlung »Lichtzwang« von 1970 tilgt Celan die in der Klammer ausgesprochene Hoffnung auf das »ungesäumt kommende« Wort.

Inzwischen hatte es weitere Begegnungen gegeben, es wurden Briefe gewechselt. Die Bindung wurde freundschaftlich. Im Sommer 1970 wollte Heidegger Celan durch die Hölderlin-Landschaft der oberen Donau führen. Er hatte Vorbereitungen getroffen. Aber es kam nicht mehr dazu. Im Frühjahr 1970 nahm sich Paul Celan in Paris das Leben.

Heidegger verhielt sich Celan gegenüber werbend, aufmerksam, bisweilen fürsorglich. Bei der letzten Begegnung am Gründonnerstag 1970 war es nochmals zu einem kleineren Eklat gekommen. Celan hatte Gedichte vorgetragen, man hatte darüber gesprochen. So aufmerksam war Heidegger der Lesung gefolgt, daß er danach ganze Verse wörtlich zitieren konnte. Dennoch bezichtigte ihn Celan im Verlaufe des Gesprächs der Unachtsamkeit. In gedrückter Stimmung ging man auseinander. Baumann begleitete Heidegger auf dem Heimweg. Bei der Verabschiedung am Gartentor sagte Heidegger »mit Erschütterung« zu Baumann: »Celan ist krank – heillos.«

Was hatte Celan von Heidegger erwartet? Wahrscheinlich wußte es Celan selbst nicht. Heideggers Wort *Lichtung* war für ihn ein Versprechen, er wartete auf seine Einlösung. Vielleicht enthält Celans Wort »Lichtzwang« die ungeduldige Antwort.

Fünfundzwanzigstes Kapitel

Lebensabend. Noch einmal Hannah. Heidegger und Franz Beckenbauer. Das Laub, die Lasten, Abgesänge. Was man nicht vergessen wird. Vom Sinn der Seinsfrage und des Seins: zwei Zen-Geschichten. Die Brücke. Die Tätowierung. Der Uhu. Der Tod. Zurück unter den Himmel von Meßkirch.

Neben dem Klingelknopf am Hause Rötebuckweg 47 war ein Kärtchen angebracht: ›Besuche nach 17 Uhr‹. Es kamen viele Besucher, Heidegger mußte sich seine Arbeitszeit freihalten. Petzet erinnert sich des amüsanten Vorfalls, daß an einem Sonntagnachmittag eine vielköpfige südamerikanische Familie Zutritt erbat mit dem einzigen stockend vorgebrachten Wunsch: »Seulement voir Monsieur Heidegger.« Heidegger zeigte sich, die Familie bestaunte das Wundertier und zog dann unter vielen Verbeugungen wortlos davon. Besucher, die ins Arbeitszimmer Heideggers geladen waren – was eine besondere Auszeichnung bedeutete –, mußten eine geschwungene Holztreppe zum ersten Stock hinaufsteigen, wo sich neben einem riesigen Familienschrank die Tür zum Arbeitszimmer öffnete. Ein von umlaufenden Bücherregalen verdunkelter Raum, der durch ein efeuumranktes Fenster Licht empfing. Davor der Schreibtisch. Von ihm aus sah man auf den Turm der Zähringer Burgruine. Neben dem Schreibtisch ein Ledersessel, worin Generationen von Besuchern gesessen hatten, Bultmann, Jaspers, Sartre, Augstein. Auf dem Schreibtisch stapelten sich Manuskriptmappen, von Fritz Heidegger mit liebevollem Spott »Martins Verschiebebahnhöfe« genannt.

In diesem Zimmer saß Hannah Arendt 1967 wieder, zum ersten Mal nach einer Zwischenzeit von 15 Jahren. Seit dem letzten Besuch 1952 waren nur Briefe hin und her gegangen. Heidegger hatte ihr zu ihrem sechzigsten Geburtstag 1966 des Gedicht Herbst geschickt. Hannah hörte darin den elegischen Ton, die Stimmung des Lebensabends. Sie will Heidegger, der nun auf die 80 zugeht, noch einmal sehen; den Geburtstagsgruß nimmt sie als Ermunterung. Nach den Mißhelligkeiten der vorausgegangenen Jahre wieder eine Versöhnung. Hannah und Elfride beschließen, einander mit Vornamen anzureden. Zwei Jahre später, im August 1969, kurz vor Heideggers achtzigstem Geburtstag, bringt Hannah Arendt ihren Mann mit, Heinrich Blücher. Die Stimmung ist herzlich und gelöst. Wenn Hannah nur nicht so viel rauchen würde! Elfride muß hinterher tagelang lüften. Ein Buchgeschenk versieht Heidegger, so Ettinger, mit der Widmung: *Für Hannah und Heinrich – Martin und Elfride*. Man plant für das nächste Jahr eine Wiederholung dieses Zusammenseins zu viert. Aber im Oktober 1970 stirbt Heinrich Blücher. Ihre letzten Jahre widmet Hannah Arendt der Arbeit an ihrem großen, unvollendet gebliebenen Werk »Vom Leben des Geistes: Das Denken – Das Wollen – Das Urteilen«. In den dort entwickelten Gedanken ist sie Heidegger so nahe wie nirgends sonst. Heidegger habe, so lautet ihr Fazit, der Philosophie ein »Denken zurückgewonnen, das Dankbarkeit dafür ausdrückt, daß ihm das ›nackte Daß‹ überhaupt zuteil geworden ist«. Auch sonst reißt ihre Verbindung zu Heidegger nun nicht mehr ab. Jedes Jahr besucht sie ihn und kümmert sich energisch um die Herausgabe und Übersetzung seines Werkes in Amerika. Heidegger erkennt ihre Hilfe dankbar an; es bestätige sich wieder, schreibt er, daß niemand seine Gedanken besser verstehe als sie.

Ettinger berichtet noch die folgende charakteristische Episode: Da das Treppensteigen inzwischen Mühe bereitet, soll im Garten des Wohnhauses ein ebenerdiger kleinerer Bau als bequemer Alterssitz errichtet werden. Zur Finanzierung des Baus will Heidegger das Manuskript von SEIN UND ZEIT verkaufen, an eine Stiftung, eine Bibliothek oder auch an einen privaten Sammler. Es ist Elfride, die im April 1969 in dieser Angelegenheit bei Hannah Arendt Rat einholt. Wieviel kann man verlangen, wo würde man einen höheren Preis erzielen? In Amerika oder in Deutschland? Umgehend zieht Hannah Arendt Erkundigungen bei Fachleuten ein, die erklären, daß der höchste Verkaufspreis wohl an der Universität von Texas zu erzielen sei, man könne sicherlich mit einer Summe um 100000 Mark rechnen.

Das SEIN UND ZEIT-Manuskript gelangte dann doch nicht nach Texas in die Neue Welt, sondern blieb im Abendland: das Schiller-Literaturarchiv in Marbach meldete sein Interesse an. Dorthin gelangte schließlich das gesamte Konvolut des Heideggerschen Manuskripten-Nachlasses. Das kleine Haus auf dem Gartengrundstück wurde gebaut, zum Einzug schickte Hannah Blumen.

Heidegger konnte seinen gewohnten Lebensrhythmus beibehalten. Vormittags Arbeit, nach dem Mittagessen Ruhe, dann wieder Arbeit bis zum späten Nachmittag; die Spaziergänge führten ihn häufig zum »Jägerhäusle«, einer Gastwirtschaft am Hang mit Blick über die Stadt. Dort traf er sich gerne mit Bekannten und Freunden zu einem »Viertele«. Jeweils im Frühjahr und Herbst verbrachte er einige Zeit in Meßkirch beim Bruder. Am Tag des heiligen Martin, am 11. November, sitzt Heidegger jedesmal vorne auf dem angestammten Platz im Chorgestühl der Kirche, wo er schon als Läuterbub gesessen hat. Die Meßkirchener wußten seine Anwesenheit zu schätzen, wenn auch manche, die ihn von Kindesbeinen an kannten, nun ein wenig befangen waren gegenüber dem berühmten Professor mit der Baskenmütze. Als eine ehemalige Mitschülerin aus der Volksschule, die es nur zur Putzfrau gebracht hatte, ihm einmal begegnete und nicht wußte, wie sie ihn anreden sollte, ob mit dem gebräuchlichen ›Du‹ oder dem für sie geziert klingenden ›Sie‹, verfiel sie in ihrer Ratlosigkeit auf das Heideggersche ›Man‹, denn sie sagte zu ihm: »Isch me au do?« (»Ist man auch da?«) Zu den runden Geburtstagen gab es Feierstunden im städtischen Festsaal. Ein Schweizer Musiker hatte einen Heidegger-Marsch mit der Motivfigur h-e-d-e-g-g-e komponiert, den die Stadtkapelle von Meßkirch für solche feierliche Gelegenheiten in ihr Repertoire aufgenommen hatte. Daß der Prophet nichts gilt im eigenen Land, gilt also nicht für Meßkirch, wo Heidegger 1959 auch die Ehrenbürgerwürde verliehen bekam.

Heidegger war nun ein ehrfurchtgebietender alter Herr, aber was an ihm schroff und streng gewesen war, das milderte sich. Er ging zu Nachbarn, um Fernsehübertragungen großer Fußball-Europapokalspiele zu verfolgen. Beim legendären Spiel Hamburger SV gegen FC Barcelona Anfang der sechziger Jahre warf er vor Aufregung seine Teetasse um. Der damalige Intendant des Freiburger Theaters traf ihn einmal im Zug und wollte mit Heidegger ein Gespräch über Literatur und Bühne führen, was ihm aber nicht gelang, weil Heidegger, noch unter dem frischen Eindruck eines Fußball-Länderspiels, lieber über Franz Beckenbauer reden wollte. Er hegte größte Bewunderung für dessen gefühlvolle Ballbehandlung – wobei er dem erstaunten Zuhörer die Finessen seines Spiels geradezu augenfällig zu machen versuchte. Er nannte Beckenbauer einen *genialen Spieler* und rühmte seine *Unverwundbarkeit* in den Zweikämpfen. Heidegger traute sich durchaus fachmännisches Urteil zu, in Meßkirch hatte er nämlich nicht nur die Glocken geläutet, sondern auch als Linksaußen erfolgreich den Ball getreten.

Die letzten Jahre seines Lebens beschäftigte sich Heidegger vor allem mit der Vorbereitung der Gesamtausgabe seiner Werke. Eigentlich wollte er sie *Wege* nennen, aber es wurden dann doch ›Werke‹ daraus.

Arthur Schopenhauer hatte gegen Ende seines Lebens einmal gesagt, »die Menschheit hat einiges von mir gelernt, was sie nie vergessen wird«. Von Heidegger ist ein solcher Ausspruch nicht überliefert. Er hat keine konstruktive Philosophie im Sinne eines Weltbildes oder einer Morallehre geschaffen. Es gibt keine ›Resultate‹ des Heideggerschen Denkens, wie es ›Resultate‹ der Philosophie eines Leibniz, Kant oder Schopenhauer gibt. Heideggers Leidenschaft war das Fragen, nicht das Antworten. Das Fragen konnte ihm deshalb als *Frömmigkeit des Denkens* gelten, weil es neue Horizonte eröffnete – so wie einst die Religion, als sie noch lebendig war, die Horizonte weit gemacht und das, was darin erschien, geheiligt hatte. Eröffnende Kraft besitzt für Heidegger besonders die e i n e Frage, die er sein philosophisches Leben lang gestellt hat: die Frage nach dem Sein. Der Sinn dieser Frage ist kein anderer als dieses Offenhalten, dieses Verrücken, Hinausrücken in eine Lichtung, wo dem Selbstverständlichen plötzlich das Wunder seines »Da« zurückgegeben wird; wo der Mensch sich als Ort erfährt, wo etwas aufklafft, wo die Natur ihre Augen aufschlägt und bemerkt, daß sie da ist, wo es also inmitten des Seienden eine offene Stelle, eine Lichtung gibt, und wo die Dankbarkeit möglich ist, daß es dies alles gibt. In der Seinsfrage verbirgt sich die Bereitschaft zum Jubel. Die Seinsfrage im Heideggerschen Sinne bedeutet, die Dinge zu lichten, so wie man die Anker lichtet, um befreit in die offene See hinauszufahren. Es ist eine traurige Ironie der Geschichte, daß die Seinsfrage in der Heidegger-Rezeption zumeist diesen eröffnenden, lichtenden Zug verloren und das Denken eher eingeschüchtert, verknotet und verkrampft hat. Mit der Seinsfrage ergeht es den meisten so wie dem Schüler in einer Zen-Geschichte. Der hatte lange über dem Problem gebrütet, wie die ausgewachsene Gans aus der Flasche mit dem engen Hals herauszubringen sei, ohne das Tier zu töten oder die Flasche zu zerbrechen. Der Schüler, der sich schon ganz krumm gedacht hatte, kam zum Meister und bat um die Lösung des Problems. Der Meister wandte sich einen Augenblick ab, klatschte dann kräftig in die Hände und rief den Schüler beim Namen. ›Ich bin hier, Meister!‹ antwortete der Schüler. ›Siehst du‹, sagte der Meister, ›die Gans ist draußen!‹ Soviel zum Sinn der Seinsfrage.

Auch über den Sinn von Sein, wonach in der Seinsfrage gefragt wird, gibt es einen schönen Zen-Spruch, ganz im Sinne Heideggers. Dort heißt es, daß jemand, bevor er sich mit Zen beschäftigt hat, die Berge als Berge und die Gewässer als Gewässer sieht. Hat er eine gewisse innere Schau der Wahrheit des Zen erlangt, sieht er, daß die Berge nicht länger Berge und die Gewässer nicht länger Gewässer sind. Wird er aber erleuchtet, dann sieht er die Berge wieder als Berge und die Gewässer wieder als Gewässer.

Der Heidegger der zwanziger Jahre verwendete gerne den abstrakt klingenden Ausdruck *formale Anzeige*. Den Studenten, so berichtet Gadamer, die damals Schwierigkeiten mit diesem Ausdruck hatten, weil sie seinen Sinn in irgendwelchen Abstraktionsstufen vermuteten, erläuterte Heidegger diesen Ausdruck so: er bedeute »Auskosten und Erfüllen«. Eine Anzeige hält sich in der Distanz des Zeigens und verlangt, daß der andere, dem etwas gezeigt wird, selber hinsieht. Er muß das ›Angezeigte‹ in gut phänomenologischer Manier selber sehen und durch eigene Anschauung ›erfüllen‹. Und indem er es erfüllt, kostet er aus, was es da zu sehen gibt. Aber, wie gesagt, sehen muß man selber.

Als Heidegger sich in einem Brief an Jaspers einmal als Museumswärter charakterisierte, der Vorhänge beiseite rückt, damit die großen Werke der Philosophie besser zu sehen sind, hatte er die bescheidenere Version seiner Tätigkeit im Auge. Denn eigentlich wollte er dabei helfen, ins Leben – und nicht nur in die Philosophie – so hineinzublicken, als sei es das erste Mal. Aufklärung war für Heidegger die Wiederherstellung des Frühlichts bei der überraschenden und darum überwältigenden Ankunft des Daseins in der Welt. Das war das große Pathos von Heideggers Anfängen: Das Verdeckende, Gewohnte, Abstraktgewordene, Erstarrte beiseite schaffen – destruieren. Und was soll sich dann zeigen? Nichts anderes als das, was uns umringt, ohne uns zu beengen, dieses »Da« unseres Daseins. Das gilt es auszukosten und zu erfüllen. Heideggers Philosophie hat niemals aufgehört mit diesem Exerzitium des Sehenlassens. Berge, Gewässer, wie in der Zen-Geschichte – es kann auch eine Brücke sein. Darüber hat Heidegger einmal eine wunderbare Betrachtung angestellt (VA, 146).

Wir benutzen die Brücke, ohne uns viel dabei zu denken. Ein Blick in den Abgrund unter der Brücke kann uns einen Schrecken einjagen, es meldet sich darin das Gefühl für das Riskierte des Daseins, es zeigt sich das Nichts, über dem wir balancieren. Die Brücke überspannt den Abgrund. Sie ruht an ihren Enden fest auf der Erde. Sie setzt das Tragende der Erde, worauf wir angewiesen bleiben, fort in der Gebärde des Tragens. So gewährleistet der eigene Entwurf, der eigene Schwung den Übergang. Die Überbrückung ragt über den Abgrund hinaus ins Offene des Himmels. Die Brücke, auf der Erde aufruhend, verbindet also nicht nur zwei Uferpunkte miteinander, sondern hält uns ins Offene hinaus und gibt uns dort Halt. Heidegger sagt: Die Brücke verbindet im Übergang der *Sterblichen* die Erde mit dem Himmel. Bei alten Brükkenbauten wird das Wagnis des Überbrückens, diese riskante Lust, im Freien zwischen Himmel und Erde zu stehen und zu gehen, noch eigens dargestellt und gefeiert: in den Brückenfiguren, den Brückenheiligen, die nur zur Zuversicht ermuntern und in denen wir die Dankbarkeit ausgedrückt finden für das Geschenk des Lebens, für diesen Aufenthalt in der offenen Weite zwischen Himmel und Erde, für dieses Geleit beim Übergang.

Eine poetische Schwärmerei, eine Metapher? Nein. Heideggers Daseinsanalyse ist ein einziger Versuch zu zeigen, daß wir Wesen sind, die deshalb Brücken bauen können, weil sie offene Weite, Abstände und vor allem Abgründe erfahren können – über sich, um sich, in sich –, und die deshalb wissen, daß Leben bedeutet: Abgründe zu überbrücken und sich im Übergang zu halten. So ist das Dasein ein Sein, das zu sich selbst hinüberblickt und sich hinüberschickt – von einem Ende der Brücke zum anderen. Und die Pointe dabei ist: daß die Brücke erst unter unseren Füßen wächst, wenn wir sie begehen.

Lassen wir es dabei.

Der späte Heidegger hat noch manche andere verspielte, dunkle, arabeskenreiche Überlegungen angestellt, die einem vielleicht etwas zu denken, aber kaum noch zu sehen geben: *Die Vierung west als das ereignende Spiegel-Spiel der einfältig einander Zugetrauten. Die Vierung west als das Welten von Welt. Das Spiegel-Spiel von Welt ist der Reigen des Ereignens* (VA, 173). Man sollte darüber nicht spotten, braucht aber auch nicht in einen falschen Tiefsinn zu verfallen. Es verhält sich mit diesen Sätzen so wie mit den Tätowierungen auf dem Körper des Harpuniers Quiqueg in Melvilles »Moby Dick«. Diesem Quiqueg, einem frommen wilden Mann aus der Südsee, war einst eine ganze Geheimlehre seines Stammes über Himmel und Erde, ein mystischer Traktat auf den Leib geritzt worden, und fortan war er selber die Schrift, die er nicht zu entziffern wußte, »obwohl sein Herzblut dagegen schlug«. Alle, auch Quiqueg selbst, wußten, daß diese Botschaften mit der Haut, worauf sie geschrieben, unenträtselt würden untergehen. Quiqueg, als er sein Ende nahen fühlt, läßt sich vom Schiffsschreiner einen Sarg fertigen und überträgt auf dessen Holz die Signaturen, die er am Körper trägt.

Manches Rätselhafte im riesigen Gesamtwerk Heideggers muß wohl so gelesen werden wie die Beschriftungen auf der Sargkiste des wilden Mannes aus der Südsee.

Am 4. Dezember 1975 stirbt Hannah Arendt. Auch Heidegger bereitet sich jetzt aufs Sterben vor, ruhig, gefaßt, gelassen. Als sein Spielgefährte der Kindheit, Karl Fischer, ihm zu seinem 86. Geburtstag, seinem letzten, gratuliert, antwortet Heidegger: *Lieber Karle,... Ich denke jetzt oft an unsere Jugendzeit zurück und dabei auch an Dein Elternhaus mit den vielen Tieren auf der Terrasse, unter anderen war ein Uhu.*

Bei sinkender Dämmerung wird das Frühe sichtbar. Man darf vermuten, daß Heidegger diesen Uhu wieder sehr deutlich vor sich gesehen hat. Die Zeit, da dieser Vogel zu seinem Flug ansetzt, war gekommen. Vielleicht hat sich Heidegger bei dieser Gelegenheit auch daran erinnert, was mir Karl Fischer, mit dem ich noch sprechen konnte, einmal erzählte: daß der kleine Martin einen Säbel gehabt habe, der so lang war, daß er ihn hinter sich herschleppte. Er war nicht aus Blech, sondern aus Stahl. »Er war eben der Hauptmann«, sagte Karl Fischer, immer noch mit der Bewunderung aus gemeinsamen Lausbubentagen.

Im Winter 1975 der letzte Besuch Petzets bei Martin Heidegger. »Wie immer mußte ich ihm vieles erzählen; anteilnehmend fragte er nach Menschen und Dingen, Erfahrung und Arbeit – klar und weitgespannten Geistes wie nur je. Als ich dann bei vorgerücktem Abend gehen wollte und Frau Heidegger das Zimmer schon verlassen hatte, drehte ich mich an der Tür noch einmal um. Der Greis blickte mir nach, hob die Hand, und ich hörte ihn leise sagen: ›Ja, Petzet, nun geht es auf das Ende zu.‹ Ein letztes Mal grüßten mich seine Augen.«

Im Januar 1976 bat Heidegger seinen Meßkirchener Landsmann, den Freiburger Theologieprofessor Bernhard Welte, zu einem Gespräch zu sich und teilte ihm mit, er wolle, wenn es demnächst soweit sei, auf dem Friedhof in Meßkirch, der gemeinsamen Heimat, begraben sein. Er bat um ein kirchliches Begräbnis und darum, daß Welte an seinem Grabe sprechen möge. In diesem letzten Gespräch, das die beiden miteinander führten, ging es um die Erfahrung, daß die Nähe des Todes die Nähe zur Heimat in sich einschließt. »Es schwebte«, so berichtet Welte, »auch der eckhartische Gedanke im Raum, daß Gott dem Nichts gleich sei.« Am 24. Mai, zwei Tage vor seinem Tod, schreibt Heidegger noch einmal an Welte; ein Grußwort aus Anlaß der Verleihung der Meßkirchener Ehrenbürgerschaft an den Theologen. Dieses Grußwort ist die letzte handschriftliche Äußerung von Martin Heidegger: *Den neuen Ehrenbürger der gemeinsamen Heimatstadt Meßkirch – Bernhard Welte – grüßt heute herzlich der ältere... Erfreuend und belebend sei dieser Festtag der Ehrung. Einmütig sei der besinnliche Geist aller Teilnehmenden. Denn es bedarf der Besinnung, ob und wie im Zeitalter der technisierten gleichförmigen Weltzivilisation noch Heimat sein kann* (D, 187).

Am 26. Mai, nach einem erquickten Erwachen am Morgen, schläft Heidegger wenig später noch einmal ein und stirbt.

Die Beisetzung in Meßkirch findet am 28. Mai statt. Ist Heidegger in den Schoß der Kirche zurückgekehrt? Max Müller erzählt, wie Heidegger auf Wanderungen, wenn man zu Kirchen und Kapellen kam, stets Weihwasser nahm und eine Kniebeuge machte. Einmal habe er ihn gefragt, ob das nicht eine Inkonsequenz sei, da er doch von den Dogmen der Kirche Abstand genommen habe. Darauf habe Heidegger geantwortet: *Geschichtlich muß man denken. Und wo soviel gebetet worden ist, da ist das Göttliche in einer ganz besonderen Weise nahe.*

Womit enden?

Am besten mit jenem Satz, den Martin Heidegger beim Tode Max Schelers 1928 einer Vorlesung in Marburg vorausschickte:

Abermals fällt ein Weg der Philosophie ins Dunkel zurück.

Anhang

Siglenverzeichnis

Die benützten Werkausgaben und Quellenwerke werden unter folgender Abkürzung zitiert:

Martin Heidegger, Gesamtausgabe. Ausgabe letzter Hand. (Betreuung: Hermann Heidegger) Vittorio Klostermann Verlag, Frankfurt a. M. = GA 1 ff.

Einzelveröffentlichungen Martin Heidegger:

M. H.,	Aufenthalte. – (Klostermann) Frankfurt a. M. 1989	A
M. H.,	Der Begriff der Zeit. – (Niemeyer) Tübingen 1989	BZ
M. H.,	Denkerfahrungen. – (Klostermann) Frankfurt a. M. 1983	D
M. H.,	Phänomenologische Interpretationen zu Aristoteles. (Anzeige der hermeneutischen Situation). In: Dilthey-Jahrbuch für Philosophie und Geschichte der Geisteswissenschaften. Band 6. – Göttingen 1989	DJ
M. H.,	Erläuterungen zu Hölderlins Dichtung. – (Klostermann) Frankfurt a. M. 1981	EH
M. H.,	Einführung in die Metaphysik. – (Niemeyer) Tübingen 1987	EM
M. H.,	Frühe Schriften. – (Klostermann) Frankfurt a. M. 1972	FS
M. H.,	Gelassenheit. – (Neske) Pfullingen 1985	G
M. H.,	Holzwege. – (Klostermann) Frankfurt a. M. 1950	H
M. H.,	Die Herkunft der Kunst und die Bestimmung des Denkens. In: Petra Jaeger und Rudolf Lüthe (Hg.), Distanz und Nähe. Reflexionen und Analysen zur Kunst der Gegenwart. – Würzburg 1983	HK
M. H.,	Kant und das Problem der Metaphysik. – (Klostermann) Frankfurt a. M. 1991	K
M. H.,	Logik. Vorlesung Sommersemester 1934. Nachschrift einer Unbekannten. Hg. Victor Farías. – Madrid 1991	L
M. H.,	Nietzsche. Band 1, 2. – (Neske) Pfullingen 1961	N I, II
M. H.,	Die Selbstbehauptung der deutschen Universität. Das Rektorat. – (Klostermann) Frankfurt a. M. 1983	R
M. H.,	Sein und Zeit. – (Niemeyer) Tübingen 1963	SuZ
M. H.,	Die Technik und die Kehre. – (Neske) Pfullingen 1962	TK
M. H.,	Über den Humanismus. – (Klostermann) Frankfurt a. M. 1981	ÜH
M. H.,	Vorträge und Aufsätze. – (Neske) Pfullingen 1985	VA
M. H.,	Vier Seminare. – (Klostermann) Frankfurt a. M. 1977	VS
M. H.,	Wegmarken. – (Klostermann) Frankfurt a. M. 1978	W
M. H.,	Was ist Metaphysik? – (Klostermann) Frankfurt a. M. 1986	WM
M. H.,	Vom Wesen der Wahrheit. – (Klostermann) Frankfurt a. M. 1986	WW

M. H., Was heißt Denken? – (Niemeyer) Tübingen 1984	WHD
M. H., Zur Sache des Denkens. – (Niemeyer) Tübingen 1969	Z
M. H., Zollikoner Seminare. – (Klostermann) Frankfurt a. M. 1987	ZS
Martin Heidegger / Elisabeth Blochmann, Briefwechsel. Herausgegeben von Joachim W. Storck. – Marbach 1989	BwHB
Martin Heidegger / Karl Jaspers, Briefwechsel. Herausgegeben von Walter Biemel und Hans Saner – Frankfurt a. M. – München 1990	BwHJ
Martin Heidegger / Erhart Kästner, Briefwechsel. Herausgegeben von Heinrich Wiegand Petzet. – Frankfurt a. M. 1986	BwHK
Guido Schneeberger, Nachlese zu Heidegger. Dokumente zu seinem Leben und Denken. – Bern 1962	S
Hannah Arendt / Karl Jaspers, Briefwechsel. Herausgegeben von Lotte Köhler und Hans Saner. – München 1985	BwAJ

Belege

Wenn unmittelbar aufeinanderfolgend aus derselben Quelle zitiert wird, wird nach der ersten Belegangabe die Seitenzahl im Text in Klammern vermerkt.

Erstes Kapitel

17 »Vielleicht muß ...« zit. O. Pöggeler, Heideggers politisches Selbstverständnis, 41
19 »Wir wissen ...« C. Gröber, Der Altkatholizismus in Meßkirch, 158
22 »So genossen ...« zit. A. Müller, Der Scheinwerfer, 11
»wenn die ...« zit. L. Braun, Da-da-dasein
»In uns ...« zit. A. Müller, Der Scheinwerfer, 32
23 »Der Lebens-Schmerz ...« zit. A. Müller, Der Scheinwerfer, 9
»Oft sagte ...« zit. ebenda, 11
25 »Aristoteles, was ...« G. Dehn, Die alte Zeit, die vorigen Jahre. Lebenserinnerungen, 37
»Wie sehr ...« ebenda, 38
26 »Ich denke ...« zit. H. Ott, Martin Heidegger. Unterwegs zu seiner Biographie, 55
»Wir haben ...« G. Dehn, Die alte Zeit, die vorigen Jahre. Lebenserinnerungen, 39
28 »Von Freiburg hätte ...« zit. W. Kiefer, Schwäbisches und alemannisches Land, 324
»Seine Begabung ...« zit. H. Ott, Martin Heidegger. Unterwegs zu seiner Biographie, 59
29 »Als in der ...« zit. ebenda, 86

Zweites Kapitel

30 »Die damals ...« H. Ott, Martin Heidegger. Unterwegs zu seiner Biographie, 86
31 »geblendet für ...« C. Braig, Was soll die Gebildete von dem Modernismus wissen?, 37
»Die geschichtliche ...« ebenda
35 »In unseren ...« zit. V. Farías, Heidegger und der Nationalsozialismus, 88
36 »Schon die ...« zit. ebenda, 89
37 »Er sieht ...« zit. ebenda, 88
»Und willst du ...« zit. ebenda
38 »Eine strenge, eisig ...« zit. ebenda, 86
»abgeschlossenen, abschließenden ...« zit. ebenda
43 »vor der ...« F. Nietzsche, Sämtliche Werke Bd. 1, 245 ff.
45 »Es ist eben ...« zit. F. A. Lange, Geschichte des Materialismus, Bd. 2, 557
48 »Wer will ...« ebenda, 897 ff.

50 »Unsere Irrtümer …« W. James. Der Wille zum Glauben, 146
51 »Uns so …« zit. A. Hermann, »Auf eine höhere Stufe des Daseins erheben«, 812
52 »Wegweisung der …« P. Natorp, Philosophie und Pädagogik, 235
»Erst barg …« ebenda, 237
53 »irgendein vom …« H. Rickert, Kulturwissenschaft und Naturwissenschaft, 18
»das tauschende …« G. Simmel, Philosophie des Geldes, 385
54 »Indem das …« ebenda, 305

Drittes Kapitel

56 »Ölbergstunden meines …« zit. H. Ott, Martin Heidegger. Unterwegs zu seiner Biographie, 71
57 »Könnte Dich …« zit. ebenda, 70
58 »Wenn das …« zit. ebenda, 73
»Liebster, ich …« zit. ebenda, 75
59 »Du mußt …« zit. ebenda, 76
»Du umgibst …« zit. ebenda
62 »Heute abend …« zit. ebenda, 81
»Ein scharfer …« zit. ebenda
»Schade daß …« zit. ebenda
»Er nützt …« zit. ebenda
63 »Der gehorsamst …« zit. ebenda, 80
»Im Vertrauen …« zit. ebenda, 80
»Der gehorsamst …« ebenda
64 »Die Philosophie …« V. Farías, Heidegger und der Nationalsozialismus, 90
»Als Forscher …« H. Rickert, Die Philosophie des Lebens, 155
68 »Wo sind …« W. Dilthey, Der Aufbau der geschichtlichen Welt in den Geisteswissenschaften
69 »Der Name …« M. Scheler, Vom Umsturz der Werte, 323
»immer geschmeidigeren …« zit. ebenda
70 »Die Materie …« zit. ebenda
71 »Sie wird …« ebenda, 339

Viertes Kapitel

72 »Ende Juli …« L. Marcuse, Mein zwanzigstes Jahrhundert, 30
72f. »Mir geht …« ebenda
73 »Es war …« zit. V. Farías, Heidegger und der Nationalsozialismus, 97
74 »Zum ersten …« zit. W. Falk, Literatur vor dem Ersten Weltkrieg, 247
»Entrüstung, daß …« zit. C. v. Krockow, Die Deutschen in ihrem Jahrhundert, 101
»Es sind …« zit. F. Ringer, Die Gelehrten, 171
»Individualität der …« T. Mann, Betrachtungen eines Unpolitischen, 1421
75 »Das Bild …« M. Scheler, Der Genius des Krieges, 136
75f. »Glaubens an …« E. Troeltsch, Deutscher Geist und Westeuropa, 39

76 »der gewaltigste ...« zit. H. Glaser, Sigmund Freuds zwanzigstes Jahrhundert, 187
»bloß formalistischer ...« M. Scheler, Der Genius des Krieges, 144
»das Gerede ...« vgl. M. Weber, Der Beruf zur Politik.
»Occasionalismus« vgl. C. Schmitt, Politische Romantik.
81 »Beim Durchlesen ...« zit. H. Ott, Martin Heidegger. Unterwegs zu seiner Biographie, 82
»Kein Sumpf ...« zit. ebenda, 87
82 »Ich würde ...« zit. ebenda, 91
85 »System des ...« zit. ebenda, 106
»Der Mangel ...« zit. ebenda, 92
86 »Vor Dir ...« zit. ebenda, 94
»konfessionell geeigneter ...« zit. ebenda, 93
»Ich sah ...« zit. ebenda, 90
87 »Liebster Martin ...« zit. ebenda, 99
88 »Kriegstrauung ohne ...« zit. ebenda, 101
»auf den ...« zit. ebenda, 116

Fünftes Kapitel

89 »die Parolen ...« zit. H. R. Sepp (Hg.), Edmund Husserl und die Phänomenologische Bewegung, 13
90 »Es war ...« zit. E. Endres, Edith Stein, 87
»Es ist ...« H. v. Hofmannsthal, Gesammelte Werke Bd. 7, 465
91 »Man darf ...« zit. H. R. Sepp (Hg.), Edmund Husserl und die Phänomenologische Bewegung, 42
»das zu ...« zit. ebenda, 61
92 »Man muß ...« zit. ebenda, 42
»Gefühl der ...« S. Zweig, Die Welt von Gestern, 14
»überkommenen Philosophie ...« zit. H. R. Sepp (Hg.), Edmund Husserl und die Phänomenologische Bewegung, 66
93 »Über dem ...« R. Musil, Der Mann ohne Eigenschaften, 9
94 »in universaler ...« E. Husserl, Cartesianische Meditationen, 183
95 »Dieses universale ...« zit. H. Rombach, Phänomenologie des gegenwärtigen Bewußtseins, 48
»hinausgeschleudert« vgl. J. P. Sartre, Die Transzendenz des Ego, 33 ff.
97 »mittels einer ...« zit. H. R. Sepp (Hg.), Edmund Husserl und die Phänomenologische Bewegung, 63
»Heute war ...« H. G. Gadamer, zit. ebenda, 15
98 »So begreift ...« E. Husserl, Ideen zu einer reinen Phänomenologie, 118
»Jedes cogito ...« zit. H. Rombach, Phänomenologie des gegenwärtigen Bewußtseins, 52
99 »Tue ich ...« zit. ebenda, 71
99 f. »Philosophie und ...« Mayumi Haga, zit. H. R. Sepp (Hg.), Edmund Husserl und die Phänomenologische Bewegung, 18
100 »Aber es ...« M. Proust, Auf der Suche nach der verlorenen Zeit Bd. 1, 12

102 »Gerne will …« zit. H. Ott, Martin Heidegger. Unterwegs zu seiner Biographie, 102

103 »hoffentlich dauert …« zit. ebenda, 104

»das klare …« zit. ebenda

104 »ins Lager …« E. Stein, Briefe an Roman Ingarden, 108

Sechstes Kapitel

108 »bleich und …« L. Löwith, Mein Leben in Deutschland, 17

109 »Was ist …« M. Weber, Soziologie – Weltgeschichtliche Analysen – Politik, 322

110 »hinterweltlichen Reich …« ebenda, 338

111 »moralischen Einheit …« zit. F. K. Ringer, Die Gelehrten, 320

»die einzige …« vgl. U. Linse, Barfüßige Propheten, 27

»eine Wiese …« vgl. ebenda

112 »Gläubig erwartet …« zit. F. K. Ringer, Die Gelehrten, 328

119 »Es gibt …« H. Ball, Die Flucht aus der Zeit, 100

123 »philosophischen Lyrismus …« E. Bloch, Geist der Utopie, 245

»Es ist …« ebenda, 19

124 »eigentlich Seiende« W. Heisenberg, Das Naturbild der heutigen Physik, 10

125 »Der Mystik …« W. Wundt, Sinnliche und übersinnliche Welt, 147

126 »Denken Sie …« E. Bloch, Spuren, 284

Siebtes Kapitel

127 »Die vergangenen …« zit. H. Ott, Martin Heidegger. Unterwegs zu seiner Biographie, 106f.

129 »Von den …« vgl. O. Pöggeler, Der Denkweg Martin Heideggers, 36ff.

131 »Man muß …« E. Husserl, Cartesianische Meditationen

»Gott, die reine …« K. Barth, Römerbrief, 315

132 »Hier gibts …« ebenda, 279

137f. »Im Frühjahr …« K. Jaspers, Philosophische Autobiographie, 92

139 »Es war …« ebenda, 34

146 »Ich mache …« K. Löwith, Mein Leben in Deutschland, 30

Achtes Kapitel

148 »neuerdings besonders …« zit. H. Ott, Martin Heidegger. Unterwegs zu seiner Biographie, 121

»Heideggers Auszug …« zit. ebenda, 122

149 »ein durchaus …« zit. V. Farías, Heidegger und der Nationalsozialismus, 104

151 »erregendste, am meisten …« H. Mörchen, Aufzeichnungen

153 »Als Heidegger …« H. G. Gadamer, Philosophische Lehrjahre, 22

»Als ich …« zit. G. Neske (Hg.), Erinnerung an Martin Heidegger, 112

»von dem …« ebenda

154 »deren Gespreiztheit …« T. Mann, Doktor Faustus, 162

»Heidegger sprach …« A. v. Buggenhagen, Philosophische Autobiographie, 134

155 »genug Existenzmasse ...« ebenda, 11
»ob dieser ...« ebenda
156 »daß nichts ...« H. Mörchen, Aufzeichnungen, 4
»es sei ...« H. G. Gadamer, Martin Heidegger und die Marburger Theologie, 169
157 »Indem die ...« zit. H. Zahrnt, Die Sache mit Gott, 245
160 »Das Gerücht ...« H. Arendt, Martin Heidegger wird achtzig Jahre alt, 235/237
»Das auffallendste ...« B. v. Wiese, Ich erzähle mein Leben, 88
»es keine ...« zit. E. Young-Bruehl, Hannah Arendt, 108
161 »Sie trug ...« E. Ettinger, Hannah Arendt – Martin Heidegger, 20
»Respektvolle Distanz ...« ebenda, 20
»lyrischer Gesang ...« ebenda, 20
»Beginn physischer ...« ebenda, 21
162 »unter – auf ...« ebenda, 24
»um wegen ...« zit. ebenda, 25
»Außerordentliche und ...« zit. E. Young-Bruehl, Hannah Arendt, 97
»In der Leidenschaft ...« H. Arendt, Vita activa, 237
»verschwundenen Verbanntheit« zit. E. Young-Bruehl, Hannah Arendt, 95
162f. »Warum gibst ...« zit. ebenda, 97
164 Die Tatsache ...« zit. E. Ettinger, Hannah Arendt – Martin Heidegger, 111
»Immer noch ...« zit. ebenda, 31
165 »sie zu ...« ebenda, 33
165f. »Er ist ...« H. Arendt, Rahel Varnhagen, 54
166 »Im Grunde ...« zit. E. Young-Bruehl, Hannah Arendt, 348
167 »Bei aller ...« zit. BwHJ, 232

Neuntes Kapitel

171 »wortlos-erwartungsvoll ...« H. Mörchen, Aufzeichnungen
177 »Er findet ...« C. Bry, Verkappte Religionen, 33
178 »So sinkt ...« S. Freud, Werke Bd. IX, 270
184 »aus seiner ...« H. Plessner, Die Stufen des Organischen und der Mensch, 288
»Als Ich ...« ebenda, 292
185 »Der Mensch ...« A. Gehlen, Studien zur Anthropologie und Soziologie, 245
186 »Man muß ...« R. Musil, Der Mann ohne Eigenschaften, 217
193 »lebendiger Organismus ...« vgl. F. Tönnies, Gemeinschaft und Gesellschaft, 3ff.

Zehntes Kapitel

199 »Die Normaluhr ...« H. Ball, Die Flucht aus der Zeit, 156
200 »Das Jetzt ...« W. Benjamin, Das Passagenwerk, 1250
»Weltgeschichte von ...« O. Spengler, Der Mensch und die Technik, 27
200f. »Die große ...« F. Nietzsche

201 »Das Normale …« C. Schmitt, Politische Theologie, 14
»normativ gesehen …« ebenda, 31
»vom Sohn …« P. Tillich, Die Sozialistische Entscheidung, 252
»Souverän ist …« C. Schmitt, Politische Theologie, 11
»Der Ausnahmezustand …« ebenda
204 »Es war …« H. W. Petzet, Auf einen Stern zugehen, 18
207 »kühn …« zit. E. Ettinger, Hannah Arendt – Martin Heidegger, 41
210 »Eines der …« E. Jünger, Der Arbeiter, 42
213 »erhebende Gefühl …« O. F. Bollnow, Gespräche in Davos, 28
213 f. »Die Auseinandersetzung …« zit. G. Schneeberger, Nachlese zu Heidegger, 4
214 »Seine Ablehnung …« zit. ebenda, 7

Elftes Kapitel

217 »Zu erwähnen …« zit. V. Farías, Heidegger und der Nationalsozialismus, 118

Zwölftes Kapitel

231 »Wir sind …« zit. K. Sontheimer, Antidemokratisches Denken in der Weimarer Republik, 53
»Es ist …« W. Rathenau, Zur Kritik der Zeit, 17
»Sobald ein …« R. Musil, Bücher und Literatur. Essays.
232 »Der metaphysisch-absolutistischen …« zit. K. Sontheimer, Antidemokratisches Denken in der Weimarer Republik, 181
»Diese jungen …« zit. ebenda, 145
»Die Demokratie …« N. Berdjajew, Das neue Mittelalter, 107
233 »Alle diese …« zit. K. Sontheimer, Antidemokratisches Denken in der Weimarer Republik, 41
»Der exzentrischen …« T. Mann, Das essayistische Werk Bd. 2, 192
»Wir werden …« S. Reinhardt (Hg.), Lesebuch. Weimarer Republik, 173
234 »Bergung und …« M. Scheler, Die Stellung des Menschen im Kosmos, 92
»Zur Stützung …« ebenda
»Idee des …« H. Plessner, Macht und menschliche Natur, 286
»Wie dürfen …« ebenda, 284
239 f. »Viel genannt …« zit. V. Farías, Heidegger und der Nationalsozialismus, 123
240 »Ein sozialistischer …« zit. ebenda
»fern von …« zit. ebenda, 124
241 »Ich fühle …« zit. Anhang BwHB, 144
»Anerkennung der …« zit. V. Farías, Heidegger und der Nationalsozialismus, 125
242 »geistigen Revolution …« in: V. Meja / N. Stehr (Hg.), Der Streit um die Wissenssoziologie Bd. 1, 388
»bängliche Empfindung …« ebenda, 403
242 f. »Der Philosoph …« in ebenda, 335
254 »Die nun …« Platon, Politeia, 467

Dreizehntes Kapitel

257f. »Man schläft ...« H. Mörchen, Aufzeichnungen

258 »an Politik ...« M. Müller, Martin Heidegger. Ein Philosoph und die Politik, 193

259 »daß der ...« Brief an Hans-Peter Hempel (unveröffentlicht)

»Radikalität ...« M. Müller, Martin Heidegger. Ein Philosoph und die Politik, 198

260 »Revolutionen greifen ...« zit. J. u. R. Becker (Hg.), Hitlers Machtergreifung, 311

»Durch Nord ...« zit. ebenda

»Es war ...« S. Haffner, Von Bismarck zu Hitler, 219

261 »die grenzenlose ...« zit. J. u. R. Becker (Hg.), Hitlers Machtergreifung, 307

»tatsächlich für ...« zit. ebenda, 308

»Als Jude ...« zit. G. Picht, Die Macht des Denkens, 199

262 »Großstadt ...« G. Benn, Werke Bd. 4, 246

»Heidegger selbst ...« K. Jaspers, Philosophische Autobiographie, 101

»daß es ...« ebenda

»Primitiv sein ...« in: B. Martin (Hg.), Martin Heidegger und das ›Dritte Reich‹, 180

263 »wir stehen ...« ebenda, 181

»Bündnis zwischen ...« H. Arendt, Elemente und Ursprünge totaler Herrschaft, 528

»die Masse ...« ebenda, 532

»Der Deutsche ...« zit. J. C. Fest, Hitler, 525

»Er glaubte ...« B. Martin (Hg.), Martin Heidegger und das ›Dritte Reich‹, 202

264 »Wie soll ...« K. Jaspers, Philosophische Autobiographie, 101

»Nicht Lehrsätze ...« B. Martin (Hg.), Martin Heidegger und das ›Dritte Reich‹, 177

»völlige Umwälzung ...« ebenda, 178

»großen zweiten ...« ebenda

267 »Radikale Kritik ...« E. Krieck, Volk und Werden, 328ff.

»Es erhebt sich ...« ebenda

268 »Handeln heißt ...« zit. T. Laugstien, Philosophieverhältnisse im deutschen Faschismus, 45

269 »Lüge, Gewissensdruck ...« zit. ebenda, 41

»Aber eine ...« zit. ebenda, 47

270 »daß Herr ...« B. Martin (Hg.), Martin Heidegger und das ›Dritte Reich‹, 165

271 »dringenden Wunsch ...« H. Tietjen, Verstrickung und Widerstand.

272 »Herrn Professor ...« H. Ott, Martin Heidegger. Unterwegs zu seiner Biographie, 142

»Herr Heidegger ...« H. Tietjen, Verstrickung und Widerstand.

273 »Der Aufbau ...« H. Ott, Martin Heidegger. Unterwegs zu seiner Biographie, 165

»Hoch erfreut ...« ebenda, 166
»Nur ein ...« zit. B. Martin (Hg.), Martin Heidegger und das ›Dritte Reich‹. 166
274 »Boden der ...« zit. V. Farías, Heidegger und der Nationalsozialismus, 121
275 »Ich habe ...« zit. H. Ott, Martin Heidegger. Unterwegs zu seiner Biographie, 149
276 »letzten Menschen ...« F. Nietzsche, Also sprach Zarathustra, Sämtliche Werke Bd. 4, 20
277 »der Aufklärung ...« A. Schopenhauer, Der Briefwechsel mit Goethe, 15
279 »Dreifach also ...« zit. U. Haß, Militante Pastorale, 31

Vierzehntes Kapitel

281 »Ähnlich wie ...« zit. V. Farías, Heidegger und der Nationalsozialismus, 167
»Aus der ...« zit. ebenda, 165
282 »Es gibt ...« zit. ebenda
»Heideggers Rede ...« zit. ebenda, 167
»Ich habe ...« zit. ebenda
283 »Einen hörte ...« zit. ebenda, 201
»Ich saß ...« K. Jaspers, Philosophische Autobiographie, 101
»unerträglich tiefen ...« Ders., Notizen zu Martin Heidegger, 182
284 »im Widerstreit ...« BwHJ, Anmerkungen, 260
»das zur ...« dokumentiert in ebenda, 159ff.
285 »Wirklichkeit des ...« ebenda, 260
286 »Wir wollen ...« zit. H. Ott, Martin Heidegger. Unterwegs zu seiner Biographie, 152
»Wir wollen unsere ...« zit. ebenda
287 »Ich denke ...« zit. ebenda, 171
»immer stärker ...« zit. ebenda
288 »edle Juden ...« zit. ebenda, 178
»ob es ...« Ettinger, 42
»Der Reihe ...« ebenda, 42
»daß er ...« ebenda, 43
289 »Konkurrenzantisemitismus« S. Haffner, Anmerkungen zu Hitler, 91
»es geht ...« in: DIE ZEIT, Nr. 52 (22. 12. 1989), veröffentlicht von Ulrich Sieg
»daß ursprünglich ...« M. Müller, Martin Heidegger. Ein Philosoph und die Politik, 204
»Notwendigkeit des ...« zit. H. Ott, Martin Heidegger. Unterwegs zu seiner Biographie, 199
290 »Er hat ...« BwHJ, 271
291 »Heidegger wollte ...« M. Müller, Martin Heidegger. Ein Philosoph und die Politik, 205
»Bei der ...« zit. ebenda
»Er erschien ...« M. Müller, Erinnerungen an Husserl, 37

»Er ist ...« ebenda, 38

292 »die Fakultät ...« H. Ott, Edmund Husserl und die Universität Freiburg, 102

»Vorort ...« V. Farías, Heidegger und der Nationalsozialismus, 212

293 »Der Aufbau ...« zit. H. Ott, Martin Heidegger. Unterwegs zu seiner Biographie, 165

294 »Aufbau und ...« zit. V. Farías, Heidegger und der Nationalsozialismus, 185 ff.

295 »Es fällt ...« zit. ebenda, 203

295 f. »Lebenswirklichkeit der ...« zit. H. Ott, Martin Heidegger. Unterwegs zu seiner Biographie, 216

296 »Das Ziel ...« zit. ebenda, 218

»Weltentwertung, Weltverachtung ...« H. Buhr, Der weltliche Theologe, 53

297 »Probe des Lagers ...« zit. H. Ott, Martin Heidegger. Unterwegs zu seiner Biographie, 221 f.

Fünfzehntes Kapitel

300 »Zusammen- und ...« H. Arendt, Was ist Politik?, 9

301 »philosophisches Genie ...« V. Farías, Heidegger und der Nationalsozialismus, 227

»Werk Adolf ...« zit. ebenda, 228

302 »gefährlicher Schizophrener ...« zit. ebenda, 232

»schizophrenem Gefasel ...« zit. ebenda, 275

»Der weltanschauliche ...« zit. G. Schneeberger, Nachlese zu Heidegger, 225

303 »den rettenden ...« V. Farías, Heidegger und der Nationalsozialismus, 234

»Bewegung einen ...« zit. T. Laugstien, Philosophieverhältnisse im deutschen Faschismus, 49

»überkommene Menschenbestand ...« zit. ebenda, 88

»Aktivitäten ...« in: L. Poliakov / J. Wulf (Hg.), Das Dritte Reich und seine Denker, 548

304 »Urteil Eurer ...« zit. H. Ott, Martin Heidegger. Unterwegs zu seiner Biographie, 228

»Es liegt ...« ebenda

304 f. »Der bestimmende ...« zit. A. Schwan, Politische Philosophie im Denken Heideggers, 219

305 »die Revolution ...« zit. B. Martin (Hg.), Martin Heidegger und das ›Dritte Reich‹, 179

306 »Dieser öffentliche ...« zit. V. Farías, Heidegger und der Nationalsozialismus, 247

307 »Dr. Baumgarten ...« zit. ebenda, 283

»den einscheidendsten ...« K. Jaspers, Notizen zu Martin Heidegger, 15

308 »geeignet war ...« zit. H. Ott, Martin Heidegger. Unterwegs zu seiner Biographie, 203

309 »daß er ...« zit. ebenda, 205

»großen Freude ...« zit. ebenda, 207
»Rücksicht auf ...« zit. ebenda, 208
»niemandem verstanden ...« zit. ebenda, 212

Sechzehntes Kapitel

311 »weder eine...« zit. H. Arendt, Vom Leben des Geistes. Das Denken, 196
312 »Die deutsche ...« F. Nietzsche, Der Wille zur Macht, 297f.
314 »überkommene Menschenbestand ...« zit. T. Laugstien, Philosophieverhältnisse im deutschen Faschismus, 88
315 »Wenn der ...« zit. V. Farías, Heidegger und der Nationalsozialismus, 273
»Die Gerüchte ...« zit. ebenda, 274
315f. »Wenn Sie ...« zit. ebenda, 276
316 »Rasse, Staat ...« zit. ebenda, 278
»über Streicher ...« K. Löwith, Mein Leben in Deutschland, 58
318 »Es ist ...« zit. E. Salin, Hölderlin im Georgekreis, 13
»deutscher Kraftstrom ...« M. Kommerell, Der Dichter als Führer in der deutschen Klassik, 5
»Es ist ...« F. Hölderlin, Sämtliche Werke und Briefe Bd. 1, 738
»Ach, was ...« R. M. Rilke, Werke Bd. 2, 94
321 »Heutigen« usw. vgl. F. Hölderlin, Hyperion, Werke Bd. 1

Siebzehntes Kapitel

327f. »Ich habe ...« zit. S. Haffner, Anmerkungen zu Hitler, 36
328 »daß 18 ...« zit. V. Farías, Heidegger und der Nationalsozialismus, 186
»für Deutschland ...« K. Löwith, Mein Leben in Deutschland, 57
336 »Alles in ...« zit. W. Müller-Lauter, Über den Umgang mit Nietzsche, 845
»Feind alles ...« zit. ebenda
337 »In Wahrheit ...« A. Baeumler, Nietzsche, der Philosoph und Politiker, 80
338 »Der Sinn ...« zit. G. Schneeberger, Nachlese zu Heidegger, 225

Achtzehntes Kapitel

348 »So ist es.« C. F. v. Weizsäcker, Begegnungen in vier Jahrzehnten, 244
351 »Kann man ...« BwAJ, 177
351f. »Was Sie ...« ebenda, 178
352 »mit dem ...« G. Picht, Die Macht des Denkens, 181
»Mir schien ...« H. A. Fischer-Barnicol, Spiegelungen – Vermittlungen, 88
354 »Eines muß ...« G. Picht, Die Macht des Denkens, 181

Neunzehntes Kapitel

355 »würde einer ...« zit. V. Farías, Heidegger und der Nationalsozialismus, 289
»So aber ...« zit. ebenda, 290
356 »Professor Heidegger ...« zit. ebenda, 311
»sichtlich betroffen ...« K. Löwith, Mein Leben in Deutschland, 57
357 »Wir müssen ...« H. Barth, Vom Ursprung des Kunstwerks, 265

»neben Hegel ...« E. Staiger, Noch einmal Heidegger, 269
»das Philosophische ...« ebenda
»Parteinahme für ...« K. Löwith, Mein Leben in Deutschland, 57
359 »in seiner ...« zit. V. Farías, Heidegger und der Nationalsozialismus, 315
»Da ja ...« zit. ebenda
»wie die ...« zit. H. Ott, Martin Heidegger. Unterwegs zu seiner Biographie, 253
»Seine Philosophie ...« zit. ebenda
361 »Eine vor ...« zit. V. Farías, Heidegger und der Nationalsozialismus, 330
»heutige deutsche ...« zit. ebenda, 335
362 »amtliche Delegation ...« zit. ebenda
»an dem ...« H. W. Petzet, Auf einen Stern zugehen, 47
364 »Der Mensch ...« J. Benda, Der Verrat der Intellektuellen, 125
366 »Für uns ...« zit. R. Mehring, Heideggers Überlieferungsgeschick, 91

Zwanzigstes Kapitel

371 »Das können ...« G. Picht, Die Macht des Denkens, 205
»Alles denkt...« zit. H. Ott, Martin Heidegger. Unterwegs zu seiner Biographie, 22
372 »Vielleicht muß ...« zit. O. Pöggeler, Heideggers politisches Selbstverständnis, 41
»Heidegger gilt ...« zit. H. Ott, Martin Heidegger. Unterwegs zu seiner Biographie, 295
373 »in erster ...« zit. ebenda
»Ich erhebe ...« zit. ebenda, 296
374f. »als empfindliche ...« in: B. Martin (Hg.), Martin Heidegger und das ›Dritte Reich‹, 187
375 »durch ein ...« ebenda, 188
376 »in den Augen ...« zit. H. Ott, Martin Heidegger. Unterwegs zu seiner Biographie, 305
377 »Viele Intellektuelle ...« K. Jaspers, Die Schuldfrage, 46
379 »In unserer ...« zit. H. Ott, Martin Heidegger. Unterwegs zu seiner Biographie, 315
380 »ein Wort ...« zit. ebenda, 310
»Existieren, das ...« zit. B. Waldenfels, Phänomenologie in Frankreich, 24
381 »Denken heißt ...« A. Camus, Der Mythos von Sisyphos, 41
382 »seit Jahrhunderten ...« J. P. Sartre, Die Transzendenz des Ego, 91
383 »Das Mädchen ...« zit. M. Lilla, Das Ende der Philosophie, 19
384 »menschliche oder ...« A. Kojève, Hegel, 152
385 »Also, ich ...« J. P. Sartre, Das Ekel, 144
»Der Mensch ...« Ders., Das Sein und das Nichts, 65
388 »Denn je ...« ebenda, 885
»Hier begegnet ...« FAZ vom 19. 1. 1994, 27 (vgl. auch FAZ vom 30. 11. 1993)
389 »dem Leben ...« J. P. Sartre, Das Sein und das Nichts, 926

390 »Ach der ...« M. Müller, Martin Heidegger. Ein Philosoph und die Politik, 212
»Es wird ...« zit. H. Ott, Martin Heidegger. Unterwegs zu seiner Biographie, 320
»Der Philosoph ...« zit. ebenda, 323
391 »Und was ...« H. W. Petzet, Auf einen Stern zugehen, 52
»daß Herr ...« zit. H. Ott, Martin Heidegger. Unterwegs zu seiner Biographie, 319

Einundzwanzigstes Kapitel

394 »Was werden ...« zit. P. Noack, Carl Schmitt. Eine Biographie, 246
»Wer beichten ...« ebenda, 77
»Nähe zu ...« A. Baeumler, Hitler und der Nationalsozialismus, 172
395 »Ja mit ...« zit. J. Altwegg (Hg.), Heidegger in Frankreich – und zurück?, 33
396 »Engagiere dich ...« zit. A. Cohen-Solal, Sartre, 413
»Im finsteren ...« zit. H. Glaser, Kleine Kulturgeschichte der Bundesrepublik, 19
397 »das Leben ...« J. P. Sartre, Ist der Existentialismus ein Humanismus?, 34
398 »Götzendienst der ...« Der Monat, Heft 24 (1950), 502
400 »Geschichte ist ...« R. Schneider, Das Unzerstörbare, 12
401 »doch daß ...« zit. H. Glaser (Hg.), Bundesrepublikanisches Lesebuch, 166f.
401f. »Ich würde ...« Der Monat, Heft 22/23 (1950), 379
403 »Die Realität ...« H. Arendt, Besuch in Deutschland, in: Dies., Zur Zeit. Politische Essays, 46
404 »Wenn nicht ...« T. Mann, Ansprache im Goethejahr, in: Ders., Das essayistische Werk, Bd. 3, 313
409f. »Der Mensch ...« J. P. Sartre, Drei Essays, 36

Zweiundzwanzigstes Kapitel

411 »Das Verdrehen ...« BwAJ, 178
412 »Dieser Abend ...« zit. E. Ettinger, Hannah Arendt – Martin Heidegger, 86
»Was infolgedessen ...« H. Arendt, Was ist Existenzphilosophie?, 35
413 »alten Kinderangst« BwAJ, 73
»Herr Professor ...« zit. BwAJ, 275
415 »Er ist ...« BwAJ, 177
»Ach aber ...« zit. E. Ettinger, Hannah Arendt – Martin Heidegger, 85
»Der arme ...« zit. E. Young-Bruehl, Hannah Arendt, 346
»Darling, um ...« zit. ebenda
416 »Ob ich ...« zit. E. Ettinger, Hannah Arendt – Martin Heidegger, 86
»das gleiche ...« zit. ebenda
»Als der ...« zit. ebenda, 87
»Bestätigung eines ...« zit. ebenda, 86
»Er hat ...« zit. E. Young-Bruehl, Hannah Arendt, 347

»Wir haben ...« zit. ebenda
417 »Ich war ...« zit. E. Ettinger, Hannah Arendt – Martin Heidegger, 90
»Heute früh ...« zit. ebenda, 88
417f. »Nichts schwerer ...« zit. ebenda, 90
418 »Sie haben ...« zit. ebenda, 92
»Sie haben ...« zit. ebenda
»Die Frau ...« zit. ebenda, 97
419 »die Frauen ...« zit. H. Ott, Martin Heidegger. Unterwegs zu seiner Biographie, 135
420 »Geweißheit einer ...« zit. E. Ettinger, Hannah Arendt – Martin Heidegger, 98
»Was heißt ...« zit. ebenda
»ohne das ...« zit. ebenda, 122
»De Vita ...« zit. ebenda
421 »In (ihren) ...« zit. J. A. Barash, Die Auslegung der ›Öffentlichen Welt‹, 126
422 »wenn sie ...« H. Arendt, Menschen in finsteren Zeiten, 41
»Virtuosität des ...« H. Arendt, Freiheit und Politik, 681
»Handelnd und ...« H. Arendt, Vita activa, 169
423 »Wäre es ...« zit. E. Ettinger, Hannah Arendt – Martin Heidegger, 122
424 »den Preis ...« H. Arendt, Vom Leben des Geistes. Das Wollen, 189
»Standpunkt der ...« H. Arendt, Vita activa, 242
425 »Daß ich ...« zit. E. Ettinger, Hannah Arendt – Martin Heidegger, 113
426 »Freiwilliges Untertauchen ...« H. Arendt, Elemente und Ursprünge totaler Herrschaft, 534
»Ich hatte ...« BwAJ, 484
428 »Es ist ...« K. Jaspers, Notizen zu Martin Heidegger, 189
429 »Ich wurde ...« zit. E. Ettinger, Hannah Arendt – Martin Heidegger, 118
»In der ...« zit. K. Jaspers, Notizen zu Martin Heidegger, 82
429f. »H: Der ...« ebenda, 194
430 »Es ist ...« ebenda, 140
431 »Hoch im ...« ebenda, 264

Dreiundzwanzigstes Kapitel

432f. »Hier habe ...« zit. H. W. Petzet, Auf einen Stern zugehen, 62
433 »Sein attachement ...« in: G. Benn, Briefe an F. W. Oelze, Bd. 2, 342
434 »um die ...« zit. H. W. Petzet, Auf einen Stern zugehen, 62
»Heidegger hat ...« zit. ebenda, 71
435 »Widerspiel des ...« zit. ebenda, 72ff.
436 »als einstigen ...« zit. ebenda, 78
»Das Maß ...« zit. ebenda, 77
»Das bleibt ...« zit. ebenda, 75
438 »eisigen Geometrie ...« E. Jünger, Der Arbeiter, 173
»aus- und wieder einhängen ...« F. Nietzsche, Sämtliche Werke, Bd. 2, 20
»die letzten ...« E. Jünger, Der Arbeiter, 173
439 »Die Technik ...« F. G. Jünger, Die Perfektion der Technik, 354

»Nicht der ...« ebenda, 157
»Technik der ...« J. G. Leithäuser, Im Gruselkabinett der Technik, 475
»Im Erschrecken ...« ebenda, 478
439f. »Wir haben ...« M. Bense, Technische Existenz, 202
447 »von seinem ...« zit. H. W. Petzet, Auf einen Stern zugehen, 151
»die Welt ...« R. Char, Eindrücke von früher, 75

Vierundzwanzigstes Kapitel

450 »Herr Adorno ...« zit. R. Wiggershaus, Die Frankfurter Schule, 653
452 »große Dichtung ...« zit. BwHK, 32
»Kollegien von ...« J. Habermas, Philosophisch-politische Profile, 73
»Irrationalität inmitten ...« Th. W. Adorno, Jargon der Eigentlichkeit, 43
454 »ich betrachte ...« Th. W. Adorno, Eingriffe. Neun kritische Modelle, 126
455 »Schiebung« vgl. R. Wiggershaus, Die Frankfurter Schule, 521
»Als Minister ...« J. P. Sartre, Drei Essays, 149
»Propagandist der ...« zit. R. Wiggershaus, Die Frankfurter Schule, 568
456 »Scham sträubt ...« Th. W. Adorno, Noten zur Literatur II, 7
»eine gewisse ...« zit. R. Wiggershaus, Die Frankfurter Schule, 555
»für Holzwege ...« zit. ebenda, 658
457 »Jeder Versuch ...« Th. W. Adorno / M. Horkheimer, Dialektik der Aufklärung, 15
»Der Völkermord ...« Th. W. Adorno, Negative Dialektik, 355
458 »Transzendenz der ...« Th. W. Adorno, Kierkegaard. Konstruktion des Ästhetischen, 251
»Auf drängt ...« Th. W. Adorno, Noten zur Literatur I, 93
459 »nach deren ...« Th. W. Adorno, Ohne Leitbild. Parva Ästhetica, 20
»Heimatkunst« Th. W. Adorno, Jargon der Eigentlichkeit, 47
460 »Ich schlage vor ...« zit. J. Améry, Jargon der Dialektik, 598
»das Erbe ...« P. Sloterdijk, Kritik der Zynischen Vernunft, 687
»des Wahren ...« zit. J. Améry, Jargon der Dialektik, 604
»daß der Mensch ...« zit. ebenda, 605
»die Utopie ...« Th. W. Adorno, Negative Dialektik, 21
»als Überdeutlichkeit ...« zit. J. Améry, Jargon der Dialektik, 600
461 »Der Sturm ...« H. Arendt, Martin Heidegger ist achtzig Jahre alt. – In: Dies., Menschen in finsteren Zeiten, 184
462 »Hör gut ...« G. Grass, Hundejahre, 330
462f. »Heidenangst ...« H. W. Petzet, Auf einen Stern zugehen, 103
463 »Ich erschrak ...« ebenda
»Herr Professor ...« Das SPIEGEL-Interview. – In: G. Neske / E. Kettering (Hg.), Antwort. Martin Heidegger im Gespräch, 81
465 »endgültig von ...« zit. V. Farías, Heidegger und der Nationalsozialismus, 373
466 »nicht leicht ...« O. Pöggeler, Der Denkweg Martin Heideggers, 340
466f. »Schon lange ...« zit. G. Baumann, Erinnerungen an Paul Celan, 60

468 »Ins Hüttenbuch ...« zit. O. Pöggeler, Spur des Wortes. Zur Lyrik Paul Celans, 259
»Zu meinem ...« G. Baumann, Erinnerungen an Paul Celan, 70
469 »Celan ist ...« ebenda, 80

Fünfundzwanzigstes Kapitel

470 »Seulement voir ...« H. W. Petzet. Auf einen Stern zugehen, 198
471 »Für Hannah ...« zit. E. Ettinger, Hannah Arendt – Martin Heidegger, 130
»Denken zurückgewonnen ...« H. Arendt, Vom Leben des Geistes. Das Wollen, 176
474 »Auskosten und ...« H.-G. Gadamer, Der eine Weg Martin Heideggers. In: Ders., Gesammelte Werke, Bd. 3, 429
475 »obwohl sein ...« H. Melville, Moby-Dick, 388
476 »Lieber Karle ...« Der Zauberer von Meßkirch. Ein Film von Rüdiger Safranski und Ulrich Boehm.
»Wie immer ...« H. W. Petzet, Auf einen Stern zugehen, 230
476f. »Es schwebte ...« B. Welte, Erinnerung an ein spätes Gespräch, 251
477 »Geschichtlich muß ...« M. Müller. Martin Heidegger – Ein Philosoph und die Politik. Ein Gespräch, 213
»Abermals fällt ...« H.-G. Gadamer, Philosophische Lehrjahre, 78

Chronik

1889	26. 9. Geburt Martin Heideggers als Sohn von Friedrich Heidegger (7. 8. 1851–2. 5. 1924), Küfermeister und Mesner in Meßkirch, und Johanna Heidegger, geb. Kempf (21. 3. 1858–3. 5. 1927).
1903–1906	Gymnasium in Konstanz. Stipendiat. Wohnt im katholischen Internat, dem Konradihaus, Vorbereitung auf die Priesterlaufbahn.
1906–1909	Gymnasium und erzbischöfliches Konvikt in Freiburg.
1909	30. 9. Heidegger tritt in das Noviziat der Jesuiten in Tisis bei Feldkich (Vorarlberg) ein. Wird am 13. 10. wieder entlassen wegen Herzbeschwerden.
1909–1911	Studium der Theologie und Philosophie in Freiburg. Antimodernistische Artikel in katholischen Zeitschriften.
1911–1913	Abbruch der Priesterausbildung, Krise. Studium der Philosophie, der Geistes- und Naturwissenschaften in Freiburg. Heidegger erhält ein Stipendium für katholische Philosophie. Freundschaft mit Ernst Laslowski. Husserl-Studium. Logik als Jenseitswert des Lebens.
1913	Promotion mit der Dissertation DIE LEHRE VOM URTEIL IM PSYCHOLOGISMUS.
1915	Habilitation mit der Arbeit: DIE KATEGORIEN- UND BEDEUTUNGSLEHRE DES DUNS SCOTUS.
1915–1918	Eingezogen zum Wehrdienst (beschränkt tauglich, Postüberwachungsstelle und meteorologischer Dienst)
1917	Eheschließung mit Elfride Petri.
1919	Sohn Jörg geboren.
1919	Januar. Bruch mit dem *System des Katholizismus*.
1920	Sohn Hermann geboren.
1918–1923	Martin Heidegger als Privatdozent und Assistent von Husserl in Freiburg. Freundschaft mit Elisabeth Blochmann.
1920	Beginn der Freundschaft mit Karl Jaspers.
1922	Heideggers Aristoteles-Interpretationen erregen großes Aufsehen in Marburg. Bau der Hütte in Todtnauberg.
1923	Heideggers ONTOLOGIE-Vorlesung begründet seinen Ruf als ›heimlicher König der Philosophie‹.
1923	Berufung nach Marburg. Bezug der Hütte in Todtnauberg. Freundschaft mit Bultmann.
1924	Beginn der Liebesgeschichte mit Hannah Arendt.
1925	Hannah Arendt verläßt Marburg.
1927	SEIN UND ZEIT.
1928	Berufung nach Freiburg als Nachfolger von Husserl.
1929	Antrittsvorlesung WAS IST METAPHYSIK? März: Vorträge bei den Davoser Hochschulkursen. Debatte mit Ernst Cassirer.

1929/30	Vorlesung DIE GRUNDBEGRIFFE DER METAPHYSIK.
1930	Der erste Ruf nach Berlin abgelehnt.
1931/32	Silvester auf der Hütte: Heidegger ergreift Partei für den Nationalsozialismus.
1933	Wahl zum Rektor. 1. Mai: Eintritt in die NSDAP. Rektoratsrede am 27. Mai. Organisation des Wissenschaftslagers. Propagandistische Auftritte in Leipzig, Heidelberg, Tübingen. Mitarbeit bei der badischen Hochschulreform (Einführung des Führerprinzips). Oktober: zweiter Ruf nach Berlin abgelehnt. Sommer: letzter Besuch bei Karl Jaspers.
1934	Fakultätszwistigkeiten und Differenzen mit Regierungs- und Parteistellen führen im April zum Rücktritt vom Rektorat. Sommer: Ausarbeitung von Plänen für eine Dozentenakademie in Berlin.
1936	Briefwechsel mit Jaspers beendet. Vortrag in Zürich: DER URSPRUNG DES KUNSTWERKS. Vortrag in Rom: HÖLDERLIN UND DAS WESEN DER DICHTUNG. Treffen mit Karl Löwith.
1936–1940	In mehreren Nietzsche-Vorlesungen setzt sich Heidegger kritisch mit dem Machtdenken des Nationalsozialismus auseinander. Wird von der Gestapo überwacht.
1936–1938	Die für eine spätere Veröffentlichung vorgesehenen BEITRÄGE ZUR PHILOSOPHIE (VOM EREIGNIS) entstehen.
1937	Heidegger lehnt die Teilnahme am Internationalen Philosophie-Kongreß in Paris ab.
1944	November: Zum Volkssturm eingezogen.
1945	Januar–Februar: in Meßkirch, um Manuskripte zu ordnen und in Sicherheit zu bringen.
1945	April–Juni. Philosophische Fakultät auf die Burg Wildenstein (bei Beuron, Donautal) ausgelagert. Juli: Heidegger vor dem Bereinigungsausschuß. Philosophisch interessierte französische Besatzungsoffiziere nehmen Kontakt zu Heidegger auf. Plan eines Treffens mit Sartre scheitert. Korrespondenz mit Sartre. Beginn der Freundschaft mit Jean Beaufret.
1946	Das Jaspers-Gutachten. Heidegger erhält Lehrverbot (bis 1949). Beginn der Freundschaft mit Medard Boss. Brief an Beaufret ÜBER DEN HUMANISMUS.
1949	Dezember: Vier Vorträge im Club zu Bremen (DAS DING – DAS GESTELL – DIE GEFAHR – DIE KEHRE).
1950	Wiederholt auf der Bühlerhöhe und bei der Bayerischen Akademie der Schönen Künste.
1950	Februar: Hannah Arendt besucht Heidegger. Der Briefwechsel und die Freundschaft werden erneuert. Auch der Briefwechsel mit Karl Jaspers wird wieder aufgenommen.
1951/52	Heidegger nimmt seine Vorlesungstägigkeit wieder auf.
1952	Zweiter Besuch Hannah Arendts.
1953	DIE FRAGE NACH DER TECHNIK Akademievortrag in München.

	Beginn der Nachkriegskarriere Heideggers. Freundschaft mit Erhart Kästner.
1955	GELASSENHEIT Rede zur Conradin-Kreutzer-Feier in Meßkirch. Vortrag in Cérisy-la-Salle.
1957	Vortrag in Aix-en-Provence. Bekanntschaft mit René Char.
1959	Beginn der Zollikoner Seminare mit Medard Boss.
1959	Ernennung zum Ehrenbürger von Meßkirch am 27. September.
1962	Erste Reise nach Griechenland.
1964	Adornos Pamphlet gegen Heidegger – JARGON DER EIGENTLICHKEIT – erscheint.
1966	Erstes Seminar von Le Thor. Fortsetzung 1968, 1969 und 1973 in Zähringen.
1966	Das »Spiegel«-Gespräch. (Veröffentlicht nach dem Tod Heideggers).
1967	Hannah Arendt besucht Heidegger. Von nun an besucht sie ihn jedes Jahr.
1975	Der erste Band der Gesamtausgabe erscheint.
1976	Heidegger stirbt am 26. Mai und wird am 28. Mai in Meßkirch beigesetzt.

Werkregister
Martin Heidegger

Vorlesungen:

Werke:

Sachregister

Namenregister

Literaturverzeichnis

Theodor W. Adorno, Eingriffe. Neun kritische Modelle. – Frankfurt a. M. 1963
Ders., Jargon der Eigentlichkeit. – Frankfurt a. M. 1964
Ders., Kierkegaard. Konstruktion des Ästhetischen. – Frankfurt a. M. 1974
Ders., Negative Dialektik. – Frankfurt a. M. 1966
Ders., Noten zur Literatur I. – Frankfurt a. M. 1965
Ders., Noten zur Literatur II. – Frankfurt a. M. 1965
Ders., Ohne Leitbild. Parva Ästhetica. – Frankfurt a. M. 1967
Ders. / Max Horkheimer, Dialektik der Aufklärung. – Frankfurt a. M. 1969
Jean Améry, Jargon der Dialektik. – In: *H. Glaser (Hg.)*, Bundesrepublikanisches Lesebuch
Jürg Altwegg (Hg.), Die Heidegger Kontroverse. – Frankfurt a. M. 1988
Ders., Heidegger in Frankreich – und zurück? – In: *Ders. (Hg.)*, Die Heidegger Kontroverse
Hannah Arendt, Eichmann in Jerusalem. Ein Bericht von der Banalität des Bösen. – München 1986
Dies., Elemente und Ursprünge totaler Herrschaft. – München 1986
Dies., Freiheit und Politik. – In: Die neue Rundschau 69 (1958)
Dies., Martin Heidegger ist achtzig Jahre alt. – In: *G. Neske / E. Kettering (Hg.)*, Antwort. Martin Heidegger im Gespräch
Dies., Menschen in finsteren Zeiten. – München 1983
Dies., Rahel Varnhagen. – Frankfurt a. M. 1975
Dies., Vita activa oder Vom tätigen Leben. – München 1981
Dies., Vom Leben des Geistes. Das Denken. – München 1989
Dies., Vom Leben des Geistes. Das Wollen. – München 1989
Dies., Was ist Existenzphilosophie? – Frankfurt a. M. 1990
Dies., Was ist Politik? – München 1993
Dies., Zur Zeit. Politische Essays. – Berlin 1986
Alfred Baeumler, Hitler und der Nationalsozialismus. Aufzeichnungen von 1945–1947. – In: Der Pfahl. Jahrbuch aus dem Niemandsland zwischen Kunst und Wissenschaft. – München 1991
Ders., Nietzsche, der Philosoph und Politiker. – Berlin 1931
Hugo Ball, Die Flucht aus der Zeit. – Zürich 1992
Jeffrey Andrew Barash, Die Auslegung der ›Öffentlichen Welt‹ als politisches Problem. – In: *D. Papenfuss / O. Pöggeler (Hg.)*, Zur philosophischen Aktualität Heideggers, Bd. 2
Karl Barth, Römerbrief. – Zürich 1984 (1922)
Gerhart Baumann, Erinnerungen an Paul Celan. – Frankfurt a. M. 1992
Josef und Ruth Becker (Hg.), Hitlers Machtergreifung. Dokumente vom Machtantritt Hitlers. – München 1983
Julien Benda, Der Verrat der Intellektuellen. – Frankfurt a. M. / Berlin 1983

Walter Benjamin, Das Passagen-Werk. Gesammelte Schriften, Bd. V,2. – Frankfurt a. M. 1982
Gottfried Benn, Briefe an F. W. Oelze. 2 Bde. – Frankfurt a. M. 1982
Ders., Werke. 4 Bde. – Wiesbaden 1961
Max Bense, Technische Existenz. – Stuttgart 1950
Nikolaus Berdjajew, Das neue Mittelalter. – Darmstadt 1927
Walter Biemel / Hans Saner (Hg.), Briefwechsel Martin Heidegger – Karl Jaspers. – Frankfurt a. M. / München 1990
Ernst Bloch, Geist der Utopie. – Frankfurt a. M. 1978
Ders., Spuren. – Frankfurt a. M. 1964
Otto Friedrich Bollnow, Gespräche in Davos. – In: *G. Neske (Hg.)*, Erinnerung an Martin Heidegger
Carl Braig, Was soll der Gebildete von dem Modernismus wissen? – In: *D. Thomä (Hg.)*, Die Zeit des Selbst und die Zeit danach. Zur Kritik der Textgeschichte Martin Heideggers
Luzia Braun, Da-da-dasein. Fritz Heidegger: Holzwege zur Sprache. – In: DIE ZEIT Nr. 39 vom 22. 9. 1989
Carl Christian Bry, Verkappte Religionen. – Nördlingen 1988
Arnold von Buggenhagen, Philosophische Autobiographie. – Meisenheim 1975
Heinrich Buhr, Der weltliche Theologe. – In: *G. Neske (Hg.)*, Erinnerung an Martin Heidegger
Albert Camus, Der Mythos von Sisyphos. – Reinbek b. Hamburg 1959
René Char, Eindrücke von früher. – In: *G. Neske (Hg.)*, Erinnerung an Martin Heidegger
Anne Cohen-Solal, Sartre. – Reinbek b. Hamburg 1988
Günther Dehn, Die alte Zeit, die vorigen Jahre. Lebenserinnerungen. – München 1962
Wilhelm Dilthey, Der Aufbau der geschichtlichen Welt in den Geisteswissenschaften. – Frankfurt a. M. 1981
Elisabeth Endres, Edith Stein. – München 1987
Elzbieta Ettinger, Hannah Arendt – Martin Heidegger. Eine Geschichte. – München 1995
Walter Falk, Literatur vor dem ersten Weltkrieg. – In: *A. Nitschke u. a. (Hg.)*, Jahrhundertwende, Bd. 1
Victor Farías, Heidegger und der Nationalsozialismus. – Frankfurt a. M. 1987
Joachim C. Fest, Hitler. – Frankfurt a. M. 1973
Sigmund Freud, Werke. Studienausgabe. 10 Bde. u. Ergänzungsband. – Frankfurt a. M. 1969
Hans-Georg Gadamer, Philosophische Lehrjahre. – Frankfurt a. M. 1977
Ders., Martin Heidegger und die Marburger Theologie. – In: *O. Pöggeler (Hg.)*, Heidegger. Perspektiven zur Deutung seines Werkes
Ders., Hegel – Husserl – Heidegger. – Tübingen 1987
Arnold Gehlen, Studien zur Anthropologie und Soziologie. – Neuwied 1963
Annemarie Gethmann-Siefert / Otto Pöggeler (Hg.), Heidegger und die praktische Philosophie. – Frankfurt a. M. 1988

Hermann Glaser (Hg.), Bundesrepublikanisches Lesebuch. Drei Jahrzehnte geistiger Auseinandersetzung. – München 1978
Ders.; Kleine Kulturgeschichte der Bundesrepublik. – München 1991
Ders.; Sigmund Freuds Zwanzigstes Jahrhundert. – München 1976
Günter Grass, Hundejahre. – Neuwied 1979
Conrad Gröber, Der Altkatholizismus in Meßkirch. – Freiburg 1934
Jürgen Habermas, Philosophisch-politische Profile. – Frankfurt a. M. 1987
Sebastian Haffner, Anmerkungen zu Hitler. – Frankfurt a. M. 1981
Ders., Von Bismarck zu Hitler. – München 1987
Ulrike Haß, Militante Pastorale. Zur Literatur der antimodernen Bewegung. – München 1993
Werner Heisenberg, Das Naturbild der heutigen Physik. – Hamburg 1955
Armin Hermann, »Auf eine höhere Stufe des Daseins erheben« – Naturwissenschaft und Technik. – In: *A. Nitschke u. a. (Hg.)*, Jahrhundertwende, Bd. 1, 312
Friedrich Hölderlin, Sämtliche Werke und Briefe. 2 Bde. Hg. von G. Mieth. – München 1970
Hugo von Hofmannsthal, Gesammelte Werke in zehn Bänden. – Frankfurt a. M. 1979
Edmund Husserl, Cartesianische Meditationen und Pariser Vorträge. Husserliana Bd. 1. – Den Haag 1950
Ders., Ideen zu einer reinen Phänomenologie und phänomenologischen Philosophie. Bd. 1. – Halle 1928
Ders., Die Konstitution der geistigen Welt. – Hamburg 1984
Ders., Die Krisis der empirischen Wissenschaften und die transzendentale Phänomenologie. – Hamburg 1977
Ders., Philosophie als strenge Wissenschaft. – Frankfurt a. M. 1965
William James, Der Wille zum Glauben. – In: *Ekkehard Martens (Hg.)*, Texte der Philosophie des Pragmatismus. – Stuttgart 1975
Karl Jaspers, Notizen zu Martin Heidegger. – München 1978
Ders., Philosophische Autobiographie. – München 1984
Ders., Die Schuldfrage. – München 1987
Ernst Jünger, Der Arbeiter. – Stuttgart 1981
F. G. Jünger, Die Perfektion der Technik. – Frankfurt a. M. 1953
Wilhelm Kiefer, Schwäbisches und alemannisches Land. – Weißenhorn 1975
Lotte Köhler / Hans Saner (Hg.), Briefwechsel Hannah Arendt – Karl Jaspers. – München 1985
Alexandre Kojève, Hegel. – Frankfurt a. M. 1988
Max Kommerell, Der Dichter als Führer in der deutschen Klassik. – Frankfurt a. M. 1942
Ernst Krieck, Nationalpolitische Erziehung. – Berlin 1933
Ders., Volk im Werden. – Berlin 1933
Christian Graf von Krockow, Die Deutschen in ihrem Jahrhundert. – Reinbek b. Hamburg 1990
Friedrich Albert Lange, Geschichte des Materialismus. – Frankfurt a. M. 1974

Thomas Laugstien, Philosophieverhältnisse im deutschen Faschismus. – Hamburg 1990
Joachim G. Leithäuser, Im Gruselkabinett der Technik. – In: Der Monat 29 (1959)
Mark Lilla, Das Ende der Philosophie. – In: Merkur 514 (1992)
Ulrich Linse, Barfüßige Propheten. Erlöser der zwanziger Jahre. – Berlin 1983
Karl Löwith, Mein Leben in Deutschland vor und nach 1933. Ein Bericht. – Frankfurt a. M. 1989
Ludwig Marcuse, Mein zwanzigstes Jahrhundert. – Zürich 1975
Thomas Mann, Betrachtungen eines Unpolitischen. – Frankfurt a. M. 1988
Ders., Doktor Faustus. – Frankfurt a. M. 1986
Ders., Das essayistische Werk in acht Bänden. – Frankfurt a. M. 1968
Bernd Martin (Hg.), Martin Heidegger und das ›Dritte Reich‹. – Darmstadt 1989
Reinhard Mehring, Heideggers Überlieferungsgeschick. – Würzburg 1992
Volker Meja / Nico Stehr (Hg.), Der Steit um die Wissenssoziologie. – Frankfurt a. M. 1982
Herman Melville, Moby Dick. – Hamburg 1984
Hermann Mörchen, Aufzeichnungen (unveröffentlicht)
Andreas Müller, Der Scheinwerfer. Anekdoten und Geschichten um Fritz Heidegger. – Meßkirch 1989
Max Müller, Martin Heidegger. Ein Philosoph und die Politik. – In: *G. Neske / E. Kettering (Hg.)*, Antwort. Martin Heidegger im Gespräch
Ders., Erinnerungen an Husserl. – In: *H. R. Sepp (Hg.)*, Edmund Husserl und die Phänomenologische Bewegung
Wolfgang Müller-Lauter, Über den Umgang mit Nietzsche. – In: Sinn und Form 1991, 5
Robert Musil, Bücher und Literatur, Essays. – Reinbek b. Hamburg 1982
Ders., Der Mann ohne Eigenschaften. – Hamburg 1960
Paul Natorp, Philosophie und Pädagogik. – Marburg 1909
Günther Neske (Hg.), Erinnerung an Martin Heidegger. – Pfullingen 1977
Ders. / Emil Kettering (Hg.), Antwort. Martin Heidegger im Gespräch. – Pfullingen 1988
Friederich Nietzsche, Sämtliche Werke. Kritische Studienausgabe. 15 Bde. – München 1980
Ders., Der Wille zur Macht. – Frankfurt a. M. 1992
August Nitschke u. a. (Hg.), Jahrhundertwende. Der Aufbruch in die Moderne. 2 Bde. – Reinbek b. Hamburg 1990
Paul Noack, Carl Schmitt. Eine Biographie. – Berlin 1993
Hugo Ott, Martin Heidegger. Unterwegs zu seiner Biographie. – Frankfurt a. M. / New York 1988
Ders., Edmund Husserl und die Universität Freiburg. – In: *Hans R. Sepp (Hg.)*, Edmund Husserl und die Phänomenologische Bewegung
Dietrich Papenfuss / Otto Pöggeler (Hg.), Zur philosophischen Aktualität Heideggers. 3 Bde. – Frankfurt a. M. 1990f.
Heinrich Wiegand Petzet, Auf einen Stern zugehen. Begegnungen mit Martin Heidegger. – Frankfurt a. M. 1983

Georg Picht, Die Macht des Denkens. – In: *G. Neske (Hg.)*, Erinnerung an Martin Heidegger
Platon, Politeia. Werke in zehn Bänden. – Frankfurt a. M. 1991, Bd. 5
Helmuth Plessner, Macht und menschliche Natur. – In: *Ders.*, Zwischen Philosophie und Gesellschaft. – Frankfurt a. M. 1979
Ders., Die Stufen des Organischen und der Mensch. – Berlin 1975
Otto Pöggeler, Der Denkweg Martin Heideggers. – Pfullingen 1983 (Dritte erweiterte Ausgabe 1990)
Ders. (Hg.), Heidegger. Perspektiven zur Deutung seines Werkes. – Königstein 1984
Ders., Heideggers politisches Selbtverständnis. – In: *A. Gethmann-Siefert / O. Pöggeler (Hg.)*, Heidegger und die praktische Philosophie
Ders., Spur des Wortes. Zur Lyrik Paul Celans. – Freiburg 1986
Léon Poliakov / Joseph Wulf (Hg.), Das Dritte Reich und seine Denker. – Berlin 1959
Marcel Proust, Auf der Suche nach der verlorenen Zeit. – Frankfurt a. M. 1978
Walther Rathenau, Zur Kritik der Zeit. – Berlin 1912 (1925)
Stefan Reinhardt (Hg.), Lesebuch. Weimarer Republik. – Berlin 1982
Heinrich Rickert, Kulturwissenschaft und Naturwissenschaft. – Freiburg 1926 (1910)
Ders., Die Philosophie des Lebens. – Tübingen 1922
Rainer Maria Rilke, Werke. 6 Bde. – Frankfurt a. M. 1987
Fritz K. Ringer, Die Gelehrten. Der Niedergang der deutschen Mandarine 1890–1933. – München 1987
Heinrich Rombach, Phänomenologie des gegenwärtigen Bewußtseins. – Freiburg 1980
Edgar Salin, Hölderlin im Georgekreis. – Godesberg 1950
Jean-Paul Sartre, Der Ekel. – Reinbek b. Hamburg 1993
Ders., Ist der Existentialismus ein Humanismus? – In: *Ders.*, Drei Essays. – Berlin 1977
Ders., Das Sein und das Nichts. – Reinbek b. Hambureg 1993
Ders., Die Transzendenz des Ego (1936). – Reinbek b. Hamburg 1982
Max Scheler, Der Genius des Krieges und der Deutsche Krieg. – Leipzig 1915
Ders., Die Stellung des Menschen im Kosmos. – Bonn 1991
Ders., Vom Umsturz der Werte. – Bern 1955
Carl Schmitt, Politische Romantik. – Berlin 1925
Ders., Politische Theologie. – Berlin 1922
Guido Schneeberger, Nachlese zu Heidegger. Dokumente zu seinem Leben und Denken. – Bern 1962
Reinhold Schneider, Der Unzerstörbare. – Freiburg 1945
Arthur Schopenhauer, Der Briefwechsel mit Goethe. – Zürich 1992
Alexander Schwan, Politische Philosophie im Denken Heideggers. – Opladen 1989
Hans Rainer Sepp (Hg.), Edmund Husserl und die Phänomenologische Bewegung. Zeugnisse in Text und Bild. – Freiburg 1988

Georg Simmel, Philosophie des Geldes. – Frankfurt a. M. 1989
Peter Sloterdijk, Kritik der Zynischen Vernunft. – Frankfurt a. M. 1983
Kurt Sontheimer, Antidemokratisches Denken in der Weimarer Republik. – München 1978 (1992)
Oswald Spengler, Der Mensch und die Technik. Beiträge zu einer Philosophie des Lebens. – München 1931
Edith Stein, Briefe an Roman Ingarden. – Freiburg 1991
Dieter Thomä (Hg.), Die Zeit des Selbst und die Zeit danach. Zur Kritik der Textgeschichte Martin Heideggers. – Frankfurt a. M. 1990
Hartmut Tietjen, Verstrickung und Widerstand. – (Unveröffentlichtes Manuskript) 1989
Paul Tillich, Die Sozialistische Entscheidung. – In: Werke, Bd. 2. – Stuttgart 1962
Ferdinand Tönnies, Gemeinschaft und Gesellschaft. – Darmstadt 1991
Ernst Troeltsch, Deutscher Geist und Westeuropa. – Tübingen 1925
Bernhard Waldenfels, Phänomenologie in Frankreich. – Frankfurt a. M. 1983
Max Weber, Der Beruf zur Politik. – In: *Ders.*, Soziologie – Weltgeschichtliche Analysen – Politik. – Stuttgart 1964
Bernhard Welte, Erinnerung an ein spätes Gespräch. – In: *G. Neske (Hg.)*, Erinnerung an Martin Heidegger
Benno von Wiese, Ich erzähle mein Leben. – Frankfurt a. M. 1982
Rolf Wiggershaus, Die Frankfurter Schule. – München 1986
Wilhelm Wundt, Sinnliche und übersinnliche Welt. – Leipzig 1914
Elisabeth Young-Bruehl, Hannah Arendt. Leben und Werk. – Frankfurt a. M. 1982
Heinz Zahrnt, Die Sache mit Gott. – München 1988
Stefan Zweig, Die Welt von Gestern. – Frankfurt a. M. 1977

Weiterführende Literatur

Günther Anders, Ketzereien. – München 1991
Ders., Kosmologische Humoresken. – Frankfurt a. M. 1978
Karl-Otto Apel, Transformation der Philosophie. – Frankfurt a. M. 1991
Hans Blumenberg, Lebenszeit und Weltzeit. – Frankfurt a. M. 1986
Otto Friedrich Bollnow, Existenzphilosophie. – Stuttgart 1955
Ders., Das Wesen der Stimmung. – Frankfurt a. M. 1988
Walter Biemel, Martin Heidegger. – Reinbek b. Hamburg 1973
Medard Boss, Psychoanalyse und Daseinsanalytik. – München 1980
Pierre Bourdieu, Die politische Ontologie Martin Heideggers. – Frankfurt a. M. 1976
Stefan Breuer, Die Gesellschaft des Verschwindens. Von der Selbstzerstörung der technischen Zivilisation. – Hamburg 1992
Rüdiger Bubner u. a. (Hg.), Neue Hefte für Philosophie. Wirkungen Heideggers. Heft 23. – Göttingen 1984
John D. Caputo, The Mystical Elements in Heideggers Thought. – Ohio 1978
Jacques Derrida, Vom Geist. Heidegger und die Frage. – Frankfurt a. M. 1988
Alexander Garcia Düttmann, Das Gedächtnis des Denkens. Versuch über Heidegger und Adorno. – Frankfurt a. M. 1991
Hans Ebeling, Heidegger. Geschichte einer Täuschung. – Würzburg 1990
Ders., Martin Heidegger. Philosophie und Ideologie. – Reinbek b. Hamburg 1991
Norbert Elias, Über die Zeit. – Frankfurt a. M. 1984
Günter Figal, Heidegger zur Einführung. – Hamburg 1992
Ders., Martin Heidegger. Phänomenologie der Freiheit. – Frankfurt a. M. 1988
Kurt Fischer, Abschied. Die Denkbewegung Martin Heideggers. – Würzburg 1990
Luc Ferry / Alain Renaut, Antihumanistisches Denken. – München 1987
Forum für Philosophie, Bad Homburg (Hg.), Martin Heidegger: Innen- und Außenansichten. – Frankfurt a. M. 1989
Manfred Frank, Zeitbewußtsein. – Pfullingen 1990
Winfried Franzen, Von der Existenzialontologie zur Seinsgeschichte. – Meisenheim am Glan 1975
Hans-Georg Gadamer, Wahrheit und Methode. – Tübingen 1990
Jean Gebser, Ursprung und Gegenwart. – München 1973
Stanislav Grof, Geburt, Tod und Transzendenz. – Reinbek b. Hamburg 1985
Wolf-Dieter Gudopp, Der junge Heidegger. – Frankfurt a. M. 1983
Karl Heinz Haag, Der Fortschritt in der Philosophie. – Frankfurt a. M. 1985
Jürgen Habermas, Der philosophische Diskurs der Moderne. – Frankfurt a. M. 1985
Ders., Nachmetaphysisches Denken. – Frankfurt a. M. 1988
Klaus Heinrich, Versuch über die Schwierigkeit nein zu sagen. – Frankfurt a. M. 1964

Hans-Peter Hempel, Heideggers Weg aus der Gefahr. – Meßkirch 1993
Ders., Heidegger und Zen. – Frankfurt a. M. 1987
Ders., Natur und Geschichte. Der Jahrhundertdialog zwischen Heidegger und Heisenberg. – Frankfurt a. M. 1990
Vittorio Hösle, Die Krise der Gegenwart und die Verantwortung der Philosophie. – München 1990
Paul Hühnerfeld, In Sachen Heidegger. – Hamburg 1959
Christoph Jamme / Karsten Harries (Hg.), Martin Heidegger. Kunst – Politik – Technik. – München 1992
Hans Jonas, Gnosis und Spätantiker Geist. – Göttingen 1988
Matthias Jung, Das Denken des Seins und der Glaube an Gott. – Würzburg 1990
Peter Kemper (Hg.), Martin Heidegger – Faszination und Erschrecken. Die politische Dimension einer Philosophie. – Frankfurt a. M. 1990
Emil Kettering, Das Denken Martin Heideggers. – Pfullingen 1987
Leszek Kolakowski, Die Moderne auf der Anklagebank. – Zürich 1991
Peter Koslowski, Der Mythos der Moderne. – München 1991
Helga Kuschbert-Tölle, Martin Heidegger. Der letze Metaphysiker? – Königstein/Ts. 1979
Philippe Lacoue-Labarthe, Die Fiktion des Politischen. Heidegger, die Kunst und die Politik. – Stuttgart 1990
Karl Leidlmair, Künstliche Intelligenz und Heidegger. Über den Zwiespalt von Natur und Geist. – München 1991
Theodor Lessing, Geschichte als Sinngebung des Sinnlosen. – München 1983
Karl Löwith, Heidegger – Denker in dürftiger Zeit. – Stuttgart 1984
Jean-François Lyotard, Heidegger und die Juden. – Wien 1988
Thomas H. Macho, Todesmetaphern. – Frankfurt a. M. 1987
Herbert Marcuse, Kultur und Gesellschaft. – Frankfurt a. M. 1967
Ders., Der eindimensionale Mensch. – Neuwied 1967
Rainer Marten, Denkkunst. Kritik der Ontologie. – München 1989
Ders., Heidegger lesen. – München 1991
Reinhard Margreiter / Karl Leidlmair (Hg.), Heidegger. Technik – Ethik – Politik. – Würzburg 1991
Werner Marx, Gibt es auf Erden ein Maß? – Frankfurt a. M. 1986
Ders., Heidegger und die Tradition. – Hamburg 1980
Barbara Merker, Selbsttäuschung und Selbsterkenntnis. Zu Heideggers Transformation der Phänomenologie Husserls. – Frankfurt a. M. 1988
Hermann Mörchen, Adorno und Heidegger. Untersuchung einer philosophischen Kommunikationsverweigerung. – Stuttgart 1981
Ders., Macht und Herrschaft im Denken von Heidegger und Adorno. – Stuttgart 1980
Ernst Nolte, Heidegger. Politik und Geschichte im Leben und Denken. – Berlin 1992
Hanspeter Padrutt, Und sie bewegt sich doch nicht. Parmenides im epochalen Winter. – Zürich 1991
Georg Picht, Glauben und Wissen. – Stuttgart 1991

Helmuth Plessner, Die Verspätete Nation. – Frankfurt a. M. 1988
Otto Pöggeler, Philosophie und Politik bei Heidegger. – Freiburg 1972
Ders., Neue Wege mit Heidegger. – Freiburg 1992
Thomas Rentsch, Martin Heidegger. Das Sein und der Tod. – München 1989
Manfred Riedel, Für eine zweite Philosophie. – Frankfurt a. M. 1988
Joachim Ritter, Metaphysik und Politik. – Frankfurt a. M. 1969
Richard Rorty, Kontingenz, Ironie und Solidarität. – Frankfurt a. M. 1969
Rüdiger Safranski, Wieviel Wahrheit braucht der Mensch? Über das Denkbare und das Lebbare. – München 1990
Richard Schaeffler, Die Wechselbeziehung zwischen Philosophie und katholischer Theologie. – Darmstadt 1980
Wolfgang Schirmacher, Technik und Gelassenheit. Zeitkritik nach Heidegger. – Freiburg 1983
Walter Schulz, Philosophie in der veränderten Welt. – Pfullingen 1984
Günter Seubold, Heideggers Analyse der neuzeitlichen Technik. – Freiburg 1986
Peter Sloterdijk, Weltfremdheit. – Frankfurt a. M. 1993
Manfred Sommer, Lebenswelt und Zeitbewußtsein. – Frankfurt a. M. 1990
Herbert Stachowiak (Hg.), Pragmatik. Handbuch des Pragmatischen Denkens. – Hamburg 1986
George Steiner, Martin Heidegger. Eine Einführung. – München 1989
Dolf Sternberger, Über den Tod. – Frankfurt a. M. 1981
Michael Theunissen, Der Andere. – Berlin 1977
Ders., Negative Theologie der Zeit. – Frankfurt a. M. 1991
Dieter Thomä, Die Zeit des Selbst und die Zeit danach. Zur Textgeschichte Martin Heideggers. – Frankfurt a. M. 1990
Ernst Tugendhat, Philosophische Aufsätze. – Frankfurt a. M. 1992
Silvio Vietta, Heideggers Kritik am Nationalsozialismus und an der Technik. – Tübingen 1989
Elmar Weinmayr, Einstellung. Die Metaphysik im Denken Martin Heideggers. – München 1991
Franz Josef Wetz, Das nackte Daß. Zur Frage der Faktizität. – Pfullingen 1990
Richard Wisser (Hg.), Martin Heidegger – Unterwegs im Denken. – Freiburg 1987

Rüdiger Safranski

Wieviel Wahrheit braucht der Mensch?

Über das Denkbare und das Lebbare

Band 10977

In einem berühmten chinesischen Märchen verschwindet der Maler in seinem eigenen Bild. Das ist die Utopie der Wahrheit: Übereinstimmung mit sich und der Welt. Um dieser Utopie willen haben Rousseau, Kleist und Nietzsche abenteuerliche Wahrheitsexpeditionen unternommen: Dreimal die Wahrheit des Ich gegen den Rest der Welt; dreimal führt die Suche nach Wahrheit in die selbstgemachten Bilder und in die Bereitschaft zur Gewalt gegen eine Wirklichkeit, die sich den Bildern widersetzt. Eine andere große Wahrheitsexpedition ist die Metaphysik als der Versuch, in einer *verkehrten* Welt eine *wahre* Welt zu entdecken. Das beginnt eindrucksvoll bei Sokrates und Augustin und endet furchtbar im Zeitalter des Totalitären und des Fundamentalismus. Bleibt also nur die (Lebens-)Kunst, ohne die Gewißheit des richtigen Lebens, ohne verbürgte Wahrheit zu leben? Es sieht so aus. Am Beispiel Kafkas geht es in den letzten Kapiteln dieses Buches um die Kunst, in der Fremde zu bleiben.

»Dies ist ein großes Buch über die Macht der selbstgemachten Bilder, in denen Denker ihre Freiheit verloren oder in denen sie sich vor der Freiheit versteckten. Es handelt von Himmel- und Höllenfahrten im Reich der Gedanken, und es beginnt so sinnlich wie ein Märchen.«

Der Spiegel

Fischer Taschenbuch Verlag

fi 1051 / 3

Max Horkheimer
Theodor W. Adorno

Dialektik der Aufklärung

Philosophische Fragmente

Band 7404

Die von Max Horkheimer und Theodor W. Adorno gemeinsam verfaßte *Dialektik der Aufklärung* ist der wichtigste Text der Kritischen Theorie und zugleich eines der klassischen Werke der Philosophie des 20. Jahrhunderts. Philosophische Kritik, Auseinandersetzung mit dem Faschismus und die Resultate langjähriger empirischer Untersuchungen in den USA verschmelzen hier zu einer Theorie der modernen Massenkultur. Mit äußerster gedanklicher Schärfe beleuchten die Autoren die Kehrseite technischen und sozialen Fortschritts: »Aufklärung« als Herrschaft der Vernunft, als Unterwerfung der Natur unter die menschlichen Zwecke wird über sich selbst aufgeklärt.

Fischer Taschenbuch Verlag

fi 202 / 5

Heinz Dieter Kittsteiner

Listen der Vernunft

Motive geschichtsphilosophischen Denkens

Band 13951

Die in diesem Band versammelten Texte zeichnen die Geschichte und Verwandlung eines zentralen geschichtsphilosophischen Motivs nach: die Frage nach dem Verhältnis des »objektiven« geschichtlichen Prozesses zu den Sinn- und Gestaltungsansprüchen der handelnden Individuen, welche diese Geschichte zwar »machen«, aber ebenso die Unverfügbarkeit von Geschichte zu spüren bekommen. Kittsteiners Weg führt dabei von einer Auseinandersetzung mit Adam Smith' Theorie der »unsichtbaren Hand« über das Geschichtsdenken der Junghegelianer – und damit Hegels Geschichtsphilosophie – zu Marx, um vor diesem Hintergrund schließlich das Motiv des Aufbrechens des geschichtlichen Zusammenhangs bei so unterschiedlichen Denkern wie Nietzsche und Walter Benjamin ins Visier zu nehmen. Eine ausführliche Einleitung setzt sich mit den gegenwärtig geführten Debatten über das Verhältnis von Geschichtsphilosophie und Geschichtswissenschaft auseinander.

Fischer Taschenbuch Verlag

fi 438 / 5

Sigrid Weigel

Entstellte Ähnlichkeit

Walter Benjamins theoretische Schreibweise

Band 12964

Für Walter Benjamins Lebenswerk gilt in eminentem Sinne, was alle Autoren der Moderne für sich reklamieren: in seinen Texten sind Schreib- und Denkweise ununterscheidbar, da beide Dimensionen der Darstellung – jenseits des konventionellen Gegensatzes von Form und Inhalt – in einem Dritten zusammenkommen, im Bild nämlich. Es begegnet bei Benjamin weder als realistisches Abbild vermeintlicher Wirklichkeiten noch gar als bloß subjektive Vorstellung menschlicher Einbildungskraft, vielmehr tritt das Bild als diejenige Konstellation auf, in der sich Geschichte und Zeitgeschichte figurieren. In solchen Konstellationen hat Benjamin das ihm eigene Medium analytischer Arbeit entdeckt wie entfaltet. In ihnen findet Benjamins Theorie, über die Vielzahl ihrer Themenstellungen, Artikulationsweisen und Diskontinuitäten hinweg, ihre eigentliche Konsistenz. Sigrid Weigel verfolgt Benjamins »Bilddenken«, seine Recherchen zu jenen Figuren und Konfigurationen, in denen sich uns die Wirklichkeit in ihrer historischen Vermittlung präsentiert, um zu zeigen, daß es gerade diese theoretische Schreibweise ist, die Benjamins Aktualität ausmacht.

Fischer Taschenbuch Verlag

fi 2096 / 2